Derecho Constitucional Chileno

Tomo I

TERCERA EDICIÓN ACTUALIZADA Y AMPLIADA

JOSÉ LUIS CEA EGAÑA

EDICIONES UC

Derecho Constitucional Chileno Tomo I

Ediciones Universidad Católica de Chile
Vicerrectoría de Comunicaciones y Educación Continua
Alameda 390, Santiago, Chile

editorialedicionesuc@uc.cl
www.ediciones.uc.cl

Derecho Constitucional Chileno Tomo I
José Luis Cea Egaña

Septiembre 2015
ISBN Nº 978-956-14-1677-2

Tercera edición

Diseño: versión | producciones gráficas Ltda.
Impresión: Salesianos Impresores S.A.

CIP - Pontificia Universidad Católica de Chile

Cea Egaña, José Luis.
Derecho constitucional chileno / José Luis Cea Egaña. 3a ed.
Incluye notas bibliográficas

1. Derecho constitucional - Chile
2. Chile. Constitución (1925)
3. Chile. Constitución (1980)
I. t.

2015 342.83 + 23 RCAA2

Derecho Constitucional Chileno

Tomo I

TERCERA EDICIÓN ACTUALIZADA Y AMPLIADA

José Luis Cea Egaña

PONTIFICIA UNIVERSIDAD CATÓLICA DE CHILE

EDICIONES UC

SUMARIO

ÍNDICE GENERAL

Capítulo II
Fisonomía de la constitución de 1925

Capítulo III
Reformas Constitucionales 1943-1973

Capítulo IV
Desconstitucionalización y reconstitucionalización

Segunda Parte
LA CONSTITUCIÓN DE 1980

Capítulo I
Génesis

Capítulo II
Características

Sección Primera: Rasgos formales

Sección Segunda: Características sustantivas

Capítulo III
Reformas

Capítulo II
Persona, familia, sociedad y Estado

Capítulo III
Emblemas nacionales

Capítulo IV
Forma de Estado

Capítulo V
Tipo de gobierno

Capítulo VI
La soberanía

ESTADÍSTICAS ELECTORALES

ÍNDICES

OBJETIVOS Y ESTRUCTURA

Este libro ha sido escrito pensando en lo que requiere el alumno en la disciplina. En consecuencia, se trata de que el estudiante sea capaz, al finalizar su estudio, de comprender, analizar, sintetizar y, especialmente, de evaluar con espíritu crítico, siempre singularizado por el propósito constructivo, la Constitución chilena y su legislación complementaria, abarcando los anales oficiales, la jurisprudencia y doctrina atinentes.

El parámetro adoptado para la consecución de tal objetivo no puede, en nuestra firme convicción, sino ser solo uno y que se enuncia enseguida: el conjugado o armónico acervo resultante de fundir o integrar la tradición republicana de Chile con los principios y técnicas perdurables del constitucionalismo, entendido como una cosmovisión humanista y que, consecuente con este rasgo, organiza, regula y controla el poder en función de la promoción y protección de la dignidad y de los derechos inalienables de la persona. Situado el trabajo académico en tal perspectiva, entonces se entiende que el estudio y realización del derecho constitucional es un esfuerzo cultural, que implica analizar las normas en relación con los valores que legitiman la convivencia y comprometerse con su materialización.

La obra ha sido dividida en cuatro tomos.

El Tomo I está dedicado a exponer un esquema histórico y constitucional de índole general. Además, he incluido el estudio de las fuentes y la hermenéutica de nuestro derecho constitucional, después de lo cual se efectúa el examen de los primeros dos capítulos del articulado de la Carta Fundamental de 1980, su normativa anexa, la jurisprudencia y doctrina pertinentes.

El Tomo II ha sido dedicado a los derechos, los deberes y las acciones o recursos de rango constitucional. Trátase, en otras palabras, de cubrir el capítulo III de la Carta Fundamental, en el cual, y por las razones ya expuestas, se halla el *ethos* o "espíritu" y el *thelos* o "finalidad" del constitucionalismo. Por estimarlo ligado a la temática anterior, también he incluido en este tomo solo una sinopsis de los estados de excepción constitucional[1].

Comprobará aquí el lector la insistencia con que reclamo la articulación y vigencia de las acciones y recursos para proteger el ejercicio legítimo de los derechos humanos, permitiendo que las proclamaciones de esos atributos adquieran realidad. De lo contrario ellas pierden eficacia y en la misma medida, erosionan la confianza pública en el bloque constitucional.

Llégase así al Tomo III, en el cual abordo el gobierno en su triple dimensión, es decir, política, ejecutiva y administrativa. Alterando, esta vez, el método sencillo y usual de seguir en la exposición el articulado de la Constitución, he incorporado a este tomo el estudio del gobierno y administración interior del Estado, excluyendo el municipio y el ordenamiento comunal. Mi preocupación estuvo concentrada en abordar los temas desde la perspectiva de la gobernabilidad democrática de la sociedad pluralista y, además, de propugnar la descentralización del poder. En ligamen con este último tópico, planteo el imperativo de avanzar en la proyección internacional de las regiones, dentro de los límites que se establezcan en la Carta Fundamental y las leyes.

Ciérrase el curso con el Tomo IV. En él se explica lo concerniente al Congreso Nacional, Poder Judicial, Ministerio Público, Tribunal Constitucional, Contraloría General de la República, las Fuerzas Armadas y la Fuerza Pública, el Consejo de Seguridad Nacional y el Banco Central. Allí se encontrará, como un epílogo, que tal vez tendría que haber ido al comienzo, por la arraigada tendencia a modificar el Código Político, que singulariza a Chile y a América Latina, el capítulo XIV destinado a la reforma de la Carta Fundamental.

He examinado, junto con el articulado permanente, las disposiciones constitucionales transitorias aún vigentes.

Entrego esta versión del curso con abundantes referencias jurisprudenciales y bibliográficas, insertadas al final de cada capítulo. La cita de fuentes en el texto me ha llevado a dejar testimonio de ellas al pie de la página correspondiente. Ocasionalmente, el lector encontrará alusiones al derecho comparado; pero el esfuerzo mayor se ha realizado para insertar extractos completos de la historia fidedigna de la Constitución y sus enmiendas. La obra, en fin, se halla íntegramente actualizada a la fecha de esta presentación.

Recomiendo prestar atención a los gráficos que dimensionan los fenómenos constitucionales considerados en ellos. Análogamente útil es consultar los índices analíticos para considerar cada uno de los temas considerados en su contexto.

Expreso mi gratitud a Gabriela Echeverría y al Departamento Editorial de la Pontificia Universidad Católica de Chile, por su inestimable ayuda para culminar mi labor. Semejante reconocimiento extiendo a mi ayudante de investigación Rodrigo Díaz de Valdés Balbontín.

Santiago, 21 de diciembre de 2001

---

[1] Este tomo, cuya primera edición apareció en enero de 2004, trata los derechos, deberes y garantías constitucionales, excluyendo el análisis de los estados de excepción. Cfr. del autor su II **Derecho constitucional chileno. Derechos, deberes y garantías** (Santiago, Ediciones Universidad Católica de Chile, 2004).

PREFACIO A LA SEGUNDA EDICIÓN

Agotada la primera edición varios años atrás, la ayuda de un colaborador eficiente y abnegado, Cristian Román Cordero, me ha permitido preparar esta nueva versión, actualizada y ampliada.

Decidí mantener la estructura, argumentos y opiniones de la obra aparecida en 2002, porque creo que la visión retrospectiva y la proyección futura de los acontecimientos permiten sostener que su evaluación no ha sido afectada.

La consolidación del régimen democrático restaurado en marzo de 1990 merece ser realzada. Sin embargo, subsisten hechos, ya muy prolongados, que dificultan la reconciliación nacional y, con ello, la integración de esfuerzos en la concreción del bien común de nuestra patria. Precisamente, una de las innovaciones de la edición que presento se halla en la descripción y análisis crítico de tales procesos, llevándonos hasta el tiempo actual.

Cabe destacar, por último, el progreso demostrado por nuestras autoridades y la ciudadanía en la vivencia de la Carta Fundamental, prueba de lo cual es una innovación y aplicación creciente de los valores, principios y disposiciones articulados en su texto o que fluyen del contexto de ella y del bloque de constitucionalidad. Entiendo ese fenómeno como denotativo de arraigo del Código Político en la cultura chilena, consolidado después de las veinte reformas que le han sido introducidas y, debe ser también enfatizado, adaptado a los cambios sociales por la justicia constitucional.

En el presente volumen se ha incorporado numerosa jurisprudencia, las fuentes doctrinarias aparecen igualmente enriquecidas, la cuantificación de datos queda también al día y las referencias al derecho comparado aparecen con mayor frecuencia.

Renuevo mi reconocimiento al Departamento Editorial de la Pontificia Universidad Católica de Chile, por su diligente colaboración para difundir esta edición renovada. Expreso mi gratitud a quienes, leyéndola, constatarán las virtudes de nuestra democracia constitucional y las falencias de la cual ella aún padece, esforzándonos unidos por superarlas.

José Luis Cea Egaña

Santiago, 1 de septiembre de 2008

PRÓLOGO A LA TERCERA EDICIÓN

Grandes y numerosos cambios ha tenido la Constitución de Chile en los últimos siete años. En esta nueva edición del Tomo I de mi libro **Derecho Constitucional Chileno** incluyo, en la medida de lo posible, una síntesis de todas esas modificaciones hechas hasta la fecha de este prólogo.

Los objetivos y desarrollo de la obra son los de la primera edición, inalterados en la segunda de ellas. He introducido, sin embargo, bibliografía adicional, jurisprudencia complementaria, cuadros estadísticos actualizados y, especialmente, planteamientos de nuevos problemas y la respuesta del autor a ellos.

Pensé, durante meses, postergar la publicación del texto que presento, atendido el proceso político, socioeconómico y constitucional que comenzó en 2013, y el cual adquirió, en el primer semestre de 2014, la atención preferente de la ciudadanía, de los partidos y de las autoridades políticas. Francamente, nunca había vivido tal experiencia, centrada en la disyuntiva de reemplazar el Código Político mediante una asamblea constituyente, o bien, reformarlo profundamente, pero con sujeción al procedimiento hoy articulado en la Carta Fundamental en vigor.

El proceso comentado no tiene a la fecha un derrotero definido, pues son enunciados generales y parciales los relativos a la Constitución nueva, como también los pertinentes al método o procedimiento a seguir para implantarla o efectuar las enmiendas que la dejen en parte subsistente. ¿Cómo explicar, razonablemente, tan trascendental falta de puntualizaciones, cuya gravitación en el destino del país nadie puede, conscientemente, ignorar o minusvalorar?

A lo largo de las páginas de esta nueva edición, en secciones específicamente dedicadas a recoger y analizar las transformaciones, fragmentarias aún, aparecen declaraciones de las principales autoridades involucradas, frente a las cuales dejo constancia de mi punto de vista en cada uno de los tópicos respectivos. Apoyado en la literatura citada al pie de página en cada uno de ellos, manifiesto mi crítica o coincidencia con las innovaciones proyectadas.

Por ahora, adelanto mi tesis en punto a que la idea de una asamblea constituyente, facultada para sustituir la Carta Política, con las treinta y cuatro modificaciones que le han sido incorporadas desde 1989, no es el camino que debe ser seguido para fortalecer nuestro constitucionalismo, tanto en el régimen democrático cuanto para infundir mayor legitimidad al sistema de derechos, deberes y garantías que se contempla en ella. Por el contrario, trátase de un empeño ideológico, orientado a sustituir la relación del Estado con la Sociedad Civil. Chile no vive, afortunadamente, una situación revolucionaria, ni siquiera, prerrevolucionaria, como para emprender aquel empeño. Uno y otro de tales fenómenos son típicos de encrucijadas críticas en el funcionamiento habitual de las instituciones de un país. Pues bien, ninguno de los indicadores objetivos de demandas ciudadanas, como nivel de cesantía, de inversión y ahorro, de crecimiento económico, de movilidad social, combate a la pobreza y marginalidad, entre otros, autoriza para sostener que nos hallamos en cualquiera de las hipótesis mencionadas. Antes bien, seguimos gozando del prestigio por la transición exitosa de la dictadura a la recuperación democrática, así como de respeto por el modelo de desarrollo humano, no solo socioeconómico, que se ha estructurado para doblegar el neoliberalismo y consolidar una política social de mercado. A mayor abundamiento, el Estado de Derecho funciona, como regla general, con rasgos impecables.

¿Cómo se explica persuasivamente entonces, la derrota electoral de la centroderecha en los comicios municipales, parlamentarios y presidenciales de 2012 y 2013? ¿tiene la centroizquierda argumentos suficientes para mostrar el imperativo de cambiar, radicalmente, el modelo de desarrollo? ¿o han sido los errores reiterados de la primera de esas coaliciones los que permiten comprender dónde estamos y para dónde vamos? ¿o, por último, ha quedado de relieve la habilidad de la segunda de esas coaliciones, aliada con las redes sociales en la denominada democracia directa o de *las calles*, la que, con oposición implacable, desacreditó al gobierno de centroderecha y lo aplastó en las elecciones antes señaladas?

Son, por supuesto, preguntas cuya respuesta suscita disidencias. Probablemente, sin embargo, el criterio más acertado para responderlas sea la combinación de las circunstancias que incluye cada una de las hipótesis propuestas. Sin perjuicio de realzar esa advertencia agregamos que, desde el ángulo constitucional e institucional, que es el central aquí, pensamos que cualquiera sea la contestación a ellas, atravesamos tiempos de enigmas, incógnitas o misterios, pues poco se avanza en disipar el secreto, la ambigüedad o el silencio relativo a los cambios anunciados, manifestando, una y otra vez, que serán hechos de modo participativo, institucional y democrático. Efectivamente, tales características son insuficientes para definir el fondo y el método que será aplicado con el propósito de implementar el reemplazo del Código Político, sin caer en el secretismo que pugna con la transparencia; en el quiebre del régimen vigente, el cual resulta inconciliable con el respeto al procedimiento hoy previsto en la Constitución para su reforma; y en la promoción de medidas e innovaciones impuestas por fuerzas rupturistas, resueltas a hacer valer sus designios, aunque sea violando las reglas básicas de la democracia pluralista y de nuestra tradición republicana, tan difícilmente reconquistada.

Es en el contexto descrito que el autor se halló al preparar la tercera edición de este libro. A pesar de tan graves inconvenientes, resolví enfrentarlos asumiendo que, más temprano que tarde, terminará imponiéndose la impronta de nuestra tradición democrática constitucional. Nos pronunciamos decididamente por entrar en un proceso de enmiendas a la Carta Suprema, marcado por la buena voluntad de acordar todas las modificaciones que la vuelvan consonante con los signos de los tiempos. Así lo habíamos anunciado en las dos ediciones anteriores de esta obra y ahora lo reiteramos. Pero discrepamos de impulsar la idea de la asamblea constituyente, fracasada al tenor de los anales bicentenarios de nuestra República y de experiencias comparadas atendibles.

Las Constituciones, en definitiva, siempre cambian, pero en ambientes de continuidad o de ruptura institucional. Aquellos son los que vivimos y, en ellos, es la reforma y no la sustitución del Código Político la clave del contenido y la forma a seguir para prosperar en nuestra democracia, sin afán de refundar cuanto se ha avanzado, sobreponiéndose a dictaduras, gobiernos *de facto* y otras dificultades, padecidas por tantas generaciones de chilenos que tienen, a pesar de ello, fe en el humanismo y en el valor de la democracia vivida, y no solo proclamada.

José Luis Cea Egaña

15 de mayo de 2015

PRIMERA PARTE

UN SIGLO DE TRAYECTORIA CONSTITUCIONAL

CAPÍTULO I SOCIEDAD Y CONSTITUCIÓN DE 1925

Toda Carta Fundamental representa el momento epigonal de un proceso, a veces pacífico y otros violentos. La nueva Constitución marca, entonces, una etapa de cierre y otra de comienzo de años de trayectoria política y social, económica y cultural de una comunidad soberana.

Pues bien, cuando la trayectoria institucional es ya prolongada y exhibe períodos de éxito, entonces la introducción de cambios exige visión, ponderación y talento; de lo contrario se fracasará en el esfuerzo. En tales circunstancias, además, las reformas deben ser menos frecuentes y resultantes de la experiencia o del progreso, porque el Código Político está más arraigado en la cultura de la ciudadanía y de los gobiernos.

Aplíquese lo escrito a Chile y se coincidirá en que no es posible entender ni evaluar la Constitución de 1980 sin comprender la de 1925 ni, retrocediendo más todavía, careciendo de una idea clara del período transcurrido desde 1891 a 1924.

Esa es la tarea de este capítulo. Para realizarla parece adecuado periodizar, aunque sean debatibles los hitos escogidos, y distinguir los aspectos fundamentales que aparecen en los números siguientes[2]. Así se ha hecho mediante un esquema y no más que esto.

El concepto esencial que interesa realzar estriba, sin embargo, en que el constitucionalismo es un proceso acumulativo de esfuerzos y experiencias sobre el gobierno, en su origen y ejercicio, realizado con sujeción al Derecho y respetando, aun en circunstancias extraordinarias, la democracia, la dignidad de la persona y los derechos humanos. Cuanto más y mejor se coincida en la vivencia de este presupuesto, mayores

---

[2] Julio Heise González: **Historia de Chile. El Período Parlamentario** (Santiago, Ed. Andrés Bello, 1974) pp. 269 ss.; Leopoldo Castedo: IV **Resumen de la Historia de Chile, 1891-1925** (Santiago, Ed. Zig-Zag, 1982) pp. 3 ss.; Gonzalo Vial Correa: II **Historia de Chile 1891-1920** (Santiago, Ed. Santillana, 1983) pp. 209 ss.; Gabriel Salazar y Julio Pinto: I **Historia contemporánea de Chile** (Santiago, Lom Ediciones, 1999) pp. 39 ss.; y Gabriel Salazar, **Historia de la acumulación capitalista en Chile. Apuntes de clase** (Santiago, Ed. Lom Ediciones, 2003).

serán las probabilidades que un Código Político se arraigue en el espíritu o conciencia y, repitiendo lo dicho, en la cultura del pueblo.

1. Régimen político. Como consecuencia de la Guerra Civil de 1891 –pues no fue en su gestación y desenlace una revolución genuina–, el bando triunfante aceleró en la práctica, sin modelarlo jurídicamente, el proceso de cambio del tipo de gobierno que Chile venía experimentando, al menos desde la década anterior. Consecuentemente, el régimen presidencial autoritario, establecido en la Constitución de 1833 y que había sido suavizado por las reformas constitucionales aprobadas desde 1874, fue derrotado, tras nueve meses de conflicto armado, en septiembre de 1891. Lo relevante estriba en percatarse de que tal derrota ocurrió no solo en el plano de las discusiones políticas e ideológicas, sino que, más todavía, militarmente en los campos de batalla de Concón y Placilla.

En lugar del presidencialismo aludido fue consolidándose un nuevo tipo de gobierno[3], al que algunos denominaron *parlamentario*, pero que, realmente, fue un régimen asambleísta o de convención. Este régimen se caracterizaba porque el centro del ejercicio del poder se hallaba en el Congreso o Parlamento y no en el órgano ejecutivo que era su subordinado. Aquel proceso, conocido también como *parlamentarismo criollo o empírico*, por las desviaciones que tenía en parangón con el modelo clásico, venía surgiendo desde la década de 1870. La Guerra Civil de 1891 lo catalizó, entonces, y lo llevó a un prolongado y cruento desenlace.

Se pasó así del autoritarismo presidencial al extremo opuesto, desapareciendo la figura del Presidente de la República como institución suprema del Estado de Derecho. Tal mutación, hecha reemplazando el *thelos* y sin cambiar una letra del Código Político, fue y sigue siendo impropia de un gobierno parlamentario. En este, efectivamente, existe colaboración y cierto equilibrio entre ambos órganos del poder estatal, pues la responsabilidad política de los ministros ante la Cámara Baja del Congreso se halla balanceada por la facultad presidencial de disolverla y convocar a nuevas elecciones para reemplazar a sus integrantes.

No sucedió así en Chile durante el período 1891-1924, ya que el Presidente perdió toda capacidad de injerencia efectiva en la dirección del Gobierno de frente al Parlamento. Respecto de ambas Cámaras, incluyendo también al Senado, basta recordar que el Jefe de Estado no tuvo autonomía para el nombramiento y remoción de sus ministros. Tampoco le fue reconocida la facultad de disolver al Congreso, o al menos a su rama política, ni ejercer en él una influencia importante en la formación de la ley. El epicentro del poder, sociológicamente entendido, estaba en los círculos oligárquicos que manejaban los hilos de los partidos políticos.

Estas características fueron adquiriendo, inevitablemente, rasgos de abuso y descontrol que se tornaron alarmantes. Se llegó así a la doble crisis de febrero y agosto-septiembre de 1924, lapso en que la confianza del asambleísmo lo llevó al desenfreno en ambas ramas del Congreso. El revés –bélico e ideológico– del presidencialismo en 1891, aparejado con el vértigo asambleísta que se advirtió desde entonces, llevó a los vencedores a descuidar la introducción, en la Constitución de 1833, de las reformas que habrían convertido al régimen de convención en otro parlamentario. Para la fracción triunfante bastó mutar

[3] Se emplea la locución "*tipo de gobierno* para referirse al principio con sujeción al cual se organiza, ejerce y controla la soberanía en relación con la legitimidad, humanista y democrática, en el Estado de Derecho. Por consiguiente, el tipo de gobierno no puede ser confundido con la *forma de Estado* ni con la *forma de gobierno*, pues la primera versa sobre la organización del poder con respecto al territorio y la segunda se relaciona con la vigencia del principio de separación de órganos y funciones, principalmente.

el contexto del Código Político, es decir, reemplazar su espíritu sin alterar una coma del texto, entronizando así el asambleísmo.

La vida política chilena era entonces elitista, protagonizada por círculos pequeños y cerrados, quedando fuera de ella la emergente clase media y la masa de trabajadores, urbanos y rurales. Los partidos políticos, a su vez, eran escasos y con rasgos de clubes de notables, o sea, grupos de miembros escasos, compuestos por hombres de extracción aristocrática y prominencia socioeconómica, los cuales se reunían y decidían, por sí y a nombre del resto de la sociedad, la línea maestra que debía regir en ella. El sufragio, que con la reforma constitucional de 1888 había quedado cercano a la cualidad de universal, en la práctica distaba de serlo por el cohecho y otras manipulaciones electorales cometidas por la oligarquía dominante.

El descontrol e irresponsabilidad generaron, sin demora, la corrupción y venalidad en los círculos dirigentes. Contrastaba esa patología con cierta rectitud en el servicio público que demostraba la naciente clase media. Merced al acceso que el Estado daba a la educación, incluso universitaria, unido a la visionaria disposición de algunos aristócratas que buscaban socializar los valores de la mesocracia, ésta se hacía sentir, ya a fines del siglo XIX, articulada en pequeños, pero dinámicos, partidos políticos.

2. Régimen económico. En la época parlamentarista Chile tuvo y perdió la oportunidad de realizar, con éxito, el salto hacia el desarrollo sostenido en los ámbitos político, económico y social. Después nunca el país ha tenido otra ocasión tan propicia para lograr, pacíficamente, la modernización intelectual y material dentro del marco de la justicia social, privilegiando la libertad y logrando la igualdad de oportunidades. Institucionalizar el sistema en su conjunto, es decir, consolidarlo y arraigarlo en las capas dirigentes y en la población, sobre la base de un consenso fundamental compartido, fue el desafío, entonces realizable con éxito, y que, lamentablemente, se frustró.

Sin duda, nos hallamos en 2015 en un período que renueva el imperativo de avanzar en la solución de la pobreza y de la marginalidad, en la distribución más equitativa del ingreso, en la expansión de la autonomía de la Sociedad Civil y la ampliación de incentivos para que ella coopere, solidariamente, al bien común[4]. Análogamente impostergable es la focalización del gasto que efectúa el Estado para favorecer a los sectores excluidos de ese objetivo nacional o postergado en sus aspiraciones legítimas de gozar de dignidad en su vida. A la fecha, alienta constatar que el paso del tiempo, en extraordinaria bonanza, permite comprobar rectificaciones encaminadas a institucionalizar el desarrollo humano en Chile[5].

De acuerdo con las palabras del Presidente Balmaceda, la recién conquistada riqueza salitrera había creado prosperidad y holgura financiera. Esta debía ser aprovechada para impulsar el desarrollo público y privado de la nación, realizando primordialmente un vasto programa de obras públicas. El objetivo era evitar que esos ingresos extraordinarios se

---

[4] Sobre esta realidad, véase: Harald Beyer: "Educación y desigualdad de ingresos: una mirada", **Estudios Públicos** Nº 77 (2000), o en: www.cepchile.cl/dms/lang_1/doc_1418.html; María Elena Andonie: "Desigualdad en Chile. Subversión silenciosa", **Mensaje** Nº 56 (2007) pp. 42-45; y Andrés Solimano Ratinoff, Eduardo Aninat y Nancy Birdsall: **Distributive Justice and Economic Development: the Case of Chile and Developing Countries** (The University of Michigan Press, 2000).

[5] Peter Häberle: "Cultura y desarrollo", XV **Diálogo Científico. Revista semestral de investigaciones alemanas sobre Sociedad, Derecho y Economía** Nº 1-2 (2006) pp. 11 ss.

consumieran en las necesidades habituales del Estado-Gobierno[6], o que fueran dilapidados inútilmente. Ahora, la afluencia caudalosa de ingresos del cobre induce a recordar el pensamiento de aquel Presidente y las consecuencias de sus palabras.

La élite aludida era homogénea. Sin embargo, ella se fue convirtiendo en oligarquía, sobre la base de usufructuar del poder en beneficio propio cuando la economía del país llegó a ser próspera, sobre todo por la explotación del salitre y el cobre. Debido a causas como esta, si la riqueza hubiera sido acertadamente invertida y administrada, Chile habría llegado al nivel de país desarrollado en una etapa de su historia decisivamente favorable. Pero tal oportunidad se perdió. Contribuyeron a ello la indolencia y abuso de la clase dominante; la introducción y fomento de la lucha de clases, del odio y la envidia; el recurso cómodo a la demagogia y el populismo; la disposición al lujo de los núcleos potentados; en fin, la astucia en la especulación para el beneficio privado y con perjuicio del Fisco.

3. **Balance crítico**. Dicha oportunidad de progreso y consolidación nacional no se ha repetido en nuestra trayectoria. Hoy se sostiene por el Gobierno que la ruta seguida puede desembocar en el desarrollo pleno hacia 2020. El asunto no es tan claro y evoca proyecciones de sentido parecido y que no se materializaron. Por ejemplo, en su mensaje ante el Congreso el 21 de mayo de 1995, el Presidente Eduardo Frei Ruiz-Tagle creyó que había llegado una nueva ocasión, pero los pocos años transcurridos dejan ya de manifiesto que vivimos, en 2015, una nueva oportunidad, cuyo desenlace se torna impredecible. Ese final negativo ocurrió noventa y cinco años atrás por numerosas y complejas razones, de las cuales aquí se mencionan solo las tres siguientes:

A. **Auge, despilfarro y caída de la riqueza salitrera**. En el período aludido se logró el máximo nivel de explotación y exportación del salitre. Sin embargo, desde 1907 fue advirtiéndose la comercialización del nitrato sintético, producido en Alemania, cayendo bruscamente el precio del fertilizante que se elaboraba en nuestro país y, como consecuencia, los ingresos fiscales provenientes de su venta;

B. **Subdesarrollo de la vida rural**. Haberse preocupado del progreso del sector rural y hacerlo con espíritu de trabajo y solidaridad con los campesinos, había sido una obra destacable de la aristocracia del siglo XIX. A raíz de la revolución de 1891, empero, parte relevante de la aristocracia agraria abandonó el campo, optando por la riqueza salitrera, tentar fortuna en las operaciones bursátiles o bancarias y gozar de la vida urbana en palacios y clubes. Una secuela de tal cambio de estilo de vida fue el ausentismo del patrón, con abandono del trabajo rural y de los inquilinos. Como ya no se vivía en el campo, tampoco se invertía ni laboraba en él, surgiendo una brecha de enemistad entre el hacendado y el campesino; y

C. **Falta de inversiones**. En aquellos años, Chile dilapidó la riqueza, sumiéndose su incipiente industria en el atraso. Secuela de este hecho fue una gran cesantía en el extremo norte, y el pago de remuneraciones indignas a quienes lograban trabajo. Llegó la crisis salitrera y nuestro país no había efectuado las inversiones necesarias para superarla con nuevas tecnologías de producción masiva y más económica. Los capitales extranjeros en el área fueron abandonando el país, permaneciendo en las oficinas salitreras tan solo una fracción de la mano de obra antes ocupada.

Esas circunstancias se sumaron al proceso de urbanización, haciendo que un elevado porcentaje de la sociedad, principalmente de Santiago, viviera en condiciones infrahumanas. Se

---

[6] Alejandro Silva Bascuñán: III **Tratado de derecho constitucional** (Santiago, Editorial Jurídica de Chile, 1997) p. 59.

facilitó así la agitación, con causas que no eran solo demagógicas, manifestadas en oleadas de huelgas y paros desde 1905 a 1920 en las ciudades del centro y del norte del país, como también en las salitreras[7]. Esas explosiones obreras fueron intelectualmente explicadas, desde el punto de vista ideológico, más que nada por el pensamiento marxista-leninista, que buscó ir encauzándolas para su beneficio partidista. Surgieron, además, en la capital y Valparaíso, grupos anarco-sindicalistas que ejecutaron los primeros actos de terrorismo de que haya memoria en Chile[8].

4. **Régimen social**. Una vez más resulta necesario simplificar el análisis y excluir, para llegar al objetivo que preocupa, múltiples e importantes fenómenos históricos. Teniendo presente esa advertencia, es posible añadir que la sociedad de la época en estudio se caracterizó por los tres rasgos matrices que se resumen a continuación:

A. **Sociedad estratificada**. Fue, desde luego y al tenor de lo ya explicado, una sociedad de esa índole, con diferencias marcadas entre el nivel social alto, o sea, la clase aristocrática, propietaria de los recursos económicos y que detentaba el poder político, por un lado, y todo el resto de la comunidad, de otro. A comienzos del siglo XX no existía todavía una clase media configurada y organizada, numerosa e influyente, consciente y autoidentificada, porque los núcleos de profesores, funcionarios, uniformados y profesionales que integraban ese pequeño sector social se subordinaban a la clase alta o aristocrático-oligárquica. Lo que hacia 1920 Julio Heise denominaba la *mesocracia,* no era aún el componente decisivo del sistema social[9];

B. **Corrupción y desenfreno**. La clase alta, que era política, social y económicamente dominante, se fue corrompiendo. Perdió las cualidades decimonónicas que la habían distinguido, entre las cuales deben recordarse el hábito de ahorro, de trabajo y sacrificio; la sobriedad en las costumbres y el espíritu de solidaridad con sus colaboradores y sectores vulnerables; el consenso en los valores fundamentales y el respeto de la legalidad.

La crisis de la clase dirigente se generó, en parte al menos, por el lucro especulativo que se apoderó de vastos sectores de ella con motivo de las cuantiosas riquezas salitreras y mineras que circulaban, con tanta facilidad, después de la Guerra del Pacífico. Esto provocó, como señala Alejandro Silva Bascuñán, una *transmutación de los valores colectivos*, sobre la base del rápido movimiento del dinero y la pérdida de los criterios tradicionales de austeridad, dominantes en la antigua clase agraria[10]. Esa última adquirió, como efecto de la influencia europea, las ideas y disposiciones, los gustos y costumbres de los franceses e ingleses, por ejemplo, tratando de vivir con el lujo de un sector social desarrollado, pero en un país atrasado. En Chile, hubo oligarquización de la vida política, social y económica, secuela de la pérdida de las virtudes cívicas que habían legitimado el liderazgo de la aristocracia, capacidad de mando que este segmento no transmitió a la mesocracia porque él mismo carecía ya de los talentos aludidos; y

C. **Urbanización acelerada**. Por último, fue una sociedad en proceso de migraciones internas de magnitud. Esto tuvo múltiples consecuencias, algunas de las cuales se pasa a mencionar[11].

---

[7] Gonzalo Vial Correa: I. **Historia de Chile** T. 2 (Santiago, Ed. Santillana, 1981) pp. 852 ss.; Pablo Artaza Barrios **et al.**: **A 90 años de los sucesos de la Escuela Santa María de Iquique** (Santiago, Lom Ediciones, 1998).

[8] Julio Heise, **cit.**, p. 402; Peter DeShazo: **Urban Workers and Labor Unions in Chile, 1902-1927** (Madison, The University of Wisconsin Press, 1983) pp. 245-247.

[9] **150 Años de evolución institucional**, cit., pp. 141 ss.

[10] Alejandro Silva Bascuñán: III. **Tratado de derecho constitucional**, **cit.**, p. 62.

[11] Revísese Hernán Godoy Urzúa: **Estructura social de Chile** (Santiago, Ed. Universitaria, 1971) pp. 193 ss.

Hubo, desde luego, una exposición clara al debate y a la confrontación de ideas de grupos que antes eran pasivos. El proceso de urbanización acelerada incentivó, en efecto, el despertar de vastos sectores sociales a un nivel de conciencia, de valores y aspiraciones que antes no tenían, o que, si los compartían, ahora los combatían.

Por otra parte, los sectores más pobres y desvalidos de la población emigraron a las ciudades, especialmente a la capital, en búsqueda de un mejor nivel de vida. Sin embargo, allí no encontraron el trabajo, la educación, la salud e higiene ni la vivienda, bienes por los cuales habían emigrado. Se provocó con ello la radicalización de las frustraciones por la insatisfacción de los anhelos de una existencia digna. Y de cara a esos problemas los gobernantes se manifestaban indolentes o, peor todavía, resueltos a desconocerlos o a reprimir sus efectos ignorando las causas.

Así la rebelión fue transitando desde la deficiente asimilación de las ideas foráneas a la fe –a veces obsesiva– en ellas. El terrorismo y el anarquismo se asociaron con agitación articulada en huelgas y paros. Frente a esas vías de acción directa la clase alta reaccionó, pero desatinadamente, como ya está escrito: castigó los efectos del descontento sin acabar el mal solucionando sus causas. Como escribe Guillermo Feliú Cruz[12], aquella clase estaba, salvo excepciones, pensando que la solución a las demandas de los movimientos obreros no era una cuestión de justicia, sino que de caridad o de policía. Consecuentemente, para la clase alta este era un problema de conciencia individual, pero no de injerencia del Estado, con planes y órdenes impartidas desde arriba.

Por otra parte, la sociedad chilena comenzaba a vivir un proceso de inestabilidad y conflictos profundos. Se iban fraguando –e instigando– en su seno las condiciones de una rebelión, basada en la aún escasa conciencia de lucha de clases. La delgada capa alta o ***establishment***, como la ha denominado Gonzalo Vial, utilizaba el poder para combatir estos movimientos obreros y campesinos, usando con tal propósito a las Fuerzas Armadas. Se las fue desviando, de este modo, de su rol profesional, o sea, de instituciones dedicadas a la defensa nacional, para apuntarlas contra la población alzada en paros y huelgas, con secuelas sangrientas. La plutocracia causó con esa manipulación un perjuicio grave al profesionalismo de esas instituciones, politizándolas más de lo que estaba. La literatura, ya citada o que se menciona en la bibliografía, exhibe con elocuencia, pero también con sesgo, las masacres así provocadas y el odio que engendraron en la población.

No existía, en aquella oligarquía, posibilidad real de cambiar la situación. Realmente, resultaba difícil siquiera imaginar que estuviera dispuesta a aceptar reformas que menoscabaran sus apetitos e intereses, o que implantaran controles y responsabilidades a sus desenfrenos. Por el contrario, la oligarquía acudió cada vez más a la represión. Lo hizo por facilidad y desidia, atacando síntomas y secuelas, pero jamás las causas de la cuestión social. He aquí uno de los motivos que explican la esperanza reformista con que el estrato medio aguardaba la acción rectificadora de la autoridad estatal. Ese anhelo singularizó la década precedente a la dictación de la Carta Fundamental de 1925.

5. Actitud de las Fuerzas Armadas. La única posibilidad real de interrupción del proceso descrito para, en su lugar, instaurar un régimen más representativo y justo era, a la luz del Manifiesto Militar del 11 de septiembre de 1924, una intervención social tan honda que se asemejara a una operación quirúrgica, pero practicada desde afuera del ***establishment***.

---

[12] "Durante la República. Perfiles de la evolución política, social y constitucional", en Facultad de Derecho de la Universidad de Chile: **La Constitución de 1925 y la Facultad de Ciencias Jurídicas y Sociales** (Santiago, Editorial Jurídica de Chile, 1951) pp. 230-231.

Esa fue la misión, urgente y drástica, que algunos mandos jóvenes de las Fuerzas Armadas, más que nada del Ejército, estuvieron dispuestos a llevar a cabo.

Aquellas instituciones tenían cuentas pendientes que saldar, pues habían sido divididas después de la Guerra Civil, y olvidadas más tarde, hallándose en situación de pobreza material y atraso técnico. A raíz del quiebre institucional de 1891, el Ejército estaba derrotado y afectado hasta en su mística. Ello facilitaba su manejo por la oligarquía. El Ejército le obedeció, pero como consecuencia de esta instrumentalización fue quedando social, económica, logística y políticamente desplazado. En punto a la Armada, el cuadro no era mejor. En efecto, el personal de las Fuerzas Armadas –como lo demuestra René Millar[13]– padecía una situación lastimosa por el equipamiento obsoleto y ausencia de adiestramiento moderno, bajos emolumentos y estancamiento en los escalafones. Esos elementos son suficientes para erosionar los principios capitales sobre las cuales se erigen, funcionan y son controladas las instituciones armadas.

En fin, y en lo que se refiere a su posición política, esas instituciones tenían núcleos con inquietudes y críticas, formándose así grupos secretos o logias ocultas, que asumieron posiciones de reproche frente al manejo y situación indolente de la clase alta. En un principio, esos núcleos fueron marginados para después ser reprimidos. Finalmente encontraron comprensión y apoyo en algunos líderes políticos. De ellos merece realce el entonces senador y caudillo avezado Arturo Alessandri Palma. Este era un parlamentario hábil y experimentado, visionario y audaz, no exento de rasgos demagógicos, pero en definitiva capaz de captar –con oratoria y gestos carismáticos– sus inquietudes.

Por las razones expuestas y otras análogas, en 1920 los cuadros de los uniformados involucrados en el esfuerzo rectificador apoyaron al nuevo presidente Alessandri. Empero, como los años pasaban y las promesas de aquel Mandatario seguían incumplidas, grupos de uniformados se hicieron presentes con sus demandas, ya en estado de crisis, en febrero y agosto-septiembre de 1924. A raíz de tales sucesos, Chile comenzaba a experimentar fenómenos nuevos, hasta entonces desconocidos, en su trayectoria institucional.

6. Crisis de 1924-1925. En febrero de 1924, el presidente Alessandri planteó al Congreso la aprobación de diversas y sustanciales modificaciones al orden constitucional existente. Reemergía con ello la tesis según la cual las reformas al Código Político bastan para inducir los cambios culturales deseados, o al menos son decisivas para materializarlos.

El Jefe de Estado abordó, en efecto, la necesidad de poner fin al asambleísmo parlamentario; instaurar un nuevo régimen presidencial sobre bases democráticas, y dar solución a la cuestión social. Frente a ello, Alessandri encontró el rechazo del *establishment*, particularmente del Senado. Las reformas constitucionales planteadas por el Jefe de Estado quedaron, por ende, postergadas.

En agosto y septiembre de 1924, sin embargo, ciertos mandos medios de la oficialidad joven del Ejército presionaron a Alessandri para que insistiera en la aprobación de los cambios aludidos. Pero ello fue nuevamente rechazado por la oligarquía, la cual y paradójicamente, solo aprobó en el Congreso la dieta parlamentaria, dejando de ser concejiles los cargos de diputados y senadores.

La torpeza descrita catalizó el descontento de las filas castrenses y apuró el golpe militar del 11 de septiembre de 1924. Así ocurrió tras llegar los caudillos del movimiento castrense

---

13 "Significado y antecedentes del movimiento militar de 1924", **Historia** Nº 11 (1972-1973) pp. 33 ss.

a la conclusión, debatida entre los historiadores, que ya no necesitaban a Alessandri para cumplir sus propósitos de depuración y reforma política; o bien, que este no les resultaba confiable; o, en fin, que ellos eran la energía política determinante, pensando, tal vez, que soberano es quien decide las crisis o se impone en las situaciones de excepción, como escribió Karl Schmitt[14]. Exigieron, entonces, la renuncia del Jefe de Estado y clausuraron el Congreso, obrando en todo *de facto*. El Presidente partió al exilio en Europa y el país se sumió en el caos institucional.

Fue constituida una Junta de Gobierno, presidida por el general Luis Altamirano Talavera. Pero esa Junta, de orientación conservadora a juicio de la oficialidad joven, no era representativa del ideario de cambios propugnados por esta. Ponderando esa razón, aquella oficialidad, en enero de 1925, decidió erigir una segunda Junta, la cual duró apenas cuatro días, desde el 23 al 27 de enero de 1925. En esta última fecha fue reemplazada por una tercera Junta, encabezada ahora por un civil, el abogado, profesor y diplomático Emilio Bello Codecido, personalidad ecuánime, respetada y próxima al presidente Alessandri.

La tercera Junta convirtió algunos proyectos en textos normativos. Materializó también ideas importantes a través de los centenares de decretos leyes que dictó hasta fines de marzo de 1925. Por ejemplo, avanzó a la fundación del Banco Central para enfrentar la crisis cambiaria; hizo lo mismo con el Colegio de Abogados; y, sobre todo, se comprometió a luchar por el restablecimiento del orden constitucional, para lo cual logró el regreso de Arturo Alessandri y que este reasumiera la Presidencia. Lo relevante de este retorno radicó en el compromiso de Alessandri en punto a obtener la aprobación de una nueva Constitución, reabrir el Congreso, reanudar la vida de los partidos y volver, paso a paso, al Estado de Derecho.

7. **Restauración institucional**. El presidente Alessandri regresó a fines de marzo de 1925 y, en los primeros días de abril, dictó varios decretos supremos, que en realidad eran decretos leyes. Mediante ellos convocó a personalidades de variadas corrientes políticas para integrar una Gran Convención Consultiva, semejante a un consejo asesor. La finalidad de esa asamblea era proponerle ideas y proyectos articulados sobre las reformas constitucionales necesarias para restablecer el orden institucional. No se trató, por ende, de una asamblea constituyente, dotada de competencia para decidir sobre el contenido de la nueva Carta Fundamental y el procedimiento destinado a ponerla en práctica. Debe observarse, por lo tanto, que tampoco se hallaba establecido cómo iba a ser puesta en vigencia la nueva Ley Suprema[15].

El trabajo de la Convención, formada por unos 150 miembros de todas las posiciones políticas, se realizó en un período aproximado de cuatro meses, sesionando en el Palacio de La Moneda.

Aunque después será expuesto con algún detalle, es necesario puntualizar aquí que la Constitución fue aprobada solo como una reforma a la Carta Fundamental de 1833. Probablemente, ello ocurrió así para conservar, al menos en la opinión pública, cierta

---

[14] **Political Theology** (1933) (Cambridge, Massachusetts, The MIT Press, 1988) p. 5.

[15] Juan Guillermo Guerra: **La Constitución de 1925** (Santiago, Establecimientos Gráficos Balcells, 1929), pp. 3 ss.; José Maza Fernández: "Recuerdos de la reforma constitucional de 1925", en Facultad de Ciencias Jurídicas y Sociales de la Universidad de Chile: **Constitución de 1925**, **cit.**, pp. 25 ss.; **Actas Oficiales de las Sesiones Celebradas por la Comisión y Subcomisión de Estudio del Proyecto de Nueva Constitución Política de la República** (Santiago, Imprenta Universitaria, 1925), pp. 727 ss.; Gonzalo Vial Correa: III **Historia de Chile** (Santiago, Ed. Santillana, 1998) pp. 531 ss.

imagen de continuidad en la evolución pacífica de nuestras instituciones políticas. Al fin y al cabo, la Carta Fundamental de 1833 había posibilitado la consolidación del régimen democrático, contribuido al desarrollo socioeconómico del país y llegado a concitar el mayor respeto, por ser una de las cinco constituciones escritas más antiguas del mundo. Era, entonces, un Código Político respetable, aunque urgido de cambios políticos sustanciales.

La nueva Constitución fue aprobada en el plebiscito celebrado el 30 de agosto de 1925. Algunos observaron que nació prematuramente y con necesidad de cuidado apremiante. En realidad, y desde el 18 de octubre, fecha en que entró en vigencia, la Constitución ya tuvo graves problemas para regir, inconvenientes que presagiaban los tropiezos que sufriría con el transcurso del tiempo y que culminaron en el colapso de la democracia en septiembre de 1973.

Por razones diversas, de fondo y también de divergencias o aspiraciones personales, la llegada de Alessandri fue la prueba de que las Fuerzas Armadas se habían convertido en el árbitro supremo de los destinos de Chile, decidiendo lo que estimaran mejor para el régimen institucional, con o sin el concurso de los políticos y de los partidos. Soplaban también en Chile, consecuentemente, los vientos autoritarios que arreciaban en el centro y sur de Europa, ligados al desgobierno asambleísta, a las penurias de la clase media y a los sentimientos nacionalistas, de cierto carácter corporativo y opuestos al multipartidismo imperante.

8. Esfuerzos por vivir la Constitución. En el lapso aludido el país fue gobernado por los militares, aunque sin eliminar a los partidos ni a las instituciones democráticas. Se distinguía la figura del coronel Carlos Ibáñez del Campo.

Tratábase del hombre que, al tenor de lo ya visto, siendo oficial joven del Ejército practicó el poder tras el sitial de Alessandri y sus ministros, para hacerlo manifiestamente cuando lo ejerció un Presidente bonachón y pusilánime, como Emiliano Figueroa Larraín. Pero, con la renuncia de este último, Ibáñez avanzó al primer plano al ser elegido, por abrumadora mayoría, como Primer Mandatario, en abril de 1927. Hay que recordar que Ibáñez ejerció el cargo de ministro del Interior durante el mandato del presidente Figueroa, pasando después de su renuncia a ocupar la Vicepresidencia de la República. Desde ella convocó a las elecciones presidenciales en las cuales resultó elegido[16].

Ibáñez era la mano fuerte del poder y del dominio que ejercían los militares. Pero, a pesar de ello, y en general, usó sus facultades ciñéndose a la Constitución o, por lo menos, trató de respetarla en la forma cuanto le fue posible.

En efecto, ya hemos advertido que Ibáñez no clausuró el Congreso ni proscribió a la oposición con sus dirigentes y partidos. Tampoco su línea de conducta fue de dictador, salvo casos aislados y que, por lo mismo, le costaron el desprestigio. El suyo fue un gobierno duro, autoritario, que cometió excesos y provocó, en ocasiones, hasta represiones y muertes. Estos hechos se acumularon, desencadenando la renuncia del gobernante y la caída de su gobierno a fines de julio de 1931.

Muchos analistas, entre los cuales cabe mencionar a Alejandro Silva Bascuñán, califican el gobierno de Ibáñez como un autoritarismo personalista, pues hubo, como expresa dicho autor, ausencia de imperio de las libertades públicas, especialmente de las referidas a la

---

[16] Germán Urzúa Valenzuela: **Historia política de Chile y su evolución electoral, 1810-1992** (Santiago Editorial Jurídica de Chile, 1992) pp. 431 ss.

seguridad personal y a la difusión del pensamiento político; atropello a la independencia del Poder Judicial y a los privilegios parlamentarios; impulso a la aprobación de leyes amplísimas de delegación de facultades gubernativas obtenidas bajo la presión de tal clima ciudadano; omisión de elección popular de diputados y senadores, a través del llamado *Congreso Termal*, y otros reparos de gravedad semejante[17].

Los propósitos de Ibáñez se vieron frustrados, principalmente, por aquellos abusos y, más que nada, debido a factores económicos. Él quería resolver la cuestión social, para lo cual embarcó al Estado en cuantiosas inversiones en obras públicas, educación y modernización de los servicios fiscales, en momentos en que los recursos del erario, especialmente los ingresos tributarios, iban bajando por el colapso del precio del salitre. Esta situación alcanzó características caóticas, siendo aprovechada por la oposición para encender, o estimular, el descontento en la población. Frente a ello, Ibáñez endureció su gobierno y agudizó la represión de los opositores, selectivamente de profesionales y estudiantes universitarios. Se sostuvo desde entonces que Chile vivía en una dictadura, calificación que llegó a ser correcta.

El gobierno, empero, nunca perdió el apoyo de los militares ni el control de las Fuerzas Armadas. Tampoco le faltó la adhesión de los Carabineros, a los cuales Ibáñez había fundado en abril de 1927, tanto para modernizar la policía y unificarla, como con el propósito de neutralizar al Ejército. Pero el Mandatario renunció, delegando el mando supremo en el vicepresidente de la República, Pedro Opazo Letelier. Luego abandonó el país.

Lo anterior puede resumirse afirmando que, desde abril de 1927 a julio de 1931, el presidente Ibáñez enfrentó una crisis económica aguda; desarrolló un plan de modernización del Estado y de realización de obras públicas encomiable; puso en marcha la Constitución de 1925; neutralizó la injerencia militar en política y fundó a Carabineros de Chile. Sin embargo, terminó renunciando en medio de una debacle económica y con vasta resistencia a sus decisiones, calificadas de dictatoriales por sus opositores, más que nada seguidores de Alessandri, su mayor enemigo político.

9. **Segunda anarquía**. Se llama así el período que transcurrió desde julio de 1931 a diciembre de 1932, porque Chile fue entonces gobernado por diecisiete Presidentes o Juntas de Gobierno, *de facto* o *de jure*. Este antecedente revela el estado de descomposición, de desinstitucionalización, de confusión social y política que padecía el país; la desorganización de los partidos, la mediocridad de la clase política y el militarismo; en fin, la miseria y la pobreza que asolaban a la población.

Chile dejó de ser un ejemplo de continuidad institucional en América Latina, de Estado de Derecho con estilo democrático, y sucumbió en la inestabilidad y caudillismo típico de los países de nuestro continente, en tales años y aún después. El divorcio entre la clase política, cualquiera fuera su nombre u orientación, por un lado, y la realidad de las demandas sociales de la población, por otro, se hicieron patentes, sin hallar los cauces institucionales a través de los cuales pudieran ser reconducidas y satisfechas. De los gobiernos de ese período, si es correcto denominarlos así, se cuentan desde conservadores a socialistas y radicales, sin olvidar, por cierto, a los militares. Por excepción, hubo gobiernos *de iure* en su origen y ejercicio, como el del presidente Juan Esteban Montero. Sin embargo, este mandatario fue prontamente depuesto por los uniformados, azuzados por Alessandri, demostrando con ello la situación de ambiciones personalistas y de desgobierno que se vivía.

---

[17] Alejandro Silva Bascuñán. III **Tratado de derecho constitucional** (Santiago, Editorial Jurídica de Chile, 1997) p. 92.

La falta de líderes y la irresponsabilidad de otros, las asonadas caudillescas, la crisis socioeconómica, la ausencia de un ideario claro, práctico y resuelto de gobierno, la penetración de nuevas ideas sobre la democracia social y el Estado de Bienestar, la desorganización de las fuerzas políticas y la falta de estructura de las agrupaciones sociales, la penosa situación mundial y otras circunstancias análogas explican el deplorable clima de anarquía que padeció entonces nuestro país.

10. Restauración institucional. La reanudación del proceso político en los términos previstos por la Constitución; el respeto de los militares a los gobernantes civiles democráticamente elegidos, y el imperio de la autoridad dentro del Estado de Derecho, comenzó a lograrse nada más que a fines de 1932 y tras superar numerosos obstáculos. Tal proceso fue posible gracias a la conjunción de las razones fundamentales que resumo a continuación[18].

En primer lugar, es menester realzar que en los altos mandos militares se fue sintiendo vergüenza al constatar la situación imperante y compararla con la tradición constitucional que Chile había forjado, con el apoyo de las instituciones armadas, y que se había mantenido hasta decenios atrás. Consecuentemente, generales como Blanche, Ludwig y Vignola se comprometieron a imponer el orden y la disciplina en los cuarteles, subordinándose a la autoridad civil y respetando la Constitución, lo cual lograron con el resultado aludido.

Correlativamente, el retorno al buen sentido político comenzó a percibirse en los líderes civiles, dejando el frenesí con el que se dedicaban a complotar con los militares o a manipularlos. Se decidieron también ellos, por ende, a dejar esas prácticas de baja política y a conducirse con responsabilidad, o sea, midiendo las consecuencias deplorables de sus actos y procurando evitarlos.

Por lo tanto, hubo un cambio de actitud generalizado: tanto en el gobierno como en la oposición, en los políticos y en los uniformados. Y en este nuevo rumbo, quien más claramente lo impulsó y continuó haciendo imperar el vigor de la autoridad presidencial, fue Arturo Alessandri Palma en su segundo mandato (1931-1938).

Ambas actitudes de encuentro o convergencia en la rectificación del curso del proceso político culminaron en un desenlace positivo. En efecto, el general Blanche renunció a la Presidencia y aplicó la Constitución para que operara el sistema de sucesión regular en el mando supremo. Asumió, en consecuencia, como vicepresidente de la República Abraham Oyanedel, que era el presidente de la Corte Suprema, quien pronto convocó a elecciones. Así, a fines de 1932, fue elegido Arturo Alessandri Palma, asumiendo la Primera Magistratura solo dos meses más tarde.

11. Arraigamiento de la Constitución. En el contexto descrito resulta claro deducir que, en diciembre de 1932, se inició un nuevo período de nuestra trayectoria política. Este puede ser caracterizado –hasta 1964– por los aspectos principales que se enuncian a continuación.

A. **Ámbito político.** Constátase un sostenido y generalizado esfuerzo por lograr la regularidad institucional. El sistema político, en efecto, funcionó como formalmente lo señalaba la Constitución de 1925, progresándose en la institucionalización o arraigamiento efectivo de lo preceptuado en ella. Pero los militares conservaron cierto grado de intervención decisoria. Así, y por ejemplo, ocurrieron estallidos como el *Ariostazo* en 1939, y el Complot de la Línea Recta en 1955. Pese a ello, hasta noviembre de 1964 se percibió,

[18] Fernando Pinto Lagarrigue: **Crónica política del siglo XX** (Santiago, Editorial Orbe, 1972) pp. 214 ss.; Diego Miranda Becerra: **General Carlos Ibáñez del Campo, fundador de Carabineros de Chile** (Santiago, Ograma Impresores, 2013) pp. 747 ss.

con nítido vigor, una política de reiterada continuidad en la normalidad constitucional y de acatamiento de la Carta Fundamental y su legislación complementaria;

B. **Plano económico**. Los años que transcurrieron desde 1932 a 1964 se caracterizaron por el llamado *Estado de Compromiso*, cuya secuela principal fue el bienestar creciente para los sectores medios y bajos de la población.

Ningún estrato de nuestra comunidad nacional quedó, por ende, excluido *a priori* de los beneficios económicos, de salud y enseñanza que se fueron obteniendo a través de la dictación y ejecución de leyes, cuyos objetivos y contenidos eran de justicia social. Esto fue posible, empero, a raíz de que no hubo fuerza política y socio-económica que, por sí sola, dispusiera del poder suficiente para imponerse al resto, como tampoco para dejar de ser considerada a raíz del sufragio que controlaba. La alternativa era imponerse, pero con alianzas aunque fueran efímeras. De manera que en Chile se fueron transando proyectos entre el Gobierno y la oposición, uno en la Presidencia y la otra en el Congreso. Se abrió la política del compromiso entre las autoridades y la ciudadanía, obligándose todos en la concreción de beneficios comunes que, sin ser óptimos, evidenciaban claros progresos en el bien común; y

C. **Orden social**. La mujer fue mejorando en su igualdad de oportunidades, incluso en la conquista del sufragio y el derecho de acceder a los cargos públicos. Los consumidores comenzaron a ser protegidos por las agencias estatales creadas para ello. Los trabajadores, rurales y urbanos, llegaron a organizarse en sindicatos, pasando a gozar de rentas más elevadas y mejores sistemas de seguridad social. El acceso a la enseñanza, a la salud e higiene, a la vivienda y al descanso se convirtió en una realidad generalizada para la mayoría de la población.

12. Estado de compromiso. El Estado de Bienestar fue posible, principalmente, gracias a la actitud pragmática del Partido Radical, cuya conducta política osciló entre la izquierda y la derecha, permitiendo que todos los sectores alcanzaran algún beneficio. Pero con los años, ese Partido comenzó –y con razón– a ser criticado por la actitud de péndulo, pues con su programa socialdemócrata y de alianza, vacilante más que cambiante, contribuyó a la corrupción de la vida política. Al cabo de catorce años de Gobierno a dicha colectividad se la responsabilizó por introducir en nuestra cultura tanto el clientelismo y la venalidad como el oportunismo que carece de principios.

Pero la conducta progresista y reformadora de los radicales tuvo también trascendencia y consecuencias positivas. Entre ellas cabe destacar que permitió la evolución democrática de las instituciones; logró afianzar el bien común, v. gr., desde el punto de vista de la enseñanza y la salud para sectores cada día más vastos de la población; e infundió al Estado roles activos o promotores en la planificación y materialización del desarrollo socioeconómico del país. Así ocurrió, por ejemplo, con la Corporación de Fomento de la Producción (Corfo) desde 1939, en ligamen con la industrialización, la explotación de la energía hidroeléctrica, la reconstrucción de zonas asoladas por los sismos, la innovación tecnológica y otros rubros de similar importancia.

13. Promesas y frustraciones. En noviembre de 1952, Carlos Ibáñez del Campo llegó a la Presidencia, por segunda vez y con una mayoría abrumadora. Prometió, con el apoyo de la alianza heterogénea que lo llevó a la Primera Magistratura, transformar la desesperanza en confianza por la acción de un gobierno recto, suprapartidario y eficiente. Los vicios adjudicados al radicalismo iban a ser erradicados por la fortaleza de su mando presidencial, sin compromisos.

Esta segunda gestión de Ibáñez fue, sin embargo, errática en las medidas económicas, con elevados índices de inflación y crisis cambiarias. Tampoco tuvo nitidez democrática en el plano político, salvo en sus postrimerías por la dictación de plausibles enmiendas electorales. En el legado de aquel Presidente debemos destacar la aprobación, en agosto de 1958, de la Ley de Seguridad Interior del Estado, con la cual se reemplazó a la denostada *Ley Maldita* o de Defensa de la Democracia, aprobada diez años antes, durante el mandato de Gabriel González Videla, para combatir al comunismo.

El cuadro de improvisación descrito llevó a pensar, como correctivo, en la necesidad de gobiernos ejercidos con criterios técnicos, transparentes en sus decisiones y sobrios en sus gastos. Se impuso, consecuentemente, una plataforma política fundada en la reducción del déficit estatal, la contracción del aparato fiscal, el despliegue de la iniciativa privada en el desarrollo socioeconómico y una cierta apertura al comercio internacional.

Con tal predicamento, y por estrecha mayoría, fue elegido presidente Jorge Alessandri Rodríguez en noviembre de 1958. Una vez más, el Jefe de Estado logró la victoria sobre la base de plantear su mandato por encima de las luchas partidistas.

Así lo hizo, gobernando con estilo y objetivos liberales, pero solo hasta 1961. Debemos advertir, en efecto, que el gobierno de Alessandri, principalmente a raíz de los desastrosos efectos del terremoto de 1960, la influencia desestabilizadora de la Revolución cubana a partir de 1959 y el descontrol de la economía abierta al exterior, no logró satisfacer el *ethos* del cambio prometido y facilitó el avance hacia el centro y, después, a la izquierda del espectro político. Alessandri Rodríguez era una personalidad que hoy podría ser calificada de neoliberal y tecnócrata. Presionado por los factores citados, sin embargo, terminó aplicando una política de controles estatales, con alta inflación, sometido a las alianzas inestables de los partidos que apoyaban su gobierno de minoría y sin poder detener las demandas de bienestar y cambio propugnadas por sus opositores políticos. En ese cuadro de tensiones, haber mantenido, en términos impecables, el funcionamiento del sistema democrático es, probablemente, el elogio mayor que puede ser atribuido a esa presidencia.

14. Visión de conjunto. Del período 1932-1964 podemos decir, en términos generales, que se caracteriza por el progreso económico, especialmente merced a la política de los presidentes radicales, con un Estado-Gobierno fuerte, gestor o empresario, rasgo que se reflejó en el auge industrial del país. Si esa política puede ser encasillada en categorías doctrinarias, entonces cabe decir que se trató de la orientación social demócrata en un Estado pluralista y de compromiso entre los partidos.

En el plano social, por otra parte, en aquellas tres décadas hubo también progresos ostensibles. Así, se multiplicaron los grupos intermedios, sobre todo los sindicatos, primero en la ciudad y después en el campo. El sistema de salud estatal amplió la cobertura a nuevos sectores de la población. Creció la edificación de viviendas, aumentó el acceso a la enseñanza en sus diversos niveles, la mujer logró el sufragio municipal y político,.

A pesar de todo, ese Estado de Bienestar no logró consolidarse. ¿Por qué? Difícil es responder con certeza, pero entre las hipótesis plausibles resulta menester señalar que la sobrecarga de promesas y postulados ideológicos, en boga por esos años, tuvo su cuota importante de incidencia. Resurgía, por ende, el deseo de hacer más cambios sociales y de efectuarlos pronto, sin saber claramente en qué consistían las reformas ni cómo llevarlas a efecto. Imperaba el sentimiento de ayuda estatal apremiante a los estratos medios y bajos de la población, pero sin tener ideas precisas al respecto, especialmente en cuanto fueran distintas del creciente dirigismo burocrático.

Consecuentemente, el arraigamiento de las instituciones en los términos articulados por la Constitución fue solo relativo, porque Chile no tuvo un eje programático, consolidado en torno del centro ideológico y que perdurara más allá de los catorce años de los mandatarios radicales. Los tres Presidentes de esa colectividad política –Aguirre, Ríos y González– marcaron en sus gobiernos un estilo y objetivos homogéneos, contrastante con el autoritarismo de Alessandri Palma hasta 1938, por un lado, y el populismo de Ibáñez seguido del neoliberalismo de Alessandri Rodríguez desde 1952 a 1964.

15. Cambios estructurales. Nos referimos al período comprendido entre 1964 y 1973, es decir, durante las presidencias de Eduardo Frei Montalva y Salvador Allende Gossens.

En esa década la vida política fue intensa, crecientemente polarizada y marcada por una ideologización permanente y antagónica. Después, llegó a ser confrontacional e, incluso, dejar de ser política para convertirse en violencia en ciudades y campos.

La lucha ideológica explica, en buena medida, ese panorama negativo. En él la política era absorbente, omnicomprensiva, para muchos mesiánica y entendida como excluyente del opositor, al cual se lo pasó a reputar enemigo político y, por lo mismo, adversario ilegítimo. Las ideologías fueron entendidas como métodos y finalidades únicas, hegemónicas e intransables, dogmática y sectariamente concebidas. Por supuesto, con tales características se hizo imposible renovar el compromiso de infundir estabilidad al sistema político.

La transacción, por el contrario, se consideró cobardía, o un eclecticismo reprobable, una actitud de media tinta inaceptable en años de adhesión total a una cosmovisión exclusiva y excluyente. Pertinente es recordar aquí a Wilhelm Aubert[19], quien, en 1963, escribió que sobre los valores no se transa. Había que luchar, primero pacíficamente y más tarde como fuera, para cumplir los postulados ideológicos propios. Esa vía dogmática, rígida y sectaria fue proyectada por un alto número de intelectuales que militaban en partidos, especialmente de extrema izquierda. En tal cuadro la derecha y el centro se quedaron a la zaga, carentes de líderes y proyectos, de ideas y programas orientados sobre grandes cosmovisiones políticas y socioeconómicas.

Ausente su juventud y profesionales, por largo tiempo, de las disputas intelectuales desarrolladas principalmente a raíz de la reforma de 1968 en los claustros universitarios, los partidarios de la centroderecha carecieron de un discurso llamativo en parangón con la izquierda. En consecuencia, aquella desintelectualización de los grupos conservadores fue aparejada por la hiperintelectualización de la izquierda socialista y comunista y, en medida importante, también de la fracción del centro que cubría un sector de la Democracia Cristiana.

Tal ideologización llevó a una crítica acerba de la Constitución de 1925 y, a la larga, a la pérdida de credibilidad y de legitimidad sustantiva en ella, sobre todo por el discurso de la fracción marxista. Esta criticó frontalmente, sobre la base de sus postulados doctrinarios, el régimen que se había ido construyendo, con tantas dificultades, sobre los cimientos de la Carta Fundamental de ese año. Se postularon elaboraciones ideológicas intelectualizadas, fruto más del estudio en libros, bibliotecas y aulas extranjeras que de la experiencia en la vida del país, para demandar cambios estructurales, a veces dentro del sistema, y otras, por la vía directa o fuera de aquel. Fue una sobredosis ideológica con matices de utopía y rasgos de fanatismo, convergente en la odiosidad reflejada en las palabras, primero, y tras

[19] "Competition and Dissensus. Two Types of Conflict and of Conflict Resolution", VII **Journal of Conflict Resolution** Nº 26 (1963) pp. 28-29.

unos años, además, en las conductas de dirigentes y masas cegadas por las simplificaciones del camino propio intransable.

Ciertamente, los gobiernos del presidente Frei Montalva y del presidente Allende fueron profundamente diferentes en su génesis, en la base de sustentación, programa y visión ideológica. Empero, se detecta alguna continuidad entre ambos, infundida por su fe en los *cambios estructurales*. Llamábase así a las reformas de fondo y veloces, imaginadas a partir de los planteamientos ideológicos, los cuales coincidían en variados aspectos, v. gr., la crítica al orden existente y la imperatividad de su reemplazo; el rol activo del Estado en realizar la igualdad más que la libertad; la preocupación por el desarrollo económico del país hacia dentro; el recelo de la burocracia pública con respecto de la iniciativa y propiedad privada en el área empresarial, etc.

Teniendo presente la prevención aludida, útil parece, pese a ello, dar un paso e ilustrar esos años cruciales de nuestra historia. Se hará reconociendo que es un problema serio, posiblemente insoluble, lograr la exposición objetiva de los hechos y la interpretación desapasionada de ellos. Hasta hoy, este período es motivo de lecturas y deducciones con significados distintos y contrapuestos. Existen y se exacerban dos comprensiones de nuestra historia que son opuestas, inconciliables y, por lo mismo, catalizadoras del disenso. En la bibliografía de este capítulo se halla una evidencia de esta afirmación[20].

16. Revolución en libertad. Tal fue el lema del gobierno de Eduardo Frei Montalva, presidente de Chile desde el 4 de noviembre de 1964 a igual fecha de 1970.

Implicaba esa revolución un cambio profundo, pacíficamente realizado, de la estructura política, social y económica existente en Chile. Este cambio se pretendía lograr por medio del derecho, en el marco de la Constitución y de las leyes. Su propósito máximo era alcanzar el desarrollo en Chile, en sus más variados aspectos, v. gr., la modernización del agro; el aumento de la participación en la vida nacional; la renovación tanto de la enseñanza como de la actividad científica y tecnológica; la ampliación del sufragio a los analfabetos y a los mayores de 18 años, profundizando así la democracia procesalmente concebida; el aumento de la competencia de organismos fiscales o del Estado para controlar la actividad económica privada o inducir y realizar los cambios estructurales; la introducción al régimen constitucional de mecanismos capaces de resolver los conflictos suscitados entre los órganos estatales; la recuperación para Chile de la minería del cobre en poder extranjero; la implantación y desarrollo de una línea política internacional más independiente; el avance en la integración latinoamericana, etc.

Tal programa o proyecto implicaba, necesariamente, que fuera llevado a cabo por la vía propia, ideológicamente socialcristiana, sin transar y afirmándose el carácter único de ella. También suponía una recusación fuerte de la legitimidad de la Constitución de 1925, con el debilitamiento consiguiente de algunos de sus principios, como el de la propiedad privada, la subsidiariedad empresarial del Estado y la seguridad jurídica. Más que nada, sin embargo, en ese programa se asumía el robustecimiento de las potestades estatales para inducir y ejecutar, con discrecionalidad, los cambios estructurales. En el fondo, el proyecto, sobre todo el de naturaleza administrativa, partió de la base que en Chile existía ya una conciencia nacional, sólida y mayoritaria, coincidente en realizar los cambios referidos y otros análogos. Esa conciencia, por consiguiente, iba a exteriorizarse en las elecciones

---

20 Véase, por ejemplo, Gabriel Salazar Vergara y Julio Pinto Vallejos: II **Historia contemporánea de Chile** (Santiago, Lom Ediciones, 2002) pp. 122 ss.; y Gonzalo Vial Correa: II **Historia de Chile** (Santiago, Ed. Zig-Zag, 2009) pp. 1243 ss.

populares y erigirse en la base de sustentación, constante, creciente e indivisible, del gobierno democratacristiano por muchos años.

Sin embargo, en una sociedad fragmentada en los tercios consolidados de la derecha, el centro y la izquierda, aquel programa suscitó grandes adhesiones y, a la vez, hondas oposiciones, sobre todo en relación con los intereses creados como la reforma agraria, la renovación urbana, el tributo patrimonial y la chilenización del cobre. Tampoco puede callarse que la participación política masiva amenazaba a los últimos bastiones de los partidos políticos tradicionales. Asimismo, la apertura hacia Cuba y la Unión Soviética, con su bloque de *democracias populares*, no dejaba de suscitar recelos. En fin, la sindicalización campesina, la promoción popular y otros cambios no bien definidos ni implementados, concitaron dudas y, más tarde, el rechazo resuelto de la oposición al proyecto mencionado.

Pero la pugna más fuerte se vivió en el ámbito socioeconómico, especialmente en el sector de los propietarios de grandes extensiones agrícolas. Para esos terratenientes y, después también para los dueños de predios de mediana extensión, la reforma agraria fue considerada como un grave e imperdonable error de la Democracia Cristiana. Se la criticó porque era una reforma política y no técnica, ejecutada siguiendo esquemas colectivistas de la Comisión Económica para América Latina (Cepal), de manera que la ley respectiva no iba a aumentar la productividad agrícola, ni elevar el nivel de vida de la población rural, como tampoco culminaría produciendo una nueva organización participativa en el agro. Solo traspasaría –se afirmó– el poder político de los partidos tradicionales a la izquierda, de modo que la propia Democracia Cristiana terminaría derrotada.

Ocurrió lo que Alejandro Foxley Rioseco llamó el remate de posturas ideológicas[21]. En los últimos años del gobierno de Frei, en efecto, la Revolución en Libertad perdió ímpetu y dirección. Hubo aumento de la inflación; la reforma agraria no dio los frutos que de ella se esperaron; tampoco los redituó la promoción popular; las huelgas asolaron el aparato productivo y surgió el terrorismo en nuestro país. El punto que parece irrebatible es que no se logró cumplir cabalmente el cúmulo de los objetivos que la Democracia Cristiana y el presidente Frei Montalva se habían propuesto. El malestar llegó a las Fuerzas Armadas, presenciándose una insurrección castrense, conocida como el *Tacnazo* en octubre de 1969, motivada por reivindicaciones de equipamiento, adiestramiento y remuneraciones. La chilenización del Cobre, por otro lado, quedó lejos de lo esperado, debiendo entrarse en nuevas negociaciones con los consorcios extranjeros para arribar a resultados más satisfactorios para nuestro país.

Como la derecha no tenía una propuesta ideológica atractiva y sus partidarios carecían de proyectos coherentes y distintos a los de sus adversarios, la lucha se dio entre la Democracia Cristiana, representativa del centro, y la izquierda, aglutinada alrededor de los partidos Comunista y Socialista, de concepción marxista e, incluso, de compromiso leninista. En ese panorama de tensión crispante, el radicalismo se alió con la izquierda, tiñendo su doctrina socialdemócrata con tintas marxistas.

Pero el dilema del Partido Demócrata Cristiano, único gobernante, iba a ser más complejo.

Efectivamente, al interior de ese partido se formalizaron tres tendencias, casi simétricas al curso de los acontecimientos de la vida nacional. De esas corrientes concluyó imponiéndose el sector que planteó profundizar la Revolución en Libertad, realizando más

---

[21] "Reflexiones sobre los cambios en la democracia", en Ignacio Walker Prieto (editor): **Democracia en Chile** (Santiago, Cieplan, 1986) pp. 266 ss.

rápida y drásticamente los proyectos de Frei Montalva, a través de su candidato Radomiro Tomic Romero. Frente a ello, la izquierda reaccionó elevando su oferta, proponiendo un programa concentrado en 40 medidas, mezcla de populismo y demagogia, venciendo, en el esquema de los tercios aludidos, por reducido margen a Jorge Alessandri y Radomiro Tomic a través de su candidato, Salvador Allende Gossens.

Situada la contienda electoral en ese terreno de posturas ideológicas, fue derrotado el candidato que a lo largo de un año de campaña procuró demostrar su independencia de cara al gobierno de Frei Montalva, pero que, en las últimas semanas de ella, planteó la continuidad con la obra del Presidente en funciones. La obra de este último, cualquiera sea el juicio sobre algunas de sus medidas específicas, apreciada en conjunto, significó un indiscutible progreso en el bien común de Chile.

17. Mil días de la Unidad Popular. El gobierno de esta coalición de izquierda se extendió desde el 4 de noviembre de 1970 al 11 de septiembre de 1973. Difícilmente ese lapso tiene parangón en nuestra historia republicana en punto a la vehemencia de las ideas, los antagonismos generados y fomentados, la intransigencia, el sentido revolucionario de los acontecimientos y otros fenómenos que lo singularizan por ser los años más dramáticos de la vida chilena en el siglo XX y, probablemente, peores aún que los vividos desde enero a septiembre de 1891.

En aquellos mil días, el embrujo aún subsistente de la Revolución cubana influyó en forma determinante. La imagen de ese proceso, solo en un principio legítimo, con su reafirmación de los ideales democráticos y de justicia social, condicionó sobre todo al Partido Socialista, que era la colectividad del Presidente. Lo impulsó, puede decirse, a implantar en Chile, incluso por vía fáctica, lo que se había vivido, y después padecido, en Cuba desde 1959.

En relación a lo recién señalado, cabe recordar que en 1965, durante el Congreso de Chillán, el Partido Socialista se declaró leninista, propugnando la violencia como medio de acción política y, por lo mismo, desestimando la vía democrática si era necesario. En enero de 1971, poco después de asumir el poder el nuevo gobierno, en el XXI Congreso General Ordinario, celebrado esta vez en La Serena, los socialistas reafirmaron la posibilidad de acudir a la fórmula directa para llegar a la materialización de sus postulados revolucionarios. Esos compromisos con las tesis insurreccionales se tornaron después insuperables para el presidente Allende y quienes creían en una transición pacífica al socialismo.

Chile debió hacer frente, entonces, al programa de cambios políticos, sociales y económicos más radicales de su historia y, casi con certeza, al programa más revolucionario, de índole colectivista, que en el mundo democrático se había, hasta la fecha, planteado para ser realizado por medios legales. Fue un intento de revolución que también se trató de llevar a cabo por el Derecho o siguiendo la vía pacífica. Pero es obvio que el Derecho no permitía –ni ahora tampoco– realizar cambios tan drásticos, masivos y rápidos, es decir, una revolución propiamente tal a través de fórmulas racionales y pacíficas, con respeto a la dignidad de la persona humana y a todos los derechos esenciales.

Dentro de un estilo y discurso que mezclaba eufemismos con postulados ideológicos, nuestro país entró en un proceso de ensayo y aventura, sin más aliados en el hemisferio que la dictadura cubana y algún tibio apoyo de efímeros gobiernos de izquierda de Europa Central. Ni siquiera la Unión Soviética asumió un compromiso con el ensayo chileno, siendo menesterosa su ayuda económica, obsoleto su apoyo técnico y protocolar el estímulo político. Peor aún, la injerencia de los servicios secretos norteamericanos llegó a niveles sin precedentes, como quedó demostrado, en el Informe del senador Church, en 1974, y confirmado, en septiembre de 2000, con documentos que el Gobierno de Estados

Unidos hizo públicos. En un contexto nacional e internacional mayoritariamente contrario a la Unidad Popular, resultaba incomprensible por qué el presidente Allende continuaba sumiendo a Chile en una situación que ya resultaba desastrosa[22].

Parte del atractivo del programa de la Unidad Popular se hallaba en la promesa de realizar cambios drásticos, pero sin violencia. Paradójicamente, en ese programa nada se dijo de las reformas constitucionales, lo que es curioso y hasta absurdo en un país legalista y en el cual, sobre todo la Carta Fundamental, sirve de dique a la tabla rasa de los derechos adquiridos. Obviamente, ese silencio no era olvido ni ignorancia, sino que táctica o estrategia, como en esos años se decía, pues pronto se constató la existencia de los *resquicios legales*. Acudiendo a estos se buscaba interpretar la legislación capitalista para aplicarla según la mentalidad socialista: Era cuestión de manipular o instrumentalizar el Derecho burgués, prescindiendo de los valores que le infunden sentido legítimo, para restringirse a su neutra envoltura formal. Amparado en precedentes exegéticos y exprimiendo al máximo las potestades del presidencialismo sería, en definitiva, factible avanzar así sobre el filo de la legalidad[23].

¿Fue y es ética, jurídica y democráticamente sostenible tal proceso interpretativo?

Responder negativamente aquella pregunta, aunque fuera correcto, significaba recibir el anatema de *reaccionario*. Aún hoy se encuentran defensores de aquella actitud, inaceptable por la mala fe que la singularizaba, evidenciada en la instrumentalización del ordenamiento jurídico. Pero fue necesario el derrumbe del imperio soviético, dejando a la luz sus atrasos y miserias, para que muchos se percataran, y otros reconocieran, que lo intentado en Chile era un ensayo y que iba a traer grandes y prolongados sufrimientos.

A pesar de todo, estimamos ecuánime admitir que el presidente Allende hizo esfuerzos por lograr el bien común del país. La nacionalización de la gran minería del cobre, por ejemplo, y el desarrollo de una política internacional más independiente frente a Estados Unidos, son realizaciones suyas que merecen realce. Pero, en general, ya en esos años muchos suponían que el proyecto socialista era una aventura arriesgada, carente de bases en la sociedad chilena y condenada al fracaso. La correlación de fuerzas externas; el fomento de la lucha de clases; el desastre económico y la incapacidad para resolver los problemas que los revolucionarios desencadenaron en ciudades y campos; el carácter minoritario de la Unidad Popular, excluyente de la democracia como método para inducir e implementar los cambios; la resistencia armada que se desató ante las invasiones de tierras, las ocupaciones de industrias, las tomas de universidades y de empresas; el sobrepasamiento de las instituciones judiciales y policiales por el incumplimiento ordenado a las últimas con respecto a las sentencias de las primeras; esos y otros atropellos semejantes ilustran acerca del caos que fue entronizándose en el país en los nueve primeros meses de 1973.

El transcurso de ese proceso, en el equívoco filo de la legalidad y de la legitimidad o, lo que es igual, en el borde de la ilegalidad e ilegitimidad, terminó en esta última alternativa y en el más dramático y doloroso desastre institucional de nuestra historia.

18. Panorama del período 1964-1973. En estos años se plantearon, promovieron y ejecutaron cambios sociales, políticos y económicos vertiginosos, profundos, de orientación comunitaria, socialista o comunista.

---

22 Consúltese Joaquín Fermandois Huerta: **La revolución inconclusa. La izquierda chilena y el gobierno de la Unidad Popular** (Santiago, Centro de Estudios Públicos, 2013) pp. 731 ss.

23 Véase, en general, Eduardo Novoa Monreal: **Los resquicios legales. Un ejercicio de lógica jurídica** (Santiago, Ediciones BAT, 1992).

En el área económica se apreció el aumento del aparato y del intervencionismo estatal, la creciente participación popular a través de nuevos grupos intermedios organizados, el auge de la planificación por órganos públicos y un mayor bienestar social, cambios todos que se iniciaron con el gobierno del presidente Frei Montalva.

En el plano internacional, Chile siguió una política más independiente frente a Estados Unidos y de mayor cercanía a la Unión Soviética, al bloque de los Países No Alineados y a Cuba. Con optimismo exagerado, se pensaba que las potencias mundiales, en aguda tensión por la Guerra Fría, iban a respetar la dignidad, derechos e independencia de los países, como Chile, emergentes al desarrollo.

Se afirmó la posibilidad de un cambio radical a través del Derecho. Invariablemente, se sostenía que el sistema jurídico permitía tales cambios. La literatura en el tópico era oscura, ideologizada y con recetas impracticables en democracia. Pero aquel impulso libresco, y anunciado desde la cátedra o la tribuna más que a partir de la realidad, no podía prosperar. Hoy se entiende mejor que con el Derecho es imposible llevar a cabo una revolución, ya que él ordena o canaliza los cambios, los regula, consolida situaciones, pero no en la forma caótica y violenta, con quiebre o ruptura, como se hace en un proceso insurreccional.

No calla el autor su opinión en el sentido de que el Derecho es, sin que decirlo tenga sentido crítico o peyorativo, estabilizador o conservador, porque la certeza jurídica es parte esencial de él, uno de sus valores definitorios, de sus objetivos legitimantes. Por eso, la reforma, aun siendo vasta y profunda, se conjuga con el Derecho, precisamente porque se lleva a cabo respetándolo, incluso para inducir e implementar modificaciones más hondas y de mayor extensión de las propugnadas mediante métodos revolucionarios[24].

En cuarto lugar, debe aludirse a la frustración que, desde todos los ángulos, fue demostrándose con el paso de los años por la irrealización de tantas promesas efectuadas a la población indigente y a la clase media. Aunque es justo reconocer el adelanto ostensible que logró la Democracia Cristiana en la modernización del país y en una mayor justicia social, tampoco puede ser desconocido que dejó insatisfecha a la ciudadanía identificada con la izquierda. Esta se esforzó por aparecer como vanguardia, mejor desde el punto de vista de ser la verdadera alternativa para cumplir, de una vez por todas, las demandas populares o que, se suponía, eran del pueblo. Cayó así la Democracia Cristiana, al menos en una fracción importante, en la lucha de posturas ideológicas a que la arrastró la izquierda, con objetivos y métodos predominantemente marxistas. El electorado volvió a dividirse en tercios, circunstancia que permitió al presidente Allende, después de tres intentos fallidos, vencer en la elección presidencial de 1970.

No imperó en esos años la ***ética de la responsabilidad***, siguiendo la terminología de Max Weber, sino que una mal entendida ***ética de la convicción***, sin medir sus consecuencias[25]. Como sucede, casi sin excepción, en tal tipo de situaciones, muchos de quienes alentaron la irresponsabilidad cayeron víctimas de la reacción violenta que desataron; otros, empero, eludieron los efectos del golpe militar, mientras la mayoría de los ciudadanos que estuvo

---

[24] **El político y el científico** (1919) (Madrid, Alianza Editorial, 1975) pp. 34-35 y 163-179. Consúltese también José Zalaquett Daher: "La ética de la responsabilidad. Variaciones sobre un tema de Max Weber", **Revista Societas** (Santiago, Academia Chilena de Ciencias Sociales, Políticas y Morales) Nº 14 (2012) pp. 41 ss.

[25] Véase Lawrence M. Friedman: **The Legal System. A Social Science Perspective** (New York, Russell Sage Foundation, 1975) pp. 269 ss.; y Roberto Mangabeira Unger: **Law in Modern Society. Toward a Criticisms of Social Theory** (New York, Free Press, 1976) pp. 134 ss.

con la intervención castrense contemplaba, en impuesto silencio, la implantación de la cirugía mayor que se había demandado.

19. Derrumbe de la democracia y gobierno militar. Hacia fines de 1971, muy pocos creían que en Chile era posible, menos probable, un golpe militar. Así se pensaba, olvidando la intervención o injerencia de los uniformados en nuestra historia política, incluso en la década de 1960. Esa confianza en el profesionalismo y no deliberación de las instituciones armadas se reflejó, por ejemplo, en que el presidente Allende ocupó cuatro ministerios con altos mandos de esas instituciones, incluidos los comandantes en Jefe y el general director de Carabineros.

En un Estado políticamente bien organizado y asentado, en que impera, al tenor de lo ya aseverado, la ética de la responsabilidad sobre la homónima de la convicción, no ocurre esto, al menos en tiempos de normalidad institucional. Las razones para sostenerlo son varias, debiendo mencionar, desde luego, que en esa clase de Estado el liderazgo político evita o resuelve las situaciones de crisis del sistema, no sobrecargándolo de tensiones y conflictos que será incapaz de superar. Pero, además, en aquel Estado, sus capas directivas comprueban que es peligroso, a la vez que incentivante de la intervención militar, nombrar en posiciones políticas decisivas a los uniformados. Así terminó ocurriendo en Chile, al cabo de tres años dramáticos.

Ante las dificultades y la creciente oposición que enfrentaba, la Unidad Popular comenzó a plantearse autocríticas. Estas resultaron frustradas porque, según sus dirigentes, la derecha y la Democracia Cristiana se habían aliado y le impedían cumplir el programa, con paros nacionales, rechazo de sus iniciativas legales o aprobación de reformas constitucionales que obturaban los resquicios jurídicos. Parece más exacto y sensato, sin embargo, reconocer que no hay título democrático que legitime exigir la rendición de los opositores por vías políticas, menos todavía cuando estos son mayoría. Al fin de cuentas, para la Unidad Popular la única forma de cumplir su programa era a través de una revolución *de facto*, la cual nunca tampoco fue posible, dado el espíritu democrático y jurídico mayoritario de la clase política y el profesionalismo de las Fuerzas Armadas y de Carabineros.

Un testimonio del proceso crítico que se vivía consta de la declaración siguiente, emitida el 26 de mayo de 1973 por el máximo tribunal de justicia:

> Esta Corte debe representar a V. E., por enésima vez, la actitud ilegal de la autoridad administrativa en la ilícita intromisión en asuntos judiciales, así como en la obstrucción de Carabineros en el cumplimiento de órdenes emanadas de un Juzgado del Crimen, que de acuerdo con la ley, deben ser ejecutadas por dicho cuerpo sin obstáculo alguno; todo lo cual significa una abierta pertinacia en rebelarse contra las resoluciones judiciales, despreciando la alteración que tales actitudes u omisiones producen en el orden jurídico, lo que –además– significa no ya una crisis del Estado de Derecho, como ya se le representó a S. E. en el oficio anterior, sino una perentoria o inminente quiebra de la juridicidad del país.

¿Cómo, entonces, hallar racionalidad democrática en un programa y estrategia cuyos promotores eran ostensiblemente minoritarios? ¿Con qué base podía legitimarse un programa para cuya implementación se reclamaba obsecuencia, aceptación o hasta apoyo de la mayoría, pese a que era adversaria de los cambios revolucionarios propugnados? ¿Subsistía, razonablemente evaluada, la factibilidad de transitar al socialismo respetando la democracia y la Constitución?

Esa paradoja, carente de lógica tanto política como jurídicamente concebida, terminó en la vía cruenta de los enfrentamientos en calles y campos. Los hechos arrollaron al Derecho; la ley iba a callar ante las armas, como observó Hobbes. Más aún, tiene que recordarse cuán débiles fueron los esfuerzos del Gobierno por mantener el torbellino dentro de los cauces políticos, para encontrarle una salida pacífica. El diálogo del presidente Allende con el presidente del Partido Demócrata Cristiano, Patricio Aylwin Azócar, estimulado por el cardenal Raúl Silva Henríquez, fracasó en las dos oportunidades en que se intentó practicarlo, poco antes del derrumbe de la democracia. En esa perspectiva cobra importancia el acuerdo adoptado por la Cámara de Diputados, el 23 de agosto de 1973, transmitido al Presidente de la República.

Literalmente, en los considerandos 5° y 6° de aquel documento consta que la Cámara, ejerciendo su facultad fiscalizadora, en sesión celebrada el 23 de agosto de 1973, acordó dirigirse al Jefe de Estado teniendo presente:

> Que es un hecho que el actual Gobierno de la República, desde sus inicios, se ha ido empeñando en conquistar al Poder total, con el evidente propósito de denostar a todas las personas en el más estricto control económico y político por parte del Estado y lograr de ese modo la instauración de un sistema totalitario, absolutamente opuesto al sistema democrático representativo que la Constitución establece.
>
> Que para lograr ese fin, el Gobierno no ha incurrido en violaciones aisladas de la Constitución y de la ley, sino que ha hecho de ellas un sistema permanente de conducta, llegando a los extremos de desconocer y atropellar sistemáticamente las atribuciones de los demás Poderes del Estado, violando habitualmente las garantías que la Constitución asegura a todos los habitantes de la República (...).

En su respuesta a ese acuerdo, el presidente Allende, el 24 de agosto de 1973, lo calificó de "acuerdo político destinado a desprestigiar al país en el extranjero y crear confusión interna. Facilitará con ello la intención sediciosa de determinados sectores (...). El inmérito acuerdo no tiene validez jurídica (...). Los diputados han exhortado formalmente a las Fuerzas Armadas y Carabineros a que adopten una posición deliberante (...)".

Fluye de los textos reproducidos el clima de tensión imperante en el seno de las instituciones del Estado. La verdad es que, hacia septiembre de 1973, la mayoría de los políticos se había revelado, una vez más, incapaz de resolver los conflictos generados por ellos y, en consecuencia, de gobernar. No buscaba ni hallaba esa mayoría las fórmulas con las cuales lograr un desenlace pacífico a los problemas que había creado o agravado. Postergando o eludiendo las soluciones de consenso, que eran la salida única a una situación ya inmanejable, los grupos y población involucrados fueron desahuciando la vía jurídica.

En ese ambiente, con la sociedad polarizada, padeciendo graves penurias económicas, escasez y desabastecimiento de bienes esenciales de consumo, asonadas de grupos paramilitares en campos y ciudades, con violencia y paralización generalizada, la intervención militar no fue casual, ni tampoco el resultado de la acción de un pequeño núcleo de uniformados. Estas denominaciones, antagónicas a la insurrección castrense, incentivada por muchos civiles, buscan negar la legitimidad, al menos de origen, de ese proceso de quiebre de la continuidad institucional.

20. Reconciliación pendiente. El *pronunciamiento*, llamado así por los partidarios del quiebre, o el *golpe militar*, en la calificación de sus contrarios, fue la consecuencia del ambiente de frustración y angustia que afligía a la ciudadanía, de colapso del régimen institucional, de ingobernabilidad que se padecía. Todo ello y más condujo al alzamiento armado. Esto, por cierto, en ningún caso justifica la violación impune, masiva y reiterada, de ciertos derechos humanos que se produjo, especialmente desde 1973 a 1978, con el gobierno militar. Obra primero de la Dirección de Inteligencia Nacional (DINA) y de la Central Nacional de Informaciones (CNI) después, la policía secreta de ese régimen llegó a convertirse en una pesadilla intolerable por las crueldades que cometía. Sin embargo, tampoco es razonable, sobre la base de tales atropellos, desconocer la importante obra política y socioeconómica que Chile logró bajo el mando castrense.

Falta penetrar, fríamente con literatura seria y rigurosa, en la evaluación de los casi diecisiete años del régimen militar, admitiendo las contradicciones que emergen de la inevitabilidad de lo que no era un mero cuartelazo; del quebrantamiento injustificable de la dignidad y los derechos humanos; del éxito fundacional que tuvo en la organización política y socioeconómica, para terminar reconociendo la actitud noble de entregar el poder cuando los militares prometieron hacerlo, tras comprobar que la ciudadanía derrotó en un plebiscito la prosecución del régimen castrense.

Hasta la fecha, sigue advirtiéndose la ausencia de esta tarea. Con probabilidad, ello es consecuencia del incumplimiento del requisito que permitiría enfrentar el esfuerzo con éxito. Trátase de reconocer, de buena fe y por todos, que en el proceso que culminó en 1973 y en el que se desarrolló después, tienen responsabilidad y no pueden eludirla los ciudadanos, instituciones y grupos de Chile, sin excepción, y los extranjeros que se mezclaron en ellos. De todos, por ende, debe ser el esfuerzo por superar las causas de la discordia y lograr la reconciliación[26].

No hemos llegado a consolidar ese ambiente de paz en el orden que posibilite la realización de la justicia, pero impartida sin rencor ni venganza, haciendo real el perdón. Por lo mismo, si desde muchos ángulos la transición está concluida hace varios años, no es así cuando el análisis se detiene en la reconciliación de los espíritus y en la prosecución de procesos judiciales en Chile y el extranjero. En esa perspectiva, honesto es reconocer que no se llega todavía al término de la transición. Por el contrario, se revelan hechos, adoptan decisiones y despliegan presiones que nos alejan de la actitud anhelada. Además, la historia va siendo reinterpretada, dejando a la vista la fragilidad de nuestros consensos básicos, o la falta de ellos, tanto como la incapacidad de reencuentro en el valor espiritual de una nación[27].

Situada en ese contexto, difícilmente la Constitución puede producir los beneficios que de ella se esperan. Incluso, la Carta Fundamental de 1980, con las treinta y cuatro enmiendas que le han sido introducidas, no obstante ser la de agosto de 2005 sustantivamente relevante, puede resultar insuficiente para estos efectos. Volveremos sobre el problema en las páginas siguientes.

21. Antes del fin. El juicio con que finaliza el número anterior fue escrito en diciembre de 2001. Al revisarlo con motivo de preparar esta tercera edición concluí que debo mantenerlo, sin menoscabo de formular puntualizaciones, correspondientes a los acontecimientos ocurridos desde aquella fecha.

Situado en tal perspectiva, menester se torna admitir que los procesos por violación de los derechos humanos en el régimen militar no han llegado a término legítimo. Antes y por el contrario, la jurisprudencia ha desconocido valor al decreto ley de amnistía y a la prescripción de la responsabilidad penal para, en su lugar, sostener la tesis del secuestro

---

[26] Hernán Larraín Fernández y Ricardo Núñez Muñoz (editores): **Las voces de la reconciliación** (Santiago, Instituto de Estudios de la Sociedad, 2013) pp. 239 ss.

[27] Consúltese Simon Collier y William F. Sater: **Historia de Chile 1808-1994** (Cambridge, UK, Cambridge University Press, 1998) pp. 263 ss.; y Joaquín Fermandois Huerta: **La revolución inconclusa cit.**, pp. 647 ss.

permanente de los detenidos desaparecidos, cuyo destino o paradero no se haya esclarecido[28]. A esa serie de causas ha comenzado a agregársele otro cúmulo de denuncias y querellas deducidas con base en el Informe de la Comisión sobre la Tortura, dado a conocer el 28 de noviembre de 2004. Secuela de él fue la Ley N° 19.992, concerniente a la reparación del daño sufrido por las víctimas de tan repudiables conductas delictivas. El panorama resumido implicó otras derivaciones importantes, una de las cuales fue la demora, para la incorporación de Chile al tratado que estableció la Corte Penal Internacional, solucionada pocos años atrás[29].

En análogo orden de ideas, realzable ha sido la conducta de subordinación a la autoridad civil evidenciada por las instituciones de la defensa nacional, v. gr., a propósito del Informe antes mencionado. En análogo tema, fuerza es destacar también la entereza de esas instituciones ante otros acontecimientos denotativos de maniobras presuntamente ilícitas, como las revelaciones, relativas al manejo de fondos fiscales reservados por el general Augusto Pinochet, para efectuar depósitos bancarios en entidades extranjeras.

En los últimos años ha emergido una serie de patologías políticas[30], de nocivas consecuencias para la estabilidad y desarrollo de nuestra democracia. Me refiero al crecimiento de la corrupción y el tráfico de influencia; a la sumisión en la política de contribuciones ilegales; a la utilización de recursos de servicios y recursos públicos en campañas electorales; a la inversión descuidada de fondos fiscales en obras y prestaciones estatales con pérdidas cuantiosas. Se han realizado, por ejemplo en 2003[31], esfuerzos para rectificar el curso de los acontecimientos o precaver su recurrencia, pero el balance no ha sido siempre alentador. Hoy vivimos, nuevamente, un clima de recriminaciones y promesas de corrección, inspiradas en la valiosa serie de principios asentados en el nuevo artículo 8° de la Constitución y su normativa complementaria.

Renovamos la esperanza en que se avance hacia la concreción práctica de tales aspiraciones, conscientes de que el descrédito de una política, mal entendida y peor vivida, no puede seguir creciendo sin menoscabo de las instituciones democráticas[32].

En fin, cabe destacar la aprobación de la decimoséptima reforma hecha a la Carta Fundamental, cuya tramitación exitosa quedó formalizada en agosto de 2005. Esta reforma es la más vasta y profunda hecha al Código Político de 1980 y representa, sin duda, un hito en los anales constitucionales de Chile, porque, después de dieciséis años, fue posible llegar al acuerdo que democratiza, plenamente, aquel texto fundamental, modernizándolo en otros aspectos. La justicia constitucional, especialmente, surge con rasgos de defensora suprema del *thelos* del Código Político, coadyuvando al objetivo de infundirle vitalidad por

---

28 Consúltese: Hernán Salinas Burgos: "Aplicación del derecho internacional al Caso Choshuenco. Legalidad y seguridad jurídica vulneradas", en Arturo Fermandois Vöhringer (editor): **Sentencias destacadas 2006. Una mirada desde la perspectiva de las políticas públicas** (Santiago, Instituto Libertad y Desarrollo, 2007) pp. 103 ss.

29 Rodrigo Correa González y Antonio Bascuñán Rodríguez: "El Estatuto de Roma ante el Tribunal Constitucional Chileno", **Revista de Estudios de la Justicia** N° 1 (2002) pp. 139 ss.

30 Véase Karl Joachim Friedrich: **The Pathology of Politics** (New York, Harper and Raw, 1974) pp. 222 ss.

31 Consúltese la Ley N° 19.653, Ley sobre Probidad Administrativa aplicable a los órganos de la administración del Estado, la Ley N° 19.880, Ley de bases de procedimientos administrativos que rigen los actos de los órganos de la administración del Estado, y la Ley N° 19.882, Ley que regula nueva política de personal a los funcionarios públicos que indica.

32 Véase del autor "La política en las Constituciones chilenas", **XXX Revista Anales del Instituto de Chile** (2011) pp. 15 ss.

la defensa de la dignidad de la persona humana y del ejercicio de los derechos y deberes esenciales que fluyen de ese valor fundamental.

22. Continuidad y cambio en nuestra democracia constitucional. El resultado de la elección municipal de octubre de 2012 fue un presagio de la derrota apabullante que tuvo la Alianza gobernante en los comicios parlamentarios de noviembre de 2013 y presidenciales de noviembre y diciembre del mismo año.

Consiguientemente, el presidente Sebastián Piñera y su coalición de centroderecha quedaron lejos de continuar, en un segundo período, el proceso de continuidad con cambios, moderados por cierto, en nuestro modelo de relaciones del Estado con la Sociedad Civil y el desarrollo humano. Reconocemos que Chile ha cambiado, y mucho, en el último cuarto de siglo. De ello, sin embargo, no se desprende que todas las transformaciones sean igualmente requeridas y tampoco que carezcan de debate con voluntad de forjar acuerdos para una reforma de envergadura.

Pueden ser ensayadas diversas interpretaciones para explicar la ostensible defección de la ciudadanía hacia aquel gobierno. Brevemente, mencionamos la oposición, diestra y constante, con que la Concertación y, más tarde, su sucesora, la Nueva Mayoría, asediaron a tal gobierno desde el primer día hasta el último de su gestión, creando una imagen impopular del mismo, abultando sus errores o desmereciendo las iniciativas exitosas que llevó a cabo. Conjuntamente con lo anterior, no puede ser silenciado el cúmulo de decisiones equivocadas del Gobierno señalado, algunas inductivas a confusión y división de los partidos que lo sostenían, mientras que otras catalizadoras de la rivalidad incesante que encontraba en la oposición. Nada puede aclarar mejor la victoria de la Nueva Mayoría, sin embargo, que la utilización sagaz de la fuerza desplegada en ciudades, carreteras y campos por la movilización de grupos de interés o de presión, organizados a través de redes sociales. Especialmente en 2011 fue percibido la planificación esmerada de la rebeldía estudiantil, apoyada por profesores, seguida por deudores de toda índole, reivindicaciones salariales, demandas ecológicas, en fin, una multitud de exigencias, presentadas *de facto*, que culminaron siempre en desmanes como saqueos y vandalismo. Repetidamente fue aseverado que la democracia representativa estaba superada. Se forjó una mentalidad que, revestida de una apariencia pacífica, propugnaba el cambio radical del sistema vigente, descalificado por ser neoliberal, tributario de los grandes conglomerados empresariales, carente de sensibilidad social y corrupto, prueba de la cual eran las estafas y otros abusos cometidos en perjuicio de masas de endeudados en créditos de consumo, prestaciones de salud, préstamos contraídos para cursar carreras en la enseñanza superior o servir compromisos hipotecarios. El régimen, en suma, era exhibido como injusto por la concentración de la riqueza, el dispendio en que incurría el quintil de mayores ingresos, la marginalidad padecida por miles y miles de familias, la segregación educacional en colegios o liceos en el acceso a las universidades, a la par que la mayoría se encontraba postergada por la pésima formación recibida en las escuelas municipales.

En campaña infatigable, la oposición aliada a la llamada *democracia de las calles*, terminó imponiendo su discurso derogatorio de la legitimidad del régimen imperante y el imperativo de reemplazarlo. La tarea consistía en emprender el proceso con la reforma tributaria, la sustitución del sistema educacional en todos los niveles y, último, pero más relevante, sustituir la Constitución, denostada por ilegítima en su origen y contenido a pesar de las 34 enmiendas efectuadas a su texto.

El triunfo en las elecciones ya mencionadas, particularmente las efectuadas en 2013, se ha erigido en razón más que suficiente para despreciar los consensos y, en su lugar, afirmar que resulta indispensable avanzar, con o sin acuerdo de la ahora oposición minoritaria, hacia la concreción de tal agenda[33].

El enigma, la incógnita, el misterio o la indecisión dominan, hasta hoy, el tema de la nueva Carta Fundamental. No fueron explícitas ni suficientes las líneas, demasiado generales, trazadas antes de dichos comicios; tampoco han sido más concretas las formulaciones hechas en torno de tres ejes amplísimos, es decir, que el reemplazo o sustitución del Código Político vigente se hará de modo participativo, institucional y democrático. Ya ha transcurrido el tiempo suficiente para que, el nuevo gobierno aclare tantas indefiniciones consciente que perjudican al bien común del país en todos los ámbitos y no solo en la caída que se advierte en la inversión privada, nacional y extranjera, en el aumento de la cesantía o en la desaceleración del crecimiento económico[34].

Probablemente el secretismo aludido obedece a una estrategia diseñada para preparar el clima favorable a la implantación del nuevo Código Político. Eso explicaría el anuncio presidencial de postergar las puntualizaciones hasta concluir un debate que se iniciaría en el segundo semestre de 2015. No hay avance allí y se proclama ahora que las deliberaciones tendrán lugar en los próximos meses. Suscita dudas la transparencia de tal estrategia, puesto que diversos parlamentarios y ministros del gobierno de la presidenta Michelle Bachelet se han pronunciado en favor de una asamblea constituyente, a pesar del obstáculo presente en el artículo 127° de la Constitución en vigor. Es decir, imposibilitada la Nueva Mayoría de reunir dos tercios de los votos en cada rama del Congreso Nacional, anuncian que se irá a la catalización del clima de opinión pública, al punto de que se torne insostenible obstruir una pretendida avalancha ciudadana.

Ciertamente, esa no es la vía institucional, democrática y participativa proclamada por la Presidencia de la República, pero ella se torna coherente con el regreso a la antigua y peligrosa fórmula, sufrida en la Unidad Popular, de avanzar sin tranzar. En realidad, en la tesis resumida militan quienes excluyen todo acuerdo, entendimiento o pacto con la oposición minoritaria, despreciado por ser, a su juicio, signo de compromiso o transacción que rechazan atendido el propósito referido.

En resumen, Chile se halla de frente a una encrucijada hasta aquí pacífica, pero de desenlace desconocido por el secretismo que hemos denunciado, paralelo a la pauta o método aún indefinido, que se aplicaría para implantar la nueva Carta Fundamental. Consiguientemente, se avizora finalizada la época de transición vivida desde la recuperación de la democracia, en marzo de 1990, para retornar a un tiempo de alteraciones estructurales. Categóricamente pensamos que en el país no existe ánimo para la insurrección y ruptura de la democracia constitucional que, con tanto sacrificio, hemos ido pacientemente reconstruyendo y modernizando en casi un cuarto de siglo. Provoca estupefacción constatar la intensidad con que se declara fracasada la transición hecha durante los cuatro gobiernos de la Concertación por la Democracia[35], y la ineludible necesidad de emprender la instauración, desde cero o algo así, de un régimen político distinto.

---

[33] Revísese, en general, Claudio Fuentes Sepúlveda: El pacto. Poder, Constitución y prácticas políticas 1990-2010 (Santiago, Ed. Diego Portales, 2012).

[34] Consúltese Francisco Zúñiga Urbina (coordinador), **Nueva Constitución y momento constitucional** (Santiago, Ed. Legal Publishing, 2014).

[35] Fernando Atria Lemaitre **et al.**: **El otro modelo. Del orden neoliberal al régimen de lo público** (Santiago, Ed. Debate, 2013).

¿Es nueva tal actitud? ¿o tiene antecedentes que se han concretado en los últimos tres o cuatro años? Nuestra respuesta se inclina por la segunda de tales alternativas. La revisión de la doctrina publicada en 2012, 2013 y 2014 lo confirma. Por lo demás, esa literatura coincide con las manifestaciones de la calle a que ya aludimos. Consecuentemente, existen evidencias de campaña orientada a configurar, con intencionalidad evidente, un ambiente proclive a la inminencia de la ingobernabilidad y síntomas de terror por la incertidumbre que viene. No es esa nuestra evaluación del presente ni del futuro inmediato. Más bien, con tal campaña pensamos que se busca crear poder de apoyo a la sumisión de quienes se oponen a los cambios constitucionales, por desconocer cuáles son y de qué modo serían implementados, o propugnar que, en todo evento, sean acordados sin reemplazar la Carta Fundamental ni hacerlo con una asamblea constituyente.

Inconveniente es, por último, razonar con base en un programa de gobierno esquemático. ¿Por qué? Pues, más allá de sus contenidos y procedimientos precisos aún desconocidos, fuerza es recordar que ese programa representa la ruta de la primera minoría en las elecciones presidenciales del 2013. La torpeza de haber reformado la Constitución para establecer el voto voluntario tuvo, entre otras secuelas, que más de 50% de la ciudadanía habilitada para votar no lo hiciera en esos comicios. Es dudoso, entonces, afirmar que la primera minoría obtuvo así un mandato democrático categórico para emprender, en numerosos aspectos, la refundación de nuestra República[36].

Reiteramos que la vía es el debate amplio, exhaustivo y de buena fe, todos convencidos de que Chile ha cambiado y que la Constitución no puede ser ajena a esos cambios.

---

36 Consúltese las estadísticas electorales oficiales, recopiladas por el autor y reproducidas en las últimas páginas de este tomo.

C A P Í T U L O **II**

FISONOMÍA DE LA CONSTITUCIÓN DE 1925

Al exponer algunos rasgos de la trayectoria política y social de Chile en el siglo XX se ha pretendido comprender y juzgar los acontecimientos, extrayendo las lecciones pertinentes. El mismo propósito lleva a detenerse en la Constitución de 1925, porque ella abrió un período de esperanza nacional, pero que finalizó en el derrumbe de la democracia en 1973. La Carta Fundamental que rige hoy arranca, por lo tanto, de esa serie de sucesos que se precipitaron en los años anteriores a la intervención militar y cuya repetición con ella se quiso precaver. En esa Carta Fundamental se halla, además, parte relevante de nuestra trayectoria institucional, recogida en el Código Político de 1980. Difícilmente podrá prescindirse de toda esa impronta en el debate del actual Código Político, aunque se sostenga que reemplazará, es decir, que sustituirá por entero al implantado noventa y cuatro años atrás.

23. Génesis. El 27 de enero de 1925, como ya fue mencionado, se formó la tercera Junta de Gobierno, presidida por Emilio Bello Codecido. Una de sus primeras medidas fue comunicarse con el presidente Arturo Alessandri Palma para que volviera al país y adoptara las medidas encaminadas a redactar, aprobar y poner en vigencia la reforma de la Constitución de 1833. El anhelo de restaurar el imperio del Derecho en la vida nacional explica esa determinación.

Pues bien, habiendo regresado a Chile el 4 de abril de ese año, Alessandri convocó a una comisión consultiva de ciudadanos. Los eligió él mismo, todos varones, notables por su responsabilidad o experiencia pública. Tuvo el buen criterio de escoger a profesionales y políticos provenientes de los más diversos partidos y de núcleos independientes. Les pidió estudiar y definir cómo hacer la reforma y qué contenido darle.

Reunida la comisión consultiva, empero, hubo desde el comienzo dos tendencias. Ellas se reflejan, ostensiblemente, en las Actas Oficiales de las sesiones que celebró ese órgano y en las dos subcomisiones que participaron, entre abril y agosto de 1925, en la gestación del nuevo Código Político[37].

---

[37] **Actas Oficiales**, cit., pp. 46 ss.

En efecto, una tendencia sostuvo que la reforma debía ser efectuada según los mecanismos previstos en la Constitución de 1833. Ese método era complejo, sin embargo, por requerir de un alto quórum y la ratificación de las reformas en un segundo Congreso. A esa rigidez se agregó que el Parlamento se hallaba disuelto y, peor todavía, desprestigiado, tanto como los partidos políticos.

La otra tendencia afirmó, por el contrario, que la reforma debía ser hecha de acuerdo a un mecanismo especialmente establecido por el Presidente, esto es, a través de decretos leyes, ya que no existía Congreso en funciones, puesto que había sido disuelto por la Primera Junta de las Fuerzas Armadas en septiembre de 1924. Además, ese procedimiento *ad hoc* resultaba más rápido y, en consecuencia, mejor para restablecer pronto el imperio del Derecho y la normalidad de la convivencia democrática del país.

Ambas posiciones reflejaban, como es claro, divergencias profundas sobre el sentido de los sucesos que remataron en los golpes militares de 1924-1925. Por eso, frente al largo y estéril debate en que se sumió la comisión consultiva, uno de sus miembros, Agustín Edwards Mac-Clure, propuso que dicha comisión fuera dividida en dos subcomisiones, una de fondo y la otra de forma. La subcomisión de fondo iba a estudiar y a elaborar el texto de la reforma constitucional propiamente tal; y la subcomisión de forma examinaría el mecanismo o procedimiento para aprobar la reforma y someterla a la ciudadanía.

En la segunda subcomisión, efectivamente, se alcanzó a debatir, en términos preliminares, la posibilidad de formar una asamblea constituyente, o bien, llamar a la ciudadanía a pronunciarse sobre las reformas en un plebiscito o referendo. Esta última fue la idea que decidió materializar el Presidente, desestimando la asamblea constituyente por el disenso que advirtió acerca de su integración y la dificultad que implicaba concretar el debate.

La subcomisión de fondo se reunió en treinta y tres oportunidades y en ellas resultó decisiva la participación de Alessandri y de su ministro de Justicia, José Maza Fernández. La subcomisión de forma, por el contrario, sesionó nada más que en tres ocasiones, en las cuales se renovó la discusión que se había llevado a cabo en la comisión consultiva respecto del método para realizar la reforma, sin llegar a ningún consenso. Ante tan penosa evidencia, Alessandri no la disolvió, pero tampoco volvió a convocarla.

El Presidente quedó, en resumen, con un proyecto de reforma en sus manos, en gran medida preparado por él y su ministro de Justicia. Se encontró, además, solo para decidir el camino que iba a seguir con el propósito de aprobar la reforma y llevarla a la práctica.

El propósito presidencial no tuvo curso fácil desde que, a fines de junio de 1925, Alessandri convocó a la segunda sesión de la comisión consultiva para discutir en pleno el texto de la reforma. Se encontró allí con un ambiente de confusión y espíritu de fronda, concluyendo que la mayoría era favorable a las contrarreformas. Frente a ello, Alessandri amenazó con renunciar. Concertadamente o no con el Primer Mandatario, lo cierto es que intervino un comisionado, el inspector general del Ejército, general Mariano Navarrete, quien señaló que las reformas se harían, incluso por la fuerza, porque representaban el cambio planteado por el pueblo, la juventud y las Fuerzas Armadas. Esta declaración de Navarrete llevó a aprobar las reformas, sobre tabla, podría decirse[38].

---

[38] Id., pp. 454-455 y 672-673.

Quedó planteado así un problema de fondo de la realidad política chilena del siglo XX, cual fue la permanente y definitoria intervención, a veces arbitral, que los militares tuvieron en hitos decisivos de la vida nacional.

24. Aprobación. Mediante los decretos leyes N°s 461 y 462, del 31 de julio de 1925, el presidente Alessandri convocó a plebiscito. Este, que técnicamente era un referendo porque el cuerpo electoral se pronunció sobre un texto, estaba destinado a que la ciudadanía aprobara o no las reformas. Se fijó la serie de características que iba a tener el sufragio y la fecha de la votación pertinente.

La alternativa de convocar a una asamblea o convención constituyente, desestimada por el Jefe de Estado, como fue ya puntualizado, mereció explicaciones en una conferencia dictada en la Universidad de Chile. Allí, Alessandri sostuvo que restaba tiempo escaso (cuatro meses) para terminar su mandato, habiéndose comprometido a entregar la Presidencia con el régimen constitucional restaurado. Además, Alessandri expuso que había constatado un serio disenso o desacuerdo entre los actores políticos, por lo que le era difícil lograr el consenso entre ellos en punto a la configuración y funcionamiento de la asamblea constituyente. Algunos de tales actores propugnaban una convención con gremios, sindicatos y otras *fuerzas vivas* de corte corporativo, en boga entonces, siguiendo el ejemplo español, italiano y portugués; otros, por el contrario, reclamaban una asamblea constituyente política, de tipo clásico, es decir, en estilo de la Revolución francesa, cuyos miembros fueran candidatos de partidos, elegidos mediante sufragio universal. Por las razones ya escritas, Alessandri resolvió implantar la reforma sobre la base del pronunciamiento ciudadano en un plebiscito[39].

El texto que fue sometido al procedimiento decisorio de la ciudadanía tuvo dos versiones preliminares. Una de esas versiones se denominó la Prueba Azul o primer borrador preparado por la Comisión de Fondo; la otra fue la *Prueba Amarilla* o segundo borrador, al cual se le hicieron pocos cambios, y de índole solo lingüística. Esta última versión es la que se llevó a la ratificación popular convocada por Alessandri.

En dicho plebiscito, celebrado el 30 de agosto de 1925, se votó por una de las tres opciones siguientes: la cédula roja, en favor del proyecto de reforma propugnado por Alessandri; la cédula azul, en favor de lo planteado por la oposición, es decir, un sistema parlamentario, corrigiendo los errores que lo habían desviado a un asambleísmo criollo; y la cédula blanca o del rechazo, consistente en no apoyar ninguna de las dos alternativas anteriores, optando por mantener vigente la Constitución de 1833 en los términos anteriores al golpe militar del 11 de septiembre de 1924.

Como se desprende del color con que fueron impresos los votos, el secreto de estos estuvo lejos de ser cabal. Pero en lo demás, la historia no registra objeciones sustantivas a la corrección procesal de aquel veredicto popular, pese a la velocidad con que fueron confeccionados los registros electorales, integradas las mesas receptoras de sufragios y calificado el proceso entero, carente de una magistratura electoral imparcial.

El 30 de agosto de 1925 se realizó el plebiscito. En él tuvieron derecho a voto 296.259 ciudadanos, de los cuales votaron efectivamente 134.121. De esta última cifra, 127.483 lo hicieron por el proyecto de Alessandri; 5.448 votaron por el sistema parlamentario o de asamblea, y 1.490 sufragaron por el rechazo a las dos alternativas, planteando seguir

[39] Id., pp. 657 ss.

con el texto intacto de la Constitución de 1833 y buscar, por otros medios, restablecer la normalidad constitucional[40].

El resultado, con alto grado de abstención, evidentemente no fue nítido en favor del texto presidencial. Por eso y al instante comenzaron las interpretaciones más encontradas. En definitiva, frente a tan precario desenlace, la oposición alegó que la cédula roja había sido depositada por la minoría, ya que votó menos de la mitad de los ciudadanos con derecho a hacerlo. Frente a esa alegación, Alessandri señaló que la cédula roja había vencido, pues debían ser considerados los ciudadanos que, efectivamente, habían votado, rechazando que la oposición tuviera título para adueñarse de la abstención. Además, aseveró Alessandri que los partidos políticos opositores había llamado a votar por la cédula blanca o por la azul, sin que ninguno lo hiciera en pro de la abstención. De allí que, concluyó, nadie tenía motivo legítimo para adjudicarse los votos no emitidos.

Desde un vértice práctico, debe aclararse que la abstención se produjo, entre otras causas, porque fue la primera vez que en Chile se aplicó el sufragio universal. También se debió aquel fenómeno a que existía baja conciencia política en la población. Por último, cabe señalar que no hubo registros electorales confeccionados con anticipación, votándose, por tal motivo, sin constancia fehaciente de cuál era el cuerpo electoral definitivo, cuántos eran los ciudadanos con derecho a voto, qué órgano jurisdiccional iba a calificar el plebiscito, etc[41].

Pese a todo, se declaró aprobada la reforma a la Constitución hecha por tal referendo y así consta en la fórmula promulgatoria respectiva, fechada el 18 de septiembre de 1925. La reforma comenzó a regir treinta días después de su publicación en el Diario Oficial, al tenor de lo preceptuado en la décima disposición transitoria del mismo Código Político.

25. ¿Reforma o nueva Constitución? Apreciada formalmente, la Constitución de 1925 se aproxima a una modificación de la Carta Fundamental de 1833, porque así lo aclara su preámbulo y la décima disposición transitoria recién citada. Pero formal y sustancialmente no fue una enmienda o cambio parcial a la Carta Fundamental anterior, ya que el Código Político de 1925, material y procesalmente apreciado, en su contenido y gestación correspondió al de una nueva Constitución, diferente de la anterior en tópicos medulares.

Para demostrar la aseveración precedente cabe observar, desde luego, que no se siguieron –para implantarla– los mecanismos de reforma que estableció la Constitución de 1833. En efecto, en las comisiones y subcomisiones, así como en el plebiscito de 1925, no actuó el Poder constituyente instituido o derivado. En definitiva, fue el pueblo o poder constituyente originario el que aprobó la Carta Fundamental a través del referendo ya descrito.

Por otra parte, sustancialmente o desde el ángulo material, también resulta que la reforma corresponde a una nueva Constitución. Así es, porque el Código Político de 1925 tiene una médula preceptiva distinta a la articulada en la Constitución de 1833, es decir, que en sus principios materiales o de fondo no calza con su antecesora. La Constitución de 1925 se sustenta, en efecto, en ciertos principios matrices, desconocidos en la Carta Fundamental que la precedió, o regulados de manera insuficiente en ella. Tales principios son resumidos a continuación.

---

40 Guillermo Wood Leroy: **El plebiscito constitucional de 1925** (Santiago, Memorias de Licenciados de la Facultad de Ciencias Jurídicas y Sociales de la Universidad de Chile Nº 32, 1953) p. 88.

41 **Actas Oficiales**, cit., pp. 653 ss.

En primer lugar, debe ser mencionada la democracia constitucional, porque supone la existencia, el reconocimiento y la participación de los partidos políticos de masas; el sufragio universal y directo; el equilibrio de poderes independientes, aunque vinculados o interrelacionados; y la generación popular de los oficios representativos, salvo excepciones como el Poder Judicial y otros órganos de carácter técnico y no político.

Enseguida, el constitucionalismo social, el cual conlleva, al menos, la declaración y protección de los derechos de contenido social y económico; o sea, las prestaciones que permiten a todos los habitantes del país gozar de una vida digna. Lo mismo vale, pero esta vez a propósito del pluralismo ideológico, la institucionalización de acciones y recursos para defender esos derechos de frente al Estado o a particulares; y la aplicación directa e inmediata de los principios y reglas del Código Político, no supeditándolos a lo que disponga la ley pertinente.

Por último, el rol, la dimensión y el control del Estado-Gobierno, comprometido con la materialización del principio de la igualdad más que el de libertad, obligado a corregir las disfuncionalidades derivadas de la conducta de la oligarquía y de las discriminaciones injustas, obrando con potestades discrecionales en la realización de miles de nuevos cometidos en ámbitos como la salud e higiene, la vivienda y el descanso, la educación y enseñanza, la ciencia y tecnología, y la seguridad social.

Aunque en los tres tópicos enunciados la Constitución de 1925 aparece redactada solo en lenguaje tímido y difuso, también es cierto que con estos rasgos se abrió paso al cambio profundo que la separó de la Carta Fundamental de 1833. Sobre la base de la interpretación actualizadora que realizó el legislador, ese lenguaje, teñido de significado social, permitió la introducción de las tendencias constitucionales recién sintetizadas, aunque también la pérdida del sentido con que, en su origen, había sido aprobada la nueva Ley Suprema.

26. Normas orgánicas relevantes. La Constitución de 1925 amplió el mandato presidencial de cinco a seis años, pero sin la posibilidad de reelección para el período siguiente. Más todavía, contempló la elección directa y por sufragio universal del Jefe de Estado. Empero, entregó al Congreso Pleno la facultad de elegir, entre las dos más altas mayorías relativas, al nuevo Primer Mandatario.

También amplió el mandato parlamentario, elevando el de los diputados de tres a cuatro años y el de los senadores de seis a ocho años, permitiendo en ambos casos la reelección indefinida y sin limitaciones de edad.

Estableció, como tipo de gobierno, el régimen presidencial configurado más que nada por las dos normas siguientes: primera, los ministros de Estado eran nombrados por el Presidente de la República y secretarios de su exclusiva confianza, de manera que permanecían en dichas funciones mientras el Primer Mandatario les dispensara esa designación y no decidiera libremente reemplazarlos; y segunda, las facultades fiscalizadoras pertenecían exclusivamente a la Cámara de Diputados, pero el ejercicio de ellas no podía afectar la responsabilidad política de los ministros de Estado. Quedaba, entonces, prohibido al Senado fiscalizar los actos del Gobierno, es decir, pronunciarse, como institución y con sentido de control crítico, acerca del mérito o conveniencia de ellos.

El nuevo Código Político trazó las facultades de los órganos constitucionales desde el punto de vista de desequilibrio entre las atribuciones del Presidente de la República y las del Congreso, cargándose la balanza en favor del primero. Esto se advierte, por ejemplo, en las disposiciones siguientes:

La norma que reconoció al Presidente de la República la iniciativa legal exclusiva en importantes materias de orden económico, hasta llegar a transformarlo en el gran legislador en tal rubro;

La disposición que faculta al Presidente para abreviar, mediante la urgencia, los plazos que el Congreso tenía para despachar las leyes;

El precepto que suprimió tres de las cuatro leyes periódicas de la Constitución de 1833, siendo la Ley de Presupuesto la única que permaneció, pero reformada sustancialmente en favor de las potestades presidenciales. En efecto, resultaron abolidas la Ley de Impuestos y Contribuciones Periódicas, la ley relacionada con el lugar de asiento de las Fuerzas Armadas y la que determinaba la dotación de estas fuerzas. Con la reforma, la Ley de Presupuesto, a partir de 1925, pudo ser enviada solo por el Presidente de la República al Congreso, siendo esto posible hasta el 30 de agosto del año anterior al de su vigencia. Pero si el Congreso no se pronunciaba al 31 de diciembre del mismo año, despachando el proyecto presidencial, entonces se entendía aprobado dicho proyecto en los términos propuestos por el Poder Ejecutivo.

Un quinto rasgo sustantivo se hallaba en la norma que estableció un número fijo de senadores, es decir, cuarenta y cinco, pues cinco de los parlamentarios eran elegidos por cada una de las nueve agrupaciones provinciales. En cambio, el número de diputados resultó variable, ya que dependía del crecimiento de la población en los distintos distritos electorales, según el censo oficial que, cada diez años, debía ser aprobado por ley.

Procede agregar que la Constitución de 1925 suprimió dos facultades de cada una de las Cámaras del Congreso. Así y primeramente, fue eliminada la atribución consistente en calificar las elecciones, pues creó, para tal efecto, un órgano autónomo, el Tribunal Calificador de Elecciones. La segunda de las facultades suprimidas fue la de desaforar, cada rama del Congreso, a sus propios miembros. Ahora y en primera instancia, tal facultad se entregó a la Corte de Apelaciones respectiva en pleno y, en segunda instancia, a la Corte Suprema, también reunida con la mayoría de la totalidad de sus miembros.

El enunciado de cambios sustantivos continúa con la desaparición del Consejo de Estado, el cual era el órgano asesor y consultivo del Presidente de la República en materias políticas y de nombramientos. Sus atribuciones pasaron al Congreso, especialmente al Senado. Se suprimió también la Comisión Conservadora, órgano formado por siete senadores y siete diputados, que funcionaba cuando no lo hacía el Parlamento. En su lugar, se estableció la legislatura extraordinaria, convocada por el Presidente de la República o por el presidente del Senado, legislatura dentro de la cual se estudiaban y votaban las materias propuestas solo por el Jefe de Estado, salvo que hubiere operado la autoconvocatoria, pues en tal caso existía una mayor iniciativa de los parlamentarios.

Se le confirió, por primera vez, el carácter de poder del Estado a la judicatura, dotándola de independencia funcional pero no económica, sin perjuicio de su coordinación con los demás órganos de jerarquía constitucional. Además, la Corte Suprema recibió la facultad de declarar inaplicable, para un caso particular, cualquier precepto legal contrario a la Constitución, mediante el recurso de inaplicabilidad por inconstitucionalidad. Por último, en la Constitución de 1925 la magistratura judicial quedó menos supeditada al Poder Ejecutivo, ya que la potestad vigilante del Primer Mandatario sobre la conducta ministerial de los jueces fue restringida desde que la intervención decisoria y final en el asunto se reservó a la Corte Suprema.

Por otra parte, se estableció una nueva división administrativa y de gobierno interior del Estado. Tal división contempló las provincias, departamentos, subdelegaciones y distritos. La administración comunal siguió a cargo de las municipalidades, presididas por un alcalde, y de cuyo concejo eran miembros los regidores elegidos cada cuatro años por la ciudadanía.

La nueva Constitución creó el Tribunal Calificador de Elecciones, como ya está dicho, compuesto por cinco miembros, cuyo nombramiento era jurídico y político a la vez. Tal Tribunal calificaba la elección presidencial, pero el Congreso elegía y proclamaba al nuevo Presidente entre las dos más altas mayorías relativas. Tratándose de las elecciones parlamentarias, el Tribunal calificaba y proclamaba a los diputados y senadores elegidos.

Esa Constitución introdujo la clausura del debate por simple mayoría en las sesiones del Congreso Nacional y de cada una de sus ramas. Esta era una norma simple, pero de enorme importancia práctica, por las conductas dilatorias y obstructivas que, valiéndose de resquicios, empleaba la minoría en los hemiciclos parlamentarios. Se facilitó así la adopción de acuerdos por la sala de cada rama del Parlamento y la aprobación o rechazo de los proyectos por la mayoría de cada una de ellas.

27. **Disposiciones incumplidas**. En la Parte Orgánica, con el paso del tiempo fueron quedando como *programáticas* varias disposiciones de la Carta Fundamental. Se las llamaba así, o también *incumplidas*, porque nunca se llevaron a la práctica, quedando con el carácter de declaraciones o formulaciones declarativas, sin eficacia y valor siquiera para la interpretación del Código Político. No fueron, entonces, *cláusulas de eternidad* [42] ni ambigüedades gloriosas[43], útiles, sin duda, en el proceso hermenéutico desplegado por una judicatura consciente del imperativo de infundir adaptabilidad a los valores, principios y disposiciones articuladas en el Código Político.

Una de tales disposiciones fue la referente a las Asambleas Provinciales, organismos asesores del Intendente. La operatividad de ellas, *de facto* ya suspendida en 1942, quedó formalizada mediante la Ley N° 7.164, al pasar a ser subrogadas por el Intendente mientras se dictaba la ley respectiva, lo cual nunca ocurrió. Se frustró así este intento, acertado y bien concebido, de introducir en Chile la descentralización administrativa e, incluso, la de índole política.

Otra disposición programática fue la atinente a los tribunales contencioso-administrativos. Su organización y funcionamiento quedó entregado al legislador, el cual jamás cumplió lo ordenado por el Poder Constituyente. La necesidad de implementar esta judicatura especializada llevó a que, ante la renuencia del legislador, se hiciera hincapié en la legislación común para suplir la falta de la normativa indicada por la Carta Fundamental. Pero, en general, este esfuerzo tampoco tuvo éxito, pues sobre la base del principio de separación de órganos y funciones, los tribunales ordinarios afirmaron que a ellos no les competía conocer ni resolver las causas contencioso-administrativas. Dichas causas, de real y creciente trascendencia práctica, quedaron por eso, en general, sin resolución, con evidente perjuicio para los particulares de frente a los funcionarios públicos, dotados de facultades discrecionales, no judicialmente revisables[44].

28. **Síntesis de la parte dogmática**. En la Constitución se contempló la secularización de las instituciones, mediante la separación de la Iglesia y el Estado, gracias a las negociaciones,

---

42 Peter Häberle: **El Estado constitucional** (Lima, UNAM-Universidad Católica del Perú, 2003) pp. 145 ss.

43 Mauro Capeletti: "Necesidad y legitimidad de la justicia constitucional", en Louis Joseph Favoreu (editor): **Tribunales Constitucionales europeos y derechos fundamentales** (Madrid, Centro de Estudios Constitucionales, 1984) pp. 618-619.

44 Consúltese José Luis Cea Egaña: "Sobre las Constituciones y el Constitucionalismo chilenos", XII **Revista de Derecho de la Universidad Católica de Valparaíso** (1992) pp. 76 ss.

en parte secretas y sin anales fidedignos, del presidente Alessandri con el cardenal Gasparri en Roma[45].

Terminó de ese modo la atribución de patronato en favor del Estado; fue consagrada la libertad de conciencia y de culto; se suprimió, en fin, el carácter oficial del credo católico. Por otra parte, fue establecido el pago por el Estado, durante cinco años, de una indemnización a la Iglesia de Santiago, en los términos que señaló la primera disposición transitoria de la nueva Constitución.

Relevante es, igualmente, referirse a la introducción del constitucionalismo social, determinando el rol activo que cabe al Estado en asegurar el acceso a los derechos socioeconómicos por los sectores medio y bajo de la población. Así, por ejemplo, el Estado debía ocuparse de la ejecución de las obras de bienestar social, tales como la vivienda, salud e higiene, el trabajo y la remuneración mínima acorde con las necesidades básicas de las personas y de su familia. Se autorizó a la ley, con este objeto, para establecer nuevos tributos, particularmente los proporcionales y progresivos. Fue introducida la limitación del ejercicio del dominio por la ley para mantener y hacer progresar el orden social, concepto este que denotaba ya el germen de la función social de la propiedad, aunque no se identificaba con ella.

También interesa detenerse en los nuevos derechos y libertades individuales que el Estado reconoció a partir de 1925.

Efectivamente, se reforzó la libertad personal, en el sentido de la libertad de locomoción o desplazamiento del individuo y los grupos, franqueando el recurso de amparo para cautelarla. Fue ampliada la libertad de expresión, extendiéndola más allá de la circunscrita a la homónima solo de imprenta. Quedó reconocido el derecho de reunión y de asociación. Se contempló la representación proporcional como sistema para la elección de los parlamentarios. Finalmente fueron consagrados el sufragio universal y la libertad de trabajo.

29. Otras innovaciones. En cuanto al procedimiento aplicable a la formación de la ley, la Constitución de 1925 contempló la iniciativa del Presidente y de los parlamentarios, con origen común en el Senado o la Cámara de Diputados, salvo excepciones taxativas. Empero, en su texto original, ese Código Político no se refería a la iniciativa exclusiva del Primer Mandatario en relación con determinados proyectos de ley, asunto que comenzó a ser regulado en la reforma de 1943.

Dicha Carta Fundamental aplicó, además, el método de las insistencias entre las dos Cámaras a lo largo de cinco trámites o cinco lecturas, después de los cuales venía el veto y la votación de estos en las dos ramas del Congreso. Era, por ende, un proceso nomogenético prolongado, complejo y que otorgaba preponderancia al Jefe del Estado.

Tratándose de la reforma constitucional, resultaba necesario seguir los mismos trámites de una ley, pero con las siguientes excepciones principales:

La aprobación de la reforma debía ser hecha por la mayoría de los diputados y senadores en ejercicio. Se suprimió, de esta manera, el sistema contemplado en la Constitución de 1833, modificado en 1882, el cual obligaba a la intervención de dos Congresos sucesivos, proceso en donde el primero de tales Parlamentos tenía la atribución de acordar la

---

[45] Máximo Pacheco Gómez: **La separación de la Iglesia y el Estado en Chile y la diplomacia vaticana** (Santiago, Ed. Andrés Bello, 2004); y Gonzalo Vial Correa: III **Historia de Chile**, **cit.**, pp. 559 ss.

reforma y al segundo se le entregaba la facultad de ratificar la modificación ya aprobada por el primero;

Sesenta días después de aprobada, la reforma tenía que ser ratificada por el Congreso Pleno, con el voto conforme de la mayoría de los parlamentarios presentes;

Entonces se abría al Presidente de la República la posibilidad de ejercer el veto, rechazable por el Congreso solo si reunía la mayoría de los diputados y senadores en ejercicio en cada una de las Cámaras; y finalmente, si se rechazaba el veto, el Presidente de la República podía todavía, antes de promulgar la reforma, convocar a plebiscito, facultad que no fue nunca ejercida hasta el 11 de septiembre de 1973.

CAPÍTULO III REFORMAS CONSTITUCIONALES 1943-1973

Diez fueron las modificaciones introducidas a la Constitución de 1925 desde su entrada en vigencia hasta la interrupción del proceso democrático en septiembre de 1973. A continuación se expondrán las características generales de todas ellas, para después analizarlas en particular.

30. Características generales. Esta decena de reformas refleja o corresponde al clima predominante en los órganos político-representativos de Chile en los años en que fueron aprobadas, es decir, que, con ellas, el Poder Constituyente se hizo eco de la opinión pública en tal momento o, por lo menos, expresó el clima entonces dominante en los partidos políticos mayoritarios. Difícilmente puede hallarse una reforma que sea pura o principalmente el resultado de elucubraciones doctrinarias.

Enseguida, menester es destacar que las reformas reflejaban una tendencia fuerte a la instrumentalización de la Sociedad Civil a merced del Estado. Efectivamente, esos eran tiempos, en Chile y el mundo democrático entero, en que se confiaba en la inducción de cambios sociales y la superación de desigualdades por la acción del aparato público. Aumentó, por ende, el poder y control centralizado de la administración estatal de frente a la sociedad, la cual se fue mostrando, como es lógico, cada vez con menor capacidad de acción propia, sea nacional, provincial o comunalmente entendida. Tal subordinación se hizo patente en la falta de autonomía que la sociedad tenía en materia de gestión de servicios públicos, actividad económica, iniciativa empresarial, creatividad científica y educacional, organización sindical, etc. Una excepción a lo expuesto fue el Estatuto de Garantías Constitucionales, vigente desde enero de 1971, en el cual se estableció el derecho a la participación social, pero que, por su breve vigencia y lenguaje general, no alcanzó a reflejarse en la legislación complementaria de la Carta Fundamental. Podría decirse, en tal perspectiva, que las reformas corroboraron la confianza de las elites políticas en el Estado-Gobierno, paralela al recelo o desconfianza en la Sociedad Civil o no Estado. La comprensión de este fenómeno ayuda a entender el distanciamiento recíproco y la manipulación que, de esa Sociedad, se terminó haciendo por quienes controlaban los órganos políticos del Estado.

Las reformas en comentario tienen, en tercer lugar, una importancia desigual. Las más relevantes fueron las que introdujeron modificaciones estructurales al sistema, es decir, las que alteraron el régimen de relaciones entre las personas y los bienes. Esos cambios llegaron al fondo del régimen político y socioeconómico modificándolo, por ejemplo, en los rubros siguientes:

La reforma del cuerpo electoral, que confirió el derecho a voto a los analfabetos y disminuyó la edad para votar a 18 años cumplidos;

Las reformas al derecho de propiedad de 1963, 1967 y 1971, ya que culminaron configurando un dominio privado muy regulado e, incluso, precario por las expropiaciones masivas realizadas durante dicha época. En efecto, en 1963 el estatuto del dominio fue alterado con el fin de permitir a la ley la expropiación de predios rústicos para la reforma agraria, con el pago de una indemnización a plazo, tratándose de predios que estuvieran abandonados o notoriamente mal explotados. En 1967 fue ampliada esa facultad de expropiación de predios para la reforma agraria, pero se introdujo, además, una fórmula de cálculo de la indemnización que, ponderando equitativamente los intereses de la comunidad y los del expropiado, permitió a la ley sacrificar en medida sustancial los intereses del último. Finalmente, en 1971 se aprobó la nacionalización de la Gran Minería del Cobre y fueron reformadas las disposiciones sobre irretroactividad del dominio en materia de contratos-leyes, permitiéndose no pagar indemnizaciones en ciertos casos en que se diera término a ellos;

Como ya se advirtió, hubo también reformas de relevancia discreta. En tal sentido, puede señalarse que la enmienda menos importante fue la pertinente a la doble nacionalidad con España en 1957, pero que aún tiene cierto interés porque constituye antecedente directo de la disposición que ahora figura en el artículo 10 Nº 3° de la Constitución vigente. Secundaria es asimismo la relevancia del cambio que, en 1971, se limitó a salvar una omisión en cuanto a los requisitos para sufragar en las elecciones de regidores.

Por otra parte, encierra singular trascendencia percatarse de que las reformas fueron reemplazando el *ethos* del Poder Constituyente de 1925, dejando a la Carta Fundamental, en definitiva, sin una clara y determinada fórmula política y socioeconómica. Ello ocurrió por la vía de premunir de potestades amplísimas a la ley y a los jerarcas administrativos, sin contemplar simultáneamente acciones y recursos constitucionales eficaces, con los cuales los afectados por la Administración del Estado pudieran defender sus derechos. Cumplíase en Chile, por ende, la primera pero no la segunda y decisiva parte de la fórmula de Herbert Krügger: *Antes los derechos fundamentales solo valían en el ámbito de la ley; hoy las leyes solo valen en el ámbito de los derechos fundamentales*[46].

Finalizan estos comentarios generales puntualizando que, en el gobierno militar, hubo numerosas reformas, pero operadas de modo tácito y no expreso, a través de decretos-leyes que regulaban, con sentido y alcance contrario a la Constitución, las materias articuladas en esta. Así, por ejemplo, en tales decretos-leyes se estableció la facultad del Presidente de la República para privar de la nacionalidad al margen de la situación de guerra externa que se encontraba prevista en la Constitución de 1925.

Imperativo es agregar que la circunstancia de haber sido introducidas las reformas en el gobierno castrense por la vía tácita o de incompatibilidad entre lo prescrito en los decretos-leyes, de un lado, y la Constitución, por otro, generó graves secuelas de incertidumbre o

---

[46] Citado por Otto Bachoff: **Jueces y Constitución** (Madrid, Ed. Civitas, 1985) p. 41.

inseguridad jurídica. Esta anomalía, operante por varios años y con deplorables efectos, lleva a reservar el análisis del tema para el numeral oportuno.

31. Las reformas en particular. Brevemente, se expondrá el contenido de cada uno de los diez cambios ya descritos en sus aspectos generales.

A. **Ley N° 7.727**. Fue publicada en el Diario Oficial el 23 de noviembre de 1943 e introdujo las tres modificaciones siguientes, todas de alcance sustancial.

En primer lugar, impulsó el aumento en el proceso de desequilibrio de las atribuciones del Presidente de la República con respecto a las del Congreso, creciendo el poder del primero en desmedro del segundo, al ser reducida la iniciativa parlamentaria de las leyes sobre gastos públicos y, en su lugar, creada la figura de la iniciativa presidencial exclusiva en la misma materia. Concretamente, por consiguiente, se introdujo el concepto de impulso privativa en las leyes sobre gastos públicos, facultad que el Poder Constituyente asignó al Presidente de la República como cualidad reservada a él y excluyente de otros órganos. La demanda por equilibrar los ingresos y gastos fiscales, a la vez que racionalizar la inversión de los últimos con sujeción a los criterios sustentados en la naciente teoría de la planificación, fueron dos de los argumentos esgrimidos para este primer cambio.

Por otra parte, en la Carta de 1925 se prohibió dictar los decretos de insistencia en materia económica y, en su lugar, fue creado el dos por ciento (2%) constitucional, llamado también *emergencia económica*. De esa manera, a partir de noviembre de 1943, y con el propósito de encuadrar la ejecución del presupuesto del Estado dentro de lo aprobado en la ley anual respectiva, fueron abolidos los decretos de insistencia económica y creados los decretos de emergencia en idéntica materia. Estos, a diferencia de los primeros, eran dictados solo por las causales taxativamente previstas en el texto de la Constitución y sin exceder el porcentaje indicado. Pasó a ser objeto de toma de razón por la Contraloría General de la República la revisión del límite ya mencionado, prohibiéndose a ese órgano de control cursar los decretos que sobrepasaran dicho máximo.

Para captar la importancia de esta enmienda, útil es agregar que los decretos de insistencia económica los dictaba el Presidente de la República, con la firma de todos sus ministros de Estado, obligando a la Contraloría General de la República a darles curso. Con frecuencia, sin embargo, ocurrió que dichos gastos se decretaban a pesar de que no tenían fondos que los respaldaran en la Ley de Presupuesto. Era un sobregiro en las arcas fiscales, impuesto por la vía administrativa y violando el principio de legalidad del gasto público. Se cubría ese desembolso deficitario con una mayor emisión de papel moneda, ordenada por el Gobierno al Banco Central que, en ese entonces, dependía de él. Tal fue uno de los motivos desencadenantes de los procesos de inflación acelerada en Chile. Por ejemplo, el presidente Pedro Aguirre Cerda llegó casi a doblar el presupuesto de 1940 a través de estos decretos. Aunque lo hizo para enfrentar la trágica secuela de sismo de 1939, es indudable que así quebrantó el principio de legalidad y causó la pérdida de poder adquisitivo de nuestra moneda.

En su lugar, la reforma de 1943 creó el dos por ciento constitucional, que reemplazó los decretos de insistencia. A través de los decretos de emergencia, el Poder Constituyente permitió al Presidente sobregirarse en el monto autorizado por la Ley de Presupuesto, pero solo hasta en dos por ciento, como máximo, del total contemplado en ella. Esta norma procuró el saneamiento económico, el control de la inflación y la estabilidad de nuestra moneda, a la vez que el respeto a la Constitución y a la legalidad del gasto público.

La verdad es que, ante la evidencia reunida, hoy resulta sólidamente argumentable que la emergencia económica descrita no tiene por qué ser enfrentada con giros sin respaldo financiero en las arcas fiscales y cuyo impacto inflacionario está demostrado. Incluso, para una situación crítica extrema o de guerra exterior, la Carta Fundamental hoy en vigor contempla, en su artículo 109 inciso 3°, una solución técnica al dilema señalado.

En fin, la reforma de 1943 elevó al rango de órgano constitucional y autónomo a la Contraloría General de la República, la cual era una institución que, desde su creación en abril de 1927, tenía jerarquía solo legal. Con la reforma se la configuró como otro Poder del Estado, conocido con el nombre, no del todo exacto, de *Poder Contralor*, aunque circunscrita su acción a la Administración Pública, especialmente la centralizada.

B. **Ley N° 12.548**. Fue publicada en el Diario Oficial el 30 de septiembre de 1957 y se refiere a la doble nacionalidad de chilenos y españoles.

Esta modificación tiene importancia histórica, pues la Constitución permitió que los españoles nacidos en España se nacionalizaran en Chile, sin renunciar a su nacionalidad española, y que los chilenos nacidos en Chile se nacionalizaran en España, sin perder su nacionalidad chilena. La reforma, por ende, se basó en el principio de la reciprocidad.

Su interés estriba, como se ha dicho, en ser un antecedente del actual artículo 10° N° 3° de la Constitución de 1980 en su redacción original, con la diferencia de que en esa Carta Fundamental el precepto era más amplio, pues permitía la doble nacionalidad en virtud de un tratado internacional celebrado por Chile con cualquier Estado y no solamente con España. La enmienda de agosto de 2005 derogó, sin embargo, la disposición comentada, ordenando que son chilenos los extranjeros que obtengan carta de nacionalización en conformidad a la ley. Esta norma nueva, contemplada en el artículo 10° N° 3° del texto constitucional en vigor, se remite a la ley, para que sea en cumplimiento de sus disposiciones, o de las estipuladas en convenciones internacionales, que se determine cuáles extranjeros pueden nacionalizarse chilenos.

C. **Ley N° 13.296**. Publicada en el Diario Oficial el 2 de marzo de 1959, versó sobre la duración del mandato de los regidores y la elección periódica de ellos.

En efecto, aumentó de tres a cuatro años la duración del mandato de los ediles y añadió que, en lo sucesivo, las elecciones de ellos se iban a efectuar al año siguiente al de la próxima elección parlamentaria. El objetivo fue evitar la coincidencia entre ambos comicios, por reputarse de índole política los de parlamentarios y de mera administración comunal los de regidores.

Aunque sea una digresión hecha con visión retrospectiva, necesario resulta un comentario sobre cada uno de esos cambios.

En relación a la no simultaneidad de los comicios municipales y parlamentarios, hoy puede ser ratificada la inconveniencia de que ambos procesos se desarrollen coincidentemente, porque si bien las razones en contrario se perciben débiles o carentes de fundamento real, lo cierto es que son comicios de distinta naturaleza. Y en lo concerniente a la duración de los mandatos, podría aceptarse que cuatro años es un plazo razonable, pero con la condición de que aumente la participación de la comunidad municipal y el control de esta sobre sus representantes.

Por último, no se olvide que los regidores eran elegidos por sufragio universal para integrar los concejos municipales. De entre ellos, se procedía después a elegir el alcalde, salvo en las ciudades de Santiago, Valparaíso y Viña del Mar, en las cuales era designado y removido a voluntad por el Presidente de la República.

D. **Ley Nº 15.295**. Fue publicada en el Diario Oficial el 8 de octubre de 1963, siendo la primera enmienda que versó sobre la propiedad, específicamente para los fines de facilitar la reforma agraria.

Una vez más, menester es decir que esta modificación tuvo importancia más teórica que práctica. Efectivamente, ella autorizó al legislador para que dictara normas aplicables a la reforma aludida, permitiendo por primera vez el pago diferido, es decir, a plazo de la indemnización por la expropiación de predios rústicos, no necesariamente al contado y hasta en quince años. Por ende, el propietario de inmuebles rústicos que fuera objeto de expropiación con el fin aludido, podía ser indemnizado por el Estado mediante la solución al contado, o bien a plazo del monto respectivo.

Por otra parte, necesario es observar que la reforma marcó el comienzo del cambio estructural del derecho de propiedad en Chile, aunque fuera para llevar a cabo nada más que la reforma agraria y no en otros rubros.

Sin embargo, aclaramos que, aun en el tópico preciso indicado, la modificación comentada fue teórica y no real, porque en la práctica careció de relevancia. En efecto, se estableció por ella un cambio en el texto constitucional, pero a la vez se adoptaron las medidas para que esta modificación no se pudiera llevar a la práctica. Así fue, pues la reforma hizo referencia a una ley complementaria de la Constitución, la cual iba a determinar los reajustes de los saldos de las indemnizaciones que fueran pagadas a plazo. Dicha ley no se dictó nunca y, por lo tanto, toda expropiación fue pagada al contado. Por lo mismo, resultaron escasísimos los predios expropiados y siempre lo fueron con pago de una indemnización en condiciones negociadas bastante aceptables para sus dueños.

E. **Ley Nº 16.615**. Esta reforma, publicada en el Diario Oficial el 20 de enero de 1967, tuvo interés doctrinario y práctico considerable.

Primeramente, en ella se conceptualizó o definió la función social de la propiedad, en términos que es un antecedente directo y relevante del artículo 19° Nº 24° inciso 2° de la Constitución de 1980.

Además, por primera vez se facultó al legislador para que regulara el modo de adquirir, usar, gozar y disponer del dominio, asuntos que se habían ya señalado en el Código Civil, pero que siendo este una ley pura y simple, no tenía la fuerza normativa de un texto singularizado por la supremacía constitucional.

A mayor abundamiento, la modificación reguló las ideas matrices del proceso de reforma agraria en la propia Constitución, autorizando directamente el pago a plazo de la indemnización por la expropiación pertinente. Esto fue criticado, porque se dieron facultades amplias y discrecionales al legislador para dictar las normas sobre toma de posesión del bien expropiado, su tasación y la consignación del valor correlativo, disposiciones con las cuales, en realidad, se terminó habilitando a los funcionarios de la Corporación de Reforma Agraria (CORA) para obrar con discreción y hasta arbitrariedad. En muchos casos, por ende y lamentablemente, la ejecución de esos preceptos legales tan amplios llevó a la privación *de facto* del dominio.

Introdujo aquella enmienda, además, el concepto de reserva de bienes a favor del Estado. Por ley, en efecto, el Estado pudo, en lo sucesivo, ser declarado dueño de categorías completas de bienes de producción y otros. Detrás de esta idea hallábase el principio de la nacionalización de los bienes e instrumentos de producción y cambio. La reserva operaba respecto de bienes que no tenían dueño y, tratándose de los que ya lo tenían, podían ser expropiados a fin de incorporarlos al patrimonio estatal.

F. **Ley N° 16.672.** Fue publicada en el Diario Oficial el 2 de octubre de 1967.

Por ella se aumentó de ciento cuarenta y siete a ciento cincuenta el número de diputados, con el objeto de lograr una mejor representación política en aquellas áreas del territorio nacional que no la tenían. Así ocurrió con las modificaciones de distritos y agrupaciones provinciales de las actuales X, XI y XII regiones, a lo que es necesario agregar que la X región está hoy dividida en las nuevas regiones De los Ríos y De los Lagos.

G. **Ley N° 17.284.** Publicada en el Diario Oficial el 23 de enero de 1970, modificó diversos preceptos constitucionales, principalmente en su Parte Orgánica, y creó al Tribunal Constitucional, órgano resolutor de conflictos entre las máximas autoridades del Estado y custodio de los derechos fundamentales de la minoría de frente a las disposiciones que el legislador dictara y que pudieran afectarlos.

Esta reforma reviste, consiguientemente, singular relevancia, al punto de que algunos la designan como la Gran Reforma de la Carta Fundamental de 1925. Empero, debe ser destacado que esa enmienda si bien se aprobó en el gobierno del presidente Frei Montalva, lo fue con la condición de que comenzara a regir desde el 4 de noviembre de 1970 y no a partir de su publicación oficial, es decir, que entrara en vigencia solo al comienzo del mandato del presidente Allende. He aquí una demostración de los tropiezos que hubo que enfrentar para efectuar correcciones profundas al sistema político, de los recelos predominantes y de las transacciones que fue necesario celebrar para lograrlas.

La reforma aludida amplió la ciudadanía, al reconocer el derecho a sufragio a los analfabetos y a los hombres y mujeres mayores de 18 años. Hubo en esta modificación una clara y plausible democratización en ligamen con el acceso al voto, especialmente para la juventud y las áreas rurales. Ese paso iba a producir relevantes alteraciones en el caudal electoral de las fuerzas políticas.

La enmienda también constitucionalizó los decretos con fuerza de ley (DFL), los cuales, hasta ese momento y con frecuencia, se dictaban en forma de mera práctica extraconstitucional. A partir de esta reforma quedó regularizada su dictación, permitiéndola, pero con indicación taxativa, hecha en la propia Carta Fundamental, de las materias de delegación permitidas, señalando las de delegación prohibida y contemplando los controles necesarios para precaver todo exceso en la materia.

Esta enmienda, asimismo, continuó con el proceso de aumento de la iniciativa exclusiva del Presidente de la República en proyectos de ley relativos a gastos públicos, corroborando y profundizando la tendencia inaugurada mediante la reforma de 1943. Con la esperanza de que la planificación estatal permitiría el correcto funcionamiento del sistema económico, público y privado, y que la centralización de decisiones sobre el gasto fiscal quedaría radicada en el Jefe de Estado, se dio este nuevo paso que redujo las atribuciones del Congreso en la materia.

Debe destacarse, análogamente, la creación del Tribunal Constitucional, integrado por cinco ministros, llamado a resolver, entre otros asuntos, los diferendos suscitados entre el Presidente de la República y el Congreso en la tramitación de los proyectos de reforma constitucional como de ley. El mismo Tribunal pasó a ser competente para pronunciarse sobre las inhabilidades de los Ministros de Estado, tanto en su designación como en su permanencia y la posibilidad de desempeñar otros cargos. Le correspondió, por último, resolver las contiendas de competencia que le señalaran las leyes.

Siguiendo la corriente del constitucionalismo austríaco de 1920, italiano de 1947, alemán de 1949 y francés de 1958, Chile incorporó así a su Código Político este nuevo órgano de revisión jurisdiccional de lo obrado por las demás instituciones de rango constitucional. Fue la obra del legislador, entonces, la primera y principal materia sometida al control de esta magistratura. Su introducción a nuestro sistema de órganos supremos tuvo por objeto, en efecto, controlar preventivamente la supremacía de la Carta Fundamental, ahora ejercida por una Corte de composición y actuación mixta. Preciso es insistir, por consiguiente, que dicha índole mixta estaba configurada no solo en virtud de la integración del Tribunal, sino que por el procedimiento seguido para decidir los asuntos de su incumbencia, la competencia que le otorgó la Carta Fundamental y el contenido o materia de aquellos.

Finalmente, la reforma en estudio racionalizó el proceso de formación de la ley, prohibiendo las llamadas *leyes misceláneas*, esto es, aquellas que no obedecían a una idea matriz, sino que contemplaban en un mismo texto gran cantidad de asuntos dispersos e inconexos. Desde la vigencia de la enmienda, fue necesario que el proyecto de ley y las indicaciones formuladas al mismo tuvieran nexo o ligamen con la idea matriz o fundamental de la iniciativa pertinente, quedando fuera asuntos ajenos al criterio principal o central del mensaje o moción respectivo.

H. Ley Nº 17.398. Publicada en el Diario Oficial el 9 de enero de 1971, también merece realce, sobre todo por su incidencia en la Parte Dogmática de la Constitución y las consecuencias que tuvo el incumplimiento abierto o encubierto de sus principios y normas. Contiene el llamado *Estatuto de Garantía Constitucionales*.

Esa fue una de las modificaciones más polémicas, apresuradamente tramitadas y que suscitó mayores controversias entre las enmiendas a la Carta Fundamental de 1925. Empero, tampoco es razonable extremar las interpretaciones negativas, porque es ineludible ubicarse en el dramático contexto de la época que Chile vivía. Debe recordarse el impacto que produjo el movimiento castrense opuesto a la elección del presidente Allende y el asesinato del comandante en Jefe del Ejército, general René Schneider, cometido para impedir la asunción del mando por un Jefe de Estado marxista.

El estatuto o pacto aludido fue dictado como requisito para que la Democracia Cristiana le diera el voto de sus parlamentarios a Salvador Allende en el Congreso Pleno, a fin de que resultara elegido Presidente de la República, pues había obtenido solo, y por estrecha diferencia, la primera mayoría relativa en las elecciones presidenciales de septiembre de 1970. Por tal motivo, la enmienda tuvo el carácter de acuerdo o pacto entre la Democracia Cristiana y la Unidad Popular, destinado a asegurar la permanencia de la democracia y el Estado de Derecho en Chile.

La reforma aludida estableció, primeramente, las bases para un estatuto de los partidos políticos. Por primera vez en Chile se introdujeron en la Constitución algunas normas fundamentales sobre el tópico, debiendo destacarse que hasta entonces se encontraba solo fragmentariamente tratada en la Ley de Elecciones. De esta manera, el estatuto mencionado fue un antecedente, directo e importante, pero de contenido distinto, del artículo 19° Nº 15° inciso 5° de la Constitución actual.

Enseguida, cabe destacar que la reforma amplió el ámbito de ejercicio de la libertad de opinión y de información, consagrando, además, el pluralismo político absoluto. Se afirmó, consecuentemente, que jamás sería constitutivo de abuso o delito el profesar o difundir cualquiera idea política. En tal sentido, el artículo 8 de la Constitución de 1980, que fue derogado por la enmienda de 1989, se erigió en la antítesis de esta reforma, pues contempló el pluralismo limitado, proscribiendo la propagación de determinadas doctrinas. Actualmente, puede sostenerse que en esta modificación de 1970 se halla un antecedente del artículo 19° N° 15° incisos 6° y siguientes de la Constitución de 1980, en el primero de los cuales se lee que la Constitución garantiza el pluralismo político.

El estudio acucioso del pacto mencionado lleva a comentar las ideas que fueron propuestas al tratar dicha reforma, pero que, en definitiva, no quedaron aprobadas como tales. Entre ellas es importante recordar que la Democracia Cristiana planteó la designación de los comandantes en Jefe de las Fuerzas Armadas por el Presidente de la República, pero con acuerdo previo del Senado, idea que rechazó en su oportunidad el futuro presidente Allende.

Relevante es señalar que el pacto o estatuto aludido introdujo el reconocimiento de nuevos derechos constitucionales. Entre ellos, los derechos de índole social, puesto que, con relación a los derechos públicos subjetivos de carácter individual, no existió, en dicha época, mayor preocupación. En este sentido es importante mencionar la autonomía universitaria y la libertad de cátedra; el derecho a huelga; el derecho al trabajo; el derecho a la seguridad social; el derecho a la participación política y socioeconómica; y el derecho a la autonomía de los grupos intermedios, antecedente directo del artículo 1° inciso 3° de la Carta Fundamental de 1980.

A propósito del derecho a la seguridad social y como inciso 2° del número 16° del artículo 10° de la Constitución de 1925, la reforma en comentario incorporó un amplio programa de actividades estatales, tendientes a la satisfacción de los derechos sociales, económicos y culturales necesarios para el libre desenvolvimiento de la personalidad y la dignidad humana. El texto del artículo 3° inciso 2° de la Carta Fundamental italiana de 1947 parece haber sido la fuente inspiradora del Poder Constituyente chileno en la materia.

Finalmente, no puede ser olvidada la puntualización que la reforma hizo con respecto al derecho de reunión, disponiendo que el ejercicio de ese derecho en los lugares de uso público fuera materia de reserva legal, habiendo aclarado también, en una norma transitoria, que mientras no se dictaran las aludidas normas, seguirían aplicándose los reglamentos ya vigentes, pero sin modificación alguna. Esta idea, coherente con la regulación por la ley del ejercicio de todos los derechos fundamentales, sin excepción, desapareció en el texto de la Constitución de 1980, retrocediéndose así a la potestad reglamentaria en un asunto de tanta importancia. Concluimos subrayando no solo la incoherencia explicada, sino que, además, observando que la regulación del derecho de reunión a través de simples reglamentos pugna con lo asegurado en los tratados internacionales sobre derechos humanos; v. gr., en el artículo 15° del Pacto de San José de Costa Rica.

I. ***Ley N° 17.420***. Publicada en el Diario Oficial el 31 de marzo de 1971, corrigió un error u olvido en que se había incurrido al aprobar la reforma anterior.

Efectivamente, en el artículo 104° de la Carta Fundamental de 1925 se señalaban los requisitos para votar en las elecciones de regidores. Pues bien, en la reforma que reconoció el derecho a voto a los mayores de dieciocho años y a los analfabetos, se olvidó modificar dicho artículo, siendo entonces necesario tener veintiún años para sufragar en los comicios comunales. Así, dábase el absurdo de que la Constitución permitía votar a los mayores de dieciocho años en las elecciones de Presidente de la República y de senadores, pero no en las de regidores.

Esta reforma, además de salvar el descuido aludido, dispuso que las elecciones de regidores se efectuarían al año subsiguiente de las elecciones generales de parlamentarios, de manera que nunca coincidieran con estas. La razón era puramente teórica, es decir, que los comicios de regidores no tenían carácter político, lo cual, si alguna vez fue cierto, dejó de serlo muchísimos años atrás en Chile y en las democracias del mundo entero.

J. **Ley Nº 17.450**. Publicada en el Diario Oficial el 16 de julio de 1971, ella fue expresiva del espíritu colectivista entonces imperante en la vida política de Chile y otros países. En virtud de esta enmienda se nacionalizó la Gran Minería del Cobre. Tal reforma sigue vigente aunque solo en parte hasta hoy en virtud de la tercera disposición transitoria de la Constitución de 1980. Además, reconoció los contratos-leyes, pero, a la vez, autorizó al legislador para darles término con ciertas exigencias, posibilitando incluso que no se pagara compensación alguna en determinados casos.

Conveniente es aclarar que los contratos-leyes eran y son las convenciones celebradas entre el Gobierno y los inversionistas, especialmente extranjeros, en virtud de una ley habilitante que impone al Estado el deber de respetar, por un plazo determinado, ciertos beneficios tributarios y arancelarios de excepción en favor de los últimos, recayendo sobre estos el cúmulo de obligaciones estipuladas en la convención respectiva.

Pues bien, tales contratos-leyes eran motivo de disputa jurídico-política permanente. Efectivamente, algunos sostenían que no se diferenciaban de los contratos en general, mientras que otros argumentaban que eran contratos especiales. En la jurisprudencia, sin embargo, se había reconocido que los derechos que de ellos emanaban no podían ser alterados ni extinguidos retroactivamente, de modo que era necesario pagar indemnizaciones a favor del inversionista, nacional o extranjero, para darles término[47].

La reforma en comentario reconoció la existencia de aquellos contratos, pero, a la vez, legitimó hacerlos cesar por la ley, con el pago de una indemnización correlativa a los perjuicios, aunque siempre que estos fueran directos, actuales, efectivos y causados por la resciliación del mismo.

Actualmente, los contratos-leyes se rigen por el artículo 19° Nº 24° inciso 1° de la Constitución de 1980 y por las disposiciones legales comunes del derecho de propiedad, particularmente las contenidas en el Código Civil. Un ejemplo de tal tipo de contratos es el celebrado con sujeción al Estatuto de la Inversión Extranjera, contenido en el Decreto Ley Nº 600, de 1974, y sus reformas, régimen de excepción derogado por la reforma tributaria de 2014.

32. Proyectos que no fueron reformas. La decena de modificaciones explicadas demuestra que la Constitución de 1925 fue semiflexible desde el ángulo del procedimiento aplicable para reformarla. Pese a ello, resultaron innumerables los intentos por enmendar la Constitución hasta el 11 de septiembre de 1973. Para cerrar el tema expuesto, procede referirse, brevemente, al menos a dos mociones relevantes y que no llegaron a convertirse en modificaciones.

La primera fue presentada por el senador Rafael Agustín Gumucio en 1967. En tal iniciativa propuso implantar la elección presidencial con dos votaciones, como en la Constitución francesa de 1958, quedando como candidatos en la segunda votación solo los que obtuvieron las primeras dos mayorías relativas en la primera. Sin embargo, estando segura la coalición de derecha que su candidato, Jorge Alessandri, iba a triunfar en los comicios de septiembre de 1970, desestimó aquella moción para no entrar en compromisos partidistas que perjudicarían el proyecto gubernativo del nuevo Primer Mandatario. Hoy, el mecanismo aludido se halla previsto en el inciso 2° del artículo 26° de la Constitución de 1980.

---

[47] Revísese una síntesis de la jurisprudencia y doctrina en el tópico, incluida en las pp. 382 ss. del Anexo de Documentos del **Boletín** Nº 24.482 del Senado, con el Informe de su Comisión de Constitución, Legislación, Justicia y Reglamento recaído en el proyecto Reforma Constitucional del Derecho de Propiedad, fechado el 17 de enero de 1971.

La segunda de tales iniciativas fue la moción de los senadores Juan Hamilton Depassier y Renán Fuentealba Moena, presentada en octubre de 1971, para detener el proceso de estatizaciones, implantado por la vía administrativa con base en los resquicios legales, que llevaba a cabo el gobierno de la Unidad Popular. Esta reforma llamaba a legislar el tópico contemplando las áreas de la economía pública, privada, mixta y de los trabajadores. Ella fue vetada por el presidente Allende, rechazado el veto por el Congreso en medio de agudas controversias, promulgada parcialmente y devuelto por la Contraloría General de la República el decreto promulgatorio a raíz de calificarlo como ilegítimo. En definitiva, hallábase en tal condición el proyecto, sin posibilidad constitucional que el Presidente convocara a la ciudadanía a plebiscito, cuando sobrevino el golpe de Estado de septiembre de 1973.

CAPÍTULO **IV**

DESCONSTITUCIONALIZACIÓN Y RECONSTITUCIONALIZACIÓN

33. **Gobierno *de facto*.** Ha sido ya relatada la interrupción de la continuidad institucional y jurídica resultante de la intervención militar del 11 de septiembre de 1973. Ella es aún tema candente, lo será por muchos años y no es aquí en donde será resuelta la discusión en punto a su legitimidad de origen y sustantiva. La ansiada y demorada reconciliación nacional tiene en la interpretación de este suceso uno de sus obstáculos mayores.

Interesa sí destacar que el régimen militar significó una profunda y vasta, abrupta y represiva involución o reacción, una contrarrevolución, podría decirse, respecto de lo que trató de hacer la izquierda y también, en menor medida, la Democracia Cristiana en los años precedentes. Uno y otro proceso, de direcciones opuestas o antagónicas, se llevaron a cabo con evidentes ingredientes de violencia, aunque esta llegó a niveles inimaginados, e incomprensibles, en los primeros cuatro años del período militar. En tal perspectiva, merece el calificativo de dictadura.

Pero, simultáneamente, debe ser reconocido que ese régimen tuvo un sentido fundacional, creativo de instituciones, modificador de otras, rectificador de hábitos, en fin, innovador en los modelos de desarrollo socioeconómico que, con el paso de los años, se tornaron indiscutibles en su acierto y han terminado siendo admitidos hasta por sus adversarios.

Precisamente, la trama de aspectos positivos y negativos, de reacción conservadora y de acción innovadora, de desmembramiento cruento del conglomerado marxista, seguida por la represión transgresora a los derechos humanos, pero que terminó con los militares restaurando la democracia y devolviendo el poder a los civiles, torna difícil pronunciarse, ecuánimemente, en torno de los dieciséis años y medio que duró el interregno *de facto*.

El período de transición del autoritarismo a la democracia, inaugurado un año antes de su comienzo formal, el 11 de marzo de 1990, ha sido evaluado positivamente en Chile y el extranjero. Sin embargo, apreciado al menos desde determinados ángulos, puede concluirse que ese período no ha finalizado, cerrando una época de tanta agitación, conflicto y violencia. Así es, porque tampoco hemos sido capaces de llegar a la verdad judicial, para impartir la justicia y después hacer la paz política, en torno de las violaciones a los derechos humanos. Avanzamos en un proceso de esclarecimiento y justicia, es cierto, y cabe esperar que, más temprano que tarde, pronto llegue a su término.

El problema sigue pendiente. Los acontecimientos crispantes de las relaciones de políticos y uniformados acaecidos, desde el 30 de mayo de 1995, a raíz de la condena a presidio de los oficiales de ejército involucrados en el asesinato del ex canciller Orlando Letelier; de las 200 y más querellas deducidas en contra del senador vitalicio Augusto Pinochet desde 1998 a diciembre de 2006; del proceso seguido respecto de la llamada *Caravana de la Muerte*; en fin, la detención en Londres, el 16 de octubre de 1998, del ya nombrado senador vitalicio Augusto Pinochet, y su regreso a Chile en marzo de 2000, seguido de su desafuero y procesamiento, dejan de manifiesto que, pese a estar la mayoría de la ciudadanía por concretar la reconciliación definitiva, persisten cuestiones pendientes que no ha sido posible solucionar con legitimidad. En algún sentido, la jurisprudencia de la Corte Suprema y de la Corte Interamericana de Derechos Humanos ha coadyuvado a mantener latente el dilema[48]. No se divisa tampoco la voluntad política necesaria para alcanzar la reconciliación, presupuesto de una transición cerrada, entera e irreversiblemente. El panorama no cambió después de la muerte del senador Pinochet, acaecida el 10 de diciembre de 2006[49].

Procurando trazar una periodización con finalidad pedagógica, puede afirmarse que, durante el régimen militar, pese al contexto *de facto* en que transcurrió, hubo cuatro momentos o hitos constitucionales relevantes, a los cuales se hará referencia en los números y capítulos siguientes. Siguiendo el curso de los acontecimientos ocurridos en aquel régimen, concluimos que Chile fue avanzando lenta, dificultosa y, a veces, dolorosamente desde la desconstitucionalización del sistema institucional a su reconstitucionalización.

En síntesis, los períodos aludidos pueden ser denominados, sucesivamente, fundacionales, de consolidación, de las Actas Constitucionales y, por último, de aprobación y vigencia de la Nueva Carta Fundamental.

Cada una de esas etapas o períodos se condensó en documentos característicos de ellas. Se hará especial referencia, por ende, a tales documentos.

34. **Etapa fundacional**. Abarca la interrupción cruenta del proceso constitucional y del Estado de Derecho, si es que se puede decir que, hacia principios de septiembre de 1973, subsistía tal especie de Estado en Chile. Aquí se hallan tres documentos, de relieve constitucional, que merecen ser citados por su contenido.

El primero fue el Bando N° 5, del 11 de septiembre de 1973, emitido por la Junta de Gobierno de las Fuerzas Armadas y Carabineros de Chile en la madrugada de aquel día.

Es el documento sustantivamente más importante desde el punto de vista ideológico-fundacional. En él se explican los móviles del pronunciamiento o intervención castrense, sus finalidades y el carácter imperativo de las órdenes impartidas por los uniformados. Empero, en sus últimos dos numerales y como se verá después, contiene afirmaciones que provocaron algunas divisiones.

---

[48] Consúltese la sentencia de la Corte Suprema, pronunciada el 13 de diciembre de 2006, publicada en **Gaceta Jurídica** N° 318 (2006) y la sentencia de la Corte Interamericana de Derechos Humanos, fechada el 26 de septiembre de 2006. Útil es agregar que, en el Diario Oficial del 14 de mayo de 2007, fue publicado el capítulo relativo a los hechos probados de la última sentencia citada, como asimismo, su parte resolutiva.

[49] Recuérdese que la reforma constitucional de 2005 suprimió los senadores designados y los vitalicios.

Así, iniciando el bando se sostiene que "el gobierno de Allende ha incurrido en grave ilegitimidad al quebrantar los derechos fundamentales de libertad de expresión, libertad de enseñanza, derecho de reunión, derecho de huelga, derecho de petición, derecho de propiedad y derecho en general, a una digna y segura subsistencia". Se agrega, en el segundo párrafo, que el mismo gobierno "ha quebrantado la unidad nacional, fomentando artificialmente una lucha de clases estéril, y en muchos casos cruenta". (...)".

Prosigue aseverando, en el párrafo octavo, "que el Presidente de la República ha mostrado a la faz del país que su autoridad personal está condicionada a las decisiones de comités y directivas de partidos políticos y grupos que le acompañan". (...)". Puntualiza que la economía está en crisis y que "existe en el país anarquía, asfixia de libertad, desquiciamiento moral y económico y, en el gobierno, una absoluta irresponsabilidad o incapacidad". (...)". Acercándose al final, se sostiene que "están en peligro la seguridad interna y externa del país, que se arriesga la subsistencia de nuestro Estado independiente y que la mantención del gobierno es inconveniente para los altos intereses de la República y de su Pueblo Soberano".

Finaliza el Bando Nº 5 con los numerales 12°, 13° y 14°, cuyo texto se transcribe en atención a su relevancia filosófico-política:

> Que estos mismos antecedentes son, a la luz de la doctrina clásica que caracteriza nuestro pensamiento histórico, suficientes para justificar nuestra intervención para deponer al gobierno ilegítimo, inmoral y no representativo del gran sentir nacional, evitando así los mayores males que el actual vacío de Poder pueda producir, pues para lograr esto no hay otros medios razonablemente exitosos, siendo nuestro propósito restablecer la normalidad económica y social del país, la paz, tranquilidad y seguridad perdidas. Por todas las razones someramente expuestas, las Fuerzas Armadas han asumido el deber moral que la Patria les impone de destituir al gobierno que, aunque inicialmente legítimo, ha caído en la ilegitimidad flagrante, asumiendo el Poder por el solo lapso en que las circunstancias lo exijan, apoyado en la evidencia del sentir de la gran mayoría nacional, lo cual de por sí, ante Dios y ante la Historia, hace justo su actuar y, por ende, las resoluciones, normas e instrucciones que se dicten para la consecución de la tarea de bien común y de alto interés patriótico que se dispone cumplir.
>
> En consecuencia, de la legitimidad de estas normas se colige su obligatoriedad para la ciudadanía, las que deberán ser acatadas y cumplidas por todo el país y especialmente por las autoridades[50].

Luego se encuentra el Decreto Ley Nº 1, Acta de Constitución de la Junta de Gobierno, dictado el 11 de septiembre de 1973 por aquella Junta, publicado en el Diario Oficial el 18 de septiembre del mismo año.

Por su fecha de emisión, el título del documento aludido revela que en ningún momento existió duda, entre los comandos militares, que estos iban a vencer, como pronto ocurrió, a la resistencia armada. La verdad, cada día mejor conocida y documentada, es que las Fuerzas Armadas y la Fuerza Pública controlaron rápidamente el proceso rebelde y opositor. Por lo tanto, fue y es equivocado plantearse la tesis de la guerra, sustentada por el gobierno militar, para intentar justificar los numerosos y graves excesos entonces cometidos[51].

---

50 El texto íntegro del Bando Nº 5 puede ser consultado en **Normas Fundamentales del Estado de Chile** (Santiago, Ediciones Jurídicas de América, 1975) pp. 165-167.

51 Consúltense los primeros tres capítulos del Tomo I del **Informe de la Comisión Nacional de Verdad y Reconciliación**, evacuado el 8 de febrero de 1991, publicado por el Ministerio Secretaría General de Gobierno en abril de ese año.

Al tenor del primero de sus considerandos: "La Fuerza Pública (...) representa la organización que el Estado se ha dado para el resguardo y defensa de su integridad física y moral y de su identidad histórica-cultural".

Con sujeción al numeral 1° de las decisiones adoptadas, los cuatro máximos oficiales de las Instituciones Armadas acordaron, aquel 11 de septiembre, constituirse en Junta de Gobierno y asumir "el Mando Supremo de la Nación, con el patriótico compromiso de restaurar la chilenidad, la justicia y la institucionalidad quebrantada". (...)". Acto seguido designaron "al General de Ejército don Augusto Pinochet Ugarte como Presidente de la Junta". Y por último, declararon que dicha Junta, "en el ejercicio de su misión, garantizará la plena eficacia de las atribuciones del Poder Judicial y respetará la Constitución y las leyes de la República, en la medida en que la actual situación del país lo permita para el mejor cumplimiento de los postulados que ella se propone".

El tercero y último de aquellos documentos es la Declaración de Principios del Gobierno de Chile, fechada el 11 de marzo de 1974.

Sin perjuicio de la síntesis que se hace de ella más adelante, aquí resulta necesario destacar que ese texto contiene la que podría llamarse la ideología del nuevo régimen. Más que un programa, tratábase de la cosmovisión del nuevo gobierno, pues en él fueron planteadas metas, pero no plazos ni medios para lograrlos, todo con una fuerte dosis de nacionalismo, tradicionalismo, cierto corporativismo y manifiesto espíritu autoritario. Los matices humanistas que el documento mencionado contiene aparecen desvanecidos o carentes de trascendencia, ante aseveraciones polémicas en los aspectos indicados. Igual observación cabe dirigir al documento en relación a la democracia, a los partidos políticos y al orden internacional.

35. Etapa de consolidación. En ella es menester recordar el Decreto Ley N° 128, publicado en el Diario Oficial el 16 de noviembre de 1973, pues aclaró que el Mando Supremo de la Nación, asumido por la Junta de Gobierno el 11 de septiembre de ese mismo año, abarcaba el ejercicio de los Poderes Constituyente, Legislativo y Ejecutivo, simultáneamente, y no, como pudo con razón hasta entonces sostenerse, que se refería nada más que a las atribuciones del Presidente de la República.

Tampoco puede olvidarse el Decreto Ley N° 527, publicado en el Diario Oficial el 26 de junio de 1974. Con él se aprobó el Estatuto de la Junta de Gobierno, trazando la distribución de potestades entre los cuatro miembros de dicha Junta, por un lado, y el Presidente de ella, de otro, dejando los Poderes Constituyente y Legislativo a la primera, a la vez que reservando el Poder Ejecutivo al segundo. Además, dicho Estatuto contempló el orden de precedencia, de subrogación y de reemplazo de los integrantes de ese organismo colegiado.

Por último, una mención especial cabe efectuar al Decreto Ley N° 788, publicado en el Diario Oficial el 4 de diciembre de 1974. En él se contienen normas relativas al ejercicio del Poder Constituyente. Se buscó a través de ese texto resolver, definitivamente, la compleja situación creada con las modificaciones tácitas a la Carta Fundamental de 1925. Para ello se declaró que esos decretos, dictados por miles a partir del 4 de diciembre de 1974 –es decir, desde la publicación del mismo decreto ley en estudio– y que fueran contrarios o distintos al Código Político citado, iban a modificarlo solo si de manera explícita se señalaba que la Junta de Gobierno los había dictado en el ejercicio de la potestad constituyente. Subsistió, entonces, la incertidumbre frente a los decretos leyes dictados con anterioridad a la fecha mencionada.

36. Etapa de las actas constitucionales. La Junta de Gobierno creyó necesario, siguiendo lo planteado en varios discursos por el presidente Pinochet, avanzar paulatinamente o por capítulos, en la derogación expresa de la Constitución de 1925 y en la aplicación de la nueva Carta Fundamental. A tal propósito obedeció la dictación de cuatro Actas Constitucionales, criterio que aplicó el generalísimo Franco en España y el gobierno militar de Brasil a partir de 1964.

La primera de tales Actas se halla en el Decreto Ley Nº 1.319, publicado en el Diario Oficial el 9 de enero de 1976, la cual prácticamente tuvo reducida importancia.

Dicha Acta creó el Consejo de Estado, supremo cuerpo consultivo del Presidente de la República, integrado por un grupo de personas patrióticas y respetables, con experiencia en ciertos órganos públicos o actividades privadas, todas designadas por el Primer Mandatario. Su misión era solo consultiva, es decir, asesoraba al Jefe de Estado cuando este se lo pedía, obrando siempre reservadamente, a menos que el Primer Mandatario decidiera, para cada caso, lo contrario.

Su función más importante la cumplió bajo la conducción del ex Presidente de la República, don Jorge Alessandri, al elaborar, en 1979-1980, el proyecto de la Constitución de ese año. De su labor quedan actas oficiales, escuetas pero útiles en determinados aspectos. El secreto con que obró, ciertamente, hizo que la opinión pública tuviera información mínima sobre el trabajo del Consejo, habiendo languidecido en sus últimos diez años de funcionamiento[52].

Inspirado en la Constitución de 1833, el Consejo de Estado de 1976 tuvo, en realidad, una suerte parecida a la de su antecesor, pues desapareció en virtud de lo dispuesto en la vigesimosexta disposición transitoria del Código Político de 1980, al entrar en funciones el Senado.

Las Actas Constitucionales N°s 2, 3 y 4 resultaron más importantes y aparecieron publicadas, conjuntamente, en el Diario Oficial del 13 de septiembre de 1976. Desde entonces, sin embargo, fueron objeto de numerosas modificaciones. Necesario es precisar, sobre este último asunto, que las Actas solo podían ser reformadas en el ejercicio del Poder Constituyente y por medio de reformas expresas que debían incorporarse en su texto.

Se quiso con tales cuerpos normativos, dotados de supremacía constitucional, avanzar, como se ha dicho, en la normalización de la convivencia jurídica chilena, restringiendo los poderes fácticos de la Junta de Gobierno y del Jefe de Estado, y a la vez dotar de mayor eficacia a las acciones cautelares de los derechos humanos.

El Acta Nº 2, denominada *Bases de la Institucionalidad Chilena*, corresponde en medida sustancial al capítulo primero de la Constitución de 1980. El acucioso debate ocurrido en la Comisión de Estudio de un anteproyecto de nueva Constitución quedó plasmado, certeramente, en el articulado de esa Acta. En virtud de ella fueron derogados los cuatro primeros artículos de la Carta Fundamental de 1925.

El Acta Nº 3, llamada *De los Derechos y Deberes Constitucionales*, revisada retrospectivamente permite aseverar que era, en muchos aspectos, idéntica o semejante al capítulo III de la Constitución de 1980. De ella, ineludible es realzar la introducción del recurso de protección en el ordenamiento jurídico chileno, como asimismo, el principio de

---

[52] Las actas del Consejo de Estado, al tenor del artículo 41° del Reglamento de ese organismo, eran reservadas, de modo que se mantenía sigilo acerca de las consultas del Presidente de la República de los debates e informes evacuados. Dicho Reglamento se hallaba en el acta del Consejo celebrado el 18 de agosto de 1976, publicado en el Diario Oficial el 30 del mismo mes y año.

ininvocabilidad de preceptos fundamentales para atentar en contra del Estado de Derecho, valioso criterio de interpretación que, lamentablemente, después fue eliminado y no quedó en el Código Político.

Con sujeción al artículo 12° del Acta Constitucional N° 3, quedaron derogados los artículos 10° y 20° de la Carta Fundamental de 1925, salvo las excepciones señaladas en ese mismo precepto.

El Acta N° 4, dedicada a los *Regímenes de Emergencia*, se apartó algo más del capítulo IV de la Constitución de 1980, pues en los artículos 39° a 41° de esta última quedó incorporada, pero solo en parte y, por fortuna no en su integridad, lo que se preceptuaba en aquel texto. Por esta Acta fueron derogados los artículos 44° N° 12° y 72° N° 17° del Código Político de 1925.

Una escueta apreciación de las cuatro Actas reseñadas conduce a sostener que, en el Acta N° 1, se quiso restaurar a un órgano de la antigua y prestigiada institucionalidad republicana de Chile. Pero el presidente Pinochet consultó al Consejo de Estado en contadas y escasas ocasiones. Peor todavía, a veces lo hizo en asuntos de poca importancia o, si pidió una opinión en cuestiones relevantes, no siempre estuvo dispuesto a considerarla. Por eso, la labor de aquel órgano consultivo, además de ser reservada, resultó desconocida y, en medida importante, también intrascendente.

Las Actas N°s 2, 3 y 4, en cambio, tuvieron por objeto ir derogando los capítulos correspondientes de la Constitución de 1925. La idea, menester es repetirlo, era dictar tantas Actas Constitucionales como capítulos de aquella Carta Fundamental, de manera de abrogarla por partes, salvaguardando la legitimidad del régimen que ya estaba empezando a resentirse. Paralelamente, con tal procedimiento se quería ir arraigando paulatinamente el nuevo orden constitucional, experimentando en los hechos los cambios más significativos y efectuando los ajustes que la experiencia indicara.

Pero en la práctica, con tales Actas no se avanzó en el cumplimiento de los objetivos aludidos, pues tampoco existía la voluntad política, por parte de los gobernantes, para cumplirlos. De modo que solo tuvieron, en un régimen *de facto*, carácter político superficial y que no restringía la potestad de aquel ni robustecía la seguridad en el ejercicio del derecho a la vida, la libertad personal, el debido proceso legal, la libertad de expresión, el derecho de reunión y otros atributos inalienables del ser humano. El ejemplo más elocuente, en tal sentido, fue la improcedencia de los recursos de amparo y de protección contra las determinaciones del Gobierno.

Las Actas Constitucionales fueron objeto de múltiples modificaciones. Especialmente profundas y negativas resultaron ser las introducidas en el Acta N° 4. En virtud de ellas, se terminó dejando sin vigencia, o recortando tan drásticamente la revisión judicial de las actuaciones de los servicios de inteligencia y seguridad, los cuales conculcaban el ejercicio de los derechos recién nombrados que, en realidad, se convirtió en un estatuto inútil.

En efecto, en lugar del Acta N° 4 continuó rigiendo una serie de decretos leyes, entre los cuales deben ser mencionados los siguientes: el Decreto Ley N° 640, de 1974, el cual sistematizó las disposiciones relativas a los estados de emergencia; el Decreto Ley N° 684, de 1974, en virtud del cual se facultó al Gobierno para disponer la expulsión o abandono del país de determinadas personas, extranjeros o nacionales; el Decreto Ley N° 1.009, de 1975, que sistematizó las normas sobre protección jurídica de los derechos procesales de los detenidos preventivamente por órganos especializados de seguridad; y el Decreto

Ley Nº 1.877, de 1977, con el que fueron igualados los estados de sitio y de emergencia desde el punto de vista de las facultades y efectos de ambos.

37. Aprobación y vigencia de la nueva Constitución. De la críptica trama de sucesos ocurridos en aquellos años no se ha hecho todavía la clarificación suficiente, manteniéndose en secreto una parte importante de la trayectoria político-institucional del régimen militar que culminó con la promulgación, juramento y vigencia de la Carta Fundamental de 1980. Consecuentemente, quedan aún principios y normas de esa Carta Fundamental que carecen de historia fidedigna, con las secuelas de ese absurdo secreto[53].

A mayor abundamiento, falta conocer públicamente documentos oficiales o testimonios fidedignos para disipar o corroborar numerosas conjeturas, aún circulantes, en punto a las razones en atención a las cuales la comisión de estudio del anteproyecto apuró su labor en 1978, mientras que el Consejo de Estado se concentraba en elaborar su proyecto durante 1979 y el primer semestre de 1980, paralelo a lo cual el Presidente de la República y la Junta de Gobierno, asesorados por un pequeño grupo de trabajo, revisaban el texto de aquel Consejo ya en marzo del último año aludido.

Probablemente, en las tres etapas reseñadas del proceso nomogenético de la Constitución de 1980 tuvo influencia preponderante el criterio militar, según el cual era indispensable obrar con carácter confidencial en el estudio y aprobación de los asuntos más importantes de aquella, para después llevarlos, vertiginosamente, a la ratificación ciudadana. Pese a que en la segunda parte de este volumen se expondrá brevemente dicho proceso, aquí, al menos, parece imperativo formular severas dudas en torno a esa manera de implantar el Código Político en un país con tradición republicana arraigada, extensa y honrosa, pese a los tropiezos y caídas que ha sufrido. No es indiferente, por lo tanto, el método seguido para aprobar una Constitución en una sociedad con tradición democrática, pues la vigencia real de aquella depende de la coherencia de su texto y espíritu con los valores ya presentes en la cultura chilena.

BIBLIOGRAFÍA

Atria Lemaitre, Fernando **et al.**: El otro modelo. **Del orden neoliberal al régimen de lo público** (Santiago, Ed. Debate, 2013).

Acuña Ramos, Rolando: **La Constitución Política de 1925 ante la Comisión de Constitución, Legislación, Justicia y Reglamento del Senado** (Santiago, Editorial Jurídica de Chile, 1971).

Aubert, Wilhelm: "Competition and Dissensus. Two Types of Conflict and of Conflict Resolution", VIII **Journal of Conflict Resolution** Nº 26 (1963).

[53] Véase Ascanio Cavallo Castro, Manuel Salazar Salvo y Oscar Sepúlveda: **La historia oculta del régimen militar** (Santiago, Ed. Grijalbo, 1997), especialmente pp. 265 ss.

Bachoff Otto: **Jueces y Constitución** (Madrid, Ed. Civitas, 1985).

Barros Luis y Ximena Vergara: "Los grandes rasgos de la evolución del Estado de Chile, 1820-1925", **Revista Estudios Sociales** Nº 5 (1975).

Benavente Urbina Andrés: "Partidos políticos chilenos bajo la Constitución de 1925. Evolución histórica", **Política** Nº 6 (1984).

Bitar Chacra Sergio: **Chile 1970-1973. Asumir la historia para reconstruir el futuro** (Santiago, Editorial Pehuén, 1995).

Boeninger Kausel Edgardo: **Democracia en Chile. Lecciones para la gobernabilidad** (Santiago, Ed. Andrés Bello, 1997).

Bravo Lira, Bernardino: "Chile 1925-1932: De la Nueva Constitución al Nuevo Régimen de Gobierno", en Departamento de Derecho Público de la Facultad de Derecho de la Universidad de Chile (editor): **La Contraloría General de la República** (Santiago, Imprenta Camilo Henríquez, 1977).

— **Régimen de Gobierno y partidos políticos en Chile** (Santiago, Ed. Jurídica de Chile, 1978).

— ***Historia de las instituciones políticas de Chile e Hispanoamérica*** (Santiago, Ed. Andrés Bello, 1993).

— "Parlamentarismo a la chilena", XVIII **Revista Chilena de Derecho** (1991).

— "El Estado de Derecho y sus enemigos", **Revista de Derecho Público** Nº 57/58 (1995).

Bulnes Sanfuentes Francisco: "El Senado en la Constitución de 1925 y en la de 1980", XIII **Revista Chilena de Derecho** Nº 1, vol. 13 (1986).

Campos Harriet, Fernando: "El sufragio en Chile, 1810-1980", **Política** Nº 6 (1984).

— **Historia constitucional de Chile** (Santiago, Ed. Jurídica de Chile, 6ª edición, 1983).

Capeletti, Mauro: "Necesidad y legitimidad de la justicia constitucional", en Louis Joseph Favoreau (editor): **Tribunales Constitucionales europeos y derechos fundamentales** (Madrid, Centro de Estudios Constitucionales, 1984).

Carrasco Delgado, Sergio: **Génesis de los textos constitucionales chilenos** (Santiago, Ed. Jurídica de Chile, 2ª edición, 1983).

— "Transición y Constitución Política: en el Consejo de Estado y en el texto aprobado", XI **Revista Chilena de Derecho** Nº 2-3 (1984).

Castedo, Leopoldo: IV **Historia de Chile** (Santiago, Ed. Zig-Zag, 1982).

Cea Egaña, José Luis: "La Constitución plena", **Vigilia** Nº 11 (1978).

— **Tratado de derecho constitucional** (Santiago, Ed. Jurídica de Chile, 1988).

— "Sobre las Constituciones y el constitucionalismo chileno", XII **Revista de Derecho de la Universidad Católica de Valparaíso** (1992).

— "Patrimonio constitucional chileno", **Gaceta Jurídica** Nº 208 (1997).

— "El Congreso en la historia y futuro de Chile", I **Revista de Derecho Universidad Austral de Chile** (1990).

— "Retrospectiva y prospectiva del constitucionalismo chileno", II **Revista de Derecho Universidad Austral de Chile** (1991).

— "El nuevo derecho público en la doctrina chilena", XXX **Cuadernos del Tribunal Constitucional** (2006).

— **Teoría del Gobierno. Derecho chileno y comparado** (Santiago, Ed. Universidad Católica de Chile, 2000).

— "Escritos de Justicia Constitucional" XXXV (**Cuadernos del Tribunal Constitucional** XXXV (2007).

Collier, Simon: **Ideas y política de la independencia de Chile, 1810-1833** (Santiago, Ed. Andrés Bello, 1977).

— **Historia de Chile 1808-1994** (Madrid, Cambridge University Press, 1998).

Correa González, Rodrigo y Antonio Bascuñán Rodríguez: "El Estatuto de Roma ante el Tribunal Constitucional Chileno", I **Revista de Estudios de la Justicia** (2002).

Cristi Becker, Renato: "La noción de poder constituyente en Carl Schmitt y la génesis de la Constitución de 1980", XX **Revista Chilena de Derecho** Nº 3 (1993).

— **El pensamiento político de Jaime Guzmán** (Santiago, Lom Ediciones, 2000).

Cristi Becker Renato y Pablo Ruíz-Tagle Vial: **La República en Chile. Teoría y práctica del constitucionalismo republicano** (Santiago, Ed. LOM, 2006).

Cruz-Coke Madrid, Ricardo: **Historia electoral de Chile, 1925-1973** (Santiago, Ed. Jurídica de Chile, 1984).

Cumplido Cereceda, Francisco y Hugo Frühling Ehrlich: "Problemas jurídico-políticos del tránsito hacia la democracia. Chile 1924-1932", **Estudios Sociales** Nº 21 (1979).

Donoso Letelier, Crescente: "Notas sobre el origen, acatamiento y desgaste del régimen presidencial, 1925-1973", **Historia** Nº 13 (1976).

— "A propósito del Estado", IX **Revista Chilena de Derecho** (1982).

Donoso Novoa, Ricardo: **Las ideas políticas en Chile** (Santiago, Ed. Universitaria, 1967).

Edwards Vives, Alberto: **Organización política de Chile** (Santiago, Ed. del Pacífico, 1972).

— **La fronda aristocrática** (Santiago, Ed. del Pacífico, 1976).

Eyzaguirre Gutiérrez, Jaime: **Fisonomía histórica de Chile** (Ciudad de México, Ed. Fondo de la Cultura Económica, 1948).

Farías, Víctor: **Salvador Allende. El fin de un mito** (Santiago, Ed. Maye, 2006).

Feliú Cruz, Guillermo: "Durante la República. Perfiles de la evolución política, social y constitucional", en Facultad de Derecho de la Universidad de Chile (editora): **La Constitución de 1925 y la Facultad de Ciencias Jurídicas y Sociales** (Santiago, Editorial Jurídica de Chile, 1951).

Fermandois Huerta, Joaquín: **La revolución inconclusa: La izquierda chilena y el gobierno de la Unidad Popular** (Santiago, Centro de Estudios Públicos, 2013).

Fiamma Olivares, Gustavo: "La democracia: un sistema limitado", **Revista de Derecho Público** Nº 41-42 (1984).

Fontaine Aldunate, Arturo: "Mirando hacia el próximo futuro político de Chile", **Estudios Públicos** Nº 12 (1983).

Foxley Rioseco, Alejandro: "Reflexiones sobre los cambios en la democracia", en Ignacio Walker Prieto **et al.**: **Democracia en Chile** (Santiago, Cieplan, 1986).

Friedman, Lawrence: **The Legal System. A Social Science Perspective** (New York, Russell Sage, 1975).

Friedrich, Karl Joachim: **The Pathology of Politics** (New York, Harper & Row, 1974).

Fuentes Sepúlveda, Claudio: **El pacto. Poder, Constitución y prácticas políticas** (Santiago, Ed. Universidad Diego Portales, 2012).

García Pino, Gonzalo: "La Constitución de 1980: Desafíos de su consagración como norma", XX **Revista Chilena de Derecho** Nº 2-3 (1993).

García Villegas, René: **Soy testigo. Dictadura, tortura, injusticia** (Santiago, Ed. Amerinda, 1990).

Godoy Urzúa, Hernán: **Estructura social de Chile** (Santiago, Ed. Universitaria, 1971).

Góngora del Campo, Mario: **Ensayo histórico sobre la noción de Estado en Chile en los siglos XIX y XX** (Santiago, Ed. La Ciudad, 1981).

Guerra, Juan Guillermo: **La Constitución de 1925** (Santiago, Establecimientos Gráficos Balcells, 1929).

Jobet, Julio César: **El Partido Socialista de Chile** (Santiago, Ed. Prensa Latinoamericana, 2 volúmenes, 1971).

Häberle, Peter: "Cultura y desarrollo", XV **Diálogo Científico**. Revista Semestral de Investigaciones Alemanas sobre Sociedad, Derecho y Economía Nº 1-2 (2006).

— **El Estado Constitucional** (Lima, UNAM-Universidad Católica del Perú, 2003).

— **Teoría de la Constitución como ciencia de la cultura** (Madrid, Editorial Tecnos, 2000).

— **La imagen del ser humano dentro del Estado Constitucional** (Lima, Fondo Editorial Universidad Católica del Perú, 2001).

Heise González, Julio: **Historia de Chile. El período parlamentario 1861-1925** (Santiago, Ed. Andrés Bello, 1974).

— **Informe de la Comisión Nacional de Verdad y Reconciliación** (Santiago, Ministerio Secretaría General de Gobierno, 1991).

Larraín Fernández, Hernán y Ricardo Núñez Muñoz (editores): **Las voces de la reconciliación** (Santiago, Instituto de Estudios de la Sociedad, 2013).

Millar Cavacho, René: Significado y antecedentes del movimiento militar de 1924, **Historia** Nº 11 (1972-1973).

Molina Guaita, Hernán: **Derecho constitucional** (Concepción, Facultad de Ciencias Jurídicas de la Universidad de Concepción, 1998).

Miranda Becerra, Diego: **General Carlos Ibáñez del Campo, fundador de Carabineros de Chile** (Santiago, Ograma Impresores, 2013.

Navarrete Ciris, Mariano: **Mi actuación en las revoluciones de 1924 y 1925** (Santiago, Ed. Centro de Estudios Bicentenario, 2004).

Novoa Monreal Eduardo: **Los resquicios legales. Un ejercicio de lógica jurídica** (Santiago, Ed. BAT, 1992).

Orrego Vicuña, Claudio **et al.**: **Siete ensayos sobre Arturo Alessandri Palma** (Santiago, Instituto Chileno de Estudios Humanísticos, 1979).

Pacheco Gómez, Máximo: **La separación de la Iglesia y el Estado en Chile y la diplomacia vaticana** (Santiago, Ed. Andrés Bello, 2004).

Pérez de Arce Ibieta, Hermógenes: **La verdad del juicio a Pinochet** (Santiago, Editorial El Roble, 2001).

Pinto Lagarrigue, Fernando: **Crónica política del siglo XX** (Santiago, Editorial Orbe, 1972).

Salinas Burgos, Hernán: "Aplicación del derecho internacional al caso Choshuenco, legalidad y seguridad vulneradas", en Fermandois Vöhringer, Arturo (editor): **Sentencias destacadas 2006. Una mirada desde la perspectiva de las políticas públicas** (Santiago, Libertad y Desarrollo, 2007).

Silva Bascuñán, Alejandro: III **Tratado de derecho constitucional** (Santiago, Editorial Jurídica de Chile, 1997).

Silva Vargas, Fernando **et al.**: **Historia de Chile** (Santiago, Ed. Universitaria, 1976).

Schmitt, Karl: **Political Theology** (1933) (Cambridge, Mass., The MIT Press, 1988).

— **Sobre el parlamentarismo** (Madrid, Editorial Tecnos, 1990).

Soto Kloss, Eduardo: "La destrucción del Estado de Derecho 1970-1973", **Revista de Derecho Público** Nº 53/54 (1993).

Urzúa Valenzuela, Germán: **Diccionario político-institucional de Chile** (Santiago, Ed. Jurídica de Chile, 1984).

— **Historia política de Chile** (Santiago, Ed. Jurídica de Chile, 1992).

— **Manual de derecho constitucional** (Santiago, Ed. Jurídica de Chile, 1992).

Valencia Avaria, Luis: **Anales de la República** (Santiago, Ed. Jurídica de Chile, dos volúmenes, 2ª ed., 1986).

Valenzuela, Arturo y Samuel Valenzuela: "Los orígenes de la democracia. Reflexiones teóricas sobre el caso de Chile", **Estudios Públicos** Nº 12 (1983).

Valenzuela, Arturo y Alexander Wilde: "El Congreso y la redemocratización en Chile", **Alternativa** Nº 3 (1984).

Verdugo Marinkovic, Mario: "Los principios del constitucionalismo clásico en los ordenamientos fundamentales de Chile", **Revista de Derecho Público** Nº 5, 19-20 (1976).

Vial Correa, Gonzalo: **I y IV Historia de Chile** (Santiago, Ed. Santillana, 1980 y 1992).

— "Decadencia, consensos y unidad nacional en 1973", **Dimensión Histórica de Chile** Nº 1 (1984).

Walker Prieto, Ignacio (editor): **Democracia en Chile** (Santiago, Cieplan, 1986).

Weber, Max: **El político y el científico** (1919) (Madrid, Alianza Editorial, 1975).

Zea Leopoldo: **El pensamiento latinoamericano** (Barcelona, Ed. Ariel, 1976).

Zalaquett Daher, José: "La ética de la responsabilidad. Variaciones sobre un tema de Max Weber", **Revista Societas** (Santiago, Academia Chilena de Ciencias Sociales, Políticas y Morales) Nº 14 (2012).

Zúñiga Urbina, Francisco: "Orígenes del Presidencialismo en Chile. Algunas notas sobre los Ensayos Constitucionales", LX **Revista de Derecho de la Facultad de Ciencias Jurídicas y Sociales de la Universidad de Concepción** Nº 192 (1992).

SEGUNDA PARTE

LA CONSTITUCIÓN DE 1980

CAPÍTULO I GÉNESIS

38. **Antecedentes**. Esta Carta Fundamental fue el resultado de fases, etapas o momentos políticos distintos dentro del régimen militar, pues el gobierno de las Fuerzas Armadas y de Orden no pensó, al menos en un principio, dictar una nueva Constitución. Tal es lo que se colige del numeral 13° del Bando N° 5, en donde se lee que:

> Las Fuerzas Armadas han asumido el deber moral que la Patria les impone de destituir al gobierno que, aunque inicialmente legítimo, ha caído en la ilegitimidad flagrante, asumiendo el poder por el solo lapso en que las circunstancias lo exijan.

El numeral trascrito da la idea de un gobierno transitorio o de emergencia, sin designios fundacionales, conclusión corroborada por el numeral 12° del mismo Bando N° 5, cuyo tenor es el siguiente:

> Estos mismos antecedentes son, a la luz de la doctrina clásica que caracteriza nuestro pensamiento histórico, suficientes para justificar nuestra intervención para deponer al gobierno ilegítimo, inmoral y no representativo del gran sentir nacional, evitando así los mayores males que el actual vacío del poder pueda producir, pues para lograr esto no hay otros medios razonablemente exitosos, siendo nuestro propósito restablecer la normalidad económica y social del país, la paz, tranquilidad y seguridad perdidas.

Idéntica intención puede ser desprendida del Decreto Ley N° 1, de 1973, en el cual se señaló, al tenor de lo ya observado, que la Junta de Gobierno había asumido el Mando Supremo de la Nación, es decir, nada más que las potestades del Presidente de la República dentro del orden institucional. Pero se agregó en aquel Decreto Ley que la asunción del Mando Supremo por la Junta fue "con el patriótico compromiso de restaurar la chilenidad, la justicia y la institucionalidad quebrantadas, conscientes de que ésta es la única forma de ser fieles a las tradiciones nacionales". (...)".

De manera que, si nos atenemos a los antecedentes ni en el lapso anterior a la intervención militar ni en el inmediatamente siguiente a ella existió la intención clara de elaborar, dictar y hacer aprobar un nuevo Código Político.

39. Comisión de Estudio. El panorama expuesto comenzó a cambiar, sin embargo, en los últimos meses de 1973. En efecto, por decreto supremo (Ministerio de Justicia) Nº 1.064, publicado en el Diario Oficial el 12 de noviembre de aquel año, el Presidente de la Junta de Gobierno creó una Comisión "para que estudie, elabore y proponga el anteproyecto de una nueva Constitución Política del Estado y sus leyes complementarias". Lejos se hallaba, por ende, de ser una comisión constituyente, como se autodenominó en sus tres primeros años de labor, según consta de las actas correspondientes a las primeras 245 sesiones celebradas por ella.

En ese mismo decreto fueron designados los integrantes de la Comisión, señores Sergio Diez Urzúa, Enrique Evans de la Cuadra, Jaime Guzmán Errázuriz, Gustavo Lorca Rojas, Enrique Ortúzar Escobar, Jorge Ovalle Quiroz y Alejandro Silva Bascuñán. Por decisión de los nombrados, más tarde fue elegido presidente de la Comisión el Sr. Ortúzar, pasando con el tiempo a ser reconocido el organismo por el apellido del comisionado aludido. Debe ser añadido que la Sra. Alicia Romo Román se incorporó el 21 de diciembre de 1973. A raíz de la crisis interna vivida en la Comisión durante marzo y abril de 1977, en junio de ese año fueron incorporados a ella los señores Raúl Bertelsen Repetto y Juan de Dios Carmona Peralta, junto a la Sra. Luz Bulnes Aldunate, quienes reemplazaron a los profesores Silva, Evans y Ovalle, respectivamente.

Menester es agregar que la Comisión formó subcomisiones, con otros integrantes, encargados del estudio especializado de temas determinados. Así ocurrió con las Subcomisiones del Sistema Electoral, Libertad de Expresión, Derecho de Propiedad, Poder Judicial, Estados de Excepción y Regionalización. Ocasionalmente, la Comisión invitó a expertos para oír su opinión en ciertos tópicos y les solicitó opiniones escritas en otros.

El primer documento evacuado por la Comisión de Estudio fue el Memorándum con las Metas u Objetivos Fundamentales para la Nueva Constitución[54], fechado el 26 de noviembre de 1973 y dirigido a la Junta de Gobierno. En la nota adjunta a ese documento, el presidente de la Comisión señaló:

> Una reforma constitucional, por profunda que pueda ser, debe fundarse en la consideración de los valores que emanan de la evolución política de Chile y en la justa ponderación de numerosas instituciones que han demostrado solidez y eficacia a través del tiempo. Por ello, al fijarse los criterios rectores y los objetivos de una Constitución Política, es preciso reconocer esa tradición jurídica y, al mismo tiempo, considerar los vicios o defectos del sistema que hicieron posible la asunción al poder de un grupo minoritario, cuya política condujo al país al mayor caos moral, político, social y económico de su historia. Igualmente, se contemplarán normas destinadas a evitar y sancionar los procedimientos fraudulentos, arbitrarios e ilegítimos y los resquicios del ordenamiento jurídico que utilizó el marxismo para burlar nuestra institucionalidad, violar reiteradamente las garantías constitucionales, desconocer las atribuciones de los demás Poderes del Estado y destruir nuestra economía y la convivencia de los chilenos.

En el referido memorándum se sostuvo que:

> La estructura constitucional descansará en la concepción humanista cristiana del hombre y de la sociedad, que es la que responde al íntimo sentir de nuestro pueblo, y según la cual la dignidad del ser humano, su libertad y derechos fundamentales, son anteriores al ordenamiento jurídico, el que debe prestarles segura y eficaz protección. (…) La afirmación de que los derechos esenciales

[54] *Cfr.* Texto íntegro del mencionado Memorándum en I **Anuario de Derecho Administrativo** (Santiago, Ediciones Revista de Derecho Público, 1975) pp. 505 ss.

del hombre tienen como fundamento los atributos de la persona humana y no nacen del reconocimiento que les brinde determinado Estado siendo, por tanto, anteriores y superiores a todo ordenamiento jurídico.

40. Declaración de principios del Gobierno de Chile. El *íter* hacia una nueva Carta Fundamental fue corroborado en tal Declaración, fechada el 11 de marzo de 1974, pues en ella se planteó la creación de un nuevo sistema constitucional. En seis meses, por lo tanto, la interpretación de las causas, hondura y proyecciones de la crisis del 11 de septiembre, de sus secuelas y de las medidas para superarla había llevado a una redefinición sustancial de las intenciones primitivas. Resumiendo, es posible decir que de restaurar la institucionalidad quebrantada se había transitado a instaurar una nueva institucionalidad.

Es cierto que el decreto supremo de erección de la Comisión de Estudio de un anteproyecto de Nueva Constitución, expedido el 25 de octubre de 1973 y publicado tres semanas después, presagiaba la magna tarea descrita. Semejante deducción puede ser hecha con respecto al Memorándum que esa Comisión evacuó en noviembre de 1973. Pero, a pesar de ello, plausible es seguir admitiendo que la decisión del Gobierno Militar, en punto a comprometerse con la dictación de una nueva Carta Fundamental, solo vino a cobrar carácter formal y oficial el 11 de marzo de 1974, con la Declaración de Principios ya citada.

41. Postulados fundamentales. La circunstancia recién aludida obliga a detenerse, aunque brevemente, en los rasgos principales de la Declaración de Principios del Gobierno de Chile.

Léese allí que el Gobierno de Chile respeta la concepción cristiana del hombre y de la sociedad.

De acuerdo con lo anterior, entendemos al hombre como un ser dotado de espiritualidad. De ahí emana, como verdadero fundamento, la dignidad de la persona humana, lo que se traduce en las siguientes consecuencias[55].

Efectivamente, en la Declaración se afirma que el hombre tiene derechos naturales anteriores y superiores al Estado; que este último debe hallarse al servicio de la persona y no al revés; que el fin del Estado es el bien común, el cual exige respetar el principio de subsidiariedad; y que el respeto de este principio supone la aceptación del derecho de propiedad privada y de la libre iniciativa en el campo económico.

Continúa la Declaración trazando el objetivo fundamental de la reconstrucción iniciada por el régimen militar: hacer de Chile una gran nación, para lo cual "entiende a la unidad nacional como su objetivo más preciado, y que rechaza toda concepción que suponga y fomente un antagonismo irreductible entre las clases sociales"[56].

Se afirma más adelante que:

> Conforme a la inspiración portaliana que lo guía, el Gobierno de las Fuerzas Armadas y de Orden ejercerá con energía el principio de autoridad, sancionando drásticamente todo brote de indisciplina o anarquía... Despersonalizará el Poder, evitando todo caudillismo... Se colocará siempre por encima de todo grupo particular de cualquier naturaleza, desterrando el juego de las influencias,

[55] El texto íntegro de la Declaración de Principios del Gobierno de Chile fue publicado por Editora Nacional Gabriela Mistral en 1974. La cita hecha aquí se halla en la p. 13 de la edición mencionada. También puede ser encontrada en I **Anuario de Derecho Administrativo** (Santiago, Ediciones Revista de Derecho Público, 1975) pp. 515 ss.

[56] Id., pp. 21-22.

> protegiendo al más débil de todo abuso por parte del más fuerte, y siendo el árbitro que resuelva, sin complejos ni favoritismos, en la mira únicamente del bien común y de la justicia[57].

Por último, en la Declaración se fue enfático para afirmar:

> ha sido siempre reflejo del aprecio profundo que el chileno siente por la dignidad espiritual de la persona humana y, consiguientemente, por sus derechos fundamentales... Los derechos humanos deberán reforzarse para que su ejercicio pueda ser efectivamente disfrutado por todos, y ampliarse a sus manifestaciones sociales más modernas[58].

Consecuente con lo expuesto, el gobierno castrense proclamó que había asumido "la misión histórica de dar a Chile una nueva institucionalidad, trascendiendo de una mera labor rectificadora, para entrar de lleno en el audaz campo de la creación. Punto capital de esa nueva institucionalidad será la descentralización del Poder, tanto en lo funcional como en lo territorial"[59].

Culminaba la Declaración sosteniendo que:

> Las Fuerzas Armadas y de Orden no fijan plazo a su gestión de Gobierno, porque la tarea de reconstruir moral, institucional y materialmente al país, requiere de una acción profunda y prolongada. En definitiva, resulta imperioso cambiar la mentalidad de los chilenos. No obstante, aunque no se fije plazo, la Junta de Gobierno entregará oportunamente el Poder político a quienes el Pueblo elija a través del sufragio universal, libre, secreto e informado. Las Fuerzas Armadas y de Orden asumirán, entonces, el papel de participación específicamente institucional que la nueva Constitución les asigne, y que será el que debe corresponder a los encargados de velar por la Seguridad Nacional, en el amplio significado que dicho concepto tiene en la época actual[60].

42. Etapas del proceso. En la génesis de la Constitución actualmente vigente pueden distinguirse tres etapas, cuyos rasgos más importantes son resumidos a continuación.

A. **Comisión de Estudio**. Se ha señalado ya que el 12 de noviembre de 1973 fue publicado en el Diario Oficial el decreto del presidente de la Junta de Gobierno mediante el cual se creó una Comisión, cuya misión era estudiar, elaborar y proponer un anteproyecto de una nueva Carta Fundamental. La Comisión funcionó desde los últimos días de octubre de 1973 hasta el 18 de octubre de 1978. Por regla general, lo hizo en privado. De la Comisión dependieron varias subcomisiones.

Invitados a exponer sus puntos de vista acudieron algunos especialistas, preponderantemente chilenos. También fueron invitados dirigentes gremiales y sindicales. Representantes de las instituciones armadas tuvieron oportunidad de entregar sus planteamientos. Pero es difícil ignorar que las opiniones así oídas fueron seleccionadas, sobre todo ideológicamente, quedando valiosos puntos de vista, por lo común disidentes, omitidos de los anales fidedignos.

La obra de la Comisión consistió en la elaboración del anteproyecto aludido. De los debates y acuerdos ocurridos en ella quedó constancia en 417 actas de sesiones, en general prolijamente redactadas por su secretario y prosecretario, Rafael Eyzaguirre Echeverría y Rafael Larraín Cruz, respectivamente.

---

[57] Id., p. 23
[58] Id., p. 26.
[59] Id., p. 27.
[60] Id., pp. 28-29.

Pero debe insistirse, para corregir errores reiterados, que la aludida fue una comisión de estudio de un anteproyecto de nuevo Código Político. Consiguientemente, jamás tuvo ella competencia para obrar como comisión constituyente, ni tampoco era su misión elaborar el texto de la Carta Fundamental que comenzaba a gestarse. Por eso, tiene que ser calificada de equivocada la autodenominación de *comisión constituyente* que aquel órgano se dio, por lo menos hasta el 19 de agosto de 1976, fecha esta de la sesión Nº 245 que ella celebró.

Queda claro, entonces, que la primera etapa culminó con la elaboración de un mero *anteproyecto* articulado, antecedido de un informe explicativo de las ideas precisas de aquel. Pese a ello, debe ser realzado que la obra de la Comisión Ortúzar resultó determinante, en lo positivo y en lo criticable, para el texto que llegó a convertirse en la Constitución de 1980.

B. **Consejo de Estado.** Este órgano consultivo estuvo dedicado al estudio del anteproyecto referido, para lo cual sesionó, a puertas cerradas y en cincuenta y una reuniones, entre enero de 1978 y julio de 1980.

El Consejo de Estado elaboró el *proyecto* de la nueva Constitución. Se conocen ahora, además, las actas manuscritas de esas sesiones, bastante breves y de inferior calidad que las de la Comisión Ortúzar, pese a lo cual cabe añadir que algunas de ellas contienen explicaciones útiles, especialmente en ligamen con los cambios que el Consejo introdujo al anteproyecto. Afortunadamente, estas actas han sido publicadas, en dos volúmenes, merced a la recopilación hecha por Jaime Arancibia Mattar[61].

El Consejo de Estado tomó como base de su labor el texto aprobado por la Comisión, pero le introdujo diversas e importantes enmiendas. Por ejemplo, no aceptó el dominio máximo legal ni la potestad reglamentaria autónoma; consideró superfluo el precepto que aseguraba el respeto por la ley a la esencia de los derechos asegurados en la Constitución; contempló el pago siempre al contado de la indemnización por la expropiación de cualquier propiedad; trazó un cronograma preciso, de cinco años, para la transición desde el régimen militar a la democracia, con un Congreso bicameral, una de cuyas ramas iba a ser designada por la Junta de Gobierno, mientras que el Senado sería nombrado por el Presidente de la República, etc[62].

Es claro, entonces, que el Consejo de Estado elaboró el proyecto de una nueva Constitución y un informe explicativo de sus características principales. Y debe añadirse que, en diversos tópicos relevantes, hubo votos de minoría; v. gr., el de los señores Carlos Cáceres Contreras y Pedro Ibáñez Ojeda acerca del régimen político con el sistema electoral, los partidos, la autoridad del Primer Mandatario y la mantención del Consejo de Estado[63].

C. **Junta de Gobierno.** Transcurrió esta tercera fase desde marzo de 1980 a los primeros días de agosto del mismo año. Se realizó de manera paralela al estudio del anteproyecto por el Consejo de Estado.

---

[61] Jaime Arancibia Mattar, Enrique Brahm García y Andrés Irarrázaval Gomina (editores): **Actas del Consejo de Estado en Chile (1978-1990)** (Santiago, Centro de Estudios Bicentenario, dos tomos, 2008).

[62] Sergio Carrasco Delgado: "Transición y Constitución Política: En el Consejo de Estado y en el texto aprobado", **XI Revista Chilena de Derecho** Nº 2-3 (1984) pp. 241 ss.

[63] Mario Verdugo, Emilio Pfeffer y Humberto Nogueira: I **Derecho constitucional** (Santiago, Ed. Jurídica de Chile, 1994) pp. 88 ss.; Alejandro Silva Bascuñán: III **Tratado de derecho constitucional** (Santiago, Ed. Jurídica de Chile, 1997) pp. 191 ss.

Participaron, además del Presidente de la República y los miembros de la Junta, un grupo de trabajo integrado por el ministro del Interior, Sergio Fernández Fernández, la ministra de Justicia, Mónica Madariaga Gutiérrez, y los auditores generales de las Fuerzas Armadas y de Carabineros. Actuó como ministro de fe el secretario de Legislación de la Junta, almirante Mario Duvauchelle Rodríguez. Nada escrito, con caracteres oficiales y públicos, quedó de un grupo tan reducido y sigiloso. Su labor no ha sido difundida y tampoco reconocida. La tarea decisiva que realizó, en consecuencia, se desprende de algunos testimonios de quienes participaron en ella[64].

En agosto de 1980, lo que hoy ya resulta nítido es que el Presidente y la Junta, tras reunirse reservadamente, tenían estudiado el texto por sí mismos y con la colaboración del grupo asesor aludido. Lamentablemente, el secreto con que obraron mantiene todavía el sigilo de sus debates y consensos. No se conocen aún, repetimos, las actas oficiales de tales reuniones, circunstancia que perjudica la interpretación y aplicación de los preceptos que introdujo la Junta al Proyecto del Consejo o los que modificó de este último. Los cambios así incorporados al texto no fueron menores; v. gr., el régimen completo de la transición, con la deplorable disposición vigesimocuarta transitoria incluida.

Pues bien, en la noche del 10 de agosto de 1980, el general Pinochet anunció, en discurso al país, que la Junta de Gobierno, en el ejercicio de la potestad constituyente, había aprobado la nueva Constitución y que convocaba a la ciudadanía a plebiscito para el 11 de septiembre, con el objeto de ratificar el nuevo Código Político.

Al día siguiente apareció publicado en el Diario Oficial el Decreto Ley Nº 3.464, con el texto de la nueva Carta Fundamental que iba a ser plebiscitada. El día subsiguiente se conoció el Decreto Ley Nº 3.465, con el llamado al cuerpo electoral y las normas que regirían la realización de aquel acto ratificatorio del Código Político.

Necesario es recordar que, con sujeción al Decreto Ley Nº 3.465, fue obligatorio votar para los chilenos mayores de 18 años de edad, incluso los analfabetos y no videntes. También se otorgó la posibilidad de sufragar a los extranjeros mayores de edad y con residencia legal en Chile.

La cédula oficial con la cual se manifestó la decisión del votante fue confeccionada por el Ministerio del Interior. Votaron separadamente los varones y las mujeres. Las mesas receptoras de sufragios estaban integradas por un presidente, designado por cada alcalde, y por dos vocales, sorteados de entre quienes se presentaron voluntariamente a cumplir tal función.

Se realizaron escrutinios por comuna, provincia y región. El escrutinio general fue practicado por el Colegio Escrutador Nacional, encabezado por el Contralor General de la República, Osvaldo Iturriaga Ruiz. Hubo un solo reclamo, fundamentado, impugnando el referendo, pero fue desestimado.

43. Aprobación, promulgación y vigencia. En el plebiscito del 11 de septiembre 1980 se aprobó, por amplia mayoría, la nueva Constitución.

Efectivamente, 67,04% votó por la opción afirmativa, incluido en esa cifra el 1,33% de los sufragios en blanco. El 30,19% de los ciudadanos se pronunció por el rechazo de la nueva Constitución, registrándose 2,77% de votos nulos.

---

[64] Ascanio Cavallo Castro **et al.**: **La historia oculta del régimen militar** (Santiago, Ed. Grijalbo, 1997) pp. 265 ss.; Sergio Fernández Fernández: **Mi lucha por la democracia** (Santiago, Ed. Los Andes, 1994) pp. 111 ss.

La Constitución fue promulgada el 21 de octubre de 1980 en la sala de plenarios del Edificio Diego Portales. Luego fue oficiado un *Tedeum* por el Cardenal Arzobispo de Santiago, monseñor Raúl Silva Henríquez. En el recién reconstruido, restaurado y alhajado Palacio de La Moneda tuvo lugar la ceremonia de juramento de la nueva Carta Fundamental. Esta entró en vigencia, de manera bastante parcial, el 11 de marzo de 1981, pues la totalidad de sus principios y normas solo comenzó a regir nueve años después de esa fecha.

Antes del plebiscito y durante su realización fue impugnada la legitimidad del veredicto ciudadano. Pero tan pronto se conoció el resultado del plebiscito recrudeció el cuestionamiento sobre la transparencia y confiabilidad del mismo y, por ende, de su resultado. En realidad, aquel fue celebrado bajo estado de sitio y de emergencia, con censura en los medios de comunicación social, sin un tribunal electoral imparcial y con la oposición democrática desarticulada; v. gr., al encontrarse proscritos todos los partidos políticos y muchos líderes en el exilio.

Esas circunstancias explican no solo la pugna sobre la legitimidad del nuevo Código Político, sino que, además, el porqué, tras la derrota del general Pinochet en el plebiscito del 5 de octubre de 1988, él tuvo que ser hondamente reformado. Con sensatez, visión y franqueza, muchos de quienes se oponían a los cambios terminaron aceptando introducirlos para salvar a tan cuestionada Carta Fundamental. Quedó así de relieve que la intención de perpetuar la Constitución, sobre la base de hacerla formalmente pétrea o irreformable, era un camino solo formal, equivocado en el fondo y que siempre termina en fracaso.

TABLA 2.1. RESULTADO PLEBISCITO DE 1980

Votación nacional	Varones		Mujeres		Total general	
	Cantidad	%	Cantidad	%	Cantidad	%
Sí	1.878.995	61,02	2.242.072	70,23	4.121.067	65,71
En Blanco	45.543	1,48	38.269	1,20	83.812	1,33
Total Sí	1.924.538	62,50	2.280.341	71,43	4.204.879	67,04
Total No	1.072.264	34,82	821.156	25,72	1.893.420	30,19
Nulos	82.674	2,68	90.895	2,85	173.569	2,77
Totales	3.079.476	100,0	3.192.392	100,0	6.271.868	100,0

Fuente: Servicio Electoral.

CAPÍTULO II CARACTERÍSTICAS

El tópico será examinado desde un ángulo formal y sustantivo, sucesivamente. Se limitará el análisis a los rasgos generales de la Carta Fundamental.

Debe ser destacado, sin embargo, que el estudio del tema es relevante al menos por las razones siguientes: primero, porque permite adquirir una visión sistemática o de conjunto de la Ley Suprema, facilitando la comprensión de sus partes y la tarea de interpretarlas en su contexto; y segundo, en atención a que lleva a tomar una posición razonada acerca de las reformas en debate y de otras que puedan estimarse también pertinentes.

Sección primera
Rasgos formales

44. **Justificación del análisis**. Dichas características no son las más interesantes ni de mayor trascendencia. Pero la Constitución es un texto con cierta fisonomía, la cual lo convierte en el más político de los libros jurídicos, o al revés, el más jurídico de los volúmenes políticos[65].

Teniendo presente tal advertencia, conviene meditar en torno de los nexos que existen entre los aspectos formales y los sustantivos de una Constitución, más que nada en donde la cultura jurídica positivista sigue –como en Chile– haciendo sentir su influencia en la idea y aplicación de la Carta Fundamental.

Imperativo resulta, en análogo sentido, tener presente que el Código Político es un sistema del cual son partes sus elementos sustantivos y formales, siendo a menudo difícil separar unos de otros por la interrelación que existe entre ellos. Por supuesto, lo escrito posee consecuencias en la interpretación de la Ley Suprema.

---

[65] Consúltese: Segundo V. Linares Quintana: **Reglas para la interpretación constitucional** (Buenos Aires, Ed. Plus Ultra, 1978) pp. 47 ss.

En esa vertiente, y por ejemplo, se plantea la incidencia que el procedimiento generativo de una Constitución tiene en la legitimidad sustantiva de sus principios y normas, ya que en el Derecho no todo proceso nomogenético produce resultados legítimos[66]. Por lo mismo, el debido proceso no es una exigencia adjetiva, sino que un derecho humano esencial, postulado básico irrebatible del Estado de Derecho, trátese del ámbito jurisdiccional, que es el suyo típico, o del proceso generativo de la ley, de los actos de la administración o, en definitiva, de los de cualquier ente público.

Además, los aspectos formales influyen en la interpretación de la Carta Fundamental. Piénsese, v. gr., si el texto está redactado con claridad y precisión; si es completo o sin lagunas ostensibles; si los términos técnicos han sido correctamente empleados; si existe secuencia lógica entre sus partes; si han sido o no cuidados los ligámenes entre sus valores, principios y normas; en fin, si se hallan o no contempladas disposiciones transitorias para regular, con acierto, el paso de uno a otro régimen fundamental.

45. Constitución nueva. No cabe discusión frente a si la Carta Fundamental de 1980 es una reforma de la anterior, como ocurrió con la Constitución de 1925[67], o si se trata de un Código Político nuevo.

La Constitución de 1980 fue, en efecto, concebida, estudiada, redactada y aprobada con el propósito de reemplazar a la Carta Fundamental precedente. Tras un breve lapso inicial, de confusión o incertidumbre, no hay duda de que el Gobierno de la época tuvo siempre presente la idea de implantar una nueva Constitución, probablemente a raíz de reputar fracasada a la anterior. Nunca se avanzó, por ende, en la hipótesis de una modificación, por sustancial que fuera, de la Carta Fundamental de 1925. El Memorándum con las metas u objetivos para la nueva Constitución, acordado por la unanimidad de los miembros de la Comisión de Estudio de un anteproyecto de Carta Fundamental y fechado el 26 de noviembre de 1973, corrobora lo sostenido aquí, como también lo hace la Declaración de Principios del Gobierno de Chile del 11 de marzo de 1974[68].

Tan solo podría acudirse al numeral 1° del Acta de Constitución de la Junta de Gobierno, difundida el 11 de septiembre de 1973, para apuntalar la tesis contraria[69]. Léese en el artículo 1° de ese Decreto Ley, en efecto, que la Junta aludida asumió el Mando Supremo de la Nación "con el patriótico compromiso de restaurar la chilenidad, la justicia y la institucionalidad quebrantadas, conscientes de que esta es la única forma de ser fieles a las tradiciones nacionales, al legado de los Padres de la Patria y a la Historia de Chile".

Y, con empeño, en la misma vertiente podrían ser situados los numerales 12° y 13° del Bando Nº 5 de la Junta de Gobierno[70], porque allí se emplean términos como "reestablecer la normalidad" y "asumir el Poder por el solo lapso en que las circunstancias lo exijan".

---

[66] Véase Martín Kriele: **Introducción a la teoría del Estado** (Buenos Aires, Ed. Depalma, 1980) pp. 41 y 265. De especial relevancia es Niklas Luhmann: **Legitimasao pelo Procedimiento** (Brasilia, Editora Universidad de Brasilia, 1980).

[67] En las Actas Oficiales de la Comisión y Subcomisión de Estudio de aquella Carta Fundamental consta, reiteradamente, que el propósito común era solo modificarla y no sustituirla. Por lo demás, los términos con que el presidente Alessandri Palma promulgó la Constitución, llamada de 1925, disipan toda duda en el asunto.

[68] Consúltese su capítulo III, 6°, titulado ""**Una nueva y moderna institucionalidad: Tarea para el actual Gobierno**" (Santiago, Editora Gabriela Mistral, 1974) pp. 27-32

[69] DL Nº 1°, publicado en el Diario Oficial el 18 de septiembre de 1973.

[70] Implantado el 11 de septiembre de 1973 y cuyo texto fue publicado en el Diario Oficial el 18 de ese mes y año.

46. **Texto extenso**. Más que por su elevado número de artículos, originalmente 120 y actualmente 130, permanentes, sobre todo en consideración a las disposiciones transitorias, esta característica fluye de algunos preceptos de la Carta Fundamental extremadamente largos[71].

Véase, por ejemplo, el artículo 19°, el cual tiene veintiséis números. Idéntica observación vale para el artículo 32°, o respecto del artículo 63° y del 93°. En efecto, de la lectura de dichos preceptos cabe concluir que la concisión no es cualidad general de nuestra Constitución.

Obviamente, tan dilatada normativa es incongruente con la elegancia de estilo que debe singularizar a una Carta Fundamental. Además, esa extensión no facilita la consulta, la cita ni la aplicación de sus normas.

En análogo sentido puede ser mencionado el detalle con que aún se regula el tópico de la nacionalidad[72], el de los estados de excepción y las prohibiciones parlamentarias[73].

Pese a su longitud, sin embargo, el Código Político requiere a menudo la dictación de leyes complementarias; v. gr., las orgánicas constitucionales o las de quórum calificado. Trátase, por ende, de una Constitución que contempla el principio de reserva legal con amplitud, tanto en sentido material como formal.

47. **Lenguaje claro**. En general, la Constitución se halla escrita en términos sencillos, con estilo sobrio y bien estructurado en la secuencia de sus partes. Estos rasgos son particularmente aplicables a sus tres primeros capítulos, cuya comprensión se facilita por las actas prolijas en que consta la historia fidedigna de los debates y acuerdos de la Comisión de Estudio pertinente.

Sin embargo, la Carta Fundamental, tanto su texto original como el actual, adolece de algunas disposiciones mal redactadas, ripio o maleza de su texto que es impropio de ella, aunque difícilmente corregible por la preeminencia que tienen las reformas sustantivas y que tampoco son fáciles de aprobar.

Así, y como ejemplo, se menciona el artículo 1° inciso 4°, porque la Constitución asegura, reconoce y protege los derechos fundamentales, pero no los establece como se lee allí; el artículo 19° N° 7°, en sus letras g) y h), las cuales, siendo del todo ajenas a la libertad personal o seguridad individual aparecen, sin embargo, incluidas en esta garantía, con la repercusión que ello tiene en el recurso de amparo y no de protección deducible para cautelar lo allí asegurado.

En semejante orden de ideas puede señalarse el artículo 19° en sus N°s 10° y 11°, ya que los incisos 4°, 5° y 6° del primero de dichos numerales versan sobre la libertad de enseñanza y no se refieren al derecho a la educación. A ese defecto se suma la falta de puntuación después de la palabra enseñanza, en la primera línea del N° 11° citado, aclarando así cuál es el núcleo esencial del derecho asegurado y distinguiendo ese núcleo de lo que, como derivación, él lleva consigo.

---

71 La reforma constitucional de 2005 suprimió numerosas disposiciones transitorias. Al cabo de nueve años de esa enmienda, sin embargo, han sido incorporadas seis nuevas disposiciones de tal naturaleza.

72 Consúltense los artículos 10°, 11° y 12°.

73 En su análisis de contexto, deben ser relacionados con el numeral mencionado los preceptos contenidos en los artículos 39° a 45° y 57° a 62°.

Es observable también el artículo 19° Nº 26°, el cual asegura a todas las personas la seguridad jurídica, pudiendo haber sido empleado otro término como certeza o algún sinónimo[74].

En fin, el inciso 10° del artículo 19° Nº 24° versa sobre los yacimientos de cualquier especie, existentes en las aguas marítimas sometidas a la jurisdicción nacional. Compárese tal incorrección de lenguaje con el empleado en la norma correspondiente de la ley orgánica constitucional sobre concesiones mineras y la atinente del Código de Minería[75].

48. Estructura clásica. Así es, entre otras, por las razones que se exponen enseguida:

A. **Carencia de preámbulo**. Si bien la Comisión de Estudio lo había establecido en su anteproyecto, el Consejo de Estado lo transformó en el capítulo I de su proyecto, criterio que la Junta de Gobierno ratificó[76].

Piénsese hasta qué punto fue o no esa una decisión razonable, ponderando que las Constituciones chilenas –salvo, principalmente, la de 1833– han carecido de preámbulo, pero que esta no es una razón que justifique suprimirlos, v. gr., de cara al positivismo[77]. Reflexiónese también en torno del sentido y utilidad de los preámbulos a propósito de su inclusión o no en un Código Político. Desde luego, se afirma aquí que no es necesario que ellos sean extensos para que cumplan una función interpretativa importante. Así, el breve pero rico preámbulo de la Constitución norteamericana de 1787 ha resultado utilísimo en la labor hermenéutica[78].

B. **Secuencia tradicional**. Tras las Bases de la Institucionalidad, aparece la parte dogmática y después la parte orgánica, quedando la parte relacional, o sea, la que incluye las acciones y recursos procesales, el sistema electoral, las libertades de información y opinión, los derechos de reunión, de petición y de asociación, por ejemplo, dispersos a lo largo del articulado.

C. **Realce del Gobierno**. El clasicismo de la Constitución de 1980 se esfuma en la secuencia de los capítulos IV y V, que configuran la parte orgánica. Efectivamente, invirtiendo la que es regla general tanto en el derecho comparado[79] como en la historia constitucional chilena, en la Carta Fundamental de 1980 el capítulo IV, dedicado al Gobierno, es anterior al capítulo destinado al Congreso Nacional. Este orden no es casual, pues se trata con

---

[74] Véase José Luis Cea Egaña: "La seguridad jurídica como principio constitucional", **Revista de la Universidad Católica del Norte** Nº 2 (2000). Consúltese del autor, además, II **Derecho constitucional chileno** (Santiago, Ediciones Universidad Católica de Chile, 2012) pp. 625 ss.

[75] Dicha Ley Orgánica Constitucional, Ley Nº 18.097 de 1982 y sus reformas, en el artículo 3° inciso 2° preceptúa, con redacción correcta, que: "Son concesibles todas las sustancias minerales, metálicas y no metálicas, incluyéndose las existentes en el subsuelo de las aguas marítimas sometidas a la jurisdicción nacional". Idéntica redacción tiene el artículo 5° del Código de Minería.

[76] Revísese Javier Tajadura Tejada: **El preámbulo constitucional** (Granada, Ed. Comares, 1997).

[77] Para un hermoso, remozado y penetrante estudio del asunto, más allá de lo mencionado aquí, consúltese Theodor Viehweg: **Tópica y filosofía del derecho** (Barcelona, Ed. Gedisa, 1991). pp. 52 ss. Útil es también Giovanni Tarello: **Cultura política y teoría del derecho** (México DF, Ed. Fondo de Cultura Económica, 1995) pp. 180 ss. Las últimas contribuciones de Hans Kelsen en el tema, relativamente más flexible que en sus obras clásicas, se hallan reunidas en **Contribuciones a la teoría del derecho** (México DF, Distribuciones Fontamara, 3ª ed., 1995).

[78] El Consejo Constitucional de Francia, desde 1971, ha ido elaborando una jurisprudencia fundada en el Bloque de Constitucionalidad, el cual incluye el preámbulo de la Carta Fundamental de 1946 y el Código Político de 1958, hoy vigente. Consúltese Louis Favoreu y Loïc Philip: **Les Grandes decisions du Conseil Constitutionnel** (Paris, Ed. Dalloz, 1994) y Louis Favoreu y Francisco Rubio Llorente: **El bloque de la constitucionalidad** (Madrid, Ed. Civitas, 1991).

[79] Consúltese Ian Loveland: **Constitutional Law. A Critical Study** (London, Butterworths, 1996). pp. 27 ss.; y Jacques Chevalier: **Institutions Politiques** (Paris, Librarie Générale de Droit et de Jurisprudence, 1996) pp. 178 ss.

él de subrayar la primacía del Presidente de la República, en cuanto Jefe de Estado y de Gobierno[80], en parangón con el Parlamento y los demás órganos constitucionales.

Cierto es que la comentada es una tendencia instituida en la Carta Fundamental de 1833, invertida mediante las reformas de 1874 y años siguientes, aunque restablecida en la Constitución de 1925 y sus modificaciones de 1943 y 1970. Pero, aun así, y reconociendo todo ese proceso, nunca las Constituciones chilenas habían llegado a la hegemonía, formal al menos, del Jefe de Estado en los términos con que la traza el actual Código Político.

49. **Naturaleza dual.** El texto tuvo y conserva aún en parte dos Constituciones, si bien muy reducida la segunda por la reforma de 2005. Enunciamos a continuación algunas razones en apoyo de tal aseveración.

A. **Constitución transitoria.** Hubo y quedan todavía vigentes preceptos de tal Constitución, la cual rigió desde el 11 de marzo de 1981 hasta el 10 de marzo de 1990.

Relevante es enfatizar el rasgo expuesto, pues esa Carta Fundamental sigue en vigor en algunos de sus aspectos; v. gr., las disposiciones transitorias primera, tercera, cuarta, quinta y sexta. Por último, no puede omitirse la disposición transitoria décima, sobre autonomía municipal, a raíz de no haber sido todavía despachada toda la legislación complementaria de rigor; ni la disposición transitoria vigésima, atendido que sigue sin ser dictada la legislación que crea los tribunales especiales allí señalados. Claro lo anterior, añadimos que resulta ostensible la tendencia a dictar disposiciones transitorias nuevas, probablemente en atención a consensos precarios y que, por lo mismo, quedaron lejos de acuerdos sólidos en los puntos respectivos. Consúltense, por ejemplo, las disposiciones transitorias decimoquinta y vigesimocuarta.

B. **Código Político permanente.** Es tal el elaborado e implantado para regir indefinidamente, lo cual sucedió en plenitud desde el 11 de marzo de 1990. A él se refiere todo el articulado desde el 1° al final, esto es, el artículo 129°, conforme a su texto refundido fijado en septiembre de 2005.

C. **Utilidad de la distinción.** Importante es destacar, a propósito de la característica recién enunciada, que la Constitución transitoria imperante hasta 1990, en lo relativo a su texto original, y la Constitución permanente, son sustancial y formalmente distintas, sobre todo en cuanto a la génesis y distribución del ejercicio del poder entre los órganos estatales; al control y la responsabilidad de tal ejercicio; a las facultades extraordinarias de aquellos órganos ante las restricciones –y también violaciones– a los derechos humanos; en fin, son diferentes en lo atinente a las funciones de las instituciones de la Defensa Nacional en el sistema gubernativo[81], diferencia que se ha hecho más patente con la reforma de agosto de 2005.

Efectivamente, la Constitución transitoria se caracterizaba por una concentración, aún más fuerte, del ejercicio de poder en el Presidente de la República y la Junta de Gobierno.

---

[80] Artículo 24° de la Constitución.

[81] Una ilustración de la importancia de distinguir entre las dos Constituciones aludidas se halla en el artículo 3° transitorio de la Ley N° 18.918, de 1990, y sus reformas, Ley Orgánica Constitucional del Congreso Nacional. A propósito de la fiscalización de los actos del Gobierno por la Cámara de Diputados y de la acusación en juicio político, léese en el artículo citado que:
"De acuerdo con lo previsto en el artículo 19° N° 3° inciso 4°, y en la disposición vigésimo primera transitoria letra b de la Constitución Política, las acciones a la que se refiere el artículo 48° N° 2° de la Constitución, sólo podrán formularse con motivo de actos realizados a contar del 11 de marzo de 1990".

La Constitución permanente, en cambio, corresponde al principio de separación de las funciones estatales en órganos independientes, aunque relacionados y recíprocamente controlados, con el claro desequilibrio formal que ya fue reconocido en favor del Primer Mandatario.

Afortunadamente, la reforma de 2005 eliminó ciertos roles de las instituciones armadas, los cuales fueron ejercidos por sus mandos superiores en el Consejo de Seguridad Nacional, en ligamen con órganos constitucionales, tanto de índole técnica como política. Tales eran algunos de los denominados "enclaves autoritarios", los cuales mantuvieron rasgos de la Constitución transitoria; por ejemplo, para prevenir dificultades surgidas con ocasión de la indagación judicial de los casos de violaciones recién aludidos.

50. Rigidez. Desde el ángulo del procedimiento aplicable a la reforma de su texto[82], es una Carta Fundamental difícil de modificar, aunque no llega al extremo de ser pétrea o granítica[83]. Empero, tampoco cabe atribuir tanta importancia a la barrera procesal, prueba de lo cual son las treinta y cuatro enmiendas efectuadas, haciendo al Código Político vigente el más reformado de nuestra historia republicana.

En concreto, con anterioridad a la reforma de 2005, no había enmienda si la Cámara Revisora del Congreso rechazaba el proyecto en general, pese a que el Presidente de la República y la cámara de origen hubiesen estado de acuerdo en aprobarlo. Pero podía llegarse al tercer trámite, como último, cuando la cámara revisora efectuaba modificaciones al texto aprobado por la cámara de origen y ambas ramas coincidían en introducir otros cambios en dicho trámite final. Así ocurrió con la reforma que votó el Congreso Pleno el 30 de agosto de 1997.

Téngase presente, asimismo, que el régimen de las comisiones mixtas[84] para lograr consenso en los proyectos de ley, era inaplicable a las reformas constitucionales, habiéndose rechazado en el Senado una moción destinada a extenderlo a estas últimas. Hoy, ese reparo está superado.

Por otra parte, y con sujeción al artículo 127° inciso 2°, hay que distinguir entre los dos grupos de capítulos allí señalados, existiendo algunos cuya reforma es más difícil, dado que el quórum exigido para aprobarlas es más alto. Por ejemplo, si la enmienda recae sobre cualquiera de las materias incluidas en el capítulo VIII (Tribunal Constitucional), o en el capítulo XI (Fuerzas Armadas, de Orden y Seguridad Pública), entonces necesita para ser aprobada en cada Cámara el voto conforme de las dos terceras partes (66,7%) de los diputados y senadores en ejercicio. Para otras enmiendas, en cambio, el quórum aprobatorio se rebaja a las tres quintas partes (60%) de esos parlamentarios. En dicho inciso 2° radica el escollo mayor para imponer la sustitución de la Carta Fundamental, reemplazándola por la que elabore una eventual asamblea constituyente.

---

[82] Consúltese al respecto, entre muchos autores citables, Giovanni Sartori: **Ingeniería constitucional comparada** (México DF, Ed. Fondo de Cultura Económica, 1994). Sugerente es también Brian Barry: **La teoría liberal de la justicia. Examen crítico de las principales doctrinas de la teoría de la justicia de John Rawls** (México DF, Ed. Fondo de Cultura Económica, 1993), especialmente los capítulos destinados a la Constitución Justa. Clásico es, en fin, Georg Jellinek: (1906) **Reforma y mutación de la Constitución** (Madrid, Centro de Estudios Constitucionales, 1991).

[83] En el tópico, revísese del autor "Implicancias de la rigidez constitucional", **Gaceta Jurídica** N° 102 (1988) pp. 3 ss.

[84] Véanse los artículos 70° y 71° de la Constitución.

Las cuestiones planteadas llevan a reflexionar si tal diferencia de quórum es aplicable, por igual, a la aprobación en general de un proyecto de reforma constitucional y a su aprobación en particular, o si solo rige para la segunda.

La lógica jurídica, el texto y contexto del Código Político en el rubro confluyen en que resulta menester diferenciar entre las materias cuya modificación será votada, no sometiéndolas todas al mismo quórum de votación, sea este el más bajo o el más elevado. En un mismo proyecto, efectivamente, puede plantearse el cambio de principios y normas constitucionales que se hallan en capítulos distintos de la Carta Fundamental. Cumplido tal requisito de diferenciación, entonces el quórum para aprobar en general una modificación tiene que ser igual al requerido para despacharla en particular.

La modificación constitucional de 2005 efectuó sustanciales enmiendas al capítulo XV, relativo a la reforma de la Constitución, pues conforme a lo dispuesto por el inciso 3° del artículo 127° de ella, en lo no previsto en dicho capítulo serán aplicables a la tramitación de los proyectos de reforma constitucional las normas sobre formación de la ley, debiendo respetarse siempre los quórum antes señalados. Por tanto, tiene vigencia, entre otras, la urgencia, la formación de comisiones mixtas, las insistencias, plazo para promulgación y publicación, etc. Del mismo modo, se eliminó el trámite del Congreso Pleno. En consecuencia, concluida su tramitación en el Congreso Nacional, el proyecto pasa directamente al Presidente de la República para su promulgación, veto o convocatoria a plebiscito, si procediere[85].

51. Consecuencias. Los rasgos formales de la Constitución repercuten en su contenido. En el Derecho, como principio general, podemos afirmar que las características externas son importantes, especialmente cuando ellas se refieren a procedimientos que producen, si son racionales, resultados materiales o sustantivos legítimos. Para que logre institucionalizarse la Carta Fundamental, por ende, no es irrelevante que haya sido establecida y modificada ciñéndose al procedimiento establecido al efecto.

En esa misma medida, ella se aparta de los Códigos Políticos efímeros, porque han sido impuestos u otorgados desde arriba por dictaduras o autoritarismos. Es un problema, entonces, que nuestra Ley Suprema haya surgido aplicando ambos tipos de procedimientos, porque se provocan tensiones entre ellos que afectan la consolidación o institucionalización referida.

La Constitución en vigor posee, sin duda, aristas formales acentuadas, morigerables en algunos aspectos por la voluntad de entendimiento que se demuestre entre los principales órganos políticos. En lo demás, recae en la jurisprudencia constitucional hacerlo con interpretación finalista.

No es cuestión accesoria, por último, la concerniente a la rigidez constitucional. Útil es efectuar aquí un recuerdo ilustrativo. En efecto, a propósito de la reforma propuesta por el Presidente de la República el 18 de marzo de 1997, en punto a suprimir los senadores designados e incorporar a la Cámara Alta a los ex jefes de Estado, cualquiera que hubiera sido su permanencia en el cargo sin haber sido destituidos, se replanteó el asunto de la rigidez. El acuerdo sobre esa reforma aparecía seguido por otra enmienda, consistente en elevar los quórums necesarios para la aprobación de modificaciones de las leyes que

---

[85] Sobre el particular, consúltese el trabajo de Francisco Zúñiga Urbina: "Reforma Constitucional. presente y futuro", en Humberto Nogueira Alcalá (editor), **La Constitución reformada de 2005** (Santiago, Ed. Librotecnia, 2005) pp. 557 ss.

requerían votación calificada. El asunto se vinculaba, por ende, también con la seguridad jurídica. Finalmente se llegó a consenso, concretado en el inciso 2° de la disposición transitoria decimotercera, actualmente en vigor.

Afortunadamente, el consenso fue alcanzado para introducir las enmiendas que requiere la Carta Fundamental, incluidas en el Informe de la Comisión del Senado fechado el 6 de noviembre de 2001. Entonces, cabe ahora esperar que se supere la discusión en torno a la asamblea constituyente, habilitada para plantear, debatir y aprobar una Carta Fundamental íntegramente nueva. Retornaremos al tópico al finalizar esta segunda parte del presente tomo. Por eso, repetimos nuestra esperanza en punto a que la Constitución se estabilice indefinidamente y que la jurisprudencia despliegue, aún más que el legislador y la doctrina, el espíritu de sus valores, principios y normas sean los actuales o aquellos que le sean incorporados en el futuro.

Sección Segunda
Características sustantivas

Procede destacar solo algunos rasgos, con lo cual quedará aclarado que este es un asunto más vasto y difícil. Para mayor claridad de la exposición y de su ulterior estudio, se ha organizado el análisis en torno de las dos partes clásicas en que se dividen las Constituciones.

I. Parte Dogmática

52. Definición axiológica. Dotada de una nítida orientación valórica, la Carta Fundamental de 1980 se halla cimentada sobre ciertos ideales, los cuales resultan determinantes al momento de interpretarla de buena fe para llevarla a la práctica. He aquí una de las huellas más profundas que el tiempo dejó en quienes redactaron los sucesivos textos que culminaron en la Constitución hoy en vigor y en su numerosas reformas.

Por ejemplo, aparecen expresamente mencionadas la dignidad de la persona y los derechos naturales o innatos de ella. Otro tanto ocurre con el bien común, la seguridad nacional y la separación de lo político y lo social. Debe también ser mencionada la subsidiariedad del Estado, reconocida como base institucional y concretada, principal aunque no solamente, en el ámbito de la protección de la salud, la enseñanza y la gestión empresarial. Imperativo es también insertar aquí el carácter servicial que debe tener el Estado en relación con la persona humana, excluyéndose la autojustificación del primero y subrayándose que es instrumental a los fines humanistas. En fin, no se puede silenciar la mayor autonomía de las organizaciones sociales o instituciones privadas frente al Gobierno, así como el principio de la libertad de afiliación y desafiliación en materia profesional, sindical, gremial u otra[86].

No es, por ende, una Constitución neutra, susceptible de las más diversas y encontradas interpretaciones por su indefinición axiológica. El Código Político en vigor, por el contrario, se halla claramente comprometido con valores matrices del constitucionalismo, que

86 Para comprobar lo dicho pueden ser revisados el artículo 1° en sus incisos 1°, 2°, 4° y 5°; el artículo 5° inciso 2°; el artículo 23° inciso 1°; el artículo 19° en sus N°s 11° y 21°; el artículo 1° inciso 3° en nexo con el artículo 23° inciso 2°; y el artículo 19° N° 16° inciso 4°, respectivamente.

pueden ser resumidos aludiendo al humanismo y al poder o soberanía obligado a servirlo, estando siempre limitado y encausado por el Derecho.

53. Nuevos derechos. Tal sucede con el justo o debido proceso que debe observar todo órgano que ejerza jurisdicción y no solo los Tribunales de Justicia[87]. Igual ocurre con el derecho a la intimidad, al honor y al respeto de la vida pública[88]. Alusión merece, asimismo, el derecho a la seguridad personal[89] en cuanto complementaria pero diferente de la libertad ambulatoria o individual. Recuérdese también el derecho a la negociación colectiva, pero advirtiendo que él se contempla nada más que con la empresa en que el trabajador labora[90]. El derecho a desarrollar cualquiera actividad económica lícita[91], a no ser discriminado por el Estado y sus organismos en materia económica[92], y a vivir en un medio o ambiente libre de contaminación[93] son incluso novedades importantes y agrupables en torno del orden público económico. En fin, algo semejante ocurre con el derecho a que sea siempre reconocida y respetada por la ley tanto la esencia o núcleo característico de cada atributo subjetivo asegurado, cuanto el libre ejercicio del mismo[94], supragarantía que puede llamarse ***derecho a la certeza legítima o seguridad jurídica***[95].

54. Preeminencia de la dignidad. Antes, y sobre los derechos públicos subjetivos mencionados y otros más, en la Constitución consta hoy proclamado el valor de la dignidad de la persona humana, nada menos que en el umbral, esto es, al comienzo del primero de sus artículos[96].

La dignidad humana se erige así en el valor sustentante de aquellos derechos inalienables, en la fuente o base de arranque de ellos y que debe ser tan respetada y promovida como estos[97].

55. Catálogo completo. Ninguna Constitución chilena proclamó un conjunto tan exhaustivo de derechos humanos como la de 1980.

Piénsese, empero, qué es necesario para infundir vigencia sociológica a tan espléndida proclamación formal. Pronúnciese cada cual si existe en medida aceptable, aunque ciertamente nunca total, el cúmulo de requisitos aludidos; v. gr., sobre accesos al

---

87 Artículo 19° N° 3° inciso 5°.

88 Artículo 19° N° 4°.

89 Artículo 19° N° 7° inciso 1°.

90 Artículo 19° N° 16 inciso 4°.

91 Artículo 19° N° 21° inciso 1°.

92 Artículo 19° N° 22° inciso 1°.

93 Artículo 19° N° 8° inciso 1° en ligamen con el artículo 20 inciso 2°.

94 Artículo 19° N° 26°.

95 Véase Eduardo García de Enterría: **Justicia y seguridad jurídica en un mundo de leyes desbocadas** (Madrid, Cuadernos Civitas, 2000); y Gregorio Peces-Barba Martínez: **Curso de derechos fundamentales. Teoría general** (Madrid, Universidad Carlos III, 1999) pp. 245 ss.

96 Una lúcida definición de la dignidad del hombre es la estampada por el Tribunal Constitucional de España, en su sentencia N° 53 de 1985, y que se transcribe a continuación: "La dignidad es un valor espiritual y moral inherente a la persona, que se manifiesta singularmente en la autodeterminación consciente y responsable de la propia vida y que lleva consigo la pretensión al respeto por parte de los demás".

97 Sobre este particular, consúltese José Luis Cea Egaña: II **Derecho constitucional. Derechos, deberes y garantías** (Santiago, Ediciones Universidad Católica, 2ª ed., 2012) pp. 42 ss.; Joaquín García-Huidobro Correa: "El hombre y su dignidad", **Revista de Derecho Público** N° 50 (1991) pp. 11 ss.; Francisco Rubio Llorente **et al.**: **Derechos fundamentales y principios constitucionales. Doctrina jurisprudencial** (Barcelona, Ed. Ariel, 1995) pp. 70 ss.; y Eduardo Soto Kloss: "La dignidad de la persona, fundamento de los derechos humanos", **Revista de Derecho Público** N° 41-42 (1987) pp. 49 ss.

legislador, al jerarca administrativo central, regional o municipal, a la judicatura, a los entes contralores, etc.

Reflexiónese, por último, en torno de la igualdad de oportunidades para llegar a disfrutar los atributos asegurados[98], valor cuya realización asume la materialización de esfuerzos, públicos y privados. En esa perspectiva, el énfasis debe recaer en los sectores con aspiraciones, intereses o características infraprotegidas, como sucede con la juventud y la tercera edad, la familia, la mujer, la persona enferma y el consumidor[99].

56. Primacía de los derechos individuales. En general, la nueva Constitución reconoce tales derechos. Escasamente se refiere a los derechos económico-sociales y, a menudo, tampoco los protege porque, tratándose de estos últimos, desconoce a sus titulares la facultad para deducir las acciones y recursos destinados a cautelarlos.

¿Era diferente, sin embargo, la situación bajo el imperio de la Constitución de 1925 y sus reformas? Esta, sin duda, al cabo de las grandes modificaciones que tuvo, llegó a articular un elenco rico en derechos sociales, pero, ¿eran ellos realizables o, por el contrario, quedaron en proclamaciones bien intencionadas?

Hasta septiembre de 1973, la respuesta común se hallaba en la capacidad de acción y los recursos del Estado-Gobierno, el cual no rara vez careció de ellos o los utilizó en forma deficiente o insuficiente. Por lo mismo, y sin restar mérito a los esfuerzos entonces desplegados, ni a los avances importantes que, por ellos, experimentó la población en su bienestar, lo cierto es que los derechos eran más declamaciones que realizaciones, con la frustración, manipulación y agitación consecuentes. Agréguese a esa crítica la ausencia de acciones y recursos procesales deducibles ante la magistratura para tutelar los derechos. Podrá concluirse entonces, que las declaraciones o proclamaciones literales de atributos fundamentales son inútiles o tienen reducida aplicación práctica cuando no existen garantías expeditas con las cuales defenderlos o exigir que se los lleve de los textos a la realidad.

57. Derechos económico-sociales. Puesto que la actual Carta Fundamental no otorga énfasis a estos derechos, ¿qué razones explican, aunque no justifiquen, tal decisión?

En la Comisión de Estudio del anteproyecto se manifestó que el Estado-Gobierno no podía garantizar el ejercicio de los derechos sociales, porque tampoco depende solo de él cumplirlos, ya que hay factores económicos, históricos, culturales e internacionales, entre otros, todos los cuales resultan incontrolables por la autoridad pública. Consiguientemente, si tales derechos se declaran reconocidos, amparados y promovidos en la Constitución, se dijo que ello sería demagógico, equivalente a prometer algo imposible de ejecutar, colocando al Estado-Gobierno de frente a una población frustrada en la satisfacción de sus demandas crecientes de vivienda, salud e higiene, de educación y enseñanza, de seguridad social, descanso, consumo, seguridad humana, etc[100].

---

98 Revísese el artículo 1° inciso final. Indudablemente, hay otras disposiciones ligadas a tal igualdad, aunque sin nombrarlas expresamente, como sucede con el artículo 19° N° 10° inciso 5° de la Constitución.

99 Véase Felipe González Morales (editor): **Las acciones de interés público. Argentina, Chile, Colombia y Perú** (Santiago, Publicaciones Especiales N° 7 de la Escuela de Derecho de la Universidad Diego Portales, 1997).

100 Consúltense las **Normas para la Nueva Constitución**, impartidas por el Presidente de la República a la Comisión de Estudio de la Nueva Carta Fundamental, fechadas el 10 de noviembre de 1977, como asimismo, el **Informe con proposiciones e ideas precisas** que dicha Comisión evacuó, fundamentando el anteproyecto elaborado por ella, datado el 16 de agosto de 1978, documentos que aparecen reproducidos en VIII **Revista Chilena de Derecho** (1981) pp. 235 ss.

Es cierto que un objetivo del Poder Constituyente de 1980 fue evitar la demagogia, reaccionando en contra de uno de los males motivantes de la crisis y el colapso de la democracia en septiembre de 1973. Pero es igualmente irrefutable que la Constitución debe propender a garantizar los derechos sociales, porque eso legitima, sustantiva y no meramente en sentido procesal, a la democracia contemporánea ante todos y cada uno de los miembros de la comunidad nacional. La Carta Fundamental tiene que hallarse abierta al futuro, como el proyecto máximo de bien común que se traza una nación democrática y esto exige, sin duda, preocuparse –no solo el Estado-Gobierno– de los derechos sociales.

Desentenderse de tal tipo de derechos, para calificar su consecución de demagogia, populismo, prestaciones, pretensiones o aspiraciones de realización indefinidamente postergada es, en suma, una equivocación grave, porque impide, difiere o estorba que la autoridad busque y encuentre, aunque sea paso a paso, como es obvio, los medios necesarios, fiscales o privados, para cumplirlos. Adelantando cuanto se explicará con detalle en el capítulo siguiente, afirmamos que resulta indispensable comprender que es la Sociedad Civil a la que corresponde, al menos en igualdad con el Estado-Gobierno, asumir la responsabilidad de materializar los derechos económico-sociales. Ese es el sentido de la democracia social, en su significado genuino y no colectivista, fundado en el valor de la solidaridad interna de cada Estado e internacional[101].

58. Derechos de la tercera generación. La Carta Fundamental ignora esos derechos, lo cual es, por lo demás, nota generalizada de las Constituciones actuales. Entre tales derechos se hallan el pertinente a la paz entre las naciones y al interior de cada Estado Sociedad; a la protección supranacional de los recursos naturales; a la injerencia de organizaciones mundiales o regionales para detener el genocidio; a la autodeterminación de cada pueblo soberano y, en nexo con el anterior y como límite que legitima el ejercicio de este derecho, el homónimo de las instituciones supranacionales cuando así lo exige dar término al atropello masivo de los derechos humanos.

En fin, en el catálogo se incluye el derecho a la seguridad colectiva y al desarrollo[102]. La aprobación del tratado sobre el Tribunal Penal Internacional, acordado en Roma a fines de junio de 1998, es un paso decisivo hacia la vigencia de un sistema mundial de protección de los derechos humanos y de sanción a los responsables de genocidio y crímenes de lesa humanidad[103]. Los hechos terroristas sucedidos en Nueva York y Washington, el 11 de septiembre de 2001, vuelven aún más necesaria la creación de ese Tribunal. Sin embargo, reconocemos que la clave para el éxito de tal especie de magistratura, habiendo entrado ya a regir el tratado respectivo, yace en la independencia, imparcialidad y rigor con que ejerza su misión. Pero, cumplido tal supuesto, no cabe duda de que ese tratado contribuirá a evitar que tribunales de ciertos Estados, o de organismos de inteligencia controlados por ellos, irrumpan en otros Estados atropellando su jurisdicción interna con el pretexto de la defensa de la dignidad y de los derechos humanos[104].

---

101 Véase Edmond Jouve: **Le Droit de peuples** (Paris, Presses Universitaires de France, 1992).

102 Una novedosa y actualizada revisión del tópico es la de Dieter Fischer en **Nonmilitary Aspects of Security. A Systems Approach** (Aldershot, Dartmouth Publishing, 1993). Revísese también Charles Zorgbibe: **Le Droit d'ingérence** (Paris, PUF, 1994). Véase Héctor Gross Espiell: **La Convención Americana y la Convención Europea de Derechos Humanos. Análisis comparativo** (Santiago, Ed. Jurídica de Chile, 1991). Útil es, además, consultar Jean-Luc Matthieu: **La Defense internationale des droits de l'homme** (Paris, PUF, 1987).

103 Véase Gerardo Pisarello y Antonio de Cabo: "Guerra y derecho. El pacifismo jurídico de Luigi Ferrajoli", en Miguel Carbonell y Pedro Salazar (editores): **Garantismo** (Madrid, Ed. Trotta, 2005) pp. 481 ss.

104 José Luis Cea Egaña: **El sistema constitucional de Chile. Síntesis crítica** (Santiago, Impr. Alfabeta, 1999) pp. 34 y 44.

59. Estado de equidad. Ciertamente, al formular ese planteamiento en torno de los derechos sociales, no se pretende retrotraer el curso histórico de Chile al Estado de Bienestar, providente de servicios y bienes, con descalabro financiero y sin sacrificio, sometido a las fuerzas, por lo común corporativas, con capacidad de presionarlo y tensionarlo[105]. En ese Estado, debe reconocerse que su aparato burocrático, controlado por los partidos, se hizo del sistema social entero, no siempre para servirlo; y tampoco puede callarse que en el Estado Providente no se institucionalizó un modelo o régimen de crecimiento, sostenido y con equidad, representativo de una tercera vía, equidistante del individualismo y el colectivismo[106].

Pero de tal situación criticable no puede caminarse hasta caer en el otro extremo, igualmente reprochable, como es el de la indolencia, el egoísmo y la pasividad, menos todavía en una nación que ha tenido al Estado-Gobierno como uno de los principales agentes de su desarrollo[107].

Es necesario mantenerse evaluativo, pues, ¿no hay en Chile peligro de volver a la demagogia?, ¿o acaso ha dejado de ser imperativo infundir sentido real de justicia social al régimen económico de mercado en vigor?, ¿sería esto implementable con mayor injerencia estatal en la enseñanza, salud o vivienda y en la elevación de los tributos?, ¿o se haría lo mismo, pero con mejores resultados, por ejemplo, promoviendo el empleo estable o fomentando la actividad empresarial privada, dentro del marco de la Constitución y las leyes?, ¿es la solidaridad de la persona y los grupos sociales un valor irrealizable en Chile?, ¿tiene que obrar el Estado-Gobierno compulsivamente, porque la sociedad o los grupos más fuertes dentro de ella no contribuyen al bienestar común?

Chile debe avanzar hacia una sociedad estatal equitativa, en la cual la justicia social sea parte de su cultura y, por ende, un modo de ser y convivir en el que los grupos asumen, prioritariamente, labores de mecenazgo, compromisos solidarios, proyectos filantrópicos u otros, sin que el Estado-Gobierno lo haga, desde arriba y por compulsión, ante la desidia de la comunidad. Sin embargo, debe reconocerse que en este asunto se halla uno de los más graves problemas del régimen económico llamado de *mercado social,* pues subsisten –o se han agudizado– las situaciones de pobreza, indigencia o vulnerabilidad que afectan a sectores numerosos de la población. Ese proceso es paralelo al de una fuerte concentración e incremento del producto nacional en inversionistas o agentes económicos privados[108]. Volvemos a formular, sin embargo, nuestra preocupación en punto a que, la fórmula Estado Social de Derecho, acuñada en el programa presidencial de la Nueva Mayoría, hoy en control del Gobierno y del Congreso Nacional, sea mantenida en la nebulosa que actualmente la caracteriza. Este reproche se basa en que así, quede

---

105 La denominación Estado de Bienestar, Providente o de Prestaciones se halla mundialmente desacreditada por la demagogia, el populismo, la corrupción y otras patologías. Resulta preferible, en consecuencia, para los difusores de esa fórmula acudir a denominaciones distintas, cuyo significado es propio y diferente, como es el de Estado Social. Una ilustración al respecto es Thomas Piketty: **El capital en el siglo XXI** (México DF, Ed. Fondo de Cultura Económica, 2014) pp. 525.

106 Norberto Bobbio: **Las ideologías y el poder en crisis** (Barcelona, Ed. Ariel, 1988) pp. 119 ss.; Anthony Giddens: **La Tercera Vía. La renovación de la Social Democracia** (Madrid, Ed. Taurus, 1999) pp. 85 ss.

107 Es clásico ya, en este sentido, Mario Góngora del Campo: **Ensayo histórico sobre la noción de Estado en Chile en los siglos XIX y XX** (Santiago, Ed. La Ciudad, 1981) y ediciones posteriores.

108 Sobre el particular, véanse los Informes del Banco Mundial y del Banco Interamericano de Desarrollo, que sitúan a Chile entre los países con distribución del ingreso más deficiente.

disponible a la infusión del contenido socialista, concebido en los términos ideológicos tradicionales y generalmente fracasados[109].

60. **Perfeccionamiento**. En la Constitución de 1980 se encuentran derechos cuya formulación, contenido nuclear y ejercicio legítimo están más claramente proclamados y mejor protegidos que en la Carta Fundamental anterior.

Así sucede con el principio de igualdad[110], del cual se reconoce que son parte sustancial las diferencias que trace el legislador, pero jamás incurriendo en discriminaciones, o sea, en diferencias arbitrarias, infundadas, desproporcionadas o inconducentes a la finalidad perseguida. No basta, por ende, que el enunciado de la ley sea abstracto en los hechos y general en punto a los destinatarios para que esta se encuadre en el principio de isonomía. La igualdad tiene que ser ahora, además, cotejada con el valor de la justicia, para que así resulte razonable la diferencia que trace la ley, o justificada la igualación dispuesta en ella[111].

Realce merece el derecho a la educación, o sea, el proceso, formal o informalmente realizado, en virtud del cual se inculcan valores en el discípulo, y la libertad de enseñanza, es decir, la transmisión sistemática de información al estudiante[112]. Ahora, aquel derecho y esta libertad aparecen consagrados separadamente, aunque, como fue ya advertido, los incisos 4°, 5° y 6° del artículo 19° N° 10° tratan materias más atinentes a la enseñanza que a la educación.

De importancia es, análogamente, la diferencia trazada en el artículo 19° N° 12° inciso 1°, entre la libertad de informar y la de emitir opinión, siempre sin censura previa. Al respecto aclaramos que la libertad de informar no puede ser confundida con el derecho, coercitivamente ejercitado o susceptible de serlo, a exigir la entrega de información, sea en asuntos públicos o privados[113]. En ligamen con el tópico se encontraba la norma que imponía al legislador el establecimiento de un sistema de censura para la exhibición y publicidad de la producción cinematográfica[114]. Esta disposición, felizmente, fue reemplazada, contemplándose, en su lugar, la calificación indicativa, solo de orientación, que regula la ley para la protección de la niñez y juventud. La Ley N° 19.742, de 2001, sustituyó, con ese propósito, el inciso final del numeral 12° citado, preceptuándose ahora que la ley regulará un sistema de calificación aplicable a la exhibición de la producción cinematográfica. Así se ha realizado a través de la Ley N° 19.846, sobre Calificación de la Producción Cinematográfica, publicada en el Diario Oficial el 4 de enero de 2003.

---

109 Nuestra idea de Estado Social de Derecho se halla expuesta en "Descubriendo el futuro de nuestra sociedad estatal", reproducida en **Renovación del constitucionalismo en Chile** (Santiago, Ed. Abeledo Perrot, 2012) pp. 799 ss. Allí aclaramos que el rasgo social se lo infunde al Estado la Sociedad Civil, orientada y promovida a la consecución del valor de la solidaridad, elemento esencial del bien común.

110 Artículo 19° N° 2°, especialmente. Ténganse presente también los siguientes preceptos atinentes a la igualdad: Artículo 1° incisos 1° y final; artículos 15° inciso 1° y 18° inciso 1°; artículo 19 N° 3° inciso 1°, N° 10° inciso 5°, N° 11° inciso final, N° 21 inciso 2° y N° 22° inciso 1°; en fin, el artículo 109° inciso final.

111 Véase Norberto Bobbio: **Igualdad y libertad** (Barcelona, Ed. Paidós Ibérica, 1993); y del mismo autor **Derecha e izquierda. Razones y significados de una distinción política** (Madrid, Ed. Taurus, 1995). En la doctrina chilena puede consultarse Miguel Ángel Fernández González: **Principio constitucional de igualdad ante la ley** (Santiago, Ed. Conosur, 2001). En fin, consúltese la Ley N° 20.609, publicada en el Diario Oficial el 24 de julio de 2012, que establece medidas contra la discriminación.

112 Artículo 19° N° 10° y 11°, respectivamente.

113 Se relaciona con el tema el nuevo artículo 8° inciso 2° de la Constitución.

114 Artículo 19° N° 12° inciso final. Consúltese el artículo 13° N° 2° y 4° del Pacto de San José de Costa Rica.

Debe ser destacado el nuevo precepto sobre la libertad para adquirir el dominio de toda clase de bienes, con excepciones y limitaciones taxativas. Tampoco puede dejar de ser enfatizado el derecho de propiedad, comprensivo de los bienes corporales e incorporales, con lo cual queda asegurado el dominio sobre las secuelas patrimoniales de los derechos personales. La médula de la propiedad está, además, asegurada en cuanto a los atributos y facultades esenciales que la integran, de las cuales nadie puede ser privado, ni siquiera en parte, si no es mediante la expropiación indemnizada[115], pagada al contado, salvo que el afectado acepte otra modalidad de solución.

61. Acciones y recursos. La Constitución establece algunos recursos nuevos o perfecciona los contemplados en la Carta Fundamental anterior. Se avanza, de este modo, en cumplir el objetivo de realizar los principios y preceptos constitucionales llevándolos del texto a su vivencia práctica.

Por ejemplo, se introduce el recurso del artículo 12°, relativo a la pérdida o recuperación de la nacionalidad. Asimismo, se amplía el recurso de amparo o *habeas corpus* en el artículo 21°, al contemplar su procedencia respecto de cualquiera privación, perturbación o amenaza en el derecho a la libertad personal y seguridad individual, y no solo cuando esto ocurre a propósito del arresto, la detención o el procesamiento del afectado. En fin, se sustituye el régimen aplicable a la declaración de inaplicabilidad, especialmente en punto al pronunciamiento que ahora recae en el Tribunal Constitucional como secuela del recurso interpuesto en cualquier gestión seguida ante otro tribunal. Importante es destacar que dicha magistratura puede ordenar la suspensión del procedimiento en el que incidía la desaplicación de cualquier precepto legal, sea por reproche constitucional de forma o de fondo[116]. La reforma de 2005 es la clave de este traslado del control de supremacía al Tribunal señalado y del éxito de su implementación *ex ante* y *ex post*.

62. Jurisprudencia criticable. A propósito de la declaración de inaplicabilidad de un precepto legal por ser contrario a la Constitución, imperativo es todavía transcribir dos sentencias de la Corte Suprema, una de las cuales desestimó el pronunciamiento de tal vicio por infracción del principio de supremacía en su aspecto de forma o de procedimiento, mientras que la otra declaró de oficio el quebrantamiento de tal principio por motivos de fondo o sustantivos. Son testimonios del criterio con que esa magistratura entendió su rol en tan relevante materia y que justifican la reforma de 2005.

En el primero de los fallos enunciados, la Corte Suprema sostuvo:

> (...) el recurso de inaplicabilidad, como se infiere del texto del artículo 80° de la Constitución, es de carácter estrictamente jurídico y tiene por objeto la declaración de inaplicabilidad de una ley o determinado precepto legal, por ser contrario en lo sustantivo a la Constitución Política. En consecuencia, promulgada y publicada una ley, este Tribunal podrá ejercer a su respecto el control de su constitucionalidad sustantiva que le otorga el artículo 80° de la Carta Fundamental, para el solo caso particular de que se trate, pero no podría desconocerla como tal ley en función de que se han dejado de cumplir ciertas exigencias formales en su tramitación, por cuanto ello importaría ejercer una función revisora o de control, que la Constitución no le confiere sino que expresamente entrega a otros organismos que deben intervenir en su formación. En efecto, la actual Carta Fundamental entrega el control preventivo de la constitucionalidad de forma de la ley al Tribunal Constitucional[117].

---

[115] Artículo 19° N° 23° y 24°, respectivamente.

[116] Artículo 93° inciso 10° de la Constitución.

[117] Considerando 17° de la sentencia pronunciada por la Corte Suprema el 31 de marzo de 1995 (Énfasis agregado).

En cuanto al segundo de esos fallos, léese en el considerando atinente:

> Que la aplicación del citado inciso final del artículo 545° del Código Orgánico de Tribunales resulta, evidentemente, violatoria del artículo 79° de la Constitución, por cuanto la expresada ley no puede disminuir las atribuciones constitucionales privativas de esta Corte, limitando o constriñendo su amplia facultad de imponer o no medidas disciplinarias en los supuestos de darse acogida a un recurso de queja.

Que el artículo 80° de la Constitución permite a esta Corte, de oficio, en las materias de que conozca, declarar inaplicable para esos casos particulares todo precepto legal contrario a la Constitución[118].

Puede reputarse acertado el reproche dirigido a esa jurisprudencia, como asimismo, estimarla como una de las razones ponderadas por el Poder Constituyente de 2005 al radicar, en el Tribunal Constitucional, el pronunciamiento respectivo.

Útil es puntualizar, finalmente, que la jurisprudencia de ese Tribunal sobre la inaplicabilidad de los preceptos legales no ha trazado distinciones, pronunciándose, con acierto, tanto en relación con requerimientos deducidos por motivos de forma como de fondo[119].

63. Superintendencia correccional. Reiteramos que la doctrina sustentada en la segunda de las sentencias recién transcritas fue una de las razones que tuvo el Poder Constituyente para modificar, primero en 1977 y después de 2005, el artículo 82° de la Carta Fundamental.

> En efecto, ahora se lee en el inciso 2° de dicho artículo[120]: "que los Tribunales Superiores de Justicia, en uso de sus facultades disciplinarias, sólo podrán invalidar resoluciones jurisdiccionales en los casos y forma que establezca la Ley Orgánica Constitucional respectiva".

---

118 Sentencia pronunciada por la Corte Suprema el 26 de junio de 1996 (Énfasis agregado). Sin embargo, el considerando 2° del voto disidente del presidente de la Corte Suprema, Sr. Marcos Aburto, y de los ministros Faúndez, Beraud y Araya, expresa:

> Que si se considera, conforme a la doctrina y a la jurisprudencia, que la inconstitucionalidad de forma de una ley se produce en los casos en que el legislador incumple o infringe normas constitucionales sobre el proceso de formación de una norma legal y que la inconstitucionalidad de fondo existe en aquellos casos en que ésta contradice en su contenido algún precepto constitucional, lógico se hace concluir, en cuanto al orden en que ellas deben ser analizadas y resueltas, que primero debe serlo la formal, desde que el estudio de la de fondo estará sujeto o condicionado al rechazo de aquélla, pues su acogimiento conllevaría la aceptación del recurso y sería no sólo innecesario o inoficioso, sino que podría llegar a ser contradictorio emitir pronunciamiento respecto de la de fondo.

Útil es advertir, por último, que del mismo tenor es la prevención de los ministros Bañados y Libedinsky, como se desprende del texto siguiente:

> El artículo 80° de la Constitución Política de la República no distingue las causas o motivos por los cuales debe entenderse que un precepto legal es contrario a la Constitución. Generalmente se ha estimado que el contraste entre una norma constitucional y una disposición legal puede derivar tanto del hecho de que en el procedimiento formativo de esta última no se hayan respetado preceptos constitucionales que regulan su producción (inconstitucionalidad de forma), como también de la circunstancia de que el contenido de una ley contravenga la Carta Fundamental (inconstitucionalidad de fondo). Pues bien, al no efectuar el artículo 80° de la Constitución ninguna distinción entre estas diferentes causas, debe concluirse que ellas son irrelevantes y que, en consecuencia, para los efectos que aquí interesan, siempre que un precepto legal, por cualquier motivo, contradiga o no respete lo ordenado por la Constitución será inconstitucional, declaración que corresponderá formular, según los casos, al Tribunal Constitucional o a esta Corte Suprema (artículos 80°, 82° y 83° de la Constitución)".

119 Consúltese, en general, del autor la monografía dedicada a "El Tribunal Constitucional y su Control de las leyes", incluida en el **Cuaderno N° 35 del Tribunal Constitucional**, titulado *Escritos sobre Justicia Constitucional* (Santiago, Lom Ediciones, 2007) pp. 175 ss.

120 Agregado por la Ley de Reforma Constitucional N° 19.541, publicada en el Diario Oficial el 22 de diciembre de 1997.

Por consiguiente, se está frente a una habilitación, clara y directa, del Código Político al legislador para que regule el asunto. Trátase, entonces, de una reserva legal fuerte o intensa, aunque no absoluta. El mandato del Poder Constituyente, contemplado hoy en el artículo 545° del Código Orgánico de Tribunales, debe reputarse correctamente cumplido, afirmando así la independencia con que siempre ha de obrar todo juez en el ejercicio de su oficio[121].

Igual crítica se ha dirigido, con razón, a la jurisprudencia más reciente, a raíz de haber sido rechazada la procedencia del recurso de inaplicabilidad deducido durante la tramitación de un recurso de protección. Afirmó al respecto la Corte Suprema que:

> (...) tratándose de un recurso de protección los tribunales deben examinar, como cuestión fundamental, si la conducta del recurrido fue o no arbitraria o ilegal y para lo que interesa, si ella precisamente tiene este último carácter. De esta manera, la eventual acogida del recurso de inaplicabilidad, en estos casos particulares, no puede producir el efecto de influir en la decisión de los recursos de protección, desde que no obstante ello, por ende, una declaración de inaplicabilidad sólo tenía un carácter meramente teórico, lo que es ajeno a todo decisión jurisdiccional[122].

Tal doctrina, hoy superada por la jurisprudencia uniforme del Tribunal Constitucional, se apartaba de la historia fidedigna de la nueva Constitución sobre la declaración de inaplicabilidad por inconstitucionalidad de un precepto legal determinado. A raíz de ello, más restringida aún quedaba la procedencia de este importante instrumento jurídico de control de la supremacía constitucional. Y esa doctrina revelaba, además, una interpretación constitucional exegética y no finalista, inconsistente también con el principio de supremacía plasmado, principalmente, en el artículo 6° de la Carta Fundamental.

64. Fortalecimiento del control de supremacía. Pertinente es reiterar que una de la innovaciones más importantes introducidas por la reforma de 2005 fue aquella consistente en atribuir, al Tribunal Constitucional, el conocimiento y resolución del recurso de inaplicabilidad.

Por ello, cabe esperar que los mecanismos aludidos sirvan para infundir mayor realidad a la supremacía normativa, directa e indirecta, que caracteriza a la Carta Fundamental. De ello derivará un aporte significativo a la constitucionalización del derecho chileno.

Por ejemplo, la jurisprudencia emanada del Tribunal Constitucional durante el año 2006, primero de la aplicación de la reforma sobre inaplicabilidad de preceptos legales, no trazó distinciones, pronunciándose, con acierto, tanto en relación con requerimientos deducidos por motivos de forma como de fondo, y considerando al recurso de protección como una gestión pendiente idónea y que habilita para declarar la admisibilidad de un requerimiento por inaplicabilidad. La Constitución aumenta así su vigencia efectiva y lo hace en beneficio de la población en general. Esa jurisprudencia ha sido corroborada desde 2007 a 2014[123].

Tal potestad quedó, en virtud de la misma enmienda, extendida y profundizada a raíz de la instauración del requerimiento de inconstitucionalidad de preceptos legales, el cual, una vez acogido, tiene alcance general o *erga omnes*, según lo establecido en el artículo 93° inciso 1° N° 7° e inciso 12° de la Carta Política.

---

[121] José Luis Cea Egaña: "Fortalecimiento constitucional de nuestra independencia judicial", **Fallos del Mes** N° 479 (2000).

[122] Considerando 7° de la sentencia pronunciada por la Corte Suprema el 10 de noviembre de 1995, reproducida en **Gaceta Jurídica** N° 185 (1995) p. 52 (Énfasis agregado).

[123] Consúltese del autor su III **Derecho constitucional chileno** (Santiago, Ed. Universidad Católica de Chile, 2013).

65. Recurso de protección. En el ámbito de las garantías, para hacer efectivo el ejercicio de los derechos, trátase de la innovación dogmática más trascendental de la Constitución. Su relevancia yace en que, al recoger una acción o recurso introducido en el Acta Constitucional Nº 3 de 1976 y que venía ya insinuado en los artículos 116°, 138° y 146° Nº 1 de la Carta Fundamental de 1823[124], se ha ido convirtiendo al Código Político en lo que siempre tuvo que ser, o sea, en una Constitución de aplicación constante, de vivencia cotidiana para todos los individuos y grupos, no solo por órganos públicos. En virtud de ese arbitrio, hoy la Carta Fundamental es percibida como útil por el ciudadano para defender sus derechos o hacerlos respetar. Se tiene así, por fin, un Código Político vivo porque va siendo vivido. Ojalá continúe siendo de tal manera, cada día con más vigor, esperanza esta que se ha debilitado con los últimos acontecimientos, según se explicará más adelante. Por ahora, adelantamos la crítica, emanada de cierta doctrina, que descalifica lo que llama *judicialización del Derecho* v. gr., en temas ecológicos, de energía o de manifestaciones en calles y caminos.

Es el recurso de protección consagrado en el artículo 20°. En él se halla la innovación, teórica y práctica, que puede ser calificada como más profunda y significativa de nuestro derecho público en el siglo pasado[125]. En medida considerable, lo que el profesor Louis Favoreu denomina "*constitucionalización del derecho*[126], débese en Chile a la posibilidad concreta de recurrir a las magistraturas superiores, y ahora también al Tribunal Constitucional, a través del recurso de protección y del requerimiento correspondiente. Ese recurso es un remedio de tramitación expedita, cuyo objetivo resulta amplio, con el cual el Código Político ha descendido desde la altura de su parte orgánica a la base real de la diaria convivencia[127].

Lamentablemente, las enmiendas introducidas, en 1998, al auto acordado de la Corte Suprema sobre tramitación del recurso mencionado[128], restringieron la procedencia del mismo, a la vez que, en paralelo, aumentaron la discrecionalidad de la Corte de Apelaciones y del Tribunal Máximo para desestimarlo por diversos motivos. En un sistema jurídico como el chileno, tan escaso en garantías, debe reprocharse que el único recurso de rango constitucional efectivamente deducible para amparar derechos humanos fuera limitado de manera tan severa y, además, que así ocurriera en contra de lo exigido en el artículo

---

124 El artículo 146° Nº 1° ordenaba, entre las atribuciones de la Suprema Corte de Justicia, que esta se preocupara, en primer lugar, de "proteger, hacer cumplir y reclamar a los otros Poderes por las garantías individuales y judiciales".

125 De acuerdo a la información proporcionada por la Corporación Administrativa del Poder Judicial, durante el 2011 ingresaron en las Cortes de Apelaciones del país un total de 32.045 recursos de protección, destacando la Corte de Apelaciones de Santiago, que recibió 80,4% del total de dichos ingresos con 25.778 recursos. Según cifras entregadas en el discurso inaugural del año judicial 2014, los recursos de protección, a nivel nacional, alcanzaron aproximadamente 200.000, cifra que constituye 275% más que la del período pasado. En su mayoría se recurrió contra las Instituciones de Salud Previsional por las alzas en los precios de los planes de salud individual y cobros derivados de la implementación de mayor cobertura de patologías en las Garantías Explícitas de Salud (GES).

126 Conferencia Inaugural del Programa de Magister en Derecho Constitucional de la P. Universidad Católica de Chile, pronunciada el 28 de marzo de 1995. En el mismo sentido, véase Bertrand Mathieu y Michel Verpeaux (editores): **La Constitutionalisation des branches du droit** (Aix en Provence, Presses Universitaries D'Aix-Marseille, 1998). Consúltese también del autor su "Constitucionalización del derecho en Chile", **Revista de Derecho Público** Nº 58 (1995) pp. 7 ss. En fin, revísese Hugo Castellón Venegas y Laura Rebolledo Contreras: **Aspectos sobre la constitucionalización del derecho civil** (Santiago, Ed. Conosur, 1999).

127 Cecilia Medina Quiroga: "El derecho internacional de los derechos humanos y el ordenamiento jurídico chileno", en Corporación Nacional de Reparación y Reconciliación: **Constitución, tratados y derechos esenciales** (Santiago, Hansa Print, 1994) pp. 3 ss. Revísese, igualmente, la serie de monografías sobre Constitución y tratados internacionales, incluida en **II Ius et Praxis** Nº 2 (Facultad de Ciencias Jurídicas de la Universidad de Talca, 1997).

128 Diario Oficial del 9 de junio de 1998 y del 8 de junio de 2007.

19° N° 3° inciso 5° de la Carta Fundamental. Afortunadamente, la reforma de 2007 a ese auto acordado subsana, en gran parte, los reparos descritos.

66. **Jurisdicción preventiva y represiva.** Útil es meditar sobre las razones que justifican la trascendencia del recurso recién aludido. Y para guiar esa reflexión puede pensarse hasta qué punto hoy el Derecho, en sentido objetivo, tiene que cautelar los atributos inalienables de la persona y prevenir los atentados contra ellos, mucho más que reaccionar, con la legislación penal, cuando han sido ya conculcados o transgredidos[129].

Actualmente, los asuntos judiciales de mayor trascendencia son planteados y resueltos a través del recurso de protección[130]. El criterio con que la magistratura interpreta y aplica la Carta Fundamental por esa vía carece de formalismos, es rápido y efectivo, a menudo enriquecido por un fundamentado apoyo en valores como la justicia, la seguridad jurídica y la equidad[131]. Se percibe, por ende y aunque tenuemente aún, la saludable presencia de la justicia pretoria en nuestra cultura jurídica[132].

67. **Más jurisprudencia objetable.** Desde el ángulo procesal, surgieron diversas interrogantes[133]. Una de ellas consistía en que la resolución declarativa de inadmisibilidad de un recurso de protección no era sentencia definitiva, pues tampoco resolvía la controversia planteada. Por lo tanto, de acuerdo a la disposición del auto acordado sobre tramitación y fallo del recurso de protección, en su versión de 1998, tal resolución no era apelable. Léese en el punto el pronunciamiento siguiente:

Que la resolución que rechazó el recurso de protección interpuesto en el escrito (...), no es una sentencia definitiva, porque no resuelve la cuestión o asunto materia del mismo, sino que constituye una decisión de inadmisibilidad y que, por disposición del N° 6 del auto acordado sobre tramitación y fallo del recurso de protección, sólo es apelable en la especie la sentencia definitiva.

Se declara inadmisible el recurso de apelación concedido en contra de la sentencia[134].

---

129 Véase del autor "Misión cautelar de la justicia constitucional", XX **Revista Chilena de Derecho**, Tomo I (1993) pp. 396 ss. Revísese, asimismo, Raúl Tavolari Oliveros: "Protección constitucional y cautela judicial, ¿orden de no innovar en el recurso de protección?", incluido en su libro **Tribunales, jurisdicción y proceso** (Santiago, Editorial Jurídica de Chile, 1994) pp. 137 ss.

130 Una sistematización actualizada y completa, incluso en lo atinente al derecho comparado, se halla en Miguel Ángel Alegre Martínez: **Justicia constitucional y control preventivo** (León, Secretariado de Publicaciones de la Universidad de León, 1995). Consúltese, también, Pablo Salvador Coderch y María Teresa Castiñeira Palou: **Prevenir y castigar. Libertad de información y expresión, tutela del honor y funciones del derecho de daños** (Madrid, Marcial Pons Ediciones Jurídicas, 1997).

131 Consúltese el auto acordado de la Corte Suprema sobre tramitación del recurso de protección de garantías constitucionales, publicado en el Diario Oficial el 27 de junio de 1992 y sus reformas, modificado por el auto acordado publicado en el Diario Oficial el 8 de junio de 2007.

132 Véase Chaim Perelman y L. Olbrechts Tyteca: **The New Rhetoric. A Treatise on Argumentation** (Indiana, University of Notre Dame Press, 1977); Fernando Quintana Bravo: **Interpretación, ratio iuris y objetividad** (Valparaíso, Edeval, 1994); Paul Ricoeur: **Lo justo** (Santiago, Ed. Jurídica de Chile, 1997); y Theodor Viehweg: **Tópica y jurisprudencia** (Madrid, Tauros Ediciones, 1964).

133 Fernando Saenger Gianoni: "La lenta agonía del recurso de protección", **Actas de las XXIX Jornadas de Derecho Público, XXVI Revista Chilena de Derecho** (2000).

134 Sentencia de la Corte Suprema dictada el 10 de septiembre de 1996, reproducida en **Gaceta Jurídica** N° 195 pp. 81 ss. (Énfasis agregado). Acordada contra el voto del ministro Sr. Toro, quien fue de opinión de entrar a conocer el recurso fundado en las siguientes consideraciones:

> Que si bien dicho auto acordado se refiere a la sentencia como susceptible del recurso de apelación, no excluye la posibilidad de que la resolución de que se trata sea apelable, porque en el N° 6 no se dice en forma categórica que sólo sea susceptible de apelación la sentencia

Se ha puntualizado ya, sin embargo, que el auto acordado de 2007 corrigió varios defectos del texto anterior, incluido el antes señalado. El numeral 5° inciso 2°del texto hoy vigente declara, precisamente, que es apelable la sentencia que declare la inadmisibilidad del recurso.

68. Derecho constitucional supranacional. En virtud del artículo 5° inciso 2°, modificado en 1989, la Constitución hace parte formal y sustantiva de su texto los derechos, deberes, acciones y recursos contemplados en los tratados internacionales ratificados por Chile y vigentes en nuestro país que versen sobre los atributos esenciales de la persona humana.

Existe complementación, y no oposición, por ende, entre el estatuto de la persona en el derecho interno y en el derecho supranacional. Consecuentemente también, se ha vigorizado aquel estatuto por la conjugación o armonía de ambos sistemas jurídicos. Trátase de una evidencia más acerca de la nueva concepción de la soberanía[135], limitada y limitable por el respeto que debe al ejercicio de aquellos derechos[136].

Piensa el autor, desde luego, que esta es, potencialmente al menos, la enmienda de mayor trascendencia dogmática introducida hasta hoy en la Carta Fundamental, por cuanto enriquece –sustantiva y procesalmente– el derecho constitucional interno con el derecho constitucional interamericano e internacional[137].

Claro es que, desde el ángulo jurisdiccional, tal derecho constitucional supranacional es aplicable solo de modo coadyuvante, o subsidiariamente, vale decir, nada más que después de hallarse agotado el derecho constitucional nacional sin haber satisfecho los imperativos de acceso a la judicatura para la promoción y protección de la dignidad y los derechos humanos. Pero aunque así sea, en algún momento se abre el acceso a esa magistratura supranacional, nuevo ámbito del derecho constitucional que puede quedar en pugna con el homónimo interno cuando se lo interpreta con ánimo de antagonismo y no de integración.

¿Quién y cómo ha de resolver tales conflictos?, ¿debe primar, finalmente, el derecho constitucional supranacional cuando se trata de la defensa y promoción tanto de la dignidad como de los derechos innatos de todo ser humano?, ¿o quedan todavía partidarios de revivir la vieja razón de Estado, envuelta en una arcaica concepción de la soberanía territorial, superior al individuo y a la Sociedad Civil?[138] Cualquiera sea la respuesta, son

---

definitiva, sino que expresa será apelable ante la Corte Suprema;
Que ante el silencio del auto acordado sobre el particular, deben aplicarse las reglas que sobre la apelación da el Código de Procedimiento Civil que, en su artículo 199, expresa que: "La apelación de toda resolución que no sea sentencia definitiva se verá en cuenta, a menos que, cualquiera de las partes, dentro del plazo para comparecer, en segunda instancia solicite alegatos";
Que resulta de toda evidencia que la resolución que declaró inadmisible el recurso de protección es agraviante para el recurrente que es parte en el recurso y, por lo mismo, no se le puede negar el derecho de recurrir de apelación; y
Que la resolución que declara inadmisible el recurso de protección equivale en sus efectos a una sentencia definitiva denegatoria del mismo, razón que aconseja su revisión por el tribunal superior. (Considerandos 2°, 3° y 5° del voto disidente. Énfasis agregado)

135 Véase Neil MacCormick: **La sovranitá in discussione: diritto, Stato e nazione nel commonwealth europeo** (Bologna, Il Mulino, 2003).

136 Cf. Lautaro Ríos Álvarez: "Jerarquía normativa de los tratados internacionales sobre derechos humanos", **Revista de Derecho de la Universidad de Concepción** N° 202 (1997) pp. 133 ss.

137 Véase Cecilia Medina, **op. cit.** Consúltese, además, José Germán Bidart Campos: **Constitución y derechos humanos. Su reciprocidad simétrica** (Buenos Aires, Ediar, 1991).

138 Otros Estados han modificado sus Constituciones para despejar toda duda en relación con la complementación

insostenibles las tesis extremas, vale decir, tanto la que pretende cerrar el acceso a la jurisdicción supra o internacional, de un lado, cuanto la que se encamina a infundir primacía a esa jurisdicción, pasando por encima de la judicatura interna, desconociendo el margen de discrecionalidad con que esta puede decidir los asuntos que le son sometidos y, por último, que en abuso de la *obiter dicta*, impone a los tribunales nacionales cumplir órdenes humillantes para ellos[139].

De buena fe, todos tienen fe en el Derecho tendrían que alegrarse por el enriquecimiento del catálogo tutelar y promotor de los derechos humanos, incluyendo en él, no cabe duda, las garantías correspondientes. Lamentablemente, ese noble propósito no puede ser compartido aún en Chile, sin excepción, debido a los juicios pendientes en torno de la violación de ciertos derechos humanos ocurrida durante el régimen militar y, por supuesto, a raíz de las consecuencias políticas que tienen esos procesos y sus desenlaces. A las consideraciones mencionadas resulta imperativo agregar las consecuencias de los cambios sociales y políticos exteriorizados desde 2011. Algunos de tales cambios, como se verá en su lugar, vuelven a plantear las consignas del igualitarismo ideológico, la ruptura del régimen institucional si no se accede a sus exigencias, un individualismo nihilista o anarquista y otros fenómenos parecidos.

Lo concreto es que el derecho constitucional supranacional y las magistraturas contempladas en él están llamados a elevar el disfrute real de los derechos humanos y a impedir la indefensión cuando sean quebrantados. Empero, debe mantenerse la atención sobre la imparcialidad, independencia y rigor con que ejerzan sus oficios esas magistraturas, pues, como ya fue observado, han demostrado no estar siempre libres de manipulaciones o sesgos ideológicos. Por ejemplo, debe ser rechazada la pretensión, abierta o encubierta, de convertir a la Corte Interamericana en una tercera o cuarta instancia. Por eso, y concluyendo, es menester que sea respetado al margen de discrecionalidad con que interpretan el ordenamiento los tribunales nacionales, así como el criterio de verificación de compatibilidad entre los dos sistemas jurídicos no infundiendo primacía, sin más, al régimen interamericano con base en un controvertido control de convencionalidad[140].

69. Estados de excepción constitucional. La Constitución regula con detalle tales estados, lo que es importante en numerosas materias, de las cuales tres por lo menos tienen que ser mencionadas aquí.

A. Amplitud de causales. La dictación o implantación de los estados de excepción se efectúa a raíz de una situación de guerra externa en el estado de asamblea; en caso de guerra interna o grave conmoción interior tratándose del estado de sitio; en casos graves de alteración del orden público o de daño grave para la seguridad nacional se puede implantar el estado de emergencia; y los casos de calamidad pública ocurrida o ya producida se enfrentan mediante el estado de catástrofe.

---

aquí sustentada. Un ejemplo de ello se encuentra en el artículo 75° N° 22° de la Carta Fundamental argentina de 1994. Véase sobre el particular, Jorge Reinaldo Vanossi y Alberto Ricardo Dalla Via: **Régimen constitucional de los tratados** (Buenos Aires, Ed. Abeledo-Perrot, 2000) pp. 227 ss. Otro análisis de esa disposición, apoyado en la jurisprudencia, es el de María Angélica Gelli: **Constitución de la Nación Argentina comentada y concordada** (Buenos Aires, Ed. La Ley, 2001) pp. 514 ss.

[139] Véase el tomo III de esta obra, pp. 374 ss. Cf. Humberto Nogueira Alcalá: I **Derecho constitucional chileno** (Santiago, Ed. Abeledo Perrot, 2012) pp. 303 ss.

[140] Véase el tomo III de esta obra en las páginas ya indicadas.

Con antelación a la reforma de 2005, grave resultaba tal amplitud de causales, pues el Congreso Nacional era llamado a pronunciarse para la implantación y alzamiento únicamente del estado de sitio. Peor aún era la situación cuando se recuerda que este régimen de excepción podía ser declarado anticipadamente por el Primer Mandatario, cierto que con el acuerdo del Consejo de Seguridad Nacional mientras se pronunciaba el Parlamento[141]. Afortunadamente, la enmienda de aquel año habilita al Congreso para otorgar o no su acuerdo a la iniciativa presidencial dirigida a implantar cualquiera de esos regímenes de excepción. Exceptúan parcialmente de la regla anterior los estados de catástrofe y de emergencia, según se halla previsto en los artículos 41° y 42° del Código Político.

Cabe destacar que la reforma aludida restringió también las causales, pues ahora exige que la guerra externa o interna, la conmoción interior y la emergencia afecten gravemente el normal desenvolvimiento de las instituciones del Estado. De lo expuesto fluye que la calificación de los estados de excepción ya no es una prerrogativa exclusiva del Presidente de la República, pues se trata de una decisión compleja que involucra al Congreso Nacional, órgano representativo por excelencia[142].

B. **Superposición de regímenes**. Tales estados se pueden adicionar unos a otros, sumándose las facultades y reforzándose desmesuradamente el efecto suspensivo o restrictivo[143] que entrañan para el ejercicio de los derechos afectables por ellos. Existen los cuatro estados de excepción mencionados y, eventualmente, pueden estar en vigencia todos ellos a la vez, como se ha dicho. Sin embargo, el espíritu, el texto y la historia fidedigna del artículo 44° de la Constitución permiten afirmar ahora que la ley tiene que ser estricta en la habilitación que otorgue a la autoridad en tales eventos. Así también, restrictivamente, han de interpretarse sus preceptos por la autoridad jurisdiccional competente para controlar el ejercicio de las facultades pertinentes[144].

C. **Extensión de facultades**. Son numerosas las atribuciones que posee el Presidente de la República, hallándose prevista la delegación[145] de ellas no solo en los intendentes.

---

141 Antiguo artículo 40° N° 2° inciso 3° de la Constitución, en relación con el artículo 8° inciso 3° de la Ley N° 18.415, Ley Orgánica Constitucional de los Estados de Excepción, publicada en el **Diario Oficial** el 14 de junio de 1985 y sus reformas. Cabe señalar que el nuevo texto del artículo 44° de la Constitución, incorporado a través de la reforma constitucional 2005, ha ordenado la dictación de un texto legal que contemple lo estrictamente necesario para el restablecimiento pronto de la normalidad constitucional, sin afectar el ejercicio de la competencia y el funcionamiento de los órganos supremos, como tampoco los derechos e inmunidades de sus respectivos titulares. Un análisis actualizado del tema se halla en el tomo III de esta obra, pp. 195 ss.

142 Consúltese Hernán Molina Guaita: **Derecho constitucional** (Santiago, Ed. Lexis-Nexis, 2006) pp. 293 ss.; Lautaro Ríos Álvarez: "Estados de excepción constitucional en una perspectiva humanista" en **La Constitución reformada de 2005** (Santiago, Ed. Librotecnia, 2005), pp. 319 ss.; Luz Bulnes Aldunate, "Los estados de excepción frente a la reforma constitucional", en **Reforma Constitucional** (Santiago, Lexis-Nexis, 2005), p. 417 ss.; Fernando Saenger Gianoni y Fernando Jiménez Larraín: "Los estados de excepción constitucional", en **Reforma Constitucional** (Santiago, Lexis-Nexis, 2005) pp. 437 ss.; Francisco Vega Méndez: "Notas para una teoría de la excepción. En torno a la Reforma Constitucional de 2005 en Chile", en **Reforma Constitucional** (Santiago, Lexis-Nexis, 2005) pp. 477 ss.; y Álvaro Tejos Canales: "" de excepción constitucional", **Revista de Derecho Público** N° 68 (2006) pp. 130 ss.

143 Véase el artículo 12° de la Ley Orgánica Constitucional de los Estados de Excepción, precepto en que se definen ambos conceptos en los términos siguientes:

> Entiéndese que se suspende una garantía constitucional cuando temporalmente se impide del todo su ejercicio durante la vigencia de un estado de excepción constitucional.
> Asimismo, entiéndese que se restringe una garantía constitucional cuando, durante la vigencia de un estado de excepción, se limita su ejercicio en el fondo o en la forma.

144 Véanse los artículos 39°, 44° y 45°.

145 Consúltese el artículo 9° de la Ley N° 18.415.

Aunque esas facultades fueron moderadas mediante la reforma constitucional de 1989 y, más todavía, por la enmienda de 2005, debe entenderse que vale aquí también el comentario crítico formulado anteriormente. La nueva ley orgánica que regule este asunto tiene, por consiguiente, que ajustarse al sentido reductivo de tales facultades que inspira el texto en vigor. Lamentablemente, esa legislación sigue sin ser adecuada a la reforma de 2005[146].

Asimismo, ha de observarse que son limitadas las potestades tutelares de los derechos humanos, franqueadas a los Tribunales de Justicia frente a los estados de excepción en general. Durante el imperio de estos, como se dijo, puede ser suspendido o restringido el ejercicio de ciertos derechos[147] y, ante las medidas adoptadas por el Gobierno, la Carta Fundamental prescribe, en su nuevo artículo 45°, que:

> Los tribunales de justicia no podrán calificar los fundamentos ni las circunstancias de hecho invocados por la autoridad para decretar los estados de excepción, sin perjuicio de los dispuesto en el artículo 39°. No obstante, respecto de las medidas particulares que afecten derechos constitucionales, siempre existirá la garantía de recurrir ante las autoridades judiciales a través de los recursos que corresponda.
>
> Las requisiciones que se practiquen darán lugar a indemnizaciones en conformidad a la ley. También darán derecho a indemnización las limitaciones que se impongan al derecho de propiedad cuando importen privación de alguno de sus atributos o facultades esenciales y con ello se cause daño.

Por ende, los tribunales no pueden calificar los fundamentos ni las circunstancias de hecho invocados por la autoridad política para decretar los estados de excepción. No obstante, respecto de las medidas particulares que afecten derechos constitucionales, siempre existe la garantía de recurrir ante las autoridades judiciales a través de los recursos que corresponda. Se amplía así la tutela de los derechos esenciales, acercándose a una fórmula que concilie el orden en paz, por un lado, con el disfrute de los atributos esenciales de la persona, de otro, sin lesionar su médula.

70. Experiencia y trascendencia. La descrita es una materia de singular importancia. Empero, su relevancia práctica ha perdido interés a raíz de no haber sido implantado ningún estado de excepción en los últimos veinticinco años, salvo el estado de catástrofe a raíz del terremoto del 27 de febrero de 2010[148] y, nuevamente, ese estado con ocasión de los hechos, ya aludidos, ocurridos en marzo y abril de 2014. Debemos tener presente, sin embargo, que desde el 11 de septiembre de 1973 hasta el 20 de agosto de 1988, Chile vivió casi sin salvedad bajo uno o más estados de excepción constitucional, en especial el estado de sitio y el de emergencia. Menester se torna, consecuentemente, mantener la atención sobre tales estados de excepción y evaluarlos.

Entre esos regímenes extraordinarios se contempló uno, hoy derogado, que era el contenido en la vigesimocuarta disposición transitoria de la Constitución. Los rasgos de él eran inconciliables con el poder limitado y controlado que singulariza al Estado de Derecho.

---

146 Alguna doctrina argumenta que la Ley N° 18.415 estaría derogada. Pero, lo cierto y decisivo, es que sigue siendo aplicada; v. gr., por el sismo y maremoto que afectó, en marzo de 2014, a las regiones I y XV, así como en el incendio masivo ocurrido en abril del mismo año en cerros de Valparaíso. Véase el Diario Oficial del 29 de abril de 2014, en que fue publicado el DS (Ministerio del Interior y Seguridad Pública) N° 967, de 2014, que puso término al estado de catástrofe implantado en la XV Región de Arica y Parinacota; y la edición del mismo Diario correspondiente al 30 de abril de 2014, con el DS (Ministerio del Interior y Seguridad Pública) N° 985, por el cual se dio término a ese estado de excepción en la I Región de Tarapacá.

147 Consúltense los antiguos artículos 39° a 41°, especialmente el N° 3 de este último.

148 Véase lo puntualizado al respecto en nota anterior.

Por eso, aquella disposición puede, sin exageración, ser situada entre las más ilegítimas y desafortunadas en la historia del derecho chileno, siendo deplorable que su texto haya aparecido en la Carta Fundamental hasta agosto de 2005. Sin duda, se erigió en la síntesis de una dictadura.

Ojalá que, ante la dificultad para reformar la normativa constitucional, en la práctica los Presidentes no acudan a los estados de excepción, sino que a las numerosas disposiciones comunes que contempla nuestro sistema legal. Y sobre todo, cabe esperar que la política se desenvuelva realmente con sujeción a su esencia, pacífica y racional, para la resolución de conflictos, tornando innecesario el recurso a la llamada *dictadura constitucional*[149].

II. Parte Orgánica

71. Constitución fundacional. Trátase también, desde este ángulo, de una nueva Carta Fundamental, en atención a que las instituciones que contempla son, en gran medida, distintas de las previstas en la Constitución reformada de 1925, sin perjuicio de mantener algunos parámetros esenciales de la trayectoria republicana de Chile. En realidad, no pasa de ser una pretensión, cualquiera sea el método o procedimiento seguido para hacerlo, imaginar, debatir, acordar y aprobar un Código Político completamente nuevo. El peso de la tradición es demasiado fuerte, la impronta de la experiencia se torna imborrable, la influencia del constitucionalismo comparado es decisiva y, sin agotar las razones, la sensatez tiene que imponerse ante los designios ideológicos o utópicos.

Retornando al tema del presente número, se ilustra esta primera característica aludiendo a los cambios siguientes: el dominio máximo legal, previsto en los artículos 32° N° 6° y 63°; la preponderancia del Presidente de la República sobre el Congreso, por ejemplo, en la implantación y alzamiento de los estados de excepción[150] y en el cúmulo de sus facultades colegisladoras[151]; la simplificación en el procedimiento formativo de la ley, por haber sido reducidas de cinco a tres lecturas como máximo, y contemplarse ahora la operación de comisiones mixtas para resolver los desacuerdos ocurridos entre las dos Cámaras; en fin, ante el desacuerdo en la comisión mixta, la facultad del Primer Mandatario para pedir que la Cámara de origen insista en el proyecto aprobado por ella en el primer trámite, o para que considere nuevamente el proyecto aprobado, en segundo trámite, por la Cámara revisora[152].

Es menester reflexionar en torno de tales cambios, pronunciándose acerca de si ellos quedan o no en la ruta del perfeccionamiento de la democracia constitucional chilena o, por el contrario, otorgan atribuciones excesivas al Jefe de Estado.

Respondiendo tal interrogante, aquí solo en términos generales, estima el autor que el balance es positivo en lo concerniente a la simplificación del procedimiento nomogenético de la ley, pero negativo en tópicos como el de la urgencia infundible al despacho de los proyectos, o bien, observable por ser nada más que programáticas, hasta ahora, las reglas contenidas en el artículo 67° inciso final.

---

149 Véase Karl Joachim Friedrich: Il **Gobierno constitucional y democracia** (Madrid, Instituto de Estudios Políticos, 1975) pp. 585 ss.

150 Antiguo artículo 40°.

151 Artículo 65°, especialmente.

152 Artículos 70° y 71°.

72. Sistema político. Está estructurado por el conjunto de órganos estatales, principalmente de jerarquía constitucional, que ejercen la soberanía. Entre ellos, la primacía se halla en el Presidente de la República, quien es, a la vez, Jefe de Estado y de Gobierno.

Pero, en una visión amplia del sistema aludido, y que es la sostenida aquí, son miembros también el Congreso Nacional y sus dos ramas, el Poder Judicial y el Ministerio Público, el Tribunal Constitucional, el Banco Central, la Contraloría General de la República y, en general, todas las instituciones estatales que participan, como se ha dicho, en el desempeño de la soberanía, cada cual dentro de su competencia, en nuestra democracia representativa.

73. Desequilibrio de potestades. Desde el ángulo del derecho positivo y, por ende, nada más que formal, en la fórmula política contemplada por el Poder Constituyente de 1980 existe un evidente desequilibrio de potestades a favor del Presidente de la República con respecto al Congreso Nacional y a los demás órganos estatales aludidos. Culmina, de esta manera, el proceso emprendido con la Carta Política de 1925 y vigorizado mediante la reforma de 1943.

El panorama varía, sin embargo, cuando el asunto se examina en una perspectiva más sociológica, ámbito este en que los partidos y alianzas gubernativas asumen roles decisivos, incluso al margen de lo dispuesto en el Código Político o en contra de lo preceptuado en él.

A continuación se enuncian algunas razones que demuestran la primera de esas aseveraciones, o sea, la apoyada nada más que en el texto:

A. **Facultades colegisladoras.** Desde luego, hállase el dominio máximo legal con su correlativa potestad reglamentaria, autónoma o extendida, cambio este que ha resultado, sin embargo, prácticamente irrelevante a la luz de lo prescrito en la quinta disposición transitoria aún en vigor.

Después, puede mencionarse la iniciativa exclusiva de la totalidad de las leyes económicas o que impliquen compromiso de esa naturaleza para el Estado, incluyendo la única ley periódica subsistente, esto es, la autorizatoria del presupuesto público.

Luego cabe incluir la urgencia, infundible a voluntad del Jefe de Estado para el despacho por el Congreso, dentro de plazos fatales, de los mensajes con proyectos de ley iniciados por el Presidente o de las mociones que él resuelva patrocinar.

Tampoco puede ser omitido el control de la tabla de proyectos a ser considerados en la legislatura, con sujeción a la iniciativa exclusiva desarrollada en el artículo 65°, ya sin distinguir entre legislatura ordinaria y extraordinaria, atribución que resulta reforzada con la aplicación de la urgencia recién mencionada.

En fin, en la nómina incluimos la injerencia limitada que tiene el Congreso en el despacho de la Ley de Presupuesto del Estado, debiendo hacerlo dentro de los sesenta días siguientes a la presentación del proyecto por el Primer Mandatario[153] y sin que tenga competencia alguna para intervenir en su implementación, dejando a salvo, claro está, la fiscalización de la Cámara, y el trámite de toma de razón de los decretos de ejecución en la Contraloría[154].

B. **Supresión de autonomía financiera.** Necesario es realzar la importancia política de haber derogado el precepto de la Constitución anterior que reconocía la autonomía al

---

153 Artículo 67°.

154 Consúltese del autor "Sobre el principio de legalidad presupuestaria", XIX **Revista Chilena de Derecho** N° 3 (1992) pp. 415 ss.

Congreso para fijar su presupuesto, dejándolo ahora a la decisión del Primer Mandatario o, tal vez, dicho más propia, exacta y realmente, a la negociación de este con los partidos políticos representados en el Parlamento[155]. En la práctica, sin embargo, no han surgido problemas desde marzo de 1990 para que el Congreso Nacional fije, libremente, el monto de sus gastos de toda índole, aunque en ocasiones sin respetar estrictamente el límite establecido en el artículo 62° de la Ley Suprema.

Y no se puede callar tampoco la falta de autonomía económica del Poder Judicial y de la Contraloría General de la República, lo cual resiente su independencia. Por eso, tienen que ser destacados, como exigencia mínima, la extensión a esas instituciones de los regímenes establecidos por la ley para el Tribunal Constitucional[156], el Banco Central[157] y el Ministerio Público[158], aunque en punto a la primera y tercera de esas instituciones se mantiene la hegemonía del Poder Ejecutivo. Falta, en todo caso, una cláusula constitucional general y categórica que reconozca tal atribución para su implementación adecuada.

C. **Atribuciones extraordinarias**. En fin, cabe reiterar lo dicho con respecto a las facultades aplicables en tiempo de crisis o poderes extraordinarios, conferidos al Primer Mandatario a raíz de haberse implantado, siempre con intervención de él, cualquiera de los estados de excepción.

74. **Definición de la ley**. Hoy la ley se halla conceptualizada en la Constitución en términos de índole material o sustantiva, al tenor de su artículo 63° Nº 20°. Menester resulta, entonces, conjugar aquella definición con la contenida en el artículo 1° del Código Civil, la cual es de procedimiento o índole formal.

Resulta así que la ley es toda norma general y obligatoria que, estatuyendo las bases de un ordenamiento jurídico, ha sido declarada por la voluntad soberana, en la forma y con el fondo prescritos por la Constitución, para mandar prohibir o permitir[159].

75. **Estratificación de las leyes**. La nueva Constitución contempla diversas categorías o jerarquías de leyes, comenzando con las leyes interpretativas, continuando con las orgánicas constitucionales, siguiendo con las de quórum calificado y terminando con las comunes o simples[160]. Se analizará, más adelante, esta estratificación pues abunda la doctrina, con eco en el Gobierno y el Congreso Nacional, cuya tesis radica en abolir la que ella denomina *legislación contramayoritaria*[161].

A las cuatro categorías señaladas cabe añadir una quinta, introducida por la reforma de abril de 1991, y que es de muy difícil dictación, concerniente a las leyes[162] que otorguen

---

155 Véanse los artículos 53° y 54° de la Ley Nº 18.918 y sus reformas, Ley Orgánica Constitucional del Congreso Nacional, los cuales son insuficientes para declarar la autonomía presupuestaria de esa institución. La sentencia del Tribunal Constitucional (Rol Nº 242 de 1996) así lo corroboró.

156 Véanse los artículos 80° y 81° de la Ley Nº 17.997, de 1981, y sus reformas, Ley Orgánica Constitucional del Tribunal Constitucional.

157 Revísense los artículos 1° inciso 1°, 5°, 72° y 83° de la Ley Nº 18.840, de 1985, y sus reformas, Ley Orgánica Constitucional del Banco Central de Chile.

158 Artículo 90° de la Ley Nº 19.640, de 1999, Ley Orgánica Constitucional del Ministerio Público.

159 Paulino Varas Alfonso: "El nuevo concepto de la ley en la Constitución de 1980", XI **Revista Chilena de Derecho** Nº 2 (1984) pp. 377 ss.

160 Artículo 66°.

161 Entre otros, Lucas Sierra Iribarren y Lucas Mac-Clure: **Frente a las mayorías. Leyes supramayoritarias y Tribunal Constitucional en Chile** (Santiago, Centro de Estudios Públicos, 2011) pp. 238 ss.

162 Artículo 63° Nº 16°. Hasta la fecha, esta disposición es programática, pues no ha sido dictada ni una sola ley que le dé cumplimiento. Probablemente, esa fue la intención con que algunos parlamentarios votaron a favor de la

indultos generales o amnistías a favor de personas condenadas por conductas terroristas. Al elenco descrito se añade una sexta categoría, esto es, la prevista en el inciso 2° de la disposición transitoria décimo tercera.

Despréndense algunas consecuencias de esa estratificación legislativa, v. gr., en punto a la dificultad para modificar las leyes de quórum reforzado, paralela a la estabilidad que, no puede ser desconocida, van ellas adquiriendo así y a los beneficios que se siguen de tal característica. Empero, tanta rigidez va mutándose en veto de la minoría en temas, como los previstos en la disposición transitoria mencionada, catalizando con ello el reproche a tal modalidad legislativa.

Únase a esa mayor rigidez lo ya escrito en torno de la supragarantía del artículo 19° N° 26° y podrá, en resumen, concluirse cuánto se han comprimido, por igual, el dominio de la ley y la discrecionalidad del legislador.

76. **Órganos eliminados**. La Constitución de 1980 suprimió ciertos órganos contemplados en la Carta Fundamental de 1925, reemplazándolos en algunos casos o eliminándolos en el resto. Eso es lo que sucedió con los regidores en las municipalidades, sustituidos por concejales. Lo mismo ocurrió con los subdelegados e inspectores en la división del país para efectos de su gobierno y administración interior, sin perjuicio de haber sido creados los delegados del gobernador provincial, al tenor del artículo 117° del nuevo Código Político.

Aunque sea de paso, útil es recordar que las Asambleas Provinciales habían sido, en los hechos, suspendidas por la Ley N° 7.164, de 1942, pero que, desde 1980, fueron suprimidas formalmente.

77. **Instauración de órganos**. Paralelamente, la nueva Constitución creó algunos órganos, entre los cuales es imperativo aludir a los siguientes:

A. **Tribunales Calificadores Regionales**. De ellos existe uno por cada región, sin perjuicio de que su número exceda la unidad en la Región Metropolitana.

Elogiable es que, con sujeción al artículo 96° de la Constitución, a dichos Tribunales corresponda calificar las elecciones gremiales y de los grupos intermedios que determine la ley, garantizando así la limpieza de tales comicios[163];

B. **Consejos Regionales**. Ellos fueron creados por la reforma constitucional del 12 de noviembre de 1991, reemplazando a los Consejos Regionales de Desarrollo (Coredes)[164], cuya composición era de naturaleza funcional;

C. **Concejos Municipales**. Establecidos por la reforma mencionada en la letra anterior, reemplazan a los Consejos de Desarrollo Comunal (Codecos)[165], cuya integración era también corporativa;

D. **Consejo de Seguridad Nacional**. Tuvo como antecedente otro consejo, pero de rango solo legal desde 1960, y cuya integración y atribuciones eran distintas a las del organismo

---

enmienda constitucional mencionada.

[163] Véase el artículo 10° de la Ley N° 18.593, publicada en el Diario Oficial el 9 de enero de 1987 y sus reformas, Ley de los Tribunales Electorales Regionales.

[164] Consúltense los artículos 28° y siguientes de la Ley N° 19.175, de 1993, cuyo texto refundido fue publicado en el Diario Oficial el 20 de mayo de 1993 y sus reformas, Ley Orgánica Constitucional sobre Gobierno y Administración Regional.

[165] Revísense los artículos 61° y siguientes de la Ley N° 18.695, cuyo texto refundido fue publicado en el Diario Oficial el 11 de enero de 2000 y sus reformas, Ley Orgánica Constitucional de Municipalidades.

en comentario, según el texto que lo establecía en la Carta Fundamental original de 1980. Afortunadamente, la reforma de 2005 adecuó las funciones y atribuciones del Consejo a las bases del constitucionalismo democrático, manteniéndolo, sin embargo, con la jerarquía de órgano supremo, pero solo asesor y consultivo[166].

E. **Consejo Económico y Social**. Existe uno en cada provincia. Es de carácter consultivo. Además, hay otro consejo, del mismo nombre y con idéntica naturaleza, pero cuya asesoría y demás atribuciones se refieren a cada comuna o a la agrupación de comunas que determine la ley[167];

F. **Consejo Nacional de Televisión**.[168]. Está encargado de velar por el correcto funcionamiento de los servicios de esa naturaleza[169];

G. **Banco Central**. Órgano de jerarquía constitucional, autónomo y técnico, cuya delicada y principal misión es velar por la estabilidad de la moneda y el normal servicio de los pagos internos y externos. Para estos efectos, las atribuciones del Banco consisten en la regulación de la cantidad de dinero y crédito en circulación; la ejecución de operaciones de crédito y cambios internacionales; en fin, en la dictación de normas en materia monetaria, crediticia, financiera y de cambios internacionales[170]. Si al Gobierno incumbe el desarrollo de la política fiscal, al Banco Central le corresponde hacerlo a propósito de la política monetaria y cambiaria;

H. **Tribunales Arbitrales**. Se hallan integrados por expertos. Son competentes en litigios derivados de la negociación colectiva, o de la prohibición de realizar tal negociación[171];

I. **Senadores institucionales, vitalicios y nombrados**. Fueron suprimidos por la reforma de 2005. Solo con el carácter de visión histórica, recuérdese que los senadores designados o institucionales eran nueve y que se renovaban en su totalidad, cada ocho años, dentro de los quince días siguientes a la elección, por sufragio universal y en términos parciales, de los 38 senadores correspondientes. Las vacantes de senadores designados no eran proveídas, en virtud de la reforma constitucional de 1989. Su gravitación en la Cámara Alta resultaba ostensible, desde que representaban algo más de 19% de los votos de ella.

---

[166] Artículos 106° y 107° de la Constitución.
Puntualizamos que mediante el DFL (Ministerio de Defensa) N° 181, publicado en Diario Oficial el 5 de abril de 1960, fue creado el Consejo Superior de Seguridad Nacional. Dicho órgano se hallaba presidido por el Primer Mandatario e integrado por los ministros del Interior, de Defensa Nacional, de Relaciones Exteriores, de Economía y de Hacienda, como asimismo, por los comandantes en Jefe del Ejército, la Armada y la Fuerza Aérea y por el jefe del Estado Mayor de la Defensa Nacional. El Consejo sesionaba cuando era convocado por el Presidente de la República, de oficio o a petición de cualquiera de sus miembros. El artículo 1° de aquel DFL aclaraba que el órgano era asesor del Jefe de Estado en todo lo que se refería a la seguridad de la nación y al mantenimiento de su integridad territorial.
Consúltese Marisol Peña Torres: "Reformas al sistema de remoción de los comandantes en Jefe de las Fuerzas Armadas y a la composición y atribuciones del Consejo de Seguridad Nacional", en **La Constitución reformada de 2005** (Santiago, Editorial Librotecnia, 2005) pp. 507 ss.; y Mario Verdugo Marinkovic: "Notas a la Reforma constitucional en lo que atañe a las Fuerzas Armadas y Consejo de Seguridad Nacional", en **Reforma constitucional** (Santiago, Lexis-Nexis, 2005) pp. 699 ss.

[167] Artículos 116° inciso final y 114° inciso 2°, respectivamente. Este último modificado por la ley de reforma constitucional N° 19.602, publicada en el Diario Oficial el 25 de marzo de 1999.

[168] Artículo 19° N° 12° inciso 6°.

[169] Véase la Ley N° 18.838, publicada en el Diario Oficial el 30 de septiembre de 1989 y sus reformas, sobre el Consejo Nacional de Televisión.

[170] Artículo 3° de la Ley Orgánica Constitucional N° 18.840, de 1989, y sus reformas.

[171] Artículo 19° N° 16° inciso 5° de la Constitución, cuya regulación está en los artículos 397° y siguientes del Código de Trabajo.

Los senadores vitalicios, en cambio, eran los ex presidentes de la República que hubieran desempeñado el cargo durante seis años en forma continua, sin haber sido destituidos por el Senado en acusación constitucional o juicio político. Tal fue el caso de Augusto Pinochet Ugarte y Eduardo Frei Ruiz-Tagle.

Reiteramos que tanto los senadores institucionales como los vitalicios fueron eliminados por la reforma constitucional de 2005. Era un cambio necesario, toda vez que el rol de esos parlamentarios fue, salvo excepciones, discreto y alineado con posiciones políticas contingentes; y

J. **Ministerio Público**. Introducido por la reforma constitucional contenida en la Ley Nº 19.519, de 1997, se caracteriza por ser un organismo autónomo y jerarquizado, encargado de dirigir, en forma exclusiva, la investigación de los hechos constitutivos de delito, de los que determinen la participación punible y de los que acrediten la inocencia del imputado. Además, y en su caso, corresponde a dicho Ministerio ejercer la acción penal pública en la forma prevista por la ley. Empero, ese órgano no puede, en caso alguno, desempeñar funciones jurisdiccionales. Recae en el Ministerio Público, finalmente, la adopción de medidas para la protección de las víctimas y de los testigos.

78. Instituciones que cambian. Trátase del Tribunal Constitucional y del Tribunal Calificador de Elecciones, los cuales tienen ahora su integración, nombramientos y competencia alterados. Describiremos brevemente las modificaciones más importantes que les fueron introducidas a cada uno de ellos.

A. **Tribunal Constitucional**. Se aumenta su competencia en parangón con la que le otorgó la reforma de 1970, en virtud de la cual dicha magistratura fue creada.

Hoy, en efecto, el Tribunal ejerce el control de supremacía preventivo y obligatorio sobre las normas de los proyectos de ley tanto interpretativos de la Carta Fundamental como de las que tengan naturaleza de orgánicas constitucionales. Además, resuelve los conflictos de constitucionalidad suscitados durante la tramitación de los proyectos de reforma constitucional, o de los proyectos de cualquier tipo de ley o, por último, de los proyectos de tratados internacionales.

El Tribunal también conoce, finalmente, de los ilícitos constitucionales descritos en el artículo 19° Nº 15° incisos 6° y siguientes; de las inhabilidades de los ministros de Estado y las cuestiones atinentes a las prohibiciones parlamentarias y a la renuncia de diputados y senadores; de la inconstitucionalidad de los decretos, cualquiera sea el vicio invocado; y de los desacuerdos, para dirimirlos, entre el Presidente de la República y la Contraloría General de la República con motivo de la representación que esta haga de determinados decretos supremos[172].

Ha sido advertido ya que los cambios en la institución versan igualmente sobre el número de sus integrantes y el procedimiento que debe seguirse para nombrarlos. En punto a lo primero, ahora el Tribunal tiene diez ministros y quien lo preside no tiene siempre voto calificado o dirimente.

Cabe destacar que la reforma constitucional de 2005 introdujo modificaciones en esa magistratura de tal trascendencia que hoy es posible afirmar que en Chile un nuevo

---

[172] Consúltese la Ley Nº 17.997, publicada en el Diario Oficial el 19 de marzo de 1981 y sus reformas. Ley Orgánica Constitucional del Tribunal Constitucional, cuyo texto refundido, coordinado y sistematizado se halla en el DFL (Ministerio Secretaría General de la Presidencia) Nº 5, de 2010.

Tribunal Constitucional se halla en funciones. Entre todas las reformas introducidas, cabe destacar el conocimiento y resolución del recurso de inaplicabilidad y el requerimiento de inconstitucionalidad, acción esta última que, una vez acogida, deroga el precepto legal, aunque sin efecto retroactivo.

Queda, de tal modo, fortalecido el control de supremacía *ex post*, siendo menester puntualizar que se mantiene inalterado el control preventivo *ex ante*, radicado también en aquel Tribunal[173]; y

B. **Tribunal Calificador de Elecciones**. Queda constituido por cinco miembros, de los cuales cuatro son ministros de la Corte Suprema; y el quinto es un ciudadano que hubiere ejercido el cargo de presidente o vicepresidente del Senado o de la Cámara de Diputados[174] por un lapso no inferior a 365 días. Los cinco ministros son designados por la Corte Suprema de acuerdo con el procedimiento previsto, para cada caso, en el artículo 95° de la Constitución.

A dicho Tribunal incumbe conocer el escrutinio general y calificar la elección presidencial y comunicar al presidente del Senado la proclamación de Presidente electo que haya efectuado. Por ende, al Congreso Pleno le corresponde nada más que tomar conocimiento de la proclamación mencionada[175]. Además, conoce del escrutinio y califica las elecciones parlamentarias y municipales o comunales.

79. **Nombramientos**. De ellos, algunos requerían antes el acuerdo del Senado y hoy los decide el Presidente por sí solo. Así ocurre con los nombramientos de embajadores, ministros diplomáticos y altos representantes ante los organismos internacionales, todos los cuales son funcionarios de su confianza exclusiva[176]. Recayendo en el Primer Mandatario la atribución de conducir las relaciones políticas con las potencias extranjeras y organismos internacionales[177], estimó razonable el Poder Constituyente facultarlo, además, para proceder a realizar las designaciones aludidas.

Hay nombramientos, empero, en que el Primer Mandatario requiere ahora la proposición del Comandante en Jefe de cada rama de las Fuerzas Armadas o del General Director de Carabineros, sin que el Senado tenga injerencia en aprobarlos o rechazarlos, como sucedía antes[178].

Por otra parte, existen nombramientos respecto de los cuales el Primer Mandatario goza de potestad decisoria, pero relativa o limitada. Así ocurre con la designación de cada uno de los tres comandantes en Jefes y del General Director, porque debe hacerlo, cada cuatro

---

173 Consúltese del autor de este libro sus **Escritos de justicia constitucional** (Santiago, Cuaderno del Tribunal Constitucional N° 35, 2007) pp. 160 ss.

174 Artículo 95° modificado por la Ley de Reforma Constitucional N° 19.643, de 1999. Véase la Ley N° 18.460, publicada en el Diario Oficial el 15 de noviembre de 1985 y sus reformas, Ley Orgánica Constitucional del Tribunal Calificador de Elecciones.

175 Artículo 27° incisos 2° y 3°.

176 Artículo 32° N° 8°.

177 Relaciónese lo anterior con el artículo 51° de la Ley N° 18.575, publicada en el Diario Oficial el 5 de diciembre de 1986 y sus reformas, Ley Orgánica Constitucional de Bases Generales de la Administración del Estado. El inciso final del artículo citado preceptúa:

> Se entenderá por funcionarios de exclusiva confianza aquellos sujetos a la libre designación y remoción del Presidente de la República o de la autoridad facultada para disponer el nombramiento.

178 Artículo 32° N° 16°. Consúltese el artículo 32° N°s 8° y 16°, en ligamen con el artículo 104° y con el artículo 105° inciso 1°.

años, o por cuatro años si falta el oficial en funciones, eligiéndolos de entre los cinco oficiales generales de mayor antigüedad y en servicio activo de la respectiva institución[179].

Sin perjuicio de ello, es preciso anotar que la reforma constitucional de 2005 facultó al Presidente de la República para que, mediante decreto fundado e informando previamente a la Cámara de Diputados y al Senado, llame a retiro a los comandantes en Jefe del Ejército, de la Armada, de la Fuerza Aérea y al General Director de Carabineros, en su caso, antes de completar su período respectivo.

Corresponde al Primer Mandatario, asimismo, efectuar otros numerosos nombramientos. Así sucede con tres ministros del Tribunal Constitucional; con el Contralor General de la República, pero para lo cual debe contar con la anuencia de la mayoría en ejercicio del Senado y, sobre la base de ternas, con los ministros de Cortes de Apelaciones y jueces letrados.

En términos generales, los funcionarios que la ley determina de su exclusiva confianza[180], o en cuyo nombramiento la ley le ha otorgado injerencia[181], son todos nombrados y removidos libremente por el Primer Mandatario. Sin perjuicio de lo anterior, preciso es observar que, a través de la Ley N° 19.882, que regula la nueva política de personal aplicable a los funcionarios públicos que indica, la cual crea la Alta Dirección Pública, los cargos con este carácter han disminuido, proceso gradual interrumpido por años y que se ha reanudado recientemente[182].

En fin, tratándose del nombramiento de los ministros y fiscales judiciales de la Corte Suprema y del fiscal Nacional que encabeza el Ministerio Público, las reformas constitucionales de 1997 introdujeron un método más complejo. En efecto, para cada uno de estos nombramientos se requiere, en primer lugar, la formación de una quina por la Corte Suprema; enseguida, que el Presidente de la República escoja a una de las personas incluidas en aquella nómina y proponga al Senado la aprobación del escogido; y finalmente, que la Cámara Alta adopte el acuerdo pertinente, para lo cual se exige el quórum de los tercios de sus miembros en ejercicio.

80. Corrección de defectos. De singular interés es realzar que la nueva Carta Fundamental repara algunas deficiencias de la Constitución de 1925. Ese progreso, ciertamente, no es más que el resultado de una valoración adecuada de la experiencia, negativa y de deplorable secuela, recogida en la práctica constitucional (o inconstitucional, más bien) que concluyó el 11 de septiembre de 1973.

Enunciamos a continuación algunos ejemplos:

A. **Prohibición del indulto particular**[183]. Ella recae sobre el Presidente de la República en cuanto a ejercer esa gracia en favor de quien no ha sido aún condenado por sentencia que se halle firme o ejecutoriada[184];

---

179 Véase el artículo 104° inciso 1°.

180 El citado artículo 51° de la Ley N° 18.575, de 1986, prescribe que solo pueden ser tales los empleos que correspondan a los tres primeros niveles jerárquicos del respectivo órgano o servicio.

181 El artículo 7° de la ya citada Ley Orgánica Constitucional del Banco Central preceptúa: "El Consejo estará constituido por cinco consejeros, designados por el Presidente de la República, mediante decreto supremo expedido a través del Ministerio de Hacienda, previo acuerdo con el Senado". En análogo sentido, véase el artículo 2° de la Ley del Consejo Nacional de Televisión, ya mencionada, como asimismo el artículo 91° de la Ley Orgánica Constitucional sobre Sistema de Inscripciones Electorales y Servicio Electoral.

182 Tal es el caso del síndico General de Quiebras, del director del Instituto Médico Legal y de otros jefes de Servicios del Ministerio de Justicia, con sujeción a los decretos publicados en el Diario Oficial de 7 de mayo de 2007.

183 Artículo 32° N° 14°.

184 Véase la Ley N° 18.050, publicada en Diario Oficial el 6 de noviembre de 1981, y sus reformas, la cual fija normas

B. **Inhabilidad de culpables en acusación política**. Quedan vedados también los que, en 1972-1973, pasaron a ser peyorativamente llamados *enroques* ministeriales, o sea, el traslado de uno a otro Ministerio o cargo público de una persona que se hallaba suspendida por la Cámara de Diputados, o que estaba destituida por el Senado en la acusación en juicio político. Ahora, por la declaración de culpabilidad queda el acusado inhabilitado para desempeñar cualquier función pública, sea o no de elección popular, por cinco años[185], lo cual puede ser reputado excesivamente drástico;

C. **Exclusión de decretos de insistencia**. Se halla prohibido tal tipo de decreto en materias bien determinadas, estando señalada la forma de resolver el conflicto del Presidente con el contralor General de la República cuando este representa un decreto de aquel y el Jefe de Estado manifiesta su desacuerdo con tal representación[186]. He aquí uno de los roles decisivos del Tribunal Constitucional, como fue ya advertido[187];

D. **Prohibiciones parlamentarias**. Puede añadirse la facultad otorgada al Tribunal Constitucional en punto a pronunciarse sobre las inhabilidades para ser nombrado y ejercer el cargo de ministro de Estado y hacer efectivas las prohibiciones parlamentarias[188];

E. **Imperio de la magistratura**. El desacato a las resoluciones judiciales explica la regla contemplada en los dos últimos incisos del artículo 76[189]; y

F. **Salida presidencial del territorio nacional**. Se trata de evitar la repetición, ocasional aunque criticable, de la negativa del Senado para que el Presidente de la República se ausentara del país, pese a ser el encargado de conducir las relaciones internacionales. Se justifica, entonces, lo dispuesto ahora en el artículo 25° inciso 3°, precepto por el cual solo se requiere la autorización del Senado en las circunstancias en que el Jefe del Estado salga por más de treinta días de nuestro territorio o que lo haga en los últimos noventa días de su período presidencial.

81. Relaciones internacionales. En primer lugar, el tópico incide en el cambio, profundo y de grandes repercusiones, sobre las medidas ejecutivas y acuerdos simplificados. Trátase de actos administrativos cuya realización el Presidente de la República puede decidir o celebrar, respectivamente, sin la aprobación previa del Congreso, porque se refieren a la ejecución de tratados solemnes vigentes.

Debe advertirse, sin embargo, que las medidas ejecutivas las dicta el Primer Mandatario en ejercicio de su potestad reglamentaria clásica, es decir, subordinada a la implementación de un tratado marco preexistente. En cambio, los acuerdos simplificados los celebra el Presidente de la República con otros Jefes de Estado, obligando a Chile en el ámbito internacional, aunque siempre y exclusivamente para llevar a cabo lo ya dispuesto en

---

generales para conceder indultos particulares por el Primer Mandatario. Obsérvese, en consecuencia, que ahora rige en la especie el principio de reserva legal, pues el otorgamiento de indultos particulares por el Jefe del Estado debe ser hecho "en los casos y formas que determine la ley".

185 Artículos 32° N° 14° y 53° N° 1° inciso 4°.

186 Véase el artículo 99° inciso 3°. En cuanto a la facultad del Tribunal Constitucional, revísese el artículo 93 inciso 1 N° 9°.

187 Consúltese del autor "Los principios de reserva legal y reglamentaria en la Constitución chilena", IX **Revista de Derecho de la Universidad Austral de Chile** (1998) pp. 25 ss.

188 Artículo 52° N° 2° inciso final y artículo 53° N° 1° inciso 4°.

189 La reforma constitucional de septiembre de 1997 incluyó, en el nuevo artículo 80° letra A) –actual 83° inciso 3°–, una norma semejante, habilitando al Ministerio Público para impartir órdenes directas a las Fuerzas de Orden y Seguridad Pública durante la investigación de los hechos constitutivos de delitos, de los que determinen la participación punible y de los que acrediten la inocencia del imputado.

un tratado solemne básico, o con el rango de tratado-marco en el que se encuadra esta normativa complementaria.

Podría suscitarse duda en lo concerniente a las excepciones previstas en el artículo 54° N° 1° incisos 1° y 4°, en cuanto al respeto del principio de reserva legal, formal y sustantivamente entendido, porque la aprobación de un tratado está sometida a los trámites de una ley y tanto las medidas como los acuerdos descritos no pueden regular materias incluidas en el dominio legal. Pero, a juicio del autor, de suscitarse duda debe ser resuelta por el Tribunal Constitucional, con sujeción al artículo 93° inciso 1° N° 2° o, en todo caso, según lo prescrito en el N° 16° de ese mismo artículo de la Carta Fundamental. En sentencia del 28 de enero de 1999, el Tribunal Constitucional dilucidó acertadamente el asunto, doctrina que fue corroborada en el fallo pronunciado el 26 de julio de 2001 (Rol N° 325) por la misma magistratura.

Útil es puntualizar que en el acuerdo aprobatorio de un tratado puede el Congreso autorizar al Presidente con el fin de que, durante la vigencia de aquel, dicte las disposiciones con fuerza de ley que estime necesarias para su cabal cumplimiento. A estos DFL se les aplica lo dispuesto en los incisos 2° y siguientes del artículo 64° y el artículo 93° inciso 1° N° 3° y N° 4° del Código Político. Consiguientemente, queda excluido en la especie el límite del plazo, no superior a un año, prescrito para efectos de la duración de la ley delegatoria respectiva.

Por último, la enmienda de 2005 aumentó la injerencia del Congreso en la tramitación y cumplimiento de los tratados. Por ejemplo, ahora puede sugerir la formulación de reservas y declaraciones interpretativas, siempre que ellas procedan de conformidad con lo previsto en la convención a ser modificada. Asimismo, aunque corresponde solo al Presidente de la República denunciar un tratado o retirar a Chile de él, la reforma impone para ello la necesidad de pedir la opinión de ambas Cámaras del Congreso, en el caso de tratados que hayan sido aprobados por este.

82. Estatuto parlamentario. La Constitución es minuciosa en el punto, pues contempla con detalle los requisitos que han de cumplirse para ser elegido diputado o senador, como asimismo un cúmulo de inhabilidades, incompatibilidades, incapacidades y causales de cesación de los parlamentarios en su cargos[190].

En relación con el tema, no comparte este autor la crítica que algunos formulan a los requisitos de elegibilidad, consistentes en haber el candidato cursado la enseñanza media o equivalente y tener, en el caso de los diputados, al menos dos años de residencia en la región a que pertenezca el distrito electoral correspondiente[191].

En lo referente a las prohibiciones, útil es agregar que la meticulosa preocupación por ellas se advierte solo tratándose de los congresales. Es, además, a todas luces de minuciosidad desproporcionada en su extensión para una Carta Fundamental. En técnica constitucional más correcta incumbe a la potestad constituyente plantear principios, reservando a la Ley Orgánica Constitucional del Congreso[192] regular el asunto, remitiéndose en lo accesorio al reglamento de cada rama del Parlamento[193]. Este último cuerpo normativo es el que

---

[190] Artículos 57° a 60°.

[191] Artículos 57° a 60°. Revísense los considerandos 4° y 5° de la sentencia del Tribunal Calificador de Elecciones pronunciada el 13 de agosto de 1993.

[192] Ley N° 18.918, publicada en el Diario Oficial el 5 de febrero de 1990 y sus reformas, Ley Orgánica Constitucional del Congreso Nacional.

[193] Artículo 56°, adicionado con el control de supremacía por el Tribunal Constitucional.

debe regular el conocimiento, juzgamiento y sanción de las cuestiones éticas en que se vean envueltos los diputados o senadores, tal como ha sido propuesto recientemente, pero aún sin éxito en el ámbito legal, aunque sí en el reglamentario[194].

Reitera aquí el autor su opinión en el sentido de que la normativa constitucional indicada debe ser concebida y redactada sobre la base más de principios y normas generales que de una casuística exhaustiva, pero a pesar de ello incompleta, como sucede en el actual texto constitucional. A la legislación complementaria y a la jurisprudencia incumbe lo demás[195].

83. Conflicto de intereses. Se entiende y justifica la preocupación del Poder Constituyente en punto a precaver y sancionar esos conflictos, sea que digan relación con los órganos del Estado entre sí o de estos con los agentes sociales y económicos privados. Pero ese es un tópico de preocupación general[196] y no solo atingente a los parlamentarios. A este reparo añadimos la técnica constitucional defectuosa seguida en el artículo correspondiente[197], en el cual se intenta cubrir todas las posibilidades, fracasando en el esfuerzo.

84. Probidad pública. La característica examinada es una reacción del Poder Constituyente ante determinadas conductas ocurridas con anterioridad a septiembre de 1973, percibidas como causa del quiebre institucional de ese año. Pero entiéndase bien que las normas constitucionales pierden toda o gran parte de su eficacia potencial si no operan, efectivamente, controles de la opinión pública, de los entes fiscalizadores, de los medios de comunicación social y otras instancias encaminadas a infundir realidad, en democracia, al valor de la probidad en el desempeño de las funciones estatales[198].

Precisamente, hoy rige una norma constitucional en tal sentido, ocupando el lugar del fenecido artículo 8°[199]:

---

[194] En el Diario Oficial del 29 de diciembre de 1998 fue publicada la modificación al Reglamento de la Cámara de Diputados, incorporándole el nuevo Código de Conductas Parlamentarias. Con sujeción al artículo 3° inciso 1° de aquel Código: "Los diputados deberán permanentemente observar una conducta normalmente intachable y una entrega honesta y leal al desempeño de la función y de su cargo, con preeminencia del interés general sobre el particular". Agrega el artículo 10° inciso 1° letra c) e inciso 2° que la Comisión de Conducta de la Cámara de Diputados será competente para "proponer a la Mesa, la Comisión de Régimen Interno, Administración y Reglamento o en su caso a la Sala, políticas o propuestas de conductas sobre temáticas de carácter general. La Comisión no podrá bajo circunstancia alguna actuar de oficio, ni conocer de cargo que formule un Diputado respecto de otro". Dicho Código fue actualizado en sesión de la Cámara, celebrada el 10 de junio de 2004. A su vez el Reglamento del Senado dedica su Título XVIII a la Comisión de Ética de esa rama del Congreso.

[195] En el mismo sentido se pronuncia Alejandro Silva Bascuñán: VI **Tratado de derecho constitucional** (Santiago, Ed. Jurídica de Chile, 2000) pp. 269 ss.

[196] Por ejemplo, el artículo 11° bis de la Ley N° 18.575, agregado por la Ley N° 19.653 de 1999, preceptúa que: "Los funcionarios de la Administración del Estado deberán observar el principio de probidad administrativa, y, en particular, las normas legales generales y especiales que lo regulan. La función pública se ejercerá con transparencia de manera que permita y promueva el conocimiento de los procedimientos, contenidos y fundamentos de las decisiones que se adopten en ejercicio de ella".

[197] Véase el artículo 60° de la Constitución.

[198] A la fecha de cierre de elaboración de este libro, siguen pendientes de aprobación en el Congreso Nacional dos proyectos de ley que perfeccionan la normativa vigente en el rubro. Afortunadamente, en el Diario Oficial fechado el 8 de marzo de 2014, apareció publicada la Ley N° 20.730, que regula el *lobby* y las gestiones que representen intereses particulares ante las autoridades y funcionarios.

[199] Con intención de comparar el texto vigente, por un lado, con el que fue su antecedente histórico, de otro, útil es transcribir el texto del proyecto del nuevo artículo 8° (Boletín N° 1726-07), aprobado por la Comisión de Constitución del Senado, lamentablemente rechazado en general por la Sala el 11 de abril de 1996:

> *Artículo 8°.* Las personas que ejerzan una función pública de cualquier naturaleza o representen al Estado en cualquier empresa o institución deberán observar estrictamente el principio de

> El ejercicio de las funciones públicas obliga a sus titulares a dar estricto cumplimiento al principio de probidad en todas sus actuaciones.
>
> Son públicos los actos y resoluciones de los órganos del Estado, así como sus fundamentos y los procedimientos que utilicen. Sin embargo, sólo una ley de quórum calificado podrá establecer la reserva o el secreto de aquéllos o de éstos, cuando la publicidad afectare el debido cumplimiento de las funciones de dichos órganos, los derechos de las personas, la seguridad de la Nación o el interés nacional.
>
> El Presidente de la República, los Ministros de Estado, los diputados y senadores, y las demás autoridades y funcionarios que una ley orgánica constitucional señale, deberán declarar sus intereses y patrimonio en forma pública.
>
> Dicha ley determinará los casos y las condiciones en que esas autoridades delegarán a terceros la administración de aquellos bienes y obligaciones que supongan conflicto de interés en el ejercicio de su función pública. Asimismo, podrá considerar otras medidas apropiadas para resolverlos y, en situaciones calificadas, disponer la enajenación de todo o parte de esos bienes.

El problema de la corrupción, sus secuelas y la transparencia[200], como un antídoto, motiva esta reforma, llena de sanos propósitos, pero solo norma formal al fin, cuya vigencia real exige satisfacer difíciles condicionantes de conciencia, culturales y de voluntad política. El control, en definitiva, tiene que ser vigorizado para que la nueva disposición cobre vigencia y, en esa perspectiva, las nuevas instancias de participación ciudadana y de los medios de comunicación que nos faltan adquieren especial relevancia[201].

85. Ligámenes con la Corte Suprema. La reforma de 2005 eliminó la competencia que tenía dicha magistratura para nombrar tres senadores institucionales[202].

Añadimos que también se halla suprimida la norma que la facultaba en punto a la designación de otros tres magistrados, de la misma Corte, como ministros del Tribunal Constitucional, manteniendo los nombrados el desempeño de sus funciones en la primera[203]. Ahora, el artículo 92° letra c) contempla el nombramiento de tres ministros de aquel Tribunal, elegidos en votación secreta que la Corte ha de celebrar en sesión especialmente convocada al efecto, no pudiendo recaer la designación en miembros de esa magistratura.Sumamos la elección de los cinco ministros del Tribunal Calificador de Elecciones[204].

Incluimos en la nómina la presencia del presidente de la Corte Suprema como miembro del Consejo de Seguridad Nacional[205].

> probidad que exige un desempeño honesto, con prescindencia de cualquier interés ajeno al interés público.
>
> Las actuaciones de los órganos del Estado y los documentos que obren en su poder son públicos, sin perjuicio de la reserva o secreto que se establezca con arreglo a la ley en los casos en que la publicidad afecte el debido cumplimiento de las funciones de tales órganos, los derechos de las personas, la seguridad de la Nación o el interés nacional.
>
> La ley determinará, además, las funciones y actuaciones a que se refiere este artículo y regulará las responsabilidades por infracción a sus normas.

200 Consúltese sobre transparencia o gobierno visible a Norberto Bobbio: **El futuro de la democracia** (México DF, Ed. Fondo de Cultura Económica, 1993) pp. 105 ss.

201 Véase Peter Eigen: **Las redes de la corrupción. La Sociedad Civil contra los abusos del poder** (Madrid, Ed. Planeta, 2005).

202 Antiguo artículo 45° inciso 3° letras b) y c).

203 Artículo 92° inciso 1° letra c).

204 Artículo 95° inciso 2° letra a).

205 Artículo 106° inciso 1°.

Finalmente, agregamos que el fiscal Nacional y los fiscales regionales pueden ser removidos por la Corte Suprema, en pleno, a requerimiento del Presidente de la República, de la Cámara de Diputados, o de diez de sus miembros por las causales de incapacidad, mal comportamiento o negligencia manifiesta en el ejercicio de sus funciones.

Aunque la explicación de las cuatro primeras de tales facultades era susceptible de hallarse en la independencia con que obra dicha magistratura, también es claro que así se trató de reforzar su injerencia en órganos políticos, sobre la base de la tesis que la Corte Suprema es de tendencia conservadora. La reforma de diciembre de 1997 debe interpretarse, consecuentemente, como un cambio positivo en el sentido de la modernización requerida, cambio del cual ya se perciben saludables efectos. Idéntico significado merece la enmienda de 2005.

Pese a ser una disposición de aplicación eventual, es interesante agregar que el presidente de la Corte Suprema es llamado a asumir la Vicepresidencia de la República después del presidente del Senado y del presidente de la Cámara de Diputados. Esto ocurre cuando el Presidente electo se halla impedido para tomar posesión del cargo; cuando el Primer Mandatario no puede continuar ejerciéndolo y faltan todos los ministros de Estado titulares; o si está vacante el cargo de Presidente de la República[206].

86. **Instituciones armadas**. El capítulo XI completo está dedicado a ellas, lo que realza la importancia que tuvieron para el Órgano Constituyente[207]. Más aún, ese capítulo es de reforma difícil, porque se requieren las dos terceras partes de los diputados y senadores en ejercicio, cada cual en su Cámara, para aprobar en general y en particular el proyecto respectivo[208].

Conviene advertir que la Carta Fundamental contempla otras normas concernientes a dichas instituciones. Por ejemplo, la acusación política en contra de los generales o almirantes por haber comprometido gravemente el honor o la seguridad de la nación[209]; y la ley que fije las normas para permitir la entrada de tropas extranjeras en el territorio de la República y la salida de tropas nacionales fuera de él[210].

Una disposición de la máxima importancia política, aunque de contenido y aplicación difusos, era la que confiaba a dichas instituciones la misión de garantizar el orden institucional de la República[211]. En su tiempo fue destacado que el fundamento histórico de esta atribución yacía en los reiterados llamados que diversos presidentes efectuaron, hasta 1973, a las Fuerzas Armadas y Carabineros de Chile para contribuir a mantener el funcionamiento normal de las instituciones nacionales amenazadas por huelgas o paros, asonadas y otros hechos críticos. Pero ello no evitó sostener que seguía siendo una facultad que exigía, para ser ejercida, una apreciación muy estricta de las circunstancias que la motivaban y con finalidad de subordinación patente al sistema constitucional. A mayor

---

206 Artículo 28° inciso 1° y artículo 29° incisos 1° y 2°.

207 Véase Mario Duvauchelle Rodríguez: **La Fuerzas Armadas y Carabineros de Chile. Su regulación constitucional y orgánica constitucional** (Santiago, Ed. Jurídica de Chile, 1994).

208 Artículo 127 ° inciso 2°.

209 Artículo 52° inciso 1° N° 2° letra d) e inciso 3° del mismo artículo.

210 Artículo 63° N° 13°. Consúltese la Ley N° 19.067, publicada en el Diario Oficial el 1° de julio de 1991, la cual contiene las normas a que se refiere el precepto constitucional citado.

211 Antiguo artículo 90° incisos 2° y 3°. Parte importante de la historia fidedigna de la frase señalada se encuentra en las Actas Oficiales correspondientes a las sesiones 52°, 59°, 357°, 379° y 392°, celebradas por la Comisión de Estudio del anteproyecto de Nueva Constitución (Santiago, Talleres Gráficos de Gendarmería de Chile, 1976 y 1981).

abundamiento, se adujo por muchos que la misión referida tenía que ser cumplida por todos los órganos del Estado de Derecho, de conformidad con lo mandado en el artículo 6° de la Constitución y no solo, menos exclusivamente, por las instituciones armadas. Era, por ende, una atribución que no merecía ser implementada, por ser peligrosa y de consecuencias delicadas. En suma, mejor, sin duda, resultaba transformarla y trasladarla. Afortunadamente, así lo hizo la reforma de 2005, la cual dispuso, en el artículo 6° inciso 1°, que los órganos del Estado, en general, deben garantizar el orden institucional de la República.

Puntualizamos, además, que esa función era diferente de la contemplada en el antiguo artículo 96° letra b), tanto en lo pertinente al contenido de la atribución cuanto en nexo con el órgano al que incumbía ejercerla. Pero de igual modo que a propósito del rol de garantes, la reforma de 2005 suprimió aquella función, como se aprecia en el artículo 106° de la Carta Política vigente.

En fin, a tales instituciones se les asignan otras funciones, todas de trascendencia. Efectivamente, el Poder Constituyente dice que las Fuerzas Armadas existen para la defensa de la patria y son esenciales para la seguridad nacional. Añade que las Fuerzas de Orden y Seguridad Pública existen para dar eficacia al derecho, garantizar el orden público interior en toda la República e infundir certeza a la seguridad pública dentro de nuestras fronteras[212].

[212] Artículo 101° incisos 2° y 3°.

CAPÍTULO III REFORMAS

87. **Encuadramiento histórico**. Pasaban los años, el régimen militar continuaba su labor, pero, simultáneamente, cobraba ímpetu la oposición democrática, cuyo objetivo era restaurar pronto la tradición republicana. A ese movimiento fueron plegándose los independientes e, incluso, en el gobierno mismo comenzó a tornarse evidente la conciencia de trazar un plazo definido a lo que, hasta 1983, eran todavía solo metas.

Hubo, además, resistencia violenta y se palpó el rebrote del terrorismo. Movilizaciones y paros nacionales fueron haciéndose frecuentes. Contra ellos el gobierno reaccionó militarmente, a través de represiones severas, con numerosas víctimas y operativos de los servicios de seguridad que recordaban los años lúgubres de 1973 a 1977.

La unidad de las fuerzas democráticas, paralela a la prolongación excesiva del régimen militar y al desgaste evidente de este, explican la categórica victoria de las fuerzas democráticas (55% vs. 45%), en cifras redondas, con ocasión del plebiscito celebrado el 5 octubre de 1988, para decidir si el general Pinochet continuaba o no por ocho años más en la Presidencia de la República.

En la consolidación de la oposición democrática no hay que olvidar el Acuerdo Nacional del 25 de agosto de 1985, secuela del cual fue la pacificación del país, pero con una resuelta demanda por finalizar el régimen *de facto* instaurado en septiembre de 1973.

El movimiento popular destinado a dar punto final al gobierno militar se hizo entonces todavía más vigoroso. En ese contexto, de urgencia, reconocemos que el régimen mantuvo el control del proceso, pero adoptó las medidas para satisfacer la demanda, sostenida por varios años, de modificar en profundidad la Constitución.

Fue la derrota del gobierno en 1988, sin embargo, la que lo obligó a transar con la oposición democrática muy fortalecida a raíz de ello. No es conocida cabalmente la trama de negociaciones que culminaron en la realización exitosa del proceso de transición, aunque resulta evidente la buena voluntad con que se desarrollaron las escasas oportunidades del encuentro. Lamentablemente, tampoco quedó constancia, salvo en un informe esquemático evacuado por la secretaría de legislación de la Junta de Gobierno[213].

88. Primera reforma. enmienda de 1989[214]. El 30 de julio de 1989 se realizó el referendo, convocado con el equivocado rótulo que la Carta Fundamental le ha dado en cuanto se trataría de un plebiscito. Las cifras oficiales de la decisión popular son las siguientes:

Por la aprobación de las reformas hubo 6.699.449 votos, lo que constituyó 85,7% del total de sufragios emitidos. Por el rechazo de las reformas fueron contados 581.605 votos, equivalentes a 8,21% de ese total. Votos nulos se contabilizaron 324.283, es decir, 4,58% del mismo total. Los votos en blanco llegaron a 106.747, o sea, 1,5% del total.

Participaron en el referendo 7.082.084 ciudadanos, la cifra proporcionalmente más alta de la historia electoral de Chile. Digno de mención es también que 93,5% de sufragantes inscritos ejerció su derecho, de manera que la abstención llegó solo al 6,5%.Pues bien, en virtud de esa enmienda se aprobaron 54 reformas en variados aspectos de la Constitución. La elaboración de los textos que sirvieron de base a esas reformas fue hecha por una comisión técnica, nombrada por los partidos democráticos, cuyos integrantes eran los siguientes: Adolfo Veloso Figueroa, Francisco Cumplido Cereceda, Carlos Andrade Geywitz, José Luis Cea Egaña, Ricardo Rivadeneira Monreal, Carlos Reymond Aldunate, José Antonio Viera-Gallo Quesney, Enrique Barros Bourie, Óscar Godoy Arcaya y Juan Enrique Prieto Urzúa. Tal comisión sirvió su cometido entre diciembre de 1988 y el 5 de abril de 1989, fecha en que entregó a la directiva de aquellos partidos el texto articulado de sus proposiciones.

GRÁFICO 2.1. RESULTADO DEL PLEBISCITO DE REFORMA CONSTITUCIONAL DE 1989

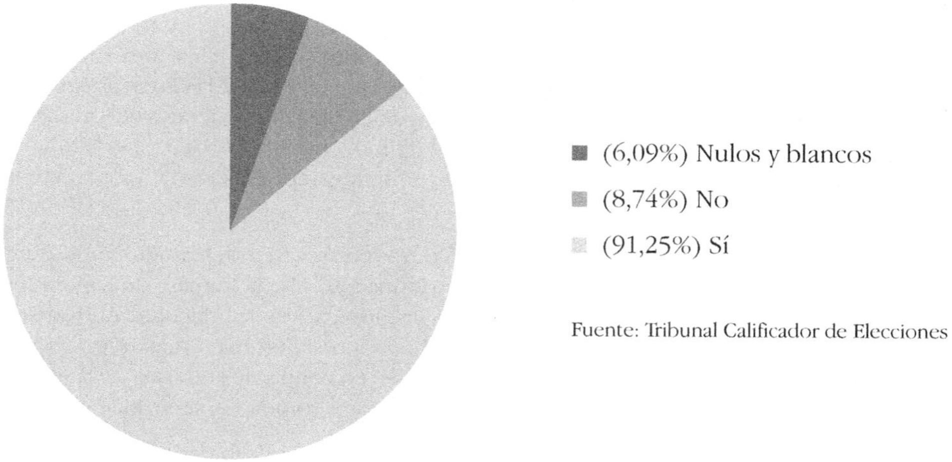

Fuente: Tribunal Calificador de Elecciones

[213] Una contribución valiosa al esclarecimiento de ese tiempo se halla en Patricia Arancibia Clavel: **Carlos F. Cáceres. La transición a la democracia 1988-1990** (Santiago, Ediciones L y D, 2014).

[214] Mayor información se halla en la serie de monografías dedicadas a la "Reforma Constitucional de 1989", publicada en XVI **Revista Chilena de Derecho** N° 3 (1989) pp. 579 ss. Revísese también Carlos Andrade Geywitz: **Reforma de la Constitución Política de Chile de 1980** (Santiago, Ed. Jurídica de Chile, 1991).

Reiteramos que el texto de las modificaciones propuestas por tal comisión fue difundido el 5 de abril de 1989 y debatido por dirigentes de la Concertación de Partidos por la Democracia, el Partido Renovación Nacional y autoridades del Gobierno. Tras varios fracasos e interrupciones en el diálogo, se llegó, finalmente, al concluir mayo de 1989, al consenso que posibilitó la celebración del referendo. El ministro Cáceres Contreras, el ex ministro y presidente del Partido Renovación Nacional Sergio Onofre Jarpa, y el ex presidente de la Concertación y después Presidente de la República, Patricio Aylwin Azócar, merecen ser nombrados por su decisiva labor en favor de aquel acuerdo.

La reforma, como hemos observado, tiene reducida historia fidedigna, con las secuelas de esa insuficiencia. Sin embargo, existe una valiosa recopilación de publicaciones acerca de ella, acompañada de un comentario que orienta y es ponderado en la evaluación[215]. El texto de la modificación se halla en la Ley Nº 18.825, publicada en el Diario Oficial el 17 de agosto de 1989.

Una somera revisión de las reformas de tal año permite destacar los aspectos que se explican a continuación.

A. **Parte Orgánica**. Las modificaciones fueron de menor importancia, porque no apuntaron a cambiar a fondo el sistema. Este tiene, en efecto, como rasgos esenciales las relaciones de desequilibrio evidente en las atribuciones del Presidente de la República comparadas con las del Congreso Nacional. Seguramente, no pudo avanzarse más en los cambios por el rechazo del gobierno militar.

Además, se caracterizaba por la presencia de elementos distorsionadores, tales como la Corte Suprema enlazada con el Tribunal Constitucional y por la designación de tres ministros de dicha Corte como ministros de tal magistratura. Aunque justificable por respeto a la carrera profesional, podía ser legítimamente objetada la inamovilidad relativa de los comandantes de las instituciones uniformadas, salvo que el Consejo de Seguridad Nacional acordara, en casos calificados, removerlos de sus destinos. Igual juicio nos merecía la elección, por el Primer Mandatario, de cada Comandante en Jefe de las Fuerzas Armadas y del General Director de Carabineros, de entre los cinco oficiales generales más antiguos, en servicio activo en la institución respectiva. Por último, era sin duda debatible la función exclusiva de esas instituciones uniformadas en punto a garantizar el orden institucional de la República.

En suma, los cambios orgánicos más relevantes de la reforma fueron los siguientes: derogación de la facultad presidencial de disolver, por una sola vez, la Cámara de Diputados; aumento de los senadores elegidos de 26 a 38; en fin, atenuación de la facultad del Consejo de Seguridad Nacional, en punto ahora solo a hacer presente, nada más que a ciertas autoridades, su opinión frente a algún atentado grave en contra de las bases de la institucionalidad, o a un hecho, acto o materia que pudiera comprometer la seguridad nacional.

Especial mención merece la modificación del mecanismo aplicable a la reforma de la Constitución. Hasta que esta reforma entró a regir, se consideraba a la Constitución de 1980 de carácter pétreo o granítico, esto es, formalmente inmodificable por la imposibilidad de cumplir el cúmulo de requisitos exigidos para tal objeto. En virtud de la reforma se hizo más flexible su modificación, aunque en algunos capítulos, v. gr., el I, III, IX y XIV (actuales I, III, X y XV), la enmienda sigue siendo calificable de difícil, o sea, propia de una Carta Fundamental rígida, principalmente a raíz del quórum de dos tercios de los

[215] Aludimos al libro de Carlos Andrade ya citado.

miembros en ejercicio, en cada rama del Congreso, que deben coincidir en el despacho de la enmienda, entendiéndose rechazada de ocurrir lo contrario[216].

B. **Parte Dogmática**. Los cambios más importantes se encuentran referidos a los derechos políticos y sociales. Pero cabe destacar que esta aseveración debe entenderse dirigida no a los derechos propiamente tales, asegurados en el artículo 19°, sino que a las consecuencias que fluyen del nuevo artículo 5° inciso 2° del Código Político. También tiene que ser realzada la derogación del artículo 8°, si bien aclarando que, en su idea matriz, reaparece en el artículo 19° N° 15° incisos 6° y siguientes, aunque con texto, contexto y sentido diferentes al anterior. Aun así, la experiencia ya demuestra que esa enmienda seguirá siendo una disposición programática por impracticable, innecesaria o peligrosa. En situaciones como esta, no cabe alegar la inconstitucionalidad por omisión.

Tampoco procede silenciar la modificación al entonces artículo 41° N° 3°, introducida para aumentar la procedencia de los recursos de amparo y protección durante la vigencia de los estados de excepción. Una jurisprudencia humanista, única coherente con el constitucionalismo, tiene que abrir todavía más aquella procedencia, merced a la textura algo ambigua con que está redactado el precepto citado. Afortunadamente, la enmienda de 2005 se sitúa en esa dirección.

Conviene también subrayar la reforma al artículo 23° inciso 1°, porque restringió las incompatibilidades, allí aludidas, solo a los cargos directivos superiores de las organizaciones gremiales, por una parte, con la misma jerarquía de cargos, sean nacionales o regionales, de los partidos políticos, de otra.

Al concluir, cabe otorgar énfasis al nuevo inciso 2° del ya citado artículo 5°, porque es el más importante de los cambios aludidos. La incorporación que ese precepto hace del nuevo derecho constitucional internacional a nuestro sistema jurídico, lo torna decisivo para la defensa de la dignidad y los derechos humanos. Se abre así un proceso interesante, pero largo y complejo.

Efectivamente, debe recordarse que la armonización del ordenamiento interno con el internacional tiene que ser hecha sobre la base de que este último es complementario, coadyuvante o supletorio del primero. En consecuencia, sus principios y normas entran a regir solo cuando está ya agotada la defensa de los derechos humanos en el sistema jurídico interno y respetando siempre un margen de discrecionalidad en favor de las sentencias de los tribunales nacionales. Consecuentemente, discrepamos del llamado *control de convencionalidad*, ostensiblemente imaginado en pro de la jurisprudencia sentada por la Corte Interamericana de Derechos Humanos. Abogamos por la entronización de una fórmula distinta, que concilia ambas jurisdicciones, sin someter a una con perjuicio de la independencia de la otra. El asunto sigue pendiente[217].

Debe, en todo caso, quedar claro que lo así incorporado al Código Político son los derechos, deberes y garantías proclamados en el llamado *derecho internacional convencional*, o sea, el que se encuentra articulado en los tratados internacionales sobre derechos esenciales de la persona humana, ratificados por Chile y vigentes en nuestro país. Sin embargo, se aclara también que los principios universalmente reconocidos por los Estados en materia de derecho internacional, no articulados en el texto de esos tratados y que constituyen el *ius cogens*, quedan igualmente incorporados al ordenamiento supremo de Chile.

---

216 Artículo 127° inciso 2° de la Carta Política.

217 Véase el tomo III de esta obra, pp. 374 ss.

89. Segunda reforma. Primera reforma de 1991. Se halla en la Ley Nº 19.055, publicada en el Diario Oficial el 1° de abril de 1991.

Dicha modificación hizo posible, con los cambios de los artículos 9° y 60° Nº 16° del Código Político, el indulto general y la amnistía en favor de los condenados por conductas terroristas. Asimismo, autorizó el indulto particular en favor de aquellos condenados, pero nada más que con el fin de conmutar la pena de muerte por la de presidio perpetuo.

La misma reforma dispuso, en la actual disposición transitoria séptima y para finalidades de reconciliación nacional, que el indulto particular fuera siempre procedente respecto de los delitos mencionados y que hubieran sido cometidos antes del 11 de marzo de 1990.

90. Tercera reforma. Segunda reforma de 1991. Versa sobre la regionalización y la democratización de los municipios. Su texto aparece en la Ley Nº 19.097, publicada en el Diario Oficial el 12 de noviembre de 1991.

Dicha enmienda dispuso que la administración del Estado será, ahora imperativamente entendida, como funcional y territorialmente descentralizada, y solo por excepción desconcentrada, todo en conformidad a lo que disponga la ley. Así consta en el nuevo artículo 3° de la Carta Fundamental.

Enseguida, la reforma prescribió que la administración superior de cada región radicará en un Gobierno Regional, constituido por el intendente y el Consejo Regional. Dicho gobierno tendrá personalidad jurídica de derecho público y patrimonio propio, según lo dispuesto en los artículos 99° a 107° de la Constitución y en la Ley Orgánica Constitucional sobre Gobierno y Administración Regional, Nº 19.175, modificada por la Ley Nº 19.194, y cuyo texto refundido, coordinado y sistematizado, fijado por el DFL (Ministerio del Interior) Nº 1-19.175, aparece publicado en el Diario Oficial del 8 de noviembre de 2005.

Finalmente, y en punto a la administración comunal, la misma modificación a la Carta Fundamental ordenó que ella resida en una municipalidad, constituida por el alcalde y su concejo, ambos elegidos por sufragio universal con sujeción a la Ley Orgánica Constitucional de Municipalidades.

91. Cuarta reforma. Reforma de 1994. Es la más breve introducida en tiempo alguno a las Constituciones chilenas y se encuentra en la Ley Nº 19.295, publicada en el Diario Oficial el 4 de marzo de 1994.

Consistió nada más que en sustituir el guarismo ocho por seis, en el artículo 25° inciso 2° del Código Político, rebajando así, en dos años, la duración del mandato presidencial.

Este cambio, más allá de lo escueto del mismo, tuvo repercusiones delicadas. Por ejemplo, terminó con el sistema de elecciones presidenciales y parlamentarias simultáneas o que se verificaban en el mismo día[218], volviendo con ello difícil para el nuevo Primer Mandatario contar, en ambas ramas del Congreso, con la mayoría necesaria para aprobar la legislación que exigía el cumplimiento de su programa de gobierno.

Análogamente criticable fue, en nuestra opinión, haber desechado el mensaje presidencial que propuso fijar en cuatro años, sin reelección inmediata, el período presidencial. Quedó así este periodo fijado en seis años, el cual resultaba excesivo, como la experiencia lo había reiteradamente demostrado. Afortunadamente, la enmienda de 2005, como se

---

[218] Consúltese del autor "Implicancias constitucionales de la reducción del período presidencial", XX **Revista Chilena de Derecho**, Nº 2-3 (1993) pp. 221 ss.

verá, rebajó el mandato dejándolo en el cuadrienio aludido, sin reelección inmediata, lapso que reputamos adecuado para el ejercicio de la Primera Magistratura.

92. **Quinta reforma. Reforma de 1996.** Incorporó la trigésima quinta disposición transitoria a la Carta Fundamental, mediante la Ley N° 19.448, publicada en el Diario Oficial el 20 de febrero de 1996.

El objeto de esta modificación fue prorrogar el plazo tanto para la elección de concejales como para el desempeño de los que estaban en ejercicio, de agosto de 1996 a octubre de ese año. Se buscó, de tal manera, evitar la coincidencia, en un mismo año, de los comicios municipales con la elección de parlamentarios.

93. **Sexta reforma. Primera reforma de 1997.** Ella consta en la Ley N° 19.519, publicada en el Diario Oficial el 16 de septiembre del año indicado.

Esta modificación se enmarca en el proceso de modificación del procedimiento penal, incorporando al efecto el nuevo capítulo VI-A de la Carta Fundamental, en virtud del cual fue creado el Ministerio Público.

Dicho órgano, de jerarquía constitucional, tiene como función dirigir, en forma exclusiva, la investigación de los hechos constitutivos de delito; de los que determinen la participación punible; y de los que acrediten la inocencia del inculpado. Además, el Ministerio Público puede ejercer la acción penal pública en la forma prevista por la ley y adoptar las medidas destinadas a proteger a las víctimas y a los testigos. En ningún caso se lo faculta para ejercer funciones jurisdiccionales. Tampoco puede impedir que el ofendido y las demás personas que determine la ley ejerzan igualmente la acción penal.

La autoridad superior de este organismo es el fiscal Nacional. Existen, además, fiscales regionales y fiscales adjuntos. El fiscal Nacional tiene la superintendencia directiva, correccional y económica del Ministerio Público.

La reforma establece una nueva ley orgánica constitucional, esto es, la Ley N° 19.640, publicada en el Diario Oficial el 15 de octubre de 1999. Esa ley es la décima octava de las previstas en el Código Político con el rango señalado.

Por último, la reforma incorpora dos nuevas disposiciones transitorias a la Carta Fundamental: la octava y novena actuales. La primera de esas disposiciones decía relación con el momento en que iba a entrar a regir el nuevo capítulo VI-A de la Constitución. Ello ocurrió al comenzar la vigencia de la Ley Orgánica Constitucional del Ministerio Público, ya citada. Sin embargo, la misma disposición facultó al legislador para señalar una fecha diferente, pudiendo incluso determinar la aplicación gradual de la nueva institución, lo cual así ha ocurrido. En concreto, la implementación progresiva de este cambio, tan complejo y significativo, se desarrolló desde el 16 de octubre de 2000 al 16 de diciembre de 2004. La segunda disposición transitoria mencionada permitió la incorporación de funcionarios activos del Poder Judicial a las quinas y ternas que formó la Corte Suprema y las Cortes de Apelaciones correspondientes para proveer, por primera vez, el cargo de fiscal Nacional, y los oficios de fiscales regionales, respectivamente.

94. **Séptima reforma. Segunda reforma de 1997.** Mediante la Ley N° 19.526, del 17 de noviembre de ese año, se modificó el artículo 107° de la Carta Fundamental, sustituyendo su antiguo inciso tercero por un nuevo inciso quinto que incorpora a nuestro ordenamiento jurídico la consulta popular no vinculante en el ámbito municipal.

Consiguientemente, dicha reforma estableció que una ley orgánica constitucional señalará las materias de competencia municipal que el alcalde, con acuerdo del concejo, o a requerimiento de los dos tercios de los concejales en ejercicio, o de la proporción de ciudadanos que establezca la ley, someterá a consulta no vinculante o a plebiscito, así como las oportunidades, forma de la convocatoria y efectos de la misma.

Casi está de más señalar la importancia de esta reforma y los campos que ella abre a la convivencia democrática más efectiva. La modificación se enmarca, en efecto, dentro de una política nacional de fomento de la participación ciudadana, acercándose a la democracia directa, menos representativa o por delegación en el ámbito comunal. Lamentablemente, hasta hoy, la enmienda no pasa de ser virtual.

Esta reforma significó para las municipalidades, además, el reconocimiento de mayor autonomía en la contratación de sus funcionarios, otorgándoles facultades para crear o suprimir empleos y fijar remuneraciones, todo de acuerdo a su ley orgánica constitucional. Debe puntualizarse, sin embargo, que las facultades mencionadas tienen que ser ejercidas dentro de los límites y con los requisitos que, a iniciativa exclusiva del Presidente de la República, determine esa ley. Hasta la fecha, parte considerable de esta reforma sigue con carácter programático debido al retardo en la aprobación de las leyes aludidas. He aquí, entonces, un caso en que cabe argumentar la inconstitucionalidad por omisión.

95. **Octava reforma. Tercera reforma de 1997**. Introducida por la Ley Nº 19.541, publicada en el Diario Oficial el 22 diciembre de 1997, significó un profundo cambio en la designación de los ministros y fiscales judiciales de la Corte Suprema.

La enmienda señala que esas autoridades serán nombradas a propuesta del Jefe de Estado en quina confeccionada por el Tribunal Máximo. De esa lista de cinco nombres el Presidente de la República elige a una persona para ocupar el cargo, de cualquiera de esos dos tipos, que corresponda llenar. Dicha elección, por último, debe ser aprobada por los dos tercios de los senadores en ejercicio. Si no se reúne tan elevado quórum, entonces la proposición del Primer Mandatario se entiende rechazada, debiendo la misma Corte completar la quina y renovarse el procedimiento explicado. Una evaluación global de tal mecanismo, implementado ya en más de quince ocasiones, arroja resultados debatibles, porque en varias oportunidades se rechazó la proposición presidencial con base en consideraciones políticas contingentes; en otras, el Primer Mandatario demoró efectuar la proposición de rigor, tornando más difícil el trabajo de la Corte; o por último, atendido al hecho de haberse forjado consenso, pero asumiendo que los nombramientos se formalizarán por turnos, según las fuerzas políticas representadas del Senado.

El régimen descrito es lento, entre otras circunstancias, pues el Jefe de Estado no tiene fijado un plazo dentro del cual realice su proposición; además, el elevando quórum que exige impone negociaciones que no siempre coinciden en el rigor de los nombres respectivos.

96. **Novena reforma. Primera reforma de 1999**. La Ley Nº 19.597, publicada en el Diario Oficial el 14 de enero de 1999, modificó el artículo 74° de la Constitución.

Esta norma comienza repitiendo que la Ley Orgánica Constitucional de Organización y Atribuciones de los Tribunales solo podrá ser modificada oyendo previamente a la Corte Suprema. La novedad, sin embargo, se halla en que ahora dicha Corte debe pronunciarse dentro del plazo de treinta días, contado desde que se pide su opinión, o dentro del plazo de la urgencia que haya hecho presente el Primer Mandatario para el despacho de los proyectos de ley respectivos. Si la Corte no evacúa su informe en los plazos indicados, entonces se entiende cumplido el trámite descrito.

97. **Décima reforma. Segunda reforma de 1999**. Se halla en la Ley Nº 19.611, publicada en el Diario Oficial el 16 de junio de 1999.

En virtud de tal enmienda, fue sustituida la expresión *hombres*, que aparecía en el artículo 1° inciso 1° de la Carta Fundamental, por el sustantivo *personas*. Asimismo, en el artículo 19° Nº 2° se agregó, al final del párrafo primero, la oración siguiente: "Hombres y mujeres son iguales ante la ley".

Esta reforma tiene relevancia simbólica, es decir, de imagen que sirve para impulsar el cumplimiento cabal del principio de isonomía entre los miembros del género humano, asunto en el cual no es razonable suponer ninguna disidencia. Empero, es claro que las diferencias o igualaciones injustas, o sea, las discriminaciones, sobre todo en perjuicio de la mujer, ciertamente no van a cesar por este tipo de proclamaciones.

Por otra parte, ciertas dudas suscitó el uso del término *personas*, en cuanto podía haberse sostenido que, con él, quedaba excluida la criatura en el vientre materno, facilitando así, subrepticiamente, una interpretación permisiva del aborto. Sin embargo, imperativo es puntualizar que ese entendimiento resulta equivocado, de lo cual quedó constancia precisa en los anales oficiales correspondientes[219] y así lo ha corroborado el Tribunal Constitucional.

98. Undécima reforma. Tercera reforma de 1999. Se limitó a declarar, en el artículo 19° Nº 10°, como nuevo inciso cuarto, que "El Estado promoverá la educación parvularia".

Esta enmienda, hecha mediante la Ley Nº 19.634, publicada en el Diario Oficial el 2 de octubre de 1999, renueva las objeciones o dudas que fueron expuestas a propósito de la reforma que la antecedió. En efecto, trátase de una declaración, cuyo propósito de bien común no puede ser puesto en discusión, pero que posee mero sentido programático, carente de fuerza normativa propia, puesto que, si no se otorgan los recursos presupuestarios para cumplirla, se mantendrá en el ámbito de las declaraciones semánticas. Afortunadamente, en la Ley de Presupuesto correspondientes a los años 2001 y 2002, se contemplaron fondos fiscales para este objetivo; y mediante la Ley Nº 19.771, también de 2001, fue definido el nivel de educación parvularia, facilitando con ello la implementación del principio constitucional respectivo. Idéntica tendencia se percibe en las últimas leyes de la especie aludida, habiéndose llegado en la correspondiente a 2013 a la cifra, sin precedentes, de 12.800 millones de dólares para educación, parte importante de la cual es para fomento de la enseñanza parvularia. Hoy, en el complejo asunto de la reforma educacional despachada el 30 de enero de 2015, en debate, vuelve a aparecer la preocupación por el tema, ya debatido, como se verá, con ocasión de la decimoctava modificación al Código Supremo.

99. Duodécima reforma. Cuarta reforma de 1999. Se encuentra contenida en la Ley Nº 19.643, publicada en el Diario Oficial el 5 de noviembre de ese año.

La modificación señalada consistió, esencialmente, en disponer, en el artículo 26° inciso 2°, que la segunda votación para la elección de Presidente de la República se verificará el trigésimo día después de efectuada la primera, si ese día correspondiese a un domingo. Si así no fuere, la segunda votación se realizará el domingo inmediatamente siguiente al trigésimo día referido.

Consecuente con esa idea matriz, la reforma adecuó el plazo para efectuar el proceso de calificación de la elección presidencial, prescribiendo que debe quedar concluido dentro de los quince días siguientes a la primera o segunda votación, según corresponda.

---

[219] Véase Sergio Diez Urzúa: **Personas y valores. Su protección constitucional** (Santiago, Ed. Jurídica de Chile, 1999) pp. 118 ss.

Finalmente, la enmienda sustituyó al actual artículo 95° inciso 2°, declarando que el Tribunal Calificador de Elecciones tendrá cinco miembros, de los cuales cuatro serán Ministros de la Corte Suprema, siendo el quinto un ciudadano que haya ejercido la presidencia o vicepresidencia de la Cámara de Diputados o del Senado por no menos de 365 días.

100. Decimotercera reforma. Primera reforma de 2000. Su texto se halla en la Ley Nº 19.672, publicada en el Diario Oficial el 28 de abril de ese año.

La reforma establece el Estatuto del ex Presidente de la República. Para dicho objeto, reformó el artículo 30° de la Constitución, disponiendo que:

> "el Jefe de Estado que haya desempeñado la Presidencia de la República por un período completo asumirá, inmediatamente y de pleno derecho, la dignidad oficial de ex Primer Mandatario, aplicándose en su favor las normas relativas a los privilegios parlamentarios, de acuerdo a los dispuesto en los artículos 61° y 62° del Código Político".

Además, si el ex Presidente se desempeñaba como senador vitalicio, la modificación en comentario lo facultaba para renunciar a dicho cargo, manteniendo la dignidad antes señalada. Claramente, esta parte de la reforma tenía destinatario único y así ocurrió con la dimisión del general Pinochet al oficio parlamentario que servía como ex Primer Mandatario.

101. Decimocuarta reforma. Segunda reforma de 2000. Se halla en la Ley Nº 19.671, publicada en el Diario Oficial el 29 de abril del año indicado.

El cambio así introducido se refería al artículo 117° de la Constitución, preceptuando que la reunión del Congreso Pleno destinada a ratificar un proyecto de enmienda aprobado ya por las dos ramas del Parlamento, se iba a efectuar no antes de los treinta ni después de los sesenta días siguientes a dicha aprobación. Quedaba, de este modo, flexibilizada la norma antes vigente, la cual fijaba un plazo, único y fatal, de sesenta días corridos para ese efecto, fecha en la cual era necesario celebrar la sesión, cualesquiera fueran las circunstancias, salvo que no se hallare reunida la mayoría del total de miembros del Congreso. La enmienda comentada quedó sin efecto por la reforma de 2005, puesto que en esta fue suprimido el trámite de ratificación de la reforma por el Congreso Pleno.

102. Decimoquinta reforma. Reforma de 2001. Introducida por la Ley Nº 19.742, publicada en el Diario Oficial el 25 de agosto de 2001.

En virtud de ella, fue reemplazado el inciso final del artículo 19° Nº 12°, aboliendo la censura y estableciendo, en su lugar, la regulación legal de un sistema para la exhibición de la producción cinematográfica.

Además, la reforma sustituyó el inciso 1° del número 25° del artículo 19°, asegurando la libertad de crear y difundir las artes, así como el derecho de autor y demás ya reconocidos en la norma vigente.

103. Decimosexta reforma. Reforma de 2003. Introducida por la Ley Nº 19.876, publicada en el Diario Oficial el 22 de mayo de ese año.

Estableció, modificando el artículo 19° Nº 10 ° de la Constitución, que no solo la educación básica sino que también la educación media son obligatorias, debiendo el Estado financiar un sistema gratuito con tal objeto, destinado a asegurar el acceso a ellas de toda la población. Agregó que, en el caso de la educación media, este sistema se extiende hasta cumplir los 21 años de edad, en los términos en que fije la ley.

104. Decimoséptima reforma. Reforma de 2005. La Constitución de Chile experimentó, por la Ley Nº 20.050, publicada en el Diario Oficial el 26 de agosto de 2005, la modificación más honda y vasta que se le ha hecho desde 1980. Trátase del cambio comparable en importancia solo al primero que tuvo, en 1989. Es ya, en consecuencia, el Código Político chileno con el mayor número de enmiendas, y varias muy profundas.

Curiosamente, la modificación efectuada veintiséis años atrás abrió nuestra transición desde el autoritarismo a la democracia; en tanto que la enmienda de 2005 cierra ese proceso[220], lo cual y en caso alguno, importa suprimir las aspiraciones a los perfeccionamientos institucionales. Pero ahora cabe reconocer la plenitud democrática de nuestra Constitución. Con el cambio de 2005, el Presidente Ricardo Lagos sostuvo que el Código Político había llegado a ser un motivo de unión y no más de división entre los chilenos. Era la Ley Suprema de todos y para todos los habitantes del país y los compatriotas en el extranjero. Realmente sensible se torna constatar, a comienzos de 2015, que tan promisorio panorama se ha ido desvaneciendo, testimonio de lo cual es la posibilidad que el nuevo gobierno, con el apoyo parlamentario requerido, logre convocar a una asamblea constituyente para reemplazar el Código Fundamental en vigor.

La enmienda de 2005 alcanzó tal magnitud que fue necesario facultar al Presidente de la República[221] para que, mediante decreto supremo, dictara el texto refundido, coordinado y sistematizado del Código Político[222]. Con el ánimo de reemplazar, en lo posible, la versión de 1980 y sus dieciséis reformas, comenzó a aludirse a la transcripción actualizada y refundida como la Constitución de 2005 o del Bicentenario, denominación sin duda exagerada. Repetimos lo escrito en la segunda edición, es decir, confiamos que uno y otro calificativo signifiquen consenso entre quienes propugnan el olvido de la versión original de la Ley Suprema, cargada de sobretonos castrenses y recelos hacia la democracia, por un lado, y aquellos que defienden esa visión, atribuyéndole la estabilidad institucional y el desarrollo humano del que Chile goza, de otro. No es plausible, sin embargo, abrigar optimismo excesivo al respecto, por la razón ya enunciada. Volveremos sobre el punto al enunciar y apreciar las ideas matrices de la que, para la Nueva Mayoría en el gobierno desde el 11 de marzo de 2014, tiene que ser la Constitución que sustituya a la tantas veces modificada Carta Política de 1980.

105. Panorama de la enmienda de 2005. Siguiendo el texto de la reforma publicado en el Diario Oficial, es posible formular ciertos rasgos matrices, una síntesis de los cuales inserto a continuación:

A. Se trata del cambio más largamente debatido en la sociedad política, en los medios de comunicación y en el Congreso. En efecto, las dos mociones de senadores que iniciaron la

---

220 Consúltese Ricardo Lagos Escobar, Presidente de la República: "Una Constitución para el Chile del Bicentenario", en Francisco Zúñiga Urbina (coordinador): **Reforma Constitucional** (Santiago, Ed. Lexis-Nexis, 2005) pp. 1 ss.

221 Artículo 2° de la Ley N° 20.050, citada.
Cabe observar que el artículo 1° de la Ley N° 20.050 contiene cincuenta y cuatro cambios a la Constitución, pero que, la revisión pormenorizada de ellos, concluye que se trata de más de cien modificaciones, porque cada uno de esos cambios abarca, en numerosos casos, dos o más enmiendas. Véanse, por ejemplo, las reformas introducidas a los artículos 10°, 11°, 17°, 19°, 26°, 32°, 41° (con letras A, B, C y D), 47°, 48°, 49°, 54°, 79° y 80° letra C. Además, mediante esa ley fueron sustituidos o derogados artículos completos, como los siguientes: 28°, 29°, 39°, 40°, 41°, 45°, 46°, 50°, 51°, 52°, 80°, 81°, 82°, 83°, 90°, 95°, 96° y artículo final. Por último, recuérdese que solo en virtud de la 53ª enmienda efectuada por la ley citada quedaron suprimidas veintinueve disposiciones transitorias, como asimismo que, mediante la 54ª enmienda, se incorporaron nueve disposiciones de esa índole. Se han efectuado cuantificaciones de tan significativa serie de anunciados, llegándose a decir que sobrepasan los dos centenares.

222 Recuérdese que este texto fue firmado por el Primer Mandatario y sus ministros el 17 de septiembre de 2005 en el Palacio de La Moneda. Desapareció, consecuentemente, otro argumento para descalificar al texto de 1980, rubricado por el presidente Pinochet y su gabinete.

reforma, una de la Concertación y otra de la Alianza[223], fueron presentadas a mediados de 2001 y reflejaban ya, a esa fecha, más de diez años de discusiones, acuerdos y desacuerdos;

B. Tanta dificultad y dilación estuvo motivada, seguramente, por las reformas difíciles o polémicas, llamadas *duras o enclaves autoritarios*, el conjunto de los cuales configuraba la que se pregonaba como *democracia protegida*. Pues bien, todas las reformas difíciles, salvo una, quedaron incluidas en la enmienda. Esos escollos eran, sin duda, elementos característicos del texto original del Código Supremo de 1980; pero se trataba también de testimonios evidentes de falta de visión política o de sesgo ideológico, defectos que lo llevaron al envejecimiento y a su creciente ilegitimidad.

Afortunadamente, ahora podemos afirmar que tales escollos quedaron remontados. Hoy se hallan reemplazados por los acuerdos que enuncio enseguida.

C. En punto a la integración del Senado, lo es solo por parlamentarios elegidos mediante sufragio universal, aunque dejándolo reducido a treinta y ocho miembros, cifra que nos parece escasa atendido, entre otras razones, al número de comisiones que funcionan en la Cámara Alta. Sin embargo, aclaro que el problema puede ir resolviéndose con la creación de nuevas regiones y las circunscripciones senatoriales en que serán divididas[224]. Desafortunadamente, no ha sido así y, en concreto, repetimos que la XV región carece de representación parlamentaria propia;

D. Pertinente es referirse también a la amovilidad relativa de los cuatro comandos de las instituciones armadas, porque el Presidente de la República podrá llamarlos a retiro, antes de completar el período respectivo, mediante decreto supremo fundado, el cual tendrá que ser previamente informado a la Cámara de Diputados y al Senado. Mueve a reflexión, sin embargo, determinar el sentido de tal acto informativo, v. gr., para aclarar el rol de las Cámaras ante él;

E. Cabe, en tercer lugar, tener presente la radicación, en todos los órganos estatales, de la obligación de garantizar el orden institucional de la República, con sujeción a lo dispuesto en la Constitución y las leyes, de modo que ya no se reserva esa delicada misión únicamente a las instituciones armadas, sin que tampoco queden excluidas de participar en ella. He aquí, por ende, una nueva base institucional[225], cuyo alcance se halla bien precisado, porque se trata de la defensa del principio de supremacía del Código Político, asumiendo que para hacerlo hay que someterse, de buena fe, al espíritu más que a la letra de sus valores, principios y preceptos;

Agrego el traslado de la dependencia de Carabineros de Chile y de la Policía de Investigaciones desde el Ministerio de Defensa Nacional al nuevo Ministerio del Interior y de Seguridad Pública[226], corroborando así la esencia de su misión, la cual es diferente de la que incumbe servir a las Fuerzas Armadas;

---

223 Boletín Nº 2526-07, con la moción de los senadores de la Alianza por Chile señores Chadwick, Diez, Larraín y Romero; y Boletín Nº 2534-07, con la moción de los senadores de la Concertación por la Democracia señores Bitar, Hamilton, Silva y Viera-Gallo.

224 Artículo 49° inciso 1°, en armonía con la que era cuadragésima segunda disposición transitoria. Hoy tiene singular importancia la decimotercera disposición transitoria, inciso 2°, porque la XV Región no tiene representación propia en el Senado, si no que compartida con los dos senadores de la I Región.

225 Artículo 6° inciso 1°.

226 Sin embargo, la disposición transitoria cuadragésima sexta aclaraba que: "Las Fuerzas de Orden y Seguridad Pública seguirán siendo dependientes del Ministerio encargado de la Defensa Nacional hasta que se dicte la nueva ley que cree el Ministerio encargado de la Seguridad Pública". Así ocurrió, finalmente, con la Ley Nº 20.502, publicada en el Diario Oficial el 21 de febrero de 2011.

G. No puede ser omitido un comentario sobre la transformación del Consejo de Seguridad Nacional en un órgano integrado por cinco autoridades civiles y cuatro uniformadas; encargado solo de asesorar al Primer Mandatario[227], cuando este lo solicite, en las materias vinculadas a dicha seguridad; susceptible de ser convocado únicamente por el Primer Mandatario; incompetente para adoptar acuerdos; y cuyas actas serán públicas, a menos que la mayoría de sus miembros resuelva, en cada caso, lo contrario; y

H. Por último, realzo la remisión a la ley orgánica constitucional respectiva[228] de cuanto se refiere al sistema electoral de los parlamentarios, aunque sin haber proclamado todavía el principio que caracterizará aquel régimen, es decir, si será la representación proporcional corregida y moderada o algún método mayoritario, sustituyendo así y finalmente a la fórmula binominal. Retornaremos al tema cuando se comente la enmienda que reemplazó el binominalismo por la representación proporcional inclusiva[229].

106. Cambios sustanciales. La reforma de 2005 se halla concentrada en la organización y funcionamiento de las instituciones estatales. Consiguientemente, solo de modo excepcional aparecen modificaciones relativas a la nacionalidad, a la ciudadanía y al ejercicio y protección de los derechos fundamentales, incluyendo las garantías correspondientes. Ilustro este último tópico con un ejemplo, esto es, que el tribunal debe hallarse establecido por la ley con anterioridad a la perpetración del hecho que juzga.

Entre tantos cambios, algunos son, en principio al menos, medulares o sustanciales. Es el caso, por ejemplo, de los siguientes:

A. Con respecto a los estados de excepción, para aumentar la intervención del Congreso Nacional en la implantación del estado de asamblea y del estado de sitio; tutelar mejor los derechos esenciales por la magistratura a través de los recursos de amparo y protección, asegurando que las medidas particulares que afecten derechos constitucionales serán siempre impugnables ante las autoridades judiciales; y con el objeto que la ley orgánica respectiva contemple lo estrictamente necesario para el restablecimiento de la normalidad constitucional, principio y objetivo básico de los estados aludidos en la democracia efectiva;

B. La fiscalización parlamentaria de los actos del Gobierno, mediante la citación a los ministros de Estado, hasta tres veces en un año calendario; y la constitucionalización de las comisiones investigadoras, formadas a petición de dos quintos, a lo menos, de los diputados en ejercicio[230];

C. La mayor injerencia del Congreso en nexo con la reserva, la denuncia y el retiro de la reserva de los tratados internacionales[231]; y

---

[227] Imperativo es advertir, no obstante, la excepción prevista en el artículo 109 inciso 3° del texto refundido, dado que allí se confía al Consejo la facultad de calificar la procedencia de autorizar o no al Banco Central para obtener, otorgar o financiar créditos al Estado y entidades públicas o privadas en caso de guerra exterior o de peligro de ella. La historia fidedigna de la reforma no aclara si dicha excepción fue deliberadamente establecida o no fue más que una omisión u olvido.

[228] No se olvide que el inciso 2° de la decimotercera disposición transitoria contempla una nueva especie de ley, cuya denominación es la ya señalada, pero que difiere de las demás leyes orgánicas constitucionales por el quórum que es menester reunir para modificarla, esto es, el voto conforme de las tres quintas partes de los diputados y senadores en ejercicio.

[229] Artículo 47° inciso 1° y artículo 49° inciso 1°.

[230] Consúltese Eduardo Cordero Quinzacara: "La facultad fiscalizadora de la Cámara de Diputados", en Francisco Zúñiga Urbina (coordinador): **Reforma Constitucional**, **cit.**, pp. 507 ss.

[231] Revísese Marisol Peña Torres: "Aspectos fundamentales de la reforma constitucional 2005 en materia de tratados internacionales", en **Reforma Constitucional**, **cit.**, pp. 527 ss.

D. El nuevo estatuto del Tribunal Constitucional en su organización, designación de ministros y competencia, tema al que, por su importancia, han sido dedicadas ya varias monografías[232]; que constituye, a nuestro juicio, la innovación más trascendente introducida al sistema jurídico chileno en las últimas décadas; y que requirió la dictación de una reforma de la legislación orgánica respectiva. Tal es el DFL (Ministerio Secretaría General de la Presidencia) Nº 5, de 2010, que fija el texto refundido, coordinado y sistematizado de la Ley Nº 17.977, Ley Orgánica del Tribunal Constitucional.

107. Modificaciones específicas. En lo demás, las reformas de 2005 son circunscritas. Cabe sostener esa característica, por ejemplo, a propósito de las innovaciones siguientes, de las cuales fluyen rectificaciones, mejoras y solución de dudas en ligamen con el texto precedente:

A. La inserción, en el artículo 3°, de dos objetivos señeros: primero, que todos los órganos del Estado quedan obligados, cada cual en su competencia, a promover la regionalización del país, aunque tal valor es aplicable nada más que a la actividad administrativa[233]; y segundo, que idéntico deber recae en tales órganos en punto a fortalecer el desarrollo equitativo y solidario entre las regiones, provincias y comunas del territorio nacional;

B. La probidad y la publicidad como nuevas bases de la institucionalidad. Aunque sea una proclamación de intenciones u objetivos, los dos designios aludidos son nobles y, al ser insertados entre tales bases, se erigen en objetivo que compele al legislador, a todos los órganos públicos y a la ciudadanía para llevarlos a efecto[234];

C. La fusión, en una sola, de las fuentes de la nacionalidad previstas en el artículo 10° Nº 2° y 3°, ampliando su alcance, a la vez que eliminando la exigencia de avecindamiento por más de un año en Chile para que, los hijos de padre o madre chilenos, nacidos en territorio extranjero, obtengan nuestra nacionalidad;

D. La derogación de la difamación y la entrega a la ley de cuanto se refiera al respeto y la protección tanto de la vida privada como de la honra de la persona y su familia. La libertad de expresión queda así vigorizada[235];

E. El restablecimiento del control de la ética profesional por los Colegios respectivos, revisable por las Cortes de Apelaciones correspondientes, pero sin dejar al margen de tal control a los no asociados a dichas corporaciones;

F. Una reforma al recurso de protección, en cuanto se reemplaza, en el artículo 20° inciso 2°, la conjunción copulativa "y" por la disyuntiva "o", en la tutela del medioambiente, facilitará deducirlo y que sea acogido;

G. Queda salvada también la anomalía derivada del artículo 29° antiguo, pues ahora, si la vacancia del cargo de Presidente de la República se produce faltando dos o más años para la próxima elección presidencial, el Vicepresidente ha de convocar a la ciudadanía a votación para el sexagésimo día después de la convocatoria. El Jefe de Estado así elegido durará en el cargo hasta completar el periodo que restaba al reemplazado;

---

[232] Véanse los artículos de Juan Colombo Campbell, Humberto Nogueira Alcalá, Lautaro Ríos Álvarez y Gastón Gómez Bernales en **Reforma Constitucional**, **cit.**, pp. 551 ss.

[233] Véase Manuel Núñez Poblete: "Estado unitario: Unidad del Estado y unidad de Constitución. La forma de Estado chileno bajo la Constitución de 1980", en **Reforma Constitucional**, **cit.**, pp. 149 ss.

[234] Revísese el informe de la Comisión de Constitución, Legislación, Justicia y Reglamento del Senado, reproducido en el **Diario de Sesiones** (18 de octubre de 2005) pp. 4595 ss. y 4610 ss.

[235] Consúltese la Ley Nº 20.048, publicada en el Diario Oficial el 31 de agosto de 2005, que derogó el delito de desacato, tipificado en el Código Penal y en el Código de Justicia Militar.

H. La reducción del periodo presidencial a cuatro años, sin reelección para el periodo siguiente. Se retorna, por consiguiente, a la simultaneidad de los comicios presidenciales y de los parlamentarios, a la vez que aumenta la frecuencia de la participación ciudadana a raíz de la rebaja de la duración del mandato del Primer Mandatario[236];

I. La posibilidad que los parlamentarios renuncien a sus cargos cuando los afecte una enfermedad grave que les impida desempeñarlos y así lo califique el Tribunal Constitucional;

J. Es una corrección, indudablemente, la eliminación de la frase, desdorosa para el respeto que merece la Cámara de Diputados, que presumía el cumplimiento de la obligación del Gobierno de contestar los oficios relativos a la fiscalización política por el solo hecho de entregar la respuesta;

K. La introducción de las comisiones mixtas para que el Senado y la Cámara de Diputados resuelvan sus diferencias en relación con los proyectos de reforma constitucional;

L. La supresión de la legislatura extraordinaria, hallándose ahora prevista una sola legislatura, no susceptible ya de ser llamada "ordinaria", lo cual eleva la potestad colegisladora de las Cámaras parlamentarias. No se olvide, con todo, que el Primer Mandatario quedó facultado para pedir, indicando los motivos, que se cite a sesión a cualquiera de las dos ramas del Congreso Nacional, debiendo, en tal caso, reunirse a la brevedad posible; y

M. Se aclara, finalmente, que en lo no previsto en el capítulo dedicado a la reforma de la Constitución, serán aplicables a la tramitación de los proyectos respectivos las normas sobre formación de la ley, aunque respetando siempre los quórums especiales exigidos al efecto.

108. El cambio más importante. Los cambios introducidos por la enmienda de 2005 al Tribunal Constitucional son de la mayor trascendencia, al punto que fueron sustituidos los tres artículos del Capítulo VIII e introducidas otras tantas disposiciones transitorias. Esa magistratura es ahora el *supremo defensor de la Constitución*, aunque no se llegó a un régimen de control de supremacía íntegramente concentrado. Seguirá, por ende, rigiendo el principio de control *ex post* difuso, previsto en el artículo 6°, si bien los jueces han optado cada día más por plantear, como parece lógico, la cuestión de inaplicabilidad por inconstitucionalidad de un precepto legal[237].

Como he dicho, el capítulo VIII y sus artículos 92°, 93° y 94° experimentaron enmiendas significativas. En síntesis, ellas fueron las siguientes:

El Tribunal eleva de siete a diez sus ministros y se reemplaza el método aplicable a su designación: tres lo serán por el Presidente de la República; dos por el Senado; otros dos por el mismo Senado, pero a proposición de la Cámara de Diputados; y tres por la Corte Suprema, pero excluyéndose a quienes sean ministros de esta magistratura. Participarán, por ende, los tres poderes clásicos en estos nombramientos. Sin embargo, lo esencial es que se cumpla el *deber de ingratitud,* como lo llamó Louis Joseph Favoreu[238], es decir, que los designados sean magistrados real y enteramente independientes, sobre todo de frente a los órganos estatales que los nombraron;

---

[236] La disposición transitoria cuadragésima primera preceptuaba que: "El mandato del Presidente de la República en ejercicio será de seis años, no pudiendo ser reelegido para el período siguiente". Tal disposición fue derogada por la reforma de 2005.

[237] Cf. Juan Colombo Campbell: "Tribunal Constitucional, integración, competencia y sentencia", **Reforma Constitucional cit.**, pp. 569 ss.

[238] "Los Tribunales Constitucionales", en Domingo García Belaúnde y Francisco Fernández Segado (coordinadores): **La jurisdicción constitucional en Iberoamérica** (Madrid, Ed. Dykinson, 1997) p. 108.

La competencia del Tribunal queda notablemente ampliada. No conozco, en el derecho comparado, una magistratura de esta especie dotada de mayores atribuciones;

Singular trascendencia adquiere el traspaso al Tribunal de la declaración de inaplicabilidad que detentaba la Corte Suprema; la introducción del pronunciamiento, con efectos generales, de la inconstitucionalidad de los preceptos legales; y el control de supremacía de los auto acordados. La Corte Suprema va así configurándose como tribunal de casación genuino, sin perjuicio de retener su competencia para decidir las acciones de protección y amparo constitucional; y

Definitiva y sinópticamente dicho, el Tribunal queda como el defensor máximo de la Constitución y de su legislación complementaria. Lo hará con ministros de dedicación exclusiva, salvo limitadas excepciones, y sometidos a un cúmulo de prohibiciones que garantizan su independencia e imparcialidad[239].

109. Decimoctava reforma. Es la primera reforma de 2007. Fue introducida por la Ley Nº 20.162, publicada en el Diario Oficial el 16 de febrero del mismo año.

Estableció, modificando el inciso 4° del Nº 10° del artículo 19° de la Constitución, que para el Estado es obligatorio promover la educación parvularia y garantizar el acceso gratuito y el financiamiento fiscal al segundo nivel de transición, sin que este constituya requisito para el ingreso a la educación básica.

110. Decimonovena reforma. Corresponde a la segunda reforma efectuada en 2007. Fue introducida por la Ley Nº 20.193, publicada en el Diario Oficial el 30 de julio de ese año.

Estableció, mediante la incorporación del nuevo artículo 126° bis, insertado en el capítulo XIV relativo al Gobierno y Administración Interior del Estado, la existencia de territorios especiales, siendo tales los correspondientes a Isla de Pascua y al Archipiélago de Juan Fernández. En cuanto al Gobierno y Administración de dichos territorios, la enmienda citada señala que se regirán por los estatutos diferenciados que establezcan las leyes orgánicas constitucionales respectivas. Hasta la fecha, lo recién expuesto prosigue siendo solo programático.

Precisamente, la reforma comentada debe ser concordada con la disposición vigesimosegunda transitoria, con sujeción a la cual mientras no entren en vigencia los estatutos especiales aludidos, los territorios de Isla de Pascua y Archipiélago de Juan Fernández continuarán rigiéndose por las normas comunes en materia de división político-administrativa y de Gobierno y Administración Interior del Estado.

Relevante es destacar lo preceptuado en el inciso 2° del artículo 126° bis, pues somete el ejercicio de la libertad de locomoción o ambulatoria, en dichos territorios, a lo que determinen las leyes respectivas, las cuales serán de quórum calificado.

111. Vigésima reforma. Trátase del cambio incorporado al Código Político por la Ley Nº 20.245, publicada en el Diario Oficial el 10 de enero de 2008.

Esa enmienda introdujo un inciso final al artículo 77°, inserto en el capítulo VI, relativo al Poder Judicial, señalando que la ley orgánica constitucional referente a la organización y atribuciones de los tribunales, así como las leyes procesales que regulen un sistema de enjuiciamiento, podrán fijar fechas diferentes para su entrada en vigencia en las diversas

---

[239] Consúltese del autor su III **Derecho constitucional chileno** (Santiago, Ed. Universidad Católica de Chile, 2013) pp. 477 ss.

regiones del territorio nacional. Agrega, sin embargo, que el plazo para que comiencen a regir dichas leyes en todo el país no podrá ser superior a cuatro años.

Resumiendo, la reforma habilita al legislador para implementar, dentro del plazo máximo transcrito, los cambios orgánicos, de facultades y procesales que configuren cualquier régimen de enjuiciamiento, sea civil, penal o de otra índole. La experiencia positiva recogida por la reforma concerniente al Ministerio Público y al nuevo proceso penal explica y justifica esta modificación, sin que resulte atendible objetarla por lesionar, eventualmente, el principio de igualdad en y ante la aplicación de la ley. En consecuencia, la implantación de las enmiendas aludidas puede llevarse a la práctica, de una sola vez, o gradualmente dentro del término de cuatro años, pero sin que a su vencimiento queden áreas geográficas o poblaciones sustraídas de ellas.

112. Vigécima primera reforma. Primera enmienda de 2009. Fue introducida por la Ley Nº 20.337, publicada en el Diario Oficial el 4 de abril de 2009. Modificó el artículo 15° inciso 1° de la Constitución, disponiendo que el sufragio es voluntario y no obligatorio. Además, ordenó que se incorporen al Registro Electoral automáticamente o por el solo ministerio de la ley, quienes cumplan los requisitos para ser ciudadanos, cambio del cual quedó constancia, en el inciso 2° nuevo del artículo 18° de la Carta Fundamental.

La reforma en comentario fue aplicada, por primera vez, en las elecciones presidencial, parlamentaria y de consejeros regionales efectuadas en 2013. La abstención en ellos alcanzó porcentajes sin precedentes en nuestra historia electoral, habiéndose a fines de 2014 planteado la necesidad de restablecer el sufragio obligatorio, de modo que prime el deber ciudadano sobre el derecho a votar. Coincidimos con ese cambio, aguardando que se formalice antes de los comicios municipales de 2016.

113. Vigésima segunda reforma. Segunda enmienda de 2009. Reemplazó el inciso 6° del artículo 118° de la Constitución, facultando a las municipalidades para asociarse entre ellas en conformidad a la ley orgánica constitucional respectiva, pudiendo dichas asociaciones gozar de personalidad jurídica de derecho privado. Asimismo, la reforma autorizó a los municipios para constituir o integrar corporaciones o fundaciones de derecho privado sin fines de lucro cuyo objeto sea la promoción o difusión del arte, la cultura y el deporte, o el fomento de obras de desarrollo comunal y productivo. Termina la enmienda recordada manifestando que la participación municipal en tales personas jurídicas se regirá por la citada ley orgánica constitucional.

Difícilmente puede coincidirse en que esta reforma corresponde al concepto material de Constitución, es decir, aquel que limita su contenido a las ideas, derechos y obligaciones esenciales, y por ende definitorios de la naturaleza y características primordiales, de los órganos incluidos en su texto. Nada más que la interpretación exegética, estrecha y estricta, por vía administrativa había tornado imposible concretar cambios tan razonables como los incorporados por la reforma. El artículo 118° inciso 4° era ya, a nuestro juicio, base suficiente para que se dictaran las leyes de rigor.

114. Vigésima tercera reforma. Tercera enmienda de 2009. Se halla en la Ley Nº 20.352, publicada en el Diario Oficial el 30 de mayo de 2009. Introdujo la disposición transitoria vigesimocuarta, declarando que el Estado de Chile quedaba facultado para reconocer la jurisdicción de la Corte Penal Internacional en los términos previstos en el Tratado de Roma de 1998.

He aquí ejemplo de cómo es posible en democracia, acordar o pactar un texto que representa el acuerdo de gobierno y oposición. Cierto es que fueron más de cinco años de divergencias, pero finalmente se llegó al consenso, del cual los incisos 2° y 4° de la enmienda representan el núcleo esencial. Consecuentemente, el estatuto de esa Carta se aplicará subsidiariamente en relación con la legislación penal chilena; y la jurisdicción de aquella Corte solo podrá ser ejercida respecto de los crímenes de su competencia cuyo principio de ejecución sea posterior a la entrada en vigor del Estatuto de Roma, es decir, el 1° de septiembre de 2009.

115. Vigésima cuarta reforma. Cuarta enmienda de 2009. Contenida en la Ley N° 20.354, publicada en el Diario Oficial el 12 de junio de 2009. Versa sobre la elección de Presidente de la República. Dispone, en primer lugar, que el Congreso Pleno, reunido en sesión pública el día en que deba cesar en su cargo el Presidente en funciones y con los miembros que asistan, tomará conocimientos de la resolución en virtud de la cual el Tribunal Calificador de Elecciones proclama al Presidente electo. Así se lee hoy en el nuevo inciso 3° del artículo 27° de la Constitución. Además, la reforma cambió, por tercera vez, la redacción del artículo 28° inciso 2° del Código Político, dejándolo con la que rige hasta hoy. De acuerdo con la enmienda de 2009, en análisis, si el impedimento del Presidente era absoluto o debiese durar indefinidamente, el Vicepresidente, en los diez días siguientes al acuerdo del Senado adoptado en conformidad al artículo 53° N° 7°, expedirá las órdenes convenientes para que se proceda, dentro del plazo de sesenta días, a nueva elección en la forma prevista por la Constitución y la Ley de Elecciones. La elección deberá efectuarse un día domingo.

Reiteramos que la segunda modificación hecha por la Ley N° 20.354 fue de efímera vigencia, atendido que resultó alterada, por tercera vez, mediante la Ley N° 20.515, de 2011.

116. Vigésima quinta reforma. Quinta enmienda de 2009. Efectuada por la Ley N° 20.390, publicada en el Diario Oficial el 28 de octubre de 2009.

Modificó, en primer lugar, el artículo 112°, privando al intendente de la facultad de presidir el Consejo Regional. Enseguida, alteró sustancialmente el artículo 113°, pues dispuso que ese consejo estará integrado por miembros elegidos por sufragio universal en votación directa, durando cuatro años en sus cargos y pudiendo ser reelegidos. Añade, en tercer lugar, que la ley orgánica constitucional respectiva determinará el número de consejeros y su forma de reemplazo, cuidando que tanto la población como el territorio de la región estén equitativamente representados. Continúa el nuevo artículo 113° señalando que el Consejo Regional, por mayoría absoluta de sus integrantes en ejercicio, elegirá un presidente de entre sus miembros, el cual permanecerá cuatro años en el cargo y cesará por las causales fijadas en la Carta Política, de las cuales aquí se menciona la remoción acordada por las dos terceras partes de los consejeros en ejercicio. Finalmente, la reforma confía al consejo aprobar el proyecto de presupuesto de la región respectiva, y autoriza a los parlamentarios que representan a las circunscripciones y distritos de la región para asistir, cuando los estima conveniente pero sin derecho a voto, a las sesiones del Consejo.

117. Vigésima sexta reforma. Se halla en la Ley N° 20.414, publicada en el Diario Oficial el 4 de enero de 2010.

Incorporó los incisos 3° y 4° al artículo 8° de la Constitución con el objeto de fortalecer la transparencia, la modernización del Estado y la calidad de la política.

Con sujeción a ese inciso 3° nuevo, el Presidente de la República, los ministros de Estado, los diputados y senadores, y las demás autoridades y funcionarios deben declarar sus intereses y patrimonio en forma pública. A su vez, el inciso cuarto nuevo prescribe que dicha ley determinará los casos y las condiciones en que esas autoridades delegarán a terceros la administración de aquellos bienes y obligaciones que supongan conflicto de interés en el ejercicio de su función pública, quedando el legislador capacitado para ordenar que, en casos calificados, se enajene todo o parte de los bienes. Esta reforma estableció, asimismo, el sistema de elecciones primarias para Presidente, parlamentarios y alcaldes.

118. Vigésima séptima reforma. Introducida por la Ley Nº 20.503, publicada en el Diario Oficial el 27 de abril de 2011.

Sustituyó el inciso 2° del artículo 103° de la Carta Fundamental, puntualizando que una ley determinará el Ministerio o los órganos de su dependencia que ejercerán la supervigilancia y el control de las armas. La misma ley establecerá los órganos públicos encargados de fiscalizar el cumplimiento de las normas relativas a dicho control.

Útil es agregar que se ha cumplido lo ordenado en la reforma comentada mediante la Ley Nº 20.813, publicada en el Diario Oficial el 6 de febrero de 2015.

119. Vigésima octava reforma. Mediante la Ley Nº 20.515, publicada en el Diario Oficial el 28 de junio de 2011, fue fijado para la elección presidencial, el tercer domingo de noviembre del año anterior a aquel en que se deba cesar en el cargo el Presidente en funciones. En punto a la segunda votación la misma reforma fijó, para efectuarla, el cuarto domingo después de celebrada la misma primera votación. Tales son los cambios que esa enmienda hizo al artículo 26° de la Constitución.

120. Vigésima novena reforma. Trátase de la Ley Nº 20.516, publicada en el Diario Oficial el 11 de julio de 2011.

Contiene dos ideas afines, aunque distintas. La primera modificó el artículo 19° Nº 3 inciso 3° al preceptuar que la ley señalará los casos y establecerá la forma en que las personas naturales víctimas de delitos dispondrán de asesoría y defensa jurídica gratuitas, a efecto de ejercer la acción penal garantizada por la Constitución; y la segunda versa sobre los imputados de delitos, a quienes la reforma les otorga el derecho irrenunciable a ser asistido por un abogado defensor proporcionado por el Estado si no nombra otro en la oportunidad que la ley fija.

121. Trigésima reforma. Fue realizada por la Ley Nº 20.573, publicada en el Diario Oficial el 6 de marzo de 2012.

Agregó el párrafo titulado "Disposiciones Especiales" al capítulo XIV de la Carta Política. Así, el nuevo artículo 126° bis, único de ese párrafo, declara que son territorios especiales los correspondientes a la Isla de Pascua y el Archipiélago Juan Fernández. Añade que el gobierno y la administración de esos territorios se regirá por los estatutos especiales que establezcan las leyes orgánicas constitucionales respectivas.

En su inciso 2°, aquel artículo 126° bis declara que los derechos a rendir, permanecer y trasladarse hacia y desde cualquier lugar de la República, garantizados en el numeral 7° del artículo 19° de la Constitución, se ejercerá en dichos territorios en la forma que determinen las leyes especiales que regulen su ejercicio, las que deberán ser de quórum calificado. Hasta la fecha, esas leyes no han sido dictadas.

Pertinente es coordinar los preceptos mencionados con lo dispuesto en el artículo 113° inciso 4° de la Carta Fundamental concerniente a los consejeros regionales de desarrollo.

122. Trigésima primera reforma. Fue hecha por la Ley Nº 20.644, publicada en el Diario Oficial el 15 de diciembre de 2012.

Se limitó a introducir la disposición transitoria vigésima sexta de la Constitución, prorrogando el mandato de los consejeros regionales hasta el 11 de marzo de 2014.

Agregó, en el inciso 2°, que la primera elección por sufragio universal y votación directa de esos consejeros se efectuaría, como sucedió, el 17 de noviembre de 2013.

123. **Trigésima segunda reforma**. Se halla en la Ley N° 20.710, publicada en el Diario Oficial el 11 de diciembre de 2013.

Reemplazó el inciso 4° del artículo 19° N° 10° de la Constitución por otro que impone al Estado la obligación de promover la educación parvularia debiendo con tal objeto financiar un sistema gratuito a partir del nivel medio menor, con destino a asegurar el acceso a este y a sus niveles superiores. Agrega que el segundo nivel de transición es obligatorio, siendo requisito para el ingreso a la educación básica.

124. **Trigésima tercera reforma**. Está contenida en la Ley N° 20.725, publicada en el Diario Oficial el 15 de febrero de 2014.

Sustituyó el inciso 1° del artículo 47° de la Carta Política, al señalar que la Cámara de Diputados está integrada por miembros elegidos en votación directa por distritos electorales. Precisa, a continuación, que la ley orgánica constitucional respectiva determinará el número de diputados, los distritos electorales y la reforma de su elección.

Sin duda, esta es la enmienda que ha sido más difícil de aprobar, al punto que en la reforma de 2005, el acuerdo llegó hasta lo dispuesto en la decimotercera disposición transitoria. Esta se remite a la Ley Orgánica de Votaciones y Escrutinios, exigiendo tres quintas partes de los diputados y senadores en ejercicio para modificarla en lo relativo al número de senadores, las circunscripciones existentes y el sistema electoral vigente que era, recordémoslo, el binominal.

Solo en 2014, por impulso de la Nueva Mayoría gobernante y el apoyo de parlamentarios de la Alianza que habían emigrado a otras agrupaciones políticas, finalmente se logró el quórum aludido y pudo ser aprobado, en primer trámite, el mensaje con el proyecto de ley que superaba la valla fijada en la disposición decimotercera aludida. De modo que no se trata de una nueva reforma constitucional, si no que del cambio de la Ley Orgánica de Votaciones y Escrutinios en los tres puntos arriba indicados. Lo claro es que la Ley N° 20.725 abrió el camino al reemplazo del binominalismo.

Hoy, por ende, habiendo entrado en vigencia la Ley N° 20.840, de 2015, se regula la representación proporcional, aumentando a 155 los diputados y a 50 los senadores. Se trazó también un nuevo mapa de los distritos electorales y se asignó números diferentes de senadores según el tamaño de la población de las regiones respectivas. Volveremos sobre el tema al final de este tomo, no sin antes realzar aquí que el nuevo sistema electoral suscita críticas por alentar el multipartidismo y asignar escaños, de diputados especialmente, con discriminación en favor de ciertos distritos. El proyecto fue sometido, en varias normas, a revisión de supremacía en el Tribunal Constitucional, el cual en decisión de mayoría las declaró conformes con la Carta Política.

125. **Trigésima cuarta reforma**. Hecha por la Ley N° 20.748, publicada en el Diario Oficial el 3 de mayo de 2014.

Es otro progreso en la aspiración por contar con un sistema electoral igualitario.

Modificó el artículo 13° de la Carta Política, intercalando el nuevo inciso tercero de ese artículo. Con ello se dejó establecido que los ciudadanos chilenos con derecho a sufragio, que se encuentran en el extranjero podrán sufragar en el lugar en que se hallen en las elecciones primarias presidenciales, en las elecciones de Presidente de la República y en los plebiscitos nacionales. Consiguientemente, esos compatriotas no quedan habilitados para votar en primarias de parlamentarios ni de consejeros regionales, como tampoco en los comicios municipales.

La reforma finaliza señalando que una ley orgánica constitucional establecerá el procedimiento para materializar la inscripción en el Registro Electoral y regulará la manera en que realizarán los procesos electorales y plebiscitos en el extranjero. Esa ley sigue siendo aún programática.

126. Evaluación. La sinopsis que se ha hecho de las reformas constitucionales permite, en síntesis, concluir que ellas han sido posibles en un número tal que convierten a la Carta Fundamental vigente en la más modificada de nuestra historia republicana.

Se han corregido así numerosos defectos, especialmente los relativos a los enclaves autoritarios. También se han efectuado modernizaciones largamente esperadas, como el establecimiento del Ministerio Público y la Reforma Procesal Penal.

Análogamente importante han sido las innovaciones, derivadas de la práctica política, como la abreviación del trámite de las enmiendas constitucionales o la consolidación de la democracia en la elección popular de consejeros regionales, alcaldes y concejales.

Singular relevancia tiene, en fin, la reforma de 1989, pues posibilitó la transición, pacífica y ejemplar de Chile a la recuperación de su tradición republicana y legitimar a la Carta Política de 1980 mediante un referendo categóricamente favorable a los cambios que fueron propuestos a la ciudadanía. Por último, han sido aprobadas las reformas al sistema electoral y al voto de ciudadanos chilenos en el extranjero.

Siempre será prudente abrirse a las innovaciones, pero pensamos que el camino recorrido justifica seguirlo sin incurrir en los riesgos de la refundación del Estado a través de una asamblea o convención constituyente.

CAPÍTULO IV MODIFICACIONES PENDIENTES

Nuestro país atraviesa un cambio de época, expresión denotativa de la amplitud y profundidad de las transformaciones que van ocurriendo. Pensamos, sin embargo, que no todos esos cambios responden a demandas legítimas de la ciudadanía, sino que a impulsos sostenidos, con base ideológica o de otra naturaleza, por redes sociales, grupos de individualismo extremo, afanes populistas o manipulaciones de la opinión pública con eco en ciertos medios de comunicación. Entre los rasgos prominentes del cambio de época se menciona, en primer lugar, a la Constitución misma, unos para reemplazarla, otros con el objeto de continuar reformándola, sin sustituirla por completo. En este capítulo presentamos nuestra visión en el tema, centrada en tales reformas, pero no abarcando la sustitución total de ella. En el último capítulo de esta Segunda Parte del libro, nos concentraremos en tratar de aclarar hacia dónde se avanza en los cambios que buscan establecer una Carta Fundamental nueva, dejando en la historia a la que desde 1989 ha sido enmendada en treinta y cuatro oportunidades.

127. **Generalidades**. Pese a las más de treinta enmiendas ya introducidas, la Constitución de 1980 sigue siendo polémica en varios de sus preceptos, circunstancia que explica los diversos proyectos presentados al Congreso y pendientes de aprobación en él. Adicionalmente, debemos insistir en que el tiempo ha demostrado la presencia de disposiciones fundamentales que requieren ser modificadas. Cuanto se expone a continuación, sin embargo, tiene que ser cotejado con los signos de los tiempos perceptibles a comienzos de 2015, cuyo rasgo matriz estriba en propugnar la convocatoria a una asamblea constituyente o, al menos, a un congreso de esa índole, una y otro encargado de debatir, aprobar y redactar una nueva Carta Fundamental.

Las modificaciones que, en nuestra opinión, es menester introducir se concentran en la parte orgánica del Código Político, pero siendo este último un sistema, fácil es comprender que, en definitiva, los cambios llegarán también a su parte dogmática.

Esforzándonos por superar posturas políticas meramente correctas, no ubicamos el asunto entre quienes abogan por derogar a la Carta

Fundamental como un objetivo autorreferente. Menos de acuerdo estamos en propugnar el reemplazo de la Constitución, implantando otra nueva. Por el contrario, siempre hemos sostenido que es una tendencia criticable de los políticos y juristas latinoamericanos plantear enmiendas al Código Político sin percatarse de que los problemas están en las personas o grupos, en la costumbre, hábitos y prácticas más que en las Constituciones. Claramente planteada nuestra posición, en el acto afirmamos que asunto distinto es declararse de acuerdo con principios y normas manifiestamente equivocados por resultar, pese a los esfuerzos, inconciliables con el constitucionalismo, con el acervo de la cultura política chilena y con nuestra reputación de sociedad en general respetuosa del Estado de Derecho y de la democracia.

128. Enunciado. Una breve referencia a los principales proyectos en debate permite señalar que, entre ellos, se encuentran pendientes, o recien despachadas, las reformas siguientes:

A. Establecimiento de un sistema electoral de representación proporcional corregida, con no menos de cinco ni más de doce candidatos a elegir por cada distrito o circunscripción, para aplicarlo a las elecciones parlamentarias y municipales. La alternativa, para nosotros, es el régimen electoral mayoritario, preferiblemente con una sola votación, como en las democracias de la cultura anglosajona. Reconocemos, sin embargo, a la luz de los hechos, que nuestra sugerencia ya fue desatendida. Ya rige la representación proposicional inclusiva.

B. Implantación de la regionalización política y no solo de la descentralización administrativa, con nuevas competencias para los órganos territoriales y la elección popular y directa de las autoridades unipersonales y colegiadas, sean regionales, provinciales o comunales; implementando una gestión municipal autónoma, con énfasis en la formulación, ejecución y control del presupuesto comunal; y contemplando instrumentos de la democracia semidirecta como la iniciativa ciudadana de proyectos de enmiendas constitucionales, la consulta imperativa en referendos populares para ratificar o no determinados proyectos de ley despachados por el Congreso Nacional o, en fin, la revocación de mandatos por un quórum elevado de ciudadanos tratándose de órganos representativos locales. Una adición sencilla a lo dicho es la rendición de cuentas, anual o semestralmente al menos, del ejercicio de su mandato por todos los órganos de jerarquía constitucional;

C. Incorporación del límite máximo de setenta y cinco años de edad aplicable al desempeño de funciones públicas, extendiéndolo a los parlamentarios, a la vez que limitar la reelección indefinida de los diputados y senadores en sus cargos. En este orden de ideas cabe también la fijación de un número de años inexedible para servir en cargos de ministros de tribunales superiores, incluida la Corte Suprema;

D. Fortalecimiento de la autonomía de la Sociedad Civil, creando incentivos para su participación en la satisfacción de intereses colectivos, infundiendo vigencia a los principios de subsidiariedad y solidaridad, enriqueciendo así la vivencia diaria de la democracia, sin restringirla a la controlada por los partidos; y

E. Multiplicación paulatina de los medios de control, ejecutables por la ciudadanía sobre sus representantes, incentivando la injerencia de la población organizada, como ya se ha dicho, en la rendición periódica de cuentas que han de proporcionarle los órganos, sean elegidos popularmente o por los integrantes de las instituciones políticas. Puntualizamos que esta es, en nuestra visión, una exigencia elemental de los principios de transparencia y de información en favor de la ciudadanía. De la vigencia efectiva de ellos depende, por ejemplo, la fiscalización popular de la corrupción, la no reelección del involucrado y otras secuelas parecidas.

129. Apreciación. Las modificaciones hechas por la reforma de 2005 resolvieron la mayoría de los motivos de controversia que existían entre la coalición de gobierno y la oposición en ligamen con las modificaciones a la Carta Política. Sin perjuicio de ello, agregamos que las enmiendas pendientes que hemos resumido son atendibles y, por lo mismo, la aprobación de los proyectos respectivos, hecha adecuadamente, robustecerá la legitimidad de la Constitución y consolidará su vigencia, particularmente en lo más crucial de ella, que es su parte dogmática.

Difícilmente se sostiene la argumentación de que estas reformas son solo teorizaciones, carentes de antecedentes y objetivos concretos y prácticos. Tal afirmación, ya conocida, es una manera de descalificar los cambios necesarios y merece ser desestimada de plano. Ya es nítido que la nuestra es una democracia de tan alto nivel de ***representación*** y bajo nivel de ***representatividad***, que se acerca a la delegación del ejercicio del gobierno, sin instancias adecuadas y eficaces de control por la ciudadanía de esa gestión, así como de incentivos para la participación en los términos ya señalados. El mayor y más complejo problema que enfrentan los regímenes políticos en el mundo democrático entero es la pérdida creciente de interés por la ciudadanía en participar de los procesos populares. ¿Por qué? Retornaremos a tan difícil pregunta, pero aquí al menos dejamos constancia del agotamiento de las modalidades de intervención ciudadana, circunscrita a elecciones periódicas de las autoridades políticas, las cuales después desempeñan su mandato con extrema libertad, confiados en que no hay fiscalización popular efectiva sobre ellos, salvo algún caso extremo y colindante con conductas ilícitas.

Es grave la apatía que se ha apoderado de la ciudadanía, evidenciada en la altísima abstención electoral; expresión no articulada de indiferencia de frente a los resultados de los comicios, con base en que da lo mismo quien gane, pues la situación seguirá siendo de olvido, descuido o menosprecio de las demandas populares; o, por último, la irrupción de comportamientos con rasgos anárquicos.

CAPÍTULO V VISIÓN PROSPECTIVA

130. Naturaleza de la Constitución. Llégase así a una temática que hoy ha dejado de ser nueva por lo gastado del debate y la vuelta a plantear la ilegitimidad de origen del Código Político en vigor. ¿No fue, acaso, suficiente la limpieza democrática de ese origen que se hizo en el referendo de 1989? ¿No lo han sido, tampoco, las treinta y tantas enmiendas incorporadas más tarde? ¿Y no ha sido vivida, prácticamente, la Carta Fundamental, incluso por sus contrarios, en los treinta y cinco años que lleva aplicándose?

Ella consiste en plantear la interrogante más polémica, o sea, juzgar si la Constitución de 1980 es democrática, autoritaria o la yuxtaposición de ambas, alternativa esta última cuyas implicancias tensionantes deben ser advertidas, al punto de plantear su reemplazo. He aquí, entonces, una pregunta con respuesta difícil y compleja, cuyo esclarecimiento tiene que ser hecho con la razón y, en lo posible, sin pasión.

Hasta la reforma de 1989, la mayor parte de la ciudadanía sostenía que la Constitución era autoritaria, es decir, carente de los rasgos esenciales de una Carta Fundamental democrática. Después de las cincuenta y cuatro enmiendas contenidas en aquella reforma, se sostiene todavía, por parte de la ciudadanía, que no es suficientemente democrática, a pesar de las nuevas modificaciones de noviembre de 1995 y de los cambios medulares hechos a la Corte Suprema en 1997. La cuestión parecía reputarse superada después de la reforma de 2005, pero no ha sido así.

Quedan sectores, que han aumentado, que disienten del carácter democrático del Código Político en vigor. Al respecto pensamos que, en búsqueda de una respuesta convincente y orientados por los esquemas analíticos generalmente aplicados[240], es necesario preguntarse si la

---

[240] Revísense, entre muchos, las obras siguientes: Manuel García Pelayo: **Derecho constitucional comparado** (Madrid, Manuales de la Revista de Occidente, 1962) pp. 33 ss.; Alexander Hamilton, James Madison y William Jay: (1787-1788) **El Federalista** (México DF, Ed. Fondo de la Cultura Económica, 1974) pp. 204-209; Karl Loewenstein: **Teoría de la Constitución** (Barcelona, Ed Ariel, 1970) pp. 216 ss.; Karl Joachim Friedrich: II

Constitución responde a las exigencias de nuestra tradición republicana, que es resueltamente democrática, y al mismo tiempo, si precave la recurrencia de los conflictos que culminaron en la crisis de 1973 y en el colapso del gobierno libre e igualitario. De frente a tales interrogantes y pronunciándonos, en general, sobre las grandes instituciones, principios y normas, sostenemos que la Constitución de 1980 reformada es democrática. Agregamos que hoy las excepciones ya son pocas, que su corrección es factible y que apunta al fortalecimiento de la democracia en la perspectiva contemporánea.

Consiguientemente, surgen interrogantes como las siguientes y que deben tener respuesta sensata: ¿son tales excepciones, cuya aprobación sigue pendiente, el correctivo adecuado para la crisis que terminó con la democracia en septiembre de 1973?, ¿precaven tales excepciones la repetición de esos lamentables acontecimientos y sus secuelas?, ¿se trata de rectificaciones a la hegemonía de los partidos en el funcionamiento del régimen?, ¿buscan establecer el equilibrio indispensable entre los poderes de cara al presidencialismo exagerado que se halla trazado en la Constitución?, ¿o reflejan la reaparición de antiguas consignas ideológicas, encubiertas ahora por una lenguaje ambiguo, que poco a poco va dejando en evidencia tal cúmulo de demandas heterogéneas que, en definitiva, pueden ser identificadas con rasgos anarquistas? Obviamente, el debate actual, en torno del reemplazo del Código Político a través de una asamblea constituyente, genera cuestiones muchos más graves, v. gr., la sustitución del régimen político con la entronización del Estado en roles prioritarios; la subordinación mayor de la Sociedad Civil al aparato público; el término del régimen de economía social de mercado para, en su lugar, retornar al Estado de Bienestar y a la regulación severa de la libre iniciativa empresarial; o la incorporación a la parte dogmática de derechos públicos subjetivos que catalizan polémicas como, por ejemplo, en materia de la capacidad de la mujer para decidir acerca de los derechos reproductivos o disponer a voluntad de su cuerpo. El panorama nos parece todavía más desconcertante, habida consideración de las presiones articuladas nada más que a través de las redes sociales que operan en ***internet***. Las exigencias así planteadas sobrepasan a los proyectos de los partidos; carecen de vertebración programática coherente y unitaria; se vuelven patentes en el desprecio de los conceptos de autoridad, sistema jurídico y Estado; o buscan la acción directa, a veces con violencia, para lograrlas. ¿Quién, cómo y cuándo demostraría la capacidad de encausar, por vías institucionales, esas reivindicaciones?

131. Corrección sin destrucción. En este tópico, polémico y de permanente debate, hay algunas reformas, además, de las treinta y cuatro ya en vigencia, que el tiempo demuestra como indiscutiblemente razonables e, incluso, necesarias. Son perfeccionamientos o correcciones; no se trata del desmantelamiento del Código Político, o sea, de reemplazarlo sobre la base de alterar, de modo sustancial, el sistema de valores presente en el texto, contexto y espíritu de ella. El dilema, en definitiva, yace en concordar o no cuál es la idea y el ideal de Derecho con el que se identifica la mayoría, al menos, de la comunidad política.

A la nómina insertada en el capítulo anterior, agregamos la consulta al Senado en los nombramientos de altos diplomáticos. Pero es objetable que sea coherente con la fórmula política hoy articulada en la Carta Fundamental incluir, además, la aprobación del Congreso en punto a medidas de ejecución y acuerdos simplificados, ambos en ligamen

---

Gobierno constitucional y democracia (Madrid, Instituto de Estudios Políticos, 1975) pp. 585 ss.; Giovanni Sartori: **Elementos de teoría política** (Madrid, Alianza Editorial, 1992) pp. 19-25.

con tratados-marco o solemnes, siendo suficiente lo preceptuado en el artículo 54° Nº 1° inciso 4° del Código Político. En cambio, juzgamos acertado incorporar una norma semejante a la prevista en el artículo 75° Nº 22° de la Constitución argentina de 1994.

Por otra parte, disentimos de la supresión o reducción del requisito de residencia en la región para ser elegido diputado o senador[241]. Tampoco estamos de acuerdo en que los senadores sean elegidos por circunscripciones configuradas según el tamaño de la población de cada una de ellas, quebrando el criterio básico de la igualdad en el número de los parlamentarios entre todas las regiones del país.

A mayor abundamiento, se requiere implementar toda la legislación sobre la gestión municipal autónoma, con énfasis en la formulación, ejecución y control del presupuesto comunal. La introducción del referendo decisorio y de la iniciativa de normas, legales y constitucionales, por la ciudadanía, como métodos de participación política, son también elementos de una democracia más efectiva y que no pueden ser retrasados, comenzando con el ámbito comunal.

De mayor envergadura, y por cierto de disenso, es implementar el semipresidencialismo, cuya institucionalización exitosa nos parece más que discutible. Ha surgido, sin embargo, tal idea copiada de regímenes con trayectoria institucional distinta a la nuestra, dejando la impresión de que se trata de forzar coaliciones con un sistema de representación proporcional proclive al multipartidismo y, por lo mismo, a la ingobernabilidad.

132. Avance hacia el consenso. Se debaten reformas que, por el contrario, son aún polémicas, pese a que, con el paso del tiempo, quedarán decantadas o, tal vez, descartadas. Pero en punto a ellas también es ya imperativa una evaluación pronta, rigurosa y ponderada. Si no es factible alcanzar consensos plenos, repetimos la convicción en torno de la necesidad de forjar soluciones de compromiso, pero que sean de indudable sentido democrático y acerquen al valor de la certeza legítima o seguridad jurídica. Lo propugnado está, sin embargo, lejos de las posibilidades del presente y futuro cercano, al menos si se tienen en cuenta el rechazo tajante a forjar acuerdos, fundados los que así piensan en que los consensos fluyen de compromisos y que estos son inaceptables para implementar los cambios que demanda la Nueva Mayoría gobernante.

Pensamos, en ligamen con este último asunto, que el temor al desmantelamiento del Código Político era uno de los motivos, callados pero genuinos, que sentían quienes se oponían a la supresión de los enclaves autoritarios o bastiones que la minoría detentaba en el régimen político. Con satisfacción llegamos a sostener, sin embargo, que la reforma de 2005 había sido concordada, contemplando los resguardos que evitaban, en lo posible, los riesgos de una recaída en aventuras antidemocráticas. Hoy revisamos tal juicio para relativizarlo, porque son numerosos y poderosos los sectores que plantean escribir de nuevo la Carta Política en hojas en blanco y sin pactos o compromisos. ¿Buscan esas fuerzas repetir el proceso que culminó en el desastre de la Unidad Popular? ¿O se han *aggiornado* con consignas populistas; v. gr., la despenalización del aborto en tres situaciones o la igualdad de género con acuerdo de vida en pareja por personas del mismo sexo? ¿O la extensión de las prestaciones sociales sin conciencia de que tienen costos y debe saberse

[241] Un criterio adecuado sería reintroducir el artículo 46° inciso 2° de la Constitución de 1925, con las adecuaciones de 2005, en su texto vigente al 11 de septiembre de 1973, el cual preceptuaba que:

> No obstante, durante la legislatura ordinaria cualquiera de las Cámaras podrá acordar que el plazo de urgencia de un proyecto quede suspendido mientras estén pendientes, en la Comisión que deba informarlo, dos o más proyectos de urgencia.

quién las paga; por ejemplo, en la educación gratuita y universal, el acceso a la seguridad social sin cotizaciones suficientes, la inflexibilidad creciente en las jornadas laborales,?

133. Fiscalización parlamentaria. Requiere replantearse a fondo una reforma a tal fiscalización de los actos del Gobierno, sin callar que la Carta Fundamental en vigor, en su texto original, debilitó esa atribución exclusiva de la Cámara de Diputados[242] y que, en 2005, se progresó para mejorarla.

Así opinamos, pues estando convencidos de que la fiscalización política es de la esencia de la democracia y, más todavía, que debe ser vigorosa y efectiva de frente a un presidencialismo reforzado como es el chileno, no es menos efectivo que la experiencia histórica y concreta de nuestro país demostró los abusos del asambleísmo parlamentarista, con erosión de la legitimidad del sistema político, hasta terminar en la sucesión de golpes militares desencadenados desde septiembre de 1924.

La preceptiva incorporada en la reforma de 2005 avanza por el camino correcto, pero es necesario evaluarla a la luz de la experiencia para que los opositores no recurran, con exceso o designios torcidos, a las comisiones investigadoras, a la comparecencia de ministros de Estado o de otras autoridades gubernativas o de la Administración, culminando en intrusiones en el sector privado. Resulta sensible, por consiguiente, que casi ocho años después de publicada la reforma solo entonces fuera aprobada en el Congreso la adecuación de la ley orgánica de esa institución a las exigencias de dicha enmienda. Además, se halla en aplicación la normativa reglamentaria que regula la interpelación de los ministros de Estado, la cual ha sido aplicada en siete oportunidades hasta la fecha[243] y con balance poco alentador.

Desafortunada es la evidencia reciente en el sentido de que la Cámara Política aprobó un informe de comisión investigadora, pronunciándose acerca de la actuación de un ministro de la Corte Suprema en la presidencia del Sename. Se excedió con ello el límite nítido que la Constitución impone, en punto a fiscalizar solo los actos del gobierno.

134. Proyectos desestimados. El inventario de iniciativas de reforma abarca algunas ya rechazadas, por innecesarias, u otras deficientemente formuladas.

En el último grupo de proposiciones aludidas se halla la aclaración en el sentido de que los miembros de etnias son titulares de iguales derechos que los nacionales y demás habitantes de Chile. Semejante opinión manifestamos sobre la instauración del Defensor del Pueblo, pese a la conveniencia de insistir, como lo hacemos aquí, en su establecimiento. La creación del Consejo Nacional de la Magistratura, en cambio, parece que volverá a ser analizada, ojalá superando la composición política que lo ha desacreditado en el derecho comparado. La inclusión de Carabineros de Chile y de la Policía de Investigaciones de Chile en las instituciones dependientes del Ministerio del Interior y de la Seguridad Pública es, asimismo, una reforma ya introducida, incluida la ley que implementa tal cambio[244].

135. Iniciativas apaciguadas. Está ya demostrada en este capítulo la proclividad a reformar la Constitución de 1980. No es vano recordar que son treinta y cuatro las enmiendas ya efectuadas.

---

242 Véase Gutenberg Martínez Ocamica: **Fiscalización parlamentaria y comisiones investigadoras. Análisis y propuestas** (Santiago, Ed. Jurídica de Chile, 1998).

243 Consúltense la modificaciones hechas al Reglamento de la Cámara de Diputados en abril y mayo de 2006, concretamente agregándole el Título IV bis, De las Preguntas a los Ministros de Estado.

244 Consúltese la decimoséptima disposición transitoria, ya sin vigencia desde que entró a regir la Ley Nº 20.502, de 2011, que creó el Ministerio del Interior y Seguridad Pública.

Más aún, adviértense actitudes de mayor calma y reposo para examinar proyectos reputados, unos años atrás, decisivos para la democracia, aunque polarizantes y, por lo mismo, polémicos. El único que no lograba remontar los obstáculos era el relativo al reemplazo del régimen electoral binominal y, en cercanía con este, el rechazo de la iniciativa que permitía sufragar a los chilenos residentes en el extranjero. Afortunadamente, las últimas reformas marcan el éxito en tales empeños, aunque tratándose nada más que los comicios presidenciales y del plebiscito en reformas constitucionales.

136. Sistema electoral. En el Código Político debe quedar, solo escueta o concisamente expresada por cierto, la clave de tal sistema, aplicable en las elecciones parlamentarias, regionales y comunales, no únicamente en las primeras. En literatura científica muy difundida a partir de la formulación de las dos leyes de Maurice Duverger de 1957, está demostrado, como para mantener dudas, el nexo decisivo que media entre dicho sistema, por una parte, y la eficacia del régimen gubernativo por el ligamen con el régimen de partidos políticos, de otra. Omitir esa clave en la Carta Fundamental o entregarlo a la ley, aunque sea orgánica constitucional, parece una actitud elusiva del problema descrito[245].

En concepto del autor, la clave aludida no podía ser el binominalismo, contemplado en el artículo 107° bis de la Ley Orgánica Constitucional sobre Votaciones Populares y Escrutinios, porque premiaba a las minorías, castigaba a las mayorías, y había culminado en la designación de los elegidos por los partidos y en la exclusión de la competencia en las elecciones parlamentarias. Esa clave tiene, además, que proscribir los pactos y subpactos, por acción u omisión, nacionales o locales, totales o parciales, entre los partidos, o de estos con los independientes para efectos electorales, porque distorsionan la representatividad de las colectividades políticas, derivando *de facto* en una representación desproporcionada de ellos y en el bipartidismo. Lamentablemente, tales pactos quedaron incorporados a la Constitución por la reforma de 1989 y es, prácticamente, muy difícil que sean eliminados de allí y de la legislación complementaria, como va ocurriendo con la discusión de la nueva ley electoral. Se ha conocido, en mayo de 2014, un mensaje de la Presidenta de la República con el proyecto que sustituye al régimen binominal. Lo hace con el retorno a la representación proporcional, pero con rasgos que distan de ser moderados o correctivos, unos y otros desplazados por la idea de proporcionalidad ***inclusiva***. Retornaremos al examen del tema en el último capítulo de este libro, pero antes dejaremos constancia de nuestra divergencia con el régimen de cuotas reservadas a la mujer para postular a cargos de elección popular. ¿En qué quedan las elecciones primarias?, ¿y la idoneidad para servirlos?

137. Regionalización. Esta es una de las mayores reformas pendientes, de la mayor trascendencia para vitalizar la democracia con significado cotidiano y real. Ella está destinada a modernizar el Estado-Gobierno instaurando un auténtico Estado regional, sin temores derivados de un federalismo que nadie proclama ni reclama para nuestro Estado unitario, pero seguros, al mismo tiempo, que la forma estatal que hoy aún tenemos se halla superada por las exigencias internas y de orden internacional. La globalización, en su sentido pleno y sin sesgos ideológicos reduccionistas, es un proceso complejo, inevitable, con cuyas energías es necesario avenirse procurando maximizar los beneficios y minimizar los perjuicios que son inherentes a él. Es imprescindible gobernar la globalización, proceso cuyas implicancias son internas de los Estados-Naciones y externas a ellos. Lo que no

[245] Daniel Sabsay y Bernhard Thibaut: "La legislación electoral: bases electorales, estatus, mecanismos de reforma", en Dieter Nohlen, Sonia Pinedo y Daniel Zovatto (compiladores): **Tratado de derecho electoral comparado de América Latina** (México DF, Ed. Fondo de Cultura Económica, 1998) pp. 45 ss.

puede conservarse es el paradigma actual del Estado, cuya esencia es su base geográfica, asociado a la soberanía como criterio único y decisivo en él.

Descentralizar al Estado y a la Sociedad Civil es propender a la democracia participativa, corrigiendo o contribuyendo a rectificar prácticas políticas que deben ser superadas; por ejemplo, aquellas relacionadas con la hegemonía de los partidos y la falta de control de la ciudadanía sobre sus representantes. En la misma línea ubicamos el impulso a la autonomía regional; v. gr., para formalizar y cumplir acuerdos de integración transfronterizos. La elección popular de los consejeros regionales va en esa dirección; y en la misma orientación está la elección democrática de los intendentes regionales. Afortunadamente, el primero de los cambios ya es realidad, no así el segundo de ellos, que comienza a ser debatido como enmienda constitucional.

138. Estado regional. Tal forma de Estado se singulariza por la descentralización normativa, gubernativa, administrativa, judicial, contralora y electoral.

Se caracteriza, además, por abrir ámbitos a la participación social, funcional y territorialmente ejercida, siempre con autonomía respecto del Estado-Gobierno.

Se tipifica, por último, en el acercamiento del Gobierno a la gente, sobre todo en el ámbito comunal, vecinal o de la gestión de proximidad; en el control efectivo que la población hace del desempeño de sus mandatarios; en la iniciativa ciudadana de proyectos sobre los cuales tienen que pronunciarse los órganos competentes, etc[246].

139. Regionalización integral. La agenda de tal proceso abarca la modernización del Estado-Gobierno y de la Nación-Estado o Sociedad Estatal, simultáneamente. Se refiere a la relegitimación sustantiva del Estado-Gobierno en su vertiente unitaria, excluyendo la fórmula federal, por impracticable en nuestro contexto nacional. La conciencia de tal proceso de modernización dual –público y privado– confluye en la mayor gobernabilidad del sistema social[247].

Por eso, no se propugna aquí que la regionalización se extienda, en ningún sentido, a la titularidad y ejercicio de la soberanía. Tampoco postulamos su vínculo con la función constituyente o legislativa[248]. Pero sí, en cambio, insistimos en la insuficiencia del enfoque que reduce la regionalización a la descentralización o desconcentración nada más que de la subfusión administrativa, o sea, a una de las tres actividades que integran la misión gubernativa en su sentido estricto o restringido[249].

140. Carácter instrumental del proceso. La regionalización no es un fin en sí mismo, pues se trata de un proceso de carácter instrumental, accesorio o supeditado a la consecución de valores superiores a él. Entre tales valores cabe señalar el desarrollo humano, el crecimiento equilibrado de las regiones, el despliegue de la democracia, la gobernabilidad sobre supuestos de legitimidad tanto sustantiva como formal, la

---

[246] Ilustra la resolución institucionalmente acertada en el tema la reforma hecha en Francia el 28 de marzo de 2003. Véase Ferdinand Mélin-Soucramanien, Pierre Pactet: **Droit Constitutional** (Paris, Ed. Sirey, 2013) pp. 338 ss.

[247] Véase del autor "Incidencia de la globalización en la descentralización de Chile", publicación del **Seminario internacional sobre actores e instituciones en el desarrollo territorial en el marco de la globalización** (Concepción, Universidad del Biobío, 1999). De especial interés, por su aproximación empírica, es Dagmar Raczynski y Claudia Serrano (editoras): **Descentralización. Nudos críticos** (Santiago, Cieplan, 2001).

[248] Para una completa, ponderada y sugerente revisión crítica de proposiciones concretas en el tópico puede consultarse Dror Yehezkel: **La capacidad de gobernar. Informe al Club de Roma** (México DF, Ed. Fondo de Cultura Económica, 1996).

[249] José Luis Cea Egaña: **Teoría del Gobierno** (Santiago, Ed. Universidad Católica de Chile, 2000) pp. 135 ss.

participación y solidaridad, el control y la responsabilidad de los mandatarios populares, la eficiencia en el ejercicio de las funciones y servicios públicos, la rectificación de los vicios no democráticos, la repartición equitativa del presupuesto nacional, y muchos otros de análoga importancia.

141. Democracia directiva. En tal perspectiva se sitúa la temática de la democracia semidirecta o semirrepresentativa, de la cual solo un primer hito, casi programático hasta hoy, son los plebiscitos comunales. Sabemos que en siete ocasiones, en comunas de la Región Metropolitana, se han realizado tales consultas, esperándose incrementar su frecuencia a raíz de entrar a regir la demorada reforma a la legislación orgánica respectiva.

Tienen que ser incorporados a nuestra Constitución, en consecuencia, otros de esos mecanismos a nivel nacional, regional, provincial y comunal. A propósito de la dimensión nacional entera, ya fue realzado lo referente a la iniciativa popular en materia legislativa y a la aprobación o rechazo en referendos, de proyectos de reformas constitucionales, de ciertos tratados internacionales y de asuntos de importancia para la población en su globalidad, excluidas las materias de defensa nacional, tributarias, de familia y demás que no será difícil determinar. Propugnamos, entonces, legislar con claridad y precisión en el asunto, separando las materias susceptibles de decidirse en tales instancias democráticas, por un lado, de aquellas que no pueden, en caso alguno, quedar entregadas a ese modo de participación popular, de otro.

Se volverá sobre el asunto en los capítulos siguientes. Empero, útil es realzar, desde luego, la debilidad de los argumentos esgrimidos para rechazar la democracia semidirecta en Chile, en los cuales se presume la inmadurez cívica de los ciudadanos y la facilidad para manipularlos, cerrándose con ello y a priori la posibilidad de aplicar de modo progresivo las instituciones de ese régimen político. Decididamente, pensamos que, es indispensable penetrar en los cambios descritos, sin temores, pero con la prudencia que se requiere para realizarlos con éxito.

142. Control y corrupción. Con el mismo propósito deben contemplarse nuevas y efectivas instancias de control, coherentes con una descentralización integral y no solo administrativa. Esto significa, además, que la fiscalización *ex ante* o preventiva ha de ser, por regla general, reemplazada, haciendo lugar a otra de índole coetánea o bien ulterior o *ex post*.

¿Se conjuga esa modalidad de control paralelo y *a posteriori*, sin embargo, con el clamor de penar la corrupción, aunque no sea aún generalizada, v. gr., en los municipios, en la colusión de política y negocios, o en la impunidad de conflictos de intereses, alegando que se trata de asuntos entre privados?, ¿o tendrá que mantenerse la antigua fórmula, lenta y burocrática, del control *ex ante* porque la buena fe tampoco es susceptible de razonable presunción?, ¿no debe la gente, por sí misma y sin intermediarios, contar con mayores incentivos y oportunidades de control institucional?

La corrupción en Chile existe, ha aumentado y no es sensato desconocer su magnitud ni gravedad. Pero también se debe admitir, como se ha difundido por los medios de comunicación social, que nuestro país se ubica, comparativamente, entre los de situación menos seria o comprometida en el rubro. Esa patología política no es aún generalizada entre nosotros, siendo sensato infundir eficacia a los órganos y procedimientos de control para prevenirla, denunciarla y sancionarla[250].

---

[250] Véase Norberto Bobbio: **El futuro de la democracia, cit.**, pp. 100 ss.

En definitiva, propugnamos una vinculación, mayor y concreta, entre el control ciudadano de sus representantes, por un lado, y el postulado de la participación y la transparencia que debe ser promovido por el Estado y los actores sociales con el objetivo de incrementar la legitimidad del régimen político, de otro.

CAPÍTULO VI

CONTEXTO HISTÓRICO Y FUTURO

143. ¿Una nueva Constitución o reforma constitucional? Nos hemos detenido varias veces en el tema y ahora queremos sistematizar las ideas. Lo hacemos fundados en las únicas dos fuentes reconocidas como fidedignas, aunque el rasgo común a ellas yace en la generalidad, imprecisión, finitud o ambigüedad de los planteamientos en asuntos cruciales[251]. Las ocasionales entrevistas de prensa a gobernantes, políticos y académicos mantienen el secretismo y no disipan dudas en punto al método o procedimiento, quedándose en que será participativo, institucional y democrático, sin descartar la asamblea constituyente; y a propósito del contenido de la nueva Ley Suprema, solo hallamos puntualización a nivel de criterios globales, v. gr., que se implantará un Estado Social de Derecho, desplazando el rasgo subsidiario del régimen vigente; o que se asumirá la cualidad multiétnica de nuestra nación; o que se impulsara la igualdad, combatiendo la marginalidad, la segmentación y todo tipo de discriminación, exigiendo incluso cuotas en beneficio de la mujer y de otras agrupaciones.

Más allá de lo escrito aparecen proclamaciones aún con apariencia de tentativas. Por ejemplo, eso es así en la línea de entronizar el régimen semipresidencial, clave para que se estructuren alianzas en el semipresidencialismo; reimplantar la representación proporcional en las elecciones parlamentarias, pero con discriminaciones patentes en la configuración de circunscripciones y número de elegidos en cada una de ellas; rebajar el quórum de aprobación, modificación y derogación de las normas orgánicas constitucionales; suprimir el control preventivo o *ex ante* de supremacía, por el Tribunal Constitucional, sea el realizado por requerimiento voluntario o mediante revisión obligatoria; dejar a la Contraloría General de la República reducida a cautelar la auditoría del Estado administrador, privándola de jurisdicción en cuanto a las cuentas que han de rendir los funcionarios encargados de la recaudación

---

[251] Véase el Programa de Gobierno de la entonces candidata a la Presidencia de la República Michelle Bachelet Jeria, en Francisco Zúñiga Urbina (coordinador): **Momento constitucional y nueva Constitución** (Santiago, Ed. Legal Publishing, 2014).

e inversión de caudales públicos; regulación sistemática de los tribunales contencioso administrativos, pero quedándose en el enunciado; remisión a la ley de regulación de la mayoría de las disposiciones constitucionales que, en la actualidad, versan sobre las instituciones armadas; elección democrática de los intendentes regionales, aunque sin distribuir las competencias con los nuevos gobernadores regionales; y otros numerosos asuntos comentados como la compatibilidad de cargos políticos y gremiales.

Ha declarado la Presidenta de la República[252] que tiene ya una versión de lo que sería una nueva Constitución, anunciando el inicio de su debate en el segundo semestre de 2015, promoviendo el análisis y discusión al respecto, convencida de la falta o débil formación cívica de la ciudadanía en los complejos problemas constitucionales. En tal línea de reflexión se inscribe la intención gubernativa de efectuar reuniones con los más diversos sectores políticos, como las que lleva a cabo la Ministra Secretaría General de la Presidencia de la República, en quien está radicado el cumplimiento inmediato del objetivo que hemos comentado. Arguyen los ralentizadores que tienen que ser despachadas antes que las modificaciones tributarias, educacionales, laborales y otras como la despenalización del aborto en tres situaciones.

Surgen variadas interrogantes en torno de este dilema crucial para el presente y futuro de todos los chilenos.

Desde luego, ¿se justifica abogar por una Constitución nueva que sustituya por completo a la actualmente en vigor o, por el contrario, sería conveniente abordar todos los tópicos que se planteen y terminar, de una vez y para siempre, con la polémica de la ilegitimidad de origen de la Carta de 1980, presumida por la mayoría de la ciudadanía como ya superada con la reforma de 2005?, ¿se exagera al exigir el reemplazo completo de la Carta Política vigente?, ¿con base en cuál o qué diagnóstico objetivo se propone refundar el Estado?, ¿no sería indispensable llevar a referéndum de ratificación el proyecto de reformas, concordado según las alternativas arriba resumidas?, ¿o cabría insistir en una asamblea o convención constituyente, cuya instauración no podría efectuarse respetando el sistema institucional, sin contar con el quórum previsto en el artículo 127° de la Carta Política?, ¿por qué, en una temática de tanta importancia y esclarecimiento urgente, se difiere una y otra vez la formulación precisa, al menos de las claves temáticas, de la nueva Constitución?, ¿no terminará esa incertidumbre perjudicando la economía y el desarrollo humano del país?, ¿trátase, tal vez, de una estrategia, consistente en crear el máximo posible de poder político para la Nueva Mayoría, incluso aliándose con las redes sociales o los movimientos confrontacionales y rupturistas para finalmente presionar a la oposición con hechos consumados, denunciando los peligros configurativos de ingobernabilidad si no se aceptan los postulados en pro de la asamblea constituyente?, ¿no sería eso exactamente lo contrario a la vía institucional que tanto ha sido realzada?

Son enormes las secuelas que llevan consigo las respuestas a las dudas anteriormente resumidas. Pensamos que Chile no merece ni requiere un proceso prerrevolucionario como el enunciado. Es indudable que la pugna en la centroderecha por abrir o cerrar el cauce a las enmiendas constitucionales está en manifiesto colapso. Pero, por idéntica razón, pensamos que se halla franqueada la oportunidad de forjar acuerdos que concreten las reformas pendientes y eviten el azar y la incertidumbre que, casi sin excepción, acompañen al funcionamiento real de las manifestaciones de poder constituyente originario.

---

[252] Véase el diario **La Tercera** (sábado 17 de mayo de 2014).

No podemos callar, para terminar, que son muchos y vigorosos los líderes y grupos que rechazan, por principio, arribar a compromisos para seguir en la senda bosquejada. Es muy difícil comprender y compartir tan inmovilizante criterio, cuya pugna con la democracia realmente vivida es manifiesta. Me pregunto: ¿todo lo que se hizo en Chile desde 1990, y que incluye la transición exitosa, un avance ostensible en la reconciliación de los espíritus, la inyección de inspiración social a la política económica y el desarrollo humano, fueron fantasía, tareas descalificables por ilegítimas, hechos que más vale la pena olvidar? ¿o hemos regresado a la tesis de avanzar sin tranzar, de trágica memoria? ¿no son hechos demostrados los índices de reducción de la pobreza y de la vulnerabilidad social? ¿o la concreción de la igualdad de oportunidades merced al acceso de más de un millón de estudiantes a la educación superior?

Advertimos cierto afán de impulsar e imponer consignas, modeladas ideológicamente. Inquieta constatar, por ejemplo, la reemergencia de eslóganes simples, pero sin cejar repetidos hasta la majadería.

No falta mucho tiempo para las definiciones. Anunciamos, sin embargo, que vacilamos en reconocer a la Nueva Mayoría un título democrático sólido para ignorar la importancia de pactar con la oposición democrática el texto de las reformas realzadas. Al fin y al cabo, las negativas consecuencias de haber instaurado el sufragio voluntario, con la esperada abstención de más de 50% del cuerpo electoral, mueve a pensar que la primera minoría tiene que entenderse con las demás fuerzas políticas en torno de la agenda constitucional. Si la Carta Política debe ser para todos, entonces pensamos que el único camino es el ya destacado.

144. ¿Un balance positivo? Ya ha sido realzada la influencia del tiempo en el arraigamiento de la Constitución, porque esta se halla inmersa en aquel y experimenta las secuelas de su paso, imperceptibles a veces y otras no. Toda Constitución lo es en el tiempo y la Carta Fundamental de Chile no es una excepción a ese principio.

Reconocemos, por ende, que el pasado, presente y futuro han determinado, en numerosos y cruciales aspectos, el acierto y la instauración de la Carta Fundamental de 1980, en cuanto rectificación de cara a la crisis que culminó con el quiebre de la democracia el 11 de septiembre de 1973. Pero el tiempo ha dejado de manifiesto también los cambios de mentalidad de vastos sectores del liderazgo y la ciudadanía chilena.

La incidencia de esos tres tiempos del verbo ha ya demostrado el acierto de numerosos principios y preceptos del nuevo Código Político. Destacable es, en tal sentido, el orden público económico, plasmado sobre la base del principio de subsidiariedad estatal en el artículo 19° N°s 20° a 26° de la Constitución. Evidencia de ese éxito es el desarrollo socioeconómico de Chile y la imitación que, de dicho orden, se ha hecho en Cartas Fundamentales posteriores; v. gr., la peruana, la argentina, la checa y la rumana. Sin embargo, hoy se evalúa críticamente aquel orden para reemplazarlo por otro, de prioridad estatal en la consolidación de la igualdad, la materialización de los derechos de segunda generación y el combate a la segmentación, sea en la enseñanza, el acceso a las acciones de salud o las oportunidades de trabajo y el ejercicio de cargos públicos.

Con semejante intención aprobatoria se mencionan las disposiciones constitucionales sobre autonomía de los grupos intermedios, marco básico de las universidades y demás instituciones de enseñanza superior, la libertad de afiliación y desafiliación en nexo con gremios y sindicatos, la vigilancia del uso adecuado de los recursos naturales y protección del medioambiente. Con todo, se ha difundido, con éxito creciente, la tesis que reimpone la unificación de lo político y lo social, ciertamente impulsada por quienes anhelan someter lo segundo a lo primero y así aumentar el caudal de votos en los comicios populares.

145. Cuestiones pendientes. También se ha destacado en páginas anteriores el impacto del tiempo al dejar de manifiesto los desaciertos en que se incurrió en la elaboración del Código Político de 1980. Ello se debe al sesgo de sus autores por la interpretación histórica polarizada que efectuaron de los acontecimientos que culminaron en el derrumbe de la democracia en 1973. Coherentes con esa interpretación, enfatizaron como correctivos el presidencialismo reforzado y, más que nada, la injerencia de las instituciones armadas en delicadas cuestiones políticas; v. gr., la integración al Senado de cuatro de sus más altos mandos en retiro y lo mismo, en igual número pero en servicio activo, al Consejo de Seguridad Nacional.

¿Fue acaso la crisis y colapso de nuestra democracia en esa fecha provocada, principalmente, por el poder excesivo del Congreso, de modo que se justificaba la reducción de sus facultades?, ¿o ella fue, por el contrario, secuela del cúmulo de potestades, desmesurado y discrecional, radicado en el Presidente de la República?, ¿quedó compensada esa merma de atribuciones parlamentarias con los frenos y balances técnicos contemplados en la Constitución de 1980?, ¿debe ser ahora enfocado el tema en ligamen con fenómenos nuevos, v. gr., la modernización de la sociedad estatal, la descentralización integral de ella, la globalización y el Estado de equidad?, ¿qué incidencia tuvo, en la crisis de 1973 y después, el régimen de partidos?, ¿no resulta ineludible fortalecer la autonomía de la Sociedad Civil, dotándola de acciones, medios, recursos e incentivos que le permitan, dentro del ordenamiento jurídico, cubrir espacios públicos que no pueden ya seguir monopolizados por el Estado?, ¿no es acaso impostergable aumentar la participación, evitando la democracia sin ciudadanos a raíz de ser privatizados los asuntos de interés público? Y vecino a lo anterior, ¿acaso es sensato identificar siempre lo estatal con lo público, como si fueran sinónimos? Lo público es lo abierto a todos, sean ciudadanos o habitantes, y no solo a los empleados o funcionarios fiscales o del Estado[253].

146. Dos perspectivas. La respuesta no es pacífica, menos todavía cuando se avanza desde el análisis jurídico-formal del texto constitucional a su evaluación jurídico-sociológica y de política real. En esta segunda perspectiva resurgen, como se acaba de plantear, el rol de los partidos como protagonistas decisivos de nuestro proceso democrático, aunque a veces ello ocurra mediante órdenes, designaciones, nominaciones, influencias, nepotismo y otras decisiones de corte oligárquico.

¿Ha llegado el tiempo de modificar las normas criticadas?, ¿son ellas definitivamente inconciliables con la tradición republicana de Chile?, ¿cabe encontrar fórmulas de convivencia respetuosa de políticos y uniformados que, más allá del texto y contexto constitucional, infundan legitimidad a nuestra cultura cívica?, ¿están decantadas las disposiciones cuya enmienda no debe ser postergada?

Reiteramos con vigor nuestra tesis de frente al constitucionalismo chileno: creemos en la conveniencia, incluso en la necesidad de las reformas para adecuar las instituciones a la dinámica social e infundir gobernanza al sistema político. Pero no propugnamos el cambio constitucional incesante, impuesto desde arriba y no rara vez con sentido ajeno a los sentimientos y conciencia realmente predominantes en nuestra comunidad,

---

[253] Véase, entre muchos, Victoria Camps (editora): **Democracia sin ciudadanos. La Constitución de la ciudadanía en las democracias liberales** (Madrid, Ed. Trotta, 2010). Consúltese también el libro de John Rawls: **El derecho de gente y una revisión de la idea de razón pública** (Barcelona, Ed. Paidós, 2001) pp. 177 ss.

despreocupándose después de llevarlo a la práctica. Menos nos alineamos con la tesis de una asamblea constituyente, reclamada sin preocuparse de las causas que desembocaron en la destrucción de la democracia en septiembre de 1973, evidenciando un voluntarismo ideológico que recuerda las simplificaciones de las planificaciones globales y que, en definitiva, nos confirma que en Chile existen mentalidades que esquematizan o presumen saber lo que es el voluntarismo contemporáneo y la Carta Política derivada de él[254].

147. Requisitos de legitimidad. Dejamos desde ya planteadas esas preguntas, pero no sin decir que, cualquiera sea la respuesta que se les dé, la reforma constitucional debe siempre ser concebida, elaborada, debatida, consensuada y aprobada en términos de la mayor participación, publicidad y transparencia posible, involucrando en ese proceso a la opinión pública y a la de los especialistas. La transparencia y buena voluntad son el sello que distingue a las mentalidades democráticas.

Sin rechazar ninguna enmienda *a priori* o como cuestión de principio, ni propugnar la aprobación de cambios con el rasgo de fin en sí mismos, la actitud sensata parece hallarse en reformar solo las normas constitucionales en punto a las cuales, tras el estudio, la reflexión, la confrontación de experiencias y alternativas, en fin, la difusión de conclusiones que únicamente permite la apreciación juiciosa del paso del tiempo, fijando en lo posible amplios y sólidos consensos.

Superlativa importancia tiene aclarar que el avance de la reforma así hecha, es decir, parcial por el compromiso que desemboca en acuerdos, pero abierto y progresivo, sea aceptado lealmente por todos los actores involucrados. En otras palabras, que no se descalifique después a las enmiendas, alegando por unos que son insuficientes y por otros que ellas resultaron excesivas. El transcurso del tiempo no se detiene y él hará oportuno aprobar nuevos cambios al Código Político, o desestimar otros, como ya ha quedado demostrado.

Lo que definitivamente debe ser rechazada es la reimplantación, por quimérica entre diversas objeciones, de una simple, nostálgica e idealizada Constitución histórica-tradicional, pues con ella se presume que el tiempo transcurrido se ha perdido por todos y que el progreso no ha existido. La Carta Política no pertenece, principal y menos únicamente, a los difuntos. Con paralela energía tiene que desestimarse también la Constitución solo racional-normativa, o sea, la que se construye con base en la obsesión por el vuelo ideológico, la imitación libresca, el afán reformista autojustificado y el cambio que se propugna aún antes de experimentar, en la realidad de la convivencia, si las instituciones o procedimientos existentes son rescatables y perfeccionables por otras vías legítimas[255]. Es un hecho, mil veces constatado en la realidad, que la Carta Política no es solamente de las generaciones futuras.

El pretérito y el futuro son importantes, no cabe duda, y se ha ya reconocido repetidamente en este libro. Pero tiene que ser igualmente destacada la relevancia del tiempo

---

254 Una perspectiva favorable a los reemplazos de las Constituciones se halla en Gerardo Pisarello: **Procesos constituyentes. Caminos para la ruptura democrática** (Madrid, Ed. Trotta, 2014). Opuesta a lo anterior, con base empírica y focalizada en nuestro país, es la tesis de Tom Ginsburg: "¿Fruto de la parra envenenada? Algunas observaciones comparadas sobre la Constitución chilena", **Revista Estudios Públicos** Nº 133 (2014) pp. 10 ss.

255 Manuel García Pelayo, medio siglo atrás, expuso de manera completa, nítida y visionaria la influencia del verbo que es acción y vida humana, en la consolidación, transformación e institucionalización de una Carta Política. Recomendamos leer esas lecciones, más que nunca ahora que han reaparecido los síndromes del cambio por el cambio. Véase **Derecho constitucional comparado** (Madrid, Ed. Revista de Occidente, 1954, 2ª ed. 1962) pp. 33 ss. Revísese, además, Martin Loughlin: **Foundations of Public Law** (Oxford, UK, Oxford University Press, 2010) pp. 276 ss.; y Gustavo Zagrebelsky: **Historia y Constitución** (Madrid, Ed. Trotta, 2005).

presente en el cual, mientras mucha gente de las generaciones que hoy conviven obtiene satisfacciones, otra parte de la ciudadanía sufre privaciones, frustraciones, marginaciones y pobreza, cayendo en la envidia, el resentimiento, o peor aún en la corrupción y otros delitos. La Constitución, sociológicamente entendida, debe llevar a que gobernantes y gobernados se preocupen de resolver los problemas concretos que impiden a vastos sectores de la población gozar hoy de la vida digna a que tiene derecho, siempre y sin discriminaciones, la persona humana por ser tal.

148. El tiempo y la Constitución. Se han cumplido treinta y cuatro años de vigencia de la Carta Fundamental en vigor. De ellos, sin embargo, solo veinticinco se han vivido en democracia y aplicando plena o íntegramente sus principios y normas, incluidas las decenas de enmiendas a ella introducidas.

Como hemos aseverado, toda Constitución lo es en el tiempo y no abstracta ni intemporalmente concebida. Cuando se incurre en esta idealización, lo que es frecuente en América Latina, entonces la Carta Fundamental pierde, en medida considerable, su fuerza normativa propia, se convierte en foco de debates y disputas, en fin, no es respetada porque tampoco es vivida a raíz de carecer de implementación práctica y masiva.

El tiempo opera, no obstante, en un doble sentido.

En primer lugar, hace surgir cambios en el texto y en el contexto de ella, siendo aquellos introducidos por reformas, y los segundos resultantes de la interpretación y aplicación que se efectúa, principalmente por la jurisprudencia, de los valores y preceptos que contiene y se mantienen inmodificados. He aquí el rol insustituible de la jurisprudencia dinámica en la hermenéutica constitucional evolutiva, progresiva y actualizadora.

Ya se ha visto la serie de reformas hechas a la Constitución, habiendo concluido que son insuficientes, en aspectos medulares, o que fueron innecesarias en otras, porque no se trataba de enmiendas materiales ni de la incorporación de novedades tan queridas por la población como sustanciales. El tiempo, con todo, ha influido en la mutación de ella, o sea, en el cambio del significado de su texto sin alterar una sola palabra del mismo. ¿Cómo va ocurriendo esto?

A través de la interpretación del bloque de constitucionalidad, el cual, hasta la fecha, iba siendo concebido e implementado de modo más bien consensual o, tampoco podía callarse, evitando los controles que pueden detener las decisiones ya en ejecución. Lo ocurrido con la hegemonía de los partidos, la adecuación de ellos al sistema binominal a pesar de las críticas, la alteración del objetivo de esta fórmula por la alianza de las fuerzas políticas con los independientes, etc, son un ejemplo, y nada más, que sirve para ilustrar esta idea.

El tiempo influye también, como se ha dicho, de otra manera. Trátase de la incidencia que la Constitución tiene en el sistema jurídico en su generalidad o globalidad. La constitucionalización del Derecho es el resultado de este proceso, cuyo rasgo favorable al progreso del ordenamiento es manifiesto. Así, las más diversas ramas del régimen positivo van recibiendo la influencia del Derecho de la Constitución, sobre la base de respetarse, cada día más y mejor, el sentido que tiene el principio de supremacía del Código Político. En la medida en que este fenómeno transcurre y lo hace con éxito, es indudable que se va arraigando, con semejante magnitud, la Constitución, con su letra y espíritu, en el sentimiento y la conciencia del pueblo y sus dirigentes. Se erige así la Carta Fundamental en algo vivo porque es vivido, aumentando sus virtudes de sólida y querida por ser instrumento de desarrollo pacífico y justo de la comunidad política.

Más de treinta y cuatro años es tiempo suficiente para juzgar la estabilidad de una Carta Fundamental, aun cuando esta no ha enfrentado todavía, en democracia, crisis ni estados excepcionales. Lo sensato, por ende, es seguir observando la evolución que los principios y preceptos constitucionales tienen en la realidad. De esta forma se podrá constatar, al cabo del tiempo, si el consenso en torno de la Constitución ha crecido, consolidándola, o por el contrario, si el disenso es el que ha aumentado, volviendo imperativo reformarla, a corto plazo, para que se mantengan las disposiciones no controvertidas[256]. En los días que transcurren enfrentamos una tercera alternativa, esto es, el reemplazo de la idea de Derecho y política que singularizan al Código Supremo. Se aduce que la nuestra debe ser una Constitución nacida en democracia[257].

La Constitución de 1980, para algunos es la de 2005, y sus reformas han dejado de relieve las importantes y valiosas innovaciones que representan para nuestro constitucionalismo. Pero, paralelamente, repetimos que el tiempo ha puesto de manifiesto las graves apreciaciones y decisiones que se adoptaron en 1980 con perjuicio de nuestra honrosa trayectoria democrática constitucional. A esa evaluación, madura y equilibrada, se arribó con la reforma de 2005. Desde entonces, la Constitución se había fortalecido, pasando de las declaraciones a la realidad, porque se la concebía como una Carta Fundamental viva a raíz de ser vivida en la práctica[258]. No coincidimos, entonces, con los autores que califican de fracaso a esa reforma ni menos de tiempo perdido el vivido en el último cuarto de siglo.

149. **Pensando en las generaciones futuras**. Se han realizado varios esfuerzos por resolver los problemas que impiden cerrar la transición, pero ellos no han sido suficientes. Uno de esos esfuerzos fue la Mesa de Diálogo. Allí participaron autoridades civiles y militares que culminaron en la proposición de medidas concretas para resolver la situación de los detenidos-desaparecidos. El legislador recogió estas ideas y las convirtió en parte medular de la Ley N° 19.693, publicada en el Diario Oficial del día 6 de junio de 2000.

Relevante es transcribir algunos pasajes del documento con que la Mesa de Diálogo culminó su esfuerzo, pues en él queda de manifiesto que ese grupo de chilenos demostró la buena voluntad y espíritu de desprendimiento con que es indispensable enfrentar los desafíos que tenemos para lograr la reconciliación nacional:

Chile sufrió, a partir de la década de los 60, una espiral de violencia política, que los actores de entonces provocaron o no supieron evitar. Fue particularmente serio que algunos de ellos hayan propiciado la violencia como método de acción política. Este grave conflicto social y político culminó con los hechos del 11 de septiembre de 1973, sobre los cuales los chilenos sostienen, legítimamente, distintas opiniones.

Sin embargo, hay otros hechos sobre los cuales no cabe otra actitud legítima que el rechazo y la condena, así como la firme decisión de no permitir que se repitan. Nos referimos a las graves violaciones a los derechos humanos en que incurrieron agentes de organizaciones del Estado durante el gobierno militar. Nos referimos también a la violencia política cometida por algunos opositores al régimen militar.

En especial nos preocupa hondamente la tragedia, aún no resuelta, de los detenidos-desaparecidos. Es imperativo y urgente contribuir a superar este problema. Ello requiere

256 Consúltese Tom Ginsburg y Alberto Simpser (editores): **Constitutions in Authoritarian Regimens** (New York, Cambridge University Press, 2013)

257 Revísese Tom Ginsburg: "¿Fruto de la parra envenenada?, **cit.**, pp. 16 ss.

258 Véase Herman Heller: **Teoría del Estado** (México DF, Ed. Fondo de Cultura Económica, 1967) pp. 206 ss.

de parte de todos, un espíritu de grandeza moral que nos permita concordar medidas efectivas para ese fin.

Debemos comenzar a explicitar las lecciones morales que se desprenden de nuestra historia reciente.

El país necesita hacer lo humanamente posible para que nunca más se recurra a la violencia política o se violen los derechos de las personas en nuestra Patria.

Referíamos que es condición del Estado de Derecho que el ejercicio legítimo de la fuerza quede entregado exclusivamente a los órganos competentes en un sistema democrático, como también el rechazo absoluto de la violencia como método de acción política. Se hace indispensable desterrar y rechazar, de manera categórica, cualquier forma de acceso al poder por vías distintas a las democráticas.

Aseveramos, asimismo, que la defensa del Estado de Derecho y en particular el respeto de los derechos fundamentales de todos los habitantes de la República, en todo tiempo y circunstancia, es sustento ético de las instituciones de la Nación.

Es necesario formar y educar a nuestras generaciones futuras en el debido respeto de los derechos de las personas (...)[259].

Coincidimos con lo planteado en el texto transcrito. En él se halla, condensadamente, la interpretación de nuestra historia reciente que juzgamos correcta y, a la vez, los desafíos que debemos asumir para consolidar el imperio de la justicia y la paz en nuestra patria. Quince años después hemos revisitado tales conclusiones. De esa nueva oportunidad de evaluación desprendemos que la reconciliación, plena e irreversible, prosigue con el rasgo de anhelo nacional, siendo frecuentes las explosiones de intolerancia, animosidad, voluntarismo y odiosidad que impulsan a quienes nunca serán partidarios del perdón y el olvido que reclama el bien común y el futuro de nuestra democracia[260].

BIBLIOGRAFÍA

Acuña Ramos, Rolando: **La Constitución Política de 1925 ante la Comisión de Constitución, Legislación, Justicia y Reglamento del Senado** (Santiago, Ed. Jurídica de Chile, 1971).

Andrade Geywitz, Carlos: "La Constitución de 1980, su estudio y aprobación", **Gaceta Jurídica** Nº 52 (1984).

— **Génesis de la Constitución de 1980** (Santiago, Ed. Conosur, 1988).

— **Reforma de la Constitución Política de la República de Chile de 1980** (Santiago, Ed. Jurídica de Chile, 1991).

[259] El texto aparece reproducido en la **Revista Estudios Públicos** Nº 79 (2000) pp. 481 ss.

[260] Véase también Hernán Larraín Fernández y Ricardo Núñez Muñoz (editores): **Las voces de la reconciliación** (Santiago, Instituto de Estudios de la Sociedad, 2013).

Andrades Rivas, Eduardo: "Acerca de la estabilidad constitucional y las reformas a la Constitución en Chile", **Revista de Derecho Público** Nº 59 (1996).

Aylwin Azócar, Patricio **et al.**: **Una salida político constitucional para Chile** (Santiago, Ed. ICHEH, 1985).

Barros Lezaeta, Luis y Ximena Vergara Johnson: "Los grandes rasgos de la evolución del Estado de Chile, 1820-1925", **Revista Estudios Sociales** Nº 5 (1975).

Barry Brian: **La teoría liberal de la justicia** (México DF, Fondo de Cultura Económica, 1993).

Bertelsen Repetto, Raúl: "Reformas a la Parte Orgánica de la Constitución", XVI **Revista Chilena de Derecho** (1989).

Benavente Urbina, Andrés: "Partidos políticos chilenos bajo la Constitución de 1925. Evolución histórica, política", **Política** Nº 6 (1984).

Bidart Hernández, José: "Algunos aspectos sobre la eficacia de la Constitución en la sociedad chilena", **Revista de Derecho de la Universidad de Concepción** Nº 182 (1987).

Blumenwitz, Dieter y Sergio Gaete: **La Constitución Política de la República de Chile de 1980. Su legitimidad** (Santiago, Ed. Jurídica de Chile, 1981)

— **La nueva Constitución de la República de Chile** (Santiago, Ed. Andrés Bello, 1983).

Bobbio, Norberto: **El futuro de la democracia** (México DF, Ed. Fondo de Cultura Económica, 1993).

Bravo Lira, Bernardino: "Chile 1925-1932. De la nueva Constitución al nuevo régimen de gobierno", en Departamento de Derecho Público de la Facultad de Derecho de la Universidad de Chile (editor): **La Contraloría General de la República** (Santiago, Imprenta Camilo Henríquez, 1977).

— **Régimen de gobierno y partidos políticos en Chile** (Santiago, Ed. Jurídica de Chile, 1978).

Bruna Contreras, Guillermo: "Reformas sobre derechos políticos", XVI **Revista Chilena de Derecho** (1989).

Campos Harriet, Fernando: "El sufragio en Chile, 1810-1980", **Política** Nº 6 (1984).

— **Historia constitucional de Chile** (Santiago, Ed. Jurídica de Chile, 1983).

Carrasco Delgado, Sergio: **Génesis de los textos constitucionales chilenos** (Santiago, Ed. Jurídica de Chile, 1983).

— "Transición y Constitución Política. En el Consejo de Estado y en el texto aprobado", XI **Revista Chilena de Derecho** Nº 2-3 (1984).

Cavallo Castro, Ascanio, Oscar Sepúlveda Pacheco, Manuel Salazar Salvo: **La historia oculta del régimen militar** (Santiago, Ed. Grijalbo, 1997).

Cea Egaña, José Luis: "La Constitución Plena", **Vigilia** Nº 11 (1978).

— "Representación política y social en la Nueva Constitución", **Revista de Ciencia Política** Nº 2 (1982).

— "Sobre las Constituciones y constitucionalismo chileno", XIII **Revista de Derecho de la Universidad Católica de Valparaíso** (1992).

— "El Plebiscito de 1988", **Gaceta Jurídica** Nº 96 (1988).

— **Teoría del Gobierno** (Santiago, Ed. Universidad Católica de Chile, 2000).

— **Tratado de la Constitución de 1980** (Santiago, Ed. Jurídica de Chile, 1988).

— "Los principios de reserva legal y reglamentaria en la Constitución chilena", IX **Revista de Derecho de la Universidad Austral de Chile** (1998).

— "Implicancias de la rigidez constitucional", **Gaceta Jurídica** Nº 102 (1988).

— "Patrimonio constitucional chileno", **Gaceta Jurídica** Nº 208 (1997).

— **Incidencia de la globalización en la descentralización de Chile** (Concepción, Universidad del Biobío, 1991).

— "Influencia del Tribunal Constitucional en el proceso de institucionalización política", XV **Revista Chilena de Derecho** (1988).

— "La Constitución de 1980. Experiencia y horizonte 20 años después", **Revista Actualidad Jurídica** Nº 4 (2001).

— **Escritos de justicia constitucional** (Santiago, Cuaderno Nº 35 del Tribunal Constitucional, 2007).

Cerda Medina, Mario: "Origen de algunos principios básicos de la institucionalidad política establecida por la Constitución de 1980", **Revista de Derecho Universidad de Concepción** Nº 179 (1986).

Chevalier, Jacques: **Institutions politiques** (Paris, LGDJ, 1996).

Collier, Simon: **Ideas y política de la Independencia de Chile, 1810-1833** (Santiago, Ed. Andrés Bello, 1977).

Collier, Simon y William Sater: **Historia de Chile 1808-1991** (Cambridge UK, Cambridge University Press, 1998).

Compte-Sponville, André: **¿Qué es el tiempo? Reflexiones sobre el presente, el pasado y el futuro** (Santiago, Ed. Andrés Bello, 2001).

Cristi Becker, Renato y Pablo Ruiz-Tagle Vial: **La República en Chile. Teoría y práctica del constitucionalismo republicano** (Santiago, Lom Ediciones, 2006).

Cruz-Coke, Ricardo: **Historia electoral de Chile, 1925-1973** (Santiago, Ed. Jurídica de Chile, 1984).

Cumplido Cereceda, Francisco y Hugo Frühling Ehrlich: "Problemas jurídico-políticos del tránsito hacia la democracia, Chile 1924-1932", **Estudios Sociales** Nº 21 (1979).

— "Los valores de la Constitución de 1980 y su eficacia jurídica", XIII Revista Chilena de Derecho Nº 2 (1996).

Diez Urzúa, Sergio: **Personas y valores. Su protección constitucional** (Santiago, Ed. Jurídica de Chile, 1999).

Donoso Letelier, Crescente: "Notas sobre el origen, acatamiento y desgaste del régimen presidencial, 1925-1973", **Historia** Nº 13 (1976).

Donoso Novoa, Ricardo: **Las ideas políticas en Chile** (Santiago, Ed. Universitaria, 1967).

Dror, Yehezkel: **La capacidad de gobernar. Informe al club de Roma** (México DF, Ed. Fondo de Cultura Económica, 1996).

Duvauchelle Rodríguez, Mario: **Las Fuerzas Armadas y Carabineros de Chile. Su regulación constitucional y orgánica constitucional** (Santiago, Ed. Jurídica de Chile, 1994).

Edwards Vives, Alberto: **Organización política de Chile** (Santiago, Ed. del Pacífico, 1972).

— **La fronda aristocrática** (Santiago, Ed. del Pacífico, 1976).

Eigen, Peter: **Los roles de la corrupción. La sociedad civil contra los abusos del poder** (Madrid, Ed. Planeta, 2005).

Eyzaguirre Gutiérrez, Jaime: **Fisonomía histórica de Chile** (Ciudad de México, Ed. Fondo de la Cultura Económica, 1948).

Favoreu, Louis y Loic Philip: **Les grandes decisions du Conseil Constitutionnel** (Paris, Ed. Dalloz, 1994).

Favoreu, Louis y Francisco Rubio Llorente: **El bloque de la constitucionalidad** (Madrid, Ed. Civitas, 1991).

Fermandois Huerta, Joaquín: **La revolución inconclusa** (Santiago, Centro de Estudios Públicos, 2013).

Fiamma Olivares, Gustavo: "La democracia. Un sistema limitado", **Revista de Derecho Público** Nº 41-42 (1987).

Fontaine Aldunate, Arturo: "Mirando hacia el próximo futuro político de Chile", **Estudios Públicos** Nº 12 (1983).

García Pelayo, Manuel: **Derecho constitucional comparado** (Madrid, Manuales de la Revista Occidente, 1962).

García Pino, Gonzalo: "La Constitución de 1980. Desafíos de su consagración como norma", XX **Revista Chilena de Derecho** (1993).

García de Enterría, Eduardo: **Justicia y seguridad jurídica en un mundo de leyes desbocadas** (Madrid, Cuadernos Civitas, 2000).

Gil Federico, Ricardo Lagos Escobar y Henry A. Landsberger (editores): **Chile 1970-1973. Lecciones de una experiencia** (Madrid, Ed. Tecnos, 1977).

Góngora del Campo, Mario: **Ensayo histórico sobre la noción de Estado en Chile en los siglos XIX y XX** (Santiago, Ed. La Ciudad, 1981).

—"Libertades económicas y concepto de gobierno en Chile hacia 1915-1935", **Historia** Nº 20 (1985).

Heise González, Julio: **Historia de Chile. Ideas y partidos políticos, 1861-1925** (Santiago, Ed. Universitaria, 1982).

Heller, Herman: **Teoría del Estado** (México DF, Editorial Fondo de Cultura Económica, 1967).

Infante Caffi, María Teresa: "El efecto de la reforma constitucional de 1989 visto por la jurisprudencia", XXIII **Revista Chilena de Derecho** Nº 2 (1996).

Loveland, Ian: **Constitutional Law. A Critical Study** (London, Butterworths, 1996).

Loewenstein, Karl: **Teoría de la Constitución** (Barcelona, Ed. Ariel, 1970).

Martínez Ocamica, Gutenberg: **Fiscalización parlamentaria y comisiones investigadoras** (Santiago, Ed. Jurídica de Chile, 1998).

Medina Quiroga, Cecilia y Claudio Nash Rojas: **Sistema interamericano de derechos humanos. Introducción a sus mecanismos de protección** (Santiago, Centro de Derechos Humanos de la Facultad de Derecho de la Universidad de Chile, 2007).

Molina Guaita, Hernán: **Derecho constitucional** (Concepción, Facultad de Ciencias Jurídicas de la Universidad de Concepción, 1993).

Nohlen, Dieter, Sonia Picado y Daniel Zovatto (compiladores): **Tratado de derecho electoral comparado de América Latina** (México DF, Ed. Fondo de Cultura Económica, 1998).

Orrego Vicuña, Claudio **et al.**: **Siete ensayos sobre Arturo Alessandri Palma** (Santiago, Instituto Chileno de Estudios Humanísticos, 1979).

Peces-Barba Martínez, Gregorio: **Curso de derechos fundamentales. Teoría general** (Madrid, Universidad Carlos III, 1999).

Pérez de Arce Ibieta, Hermógenes: **La verdad del juicio a Pinochet** (Santiago, Ed. El Roble, 2001).

Raczinski, Dagmar y Claudia Serrano (editoras): **Descentralización. Nudos críticos** (Santiago, Cieplan, 2001).

Ríos Álvarez, Lautaro: "Razón y fuerza de la Constitución de 1980", XIV **Revista Chilena de Derecho** Nº 3 (1989).

Rubio Llorente, Francisco: **Derechos fundamentales y principios constitucionales** (Barcelona, Ed. Ariel, 1995).

Sartori, Giovanni: **Ingeniería constitucional comparada** (México DF, Ed. Fondo de Cultura Económica, 1994).

Silva Bascuñán, Alejandro, Raúl Bertelsen Repetto, Guillermo Bruna Contreras y José Luis Cea Egaña: "La reforma constitucional de 1989", XIV **Revista Chilena de Derecho** Nº 3 (1989).

Silva Bascuñán, Alejandro: III y VI **Tratado de derecho constitucional** (Santiago, Editorial Jurídica de Chile, 1997).

— "Principios que informan la Constitución Política de 1980", X **Revista Chilena de Derecho** Nº 1 (1983).

— "Un aspecto positivo de la Constitución de 1980", **Revista de Derecho Universidad de Concepción** Nº 74 (1983).

Silva Vargas, Fernando **et al.**: IV **Historia de Chile** (Santiago, Ed. Universitaria, 1976).

Soto Kloss, Eduardo: "Destrucción del Estado de Derecho 1970-1973", **Revista de Derecho Público** Nº 53-54 (1993).

Tajadura Tejada, Javier: **El preámbulo constitucional** (Granada, Ed. Comares, 1997).

Tardo, Giovanni: **Cultura política y teoría del derecho** (México DF, Ed. Fondo de Cultura Económica, 1995).

Urzúa Valenzuela Germán: **Diccionario político-institucional de Chile** (Santiago, Ed. Jurídica de Chile, 1984).

— **Historia política de Chile** (Santiago, Ed. Jurídica de Chile, 1992).

— **Manual de derecho constitucional** (Santiago, Ed. Jurídica de Chile, 1992).

Valencia Avaria, Luis: **Anales de la República** (Santiago, Ed. Jurídica de Chile, dos volúmenes, 1986).

Valenzuela Arturo y Samuel Valenzuela: "Los orígenes de la democracia. Reflexiones teóricas sobre el caso de Chile", **Estudios Públicos** Nº 12 (1983).

Valenzuela, Arturo y Alexander Wilde: "El Congreso y la redemocratización en Chile", **Alternativas** Nº 3 (1984).

Verdugo Marinkovic, Mario: "Los principios del constitucionalismo clásico en los ordenamientos fundamentales de Chile", **Revista de Derecho Público** Nº 19-20 (1976).

— "Notas acerca de la reforma constitucional de 1989", **Gaceta Jurídica** Nº 111 (1989).

Vial Correa Gonzalo: II y IV **Historia de Chile** (Santiago, Ed. Santillana, 1980).

— "Decadencia, consensos y unidad nacional en 1973", **Dimensión Histórica de Chile** Nº 1 (1984).

Viehweg, Theodor: **Tópica y filosofía del derecho** (Barcelona, Ed. Gedisa, 1991).Salazar Vergara, Gabriel y Julio Prieto Vallejos: II **Historia contemporánea de Chile** (Santiago, Lom Ediciones, 2002).

TERCERA PARTE

FUENTES E INTERPRETACIÓN DEL DERECHO CONSTITUCIONAL

CAPÍTULO I FUENTES

150. Conceptos. Miguel Reale[261] define las fuentes del derecho como los procesos o medios en virtud de los cuales las normas jurídicas se positivizan con fuerza legítima obligatoria, esto es, con vigencia y eficacia. El mismo autor menciona, con el carácter de fuentes, al proceso legislativo, a los usos y costumbres, a la actividad jurisdiccional y al poder negocial o expresión de la autonomía de la voluntad.

Eduardo García Máynez[262], por su parte, precisa los tres sentidos con que usa la expresión fuentes del derecho.

Al efecto, señala que su sentido formal apunta a los procesos de creación de normas jurídicas; su sentido real se refiere a los factores y elementos de la sociedad que determinan el contenido de tales normas; y su sentido histórico se aplica a los documentos, anteriores a la normatividad escrita, que encierran el texto de las normas jurídicas. "Inquirir la fuente de una disposición jurídica –escribe dicho autor– es buscar el sitio en que ha salido de las profundidades de la vida social a la superficie del derecho".

Resumiendo, entendemos por fuentes del derecho, con aplicación específica al derecho constitucional chileno, los orígenes, causas o antecedentes de las cuales proceden los valores, principios y preceptos constitucionales, y que fijan su sentido y alcance para aplicarlo a la solución de casos concretos.

Aclaremos también que el estudio de tales fuentes conduce a distinguir el Derecho de la Constitución, centrado en el estudio de las reglas positivas expresamente incluidos en el texto de ella, por un lado, del Derecho Constitucional, por otro, es decir, del estudio de aquel texto desde el vértice de los valores, principios y normas generales pertinentes a la idea, *ethos* y *thelos* esenciales del constitucionalismo, como parte de una antropología que limita, racionaliza, controla y legitima el poder para que sirva a la dignidad y derechos de la persona humana.

---

[261] **Introducción al derecho** (Madrid, Ediciones Pirámide, 1979) p. 112.

[262] **Introducción al estudio del derecho** (México DF, Ed. Porrúa, 1978) p. 51.

151. Clasificaciones. Se acostumbra a dividir las fuentes del Derecho en ***directas***, llamadas también ***técnico-jurídicas***, formales o propias del derecho positivo; en fuentes ***indirectas***, denominadas igualmente ***sociológicas, filosóficas, ideológicas o materiales***; y en fuentes ***históricas***, división esta última reconocida con menos frecuencia, porque si seguimos la explicación ya citada de García Máynez, entonces podemos concluir que lo histórico queda en lo técnico-jurídico o en lo material, dependiendo del ángulo adoptado para definirlo como fuente del derecho.

En las fuentes directas se incluyen la Constitución, las leyes en sus variadas jerarquías y diversas modalidades, los tratados internacionales de derechos humanos, la potestad reglamentaria del Presidente de la República, los reglamentos de las Cámaras del Congreso Nacional y del Consejo de Seguridad Nacional, los autos acordados de los tribunales colegiados como la Corte Suprema, el Tribunal Constitucional y el Tribunal Calificador de Elecciones, las instrucciones que imparte el fiscal Nacional a los órganos del Ministerio Público, los acuerdos generales del Banco Central, etc.

En cambio, las fuentes indirectas abarcan los usos, costumbres, tradiciones y prácticas con clara relevancia jurídica; la jurisprudencia contenida en las sentencias judiciales y la emanada de los dictámenes de los órganos fiscalizadores; la doctrina de los comentaristas y tratadistas; las teorías, ideologías, cosmovisiones o doctrinas sobre la persona, la sociedad y el Estado, etc.

152. Crítica. La clasificación descrita, imperativo es entenderlo con certeza, se enseña como verdad indiscutible, sin percatarse de que ella supone la preponderancia del derecho positivo que, en ocasiones, llega a erigirse en fuente única o exclusiva de todo el fenómeno jurídico.

De esta manera, el positivismo formalista que identifica al Derecho con las normas jurídicas dictadas por el Estado según un método determinado, se convierte en la principal, de mayor amplitud y, a veces, en la única fuente en sentido estricto que pasa a ser sinónimo de Derecho puro o positivo, solamente.

Quedan así las fuentes indirectas relegadas al lugar de supletorias, o sea, como secundarias o residuales de lo no regulado por las disposiciones del positivismo-formalista, el cual, obviamente, procura reglarlo todo. Más todavía, la idea de un sistema jurídico completo, omnicomprensivo e internamente coherente, propugnada por el formalismo racionalista, lleva a prohibir al intérprete que acuda a las fuentes indirectas, reputándoselas como inseguras o inciertas, relativas o subjetivas y, en definitiva, peligrosas para la regularidad objetiva que, se asume, es cualidad de los preceptos de origen positivo, o de las fuentes directas.

No compartimos esta visión reductora del Derecho a la vertiente formalista, pues realza al Estado sobre la persona y la sociedad, monopolizando en los órganos respectivos del Estado-Gobierno, y más que nadie en el legislador, la capacidad de hacer emanar o generar principios y normas constitucionales, como asimismo, cerrar el círculo reconociendo después a otros órganos la facultad exclusiva de interpretarlos. Quedan así la persona y la Sociedad Civil reducidas al ámbito que les dispense el Estado-Gobierno, es decir, el de ser fuentes indirectas, sin perjuicio de reconocer, todavía en este ámbito, a los órganos del Estado como causantes de tales fuentes, v. gr., a través de la jurisprudencia judicial, administrativa, tributaria y electoral.

Por eso, en definitiva, no aceptamos la definición que Ignacio de Otto[263] da de la fuente del Derecho, al decirnos que es tal el acto normativo previsto por el ordenamiento jurídico, o sea, aquel producido de acuerdo con tal ordenamiento en su acepción positiva o estatal.

Si bien nuestra crítica, de sentido y alcance general, apunta a una arraigada y equivocada concepción de las fuentes del Derecho, conducente a peligrosas y negativas secuelas, esa crítica la formulamos con pertinencia especial en punto al derecho constitucional chileno, de cara a la Carta Fundamental de 1980 y sus múltiples enmiendas.

Efectivamente, el constitucionalismo no es conjugable, en sus principios, técnicas y objetivos humanistas, con el sistema de fuentes que despliega al positivismo estatal, sin reparar en cuál, dentro del Estado, es realmente el órgano normativo y con qué orientación realiza su labor.

La respuesta a esta y otras interrogantes obligarían a sostener que, únicamente, en un Estado de Derecho democráticamente organizado, regulado y controlado, con plena vigencia de la representación política pero, a la vez, de la participación ciudadana por medio de los mecanismos de la democracia semidirecta, sería a cabalidad propugnable el concepto de fuentes indirectas o técnico-jurídicas.

153. Referencia a las fuentes directas. Ilustraremos aquí el tópico, pues su desarrollo es el objeto completo de nuestra asignatura.

A. La Constitución es la principal fuente directa en los valores, principios y normas que componen su texto y contexto, su historia oficial, letra y espíritu;

B. Las leyes siguen en jerarquía a la Carta Fundamental. Empero, suelen convertirse en fuentes de paralela relevancia a la del Código Político, como sucede en las leyes interpretativas o que aclaran, declarando el significado de pasajes oscuros del texto y contexto de la Constitución[264]. Tales leyes interpretativas son delicadas, pues lo dilucidado por ellas se entiende incorporado a la Constitución misma, aunque no haya sido ejercida la potestad constituyente. Por eso, se justifica el cumplimiento de exigencias especiales de quórum y control respecto de tal especie de normas.

En las leyes debemos incluir, además, a las leyes orgánico constitucionales[265], a las de quórum calificado[266], a las comunes o simples y a los decretos con fuerza de ley, como

---

[263] **Sistema de fuentes** (Barcelona, Ed. Ariel, 1989) pp. 70 ss.

[264] Ley de esta categoría es, por ejemplo, la Ley N° 18.152, publicada en el Diario Oficial el 2 de agosto de 1982, a propósito del derecho de propiedad en lo pertinente a la reajustabilidad de las pensiones.

[265] Entre muchas susceptibles de ser citadas, tenemos la Ley N° 18.556, sobre Inscripciones Electorales y Servicio Electoral (DO 1-10-1986); Ley N° 18.700, sobre Votaciones Populares y Escrutinios (DO 6-5-1988); Ley N° 18.962, sobre Enseñanza (DO 10-3-1990); Ley N° 18.603, sobre Partidos Políticos (DO 23-3-1987); Ley N° 18.097, sobre Concesiones Mineras (DO 21-1-1982); Ley N° 18.575, sobre Bases Generales de la Administración del Estado (DO 5-12-1986); Ley N° 18.475, sobre Estados de Excepción Constitucional (DO 14-6-1985); Ley N° 18.918, sobre Congreso Nacional (DO 5-2-1990); Ley 17.997, sobre Tribunal Constitucional (DO 19-5-1981); Ley N° 18.460, sobre Tribunal Calificador de Elecciones (DO 15-11-1985); Ley N° 18.948, sobre Fuerzas Armadas (DO 27-2-1990); Ley N° 18.961, de Carabineros de Chile (DO 7-3-1990); Ley N° 18.840, sobre Banco Central (DO 10-10-1989); Ley N° 19.175, sobre Gobierno y Administración Regional (DO 11-11-1992); Ley N° 18.695, sobre Municipalidades (DO 31--3-1988) y Ley N° 19.640, Orgánica Constitucional del Ministerio Público (DO 15-10-1999).

[266] Verbigracia, la que determina las conductas terroristas y su penalidad (artículo 9°); la que establezca la pena de muerte, artículo 19° N° 1° inciso 3°; la que establezca los delitos y abusos que se puedan cometer en ejercicio de la libertad de emitir opinión y de informar (artículo 19° N° 12° inciso 1°); la que establezca la organización, funciones y atribuciones del Consejo Nacional de Televisión (artículo 12° inciso 6°); la que regule el ejercicio del derecho a la seguridad social (artículo 19° N° 18° inciso 2°); la que autorice al Estado y sus organismos para

también a los decretos leyes de rango meramente legal. En punto a los decretos leyes, no olvidemos que ha habido también algunos de jerarquía constitucional, siendo el que llevó el número 3.464, hasta antes de la reforma de 2005, nada menos que el continente de la Constitución de 1980;

Particularmente importantes son, entre las nombradas, las leyes orgánico-constitucionales, pues desarrollan las disposiciones de la Carta Fundamental, definen las palabras empleadas en esta, imponen requisitos cuando la Constitución lo autoriza o complementan lo ordenado en ella. Tal sucede, por ejemplo y respectivamente, con el amparo de las concesiones mineras, con el concepto de suspensión y restricción extraordinaria del ejercicio de un derecho fundamental, con la inscripción en los registros electorales para sufragar, la clasificación de las urgencias en la tramitación de los proyectos de ley, la definición de período legislativo en el funcionamiento del Congreso Nacional, etc;

C. Cuidadosamente debemos referirnos a los tratados internacionales. Efectivamente si ellos se hallan ratificados y vigentes en nuestro país y versan sobre derechos esenciales que emanan de la naturaleza humana, como son los asegurados en el artículo 19° del Código Político, entonces lo propugnado sobre dichos derechos tiene, en nuestra opinión, el valor y la jerarquía sustantiva de valores, principios y normas constitucionales. Es decir, pensamos que son Constitución en sentido material, pudiendo incluso entenderse que lo son también en su acepción formal, pues el artículo 5° inciso 2° de la Ley Suprema los habría hecho parte de ella.

No reuniéndose los requisitos recién enunciados, los tratados, convenciones o acuerdos internacionales solemnes tendrán mérito jurídico inferior, equivalente en la jerarquía de las leyes a la que regule la materia correspondiente o incluso, del nivel propio de la potestad reglamentaria en el caso de los acuerdos simplificados;

D. La potestad reglamentaria[267] no es, por lo común, una fuente directa de derecho constitucional, pues se limita a ejecutar, pormenorizando detalles que posibiliten la ejecución concreta o casuística de lo dispuesto en las reglas de la Constitución y las leyes. Tratándose de la potestad reglamentaria autónoma o extendida vale, aunque sin rasgos tan enfáticos, lo mismo que hemos aseverado respecto de la potestad reglamentaria de ejecución.

Excepcionalmente, encontramos preceptos reglamentarios que son fuente en el sentido formal al que nos hemos referido. Así ocurre, v. gr., con el Decreto Supremo (Ministerio del Interior) N° 1.086 de 1983, Reglamento sobre Reuniones Públicas[268], y el Decreto Supremo (Ministerio de Educación) N° 18 de 2003, que Aprueba el Reglamento sobre Calificación de la Producción Cinematográfica[269];

desarrollar actividades empresariales o participar en ellas (artículo 19° N° 21° inciso 2°); la que establezca, cuando así lo exija el interés nacional, limitaciones o requisitos para la adquisición del dominio de algunos bienes (artículo 19° N° 23° inciso 2°); la que autorice la contratación de aquellos empréstitos cuyo vencimiento exceda del término de duración del respectivo período presidencial (artículo 63° N° 7° inciso 2°); la ley sobre control de armas (artículo 103° inciso 1°); y las leyes especiales que regulan la libertad de locomoción en los territorios de Isla de Pascua y Archipiélago Juan Fernández.

267 Sobre el particular señala el artículo 32° N° 6° de la Constitución: "Son atribuciones especiales del Presidente de la República: Ejercer la potestad reglamentaria en todas aquellas materias que no sean propias del dominio legal, sin perjuicio de la facultad de dictar los demás reglamentos, decreto e instrucciones que crea convenientes para la ejecución de las leyes".

268 Publicado en el Diario Oficial el 16 de septiembre de 1983.

269 Publicado en el Diario Oficial el 11 de julio de 2003.

E. Los reglamentos de las dos Cámaras[270] que conforman al Congreso Nacional deben ser situados en posición semejante a la potestad reglamentaria. Aclaramos, además, que su ámbito de aplicación es más circunscrito, pues versan, preponderantemente, sobre el proceso de formación de la ley en las comisiones y en la sala, la configuración de aquellas comisiones y de los comités parlamentarios, el ejercicio de las funciones y atribuciones exclusivas de las Cámaras, del presidente, el vicepresidente o los vicepresidentes y el secretario de cada rama del Congreso, la resolución de conflictos de interés en que estén involucrados los parlamentarios, la observancia de principios éticos en tal labor, etc.

En algunos asuntos, por ejemplo, la fiscalización y la acusación constitucional o el despacho de la Ley de Presupuestos, dichos reglamentos adquieren mayor relieve y pueden, en este sentido, ser calificadas como fuentes directas de nuestro derecho constitucional; y

F. Los autos acordados de los tribunales colegiados revisten la cualidad de fuentes directas.

Así ocurre con la tramitación y fallo de las acciones y recursos de amparo[271] y protección[272]; o con el procedimiento aplicable a la tramitación de la acción indemnizatoria por error judicial[273]; o con la regulación del nombramiento, por parte de la Corte Suprema, de tres ministros del Tribunal Constitucional[274]. En todas las materias mencionadas, y muchas otras, la regulación se encuentra en disposiciones de rango reglamentario. En lo pertinente a su competencia, tanto el Tribunal Constitucional[275] como el Tribunal Calificador de Elecciones[276] han dictado también importantes regulaciones de esa naturaleza.

---

270 Conforme a lo previsto por el artículo 56° inciso 2°: "Cada una de las Cámaras establecerá en su propio reglamento la clausura del debate por simple mayoría".

271 Revísese el auto acordado de la Corte Suprema, de 19 de diciembre de 1932, sobre tramitación y fallo del recurso de amparo.

272 Revísese el auto acordado de la Corte Suprema de 24 de junio de 1992, sobre tramitación del recurso de protección de garantías constitucionales (DO: 27 de junio de 1992) y sus modificaciones.

273 Auto acordado que reglamenta el procedimiento para obtener la declaración previa al ejercicio de la acción indemnizatoria que concede la letra i) del N° 7° del artículo 19° de la Constitución, publicado el 24 de mayo de 1996.

274 Véase el auto acordado de la Corte Suprema que regula el nombramiento de los ministros titulares del Tribunal Constitucional por la Corte Suprema de Justicia (DO 24-3-2006).

275 Acuerdo del Tribunal Constitucional sobre Integración de Salas, Distribución de Causas y Atención de Público, publicado en el Diario Oficial el 2 de marzo de 2006, modificado en enero de 2007.

276 Véase el auto acordado del Tribunal Calificador de Elecciones sobre procedimiento, fallo y aplicación de sanciones por incumplimiento a la obligación de efectuar o actualizar las declaraciones de patrimonio por parte de los Miembros Titulares y Suplentes de los Tribunales Electorales Regionales (DO 4-7-2006); auto acordado del Tribunal Calificador de Elecciones sobre tramitación y fallo de las reclamaciones en contra de las resoluciones del director del Servicio Electoral pronunciadas en los procedimientos administrativos a que dé lugar la aplicación de la Ley N° 19.884, sobre Transparencia, Límite y Control del Gasto Electoral (DO 16-4-2005); auto acordado sobre tramitación y fallo de los recursos de queja (DO 19-11-2002); auto acordado del Tribunal Calificador de Elecciones sobre tramitación y fallo de los recursos de apelación en contra de las resoluciones de los Tribunales Electorales Regionales que se pronuncien sobre la calificación de las elecciones de carácter gremial (DO 11-7-2002); auto acordado del Tribunal Calificador de Elecciones sobre procedimiento de designación de miembros titulares y suplentes de los Tribunales Electorales Regionales (DO 08-7-2000); auto acordado sobre tramitación y fallo de los recursos de apelación (DO 3-12-1998); auto acordado sobre tramitación y fallo de los recursos de apelación, Ley N° 19.418, sobre Juntas de Vecinos y demás organizaciones comunitarias (DO 16-4-1997); auto acordado sobre reinscripción de partidos políticos en una o más regiones del país; auto acordado sobre renuncia a los partidos políticos y su forma de notificación (DO 18-11-1994); y auto acordado del Tribunal Calificador de Elecciones sobre registro de directivas centrales de partidos políticos (DO 14-7-1988).

154. Ideas sobre las fuentes indirectas. Ya nos hemos referido a la importancia que, desde el vértice de la legitimidad sustantiva del sistema constitucional, tiene esta clase de fuentes. Ahora expondremos algunos comentarios a propósito de cada una de ellas.

A. La jurisprudencia constitucional ha nacido, cualitativa y cuantitativamente, por efecto de la ampliación de la revisión judicial, es decir, de la jurisdicción constitucional entendida en su más vasto sentido, no referida solo al Tribunal Constitucional. Tal es la que, genéricamente, resulta más exacto denominar *justicia constitucional*.

Elogiable es, en esa perspectiva, la labor cumplida por los Tribunales Superiores de Justicia, especialmente en virtud de los centenares de sentencias que, cada año, se pronuncian fallando las acciones o recursos de protección. El derecho constitucional, en cuanto asignatura de estudio, y la Constitución, como sistema normativo, se han convertido así en instrumentos científico, técnico y profesional de importancia diaria, constante y creciente, cuya ignorancia o deficiente comprensión y aplicación son inexcusables para cualquier abogado, magistrado o funcionario. No callamos, sin embargo, que la hermenéutica restrictiva de aquel arbitrio, patente en los últimos años, ha disminuido el efecto benéfico realzado. Seguimos esperando que la modificación del auto acordado sobre tramitación del recurso de protección[277], efectuada en junio de 2007, establezca la actividad abierta a la tutela de los derechos y deberes fundamentales mediante esa acción cautelar. Lo mismo vale en punto a los fallos del Tribunal Constitucional, sobre la constitucionalidad de los preceptos legales de rango orgánico constitucional; o los pronunciados en nexo con los conflictos suscitados en la tramitación de los proyectos de ley o de reforma constitucional; o con respecto a los decretos supremos, pese a que sobre estos haya tomado razón con anterioridad la Contraloría General de la República; o, en fin, de frente a los requerimientos para declarar la inhabilidad de un ministro de Estado o de un parlamentario; o, luego de la reforma de 2005, al resolver los recursos de inaplicabilidad e inconstitucionalidad que ante dicha magistratura se han presentado y admitido a tramitación[278].

Fue el Tribunal Calificador de Elecciones el que, por otra parte, se pronunció en torno al problema derivado del requisito de residencia, por dos años, para ser candidato en las elecciones parlamentarias de diciembre de 1993[279].

---

[277] Véase el auto acordado (Acta N° 70-2007) de la Corte Suprema que modifica el auto acordado sobre tramitación del recurso de protección de garantías constitucionales publicado en el Diario Oficial el 8 de junio de 2007.

[278] Art. 93° inciso 1° N° 6° y 7°.

[279] Sentencia del Tribunal Calificador de Elecciones del 13 de agosto de 1993 (Rol N° 16-93), que en lo medular sostuvo:

> Las exigencias que propone (*sic*) la Constitución Política a quienes pretenden ser elegidos Senadores o Diputados –que no pueden ser omitidas por tratarse de normas de carácter constitucional– tienen como clara finalidad asegurar que los parlamentarios reúnan condiciones de madurez intelectual, de eficacia e interés razonable para el logro del bien común a que están llamados para el adecuado desempeño de una misión que tiende tanto a dar satisfacción a los altos intereses de la Nación, como a los anhelos de las personas y de la ciudadanía en general, al igual que las legítimas aspiraciones de la Región que los eligió como sus representantes; (...) considerada así la labor del parlamentario, con miras al interés nacional y al de su región, resulta que la exigencia de la residencia en este último lugar no puede ser otra que una permanencia razonable y repetida dentro de él con ánimo de pernoctar, desarrollando –para el logro de tales pretensiones– vinculación estrecha con la ciudadanía del sector, de lo que se desprende que sea posible alcanzar habitualidad y permanencia en más de un lugar del país, lo que da margen para lograr residencia en cada uno de ellos.

En todos los casos mencionados, se debe destacar que la jurisprudencia ha sido innovadora, correctiva o mutativa de las normas constitucionales, efectos que nos parecen elogiables y cuya frecuencia deseamos alentar. Son, en suma, grandes cambios efectuados sin trastornos del régimen político.

Por ejemplo, el fallo del Tribunal Constitucional sobre la Ley Orgánica de Partidos Políticos[280] dejó, felizmente, sin efecto lo prescrito en la entonces décima disposición transitoria de la Carta Fundamental. Y lo mismo realzamos con relación a la sentencia de la Corte Suprema que radicó en la jurisdicción ordinaria –y no en la militar– el desafuero de los parlamentarios, con sujeción al antiguo artículo 58° inciso 2° del Código Político;

B. Los dictámenes de la Contraloría General de la República, del Consejo de Defensa del Estado, de las Comisiones de Constitución, Legislación y Justicia –y Reglamento si es del Senado– de cada rama del Congreso, no pueden tampoco ser olvidados. Por ejemplo, un dictamen de 1990 evacuado por la Contraloría precisó, con acierto, el significado de la atribución especial del Presidente de la República en cuanto a disponer de las Fuerzas Armadas y de la Fuerza Pública, demostrando qué quiere decir *mandarlas*, es decir, dirigirlas efectivamente como autoridad superior, a la que dichas fuerzas se encuentran subordinadas. En este orden de ideas cabe hoy insertar los instructivos que el fiscal Nacional del Ministerio Público dicta en ejercicio de la superintendencia directiva y económica que le ha conferido el Código Político[281];

C. Casi imperceptiblemente, pero lo cierto es que nuestro derecho constitucional y la Carta Fundamental vigente presentan claras y no escasas evidencias ilustrativas de costumbres, usos, prácticas y tradiciones como fuentes indirectas de normas supremas.

Téngase al efecto presente la acogida del Jefe del Estado a las peticiones de parlamentarios en el sentido de patrocinar proyectos de ley e incluirlos en la nómina de su iniciativa exclusiva; la tramitación de la legislación presupuestaria sobre bases, en medida considerable, estructuradas por prácticas o precedentes que suplen el silencio de las reglas positivas; el retiro, reposición o cambio por el Primer Mandatario de las urgencias para el despacho de proyectos de ley; la cuenta del estado de la hacienda pública rendida en el Senado por el ministro respectivo; el mensaje presidencial que se lee el 21 de mayo ante el Congreso Pleno y que es mucho más que una reseña retrospectiva de lo hecho en el año antecedente.

Conviene advertir que otro ejemplo de costumbre constitucional era el discurso del Presidente de la República leído ante el Congreso Pleno en el día y mes ya indicado de cada año, dando cuenta del estado administrativo y político de la nación. Sin embargo, la reforma constitucional de 2005 positivizó esta costumbre[282]; y

[280] Sentencia de la Corte Suprema de 2 de mayo de 1990, que en lo pertinente expresa:

d) Finalmente, el tribunal competente para decidir el desafuero no se fija con respecto al posible delito militar o común que se atribuye al parlamentario, sino en relación a la calidad de tal que éste tiene, puesto que la norma constitucional establece un privilegio en el tratamiento procesal del Diputado o Senador, dada la importancia nacional de estos cargos e investidura, siendo este aspecto de la cuestión el que la Constitución ha considerado para hacer excepción respecto del juzgamiento previo del parlamentario por un Tribunal de Alzada en cuanto a la imputación que se le hace del acto delictuoso. Se sigue de lo dicho que debe ser un tribunal civil el que se pronuncie sobre el desafuero de un parlamentario que es civil.

[281] Cfr. Artículo 91° de la Constitución.

[282] Cfr. Artículo 24° inciso 3° de la Constitución.

D. Finalmente, reparamos en que no es copiosa ni novedosa la doctrina constitucional sistemática, es decir, vertida en libros como cursos, manuales y tratados.

Tal vez, eso es así a raíz de ser nueva la Carta Fundamental, numerosos y hondos los cambios ya introducidos a su texto y, de paralela trascendencia, las modificaciones en proyecto.

Empero, debemos destacar la abundancia de monografías y ensayos, publicados en revistas especializadas, muchos de los cuales revelan cualidad multi o interdisciplinaria, pues sitúan a las normas o principios constitucionales en el contexto del derecho constitucional, con los ligámenes inescindibles de este respecto de la política, la sociología, la economía y, no lo olvidemos, la historia y el derecho internacional. Las cuarenta y ocho Jornadas de Derecho Público, celebradas desde 1962 hasta hoy, son un factor decisivo en el avance de nuestra disciplina. El VIII Congreso Mundial de Derecho Constitucional celebrado en Santiago de Chile en enero de 2005, dejó, en los más de seiscientos especialistas provenientes de cincuenta países, una imagen muy positiva de la evolución institucional de nuestro país.

Las contribuciones de los profesores Silva Bascuñán, Verdugo Marinkovic, Bertelsen Repetto, Bulnes Aldunate, Bruna Contreras, Cumplido Cereceda, Fernández González, Nogueira Alcalá, Molina Guaita, Pfeffer Urquiaga, Ríos Álvarez y Zúñiga Urbina, entre otros, merecen ser destacados en tal sentido. Singularmente importante es el **Tratado de derecho constitucional** que, en dos ediciones, ha difundido el señor Silva Bascuñán, obra que prestigia a la doctrina chilena en el ámbito iberoamericano.

Una nueva generación de constitucionalistas está ya consolidada a través de los centenares de monografías y textos publicados, abogando unos por la realización de la asamblea constituyente que apruebe una nueva Ley Suprema, y los otros impugnando tal objetivo por innecesario, realmente impracticable y en extremo riesgoso para el desenvolvimiento certero de la convivencia democrática en nuestro país.

CAPÍTULO II HERMENÉUTICA CONSTITUCIONAL

155. Características. Acalorado sigue el debate en torno a la existencia o inexistencia de principios de interpretación específicamente aplicables a la determinación del sentido y alcance de la Carta Fundamental. Esa polémica, cuyo término parece distante, resulta estéril porque los argumentos son vertidos con el sesgo que impide el examen del asunto desapasionadamente y, en lo posible, con objetividad.

Para el autor, en todo caso, la posición es claramente favorable a la existencia de ciertas reglas de interpretación propia o típicamente ejercitable con respecto a la Constitución. Muchas y sólidas razones es posible exponer en apoyo de esa tesis, siendo como mínimo imperativo resumir aquí las siguientes[283]:

A. Aunque toda Constitución es parte de un sistema jurídico y, como tal, susceptible de ser interpretada según los cánones comunes de la hermenéutica pertinente, también es cierto que toda Carta Fundamental no es igual a las demás normas integrantes de aquel sistema, porque es única, básica o fundamental; suprema o máxima; escueta o general; teleológica y no solo declarativa; autoaplicativa o de fuerza normativa propia e inmediata, etc. Por esas cualidades exclusivas, razonable resulta no interpretar la Constitución como cualquier precepto de un ordenamiento jurídico, sea una ley, un código o reglamento;

B. De aquellas propiedades que la convierten en una normativa exclusiva fluye, igualmente, la hermenéutica delicada y prolija, prudente y visionaria, cautelosa y previsora, flexible y adaptadora que ha de buscarse para acertar con una recta interpretación de las reglas constitucionales. Cierto es que dichas cualidades podrían ser requeridas de todo intérprete enfrentado a cualquier precepto jurídico, pero nos parece exagerado sostenerlo así, como una regla general, esto sin perjuicio del inusitado trabajo que demandaría, v. gr., hacerlo ante cuestiones reglamentarias

283 Luis Prieto Sanchís: **El constitucionalismo de los derechos. Ensayos de filosofía jurídica** (Madrid, Ed. Trotta, 2013) pp. 103 ss.; y Gustavo Zagrebesky: **La ley y su justicia. Tres capítulos de justicia constitucional** (Madrid, Ed. Trotta, 2014) pp. 137 ss.

o aun legales, pero rutinarias, adjetivas o administrativas. Jamás, en cambio, de la hermenéutica constitucional podrá con acierto ser dicho que ella es sencilla en su realización, corriente en sus efectos, intrascendente en sus consecuencias, repetitiva, accesoria o con otros rasgos parecidos; y

C. El texto de la Constitución es breve, denso en valores, principios y normas, abundante en la historia interna o fidedigna de sus disposiciones y en la historia externa o de los procesos vividos por el país, integrador del Derecho con otras disciplinas, texto y contexto con el que se trata de resolver, de la mejor manera posible, las tensiones inevitables que surgen al conciliar el pretérito, el presente y el futuro de la convivencia nacional. Todo ello y mucho más torna indiscutible que el intérprete de la Carta Fundamental no puede ser nada más que un hábil jurista. Por el contrario, su rol principal es pensar la Constitución a largo plazo, comprenderla con la agudeza y profundidad, aplicada con la originalidad y la lucidez, con la firmeza a la vez que la prudencia del estadista o, más modestamente, del gobernante juicioso, del magistrado justo, del político coherente con sus principios, en fin, del profesor o del joven docente que viven y sienten, como propios, los valores y principios que infunden dirección a la Carta Fundamental.

Por eso, y para terminar, ya es conocido y aceptado el refrán según el cual, una o dos sentencias en asuntos civiles, penales o laborales, por ejemplo, no alteran el sistema jurídico. Sin embargo, si ello se refiere a fallos constitucionales, entonces el impacto de estos en el orden institucional completo es indiscutible, pudiendo llegar a convertirse en remecimiento y, en ocasiones, hasta en vastos cambios jurídicos. Tal es el *efecto de irradiación* de las sentencias, imperativas e ineludibles en todo el universo jurídico público y privado.

En este sentido, el Tribunal Constitucional ha señalado en el considerando 13° la sentencia Rol Nº 325, de 2001:

> Que una interpretación literal o basada en el principio de la especialidad o en el aforismo jurídico de que donde la ley no distingue no es lícito al intérprete hacerlo, establecidas o reconocidas por el Código Civil para la interpretación de las leyes, no reciben aplicación en el presente caso, atendida la naturaleza especial del problema que se analiza y del texto que se interpreta, "pues a diferencia de las leyes ordinarias la Constitución es una súper ley, es una Ley Fundamental; de aquí la necesidad de establecer, con exquisito rigor, su preciso sentido, ya que las exigencias de certeza y seguridad jurídicas son mucho más exigibles en la interpretación del estatuto jurídico de la convivencia política, que establece no sólo quiénes son los órganos legisladores y los procedimientos seguidos para producir las leyes, sino el conjunto de afirmaciones sociales que hacen posible la inserción del individuo en el Estado. En este sentido, la Constitución es la expresión jurídica fundamental del Estado de Derecho" (Lucas Verdú, Pablo: *La interpretación constitucional*, Seminario de Derecho Político de la Universidad de Salamanca, pág. 143). No debe olvidarse, por último, aunque resulte obvio decirlo, que la Carta Fundamental, en virtud del principio de jerarquía normativa, está por sobre las disposiciones de interpretación de las leyes establecidas en el Código Civil.

156. Cláusulas principales. No es rica la doctrina nacional, ni tampoco la jurisprudencia chilena, en este tópico.

Por eso, nuestro esfuerzo tiene riesgos de equivocación y, por lo mismo, no queremos plantear las ideas en tono categórico. Pese a todo, estimamos conveniente resumir nuestro argumento, refiriéndonos a algunas normas de la Constitución que deben servir de criterios matrices en la interpretación de todo su articulado.

Primera: interpretar siempre de buena fe la Constitución, sea que el intérprete esté o no de acuerdo con su contenido, comparta o disienta de lo preceptuado en él, haga o no suyos los valores y principios fundamentales del ordenamiento jurídico articulados en su texto. La buena fe, entonces, quiere decir aquí aceptación transparente de lo mandado por la Carta Fundamental, actitud que lleva a respetarla o acatarla, a cumplir fiel y celosamente sus mandatos, sin caer en resquicios, manipulaciones o tergiversaciones movidas por designios ideológicos, partidistas, sectarios, de oportunidad o conveniencia, etc.

En este sentido el Tribunal Constitucional ha señalado, en el considerando 23° de la sentencia Rol N° 410 de 2004:

> Que el deber del Estado de otorgar la referida enseñanza gratuita, ya explicado, ha de ser cumplido por iniciativa propia y con diligencia especial, siendo insostenible argumentar, desde el ángulo de la interpretación de buena fe, finalista y razonable de la Constitución que, por no haber sido contempladas acciones y recursos jurisdiccionales de jerarquía constitucional para compeler a los órganos públicos competentes a cumplir ese trascendental cometido, se hallen en situación de eludirlo, o satisfacerlo discrecionalmente. Nunca cabe olvidar lo mandado en el artículo 6° del Código Político, base institucional que exige de las autoridades públicas, sin salvedad ni omisión, cumplir lo ordenado en él.

Segunda: comprender la Constitución, como explica Wilhelm Dilthey en su teoría hermenéutica, desentrañando el significado de ella, sus conexiones de sentido, sobre la base de los valores que propugna, con cuya realización se compromete el Poder Constituyente y que prefiguran el Proyecto Máximo, el supremo objetivo de la comunidad nacional. Buscar esos valores, descubrirlos en los principios y normas en que aparecen articulados, para después comprenderlos y tratar de ponerlos en práctica esa es la cláusula que propugnamos. Dignidad, derechos y deberes inalienables del hombre, libertad e igualdad, seguridad humana y orden público, solidaridad y equidad, justicia en sus diversas especies, bien común, subsidiariedad estatal, etc, son valores que, una vez localizados en las disposiciones constitucionales, posibilitan después determinar el correcto sentido y alcance de ellas, o sea, efectuar su hermenéutica legítima.

En este sentido el Tribunal Constitucional ha sostenido, en el considerando 19° de la sentencia Rol N° 46, de 1986:

> Que de lo expuesto en los considerandos anteriores se infiere con nitidez que el ordenamiento institucional estructurado por la Constitución de 1980 descansa sobre ciertos principios y valores básicos, entre los cuales, cabe señalar, por su íntima vinculación con el problema que se analiza, los siguientes: la libertad del hombre, que los derechos fundamentales de la persona humana son anteriores y superiores al Estado y a la Constitución, razón por la cual ésta no los crea sino que los "reconoce y asegura"; que el Estado, en cumplimiento de su finalidad propia, cual es promover el bien común, debe darles segura y eficaz protección debiendo destacarse, en la especie, "la seguridad y certeza jurídica"; que el ejercicio de la soberanía que se realiza por el pueblo y por las autoridades que la Constitución establece reconoce como limitación el respeto a los derechos esenciales que emanan de la naturaleza humana y, en fin, que nadie puede ser condenado por hechos anteriores a la norma jurídica que establece la pena.

Se agrega en los razonamientos 20° y 21° del mismo Rol N° 46:

> Que todos estos principios se encarnan en disposiciones concretas de la Carta Fundamental como lo son, entre otros, los artículos 1°, 4°, 5° inciso segundo, y 19, en especial su número 3° inciso séptimo;
>
> Que estos preceptos no son meramente declarativos sino que constituyen disposiciones expresas que obligan a gobernantes y gobernados tanto en sí mismas, como también, en cuantas normas rectoras y vitales que coadyuvan a desentrañar el verdadero sentido y espíritu del resto de las disposiciones de la Constitución.

En tercer lugar, reconocer que todo precepto constitucional es expresión de un valor, o de un principio, pero que, al mismo tiempo, hay disposiciones con capacidad integradora en un sistema coherente, cuya profundidad y amplitud conceptual son más amplias que las restantes, de manera que el intérprete hallará siempre en ellas los criterios maestros orientadores de su labor, desentrañadora del espíritu manifestado imperfectamente en el contexto y, más débilmente todavía, en el texto de una cláusula aislada, de un pasaje breve o de un solo precepto.

En este sentido, el Tribunal Constitucional ha señalado, en el considerando 6° de la sentencia Rol Nº 325, de 2001:

> Que, a propósito de lo sostenido en el considerando anterior, es importante y muy oportuno tener presente en la debida resolución del problema en examen, una regla de interpretación constitucional compartida por la unanimidad de la doctrina y de las magistraturas constitucionales del mundo actual. La resume con magistral claridad el profesor Segundo Linares Quintana en su *Tratado de la ciencia del derecho constitucional* en los siguientes términos: "En la interpretación constitucional debe siempre prevalecer el contenido teleológico de la Constitución, que si es instrumento de gobierno, también y principalmente es restricción de poderes en amparo de la libertad individual. La finalidad suprema y última de la norma constitucional es la protección y la garantía de la libertad y la dignidad del hombre. Por consecuencia, la interpretación de la Ley Fundamental debe orientarse siempre hacia aquella meta suprema. Y en caso de aparente conflicto entre la libertad y el interés del gobierno, aquélla debe primar siempre sobre este último, porque no se concibe que la acción estatal, manifestada a través de los cauces constitucionales, pueda resultar incompatible con la libertad, que es el fin último del Estado" (*ob.* cit. Tomo III, página 654).

Finalmente, discernir entre dos paradigmas, a saber, el "originalismo" y la "actualización" en la interpretación, partiendo de la base que uno y otro son y buscan fieles a la intención, espíritu o *ethos* de la Carta Política o que fluye de ella. Sin embargo, son paradigmas distintos, pues el primero se vuelve hacia el pasado en el afán de hallar allí, en el Poder Constituyente fundacional, la respuesta anhelada o, al menos, el derrotismo para hallarla sin apartarse de la letra, el contexto y la finalidad que se tuvo en mente al redactarla. Los anales oficiales adquieren, entonces, un relieve excepcional. En cambio, la hermenéutica actualizadora desarrolla el concepto de Constitución viva porque es vivida en la realidad del momento o de la época en que se la lleva a la práctica, abriéndose sus valores, principios y normas a los cambios políticos, sociales y económicos que influyen en el Derecho y que, son influenciados por él. La jurisprudencia creativa adaptada es la clave de este segundo paradigma.

157. Concreciones. En la determinación correcta del significado de las claves interpretativas, válidas para toda la Constitución como unidad sistemática, nos asiste la certeza que son decisivos los ocho primeros artículos del capítulo I de la Carta Fundamental y, superlativamente, los artículos 1°, 5° y 6° inciso 2°, porque expresan con rica concisión la cosmovisión humanista que infunde legitimidad sustantiva al Estado de Derecho, sometido a la supremacía de la Constitución coherente con el *ethos* y el *telos* del constitucionalismo.

Tributarios o coadyuvantes de aquellos preceptos son los contenidos en el artículo 7° inciso 2°, 19° N°s 1°, 2°, 3°, 15° inciso 4° y 26°, como también aquellos principios, aún no bien elaborados por nuestra jurisprudencia o doctrina, ni siquiera por el legislador, que se hallan casi perdidos u olvidados en el nuevo artículo 115°, o sea, uno de los artículos que tampoco los profesores ni los alumnos se preocupan de examinar con calma y cuidado.

De lo expuesto se desprende que nunca puede el intérprete olvidar ni despreciar la utilización de los muy conocidos cánones de la hermenéutica común o corriente, particularmente los estudiados a propósito de los artículos 19° a 24° del Código Civil. Estos serán siempre útiles, pero jamás llegarán a reemplazar las exigencias que, por su intrínseca naturaleza, tiene toda Carta Fundamental.

BIBLIOGRAFÍA

Argandoña Manuel, Daniel: "Potestad reglamentaria de los órganos constitucionales", XIV **Revista Chilena de Derecho** N° 2-3 (1984).

Avilés Hernández, Víctor Manuel: "Tópicos de interpretación constitucional", **Revista de Derecho Público** N° 67 (2005), pp. 191 ss.

Brewer-Carías, Allan R.: "La aplicación de los tratados internacionales sobre derechos humanos en el orden interno. Estudio de derecho constitucional comparado latinoamericano", **Revista Iberoamericana de Derecho Procesal Constitucional** N° 6 (2006).

Bustamante Navarro, Marco: **La interpretación de la constitución** (Memoria de Prueba para optar al grado de Licenciado en Ciencias Jurídicas y Sociales, Universidad de Concepción, 1995).

Caballero Ochoa, José Luis: "El derecho internacional en la integración constitucional. Elementos para una hermenéutica de los derechos fundamentales", **Revista Iberoamericana de Derecho Procesal Constitucional** N° 6 (2006).

Caldera Delgado, Hugo: **La ley orgánica constitucional** (Santiago, Ed. Jurídica de Chile, 1984).

Cea Egaña, José Luis: "Bases para la interpretación auténtica de la Constitución", IV **Revista Chilena de Derecho** N°s 1-4.

— "Interpretación axiológica de la Constitución", en: Jorge López Santa María (editor), **Interpretación e integración en el derecho chileno** (Santiago, Ed. Jurídica de Chile, 1992).

— "Hermenéutica constitucional, soberanía legal y discrecionalidad administrativa", XI **Revista Chilena de Derecho** N° 1 (1984).

— "Influencia del Tribunal Constitucional en el proceso de institucionalización política", XV **Revista Chilena de Derecho** N° 1 (1988).

— "La conciencia constitucional y su aplicación al caso chileno", XIX **Revista Chilena de Derecho** N° 3 (1992).

Díaz Revorio, Francisco Javier: **Valores superiores e interpretación constitucional** (Madrid, Centro de Estudios Políticos y Constitucionales, 1997).

Ferreres Comella, Víctor: **Justicia constitucional y democracia** (Madrid, Centro de Estudios Políticos y Constitucionales, 1997).

Flores, María Sandra: **Interpretación constitucional: Análisis doctrinario y jurisprudencia** (Córdoba, Mediterránea, 2006).

García Máynez, Eduardo: **Introducción al estudio del derecho** (México DF, E. Porrúa, 1978).

Guastini, Riccardo: **Estudios de teoría constitucional** (México DF, Fontamara, 2001).

Isensee Rimassa, Carlos: "Interpretación constitucional: Distingo entre situación de comprensión y situación de interpretación, como base para una noción crítica de la jurisprudencia del Tribunal Constitucional", **Revista de Derecho Público** Nº 67 (2005), pp. 210 ss.

Larraín Cruz, Rafael (recopilador): **Fallos pronunciados por el Excmo. Tribunal Constitucional entre el 4 de mayo de 1981 y el 24 de septiembre de 1985. Ley Orgánica Constitucional del Tribunal Constitucional y autos acordados** (Santiago, Ed. Jurídica de Chile, 1986).

— **Fallos del Tribunal Constitucional pronunciados desde el 10 de diciembre de 1985** (Santiago, Ed. Jurídica de Chile, 1992).

López Bourasseau, Enrique: **Jurisprudencia constitucional, 1950-1979** (Santiago, Ed. Jurídica de Chile, 1984).

Miranda Bravo, Fernando: **Elementos de interpretación constitucional distintos de los establecidos en el Código Civil** (Tesis para optar al grado de Magíster en Derecho Público con Mención en Derecho Constitucional, Pontificia Universidad Católica de Chile, 1999).

Moreso, José Juan: **La indeterminación del derecho y la interpretación de la Constitución** (Madrid, Centro de Estudios Políticos y Constitucionales, 1997).

Nogueira Alcalá, Humberto: **Lineamientos de interpretación constitucional y del bloque constitucional de derechos** (Santiago, Librotecnia, 2006).

— "El aparente conflicto de los artículos 68° y 127° de la Carta Fundamental respecto de la tramitación legislativa de los proyectos de reforma constitucional y la interpretación constitucional", XII **Revista Ius et Praxis** Nº 1 (2006), pp. 95 ss.

— **Dogmática constitucional** (Talca, Editorial Universidad de Talca, 1997).

Oyarte Martínez, Rafael: "Fuentes formales del derecho constitucional", en Temas Otto de Ignacio: **Sistema de fuentes** (Barcelona, Ed. Ariel, 1989).

Piniella Sorli, Juan Sebastián: **Sistema de fuentes y bloque de constitucionalidad: Encrucijada de competencias** (Madrid, Bosch, 1994).

Prieto Sanchís, Luis: **Derechos fundamentales, neoconstitucionalismo y ponderación judicial** (Lima, Palestra Editores, 2002).

— Prieto Sanchís, Luis: **El constitucionalismo de los derechos. Ensayos de filosofía jurídica** (Madrid, Ed. Trotta, 2013).

Ramírez Arrayás, José Antonio: "Interpretación constitucional y principio de la buena fe", **Estudios Constitucionales** Nº 1 (2003), pp. 739-756.

Reale, Miguel: **Introducción al derecho** (Madrid. Ediciones Pirámide, 1979).

Requena López, Tomás: **Sobre la función, los medios y los límites de la interpretación de la Constitución** (Granada, Editorial Comares, 2001).

Ríos Álvarez, Lautaro: "El principio de la supremacía de la Constitución y el Tribunal Constitucional", **Revista de Ciencias Sociales**, Facultad de Derecho y Ciencias Sociales de la Universidad de Valparaíso, Nos 32-33 (1988).

Sema, Pedro y Fernando Tollen: **La interpretación constitucional de los derechos fundamentales** (Buenos Aires, Editorial La Ley, 2000).

Silva Bascuñán Alejandro: II **Tratado de derecho constitucional** (Santiago, Ed. Jurídica de Chile, 1963).

— "Interpretación de la Carta a través del Legislador", IX **Revista Chilena de Derecho** Nos 2-3 (1984).

— "La jerarquía normativa en la Constitución de 1980", VI **Revista de Derecho de la Universidad Católica de Valparaíso** (1982).

-"Reforma al artículo 5° de la Constitución de 1980", XVII **Revista Chilena de Derecho** Nº 3 (1990).

— "Lo esencial de la supremacía constitucional", **Revista de Derecho Público** Nº 47-48 (1990).

Silva Bascuñán, Alejandro y María Pía Silva Gallinato: "Efectos de la resolución de constitucionalidad", XV **Revista Chilena de Derecho** Nº 2 (1988).

Silva Cimma, Enrique: **Derecho administrativo chileno y comparado** (Santiago, Ed. Jurídica de Chile, 2 volúmenes, 1968).

Soto Kloss, Eduardo: "Constitución y ley en el ordenamiento jurídico chileno", **Actas de la VII Jornadas Chilenas de Derecho Público**, Escuela de Derecho de la Universidad Católica de Valparaíso (Valparaíso, Ediciones Universitarias de Valparaíso, 1977).

Tapia Valdés, Jorge: **Hermenéutica constitucional. La interpretación de la Constitución en Sudamérica** (Santiago, Ed. Jurídica de Chile, 1973).

Valenzuela Somarriva, Eugenio: **Repertorio de jurisprudencia del Tribunal Constitucional, 11 de marzo de 1981-10 de marzo de 1989** (Santiago, Ed. Jurídica de Chile, 1989).

—**Criterios de hermenéutica constitucional aplicados por el Tribunal Constitucional** (Santiago, Cuadernos del Tribunal Constitucional Nº 31, 2006).

Vergara Blanco, Alejandro: "Formación de la ley y técnica legislativa", XVIII **Revista Chilena de Derecho** (1991) Nº 1.

Yuri Castellón, Ana María: **La Interpretación de la Constitución en la doctrina chilena contemporánea** (Memoria de prueba para optar al grado de licenciado en Ciencias Jurídicas y Sociales de la Universidad Católica de Valparaíso, 2000).

Zagrebelsky, Gustavo: "Jueces constitucionales", **Revista Iberoamericana de Derecho Procesal Constitucional** Nº 6 (2006).

— Zagrebelsky, Gustavo: **La ley y su justicia. Tres capítulos de justicia constitucional** (Madrid, Ed. Trotta, 2014).

Zapata Larraín, Patricio: "La interpretación constitucional", XVII **Revista Chilena de Derecho** (1990) Nº 1.

— "Jurisprudencia del Tribunal Constitucional (1981-1991)", XVIII **Revista Chilena de Derecho** (1991) Nº 2.

CUARTA PARTE

BASES DE LA INSTITUCIONALIDAD

CAPÍTULO I FUNDAMENTO Y FINALIDADES DEL SISTEMA INSTITUCIONAL

158. Consideraciones generales. La palabra *bases*, que lleva el título de este capítulo, indica la importancia fundamental del mismo. Tal relevancia debe ser visualizada en un doble sentido.

Primeramente, los valores, principios y preceptos reunidos en este capítulo tienen la cualidad de cimiento o sustento sobre el cual se levanta todo el sistema institucional, como punto de partida de la convivencia civilizada de las personas, la familia, los grupos intermedios de la Sociedad Civil y del Estado en general.

En efecto, ese fue el carácter que la comisión de estudio del anteproyecto de la Nueva Constitución pretendió darle, según consta de sus Actas, acápites de las cuales se insertan a continuación:

> El señor Silva Bascuñán sugiere que, antes de entrar a la discusión del artículo 1, debe procederse al análisis del capítulo I y reflexionar acerca de la conveniencia de mantener la actual nomenclatura de –Estado, Gobierno y Soberanía.
>
> Estima que este capítulo –con el nombre que más adelante se considere apropiado– debe contener las normas que constituyen los principios básicos y fundamentales que orientarán nuestro ordenamiento constitucional y cuyo desarrollo se manifestará en el articulado del texto. Debe determinarse, asimismo, si dichas normas inspiradoras se consignarán en un preámbulo de la Carta Política o serán consagradas en el texto mismo de la Constitución. Considera difícil encuadrar en el capítulo I todas aquellas normas que configuren el Estado de Derecho, bajo la nomenclatura de –Estado, Gobierno y Soberanía–, por lo que propone que su título sea el de –Fundamentos Básicos de la Constitución– o –Disposiciones Comunes o Generales–, en razón de que con la actual nomenclatura se tenderá, naturalmente, a vincular el desarrollo de toda idea de Derecho con los conceptos que en ella aparecen.
>
> (...)
>
> El señor Ortúzar (Presidente) considera muy convincentes las observaciones formuladas por don Alejandro Silva y agrega que el capítulo I debe contemplar un exordio que contenga la parte programática o declaración de principios que informarán nuestro futuro ordenamiento como, por ejemplo, el que el

> Estado tendrá como deber primordial la erradicación de la miseria; o que su estructura descansará en una concepción humanista y cristiana del hombre y de la sociedad; o bien, la idea de que el Estado debe lograr un desarrollo económico y social a través de una mejor utilización del territorio y de sus recursos, etc.[284]

Por eso, y con razón, el Tribunal Constitucional ha dicho que el artículo 1° de este capítulo es el más importante de la Carta Fundamental, cualidad que en otras de sus sentencias tal magistratura extiende a los demás artículos del mismo capítulo[285].

De lo expuesto puede desprenderse un segundo motivo para reconocer relevancia especial a tales artículos. Efectivamente, al momento de interpretar y aplicar la Carta Fundamental, siempre es y será imperativo tener en cuenta el capítulo I y, si algún valor, norma o principio de la Constitución está en contradicción con cierta disposición del capítulo, entonces debe primar la de este último, por su carácter básico o fundamental[286]. Pero si la contradicción ocurre entre los valores, principios y normas del capítulo I, en tal hipótesis, ¿ha de entenderse que en este se establece un cierto orden de prioridad entre las normas, de modo que ellas guardan una con otra secuencia jerárquica? Tal orden comienza con el artículo 1° y así sucesivamente, pero no concurrimos con la tesis del orden jerárquico y, por el contrario, estimamos que el capítulo I dista de hallarse ordenadas en tal intención.

159. Justificación. El Poder Constituyente nunca ha sido, tampoco es ni puede ser neutro. Por el contrario, su misión es siempre definir, y lo hace en este capítulo, cuáles son los rasgos esenciales y los grandes objetivos del hombre, la familia, los grupos intermedios, la sociedad y el Estado.

Establece así no solo las metas, sino también los medios legítimos para alcanzarlas. De tal modo, en la Constitución se ve confirmada una cosmovisión de índole humanista. Puede o no ser aceptada tal cosmovisión, en plenitud o parcialmente, pero lo cierto y claro es que toda Constitución, cualquiera sea ella, no puede cumplir sus funciones sin suponer o asumir una axiología determinada, aunque sea, en lo que procede, flexible y pluralista. Nos distanciamos, por ende, de quienes creen que el Código Político tiene que ser mínimo, esto es, reducido a las reglas procesales aplicables a la adopción de las decisiones fundamentales. En tal doctrina se marginan la idea y el ideal de Derecho que infunden legitimidad al ordenamiento jurídico democrático.

El capítulo I es, además, una positivización de determinados principios cardinales del derecho natural. De esto se sigue que la Constitución no es solo el texto escrito que esa declaración formal contiene, sino que, antes y especialmente, el sustrato de los valores perdurables en que aquella se apoya. Otra vez, cabe aquí insistir en que es posible discrepar del iusnaturalismo, pero eso no resta valor a lo proclamado con sujeción a él.

En tercer lugar, el capítulo I no está formado de modo único por normas jurídicas en el sentido kelseniano, o sea, con estructura de antecedente, consecuencia y sanción.

---

284 Actas de la Comisión de Estudios de un anteproyecto de Nueva Constitución, **cit.**, sesión 37 pp. 3-4.

285 Consúltese la jurisprudencia reproducida en las páginas siguientes de este capítulo.

286 Citando con propósito ilustrativo, Ángela Vivanco Martínez señala que:

> Un ejemplo de ello es el ocurrido en el tema de la dignidad humana y su invulnerabilidad, que se encuentra recogida en el capítulo I del mismo texto –pero no en forma expresa en el capítulo III–, lo que no obsta a una disminución de su resguardo, porque en el capítulo I ya se fijó el marco de acción, tanto del Estado como de los particulares.

Véase de la autora mencionada II **Curso de derecho constitucional** (Santiago, Ediciones Universidad Católica, 2006) p. 32.

Así es, pues, salvo el artículo 2°, que resulta nítido que todas las demás disposiciones contienen el enunciado de grandes principios que positivizan, o sea, articulan en sus textos ciertos valores del derecho natural o, expresado con visión más amplia, de la cultura jurídica occidental[287]. En tal perspectiva cabe nombrar, por ejemplo, la dignidad, la igualdad y la libertad de la persona, la subsidiariedad y la solidaridad en la relación Sociedad Civil-Estado, el bien común como finalidad del Estado, el tipo democrático de gobierno, los límites del ejercicio del poder o soberanía por el respeto que debe a los derechos humanos, la supremacía constitucional sustantiva y formalmente entendida, el Estado de Derecho y sus implicancias de control y responsabilidad, la probidad, la transparencia, en fin, la penalización del terrorismo en todas sus especies y formas.

160. Referencia a la institucionalidad. Cabe plantearse si la Constitución de 1980 está o no institucionalizada. En otras palabras, demostrar en qué medida y con cuáles consecuencias dicha Carta Fundamental es, siguiendo la tipología de Karl Loewenstein, *normativa* porque sus principios y normas están realmente acordes con la realidad del país o, por el contrario, es nominal o incluso semántica en algunos aspectos o varios de ellos.

Institucionalizar la Constitución es arraigarla en el espíritu o conciencia y en el sentimiento de la población, sean estos gobernados o gobernantes, permitiéndoles cumplir sus funciones en paz con orden y justicia; estabilidad, con adaptación a los cambios; aplicación de métodos de búsqueda y hallazgo de los consensos para resolver conflictos; progreso logrado en la unidad nacional y la concordia con otros Estados; vigencia de la seguridad humana; igualdad de oportunidades en la participación, el acceso al bienestar, el ejercicio del control de los gobernantes y muchos otros objetivos de relevancia semejante.

Pues bien, ya hemos comentado que el debate constitucional hoy en curso, y que se prolongará por mucho tiempo, pone de relieve que hay valores, principios y normas de la Constitución ya arraigados o enraizados en el alma de la inmensa mayoría de los chilenos. Pero es necesario agregar que hay otros valores, principios y normas que, precisamente por la honda y vasta discusión que suscitan ya por muchos años, revelan que no han alcanzado esa cualidad perdurable que los convierte en institucionalizados. Basta, para concretar esta aseveración, detenerse en el análisis de las reformas constitucionales pendientes, de las cuales dimos ya una visión global.

161. Incógnitas o misterios. El programa de gobierno de la presidenta Bachelet planteó tres ejes programáticos, a saber, la reforma educacional en todos sus niveles, un régimen tributario nuevo y la implantación de una Constitución que reemplace a la de 1980. Victoriosa la Nueva Mayoría, con la presidenta Bachelet encabezándola, se emprendieron las modificaciones destinadas a implementar los primeros dos ejes pragmáticos aludidos. Al momento de cerrar la preparación de esta obra, la reforma educacional se halla, en su primer proyecto, ya aprobada y en revisión de supremacía por el Tribunal Constitucional; el nuevo régimen tributario ya es ley y está siendo implementado en la práctica; pero nada ha sido precisado en torno de la enmienda profunda o la sustitución de la Carta Fundamental, o sea, su reemplazo por una nueva; tampoco hallamos luces que orienten en torno de la opción procesal que será seguida con el propósito de aprobar tan relevantes cambios, es decir, si lo será mediante la convocatoria a una asamblea constituyente, o bien, si operará el mecanismo hoy previsto en el capítulo XV de la Carta Fundamental en vigor, seguido, v. gr., de un referendo de ratificación.

---

[287] **Justicia y racionalidad**, de Alasdair MacIntyre (Madrid, Eiunsa, 2001) pp. 313 ss.

¿Por qué, al cabo de un año y más de haber asumido el gobierno la Nueva Mayoría, continúa notándose el silencio, tal vez deliberadamente mantenido, con respecto a los cambios constitucionales antes referidos?, ¿es efectivo que serán definidos tales cambios para el tiempo que siga al despacho de los dos ejes de reformas restantes?, ¿no se contradice tan planificada secuencia, por un lado, con el que ha sido llamado *frenesí* legislativo, por otro, atendido el alto número de mensajes con que la Presidenta de la República manifiesta su voluntad de impulsar múltiples modificaciones, v. gr., en el sistema electoral aplicable a los comicios parlamentarios, la despenalización del aborto en tres hipótesis, el nuevo concepto de empresa y su incidencia en el multiRUT, la reforma sindical y la reforma de la justicia militar?

Concretamente, se impugna el origen de la Constitución de 1980, imputándole haberlo sido durante la dictadura militar; se reprocha a tal Carta Política no ser expresiva de las grandes aspiraciones nacionales en pro de eliminar la discriminación, integrar lo político y social, reimplantar el Estado prioritario y controlador de la actividad empresarial privada y una serie de otras innovaciones de parecida trascendencia. El ambiente que predomina en la Nueva Mayoría es de reputar insuficientes las treinta y cuatro reformas. Un panorama de dichos cambios aparece, resumido, en los capítulos anteriores de este libro.

Pensamos, al terminar, que el misterio o la incógnita sigue presente por circunstancias que van fluyendo de los acontecimientos que vivimos. En tal perspectiva, se constatan divergencias al interior de los partidos que forman la Nueva Mayoría, diferenciándose entre los que insisten en llevar adelante un referendo apoyado en la potestad reglamentaria presidencial, resquicio insostenible por ser ilegítimo; o los que todavía juzgan que será posible aprobar el reemplazo del capítulo XV, particularmente la barrera prevista en su artículo 127° inciso 2°, abriendo paso al despacho de la elección de una asamblea constituyente o, en fin, quienes sostienen que ese capítulo debe ser respetado, consensuar una reforma constitucional amplia y profunda para, finalmente, plebiscitarla dando término a la polémica por tantos años agitada, en un tema de singularísima importancia.

Aguardamos que pronto se aclare el panorama, dejando atrás ideas globales que carecen de precisión, como las aludidas hasta hoy, en el sentido de que la nueva Carta Fundamental surgirá en democracia, merced a la participación democrática y respetando el orden institucional vigente.

162. Jurisprudencia. El artículo 1° y, en general, las normas del capítulo I de nuestra Carta Política, constituyen el marco valórico y doctrinal del ordenamiento constitucional, es decir, la base y orientación para su correcta interpretación e implementación[288]. Más todavía, en él se halla la matriz del sistema jurídico chileno entero, de la cual fluye el ordenamiento legal y reglamentario, así como el respeto a ese marco en las estipulaciones contractuales. Esta afirmación tiene especial pertinencia en ligamen con el artículo 1°, el cual, como se verá, reúne los valores, principios y disposiciones medulares de todo el capítulo I, erigiéndola en su disposición principal. Así se desprende de las siguientes sentencias:

> ...el artículo 1° de la Carta Fundamental constituye uno de los preceptos más fundamentales *(sic)* en que se basa la institucionalidad, ya que por su profundo y rico contenido doctrinario refleja la filosofía que inspira a nuestra Constitución y orienta al intérprete en su misión de declarar y explicar el verdadero sentido y alcance del resto de la preceptiva constitucional[289].

---

[288] Revísese Eugenio Valenzuela Somarriva: **Criterios de hermenéutica constitucional aplicados por el Tribunal Constitucional** (Santiago, Cuadernos del Tribunal Constitucional N° 31 (2006) pp. 18-19.

[289] Considerando 12° de la sentencia pronunciada por el Tribunal Constitucional el 5 de abril de 1988 (Rol N° 53),

Corroborando el pensamiento anterior, léese que:

> El artículo 1° de la Carta Fundamental es de un profundo y rico contenido doctrinario, que refleja la filosofía que inspira nuestra Constitución y orienta al intérprete en su misión de declarar y explicar el verdadero sentido y alcance del resto de la preceptiva constitucional[290].

Y de los raciocinios precedentes se desprende la conclusión, práctica y más relevante, en la que se halla reconocida la fuerza o vigor normativo, directo e indirecto, de la Constitución: "Las normas del capítulo I de nuestra Constitución constituyen un marco de carácter valórico y conceptual que viene a limitar la acción del Estado dentro de la sociedad, abriendo el mayor campo posible a la iniciativa de los particulares"[291].

163. Estructura y método de análisis. El capítulo I consta de nueve artículos. Cada uno de estos contiene una base institucional. Más todavía, es necesario dividir el análisis de algunos de esos artículos, por ejemplo, los artículos 1°, 5° y 8°, atendido el cúmulo de valores, principios y normas incluidas en ellos y su complejidad.

Así se procederá en las páginas siguientes, avanzando según el orden del articulado constitucional.

A mayor abundamiento, cabe hacer presente que la reforma de 2005 introdujo importantes modificaciones a algunos preceptos del capítulo I. Así, por ejemplo, en cuanto al artículo 3° estableció el deber de los órganos del Estado de promover del fortalecimiento de la regionalización y el desarrollo equitativo y solidario entre las regiones, provincias y comunas del territorio nacional. Un comentario análogo merece el artículo 6°, el que en su nueva redacción confía a todos los órganos del Estado –y no solo a las instituciones armadas– la misión de garantizar el orden institucional de la República. Finalmente, la referida reforma incorporó un nuevo artículo 8°, en el que se establecen dos bases institucionales inéditas, a saber, la probidad y la transparencia en el servicio de las funciones públicas. Esa enmienda de 2005 fue complementada, en 2010, con otras modificaciones de parecida importancia.

En fin, cabe observar que el proyecto que dio origen a la reforma de 2005 contemplaba incorporar un nuevo precepto en el capítulo I, en virtud del cual se reconocía a los pueblos indígenas en su individualidad étnica, iniciativa que finalmente no prosperó. En su mensaje de 21 de mayo de 2007, sin embargo, la presidenta Michelle Bachelet anunció que iba a insistir en la idea matriz de tal enmienda[292], actividad que reapareció en varios programas de gobierno presentados a las elecciones presidenciales 2013. Idéntico criterio se halla en el programa presidencial apoyado por la Nueva Mayoría y cabe esperar que será formalizado próximamente.

---

reproducida en LXXXV **Revista de Derecho y Jurisprudencia**, 2ª parte, sección IV, pp. 7.

290 Considerando 9° de la sentencia pronunciada por el Tribunal Constitucional el 27 de octubre de 1983 (Rol Nº 19), reproducida en **Fallos Pronunciados por el Excmo. Tribunal Constitucional** (Santiago, Ed. Jurídica de Chile, 1986) p. 99.

291 Considerando 10° de la sentencia pronunciada por el Tribunal Constitucional el 6 de abril de 1993 (Rol Nº 167), p. 115. Sobre el mismo asunto puede leerse la sentencia pronunciada por esa magistratura el 21 de abril de 1992 (Rol Nº 146).

292 Véase Miriam Henríquez Viñas: "Los pueblos indígenas y su reconocimiento constitucional pendiente", en Francisco Zúñiga Urbina (editor): **Reforma constitucional** (Santiago, Ed. Lexis-Nexis, 2005) pp. 27 ss.

CAPÍTULO II PERSONA, FAMILIA, SOCIEDAD Y ESTADO

164. Texto. El artículo 1° de nuestra Constitución, en su redacción vigente, declara que:

> Las personas nacen libres e iguales en dignidad y derechos. La familia es el núcleo fundamental de la sociedad.
>
> El Estado reconoce y ampara a los grupos intermedios a través de los cuales se organiza y estructura la sociedad y les garantiza la adecuada autonomía para cumplir sus propios fines específicos.
>
> El Estado está al servicio de la persona humana y su finalidad es promover el bien común, para lo cual debe contribuir a crear las condiciones sociales que permitan a todos y a cada uno de los integrantes de la comunidad nacional su mayor realización espiritual y material posible, con pleno respeto a los derechos y garantías que esta Constitución establece.
>
> Es deber del Estado resguardar la seguridad nacional, dar protección a la población y a la familia, propender al fortalecimiento de ésta, promover la integración armónica de todos los sectores de la Nación y asegurar el derecho de las personas a participar con igualdad de oportunidades en la vida nacional.

El texto reproducido es idéntico al aprobado en 1980, salvo el inciso 1°, pues en su versión original y siguiendo lo preceptuado en tratados internacionales de larga data, la Carta Fundamental prescribía que "los hombres nacen libres e iguales en dignidad y derechos". La Ley N° 19.611, de 1999, reformó la Constitución, cambio que, con sujeción a lo ya observado y que será reiterado en las páginas siguientes, resulta sustantivamente novedoso y decisivo en la puntualización que consta de los anales oficiales respectivos.

165. Contexto y valores. Es útil examinar, por separado, las cuatro ideas matrices que se hallan aludidas en el inciso 1°. Por supuesto, obrar así busca satisfacer objetivos pedagógicos, pero es indispensable entender que existen otras ideas esenciales que emanan de todos esos conceptos, de modo que es importante considerar el contexto. Igualmente relevante es comprender que el humanismo es el valor unificante de esas ideas, de modo que todas ellas tienen que ser interpretadas y aplicadas de acuerdo y con sujeción a él.

Sección Primera

La Persona

166. Igualdad esencial. En su inciso 1°, el artículo transcrito se refiere a las personas, abarcando a los hombres y mujeres. Esa expresión ha sido empleada en su sentido más amplio y genérico, el cual incluye a los individuos de ambos sexos, de cualquiera edad y condición, es decir, a todos los miembros de la sociedad humana, sin distinción, ni exclusión, sean nacionales o extranjeros, adultos o niños, con o sin pleno ejercicio de razón, libres o privados de libertad.

Tal sentido lato, previsto ya en el artículo 25° del Código Civil[293], no admite reducciones, marginaciones, diferencias ni limitaciones, porque sería aceptar desigualdades arbitrarias, o sea, discriminaciones prohibidas por la Constitución en este mismo artículo y, a mayor abundamiento, en su artículo 19 N° 2°, como asimismo en la legislación complementaria.

Es por las razones expuestas que la reforma introducida por la Ley N° 19.611, de 1999, ya mencionada[294], no era ineludible o indispensable. Además, como lo ha demostrado la práctica, tal enmienda puede ser objeto de interpretaciones equivocadas. Afortunadamente, dicha hermenéutica aislada y errónea fue salvada, en los anales oficiales correspondientes, quedando así excluida toda intención de apoyarse en tal cambio para facilitar, por ejemplo, maniobras abortivas[295]. La doctrina lo ha corroborado[296].

Útil es pormenorizar lo advertido insertando la historia fidedigna pertinente.

Así, durante la discusión parlamentaria de dicha reforma constitucional, el senador Bombal solicitó a la Sala adoptar el acuerdo siguiente, el cual fue aceptado unánimemente:

> Quiero solicitar una aclaración previa y, con ello, pedir que se recabe el acuerdo de la Sala en orden a dejar una constancia en actas para la historia fidedigna del establecimiento de la norma constitucional que se modifica a través del precepto que se debate.
>
> Mi solicitud de aclaración está destinada al presidente de la Comisión de Constitución, Legislación, Justicia y Reglamento, y dice relación con el hecho de que, con la enmienda propuesta en el N° 1° del artículo único de la iniciativa –sustituye en el inciso primero del artículo 1° de la Carta Fundamental la expresión "los hombres" por las "personas"–, en lo sucesivo alguna doctrina podría pretender sostener que sólo se es persona y, con ello, sujeto de derecho el individuo que ha nacido, con lo cual la criatura concebida y no nacida no tendría la calidad de persona.

---

293 Dicho artículo expresa:

> Son personas todos los individuos de la especie humana, cualquiera que sea su edad, sexo, estirpe o condición. Divídense en chilenos y extranjeros.

294 El proyecto pretendió modificar la voz *hombres* por *hombres y mujeres*. Durante su discusión en el Congreso Nacional se optó por la voz *persona*, pues esta expresión implicaba, en opinión del senador Hamilton, un lenguaje técnico jurídico neutro que comprende ambos sexos y que es, precisamente, el que la Constitución utiliza, tanto en el mismo precepto como en el artículo 19°" (**Diario de Sesiones Senado**, Sesión 11ª, Legislatura Extraordinaria 1998-1999) p. 1231. Corroborando lo escrito, tal como observara el senador Carlos Bombal, "la voz 'los hombres' siempre se ha entendido comprensiva de ambos sexos de la especie humana" (**Diario de Sesiones del Senado**, Sesión 16ª, Legislatura Extraordinaria 1998-1999, p. 1760).

295 Véase el **Diario de Sesiones del Senado**, Sesión 21ª, celebrada el 3 de marzo de 1990, pp. 2562 ss.

296 Revísese Paulino Varas Alfonso: "El inicio de la vida de los seres humanos desde el momento de la concepción en la historia de la Ley de Reforma Constitucional N° 19.611, de 1999, y en la de la Ley N° 20.120, de 22 de septiembre de 2006", en www.derecho.uchile.cl/jornadasdpiponencias.htm. Interesante es, análogamente, la columna escrita por Hernán Corral Talciani, titulada "Aborto y existencia legal de la persona", publicada en **Informativo Constitucional** N°300 (5 de junio de 2014).

A mi juicio, dicha declaración es esencial, porque, con la finalidad de evitar la discriminación contra el género femenino, eventualmente podríamos estar dando paso a una discriminación peor y más grave.

(...)

Por lo tanto, sobre la base de la aclaración pedida, solicito formalmente a la Mesa que recabe el acuerdo de esta Sala con el objeto de hacer constar en forma expresa, para la historia fidedigna del establecimiento de la norma pertinente, que, ante el hipotético caso de que este proyecto se convierta en una norma constitucional, jamás se podrá desprender de él que en conformidad a nuestro ordenamiento constitucional, se es persona y, por ello, sujeto de derecho a partir del nacimiento, pues este asunto fue zanjado por otra norma constitucional. En la especie, el artículo 19° N° 1° de la Carta, al proteger la vida del que está por nacer, lo hace luego de que en el epígrafe de aquel precepto se dispone expresamente que "la Constitución asegura a todas las personas, es decir que la criatura que se encuentra por nacer es persona y sujeto de derecho desde su concepción"[297].

En consecuencia, señor Presidente, solicito que así lo acuerde la Sala, pues no basta una simple constancia en actas. Para que el intérprete pueda citar con autoridad la historia fidedigna del establecimiento de la ley, debe basarse en un acuerdo del órgano legislativo con potestad suficiente para crear, interpretar auténticamente, modificar o derogar la norma de que se trata.

Solicito, entonces, que el señor Presidente de la Comisión de Constitución efectúe la aclaración pertinente y que, hecha ésta, si procediere, se recabe el acuerdo del Senado en la dirección que señalé.

El señor RÍOS (Vicepresidente). Habiendo intervenido ya los señores Senadores que se encontraban inscritos, queda cerrado el debate.

Hay una petición del Honorable señor Bombal en el sentido de que el señor Presidente de la Comisión de Constitución exprese su parecer acerca de la cuestión que planteó.

Como el debate terminó, solicito la anuencia de la Sala para que el senador señor Larraín aclare el punto.

Acordado.

Tiene la palabra el Honorable señor Larraín.

El señor Larraín. Señor Presidente, si tenemos presente el objetivo del mensaje –éste señala que se trata de un proyecto de reforma constitucional que establece igualdad de oportunidades para hombres y mujeres–, observamos que no se pretende innovar el tenor del actual artículo 1° de la Constitución.

En consecuencia, no parece posible desprender un significado distinto del que hoy tiene la expresión "los hombres". De manera que la interpretación del Honorable señor Bombal, a mi entender, es correcta.

Creo que, si se aprueba este proyecto –parece que así va a ocurrir–, la interpretación dada a la referida norma deberá seguir, porque no se modifica su sentido con la expresión "las personas", agregada en la Comisión a sugerencia del Senador señor Hamilton. Ese hecho no altera la búsqueda de igualdad como objetivo central de la iniciativa y no cambia la noción sobre el término "persona", que, dentro de la tradición jurídica, ha incluido como sujeto de derecho al que está por nacer.

---

[297] **Diario de Sesiones del Senado** (Legislatura 339°, extraordinaria), sesión 21ª del 3 de marzo de 1999.

El señor Ríos (Vicepresidente). Existe una petición formal. Entiendo que la Sala concuerda con el planteamiento del Senador señor Larraín. Y el Honorable señor Bombal se daría por integrado, entonces...

El señor Viera-Gallo. ¿Me permite, señor Presidente?

El señor Ríos (Vicepresidente). Tiene la palabra, Su Señoría.

El señor Viera-Gallo. Señor Presidente, lo manifestado por el Presidente de la Comisión es claro en el sentido de que no se innova en esta materia.

Ahora, la interpretación de lo que hoy existe sobre el particular podría generar un largo debate. Pero lo importante es que no se cambia nada al respecto.

El señor RÍOS (Vicepresidente). Se dará por aprobado, en consecuencia, lo planteado por los Senadores señores Larraín y Bombal.

El señor PARRA. La solicitud del Senador señor Bombal, con la aclaración del Honorable señor Larraín.

El señor RÍOS (Vicepresidente). Sí. Y todo ello se hará constar en la Versión taquigráfica y en el Acta.

Acordado.

Puntualizamos que lo anterior se encuentra confirmado con lo dispuesto por el legislador a través de la Ley Nº 20.120, sobre la investigación científica en el ser humano, su genoma, y que prohíbe la clonación humana, publicada en el Diario Oficial el 22 de septiembre de 2006, la que en su artículo 1°, preceptúa lo siguiente[298]:

> Esta ley tiene por finalidad proteger la vida de los seres humanos, desde el momento de la concepción, su integridad física y psíquica, así como su diversidad e identidad genética, en relación con la investigación científica biomédica y sus aplicaciones clínicas.

Agrega el inciso 1° del artículo 1° de la Constitución que los hombres y mujeres nacen con las cualidades que indica el precepto. He aquí un concepto iusnaturalista, pues no es la autoridad constituida, ni siquiera el Poder Constituyente, el que hace a los hombres libres e iguales. Es su propia naturaleza, directa o indirectamente concebida, la que les infunde tal carácter y dignidad. Por lo tanto, el hombre y la mujer son ontológica, deontológica y axiológicamente anteriores y superiores al Estado. Tales atributos explican por qué uno y otro miembro del género humano tiene el Estado a su servicio y no al revés[299].

Prosigue el precepto declarando que los hombres nacen libres e iguales. Esta doble y suprema cualidad se concreta en el artículo 19°, particularmente en los números 2° y 7°[300].

---

[298] Véase Varas Alfonso, Paulino, **op. cit.**

[299] Cabe señalar que la Constitución sigue en este precepto la tendencia de la mayoría de las grandes declaraciones de relevancia universal. Esta idea puede ser complementada con la contenida en el artículo 74° del Código Civil, al tenor del cual la persona humana nace, comenzando así su existencia legal, al separarse completamente de su madre. Empero, es pertinente aseverar que el artículo 19° Nº 1° asume, correctamente, que es persona también la criatura que está por nacer. La historia fidedigna del precepto, por lo demás, así lo demuestra cómo se expondrá oportunamente. Resumiendo, para quien obre de buena fe es imposible conciliar el compromiso de defensa, permanente e incondicionada, de los derechos humanos, por un lado, y la proclamación del aborto, de otro.

[300] Sobre el particular, véase del autor II **Curso de derecho constitucional** (Santiago, Ediciones Universidad Católica, 2009) pp. 127 ss. y 256 ss., respectivamente.

Por supuesto, lo dicho no puede ser interpretado, al tenor de lo ya explicado, en términos de presumir que, antes del nacimiento, la persona carezca de las cualidades que son intrínsecas a su naturaleza.

Precisa la disposición que "los hombres nacen libres e iguales en su dignidad". Imperativo es detenerse en el examen de este vocablo. Digno es quien tiene cierta calidad que lo hace acreedor a un trato respetuoso y deferente. Por ende, digno es el sujeto que merece algún beneficio, trato, privilegio o, en ciertos casos, también un castigo[301].

Trátase de otro concepto originado en el pensamiento iusnaturalista. Significa que toda persona humana, por ser tal y sin más exigencias, nace y ha de convivir con la cualidad de digno, o sea, de trascendente a la historia, sujeto libre e igual al prójimo, cuyo destino es realizar un proyecto de vida, con sello singular o propio. En este sentido, en la Comisión de Estudio de la Nueva Constitución[302] se sostuvo lo que extracto a continuación:

> El señor Guzmán sugiere redactar el encabezamiento de este capítulo en los siguientes términos: "Los hombres nacen libres e iguales en su dignidad y, por tanto, la Constitución asegura a todos los habitantes de la República". En su opinión, los derechos que emanan de esa dignidad son, precisamente, todos los que se consagrarán en el texto constitucional, de manera que es innecesario mencionarlos en el encabezamiento del precepto. El fundamento de todos los derechos que se establecerán arranca que los hombres nacen libres e iguales en su dignidad, y el término "iguales en dignidad" es una manera más jurídica, tal vez, de referirse a lo que es "la igualdad esencial de todos los seres humanos".
>
> El señor Silva Bascuñán propone la oración "iguales en naturaleza y dignidad", porque la dignidad es, precisamente, consecuencia de la misma naturaleza, es una cualidad inherente a lo que existe. Importa una apreciación.
>
> (...)
>
> El señor Evans señala que el sentido que tiene el encabezamiento propuesto por el señor Ovalle es, a su juicio, el de acentuar el valor fundamental de la persona humana. El hombre merece respeto en su condición humana, y eso se llama "dignidad", lo cual faltaría si se dice que los hombres nacen esencialmente libres e iguales, por cuanto en dicha frase no se afirma la dignidad esencial del ser humano, inherente a su condición de tal. Lo que, a su juicio, es muy importante de explicitar, porque de otra manera el encabezamiento del precepto carece de objeto.
>
> (...)
>
> El señor Ovalle expresa que, a su juicio, bastaría decir "los hombres son libres e iguales". Considera importante destacar la dignidad y, por eso, así la propuso en su primera indicación, la que no es, en su tesis, repetitiva. ¿Qué significa, en su opinión, que los hombres son iguales en dignidad? Que todos los hombres nacen iguales en dignidad; es decir, nacen iguales en ese atributo del hombre que obliga a respetarlo por el hecho de ser tal.

El hombre resulta ser así un depósito o cúmulo de valores supremos, con los cuales nace y los concreta durante su vida. Entre estos se hallan los derechos públicos subjetivos o facultades que el ordenamiento jurídico le reconoce con carácter de inalienables, imprescriptibles e inviolables en todo momento, lugar y circunstancia. Tales son, v. gr., el derecho a la vida y a la integridad, a la defensa jurídica en un proceso justo, a la libertad de conciencia y de expresión, a la libertad personal, al derecho al trabajo, al descanso, a la protección de la salud y a la propiedad. Pues bien, la dignidad es la fuente de esos

---

[301] Revísese el **Compendio de la Doctrina Social de la Iglesia** (Santiago, Ed. San Pablo, 2006) pp.108 ss.

[302] Actas de la Comisión de Estudio de un anteproyecto de nueva Constitución, **cit.**, sesión 92ª pp. 3-7.

atributos naturales y de muchos otros. De ella nunca puede ser despojada la persona, ni siquiera cuando se halla sometida a relaciones especiales de sujeción; v. gr., el caso del internado por trastorno mental o a raíz de hallarse privado de libertad en cumplimiento de una pena impuesta en proceso justo.

Finaliza el precepto refiriéndose a los derechos. La persona, como se ha dicho, es digna, en primer lugar, esto es, acreedora a un trato respetuoso, de gobernantes y gobernados, por su calidad de tal. A raíz de ello, es también titular de los derechos subjetivos, reconocidos, amparados y fomentados por el ordenamiento jurídico[303]. Sean libertades o facultades, derechos o atributos, todas son cualidades subjetivas que arrancan de la dignidad de persona. La dignidad, lo repetimos, es la fuente de los derechos fundamentales y, entre otros, de la libertad y la igualdad que poseen importancia primaria. Y ello, como lo ha realzado cierta doctrina, "debe llevar a la conclusión práctica de que rigen no sólo en el silencio de la Constitución escrita, sino que a falta de concreción por el legislador y con fuerza para todos los poderes públicos"[304]. Imperativo se torna agregar una puntualización a propósito de los deberes, correlativos a los derechos e inseparables de ellos. Efectuamos la observación preocupados por el despliegue de una ideología progresista, eufemismo que subraya el rasgo de individualismo soberano que se atribuye a cada sujeto, liberado de cumplir cuanto implica, como deberes, la convivencia social justa y pacífica, su mantención y progreso.

167. Sentencia del Tribunal Constitucional sobre el derecho a la vida. El 18 de abril de 2008, dicha magistratura, con cinco votos a favor y cuatro en contra, dictó el fallo Rol Nº 740, decidiendo la causa incoada por el requerimiento de treinta y seis diputados en relación al mérito constitucional de la anticoncepción de emergencia, denominada habitualmente ***píldora del día después***[305]. De ese pronunciamiento extractamos los considerandos 50°, 53°, 57°, 60°, 65°, 66° y 67°:

> Que la interpretación que han dado los iuspublicistas al encabezado del artículo 19° de la Constitución, en cuanto asegura a todas las "personas", entre otros, el derecho a la vida, tiene una evidente coincidencia con los antecedentes de orden biológico que se han presentado en estos autos.
>
> En efecto, si al momento de la concepción surge un individuo que cuenta con toda la información genética necesaria para su desarrollo, constituyéndose en un ser distinto y distinguible

---

[303] Útil es tener presente la información estadística oficial sobre el número de personas que habitan en Chile. La cifra actualizada de habitantes de Chile es 16.341.929 según últimas cifras del Censo 2012 (fuente INE).
Conviene destacar la llamada "transición de la fecundidad". Bajo este concepto se explica la involución de la tasa de fecundidad, es decir, que disminuyó el número de nacidos de las mujeres consideradas fértiles (de 15 a 49 años). Así, por ejemplo, entre 1960 y 1990, la natalidad bajó desde 165 a 90 nacimientos por cada mil mujeres, mientras que entre 1990 y 2004, el número de nacidos vivos bajó desde 292.510 a 230.606. Por ende, ha disminuido abruptamente la tasa de natalidad de los chilenos. En efecto, de 5,3 hijos concebidos por mujer en 1960 se pasó, en 1985, a 2,68, y en el 2002, a 2,26.
Como factores que influyen en este proceso se destacan la rápida urbanización, el desarrollo de los medios de comunicación de masas, la disminución de la mortalidad infantil y las políticas de salud, tendientes a la regulación de los nacimientos y la contracepción. Lamentablemente, cabe agregar la cifra negra, pública y oficialmente desconocida, del aborto. Véase Ignacio Irarrázabal y Juan Pablo Valenzuela: "La ilegitimidad en Chile. ¿Hacia un cambio en la conformación de la familia?", **Estudios Públicos** Nº 52 (1993) pp. 146-152; y Enrique Donoso Silva: "Descenso de la natalidad en Chile: un problema país", **Revista Chilena de Obstetricia y Ginecología** Nº 72 (2007) pp. 73-75.

[304] Alejandro Silva Bascuñán: I **Tratado de derecho constitucional** (Santiago. Ed. Jurídica de Chile, 1997) pp. 124-125.

[305] Necesario es complementar la materia, incluida la jurisprudencia, con lo dispuesto en la Ley Nº 20.418, publicada en el Diario Oficial el 28 de enero de 2010, sobre información, orientación y prestaciones en materia de regulación de la fertilidad.

completamente de su padre y de su madre –como ha sido afirmado en estos autos–, es posible afirmar que estamos frente a una persona en cuanto sujeto de derecho. La singularidad que posee el embrión, desde la concepción, permite observarlo ya como un ser único e irrepetible que se hace acreedor, desde ese mismo momento, a la protección del derecho y que no podría simplemente ser subsumido en otra entidad, ni menos manipulado, sin afectar la dignidad sustancial de la que ya goza en cuanto persona;

(...)

Que, en la misma línea argumental, debe recordarse que la Convención Americana de Derechos Humanos –tratado internacional ratificado por Chile y que se encuentra vigente– señala, en su artículo 4.1, que: "Toda persona tiene derecho a que se respete su vida. Este derecho estará protegido por la ley y en general, a partir del momento de la concepción. Nadie puede ser privado de la vida arbitrariamente".

De esta manera, este tratado internacional –que forma parte del ordenamiento jurídico chileno– resalta que todo ser humano tiene derecho a la vida sin que nadie pueda privarlo de ella arbitrariamente, lo que permite apreciar una particular coincidencia entre la norma aludida y aquélla que se contiene en el artículo 19°, numeral primero, de nuestra Constitución;

(...)

Que, junto con asegurar el derecho a la vida y a la integridad física y psíquica de la persona, nuestra Carta Fundamental ordenó: "La ley protege la vida del que está por nacer".

Al discutirse la redacción de este precepto en la Comisión de Estudio de la Nueva Constitución, don Jorge Ovalle propuso establecer que la ley protege la vida del "ser" que está por nacer, puesto que "para él, es importante dejar constancia de que se trata de un ser existente, siendo ésta la razón de su sugerencia" (Actas Oficiales de la Comisión Constituyente, Sesión Nº 94, p. 9).

Por su parte, el comisionado Jaime Guzmán agregó que, en cuanto al inciso segundo del Nº 1 del artículo 19°, que se comenta, esta referencia es estrictamente necesaria "porque cree que es enteramente distinto de todos los demás derechos. Porque en los demás se trata de personas que están vivas y, en cambio, en éste se trata de una persona que se quiere preservar que esté viva, lo que es muy distinto" (Actas Oficiales de la Comisión Constituyente, Sesión Nº 87, p. 11).

En el mismo sentido, don Alejandro Silva Bascuñán agregó que "en el caso de quien está por nacer, siendo un bien enorme para la humanidad y para él el principio de la existencia, cómo se puede, sin ningún acto reflexivo de esa persona que va a sacrificar su vida o que no va a llegar a ella, supeditar y poner casos en los cuales se conciba que se quite un derecho a quien no ha tenido oportunidad de defenderse o que no ha tenido oportunidad de realizar ningún acto" (Ídem, p. 13);

Que, sentado que el mandato que el Constituyente impone al legislador, en el inciso segundo del artículo 19° Nº 1° de la Carta Fundamental, importa asegurar el derecho a la vida del que está por nacer –y no sólo proteger su vida en cuanto bien jurídico–, debe recordarse el deber que la Constitución impone a los órganos del Estado de respetar y promover los derechos asegurados por la misma Carta Fundamental así como por los tratados internacionales ratificados por Chile y que se encuentren vigentes, en consonancia con lo dispuesto en el inciso segundo del artículo 5° de la Carta Fundamental;

(...)

Que a pesar del valor que se asigna a las certezas en el mundo contemporáneo y, en particular, en el ámbito de las normas jurídicas, existen situaciones en que, inevitablemente, se configura una duda razonable. Así, pese a todo el esfuerzo jurisdiccional, se dan casos, como el de la especie, en que el juez no puede formarse convicción, puesto que las alegaciones y probanzas efectuadas durante el proceso se muestran equivalentes en los hechos, aunque diferentes en cuanto a su impacto constitucional. Se configura, así, una duda razonable que el juez debe enfrentar en función de los imperativos descritos en el considerando sexagesimotercero;

Que, para dilucidar el conflicto constitucional planteado y ante la evidencia de estar estos jueces frente a una duda razonable, ha de acudirse a aquellos criterios hermenéuticos desarrollados por la teoría de los derechos fundamentales, por ser ésa la materia comprometida en el presente requerimiento.

En tal sentido, parece ineludible tener presente el principio "pro homine" o "favor libertatis" definido en la jurisprudencia de la Corte Interamericana de Derechos Humanos de la siguiente forma: "Entre diversas opciones se ha de escoger la que restringe en menor escala el derecho protegido (...) debe prevalecer la norma más favorable a la persona humana" (Opinión Consultiva 5, 1985) (Énfasis en el original).

Que, en esta perspectiva, la duda razonable suscitada en estos sentenciadores acerca de si la distribución obligatoria de la "píldora del día después" en los establecimientos que integran la Red Asistencial del Sistema Nacional de Servicios de Salud puede ocasionar la interrupción de la vida del embrión, al impedirle implantarse en el endometrio femenino, genera, a su vez, una incertidumbre acerca de una posible afectación del derecho a la vida de quien ya es persona desde su concepción en los términos asegurados por el artículo 19° N° 1° de la Constitución. La referida duda debe llevar, de acuerdo a lo que se ha razonado, a privilegiar aquella interpretación que favorezca el derecho de "la persona" a la vida frente a cualquiera otra interpretación que suponga anular ese derecho.

Sección Segunda
La Familia

168. Concepto. El Poder Constituyente ha recogido en el artículo 1° inciso 2° la concepción que, en la civilización occidental, fue infundida por el cristianismo en el tema. Cabe agregar que tal concepto tiene su fuente en el hecho de que los hombres no llegan a la vida y nunca viven solos, pues conviven con sus semejantes, es decir, se integran en comunidad con el prójimo. En esta dimensión social, inherente a la persona y que la enriquece en su dignidad, derechos y deberes, surge la primera asociación que es, precisamente, la familia.

Se define la familia, en el sentido natural y obvio, como el grupo de personas emparentadas entre sí que viven juntas[306]. Más específicamente, es tal la unión que, un hombre y una mujer ligados en matrimonio, forman con sus hijos. Esta institución es anterior a todo reconocimiento por la autoridad pública y, como tal, se impone a ella, siendo su deber reconocerla y protegerla[307]. Finalmente, en la legislación chilena, el artículo 815° del Código Civil proporciona un concepto de familia, al disponer que ella comprende el cónyuge y los hijos, tanto los que existan al momento de su constitución como los que sobrevienen después. En el artículo 53° de la Ley N° 16.643, de 1967, sobre Abusos de Publicidad, hoy derogada, también se describía el concepto, incluyendo en él al cónyuge; a los ascendientes, descendientes y colaterales legítimos, hasta el segundo grado de consanguinidad; a los padres y a los hijos naturales; y a los ascendientes y descendientes hasta el primer grado de afinidad legítima. En fin, la nueva Ley de Matrimonio Civil, de 2004, ha señalado en su artículo 1°, que el matrimonio es la base principal de la familia

---

306 Real Academia Española: I **Diccionario de la Lengua Española** (Madrid, Ed. España Calpe, 2001) p. 1036.

307 Consúltese **Catecismo de la Iglesia católica** (Madrid, Impresa, 1992) p. 486.

y el matrimonio sigue siendo un contrato solemne entre un hombre y una mujer, con sujeción al artículo 102° del Código Civil.

Complementando las definiciones precedentes, cabe agregar que dicha institución puede ser entendida como la sociedad natural, necesaria y en cierto sentido perfecta, cuya finalidad primordial es la conveniente propagación y educación de la especie humana, sobre la base de la unión estable de un hombre y una mujer.

Tal sociedad es la primera en el sentido de que ninguna otra asociación o grupo es anterior a ella en el tiempo, los objetivos y las exigencias que justifican su existencia. Es, además, la asociación más elemental, esencial y básica en nuestra convivencia, pues el hombre la forma no por simple voluntad, desde que le es exigida por su propia naturaleza sociable. Es a raíz de tal rasgo que resulta ser también una sociedad necesaria o ineludible. Por último, la familia es perfecta no en el sentido de la autosuficiencia completa, sino en cuanto a que el vínculo entre sus miembros es íntegro, alcanzando la plenitud de los aspectos de la vida de cada uno de ellos, sea de índole espiritual y moral, corporal o material. La familia es, entonces, la unión estable, indefinidamente perdurable entre un hombre, una mujer y la prole que derive de ella, para la consecución de los fines más nobles de la existencia de la especie humana. Trátase, en definitiva, de una institución y no de una simple organización efímera.

Siendo sociedad, la familia constituye el núcleo fundamental de las agrupaciones mayores, es decir, del conjunto que se llama la *Sociedad Civil*. Pertinente es examinar el rico significado de esta locución.

La familia, en efecto, no es cualquier sociedad, sino que es el centro primordial, básico y principal de la sociedad en su globalidad, desde donde emana y, como ya está explicado, se nutre el resto de la estructura social. He ahí su importancia y la razón por la cual ella debe ser protegida[308]. En este sentido, S.S. Juan Pablo II, en su "Carta a las familias", señaló:

> Conviene hacer realmente todos los esfuerzos posibles para que la familia sea reconocida, como sociedad primordial y, en cierto modo, soberana. Su soberanía es indispensable para el bien de la sociedad. Una nación verdaderamente soberana y espiritualmente fuerte está formada siempre por familias fuertes, conscientes de su vocación y misión en la historia. La familia está en el centro de todos estos problemas y cometidos: relegarla a un papel subalterno y secundario, excluyéndola del lugar que le compete en la sociedad, significa causar un grave daño al crecimiento de todo cuerpo social[309].

En cuanto a las relaciones de hecho, esto es, las relaciones permanentes que no se encuentran fundadas en un vínculo matrimonial, la doctrina se divide en torno a si a ellas alcanzan o no a configurar el concepto de familia. Mientras algunos autores plantean que la voz *familia,* empleada por la Constitución debe entenderse en sentido amplio[310], com-

---

[308] **Cifra actualizada de casados y convivientes**: Las últimas cifras de estadísticas vitales del INE (2011), señala que en el 2007 la cifra de matrimonios fue de 57.792, en el 2008 la cifra fue 56.112, en el 2009 la cifra fue de 56.127, en el 2010 la cifra fue 60.362 y en el 2011 la cifra fue de 64.768. En cuanto a las cifras de convivencia en Chile, 2.078.727 son las personas que han optado por vivir en pareja a través de la convivencia de hecho, antecedente que develó el Censo 2012 y que representa alrededor de 15% de la población, en una cifra que supera con creces a la registrada en 1992 (5,7%) y 2002 (8,9%).

[309] S.S. Juan Pablo II: **Carta a las familias** (2 de febrero de 2004).

[310] Véase Gonzalo Figueroa Yáñez: **Persona, pareja y familia** (Santiago, Editorial Jurídica de Chile, 1995) pp. 71-72; y Carlos Peña González: "Hay razones constitucionales fuertes a favor de un estatuto igualitario", en **Instituciones modernas de derecho civil. Libro homenaje al profesor Fernando Fueyo Laneri** (Santiago, Ed. Conosur, 1996), pp. 140 ss.

prendiendo las relaciones de hecho; otros sostienen que el Constituyente ha entendido por familia solo aquella que tiene base matrimonial[311]. Concluye el autor que, a la luz de las Actas Oficiales de la Comisión de Estudio, la segunda de las tesis resumidas fue estimada correcta por la opinión de sus miembros[312], no habiéndose planteado objeción al respecto. Claro lo anterior, se torna evidente el empuje con que se van planteando figuras jurídicas inéditas en Chile, hoy con debate como proyectos de ley en el Congreso Nacional. Tales son, por ejemplo, el acuerdo de vida en pareja, ya aprobado en la denominación de *acuerdo de unión civil*, o el matrimonio homosexual.

Años atrás se discutió en tribunales un asunto de tuición de menores[313]. Ella le fue concedida a la madre, en razón del artículo 225° del Código Civil, el cual dispone que, en caso de que los padres vivan separados, el cuidado personal de los hijos corresponde a la madre, quien era lesbiana y vivía con su pareja. La Corte Suprema, al acoger, un recurso de queja deducido por el padre de las menores, concluyó que en dicho caso existía un "entorno familiar excepcional", sosteniendo en síntesis lo siguiente[314]:

> Decimosexto. Que, en el mismo orden de consideraciones, no es posible desconocer que la madre de las menores de autos, al tomar la decisión de explicitar su condición homosexual, como puede hacerlo libremente toda persona en el ámbito de sus derechos personalísimos en el género sexual, sin merecer por ello reprobación o reproche jurídico alguno, ha antepuesto sus propios intereses, postergando los de sus hijas, especialmente al iniciar una convivencia con su pareja homosexual en el mismo hogar en que lleva a efecto la crianza y cuidado de sus hijas separadamente del padre de éstas;
>
> Decimoséptimo. Que, aparte de los efectos que esa convivencia puede causar en el bienestar y desarrollo psíquico y emocional de las hijas, atendida sus edades, la eventual confusión de roles sexuales que puede producírseles por la carencia en el hogar de un padre de sexo masculino y su reemplazo por otra persona del género femenino, configura una situación de riesgo para el desarrollo integral de las menores respecto de la cual deben ser protegidas;
>
> Decimoctavo. Que, por otro lado, fuerza es admitir que dicha situación situará a las menores (…) en un estado de vulnerabilidad en su medio social, pues es evidente que su entorno familiar excepcional se diferencia significativamente del que tienen sus compañeros de colegios y relaciones de la vecindad en que habitan, exponiéndolas a ser objeto de aislamiento y discriminación que igualmente afectará a su desarrollo personal;
>
> Decimonoveno. Que las condiciones descritas constituyen ampliamente la "causa calificada" que el legislador ha incluido entre las circunstancias que, en conformidad con el artículo 225° del Código Civil, autorizan al juez para entregar el cuidado personal de los hijos al padre en lugar de la madre, pues ellas configuran un cuadro que irroga el riesgo de daños, los que podrían tornarse

---

311 Revísese Hernán Corral Talciani: **Familia y derecho** (Santiago, Colección Jurídica, Universidad de los Andes, 1994) p. 30.

312 En efecto, en dichas actas es posible leer puntualizaciones como las siguientes, hechas por diversos integrantes de la Comisión respectiva: "el marido es el jefe natural de la familia" (sesión 95ª p. 10); "El hombre y una mujer contraen matrimonio y forman una familia" (sesión 95ª p. 13); "Se vinculó la integridad de la familia a la indisolubilidad del matrimonio, porque el fundamento legal de la familia es el matrimonio" (sesión 191ª p. 12); "La legislación debe tender a que marido y mujer vivan juntos con sus hijos" (sesión 191ª p 17); "Comprende que haya un hombre que, pensando que la familia es una célula fundamental, como piensan los integrantes de la Comisión, no crea que esa familia puede derivar de un solo matrimonio, sino de matrimonios sucesivos" (sesión 191ª p. 19).

313 Véase el fallo completo en XXXI **Revista Chilena de Derecho** Nº 3 (2002) pp. 575 ss.

314 Véase Gloria Baeza y Marco Navarro: "Derecho de los menores a vivir en una familia normalmente constituida", XXXI **Revista Chilena de Derecho** Nº 3 (2002) pp. 575 ss.

irreversibles para los intereses de las menores, cuya protección debe preferir a toda otra consideración, en los términos definidos imperativamente por la normativa que gobierna la materia.

169. Reforma sobre filiación. Fue introducida al Código Civil por la Ley N° 19.585[315]. Preceptúa que la filiación por naturaleza puede ser matrimonial o no matrimonial.

Agrega que la filiación es matrimonial cuando existe matrimonio entre los padres al tiempo de la concepción o del nacimiento del hijo. Es también filiación matrimonial, con sujeción a dicha ley, la del hijo cuyos padres contraen matrimonio con posterioridad a su nacimiento, siempre que la paternidad y la maternidad hayan sido establecidas previamente por los medios que establece el Código Civil, o se determinen mediante el reconocimiento realizado por ambos padres en el acto del matrimonio, o durante su vigencia en la forma prescrita en el artículo 187° de ese Código. Puntualiza la ley citada que la filiación matrimonial aprovecha, en su caso, a la posteridad del hijo.

En los demás casos, la filiación es no matrimonial.

Pues bien, tienen estado civil de hijos respecto de una persona aquellos cuya filiación se encuentra determinada, de conformidad a las reglas del Código Civil. Sin embargo, la ley considera iguales a todos los hijos.

Comentando la ley resumida, el entonces senador Sergio Diez Urzúa[316] escribió que el fundamento de ella fue la situación de injusticia de los niños ilegítimos o naturales en relación con los derechos y deberes respecto de sus padres. Añadió que no corresponde hacer diferencia entre los hijos sobre quienes han sido efectivamente sus padres, efectuando hincapié en que ese vínculo determina la igualdad plena, porque está basada en la naturaleza.

170. Nueva Ley de Matrimonio Civil y Divorcio. El 17 de mayo de 2004 fue publicada en el Diario Oficial la Ley N° 19.947 que estableció la Nueva Ley de Matrimonio Civil, la cual, en su artículo 1° declara que: "La familia es el núcleo fundamental de la sociedad. El matrimonio es la base principal de la familia".

El capítulo VI, dedicado al divorcio, en su artículo el 53° expresa que: "El divorcio pone término al matrimonio, pero no afectará en modo alguno la filiación ya determinada ni los derechos y obligaciones que emanan de ella".

Esta ley innovó en el ordenamiento jurídico chileno, pues hasta la fecha en que entró en vigencia no se reconocía el instituto del divorcio vincular. Su incorporación se produjo luego de un prolongado e intenso debate entre los más diversos sectores del país. Hubo esfuerzos por hallar soluciones consensuadas que pudieran dar cabida a las distintas posiciones morales, sociales y religiosas. Entre ellas sobresalió la propuesta de algunos parlamentarios en el sentido de permitir, a quienes profesaran la religión católica y así lo solicitaran, contraer matrimonio sin opción a pedir después la dictación de una resolución judicial pronunciando el divorcio vincular, lo que finalmente no prosperó.

Según cifras del Servicio de Registro Civil e Identificación en el año 2006 se inscribieron 10.119 divorcios mientras que en el año 2013 la cifra llegó a 48.272. Según las últimas cifras dado por el INE se mostró un alza en los últimos cinco años en el total de aprehendidos por delitos de bigamia, pasando de 4,43% en 2008 a 7,26% en 2012. Según cifras del Sernam, el 2013 fueron asesinadas 40 mujeres, 16 de ellas habían entablado denuncias previas, mostrando un repunte en las denuncias que revirtió la baja que se venía produciendo

[315] Publicada en el Diario Oficial el 26 de octubre de 1998.

[316] **Personas y valores. Su protección constitucional** (Santiago, Ed. Jurídica de Chile, 1999) pp. 55 ss.

durante los últimos años. Siete de ellas se encontraban con alguna medida de protección, como orden de abandono de hogar para el agresor y prohibición de acercarse a la víctima, o cautelar vigente al momento de su muerte. Ese crimen, conocido como femicidio, llega en marzo de 2015 a 20 fallecidos por violencia familiar.

171. Acuerdo de Unión Civil. La ley Nº 20.830, publicada en el Diario Oficial el 21 de abril de 2015, creó el acuerdo de unión civil. Es tal un contrato celebrado entre las personas que comparten un hogar, con el propósito de regular los efectos jurídicos derivados de su vida afectiva en común, de carácter estable y permanente. Los contrayentes se denominan *convivientes civiles* y son considerados parientes para los efectos de lo dispuesto en el artículo 42° del Código Civil.

La celebración de este contrato confiere el estado civil de conviviente civil. El término de la relación contractual restituye el estado civil que tenían los contrayentes antes de celebrar la convención respectiva, salvo que los convivientes contraigan matrimonio, cuando proceda.

Entre un conviviente civil y los consanguíneos de la persona con la que está unida por un acuerdo de unión civil existe, mientras dicha unión siga vigente, parentesco por afinidad.

El acuerdo de unión civil se celebra en el Servicio de Registro Civil e Identificación, ante cualquier oficial, quien levanta acta de todo lo obrado, al cual se inscribe en un registro especial que lleva el Servicio mencionado.

El artículo 26° de la ley citada señala las causales que ponen término a la relación contractual descrita.

172. Tribunales de Familia. Con fecha 30 de agosto de 2004, se publicó en el Diario Oficial la Ley Nº 19.968, que crea los Tribunales de Familia.

En cumplimiento del mandato constitucional que impone al Estado la obligación de proteger la institución familiar, el legislador sustrajo los asuntos que a ella conciernen de la jurisdicción civil, entregándolos a una magistratura especializada, esto es, los Tribunales de Familia. Ciertamente, hacerlo era un imperativo insoslayable, toda vez que los asuntos inherentes a esa institución deben ser conocidos y resolverse, atendido la importancia de la familia y al estar ligados a los afectos que surgen entre los miembros de esta, de manera distinta a las cuestiones contenciosas de carácter civil. Por ello, la jurisdicción de familia se halla estructurada con base en la técnica de la mediación, esto es, instar a las partes a llegar a una solución intermedia, inducida e igualmente satisfactoria para ambas, evitando un juicio y la lesión a los vínculos afectivos que surgen en ese núcleo fundamental de la sociedad.

173. Jurisprudencia. Los preceptos relativos a la familia son de orden público, de modo que no pueden las personas disponer, a su voluntad y mediante acto jurídico alguno, el cambio, la inaplicación o derogación de los principios y disposiciones que integran dicho ordenamiento normativo. Así ha sido puntualizado con referencia a la familia:

> Preceptos de orden público son todas las leyes de derecho privado que se refieren al estado de las personas, y dentro de ellas, las concernientes al estado de casado y su extinción, puesto que el matrimonio es la base de la familia y su resguardo es de interés público[317].

---

[317] Sentencia de la Corte Suprema pronunciada el 14 de diciembre de 1982, reproducida en **Repertorio de legislación y jurisprudencia chilenas. Constitución Política de la República de Chile 1980** (Santiago, Ed. Jurídica de Chile, 1993) p. 2.

Por último, interesante es el razonamiento del Tribunal Constitucional, en la sentencia Rol Nº 1.499, cuyo considerando 11° se inserta a continuación:

> Esta reparación económica no tiene carácter punitivo y que su función no es compensar el desequilibrio material que pudo haberse producido como consecuencia del divorcio ni tampoco restablecer la igualdad entre los cónyuges, sino resarcir el menoscabo pecuniario que el cuidado de los hijos o del hogar produjo en el cónyuge al impedirle desarrollar una actividad remunerada, en forma total o parcial. La dedicación de uno de los cónyuges a los hijos y al hogar no configura para el otro cónyuge que no hace lo mismo en igual medida una conducta ilícita que requiera dolo y de la cual derive una sanción de orden penal, ni tampoco una multa a todo evento y preestablecida, sino sólo un deber más de un cónyuge a favor del otro. Este, además es de cuantía variable según el caso, de existencia meramente eventual y puede llegar a surgir sólo en caso de divorcio. Por otro lado, el derecho a la compensación nace como efecto de la declaración del divorcio, de suerte que no existiría correlación lógica entre la legitimidad jurídica de la institución –el divorcio por causa imputable a un cónyuge– y la legitimidad de uno de sus efectos, cual es la facultad de denegar o reducir la aludida compensación económica.

Sección Tercera
Sociedad y grupos intermedios

174. Conceptos. El hombre y la mujer, por imperativo de la naturaleza, tienden a formar vínculos propios, diferentes y más amplios que los de su familia. Esos nuevos ligámenes emanan de la cualidad esencial intrínseca de seres sociales, conscientes que así ayudan al desarrollo más pleno de su existencia. De la exigencia ineludible para comenzar y desplegar la vida nace la familia. Pero la necesidad de satisfacer otras aspiraciones y demandas propias del género humano, v. gr., la defensa y seguridad colectiva, la educación y enseñanza formal, la salud e higiene, la vivienda y el descanso, el trabajo y la protección del cesante o del anciano, el desarrollo de la ciencia, el arte y la técnica, etc, impelen a fundar la sociedad y los grupos intermedios, multiplicándolos después en una comunidad crecientemente compleja y pluralista[318].

El tópico se halla previsto en el inciso 3° del artículo 1°. Ese precepto se refiere a los grupos intermedios, destacando que con ellos se organiza y estructura la sociedad. El asunto es importante porque en torno de tales grupos se articula uno de los principios matrices de la Constitución vigente. Trátase del principio de subsidiariedad en la iniciativa y labor pública, correlativo al principio de prioridad del no Estado, o Sociedad Civil, incluyendo a los grupos y personas.

Pues bien, el Estado-Gobierno reconoce a tales grupos. Lógicamente solo se reconoce lo que ya existe, de lo cual resulta que los grupos intermedios, situados entre la persona y el Estado, son anteriores en el tiempo y superiores a este último, en una comunidad libre, en el ejercicio legítimo de su autonomía específica. Al menos en lo que dice relación con la esfera de sus fines y organización, los grupos intermedios tienen, por ende, proclamada su libertad respecto del aparato público, el cual puede regular el desenvolvimiento de aquellas, pero nada más que para finalidades claras exigidas por el bien común, previa y objetivamente constatado.

[318] Véase Georges Burdeau: **La democracia** (Barcelona, Ed. Ariel, 1961) pp. 8 ss.

Los grupos intermedios son organizaciones voluntariamente creadas por la persona humana, ubicadas entre el individuo y el Estado, para que cumplan sus fines específicos a través de los medios de que dispongan, con autonomía frente al aparato público. En tal categoría de grupos caben, por ejemplo, los sindicatos y gremios, los colegios profesionales, las corporaciones y fundaciones de beneficencia, los centros de padres y apoderados, las juntas vecinales, las asociaciones estudiantiles y deportivas, las instituciones de ciencia y técnica, de arte y cultura, las universidades, los grupos dedicados a fines filantrópicos o de beneficencia, las organizaciones no gubernamentales, etcétera.

La importancia de los cuerpos intermedios a través de los cuales se organiza y estructura la sociedad ha sido puesta de relieve por el papa Paulo VI, quien señaló:

> Donde estos cuerpos intermedios faltan o están poco desarrollados, la comunidad nacional puede ser presa de algunos individuos, que se arrogan un poder exagerado en el campo económico, social o político, o bien, de los poderes públicos, pues no encontrando ninguna estructura social robusta que les detenga, invaden la esfera privada de los individuos y acaban muchas veces por ignorar o hasta violar los derechos fundamentales de la persona humana[319].

El Estado reconoce y ampara a tales grupos. Esto quiere decir que la Constitución parte del supuesto de que no solo existen y que lo son con prescindencia de la voluntad pública, sino que es obligación del Estado protegerlos, colaborar con ellos y, con sujeción al principio de subsidiariedad, ayudarlos y fomentar su existencia y desenvolvimiento. Aquí aparece con fuerza hermenéutica el principio aludido.

175. Sociedad civil y solidaridad. Prosigue el texto constitucional diciendo que, a través de esos grupos, se organiza y estructura la sociedad. Trátase, con esos dos verbos, de configurar la idea de un orden más o menos perdurable, objetivo, despersonalizado y estable, porque los grupos intermedios valen por sí y no en razón de quienes los componen. Llegar a ser instituciones sociales es, por ende, un objetivo que debe ser cumplido por esos grupos.

Pertinente es puntualizar que la sociedad a la cual alude el precepto fundamental es la Sociedad Civil o no Estado[320], es decir, el conglomerado de numerosas entidades intermedias, de la índole más variada, en las cuales vive y convive la persona, desplegando, con autonomía, sus aspiraciones e intereses socioeconómicos legítimos. De cara al Estado, la Sociedad Civil goza de tal capacidad de decisión propia y merece protección según el principio de subsidiariedad. Empero, de creciente importancia resulta enfatizar el principio de solidaridad, rector de las relaciones al interior de la Sociedad Civil, porque le infunde a la actividad de las agrupaciones intermedias el deber de asumir como propias las carencias, insuficiencias o debilidades ajenas, procurando remediarlas o resolverlas sin que el Estado tenga que intervenir para hacerlo[321]. Sin duda, trátase de una exigencia ética y que debe ser desarrollada precaviendo la injerencia estatal, invocada de cara al egoísmo, la desidia, la ignorancia o ausencia de valores que, cuando están realmente en vigencia, justifican la autonomía de la Sociedad Civil en el aporte que ha de dar el bien común.

176. Autonomía. A los grupos intermedios el Estado-Gobierno les garantiza o asegura la adecuada autonomía para el cumplimiento de sus fines específicos. Pues bien, ampliamos

---

319 Discurso a la Semana Social de Chile, reproducido en la revista **Ecclesia** (28 de diciembre de 1963).

320 Véase Adam Ferguson: (1767) **Ensayo sobre la historia de la Sociedad Civil** (Madrid, Ediciones Akal, 2010), especialmente pp. 26 ss.

321 Los artículos 1° inciso 2°, y 115° inciso 1° y 122° de la Constitución aluden a la solidaridad, pero otorgándole al principio un significado distinto de explicarlo aquí, pues lo entienden desde el Estado, y para realizar cometidos y objetivos regionales y comunales de los entes públicos.

lo ya escrito puntualizando que la autonomía es la potestad o capacidad de gobierno, mediante autoridades y normas propias, que incumbe a cada grupo intermedio con sujeción a las normas de la Constitución y la ley. Autonomía es, en este sentido, libertad de formación, organización y actuación de frente al Estado y a otros grupos. El Estado, entonces, señala el marco normativo global dentro del cual los grupos intermedios se desenvuelven, pero se compromete a respetar el derecho de ellos a dictar su normativa y a hacerla cumplir por medios propios. La autonomía, en síntesis, es una cualidad del grupo, participativa del concepto de libertad, cuya esencia no puede ser vulnerada por el Estado ni por otras agrupaciones.

Sin embargo, cabe observar que el Estado no garantiza en favor de estos grupos el ejercicio de cualquier autonomía, sino únicamente de aquella que es adecuada, apropiada, proporcionada o conveniente para los fines específicos del grupo. Por eso, la Constitución establece que es tal aquella autonomía que le permite al grupo intermedio cumplir sus fines propios y específicos. En toda Sociedad Civil bien estructurada y organizada es claro que los grupos que la configuran participan en la consecución de sus fines peculiares sobre la base del respeto de los objetivos generales del Estado-Gobierno y de los demás grupos intermedios. El respeto de esta idea es importante, porque demuestra que los grupos intermedios no pueden cumplir los fines propios y generales de aquel Estado, excluyéndose así el corporativismo, es decir, la doctrina que, llevada a su extremo bajo el fascismo, constituye la soberanía con base en las asociaciones aludidas.

De manera que, concluyendo, existe un ejercicio legítimo y otro ilegítimo de la autonomía constitucional a la que nos hemos referido. Ejemplo de ejercicio ilegítimo de la autonomía circunscrita, funcional, limitada o relativa que asegura la Constitución es la que señala el artículo 19° N° 15° en sus incisos 5° y siguientes; o la mencionada en el artículo 23° inciso 1°; o en el artículo 60° en su inciso 4°, todas de la Constitución en vigor. Formuladas tales salvedades, surge la regla o principio general del ejercicio legítimo de la autonomía, transversal en la Constitución.

177. Jurisprudencia. El Tribunal Constitucional, definiendo y limitando la autonomía de los cuerpos intermedios, ha expresado en una de sus sentencias que:

> La autonomía de los cuerpos asociativos –una de las bases esenciales de la institucionalidad– se configura, entre otros rasgos esenciales, por el hecho de regirse por sí mismos; esto es, por la necesaria e indispensable libertad para organizarse del modo más conveniente según lo dispongan sus estatutos, decidir sus propios actos, la forma de administrarse y fijar los objetivos o fines que deseen alcanzar, por sí mismos y sin injerencia de personas o autoridades ajenas a la asociación, entidad o grupo de que se trata. No significa ello, en modo alguno, que puedan estos entes actuar de manera ilegal, dañosa o ilícita, aun amparándose en la referida autonomía, ya que de incurrir en excesos en su actuación quedan, obviamente, sujetos a las responsabilidades consecuenciales que toca a los tribunales de justicia conocer, comprobar y declarar en el correspondiente debido proceso[322].

En otra sentencia, de igual sentido, esa magistratura ha señalado que:

> No es ocioso recordar que el reconocimiento y amparo de los grupos intermedios o entes asociativos, es uno de los pilares básicos en la organización de la Sociedad Civil, y así lo establece, ya en su artículo 1° la Carta Fundamental, garantizando al mismo tiempo su adecuada autonomía, a fin de permitirles –como células vivas de la sociedad– la obtención de sus fines propios, contribuyendo

[322] Considerando 7° letra d) de la sentencia pronunciada el 7 de marzo de 1994 (Rol N° 184).

> de este modo a la riqueza de la trama social y, en último término, al bien común de la sociedad. Reconocimiento, amparo y garantía de su autonomía son los términos en que la Constitución se expresa a su respecto.
>
> Dicha autonomía para cumplir con sus propios fines específicos implica la necesaria e indispensable libertad de esos grupos asociativos para fijar los objetivos que se desean alcanzar, para organizarse del modo que estimen más conveniente sus miembros, para decidir sus propios actos y la forma de administrar la entidad, todo ello sin intromisión de personas o autoridades ajenas a la asociación o grupo, y sin más limitaciones que las que impongan la Constitución; es decir, las que derivan de la moral, el orden público y la seguridad del Estado (artículos 19°, N°s 15 y 23), no interviniendo la autoridad pública sino en la medida en que infrinjan el ordenamiento o su propio estatuto o ley social[323].

Más recientemente, el Tribunal aludido sostuvo que:

> En dicho precepto (artículo 1° inciso 3°) se consagra en la Carta Fundamental el principio de subsidiariedad como uno de los principios rectores del orden social. Al respecto, en el Informe enviado por la Comisión de Estudio de la nueva Constitución al Presidente de la República, con fecha 16 de agosto de 1976, en virtud del cual le hacen llegar las proposiciones e ideas precisas que ha de contemplar la nueva Constitución, se expresa que "según él ninguna sociedad superior puede arrogarse el campo que respecto de su propio fin específico pueden satisfacer las entidades menores y, en especial, la familia, como tampoco ésta puede invadir lo que es propio e íntimo de cada conciencia humana" (p. 42);
>
> Que el ser humano, por su esencial sociabilidad, constituye a lo largo de su vida, diversos y múltiples cuerpos sociales a través de los cuales desarrolla su existencia. Las sociedades mayores surgen, así, para realizar aquello que las menores, y, en último término el hombre, no pueden hacer por sí solos;
>
> Que de ello se desprende que el campo de acción de una sociedad mayor comienza donde termina el de una menor y que la primera no puede asumir aquello que es propio de la segunda;
>
> Que de acuerdo con dicho principio, al Estado no le corresponde, entonces, absorber aquellas actividades que son desarrolladas adecuadamente por los particulares, ya sea personalmente o agrupados en cuerpos intermedios. Ello se entiende sin perjuicio, por cierto, de aquellas que, por su carácter, ha de asumir el Estado. Eso explica el reconocimiento y amparo que el artículo 1°, inciso tercero de la Constitución, presta a los grupos intermedios;
>
> Que en armonía con lo anteriormente expuesto, el artículo 3° de la Ley N° 18.575, dispone que la Administración del Estado debe garantizar la debida autonomía de los grupos intermedios de la sociedad para cumplir sus propios fines específicos.[324]

Otro pronunciamiento de esa magistratura en el tópico se halla en la sentencia dictada el 19 de junio de 2007 (Rol N° 523-06), cuyos considerandos, en lo pertinente, son insertados a continuación:

> Que sin perjuicio de lo anteriormente señalado, debe tenerse presente que la autonomía universitaria tiene fundamento en la autonomía de los cuerpos intermedios, reconocida en el artículo 1° inciso tercero de la Constitución Política de la República;
>
> Que en efecto, esta última disposición no sólo reconoce y ampara a los cuerpos intermedios, sino que, además, les garantiza la adecuada autonomía para alcanzar sus propios fines específicos. Como

---

[323] Considerandos 28 y 29 de la sentencia del Tribunal Constitucional, fechada el 30 de octubre de 1995 (Rol N° 226).

[324] Sentencia del 15 de julio de 2002 (Rol N° 352).

> lo ha señalado un autor, se trata de que puedan gozar de "la necesaria libertad para organizarse del modo que estimen más conveniente sus miembros, decidir sus propios actos y la forma de administrar la entidad, y fijarse los objetivos o fines que desean alcanzar, por sí mismos y sin injerencia en todo ello de personas o autoridades ajenas a la entidad, asociación o grupo" (Eduardo Soto Kloss, La autonomía de los cuerpos intermedios y su protección constitucional, **Revista de Derecho y Jurisprudencia**, Tomo LXXXV, N° 2, 1988, p. 53). Esta autonomía, reconocida a los cuerpos intermedios, exige reconocerles la facultad de crear cargos y seleccionar a quienes los sirven y, por cierto, también de suprimirlos;
>
> (...)
>
> Que del mismo modo, es preciso anotar lo sostenido por la doctrina en cuanto a que si bien la Carta Fundamental –en principio– no contiene una norma específica sobre la autonomía universitaria, ello no significa en modo alguno que ella no tenga fundamento en sede constitucional. En efecto, como se ha explicado, lo que ocurre es que el constituyente reguló la autonomía de estas entidades en forma general, y no de manera especial como lo había hecho en el año 1925. Las incluye en la disposición del artículo 1°, inciso 3°, al establecer que: "El Estado reconoce y ampara a los grupos intermedios a través de los cuales se organiza y estructura la sociedad y le garantiza la adecuada autonomía para cumplir sus propios fines específicos" (Molina, Francisco, Tratamiento constitucional y legal del concepto de autonomía universitaria en los procesos de regulación externa, **Estudios Sociales**, Corporación de Promoción Universitaria, N° 97, trimestre 3, 1998, p. 191).

Por otra parte, la Corte Suprema ha sustentado la doctrina según la cual los grupos intermedios, cuando ejercen legítimamente su autonomía, pueden establecer con libertad los fines propios de la respectiva agrupación, llegando más allá de lo que, en términos de un estatuto básico pero no exhaustivo, determina la ley:

> Que aun si los que mencionan los artículos 38° y 40° N° 10° de la Ley N°18.045 fuesen fines y no medios para que la Bolsa de Valores obtenga sus objetivos propios y específicos, es evidente que el principal fin propio de ese grupo intermedio, sociedad comercial, es lograr metas económicas, y si este fin no lo consulta la ley, puede el propio grupo proponérselo insertándolo en sus estatutos, escrituras o acuerdos, y ejerciendo así la autonomía que la Constitución le reconoce y ampara y que es fin esencial de todo organismo que persigue metas lucrativas[325].

178. Democracia y grupos intermedios. Uno de los procesos más relevantes, vividos hoy en Chile y el mundo entero, es el de la modernización del Estado-Gobierno con expansión y vigorizamiento de la Sociedad Civil. Esa fórmula implica el cumplimiento de numerosos requisitos, entre los cuales se halla la contracción de las potestades y recursos estatales para entregarlos a los grupos intermedios que asumen roles antes asignados a la burocracia pública. El descrito es el proceso llamado *devolución*, en el derecho anglosajón, y que coincide con el resurgimiento del principio de subsidiariedad.

Desde otro ángulo del mismo asunto, la gobernabilidad o gobernanza que se demanda para lograr mayor eficiencia y eficacia en la gestión pública presupone el repliegue estatal y el despliegue social. Examinando el asunto en términos diversos, más clásicos tal vez, presenciamos el fortalecimiento del principio de subsidiariedad como clave de la libertad y del progreso en democracia. El espacio de lo público, entonces, no es ya solo estatal, sino que también social.

---

[325] Considerando 6° de la sentencia pronunciada por la Corte Suprema el 23 de enero de 1985, reproducida en LXXXII **Revista de Derecho y Jurisprudencia** 2° P. S. V pp. 3 ss.

Ciertamente, lo escrito deja de manifiesto la importancia creciente de los grupos intermedios en la sociedad pluralista y, más en particular, de su injerencia en la gestión de servicios de bien común y en instancias de participación democrática. Ese proceso, aún en grado primario en Chile, tiene que ser estimulado mediante incentivos de diversa índole, no solo tributarios, convencidos de que es una clave para el despliegue de la participación y la solidaridad en la Sociedad Civil o no Estado.

Lo escrito puede ser vinculado, por último, con el cambio profundo que ha experimentado el concepto de soberanía, agudamente evidenciado a raíz de la globalización, de los tratados internacionales de complementación política y socioeconómica y de otras transformaciones que, como en la Unión Europea, han vigorizado las relaciones regionales entre países distintos, especialmente fronterizos.

179. Dos significados del Estado Social de Derecho. Se ha incorporado al debate doctrinario en Chile este concepto, presente en Constituciones como la alemana de 1949 y la española de 1978. La idea subyacente que se sostiene el carácter sustantivo de aquel, para unos restaurando el Estado de bienestar, providente o de prestaciones de derechos sociales, para otros, innovando en la democracia que debe ser practicada en los grupos de la Sociedad Civil, especialmente a propósito del principio de solidaridad.

Imperativo es puntualizar, de antemano, que ambos planteamientos coinciden en cuanto a la necesidad de progresar en la satisfacción de los derechos sociales o de la segunda generación; v. gr., la educación y enseñanza, la vivienda sana, la higiene y salubridad pública, la remuneración justa, el derecho al descanso, el acceso a las acciones de salud y a las de seguridad social. Empero, se distancian uno de otro tratándose de quien es el responsable de concretar, mediante las prestaciones económicas respectivas, el goce efectivo de tales atributos esenciales, hoy reputados claves para admitir que una democracia constitucional es ampliamente reconocida como legítima.

Efectivamente, fue tradicional atribuir al Estado la función prioritaria de implementar, a través de leyes, reglamentos y programas específicos la materialización de los derechos aludidos. Lo hizo, desde la década de 1920 en el mundo entero, con la modalidad llamada *Estado de Bienestar, Providente o de Prestaciones*. Al cabo de medio siglo, sin embargo, ese esfuerzo comenzó a evidenciar problemas insolubles como el déficit fiscal causado por la imposibilidad de cubrir muchísimas prestaciones y subsidios, con el crecimiento incesante de unos y otros, la desviación de fondos con maniobras venales o la destinación de ellos a pagar plantillas de funcionarios carentes de labores que los justificaran más allá de las cuotas políticas. La crisis impuso, como rectificación, políticas de austeridad resistidas por quienes gozaban de las prestaciones aludidas.

Simultáneamente, crecía la convicción en cuanto a que el Estado de Bienestar había culminado en derroche cuantioso e incontrolable, secuela de decisiones adoptadas desde plataformas ideológicas y vacías de racionalidad objetiva y evaluación estrictamente ejecutada. La crisis se tornó real con despidos numerosos; desequilibrios presupuestarios que impedían honrar los compromisos estatales de pagos internos o internacionales; convulsiones sociales ilustradas por marchas, protestas, invasiones y usurpaciones de inmuebles; desórdenes que impedían el desenvolvimiento de las más diversas actividades con estándares aceptables de orden público y otros hechos parecidos. El desenlace no siempre ha sido el freno democrático a tantos reproches con el reemplazo de los gobernantes por sus opositores. En esto se dio, consecuentemente, impulso a otro concepto de Estado Social de Derecho.

Así fue por el acento dado a la Sociedad Civil en la concreción de los derechos y deberes de la segunda generación. El criterio rector ha sido la solidaridad. Inculcar tal valor, y sobre todo, trasladarlo de las palabras a los hechos ha devenido lento y difícil. Pese a ello, es nítido que allí radica uno de los objetivos capitales de la democracia constitucional contemporánea, singularizada por la participación de la comunidad en el planteamiento, satisfacción y control de las iniciativas destinadas a cumplir las prestaciones inherentes a esos derechos. El escollo es doble, sin embargo, dado que el Estado es resistente a transformarse para corresponder a las demandas sociales. Insisten, sus defensores, en absorber las iniciativas pertinentes, aunque sea recayendo en los reproches ya destacados y en otros, v. gr., el incremento de los tributos.

La evaluación del proceso indica que el Estado Social, entendido con base y meta en la solidaridad de la Sociedad Civil y los grupos intermedios, atraviesa tiempos complicados, en los cuales el mal gobierno, el abuso y la corrupción de ciertos agentes económicos lo han desprestigiado, pavimentando la reaparición del antiguo concepto de Estado providente de beneficios que se reciben sin sacrificio. Hoy, en Chile nos hallamos en el momento descrito, evidencia de lo cual son las políticas populistas trazadas y en vías de implementación.

Sección Cuarta
Bien Común

180. Concepto y alcances. Consta en las actas oficiales de la Comisión de Estudio la opinión del Sr. Jaime Guzmán, quien definió y trazó los alcances del bien común. Útil es, por ende, recordar su pensamiento en cuanto antecedente que contribuye a establecer el significado de ese concepto, como finalidad o meta del Estado y la Sociedad Civil en la Carta Fundamental:

> El señor Guzmán expresa compartir la opinión del señor Evans, cual es fijar la misión del Estado, esto es, determinar que el Estado no tiene sino una finalidad que es la de promover el bien común.
>
> Sobre el particular, estima que, a propósito de definir el bien común, todo lo demás fluye como consecuencia o como directriz para promoverlo. Por lo tanto, es de opinión de definir qué se entiende por bien común.
>
> A continuación, expresa que existe consenso en la Comisión en el concepto de bien común, cuyas definiciones pueden ser muchas, pero cuyo sentido fundamental es el de la creación de un conjunto de condiciones que le permitan a todos y a cada uno de los miembros que componen la comunidad nacional acercarse, en la máxima medida posible, a su pleno desarrollo personal.
>
> (...)
>
> En el fondo, si se clarifica el concepto de bien común en los términos señalados, se desvirtúa la concepción que ve en el bien común una simple suma de bienes individuales o el bien de un todo colectivo, en el cual la persona humana queda disuelta o absorbida enteramente como parte del todo, sin que tenga ningún ser independiente de ese todo. Expresa que formula esta observación desde un punto de vista filosófico, es decir, entendido como el bien de un ser accidental, de relación, que le permite a todos los seres humanos alcanzar sus objetivos; pero que se los permite a todos y a cada uno, no a algunos de ellos. Entonces, para lograr configurar ese orden, ese modo adecuado de relación, es necesario respetar los derechos naturales, inalienables y fundamentales de la persona humana, porque no se puede concebir que un orden los vulnere. Asimismo, no se puede concebir que un modo de relación que vulnere esos derechos pudiera ser el modo de

> relación que va a permitir a todos y a cada uno alcanzar en la mayor medida de lo posible su plena realización personal. Es una directriz indispensable dentro de ese concepto del bien común el respeto de los derechos fundamentales. De ese concepto del bien fluye la vocación que el Estado tiene respecto de todos y cada uno de los miembros de la comunidad nacional, y no de una parte de ellos, por importante que fuese esa parte, aunque fuese la mayoría. El Estado tiene el deber de procurar el bien de todos, lo cual excluye la concepción de un Estado al servicio de un sector determinado[326].
>
> (...)
>
> Si se entiende el bien común como una especie de concepto utópico o ideal en que todos se van a desarrollar en plenitud, sería muy fácil decir: "que en una sociedad, no se está logrando el bien común". Por eso, le parece que el concepto "dentro de las posibilidades existentes", contenido en su indicación, aunque es enteramente novedoso, audaz y hasta insólito dentro de un texto constitucional, tiene mucha importancia para destacar en qué sentido deben entenderse estos conceptos: como caminos hacia un objetivo que se señala. El Derecho no puede desconocer las limitaciones que las posibilidades existentes imponen a su plenitud, ni pierde por ello su validez. No se puede sostener en un momento dado que porque no se estén desarrollando plenamente todos los seres humanos de una comunidad, ese Estado no está cumpliendo con su finalidad y que el Gobierno que lo encarna es ilegítimo. El problema de las posibilidades existentes cree que ha estado de tal manera olvidado en las críticas que se le hacen al Derecho, que le parece oportuno destacarlo e incorporarlo al texto constitucional, para que quede muy en claro, desde el comienzo, que este concepto no pierde validez por la circunstancia de que en un momento dado las posibilidades existentes no permitan su plenitud, ya que nunca la van a permitir por la condición imperfecta de la naturaleza humana[327].

181. Finalidad del Estado. Procede dar un paso adelante para analizar el inciso 4° del artículo 1°. En él se responde a preguntas como las siguientes: ¿cuál es la razón de ser última y suprema del Estado, la causa y finalidad objetiva de su existencia, perdurabilidad y desarrollo?, ¿se halla en el Estado mismo o este es un instrumento o medio para avanzar en la consecución de tal finalidad legitimante?, ¿qué es y qué debe ser el Estado, entonces, concebido objetivamente y no solo a partir de concepciones ideológicas?

De frente a la primera y segunda de las preguntas planteadas, la respuesta que da el precepto citado yace en que el Estado se halla al servicio de la persona humana, ya que esta es ontológica, deontológica e históricamente anterior y superior al Estado. Es decir, la institución estatal ha sido creada o establecida por las personas para satisfacer sus necesidades y aspiraciones colectivas. De modo que jamás tuvo, tiene ni puede lograr el Estado la autojustificación de su existencia si, esto último, se practica quebrantando el valor de la dignidad humana. Servir a la persona es un deber trascendental, de ejecución permanente e interminable, dentro del cual se hallan la multitud de funciones y cometidos que, siguiendo el principio de subsidiariedad, corresponden al Estado como asociación para el gobierno de la comunidad política.

Originalmente, el criterio de autotutela rigió en las relaciones sociales, pero generó abusos y rivalidades que tornaron imposible la paz con justicia y progreso. Secularizadas las instituciones políticas, en el pacto político-social se creyó encontrar, desde el siglo XVII, la justificación de otro criterio, distinto del mencionado, cual es el de heterotutela, confiando al Estado y sus órganos, regidos por las leyes, el cuidado de la comunidad independiente

---

[326] **Actas Oficiales de la Comisión de Estudio**, sesión 40ª (14 de mayo de 1974), pp.19-20 (Énfasis agregado).

[327] **Actas Oficiales, cit.**, sesión 45ª (13 de junio de 1974), p. 8 (Énfasis agregado).

y de los vínculos que tienen lugar hacia su interior y más allá de sus fronteras. Hoy, la autonomía creciente de la Sociedad Civil implica la expansión de la autotutela, correlativa a la retracción de la heterotutela en ligamen con la concreción del bien común. En el fondo trátase de la sumisión del poder al Derecho, del ejercicio del gobierno en instituciones ceñidas a la justicia y a la imperatividad en el desempeño del mando en la comunidad política.

En cuanto a la tercera serie de preguntas, la respuesta se encuentra en el bien común, concepto y meta que, por primera vez, en la de 1980 aparece en una Constitución chilena y, tal vez, en un texto de derecho positivo nacional.

182. Compromiso compartido. Para alcanzar el bien común, el Estado debe contribuir a la consecución de tal objetivo, de manera que no es el único actor ni agente, puesto que hay otros protagonistas del proceso que también deben promover y fomentar su materialización. En esto, la tarea del Estado estriba en procurar alcanzar el bien común, como lo es de todos los hombres y mujeres, la familia y los grupos intermedios a través de los cuales se articula y estructura la sociedad nacional. Contribuir a la consecución del bien común es participar con otros en tan vasta, compleja e interminable misión. La indolencia y el egoísmo de los individuos y grupos no alcanzan, por ello, a infundir carácter exclusivo y excluyente al rol del Estado-Gobierno en el tema. En suma, la realización del bien común es propia de la solidaridad.

El Poder Constituyente conceptualiza el bien común en sentido similar a la Constitución apostólica *Gaudium et spes* del Concilio Vaticano II[328]. Efectivamente, dice que se trata del conjunto de condiciones sociales, que permitan a todos y a cada uno de los integrantes de la comunidad nacional su mayor realización material y espiritual posible. He aquí el carácter bifronte del bien común, es decir, su dimensión dualista, que lo distingue por igual del individualismo y del colectivismo, pues existe el bien común en cuanto se refiere a cada miembro de la sociedad y, a la vez, el bien común de la sociedad nacional o civil en su globalidad o conjunto, sin que la consecución del primero se oponga a la del segundo, ni la de este a la del primero.

La búsqueda y concreción constante e inacabable del bien común no es irrealizable o tarea utópica. Se puede ir alcanzando, por el contrario, con el esfuerzo, permanente y conjunto, del Estado, de la Sociedad Civil y de la cooperación internacional. Pero entiéndase bien que se trata de una tarea que nunca acaba, pues jamás se logrará la entera o cabal perfección. Por eso, correctamente la norma constitucional se refiere al horizonte de lo posible o realizable, no a la quimera de lo fantástico. Los anales fidedignos ya transcritos demuestran que este es el supuesto con que se incorporó el concepto a la Carta Fundamental.

Esta marcha sin pausa hacia la consecución del bien común debe realizarse con pleno respeto a los derechos y garantías que asegura la Constitución. De manera que es cuidando y promoviendo los derechos humanos, como lo preceptúa el artículo 1° inciso 4° *in fine* y el artículo 5°, que se debe llevar a cabo la finalidad, meta u objetivo del Estado a que se hace referencia. Tiene que ser realzado, entonces, que la consecución del bien común ha de realizarse con sujeción no solo a los derechos y deberes subjetivos, sino que también a las garantías fundamentales. Puntualizamos que son tales las acciones y

---

[328] Consúltese su texto en **Ocho grandes mensajes** (Madrid, BAC, 1976, p. 412, en donde se lee que el bien común es el "conjunto de condiciones de vida social que hacen posible a las asociaciones, y a cada uno de sus miembros el logro más pleno y más fácil de la propia perfección. En la encíclica **Pacem in terris**, p. 227 de la fuente citada, se agrega que "en la época actual se considera que el bien común consiste principalmente en la defensa de los derechos y deberes de la persona humana".

recursos que la Constitución establece y las leyes regulan para el resguardo del ejercicio legítimo de los derechos y deberes esenciales. Por ejemplo, son garantías el recurso de amparo y el recurso de protección, los cuales buscan cautelar, de manera preventiva y ulterior –según corresponda– la integridad de tales atributos y obligaciones y el disfrute legítimo de los mismos.

A mayor abundamiento, precisamos que la voz *establece*, empleada en el inciso 4° del artículo 1° de la Constitución, se halla erróneamente utilizada, pues el ordenamiento jurídico no establece, o sea, no crea o inventa los derechos humanos, sino que los proclama, declara o reconoce, los promueve y ampara, los asegura y fomenta. El Poder Constituyente no idea o modela los derechos humanos partiendo de la nada y según su mera voluntad. Si así fuera, entonces tales derechos y deberes no serían intrínsecos de la naturaleza y ni ejercitables o exigibles en todo momento, lugar y circunstancia.

El uso de la expresión *establece*, por ende, debe entenderse como equivocado, en cuanto parece señalar que, en virtud de un pacto o acuerdo, surgen y existen los derechos contemplados en la Constitución y que, fuera de esta, no habría otros de tal relevancia. Esa tesis debe ser desestimada no solo por las razones ya expuestas, sino que, además, a raíz de hallarse en contradicción con el resto del artículo 1°, con el artículo 5° inciso 2° y, en definitiva, en pugna con todo lo que configura el *telos* del constitucionalismo o doctrina del gobierno limitado por el respeto y promoción de la dignidad personal y de los derechos humanos.

183. Roles de la Sociedad Civil. Estimamos necesario insistir en el tema, especialmente en sus vínculos con el principio de solidaridad, habida consideración de la falta de análisis de la doctrina en el punto.

La solidaridad se funda en la libertad humana en sociedad, como asimismo en que busca lograr la mayor igualdad posible, en especial la igualdad de oportunidades, en países en que impera un orden jurídico con la Constitución humanista en su base y su cima. La solidaridad, por consiguiente, se enlaza con la libertad y la igualdad, no siendo un valor, principio u objetivo distinto, inferior, y menos aún opuesto a los otros nombrados[329].

Sin ideologismos y con la atención puesta en la satisfacción de las demandas de bien común, comencemos ese trabajo, largo y difícil, educando a la niñez y juventud y, también, educándonos nosotros, de manera que hagamos nuestro el sentido de la solidaridad en el Estado Social de Derecho. En este, el objetivo es llegar a sentir como propias las carencias, limitaciones y miserias ajenas, aplicando el mayor esfuerzo posible para paliarlas o resolverlas. Al fin y al cabo, hacerlo es contribuir a la realización del bien común, sin dejarle esta tarea solo al Estado para que termine quedándose con ella entera. El altruismo, la filantropía o el mecenazgo que fluyen y se materializan por la generosidad es, por consiguiente, una expresión del principio comentado y, además, vector de la libertad en las relaciones sociales y de instrumento para avanzar en la realización de la igualdad de oportunidades, es decir, aquella fundada en el mérito y el esfuerzo personal, alentado por instituciones y normas que lo fomentan sin discriminaciones[330].

---

329 Véase Régis Frota Araújo: **Solidaridad constitucional en Brasil** (Fortaleza, AIADCE, 2ª ed., 2005).

330 En el Programa de Gobierno de la Nueva Mayoría se alude, sin precisión, a la entronización en Chile del Estado Social de Derecho. La imagen que puede ser desprendida del contexto de tal programa, en lo relativo a dicho Estado, puede ser asociada con la materialización de los derechos sociales, rasgo que no es debatible, salvo en cuanto se atribuye al Estado la finalidad de concretar las prestaciones que conlleva la implementación de los atributos aludidos. No es ese nuestro concepto de Estado Social, puesto que, tomando distancia, a raíz de la

Sección quinta

Deberes del Estado

184. Enunciado. En el artículo 1° inciso final aparecen mencionados cinco deberes del Estado. Son obligaciones generales y de máxima importancia, pero no las únicas. Se explicará a continuación cada una de ellas, procurando demostrar la amplitud de los conceptos involucrados y su relevancia, rasgos que dejan de manifiesto la tarea que incumbe realizar al legislador a través de las regulaciones correspondientes.

185. Seguridad nacional. El concepto de seguridad nacional que, presumiblemente, sigue el Poder Constituyente es extenso, porque en él se comprende la defensa de la integridad territorial y también el desarrollo del país, en sus más variados aspectos. Léase al respecto el extracto siguiente de la historia fidedigna:

> Se dispone que es deber del Estado resguardar la seguridad nacional. Este deber ha de entenderse, por cierto, sin perjuicio del que le asiste a todo chileno de contribuir a su preservación y que está contemplado en el párrafo relativo a los deberes constitucionales (...).
>
> La seguridad nacional en los Estados modernos tiene especial trascendencia, ya que ella, en su más amplio sentido, no sólo comprende la defensa de la integridad territorial y de la soberanía nacional, sino que también el desarrollo del país, pues una Nación vigorosamente desarrollada está en mejores condiciones para precaver o superar con éxito las situaciones de emergencia que puedan afectarla[331].
>
> Por su conexión directa y sustancial con el tópico en examen resulta pertinente aludir al concepto de unidad e integración nacional, debiendo recordarse al respecto lo que la Comisión de Estudio de un anteproyecto afirmó en su informe:
>
> El precepto de que se trata dispone que es deber del Estado propender a la integración armónica de todos los sectores de la Nación y rechaza toda concepción totalitaria de la sociedad o inspirada en el fomento de antagonismos sociales.
>
> La unidad es el principio constitutivo de todo ser, por lo que la preservación de la unidad básica del cuerpo social es esencial (...).
>
> La unidad, expresada a través de un propósito de integración armónica de todos los sectores de la comunidad que haga posible lograr los grandes y permanentes objetivos de la Nación, preserva la integridad física y moral de aquélla y la identidad histórico-cultural de la Patria.
>
> Una concepción totalitaria de la sociedad debe necesariamente rechazarse, ya que atenta contra estos principios y desconoce los derechos naturales del hombre[332].

Procedente es aclarar que los deberes en análisis, sin ser los únicos, son los de mayor jerarquía, pues de estos se desprenden los demás. Incluso es posible sostener que el Poder Constituyente les asignó una secuencia específica dentro de la enumeración, reconocida por el lugar de precedencia que entre sí tienen los nombrados en el precepto constitucional.

---

experiencia, del Estado de bienestar, benefactor o providente, focalizamos en la Sociedad Civil solidaria la consecución de un objetivo tan legítimamente de la comunidad democrática contemporánea. Consúltese del autor al respecto: **Renovación del constitucionalismo en Chile** (Santiago, Ed. Legal Publishing, 2012) pp. 799 ss.

[331] Comisión de Estudio de un anteproyecto de nueva Constitución: **Informe con proposiciones e ideas precisas**, reproducido en VIII **Revista Chilena de Derecho** (1981) pp. 167-168.

[332] **Id.**

Cabe observar que, si bien ha perdido vigor, pues ha sido aceradamente relativizada, lo cierto es que la seguridad nacional sigue siendo uno de los principios matrices de la Constitución, claro que ahora encuadrado en la legitimidad con que debe ser entendido como elemento del Estado constitucional. Tal concepto tiene contenido más o menos amplio o restringido, según las variadas doctrinas elaboradas al respecto, debiendo acogerse el primero, por cuanto el segundo se limita a una visión predominantemente militar o castrense, hoy superada.

La seguridad nacional fue un concepto en cuya configuración original tuvo injerencia el Pentágono o Ministerio de Defensa de los Estados Unidos, seguido por las Academias de Guerra norteamericanas hacia fines de la década de 1940 y a raíz de la Segunda Guerra Mundial. Nació, por ende, en el marco de esa guerra y sus secuelas, como doctrina destinada a evitar o reprimir la infiltración del marxismo-leninismo en las democracias occidentales, particularmente en las de América Latina, consideradas más débiles ante la embestida del área soviética y cubana.

En nuestro continente, el concepto fue acogido, por primera vez, en el Acta Constitucional Nº 5 de Brasil, con base en los estudios del general Dacouto Silva derivados de los problemas militares y políticos experimentados en ese país desde 1963. En Chile, fue reintroducido en los documentos fundacionales del gobierno militar, específicamente en el Decreto Ley Nº 1 y en el Bando Nº 5, sin perjuicio de declarar que la idea de la seguridad nacional aparecía ya en nuestro ordenamiento jurídico desde 1906, durante el mandato del presidente Pedro Montt, cuando fue creado el Consejo de Defensa Nacional, organismo asesor del Presidente de la República en materia de integridad territorial.

Relevante es puntualizar que, en el derecho positivo chileno, se halla un concepto de seguridad nacional, el más próximo a una definición, que procede transcribir. En efecto, mediante el DFL (Ministerio de Defensa) Nº 181, publicado en el Diario Oficial el 5 de abril de 1960, se creó el Consejo Superior de Seguridad Nacional. Con sujeción a lo dispuesto en el artículo 1° de ese texto legal, la misión del Consejo es asesorar al Presidente de la República en todo lo que se refiere a la seguridad de la Nación y al mantenimiento de su integridad territorial. El mismo artículo señala que el Consejo es presidido por el Presidente de la República, autoridad que además fija la política que el Estado de Chile debe seguir en materia de seguridad nacional. En aquel artículo 1°, por último, se aclara que integran el Consejo el Ministro del Interior, el Ministro de Defensa Nacional, el Ministro de Relaciones Exteriores, el Ministro de Economía, el Ministro de Hacienda, los tres Comandantes en Jefe de las Fuerzas Armadas, el Director de Fronteras y Límites del Estado y el Jefe del Estado Mayor de la Defensa Nacional.

Pues bien, mediante el DS (Ministerio de Defensa Nacional) Nº 261, publicado en el Diario Oficial el 15 de diciembre de 1960, fue reglamentado el DFL Nº 181 ya comentado[333].

Es importante destacar que, en el Nº 1° de ese reglamento, se encuentra la única definición que el derecho positivo chileno tiene sobre la seguridad nacional. En efecto, aquel numeral dice:

> Se entenderá por seguridad nacional toda acción encaminada a procurar la preservación del orden jurídico institucional del país, de modo que asegure el libre ejercicio de la soberanía de la Nación en el interior como en el exterior, con arreglo a las disposiciones establecidas, a la Constitución

---

[333] Debe hoy entenderse derogado por lo dispuesto en el artículo 3° transitorio de la Ley Nº 20.424, de 2010, Estatuto Orgánico del Ministerio de Defensa Nacional.

Política del Estado, a las leyes de la República y a las normas del derecho internacional, según corresponda.

Desde un principio, el objetivo de la seguridad nacional fue y sigue siendo proteger al país de agresiones externas. Pero la idea del Pentágono consistía en salvaguardar al país, además, de las agresiones internas, como el terrorismo, la violencia, las asonadas urbanas y rurales, la guerrilla, la alianza de narcotraficantes con fuerzas paramilitares y otros fenómenos semejantes. Al principio, la doctrina del Pentágono no tuvo clara orientación ideológica, pero evolucionó para reorientar la seguridad nacional a la superación de los hechos señalados, extendiéndose de los hechos a las ideas, asumiendo que estas siempre tienen consecuencias. La llamada *guerra fría*, dominante en esos años, permite explicarse el empeño norteamericano por consolidar tal concepto en Europa y nuestra América. La caída del muro de Berlín, el desplome de las democracias populares en Europa central y el derrumbe de la Unión Soviética, todo a partir de octubre de 1989, conduce a comprender por qué hoy la seguridad nacional es una idea que subsiste, pero sustancialmente modificada por tales acontecimientos.

Al tenor de los antecedentes oficiales extractados resulta claro que el concepto amplio de la seguridad nacional fue el que recogió el gobierno militar, de modo que su acción se encaminara a proteger al Estado tanto de los gérmenes de su destrucción como a precaver o prevenir los atentados a su estabilidad provenientes de causas internas o externas. La definición transcrita puede reputarse coincidente con esa doble vertiente de peligros y riesgos para dicha seguridad.

Sobre el particular, preciso es tener en consideración la definición que el general Agustín Toro Dávila ha elaborado sobre la seguridad nacional. En ella señala que es la situación de orden y estabilidad que permite tanto un desarrollo que satisfaga el bien común como que permita enfrentar las calamidades públicas y los conatos contra la paz social, el orden público interior y los atentados extranjeros contra la soberanía de la República.

De las definiciones y comentarios precedentemente reproducidos pueden desprenderse, en síntesis, los tres objetivos principales siguientes para la seguridad nacional:

A. De carácter económico: permitir un desarrollo que satisfaga las exigencias del bien común y haga posible enfrentar, con éxito, tanto las calamidades públicas como las exigencias de conatos contra la paz social, en su sentido amplio;

B. De defensa nacional: resguardar la integridad y soberanía de la República, frente a atentados u operativos extranjeros, encubiertos o manifiestos; y

C. De estabilidad institucional: proteger a las instituciones fundamentales de la República frente a los conatos contra la paz social y el orden público interior que afecte el funcionamiento normal y eficiente de la democracia constitucional.

Debe formularse, con energía y claridad, una puntualización frente a esos objetivos tan amplios. Así es, pues a pesar de su importancia y extensión, tales objetivos tienen que entenderse y ser aplicados siempre, sin excepción alguna, con sujeción a la Constitución y las leyes, para servir a la democracia y con respeto permanente por la dignidad, los derechos humanos y las garantías destinadas a cautelarlos.

En definitiva, así entendida la seguridad nacional es un concepto rescatable para el constitucionalismo y conjugable con el Estado de Derecho. Para que ello se mantenga dentro de los límites señalados es menester, sin embargo, que esa seguridad siempre se entienda como:

A. Un instrumento al servicio del desarrollo y progreso del país, de sus instituciones y de la democracia fundada en y orientada a la consecución de los valores y principios humanistas;

B. Un medio para resguardar la soberanía, integridad territorial y estabilidad institucional de Chile frente a amenazas o ataques externos; y

C. Un concepto cuya implementación corresponde a determinadas instituciones, controladas y responsables dentro del régimen democrático, destinado a resguardar o restablecer la paz interna por medios legítimos.

En el marco de exigencias expuestas resulta ahora posible añadir que la seguridad nacional se construye sobre la base de la conjugación de los cuatro pilares fundamentales que son enunciados a continuación:

A. El poder o soberanía, entendido en su acepción de naturaleza política y de mando en el Estado-Nación, es decir, la capacidad de decisión suprema en el Estado y cuya independencia se manifiesta también en las relaciones internacionales;

B. El potencial económico, proveniente de los agentes empresariales y de los recursos, públicos y privados, de esa índole que existen en el país o que se vinculan con él;

C. La energía social, en la cual se inserta el mosaico de los grupos intermedios que conforman la Sociedad Civil y la cultura nacional, regidos por los principios de autonomía, subsidiariedad y solidaridad ya comentados; y

D. La potestad militar y de policía, siempre subordinada a la autoridad civil, destinada a proteger a la sociedad nacional en su soberanía externa y en su seguridad humana interna.

Por otra parte, los objetivos de la seguridad nacional se refieren, como es obvio, a la capacidad del Estado de establecer, mantener y desenvolver un orden democrático en todos los ámbitos del quehacer nacional, tanto interno como externo; y al desarrollo humano de todos los habitantes del país, o sea, la capacidad del Estado y la Sociedad Civil para lograr la optimización en el empleo y protección de los recursos disponibles, ciñéndose al principio de solidaridad.

En resumen, se debe entender la seguridad nacional en su acepción legítima, es decir, solo dentro de y al servicio del bien común, como un concepto que lo integra y se somete a él. Comprenderla fuera de estos límites implica apartarse de los presupuestos del orden democrático constitucional y, en definitiva, erigir a la seguridad nacional en una noción peligrosa e inconciliable con el Estado de Derecho y la paz internacional. Encuadrada en los parámetros explicados, por consiguiente, es indudable que ella ha sido siempre un elemento integrante de la soberanía y coherente tanto con la democracia como con el Estado de Derecho.

Por último, procede puntualizar que la expresión *seguridad nacional* debe relacionarse con los capítulos XI y XII de la Constitución relativos a las Fuerzas Armadas, de Orden y Seguridad Pública y al Consejo de Seguridad Nacional. Es preciso destacar que el artículo 101° inciso 1° establece que: "Las Fuerzas Armadas dependientes del Ministerio encargado de la Defensa Nacional están constituidas única y exclusivamente por el Ejército, la Armada y la Fuerza Aérea. Existen para la defensa de la patria y son esenciales para la seguridad nacional". La reforma de 2005 suprimió, entonces, la misión de garantizar el orden institucional de la República que se les asignaba, con carácter exclusivo, en el antiguo artículo 90° inciso 2° del Código Político.

Análogamente importante es destacar que las Fuerzas de Orden y Seguridad Pública, integradas por Carabineros de Chile y la Policía de Investigaciones, no aparecen ahora, según el artículo 101° inciso 2° de ese Código, involucradas en la seguridad nacional, esto sin perjuicio de reconocer que las funciones que se les asignan en ese precepto son claras, aunque indirectamente vinculables con la seguridad aludida.

186. Función de inteligencia y Estado de Derecho. Se sostiene que, desde la antigüedad preclásica y greco-romana, existían individuos y prácticas que, evaluadas en el presente, constituían los antecedentes de los servicios que, en la actualidad, se llaman *de seguridad u órganos de inteligencia*, característicos del Estado moderno y, en especial, de la posmodernidad[334].

Concretamente, esos servicios u órganos se percibían con algún grado de especialización, durante las campañas de Napoleón Bonaparte. Esencialmente relacionados con las actividades bélicas, se procuraba así adelantarse, fuera al movimiento o al avance de las tropas adversarias, excediendo al espionaje y contraespionaje para dimensionar sus fuerzas, la ubicación de ellas, el equipamiento y, más aún, los planes tácticos o estratégicos de los mandos enemigos. Por supuesto, el objetivo final fue la victoria.

El despliegue de tales entidades se aprecia en el siglo XIX, siempre en conexión con ataques armados y procedimientos, preventivos o de reacción. Hoy, ellos han dejado de pertenecer solo al Estado, puesto que las grandes empresas practican la inteligencia, industrial por ejemplo, por las agrupaciones correspondientes. El secreto o confidencialidad es su clave, pero en ella yace su peligro.

Desconocemos investigaciones confiables acerca de la cronología de tales iniciativas, aunque existen fuentes seguras que las caracterizan e interpretan con perspectiva contemporánea[335].

En Chile, sin duda obraron dichos servicios u organismos a lo largo de los conflictos con la Confederación Perú-Boliviana, en la Guerra del Pacífico y con ocasión de las tensiones limítrofes que Chile tuvo a fines del siglo XIX y en las primeras décadas del pasado siglo. Claramente, sin embargo, tales funcionarios y procedimientos se hallaban relacionados nada más que con las instituciones de la defensa nacional.

Probablemente, la fundación de Carabineros de Chile en abril de 1927, seguida del desmembramiento de esa institución para crear la Policía de Investigaciones en 1931, marca el comienzo de la misión de seguridad o inteligencia diferenciada hacia el interior del Estado. Conocida con la denominación de *inteligencia residual*, esa nueva modalidad de las unidades aludidas se integró a la tarea policial, completando los roles que ambas instituciones cumplían en el orden y la seguridad pública interior del país.

Esta breve nota histórica prosigue mencionando la implantación, durante el régimen militar (1973-1990), de dos entes de seguridad o inteligencia exclusivamente abocados a la búsqueda, sistematización, análisis e interpretación de informaciones relativas a grupos, líderes, planes y otras áreas de actividad política y socioeconómica de Chile. En despliegue, siempre secreto y acudiendo con frecuencia a operativos infaustos por las gravísimas violencias de los derechos humanos en que los agentes del Estado incurrían, casi siempre

---

334 Véase Sergio Bova: "Servicios de seguridad", en Norberto Bobbio et al.: **Diccionario de política** (México DF, Siglo Veintiuno Editores, 1997) pp. 1.442 ss.

335 Consúltese John Keegan: **Inteligencia militar. Conocer al enemigo de Napoleón a Al Qaeda** (Madrid, Turner Publicaciones, 2012).

quedando impunes[336], llevaron a replantearse, por completo, la naturaleza y roles de los servicios de seguridad en la democracia constitucional. Así sucedió, como se verá en el número siguiente, después de haber sido restaurada nuestra tradición republicana. La transición desde el régimen de la dictadura se efectuó con la Ley Nº 19.212, de 1992.

187. Sistema de inteligencia del Estado. Por la Ley Nº 19.974, publicada en el Diario Oficial el 2 de octubre de 2004, fue establecido y regulado el sistema referido. En su artículo 2° declara que se entiende por inteligencia el proceso sistemático de recolección, evaluación y análisis de información, cuya finalidad es producir conocimiento útil para la toma de decisiones. El mismo precepto conceptualiza, más delante, la contrainteligencia, sea la desplegada con respecto a la inteligencia que realizan otros Estados, o bien, a las acciones ejecutadas por personas, organizaciones o grupos extranjeros, o por sus agentes locales, dirigidas contra la seguridad del Estado y la defensa nacional.

El sistema en comentario está integrado por la Agencia Nacional de Inteligencia (ANI); la Dirección de Inteligencia de Defensa dependiente del Estado Mayor de la Defensa Nacional; las direcciones de Inteligencia de cada una de las tres ramas de las Fuerzas Armadas y las direcciones o jefaturas de Inteligencia de las Fuerzas de Orden y Seguridad Pública.

El artículo 3° de la Ley Nº 19.774 puntualiza que los organismos y servicios de inteligencia deben estar siempre sujetos a la Constitución y a las leyes.

En lo concerniente a la Agencia Nacional de Inteligencia, el artículo 7° del cuerpo legal indicado la singulariza como servicio público centralizado, de carácter técnico y especializado, dependiente del Presidente de la República a través del Ministerio del Interior. Su director es un funcionario de confianza exclusiva del Primer Mandatario.

De los artículos 23° y 24° fluye que la información necesaria para producir inteligencia puede hallarse en fuentes abiertas, o con acceso libre del público o cualquier interesado, o en fuentes cerradas, es decir, reservadas, secretas o confidenciales, rasgos que las convierten en inaccesibles para el público. Se torna singularmente importante destacar que los procedimientos especiales de obtención de información son los idóneos para lograrla de fuentes cerradas o que provienen de ellas. Entre tales procedimientos se hallan las comunicaciones en cualquiera de sus formas y la escucha y grabación electrónica, incluyendo la audiovisual. Se requiere autorización judicial previa para practicar los procedimientos descritos.

El control externo de las organizaciones de inteligencia corresponde a la Contraloría General de la República, a los Tribunales de Justicia y a la Cámara de Diputados, cada cual en el ámbito de sus competencias. En dicha rama del Congreso Nacional existe una comisión especial responsable del control pertinente, regulada por el Reglamento de la Cámara. Así lo preceptúa el artículo 36°.

Son secretos, en fin, los antecedentes, informaciones y registros que obren en poder de los organismos del sistema. Los funcionarios de esos organismos se encuentran también

---

[336] El Decreto Ley Nº 521, publicado en el Diario Oficial el 18 de junio de 1974, creó la Dirección de Inteligencia Nacional (DINA), organismo militar dependiente de la Junta de Gobierno, encargada de reunir toda la información a nivel nacional destinada a producir la inteligencia que se requería para la formulación de políticas y la adopción de medidas de resguardo de la seguridad nacional y el desarrollo del país. Los abusos incalificables cometidos por la DINA forjaron el reemplazo de ella mediante la Central Nacional de Informaciones (CNI), de trayectoria levemente menos tenebrosa que la de su antecesora y de quien la dirigía.

obligados a mantener el secreto de esas informaciones, incluso aún después del término de su labor según la ley revisada.

188. Esbozo de evaluación. Es difícil juzgar, certera y fundadamente, el funcionamiento de los servicios de inteligencia. Numerosas razones explican tal aseveración, de las cuales se mencionan aquí el rasgo confidencial o secreto de sus estructuras, recursos, planes y operaciones; la ausencia de noticias en los medios de comunicación social relativas a las actuaciones de aquellos organismos; la falta de doctrina en el tópico, hecho que lleva a suponer que la reflexión en él se efectúa en las escuelas de las instituciones armadas, pero no en las universidades u otros centros de pensamiento con acceso del público.

Puntualizando lo anterior, consideramos necesario manifestar, con carácter tentativo, algunas ideas en el tema. Lo hacemos pensando en la inteligencia interna del país, policial o residual, ya que no tenemos elementos, de ninguna naturaleza, sobre cuya base argumentar en torno de la inteligencia militar o la practicada en el ámbito de los negocios en Chile.

Una primera idea, surgida de la evaluación de los hechos conectados con marchas, desfiles, usurpaciones de inmuebles, saqueos, vandalismos y operativos terroristas como explosión de bombas en lugares de uso público, conduce a pensar que falta mucho para que esa especie de inteligencia alcance el nivel que permita aseverar que controla los preparativos de los grupos o individuos con proyecciones rupturistas.

Una segunda idea, suscitada por los hechos ocurridos, durante tantos años, en la Región de la Araucanía, confirma la aprehensión recién resumida, pudiendo agregar ahora que, si bien es compleja la labor de inteligencia en un territorio boscoso y montañoso como es ese, no se advierte, en la opinión pública, éxito en los procedimientos encaminados a detener y encausar a los responsables de los delitos allá cometidos.

La tercera idea que estimamos ineludible comentar incide en la clave siguiente: la labor de inteligencia es parte de un contexto o pluralidad de instituciones conectadas por la finalidad de producir, dentro de la Constitución y respetando las leyes, el acopio de información útil para prevenir y conjurar los riesgos críticos o los peligros que amenacen la independencia, el desarrollo y, en definitiva, la seguridad nacional. Consecuentemente, el Ministerio Público y el Poder Judicial, pero también el Gobierno, tienen que servir, en sus competencias pertinentes, los roles que les ha fijado el Derecho y hacerlo velando por el bien común, sin contemplaciones o sesgos, sean ideológicos, discriminatorios o de índoles parecida.

Situados en esa perspectiva, llama la atención que activistas nacionales sean exonerados de responsabilidad por tribunales chilenos ante hechos terroristas acaecidos aquí, pero que, siendo los mismos individuos, son procesados y condenados por ilícitos semejantes ocurridos en el extranjero. No difiere del relato anterior la preocupación que merece saber de sucesos luctuosos, sean incendiarios o más categóricamente todavía de núcleo terrorista, frente a los cuales el Gobierno declara que no invocará la legislación especializada de rigor para combatirlos, pues considera que son de naturaleza meramente social. En fin, despierta dudas que, ante el vandalismo repetidamente comprobado que practican ácratas y otros individuos con rostro cubierto, la judicatura exhiba un apego al garantismo que se torna inconcebible con la custodia de la seguridad de la comunidad y la protección de las víctimas directamente afectadas.

Finalmente, no podemos callar que el punto crítico de los servicios de seguridad yace en el control eficaz de sus actuaciones, hecho que aparece de manifiesto en la excepción que ellos tienen para someterse al principio de transparencia, previsto en el artículo 8° de la

Constitución y desarrollado en su legislación complementaria[337]. Hallar la ecuación que concilia bien aquel principio, por un lado, con la eficacia que es imperativo demandar de tales servicios y la reserva o confidencialidad que requieren para ello, de otro, sigue siendo un asunto crucial en la democracia contemporánea. El problema se torna más agudo al constatarse la astucia y los medios con que obran los poderes ocultos, invariablemente vinculados con la corrupción y la desestabilización de los regímenes fundados en el ejercicio de la libertad ordenada.

189. Protección de la población y la familia. Es el segundo deber del Estado. Debe ser coordinado con el inciso 2° del mismo artículo y también con el artículo 101°, en su inciso 2°. Este último precepto dice relación con la función que cumplen las Fuerzas de Orden y Seguridad Pública, integradas por Carabineros de Chile y la Policía de Investigaciones, para resguardar a la población, dar eficacia al Derecho y garantizar el orden y la seguridad pública interior, factores que sin duda inciden en la tutela familiar.

Cabe señalar que ambas instituciones, antes de la reforma constitucional de 2005, dependían del Ministerio encargado de la Defensa Nacional y que, conforme a la nueva redacción del inciso 2° del artículo 101°, pasaron a depender del Ministerio encargado de la Seguridad Pública. Del mismo modo, cabe hacer presente que ya es ley la que crea dicho Ministerio[338] y en el que, su artículo 1°, dispone que las Fuerzas de Orden y Seguridad Pública dependen del Ministerio del Interior y Seguridad Pública. En esa iniciativa se halla, además, la creación de un Consejo de Seguridad Pública cuya misión consiste en coordinar la acción de ministerios, servicios y organismos públicos que actúan en el ámbito de la seguridad aludida.

Por supuesto, dar protección a la población y a la familia es un concepto amplísimo y de renovación incesante en lo que él implica. Sin más intención que ayudar a comprender los cometidos que el Estado tiene para cumplir con este deber, piénsese en los asuntos siguientes: dar protección a la población conlleva un sistema de seguridad humana, en ciudades, aldeas y campos, que permita prevenir, controlar, pesquisar y sancionar la delincuencia; y establecer un clima de respeto generalizado que posibilite, a todos y a cada miembro de la sociedad, el desarrollo habitual de sus actividades o labores. Esa protección abarca otros cometidos; v. gr., las obras de seguridad y salubridad social.

En semejante orden de ideas, cabe añadir que dar protección a la familia incluye procurar el fomento y la estabilidad del matrimonio; el pago de remuneraciones que permitan la vida digna del grupo familiar; la defensa de la niñez y juventud ante el maltrato, la droga y el vicio; la prevención y castigo de la corrupción; la readaptación del delincuente; el acceso a la cultura, al bienestar, al descanso y a la educación con valores; el estímulo al mérito y esfuerzo, etc[339].

190. Fortalecimiento de la institución familiar. Esta es, como fue explicado, el núcleo fundamental de la sociedad y, en cuanto tal, es deber del Estado propender al fortalecimiento de ella.

No se puede olvidar lo dicho con relación a la cosmovisión que el Poder Constituyente tiene de la familia y la importancia que le atribuye en la estructura social de la nación.

---

[337] Ley N° 20.285, publicada en el Diario Oficial el 20 de agosto de 2008 y sus reformas.

[338] Ley N° 20.678, publicada en el Diario Oficial el 19 de junio de 2013.

[339] Véase Cristián Lepin Molina: **Compendio de normas de derecho de familia** (Santiago, Ed. Legal Publishing, 2014), especialmente pp. 399 ss.

Claramente, en consecuencia, el cumplimiento de todo cuanto este deber presupone se relaciona con el recién explicado, de modo que procede aplicar aquí las ideas expuestas a propósito de la protección de esa institución.

191. Igualdad de oportunidades. Es el quinto y último de los deberes comentados. Interesante es destacar que se trata de un derecho público subjetivo y no de una mera declaración programática, de realización eventual y sin término definido. Asimismo, conviene advertir que es un derecho cuyo objeto es muy vasto, pues versa sobre la participación en las más diversas áreas de la vida nacional, no solo económica.

Este derecho se vincula con el precepto contemplado en el artículo 19° Nº 10°, o sea, con el derecho a la educación, porque quizá esta vía no sea la única, pero sí al menos la primordial, para alcanzar la igualdad de oportunidades, es decir, que todos los habitantes de la República comiencen su convivencia desde un mismo punto de partida, aunque sin asegurar a ninguno la concreción de determinadas metas o resultados. El mérito y el esfuerzo, adecuadamente reconocidos y fomentados, son los valores singularizantes de esa isonomía.

El concepto de igualdad de oportunidades debe ser realzado y explicado en su significado amplio, porque ha sido reducido a las cuestiones económicas. Trátase de un concepto originado en el pensamiento neoliberal, forjado en la filosofía de I. Berlin, F. Hayek y L. von Mises[340]. No obstante, repetimos que está lejos de ser un concepto puramente vinculado con los problemas de escasez, mercado y trabajo. Por ejemplo, es nítido que el Poder Constituyente pretende darle igualdad de oportunidades tanto a los independientes como a los candidatos de partidos políticos para optar a un cargo de elección popular, como se lee en el artículo 18° inciso 1°. Semejante asociación debe ser hecha a propósito del acceso a los órganos judiciales para la protección de los derechos, al tenor del artículo 19° Nº 3° inciso 1°. En fin, la igualdad de oportunidades tiene singular importancia en la educación y la enseñanza, siendo suficiente revisar el artículo 19° Nº 10° inciso 4° para comprobarlo. Lo propio puede decirse respecto de la ciudadanía, la cual otorga, sin distinción, el derecho de optar a cargos de elección popular, tal como lo dispone el inciso 2° del artículo 13° de la Constitución, cláusula que se ha irradiado en la Ley Nº 19.884, de 2003, que estableció normas sobre la transparencia, límite y control del gasto electoral[341].

Avanzar en la realización de esta especie de igualdad es misión propia de todos los involucrados en la concreción del bien común. Consecuentemente, el Estado debe contribuir a la materialización de ese objetivo, pero también incumbe hacerlo a la Sociedad Civil. En este último caso se trata de avanzar aplicando el principio de solidaridad.

192. Jurisprudencia. Es abundante el pronunciamiento del Tribunal Constitucional sobre deberes del Estado, en especial, con respecto a la igualdad de oportunidades. De esa fuente extraemos los fallos que se insertan a continuación. El Tribunal Constitucional ha afirmado la relevancia de este precepto en su aplicación específica a los procesos electorales, aunque no se agota en ellos:

En una sentencia, aunque antigua lozana todavía, el Tribunal Constitucional señala:

> Que, siguiendo en este mismo orden de materias, cabe señalar, ahora, que el artículo 1° de la Carta Fundamental constituye uno de los preceptos más fundamentales en que se basa la

[340] Véase Félix E. Oppenheim: "Igualdad", en Norberto Bobbio, Nicola Matteucci y Gianfranco Pasquino: I **Diccionario de política** (México DF, Siglo Veintiuno Editores, 1997) pp. 777-778.

[341] Modificada por las leyes 19.963 y 19.964, las que, en conjunto, regulan el gasto electoral y el financiamiento estatal de las campañas electorales.

institucionalidad, ya que por su profundo y rico contenido doctrinario refleja la filosofía que inspira nuestra Constitución y orienta al intérprete en su misión de declarar y explicar el verdadero sentido y alcance del resto de la preceptiva constitucional.

El inciso final de este artículo señala como uno de los deberes fundamentales del Estado, "asegurar el derecho de las personas a participar con igualdad de oportunidades en la vida nacional". Esta norma es de vastas proyecciones, pero sin duda adquiere especial relevancia en los procesos electorales y plebiscitarios, ya que, a través de ellos, el pueblo ejerce la soberanía nacional manifestando su parecer sobre las personas que estarán a cargo de llevar adelante las funciones básicas del Estado en procura de obtener su finalidad primordial: "contribuir a crear las condiciones sociales que permitan a todos y a cada uno de los integrantes de la comunidad nacional su mayor realización espiritual y material posible, con pleno respeto a los derechos y garantías que esta Constitución establece".

Que la Carta Fundamental después de establecer esta norma rectora y vital va encarnándola en preceptos concretos: enumera los derechos que se les asegura a las personas, fija los distintos Poderes y Órganos que constituyen la estructura del Estado, el régimen de gobierno, sus atribuciones, sus limitaciones y, en fin, las normas conforme a las cuales podrá enmendarse o modificarse la Constitución misma.

Entre este conjunto de normas básicas es necesario destacar, ahora, por su directa vinculación con el tema en estudio, la contenida en el artículo 19° N° 2°, que expresa que la Constitución asegura a todas las personas la igualdad ante la ley. En Chile no hay persona, ni grupo privilegiados. Ni la ley ni autoridad alguna podrán establecer diferencias arbitrarias[342].

A propósito de la participación con igualdad de oportunidades en la vida nacional, el Tribunal Constitucional, en sentencia Rol N° 1.050, decidió lo que sigue en sus considerandos 13° y 15°:

> La posibilidad de participación que las normas del Convenio N° 169 de la OIT entregan a los pueblos indígenas, no pugna con el principio de participación con igualdad de oportunidades en la vida nacional, que consagra el art. 1° de la Constitución, toda vez que las normas del Convenio disponen, para un grupo socioeconómicamente vulnerable, con la especificidad histórica cultural que le es propia, un mecanismo de participación que no tiene carácter vinculante. La consulta a los pueblos indígenas contemplado en el Convenio, no puede entenderse como el ejercicio de soberanía, pues ella, conforme a los expuesto en el art. 5° de la Constitución, reside esencialmente en la Nación y se ejerce por el pueblo a través de plebiscitos y de elecciones periódicas y, también, por las autoridades que la propia Constitución establece. Además, la forma de participación consultiva de los pueblos indígenas, de conformidad a lo expuesto en el Convenio, no podrá adoptar la modalidad de plebiscito o de una consulta popular vinculante, pues la Constitución regula estos modos de participación, de manera incompatible con tal posibilidad, en los artículos 118° y 128° de su texto.

193. Integración armónica de la Nación. Recuérdese que nuestro país padeció el antagonismo sembrado entre las clases sociales, sobre bases de simplificaciones y máximas ideológicas, como una de las causas fundamentales del quiebre institucional de 1973. Esto se reflejó en la visión de la Comisión de Estudio del anteproyecto de nueva Constitución, la cual, como se puede comprobar leyendo sus actas, señaló que la unidad es un principio general y capital. De allí que la preservación de la cohesión de la Sociedad Civil sea también esencial para progresar en el bien común.

---

342 Considerandos 12 ° y 13° de la sentencia fechada el 5 de abril de 1988 (Rol N° 53).

Cabe advertir que es un derecho inalienable de todas las personas, incluyendo a las minorías, formar parte de la comunidad nacional, por lo que el Estado debe promover la integración armónica de todos los sectores de la nación, velando por su participación en la vida económica, política, social y cultural del país. Marginarlos o excluirlos es el objetivo opuesto, denotativo siempre de discriminación[343]. Una vez más, sin embargo, advertimos que esta obligación del Estado no excluye la contribución que recae sobre la Sociedad Civil en una comunidad solidaria[344].

194. Jurisprudencia.

El inciso final de este artículo señala como uno de los deberes fundamentales del Estado "asegurar el derecho de las personas a participar con igualdad de oportunidades en la vida nacional". Esta norma es de vastas proyecciones, pero sin duda adquiere especial relevancia en los procesos electorales y plebiscitarios, ya que, a través de ellos, el Pueblo ejerce la soberanía nacional manifestando su parecer sobre las personas que estarán a cargo de llevar adelante las funciones básicas del Estado en procura de obtener su finalidad primordial: "contribuir a crear las condiciones sociales que permitan a todos y a cada uno de los integrantes de la comunidad nacional su mayor realización espiritual y material posible, con pleno respeto a los derechos y garantías que esta Constitución establece"[345].

343 Revísese la convención de Naciones Unidas sobre la eliminación de todas las formas de discriminación contra la mujer, vigente en Chile desde el 6 de enero de 1989, fecha en que fue publicado en el Diario Oficial el DS (Ministerio de Relaciones Exteriores) Nº 789 de 1989.

344 Véase la Ley Nº 20.609, publicada en el Diario Oficial el 24 de julio de 2012, que establece medidas contra la discriminación.

345 Considerando 12° de la sentencia pronunciada por el Tribunal Constitucional el 5 de abril de 1988 (Rol Nº 53), publicada en Eugenio Valenzuela Somarriva: **Repertorio de Jurisprudencia jurisprudencia del Tribunal Constitucional** (Santiago, Ed. Jurídica de Chile, 1989) pp. 3 ss.

CAPÍTULO III EMBLEMAS NACIONALES

195. Texto. Léese en el artículo 2° de la Constitución que: "Son emblemas nacionales la bandera nacional, el escudo de armas de la República y el himno nacional".

La disposición es original de la Carta Fundamental de 1980, siendo posible agregar que, en otras Constituciones, encontramos disposiciones análogas, como el artículo 2° de la Constitución francesa de 1958.

196. Anales oficiales. Sin perjuicio del significado obvio que tiene para una Nación independiente identificarse con sus símbolos, respetarlos y defenderlos, en la historia fidedigna del precepto transcrito se halla otro objetivo, más concreto y específico. En efecto, sobre la finalidad de incorporar los emblemas patrios al texto constitucional, el señor Ortúzar, presidente de la comisión de estudio del anteproyecto, señaló que:

> Hubo acuerdo respecto de esta norma, para que quedara constancia en el acta de las disposiciones legales vigentes que establecen el escudo de armas y las características de la bandera nacional y la canción nacional y, al mismo tiempo, que no podrían modificarse en lo futuro sino por intermedio de una enmienda legal constitucional (*sic*)[346].

197. Importancia y resguardo de los símbolos patrios. Comentando su relevancia, cabe observar, desde luego, que si se reconoce un orden jerárquico entre los artículos del capítulo I, entonces el precepto en estudio debió ser ubicado después de los actuales artículos 3° a 7°, inclusive.

En punto al concepto, notemos que el sustantivo *emblema*[347] denota un símbolo en que se representa alguna figura, al pie de la cual se escribe algún lema que declara la idea que encierra. Más ampliamente, y en una segunda acepción, en la fuente citada se dice que emblema es una cosa simbólicamente representativa de otra.

---

[346] **Actas Oficiales de la Comisión de Estudio**, sesión 49°, celebrada el 27 de junio de 1974, p. 11.

[347] **Diccionario de la Real Academia Española de la Lengua** (Madrid, Ed. Espasa-Calpe, 2001) p. 877.

Fluye de los conceptos expuestos que existe cierta semejanza entre los vocablos *emblema* y *símbolo*. Así lo entiende la literatura especializada[348]. Pues bien, si examinamos el significado de la palabra símbolo, en su primera acepción y que es la más pertinente, resulta posible concluir que es la representación sensorialmente perceptible de una realidad, en virtud de rasgos que se asocian con esta por una convención socialmente aceptada[349].

Por otra parte, tanto la bandera nacional como el escudo de armas de la República y el himno nacional son, genéricamente concebidos, más propiamente como símbolos que con la cualidad de emblemas, porque se trata de signos sensibles con los que la nación se identifica, desde que representan su pasado, presente y futuro, como asimismo, la determinación de vincularse con ellos como pueblo soberano. Un emblema es, por el contrario, la representación simbólica de la nación, significado que calza con el pabellón y el escudo, pero que no parece coincidir, exactamente, con el himno nacional.

La Constitución exige, a todo habitante de la República, respeto a esos símbolos nacionales, en su artículo 22° inciso 1°. Debido a ello, y para que se cumpla tal exigencia, la legislación complementaria sanciona penalmente el ultraje, la ofensa o violación de los símbolos de tal índole. Se ilustra esta aseveración citando, a modo de ejemplo, el artículo 284° del Código de Justicia Militar y el artículo 6° letra b) de la Ley de Seguridad del Estado.

198. Fijación de características. Estas fueron establecidas por normas jurídicas diferentes tanto en el tiempo como en su jerarquía preceptiva.

En síntesis, la bandera lo fue por la Ley Nº 2.597, publicada en el Diario Oficial el 12 de enero de 1912; el escudo de armas quedó configurado mediante la Ley difundida el 24 de junio de 1834; y el Decreto Supremo Nº 2.271, de 1920, del Ministerio de Guerra, fijó el lema del escudo. En fin, las características del texto y música del himno nacional se hallan establecidas en los Decretos Supremos (M. del Interior) Nº 3.482 del 12 de agosto de 1909 y Nº 6.476 del 21 de julio de 1980. Debe recordarse que por el Decreto Supremo (Ministerio de Educación) Nº 260, de 1990, se dispuso, para los actos oficiales, cantar solo el coro y la quinta estrofa del himno.

Debemos advertir, puntualizando lo ya escrito, que en otra disposición original de la Constitución de 1980, su artículo 63° Nº 6° señala, entre las materias reservadas al dominio de la ley, las que modifiquen la forma o características de los emblemas nacionales. Por consiguiente, hoy los decretos supremos antes citados quedan sustraídos de la potestad reglamentaria, debiendo entenderse que han sido elevados al rango de materia de ley, en virtud de lo prescrito en el precepto constitucional citado. He aquí una demostración de la importancia de los símbolos nacionales y de su continuidad como expresión de la cultura nacional.

Cabe finalizar destacando la necesidad de una conciencia, sólida y vasta, en orden a respetar, con actitudes y expresiones de anhelos, los símbolos de Chile porque representan, espiritual y materialmente, histórica y proyectivamente, lo más noble y perdurable de la comunidad nacional. Tal conciencia es, a su vez y en medida considerable, el resultado del consenso fundamental que el pueblo tiene sobre su identidad nacional. A mantener y acrecentar dicho consenso contribuye, decisivamente, el proceso educativo y la enseñanza respetuosa de los valores que singularizan a la nación chilena[350].

---

[348] Consúltese Francisco José Folch: **Sobre símbolos** (Santiago, Ed. Universitaria, 2000) p. 38.

[349] **Diccionario, cit.** p. 2066.

[350] Véase Ricardo Krebs Wilkens: **Identidad chilena** (Santiago, Centro de Estudios Bicentenario, 2008).

199. ¿Es la Constitución un símbolo? ¿es una institución? En otros países, cuyos Códigos Políticos se hallan más arraigados en la cultura nacional y no son, por ende, objeto de continuas modificaciones, la respuesta a esta pregunta es categóricamente afirmativa.

No es posible, por lo mismo, contestarla en iguales términos tratándose de los Estados cuyas Constituciones están, más o menos frecuentemente, sometidas a reformas de envergadura, denotativas de insuficiencia en el consenso fundamental que da legitimidad a sus instituciones políticas, sociales y económicas. Más categórica todavía es la duda cuando, como en Chile hoy, se plantea reemplazar la Carta Fundamental o, al menos, introducirle numerosas modificaciones sustanciales.

Consiguientemente, se torna relevante captar la diferencia que existe entre una Constitución arraigada en la cultura del país, o sea, un Código Político institucionalizado, por una parte, y otra Constitución que carece de tal cualidad, de otra. Efectivamente, en el primer caso la Carta Fundamental cumple sus roles esenciales, existiendo consenso en torno de la legitimidad de ella y concordancia en el espíritu de los líderes y la población para la realización de proyectos de bien común, mientras que en el segundo evento no existe tal fenómeno, erigiéndose la Constitución en motivo de conflictos incesantes[351].

Es problema acuciante en Latinoamérica resolver la inclinación, constantemente expresada, en pro de incorporar cambios a las Constituciones, asumiendo que la alteración de los textos conllevará lo mismo en los contextos y espíritu de la letra respectiva. Obviamente las hipótesis susceptibles de ser planteadas para resolver aquel problema estriban en la confianza de ciertos ideólogos en la potencialidad transformadora que tienen sus teorizaciones. Probablemente, así hacen suya la tesis de Sigmund Freud, según la cual las ideas, repetidas sin cansancio, terminan convirtiéndose en la realidad que ellos quieren imponer.

El proceso que atraviesa Chile al momento de cerrar la elaboración de la nueva edición de este tomo I, es elocuente en punto a ratificar lo aseverado en el párrafo antecedente. No es claro, hasta la fecha, el sentido y alcance concreto que tendrá la agenda de cambios fundamentales, de la cual forman parte la idea que propugna organizar y realizar una asamblea constituyente, encargada de debatir y elaborar el texto de una nueva Ley Suprema que reemplace a la vigente, por un lado, mientras que en el lado opuesto, no necesariamente extremo se hallan quienes impulsan numerosas transformaciones, pero sin llegar a sustituir por completo la normativa constitucional en vigor. El ambiente en que se desenvuelve el debate continuará, aunque se vislumbra un rasgo más apasionado que racional, con la secuela de tensiones que lleva inevitablemente consigo. El testimonio más reciente en la línea aludida lo han dado diecisiete parlamentarios, incluido uno de la oposición, abogando por la decisión de la Presidenta de la República, pronta e inequívoca, en apoyo de la asamblea constituyente[352].

200. Izamiento del pabellón nacional. La Ley Nº 20.537, publicada en el Diario Oficial el 3 de octubre de 2011, estableció disposiciones aplicables al uso e izamiento del pabellón patrio. Reglamentando lo previsto en esa ley, fue dictado el DS (Ministerio del Interior y Seguridad Pública) Nº 938, difundido en ese Diario el 29 de enero de 2013. De tal reglamento se destaca aquí que la bandera nacional puede ser usada e izada, sin autorización previa, cuidando siempre de resguardar el respeto de la misma.

---

351 Revísese del autor "La Constitución como institución", **Revista de Derecho de la Universidad de Concepción** Nº 202 (1997) pp. 57 ss.

352 Véase **El Mercurio**, de Santiago (18 de junio de 2009).

CAPÍTULO IV FORMA DE ESTADO

201. Texto. Léese en el artículo 3° de la Constitución, según la redacción fijada por la reforma introducida mediante la Ley N° 19.097, de 1991, y la Ley N° 20.050, de agosto de 2006, que:

El Estado de Chile es unitario.

> La administración del Estado será funcional y territorialmente descentralizada, o desconcentrada en su caso, de conformidad a la ley.
>
> Los órganos del Estado promoverán el fortalecimiento de la regionalización del país y el desarrollo equitativo y solidario entre las regiones, provincias y comunas del territorio nacional.

Tal disposición debe ser coordinada con lo previsto en los artículos 19° N° 20°, 48°, 49° inciso 1°, 86°, 110° a 115°,126° y 126° bis, de la Carta Política, entre otros.

202. Historia fidedigna. En la intervención de don Alejandro Silva Bascuñán, reproducida a continuación, se expresa la idea que recogió el Poder Constituyente, limitada o restringida en su alcance, al dictar el precepto transcrito:

> Lo que se quiere es una descentralización administrativa en el contexto de un Estado unitario y no que se la proyecte de manera de que se pueda llegar a concluir que con ella se pretende la implantación del Estado federal. De manera entonces, que al consagrar la idea de que el Estado de Chile es unitario; que está estructurado en regiones y que se administra descentralizadamente, se están vinculando conceptos que, en verdad, también están profundamente relacionados en el orden intelectual y doctrinario[353].

203. Reforma de 2005. Ella incorporó el inciso 3°, de cuya historia fidedigna es preciso tener en cuenta los antecedentes siguientes[354]:

---

[353] **Actas Oficiales de la Comisión de Estudio del anteproyecto de nueva Constitución**, sesión 40°, celebrada el 14 de mayo de 1974, pp. 12-13.

[354] Véase: Emilio Pfeffer Urquiaga: **Reformas constitucionales 2005** (Santiago, Editorial Jurídica de Chile, 2005).

> Durante el debate en la Comisión respectiva del Senado, de la cual resultó el primer informe, tuvieron lugar las intervenciones siguientes:
>
> El senador Larraín, al explicar la enmienda, señaló que ella no propicia estructurar a las regiones como unidades con autoridades elegidas y, por tanto, autogobernadas. Más bien el planteamiento se orienta en la línea del artículo 104°, en el sentido de señalar que el Estado promueve la regionalización, y ésta tendría como objeto la entrega de atribuciones, funciones y recursos a los organismos regionales actuales, proceso que debe hacerse para asegurar el desarrollo armónico del país, es decir, la regionalización, descentralización, desconcentración y entrega de atribuciones, funciones y recursos que deben promover la búsqueda de la equidad y el desarrollo armónico de todo el territorio nacional, que comprende los aspectos políticos, económicos y educacionales.
>
> El senador Boeninger observó que la enmienda tiene que incorporar el deber del Estado de promover la regionalización, sin perjuicio de reconocer que el Estado de Chile es unitario. En cuanto a la equidad, se entiende en el sentido de dar trato igualitario a todas las regiones entre sí, o respecto del Estado central. Coincidió que con esta proposición se vigoriza y amplía lo dispuesto en el artículo 104°, que sólo se refiere al gobierno y administración interior del Estado.
>
> El senador Diez señaló que la modificación obliga al Estado a promover la regionalización no sólo de la Administración, sino del país, dándole a este proceso un contenido más amplio.
>
> (...)
>
> El senador Diez señaló que el artículo 1° no contempla elemento alguno que obligue al Estado a tomar parte activa en la promoción de la regionalización del país. Tal es el vacío que se pretende llenar con esta enmienda, la cual no plantea que el Estado en tanto tal deba regionalizarse, sino que contempla la obligación del mismo, consistente en promover la regionalización del país. La norma propuesta es orientadora y deberá informar el accionar de todos los órganos constitucionales. En cuanto a la expresión *equidad*, ella se utiliza con el fin de resguardar la integración armónica –concepto recogido en el artículo 1°–, la cual debe traducirse no sólo en que las regiones puedan elegir a sus autoridades, sino que en el deber del Estado de tratar con equidad a las distintas regiones del país.
>
> (...)
>
> El senador Boeninger sostuvo, respecto de la equidad política, que la regionalización política tiene fundamento y surge con fuerza propia cuando una región presenta efectivamente una identidad cultural y una potencialidad económica propias. Sin estos elementos no es posible demandar grados mayores de autonomía política para las regiones que los que hoy existen, de manera que la sola declaración de promover la equidad política no parece tener un fundamento claro y, por lo mismo, no puede visualizarse un resultado concreto de la incorporación de esta frase en el texto constitucional.
>
> En cuanto a la equidad económica, la actividad productiva y comercial se desarrolla en fases secuenciales, de manera que no se puede cumplir este objetivo en el sentido de que se pretenda resolver los problemas de desarrollo de las distintas regiones en forma simultánea.

Más adelante, en el debate ocurrido en la Comisión respectiva del Senado, a propósito del segundo informe evacuado por ella, aparece la intervención siguiente:

> El senador Larraín observó que la Constitución no asume un compromiso lo suficientemente fuerte entre el Estado y el proceso de regionalización y la equidad en materia de atribuciones y de asignación de recursos entre las regiones, provincias y comunas. Por ello la reforma aprobada en el primer informe, podría perfeccionarse en su redacción a fin de precisar que se trata de incluir, como una de las bases de nuestra institucionalidad, la promoción, no del proceso de regionalización, sino de regionalización en sí misma, además del territorio nacional. Si bien el texto recoge en forma general estos objetos, bien se podría enmendar con el objeto de reflejarlos a través del

proceso no de regionalización, sino de la regionalización en sí misma, además del desarrollo equitativo entre las distintas porciones en que se divide el territorio nacional. Si bien el texto recoge en forma general estos objetivos, bien podría enmendarse con el objeto de reflejarlos en forma más adecuada.

204. Concepto de Estado Regional. El precepto que será comentado se refiere a la forma de Estado, es decir, al principio con sujeción al cual se organiza, ejerce y controla la soberanía-autonomía en relación con el territorio del Estado-Nación. Desde este ángulo, los Estados se dividen en simples o unitarios y en compuestos o federales. Con el carácter de una forma estatal de aparición más reciente, intermedia entre las dos antes nombradas, aunque más próxima a la primera de ellas, se encuentra el Estado regional o autonómico, pues en él crece la capacidad de autogobierno de las regiones, pero sin alcanzar el nivel de decisión propia que detentan los Estados miembros de una unión federal ni contar con ordenamientos jurídicos ni políticos diferenciados para cada una de ellas.

Útil es recordar que el Estado de Chile fue, desde su independencia, un Estado unitario y sigue siendo tal. Esto es así a raíz de existir en él la cuádruple unidad siguiente:

— De ordenamiento jurídico, abarcando la Constitución, las leyes y el ordenamiento de jerarquía inferior;

— De autoridades gubernativas o conjunto de órganos, de nivel constitucional, que integran el sistema político, cuyas decisiones se adoptan ejerciendo la soberanía y se extienden a todos y en la plenitud del territorio nacional;

— De gobernados, pueblo o destinatarios del ordenamiento jurídico y de las decisiones políticas; y

— De singularidad o unidad de territorio, incluyendo en este los dominios insulares y los separados del espacio continental.

Es, por ende, en la suma conjugada o armónica de los cuatro aspectos descritos que Chile tiene, con rasgo indeleble, gravada en su cultura la forma de Estado unitario.

Agrega el precepto analizado, sin embargo, que el territorio nacional se divide en regiones. Por consiguiente, Chile es, desde este punto de vista, un Estado cuya soberanía-autonomía se organiza y ejerce en relación con el elemento geográfico, según la modalidad regional. Indispensable se vuelve examinar este asunto, pues quedará así demostrado el objeto, modesto y limitado, que el proceso de regionalización tiene en nuestro país.

La región es, por supuesto, un área o extensión geográfica. Pero lo más importante de ese concepto estriba en que allí convive una población dotada de algún grado de conciencia de su historia, asociada a los recursos políticos, socioeconómicos y culturales existentes en tal división geográfica, suficientes para lograr, con autonomía, su desarrollo dentro del país e, incluso, en amistosa colaboración con áreas fronterizas de países hermanos. La región, en consecuencia, más que una realidad territorial ya creada se presenta como el resultado de un proceso, de dinámica constante, manifestado en la interacción de los habitantes con la división geográfica del territorio nacional en que se hallan radicados. Cabe insistir en que, de mayor relevancia e interés, sin duda, que ese territorio son la población y su historia, expresivos, en legítima medida, de una autarquía o capacidad de desenvolvimiento propio, con respecto de las demás regiones del mismo Estado-Nación.

En Chile, la regionalización del Estado fue emprendida mediante los decretos leyes N°s 573 y 575 de 1974, los cuales, en parte, siguen aún vigentes. Debe puntualizarse, empero, que la regionalización es un proceso largo y difícil, en cuya línea de realización jurídica se encuentra, como etapa más reciente, la Ley Orgánica Constitucional sobre Gobierno y Administración Regional[355]. Pero al tenor de lo ya expuesto, el elemento jurídico, sin disminuir su importancia, no es suficiente para concluir que la regionalización es una realidad en el Estado unitario chileno[356]. Tal es la razón por la cual la reforma de 2005 estableció el deber de todos los órganos del Estado de promover la regionalización del país. Mantenemos, sin embargo, nuestra visión escéptica en el punto, porque al cabo de más de 40 años de implementación, el proceso regionalizador continúa siendo, como se explicará, solo administrativo, coincidente con las fórmulas típicas de la desconcentración y, en menor medida, de la descentralización de esa índole. Abrigamos, pese a todo, la esperanza de que la presencia en el programa de la candidatura a la Primera Magistratura en los comicios de noviembre y diciembre de 2013 se concrete, definitivamente, en la configuración en Chile de un Estado regional auténtico[357].

205. Descentralización y desconcentración. Prosigue el artículo 3° precisando que la administración del Estado será funcional y territorialmente descentralizada, o desconcentrada en su caso, en conformidad con la ley.

Es claro este acápite al señalar que solo por la ley se puede cumplir cualquiera o ambos de los objetivos mencionados. También es nítido el sentido que la Constitución tiene, al emplear la formula verbal imperativa —*será*— que reemplaza, con hondo cambio de significado, a la expresión verbal *propenderá*. Esta última fórmula, meramente habilitante, aparecía antes de la reforma de 1991 y permitía al legislador ir avanzando, solo con pausa y sin ser urgido, en la consumación del objetivo, consistente en que la administración sea funcional y territorialmente descentralizada.

Necesario es observar que la descentralización y la desconcentración se refieren, en el precepto comentado, nada más que a la subfunción administrativa, esto es, aquella consistente en que el Estado satisfaga, continua y permanentemente, las necesidades públicas y fomente el desarrollo del país con las atribuciones que le confiere la Constitución y la ley, así como mediante la aprobación, ejecución y control de políticas, planes, programas y acciones de alcance nacional, regional y comunal[358].

En consecuencia, en Chile no hay descentralización ni desconcentración en su acepción política, como tampoco de índole normativa, judicial y de control o fiscalizadora. Por eso, y con respecto a una situación concreta, puede afirmarse que el mero traslado del recinto que es sede del Congreso Nacional a Valparaíso, resulta ser solo una deslocalización física del edificio en que funciona el Parlamento, hecho carente de significado sustancial en un proceso de regionalización efectivo.

Dicho proceso es de índole integral y no únicamente administrativo. Así expresamente lo proclama el inciso 3° del artículo 3°, agregado por la reforma constitucional de 2005. En tal perspectiva, la regionalización deviene, por consiguiente, en una descentralización completa y profunda, erigiéndose en un imperativo destinado a lograr mayor gobernabilidad, mediante fórmulas democráticas participativas y con gestión estatal de proximidad

---

355 Ley N° 19.175, de 1992, y sus reformas, cuyo texto refundido fue fijado mediante el DFL (Ministerio del Interior) N° 1-19.175, publicado en el Diario Oficial el 8 de noviembre de 2005.

356 José Luis Cea Egaña: **El sistema constitucional de Chile**, **cit**., pp. 285 ss.

357 Revísese la serie de propuestas concretas incluidas en el libro de Heinrich von Baer (editor general): **Pensando Chile desde sus regiones** (Temuco Universidad de la Frontera, 2009) pp.189 ss.

358 Véase el artículo 3° de la Ley N° 18.575, de 1985, Ley Orgánica Constitucional de Bases Generales de la Administración del Estado, reemplazado por la Ley N° 19.663, de 1999, sobre Probidad de los Órganos del Estado.

a la población y eficiencia creciente. Por supuesto, la regionalización así entendida abarca lo político y social, incluyendo la elección popular de las autoridades locales y la gestión autónoma de múltiples servicios destinados a satisfacer las necesidades públicas de las diversas divisiones territoriales.

Cabe observar que el artículo 3° se refiere a la descentralización y a la desconcentración. Siendo términos de significado distinto, resulta indispensable no confundirlos. Necesario es, por consiguiente, aclarar que son descentralizados los organismos, instituciones o entidades que presentan las cuatro características copulativas siguientes[359]:

A. Personalidad jurídica de derecho público, funciones, atribuciones y patrimonio propios, todo establecido y regulado por la ley, siguiendo los principios matrices trazados por la Constitución;

B. Integrantes elegidos, por regla general, mediante sufragio universal y votación directa. Esta regla se convierte en excepcional en los órganos descentralizados de nuestro país, pues solo se cumple a nivel municipal, con la elección de concejales y alcaldes, como asimismo con los consejeros regionales desde noviembre de 2013. Por eso, lo que encontramos en Chile es un régimen en que el Presidente de la República designa y remueve, por sí mismo, a todas las autoridades regionales y provinciales sean intendentes, gobernadores, delegados presidenciales o secretarios regionales. Reiteramos que va cobrando importancia en los ámbitos respectivos la idea de elegir, por sufragio universal cada cuatro años, a los intendentes, instaurando un prefecto, como en Francia, habilitado para expresar en la región la voluntad del Gobierno central;

C. Ordenamiento estatutario propio, incluyendo la normativa aplicable a quienes trabajan en el ente descentralizado, dictado con autonomía por los órganos de las entidades descentralizadas dentro de la competencia que la Constitución y la ley les ha conferido; y

D. Finalmente, sistema de control propio, sin perjuicio de la revisión, en los términos que fije la ley, de ciertas decisiones o actuaciones por los órganos centrales y las instituciones fiscalizadoras externas del ente descentralizado. Una modalidad de esta revisión es el veto parcial, por tiempo determinado y susceptible de ser doblegado mediante el quórum de insistencia elevado que reúna el consejo regional.

> Lo expuesto puede ser comparado con lo que preceptúa la Ley Orgánica Constitucional de Bases Generales de la Administración del Estado, cuyo artículo 29° es del tenor siguiente:
>
> Los servicios públicos serán centralizados o descentralizados.
>
> Los servicios públicos centralizados actuarán bajo la personalidad jurídica y con los bienes y recurso del Fisco y estarán sometidos a la dependencia del Presidente de la República, a través del Ministerio correspondiente.
>
> Los servicios públicos descentralizados actuarán con la personalidad jurídica y el patrimonio propios que la ley les asigne y estarán sometidos a la supervigilancia del Presidente de la República a través del Ministerio respectivo. La descentralización podrá ser funcional o territorial.

Por otra parte, son *desconcentrados* los órganos o entidades estatales que, aun teniendo finalidad y recursos de carácter nacional, regional o local, la ley ha radicado también en

---

359 Consúltese Gustavo Penagos: **La descentralización en el Estado unitario** (Bogotá, Ed. Doctrina y Ley, 1997) pp. 3 ss.

ellos el ejercicio de determinadas competencias, pero sin reunir los cuatro rasgos copulativos con que se ha tipificado a la descentralización. En términos simples puede ser singularizada la desconcentración como la fase más sencilla y primaria del proceso que avanza hacia la regionalización, situándose en la etapa intermedia la descentralización.

Sobre la diferencia entre la descentralización y la desconcentración, en la comisión de estudio del anteproyecto de nueva Constitución, el señor Silva Bascuñán sostuvo lo siguiente[360]:

> Entiendo por concentración administrativa aquel sistema en el cual la ejecución de las leyes y la determinación de los actos que corresponden al ejercicio de las distintas autoridades están entregadas a órganos que, fundamentalmente, son designados y removidos por la autoridad central, son responsables ante ella y se sujetan a las directivas precisas que les imparte. En cambio, señala que en la desconcentración administrativa los órganos a los que se refiere el proceso administrativo tienen designación, remoción y responsabilidad ante la autoridad central, pero disponen de un apreciable grado de autonomía para decidir en los problemas que surgen en la administración, vale decir, existe independencia concreta en la solución concreta de los problemas; pero, en todo caso, se trata de funcionarios que tienen un estatuto y realizan una voluntad propia del órgano central.
>
> Respecto a la descentralización administrativa explica que, en ella, la administración se realiza mediante el establecimiento de órganos que no sólo tienen autonomía en la conducción de los actos, sino que deben obedecer, en aspectos esenciales, a la voluntad del sector o grupo social sobre el cual se proyecta la acción administrativa.
>
> Expresa que, en suma, mientras la esencia del proceso de concentración o desconcentración administrativa apunta, fundamentalmente, al manejo más o menos autónomo de los distintos órganos jerárquicos de la función administrativa, en el proceso de descentralización se advierte un nuevo factor, cual es la voluntad autónoma de los gobernados, que debe ser satisfecha por el organismo correspondiente.

206. Jurisprudencia. El Tribunal Constitucional, en su sentencia Rol Nº 78, citando al profesor Silva Bascuñán sostuvo, respecto de la descentralización administrativa, que:

> Dentro de este concepto se persigue transferir a otras entidades parte de la autoridad antes ejercida por los órganos centrales del gobierno supremo del Estado, en lo relativo a dictar y aplicar las disposiciones necesarias para el cumplimiento de las leyes y para la conservación de los intereses públicos y resolver las reclamaciones a que dé lugar lo mandado.

En sentencias dictadas el 2 de diciembre de 1996, enroladas con los Nos 245 y 246, citando al profesor Soto Kloss, el Tribunal definió la desconcentración como la "radicación de una o más potestades administrativas que hace la ley en un órgano inferior de la línea jerárquica de la Administración del Estado".

Por otra parte, la Corte de Apelaciones de Santiago afirmó que:

> La función ejecutiva del Estado de Chile se cumple mediante los organismos de administración que constituyen el sistema centralizado o régimen de centralización administrativa, en el que los servicios públicos que lo integran dependen directamente del Ejecutivo o Poder Central, representado por el Presidente de la República; y el sistema descentralizado o régimen de descentralización administrativa, descentralización que puede ser territorial, cuyos órganos están representados por las municipalidades, y descentralización funcional, en que los órganos que lo componen

---

360 **Actas cit.**, sesión 8ª p. 4.

son independientes del Poder Central, pero relacionados con éste a través de un Ministerio, con personalidad jurídica y patrimonial propia[361].

207. Reforma de 2005. Incorporó un nuevo inciso 3° al artículo 3°, disponiendo que el Estado, abarcando a todos y cada uno de sus órganos, tiene el deber de promover el fortalecimiento de la regionalización[362]. Como se aprecia, el texto no circunscribió dicho proceso a la función administrativa. Agregó que el desarrollo entre las regiones, provincias y comunas debe ser equitativo y solidario. Al respecto, se ha señalado:

> Sobre estas entidades también recae la promoción de un desarrollo equitativo y solidario entre regiones, provincias y comunas del territorio nacional, todo lo cual pretende concretar un crecimiento armónico dentro del país. La utilización de estos términos pretende enriquecer la interacción entre estas unidades, recalcando el compromiso del Estado en el proceso de regionalización, orientando en este sentido la acción de sus órganos[363].

208. El proceso en Chile. Útil es aplicar la doctrina expuesta para evaluar lo ocurrido en nuestro país. Puede afirmarse, en tal sentido, que el proceso de descentralización es aún incipiente. Más todavía, cabe reiterar que lo existente en Chile es desconcentración, y que esta se refiere, únicamente, a la subfunción administrativa.

Con sujeción al artículo 3° de la Carta Fundamental, sin duda que la regla general debe ser la descentralización, de manera que solo la excepción resulte ser la existencia de entes públicos con rasgos de desconcentración. Pero la materialización de tal principio queda entregada a la ley y, más todavía, reducida al ámbito administrativo[364]. ¿Cómo explicar lo ocurrido? Probablemente, la ausencia de voluntad política suficiente despeja en parte esa interrogante, insuficiencia causada por el temor, hoy superado, de impulsar la autonomía regional a raíz de reputarla contraria al carácter unitario del Estado, o bien, el temor de algunos parlamentarios a la elección directa de los consejeros regionales por presumirlos rivales de cuidado y otras hipótesis semejantes.

Tal vez, la supresión del vocablo ***unitario*** en el artículo 3° inciso 1° de la Constitución, unida a la elección popular de los intendentes y a la reconceptualización del presupuesto regional, ideas planteadas en el Programa de la Nueva Mayoría, signifiquen impulsos decisivos en el avance hacia la regionalización anhelada.

209. Contexto. Para terminar, con una visión de conjunto, útil es coordinar el artículo 3° del Código Político con lo preceptuado en el capítulo XIV de la Constitución, especialmente en su artículo 114°. Procediendo así se corrobora el alcance administrativo que la descentralización posee en nuestro país, hecho del cual se sigue que una reforma estructural en el tema implica abordar el proceso en su más amplia, compleja y profunda proyección.

---

361 Sentencia pronunciada el 5 de enero de 1983.

362 Véase Manuel Núñez Poblete: "Estado unitario: unidad del Estado y unidad de Constitución. La forma del Estado chileno bajo la Constitución de 1980", en Francisco Zúñiga Urbina (coordinador): **Reforma Constitucional** (Santiago, Lexis-Nexis, 2005) pp. 149 ss.; Jorge Tapia Valdés: "Descentralización, regionalización y neosubsidiariedad", en **Reforma Constitucional, cit.**, pp. 167 ss.; Domingo Hernández Emparanza: "Notas sobre algunos aspectos de la reforma a las bases de la institucionalidad en la Reforma de 2005: Regionalización, probidad y publicidad", en Humberto Nogueira Alcalá (editor): **La Constitución reformada de 2005** (Santiago, Librotecnia, 2005), pp. 19 ss.; y del mismo Jorge Tapia Valdés: "La reforma constitucional de 2005, un triunfo del centralismo", **cit.**, pp. 57 ss.

363 Ángela Vivanco Martínez, II **Derecho constitucional** (Santiago, Ediciones Universidad Católica, 2006) p. 81.

364 Id., pp. 335 ss. Revísese Dagmar Raczynski y Claudia Serrano (editoras): **Descentralización. Nudos críticos** (Santiago, Cieplan, 2001) pp. 36 ss.

Conviene tener presente, además, el texto del antiguo artículo 45° inciso 1°, que fijaba en trece el número de las regiones del país, disposición cuyo cambio era indispensable para reestructurar la representación electoral en la Cámara Alta. Actualmente, la Constitución no establece el número de regiones en las que se divide el territorio nacional. Por eso, en abril de 2007 fueron creadas dos nuevas regiones: la XIV Región de los Ríos, a través de la Ley N° 20.174, publicada en el Diario Oficial el 5 de abril de 2007; y la XV Región de Arica y Parinacota, a través de la Ley N° 20.175, publicada en ese Diario el 11 de abril del mismo año.

Tampoco se puede olvidar el contenido de los artículos 48° y 50°, en cuanto el primero exige residencia en la respectiva región para ser elegido diputado, norma cuya justificación parece razonable, pero que, a través de la jurisprudencia del Tribunal Calificador de Elecciones, ha culminado en una flexibilización amplia. Obsérvese, sin embargo, que el artículo 50° no impone el mismo requisito para ser elegido senador, diferencia inexplicada en los anales oficiales de la reforma y que puede ser evaluada como discriminatoria.

Finalmente, útil es tener también presente el artículo 86°, concerniente a la existencia de fiscales regionales del Ministerio Público, disposición en la cual, de paso, se confirma que nuestro proceso de regionalización se limita al ámbito administrativo; y el artículo 126° bis, incorporado a la Carta en 2007, relativo a los territorios especiales de Isla de Pascua y el Archipiélago Juan Fernández, cuyo gobierno y administración se regirán por los estatutos especiales que establezcan las leyes orgánicas constitucionales respectivas, leyes que hasta la fecha no han sido dictadas.

CAPÍTULO V TIPO DE GOBIERNO

210. Texto. El artículo 4° de la Constitución, el más breve de ella, dispone que "Chile es una república democrática". Trátase de una norma que contiene una aseveración tajante, con una serie de supuestos doctrinarios de importancia. Para comprender lo dicho resulta suficiente tener presente la clasificación que Montesquieu hizo de los gobiernos, a propósito de los cuales distinguió las repúblicas democráticas, por un lado, de las aristocráticas, por el otro. Retornaremos a este autor y a dicha clasificación más adelante.

211. Historia fidedigna. La vigencia de un régimen democrático se relaciona, de modo esencial e ineludible con el ejercicio, control y límites de la soberanía. La democracia, de una parte, y la titularidad del poder y su naturaleza, de otra, son términos inseparables del gobierno popular. Léase el siguiente pasaje de los anales oficiales para coincidir en dicha premisa:

> Ante una pregunta del señor Ortúzar de si desde el punto de vista teórico, el Pueblo podría cambiar el régimen democrático, el señor Ovalle responde que ello es imposible por una razón muy simple: porque entre las características de la soberanía está la inalienabilidad, es decir, el Pueblo no puede enajenar su soberanía, y toda enajenación de la soberanía es nula.
>
> En consecuencia, la democracia pasa a ser en la Constitución, cuando ella se consagra mediante un precepto, una disposición pétrea, intangible e inamovible para el Constituyente. El régimen deja de ser constitucional, la Constitución deja de existir en el momento en que el Pueblo enajena el Poder, que legítima y naturalmente le pertenece. Así que teóricamente el Pueblo no puede enajenar su Poder[365].

Claramente afirmado así lo que Georges Burdeau llama *ideal de Derecho*, agregamos que la democracia admite modalidades y hasta diferencias, pero siempre que sean respetados los criterios esenciales

---

[365] Actas Oficiales de la Comisión de Estudio de un anteproyecto de nueva Constitución, sesión 48°, celebrada el 25 de junio de 1974, p. 12.

que le infunden carácter propio. Uno de tales criterios se refiere a la forma o manera en que exterioriza o hace presente la índole representativa de ella. Ese fue el tópico debatido por los redactores del precepto en estudio, algunos de cuyos juicios pueden suscitar discusión, como se verá oportunamente.

El concepto de democracia a que se refiere la Constitución no es el tradicional, entendido como un sistema de mandatos otorgado por los titulares del poder, es decir, el pueblo, a sus delegados, representantes o mandatarios, sean elegidos mediante sufragio universal o designados por las autoridades democráticamente elegidas. En un pasaje denotativo de alguna confusión entre el mandato libre o representativo, de un lado, y el mandato imperativo o corporativo, de otro, léese en los anales aludidos:

> El señor Guzmán adhiere a la proposición del señor Carmona en el sentido de reemplazar la expresión democrático representativa" por "Chile es una República democrática", por estimar que, sin perder la esencia del concepto anterior, evita la tendencia a considerar a las autoridades como mandatarios del Pueblo, en circunstancia de que son sus gobernantes. Añade que quien gobierna no es un mandatario del Pueblo, porque en tal caso debería hacer lo que quiere su mandante. Considera que un gobernante debe hacer lo que conviene al bien común, dentro de las facultades que le otorga la Constitución. Indica que inclusive sería conveniente no hablar de delegación en lo relativo a soberanía, por estimar que se la limita a un concepto clásico, de democracia tradicional, que deriva, a su juicio, en una serie de mitos en nombre de los cuales, por ejemplo, se pretende negar representatividad a los senadores que no sean de elección popular (...).
>
> El señor Bertelsen advierte que Chile es una República democrática no sólo en lo atinente a los Poderes Públicos, sino en cuanto a la sociedad toda, a la cual se está dando mayor participación[366].

A mayor abundamiento el concepto de democracia que fluye del artículo 4° no es el mínimo o procedimental, propugnado por el positivismo formalista, despreocupado del contenido y finalidad de las decisiones que prohíben ser aceptadas con sujeción a tal criterio. Una mirada a los artículos 1° y 5° del Código Político basta para desestimar tan reductivo concepto de la democracia[367].

En fin, la Comisión de Estudio de un anteproyecto de Nueva Constitución resaltó cinco dimensiones de lo que, en los anales oficiales, se denomina ***democracia de auténtica participación social***. Hoy, tales planteamientos deben ser evaluados con espíritu crítico, pues algunos mantienen su acierto y trascendencia, mientras que los restantes han quedado obsoletos, dejando de relieve la influencia del tiempo en el acierto o desacierto de ciertos juicios que sirvieron de base a la Constitución. Revisemos tales dimensiones.

a) La nueva democracia estimula una amplia participación de todos los sectores de la comunidad, tanto en el proceso político como en el económico, social, cultural y otros, participación que a través de la regionalización y de los consejos regionales y comunales que se contemplan se extiende a las regiones y demás áreas territoriales en que se ha dividido el país;

b) La participación en lo político será esencialmente materia del nuevo sistema electoral, el cual estará basado en un principio de igualdad entre los partidos políticos y los sectores independientes que, a la vez, permita una real expresión de las mayorías;**c)** Una nueva democracia requiere una profunda modificación en las estructuras de los partidos políticos y en los fines que están llamados a cumplir;

---

366 **Id.**, sesión 402°, celebrada el 14 de julio de 1978, pp. 3205 ss.

367 Véase la serie de monografías de Luis Prieto Sánchez, reunidas en su **Constitucionalismo de los derechos. Ensayos de filosofía jurídica** (Madrid, Ed. Trotta, 2013).

d) El anteproyecto reconoce en forma explícita la facultad de los cuerpos intermedios entre el hombre y el Estado –que reúnen a los seres humanos en razón de su común actividad o vecindad– para desenvolverse con legítima autonomía en orden a la obtención de sus fines específicos de acuerdo al principio de subsidiariedad; y

e) Especial importancia se proyectó dar, dentro de este concepto de la más amplia participación, al rol que había de corresponder a nuestras Fuerzas Armadas y de Orden. Además de las funciones que les son propias, relativas a la preservación de la seguridad del país, ellas estarían presentes en todo el proceso nacional y representadas en varios de los órganos e instituciones del Estado, de modo que pudieran aportar su capacidad, experiencia y ejemplar patriotismo en el conocimiento y solución de los grandes problemas de la nación[368].

212. La democracia como tipo de Gobierno. Pese a su brevedad, esta disposición encierra diversas ideas cuya relevancia debe ser explicada. Desde luego y doctrinariamente, se refiere al *tipo de gobierno*, es decir, al principio con sujeción al cual se organiza, ejerce y controla la soberanía-autonomía en relación con el titular de ella, o sea, principalmente y en su máxima instancia, con el pueblo o la nación, y después con sus mandatarios o representantes legítimos.

Con la definición transcrita el autor desea demostrar que el tipo de gobierno es un concepto diferente, especialmente en su contenido, de la forma de gobierno. Esta última se refiere, únicamente, a la presencia, en el texto de la Constitución y su regulación en las leyes, del principio de separación de órganos y funciones estatales. Por el contrario, el tipo de gobierno se extiende a consideraciones y valores sustantivos, principalmente vinculados con el respeto y promoción, realmente demostrados, de la titularidad, naturaleza, control y límites de la soberanía, así como de la garantía eficaz de los derechos fundamentales proclamados.

La explicación anterior permite comprender mejor el alcance e implicancias del artículo 4°.

En efecto, conveniente es recordar que, en la tipología que describió Montesquieu, en su libro *El espíritu de las leyes*, la república es la especie de gobierno opuesta a la monarquía y al despotismo. Sin embargo, es necesario agregar, siguiendo al mismo autor, que existen dos tipos de repúblicas, a saber, la *aristocrática* y la *democrática*, hallándose la diferencia entre una y otra en que la *moderación* es el principio rector de la primera, mientras que la *virtud* lo es de la segunda.

Cabe preguntarse, consecuentemente, por la prueba o demostración de la veracidad y exactitud de lo afirmado en el artículo 4°. Al respecto, se debe señalar, a través de una descripción del texto positivo, que las disposiciones siguientes comprueban el rasgo democrático de nuestra fórmula gobernativa, aunque el debate constitucional, que culminó en la reforma de 2005, estuvo focalizado en vigorizar ese rasgo, depurándolo de elementos autoritarios:

A. Los artículos 13° y siguientes contemplan la ciudadanía y el sufragio universal para la elección de las autoridades políticas, así como el pronunciamiento de aquella en los plebiscitos o referendos de reforma constitucional. A mayor abundamiento, hoy se avanza en la aprobación de los proyectos de ley relativos al voto de compatriotas en el extranjero y el reemplazo del régimen electoral binominal;

---

[368] Véase Comisión de Estudio de un anteproyecto de nueva Constitución: **Informe con proposiciones e ideas precisas**, reproducido en VIII **Revista Chilena de Derecho** N° 1-6 (1981) pp. 156-158.

B. Los artículos 18° y 19° número 15° inciso 5° se refieren a las autoridades elegidas con base en candidaturas presentadas por los partidos políticos y los independientes, imponiendo el principio de igualdad de los candidatos de unos y otros y de participación en los procesos respectivos, isonomía que dista de ser real. Actualmente, además se hallan reguladas las elecciones primarias para la designación de candidatos;

C. El artículo 5° inciso 1°, especialmente en relación con los derechos fundamentales siguientes:

a. La participación en la vida nacional, concepto que es genérico, abarcando la participación política;

b. La libertad de opinión e información, prevista en el artículo 19° N° 12° de la Constitución;

c. El derecho a reunirse pacíficamente, sin permiso previo y sin armas, al tenor del artículo 19° N° 13°;

d. La libertad de afiliación y desafiliación de los partidos políticos, con sujeción al artículo 19° N° 15° inciso 5°;

e. El pluralismo político, contemplado en el artículo 19° N° 15° inciso 6° de la Ley Suprema, precepto en el que se encuentra, a renglón seguido, el ilícito constitucional en que incurren las asociaciones antidemocráticas y violentistas, es decir, contrarias a ese estilo de vida en su fondo y metodología.

Imperativo es dejar constancia que, desde el 11 de marzo de 1990, quedaron sin efecto las disposiciones transitorias decimotercera a vigésima cuarta del texto original de 1980, el conjunto de las cuales contemplaba un régimen que era la antítesis de la democracia, por la concentración del poder y su ejercicio sin contrapesos efectivos. Esas normas configuraron el ejercicio del mando nacional, a veces incontrolable incluso judicialmente, como sucedió con las medidas adoptadas de conformidad con la vigésima cuarta disposición transitoria del Código Político. Tal fue, puede agregarse, una de las inferencias susceptibles de ser hecha con respecto a la sentencia del Tribunal Constitucional pronunciada el 18 de marzo de 1998 (Rol N° 272); y

f. Finalmente, procede advertir que los principios de supremacía y separación de órganos y funciones con los frenos inherentes, integran la matriz institucional de la democracia representativa, estando tales principios previstos en el artículo 6° y en el artículo 7° inciso 2°, respectivamente, concretados en los artículos 24°, 39°, 76°, 83°, 92° y muchos otros del Código Político.

213. Jurisprudencia. La Corte Suprema ha definido la democracia, en términos simples y clásicos, como el sistema de gobierno que emana de la comunidad política, pormenorizando algunos de sus elementos distintivos.

Como este último concepto (democracia) no lo ha definido el legislador, debe entenderse conforme al significado que le da la ciencia del derecho público, entendiendo que es el sistema en que el ejercicio del gobierno emana del pueblo, o sea, de todos los ciudadanos que forman la comunidad política o nación[369], sea que lo haga indirectamente a través de

369 Sentencia pronunciada por la Corte Suprema el 23 de abril de 1937, reproducida en el **Repertorio de Legislación y Jurisprudencia Chilenas. Constitución Política de la República de Chile de 1980** (Santiago, Ed. Jurídica de Chile, 1993) p. 4.

sus representantes, o que lo ejerce directamente mediante instituciones como el referendo, la iniciativa popular de proyectos y la revocación de mandatos.

214. Forma y vida democrática. La doctrina chilena entiende que el artículo 4° se refiere nada más que a la forma de gobierno y no, como se ha hecho aquí, al tipo del mismo. Piensa este autor que, de la diferente posición adoptada ante el asunto, fluyen variadas y serias consecuencias para el concepto de democracia y cuanto él exige en nuestra sociedad para que sea realmente vivida.

Efectivamente, ya se ha definido el concepto de tipo de gobierno, siendo pertinente repetir que la forma de gobierno versa sobre el principio con sujeción al cual se organiza, ejerce y controla la soberanía del Estado en relación con la separación de sus órganos y funciones.

Útil es efectuar una comparación de ambos conceptos, aunque sea brevemente. Obrando así es posible sostener que el estudio de la forma de gobierno se limita a constatar la presencia, solo en el texto de la Constitución y las leyes, del principio de separación mencionado, pasando después a analizar, siempre restringiéndose al texto y contexto de los cuerpos normativos, de qué manera y con cuál alcance se halla reconocido en el articulado respectivo. En cambio, cuando se trata del tipo de gobierno, el examen se extiende más allá del lenguaje y su significado, porque llega, con carácter preponderante, a la vigencia efectiva que tiene o no el principio señalado, evaluado en función del respeto y defensa real que, en la práctica, existe del ejercicio de los derechos humanos en su plenitud. Situado el tema en la perspectiva del tipo de gobierno resulta, en consecuencia, indispensable interrogarse acerca de la realidad, sociológicamente gozada o padecida, es decir, de la vigencia de aquel principio en relación, por ejemplo, con los frenos y contrapesos institucionales y, más que nada, con los recursos judiciales efectivamente deducibles, en un proceso justo y por cualquier ciudadano, para la defensa, preventiva o *ex post*, de la dignidad y los derechos humanos con los deberes correlativos.

A la luz de lo expuesto, y situado el estudio del tema en la perspectiva del tipo de gobierno, puede concluirse que el artículo 4° de la Constitución es un postulado, o sea, la manifestación de un objetivo, noble y supremo, acerca de lo que es y debe ser nuestro régimen político. Por idéntica característica ese artículo debe ser evaluado desde el ángulo formal, pero también sustancial y de su vigencia empírica o fáctica, como se ha advertido. Así comprendido, para calificar a Chile de república democrática es menester considerar el doble aspecto descrito, v. gr., en ligamen con el sistema electoral existente, la subordinación de las instituciones armadas a las instituciones democráticas y a los órganos que las integran, la eficacia del sistema de control ciudadano y de responsabilidades de sus representantes, la transparencia de los actos de las autoridades, las oportunidades que tiene la ciudadanía de participar en las decisiones colectivas, las garantías de los derechos fundamentales, etc.

215. Una agenda abierta. Sin duda, la democracia es un concepto cuyo núcleo esencial deviene inalterable y de vigencia universal. Lo dicho no significa que la democracia haya alcanzado un grado de perfección, en sus dimensiones sustantiva y formal, que pueda reputársela cerrada al proceso de desarrollo de sus valores, principios y normas, especialmente tratándose de la fórmula que conjuga la democracia con el derecho a través del constitucionalismo contemporáneo. Jamás es razonable admitir tal clausura del progreso concretado con los cambios institucionales y culturales pertinentes.

Escribimos lo anterior en presencia de los movimientos que en Chile, y el mundo democrático, impulsan la reconfiguración de múltiples aspectos de la estructura, objetivos y contenidos de las Constituciones, procurando impregnarlas de mayor identificación con la igualdad, venciendo la discriminación y la marginación; de una participación más equitativa en las resoluciones políticas, en el protagonismo del bien común por la Sociedad Civil autónoma y en el acceso a la renta nacional y a los beneficios económicos provenientes del crecimiento del producto geográfico y otras variables.

Permeables al cambio siempre, esa es la clave, pero a la vez categóricos en la asunción de conductas evaluativas de esas transformaciones, aplicando el discernimiento razonado para apoyar a unas, modificar a otras y rechazar las que sean descalificadas por irreconciliables con el humanismo de los derechos y deberes fundamentales, focalizado en la dignidad de la persona y en el respeto y promoción de la vida y de los demás atributos inalienables que emanan de ella.

Consecuentemente, el asunto es más complejo que la mera afirmación de contar con el voto mayoritario en el Congreso Nacional y avanzar proposiciones que vulneran la seguridad jurídica o certeza legítima, avasallando el estatuto asegurado a la minoría; o retrocediendo a simplificaciones ideológicas fracasadas en Chile y el mundo democrático entero, como el reparto de beneficios sin mérito ni sacrificio, reincidiendo en quimeras obsoletas de estatismo benefactor o clientelista. Contrariamente a lo que aducen ahora quienes rechazan los acuerdos como vía para avanzar en el perfeccionamiento y profundización de la democracia constitucional, reafirmamos nuestra convicción en el compromiso para forjar esos avances y con rasgos irreversibles. La libertad ha de ser un valor tanto o más relevante que la igualdad en aquel esfuerzo.

CAPÍTULO VI LA SOBERANÍA

216. Texto. El artículo 5°, modificado en 1989, contiene una de las bases institucionales de mayor trascendencia para la concreción de la democracia humanista y el bien común en nuestra República y en el orden internacional. Preceptúa esa disposición que:

> La soberanía reside esencialmente en la Nación. Su ejercicio se realiza por el pueblo a través del plebiscito y de elecciones periódicas y, también, por las autoridades que esta Constitución establece. Ningún sector del pueblo ni individuo alguno puede atribuirse su ejercicio.
>
> El ejercicio de la soberanía reconoce como limitación el respeto a los derechos esenciales que emanan de la naturaleza humana. Es deber de los órganos del Estado respetar y promover tales derechos, garantizados por esta Constitución, así como por los tratados internacionales ratificados por Chile y que se encuentren vigentes.

217. Consideraciones generales. Aunque no está exento de dudas y dificultades de interpretación, el inciso 1° del artículo 5° corresponde a la tradición democrática representativa de Chile. Se debe, por el contrario, destacar la originalidad del inciso 2° de ese artículo, pues carece de precedentes en nuestros anales constitucionales y no conocemos la Carta Fundamental de otro país que contemple un precepto igual, con sus virtudes y defectos[370]. Precisamente, la novedad del inciso 2° es llevar consigo cuestiones hermenéuticas de relevancia y complejidad.

Doctrinariamente, trátase del artículo más importante de la Constitución, junto con el artículo 1° de ella, porque en la conjugación de ambos se resume la doctrina completa del constitucionalismo, o sea, del poder

---

[370] Véase el artículo 75° N° 22° inciso 2° de la Constitución argentina, reformada en 1994. Igualmente, los artículos 54° y 88° de la Constitución francesa, modificada en 1992. Finalmente, y con una visión general de las enmiendas a las Constituciones de Europa hechas con el propósito de adecuarlas al Tratado de la Unión Europea, suscrito en Maastricht y reformado en Amsterdam y Niza, revísese R. Blanpain (editor): **Institutional Chages and European Social Policies after the Treaty of Amsterdam** (Hague, The Law International, 1998).

limitado por el Derecho, para servir a la persona, no entendiendo por tal, en consecuencia, cualquier normativa jurídica, sino que la establecida democráticamente y sobre la base de los valores y principios que caracterizan a la civilización, centrados en el respeto de la dignidad y los derechos inalienables del ser humano.

Además, el artículo 5° es importante desde el punto de vista práctico, pues va adquiriendo lentamente, es cierto, aplicación en las sentencias de nuestros Tribunales Superiores de Justicia, o siendo invocado en los fallos de la Corte Interamericana que se refieren a nuestro país[371].

Si tal artículo fuera aplicado como corresponde, de acuerdo a la voluntad del Poder Constituyente, entonces llevaría a plantearse la derogación tácita de numerosas normas, sustantivas y de procedimiento, en el sistema jurídico chileno. Lamentablemente, según se observará al exponer la jurisprudencia, aún no existe una sola, clara y sostenida interpretación en nuestros tribunales respecto del sentido y alcance del artículo en examen. Por el contrario, debido a problemas políticos pendientes y a razones ajenas a su texto y contexto, es lamentable que prosiga la polémica acerca del significado de sus acápites, buscándose reducirlos en jerarquía jurídica y en alcance[372].

Tan importante es el artículo 5° que se halla en el capítulo I de la Constitución, es decir, entre las bases del sistema institucional. Pero si se reconoce, como es lógico, que existe un rango u orden de prelación entre los artículos que integran dicho capítulo, entonces no se duda al sostener que el artículo 5° debió aparecer inmediatamente a continuación del artículo 1°.

Para el análisis del artículo 5° conviene señalar que se encuentra compuesto de dos incisos, relacionados pero con ideas matrices distintas. En el primero se responde a las siguientes preguntas: ¿quién es el soberano?, ¿por quién se ejerce la soberanía?, y ¿qué sujetos no pueden atribuirse su ejercicio? A su vez, en el inciso segundo la interrogante capital es la siguiente: puesto que la soberanía no es absoluta, ¿cuál es el límite de su concepto y ejercicio? Se procederá al análisis del tema según el cuestionario planteado.

Sección Primera
Concepto de poder soberano

218. Historia fidedigna. En el informe que la comisión de estudio del anteproyecto elevó al Presidente de la República, con proposiciones e ideas precisas, se formula una aproximación a la noción de soberanía seguida por ese órgano asesor. De ella fluye una relación causal con el Derecho, nexo que Jean Bodin estableció como el rasgo típico de la soberanía, es decir, la potestad de crear el ordenamiento jurídico, sin nunca recibirlo de otro poder semejante[373]:

> El concepto de soberanía ha suscitado debates desde su formulación entre los estudiosos de la Teoría del Estado, y, más modernamente, de la llamada *ciencia política*.

---

[371] Consúltese Corte Interamericana de Derechos Humanos: **La Corte Interamericana de Derechos Humanos. Un cuarto de siglo (1979-2004)** (San José de Costa Rica, Editorama, 2005).

[372] Cecilia Medina Quiroga y Claudio Nash Rojas: **Sistema Interamericano de Derechos Humanos. Introducción a sus mecanismos de protección** (Santiago, Andros Impresores, 2007).

[373] Jean Bodin: (1576) **Los seis libros de la República** (Madrid, Ed. Tecnos, 2006) pp. 52-53, 63 y 74-75.

Con todo, y sea que se la estime como el Poder mismo del Estado o como una cualidad de dicho Poder, lo cierto es que la soberanía se traduce en que el ordenamiento jurídico que nace del poder estatal no deriva su validez de ningún otro ordenamiento jurídico superior al cual hubiera que reconocerle subordinación[374].

219. Definición y clasificación. La soberanía es el poder político supremo, de gobierno o de mando en el Estado-Nación, como sostuvo la filosofía política en su conceptualización clásica. Pero se sabe también que hoy ya no se acepta, y con sólidas razones, que esa potestad tenga carácter absoluto, infalible, imprescriptible y con las demás singularidades que le adjudicó Jean Jacques Rousseau[375].

Hay diferentes clases de poder, abarcando así el económico, social, político, militar, religioso y de la inteligencia e información. Pues bien, la soberanía se refiere al poder político o supremo, en el orden temporal, o sea, a la más alta y vigorosa de las capacidades de dominación de esa índole que existen en la sociedad política. Pero, pese a tales rasgos que lo singularizan, repetimos que no se trata de un poder absoluto, irrestricto e incondicional, menos infalible, ya que tiene limitantes intrínsecas, cuyo respeto legitima su origen, ejercicio y control. Tal es la misión esencial del Derecho.

La soberanía se divide, para efectos analíticos, en soberanía-autonomía, que se ejerce en el ámbito interno del territorio del Estado-Nación; y soberanía-independencia, la cual se refiere al poder político de cada Estado-Nación frente a otros de tales sujetos internacionales y entes u organismos supranacionales, o sea, al ejercicio de ella en su proyección exterior o de las relaciones exteriores. Pues bien, en ese doble plano, la soberanía se halla relativizada por el respeto que debe ser ejercido a la dignidad humana y a los derechos y deberes que fluyen de ella.

El análisis de la soberanía permite concluir, a mayor abundamiento, que se halla restringida no solo por los límites que legitiman su ejercicio, sino que, además, a raíz de no ser un poder singular, excluyente y que elimina a todos los otros poderes en la sociedad pluralista. Por eso, en la democracia constitucional se parte del supuesto de que las energías de dominación o mando se hallan dispersas, de manera que el poder político o soberanía consiste en decidir en última instancia en el ámbito temporal de la vida estatal, pero apoyándose en los demás poderes de la nación para lograr así el máximo de eficacia decisoria e impregnarse de legitimidad. He aquí, nuevamente, el tema de la gobernabilidad en democracia y de acuerdo con la Constitución.

Sección Segunda

Titular

220. Anales oficiales. Sobre quién y cómo se ejerce la soberanía se pronunciaron en diferentes sesiones de la Comisión de Estudio los señores Silva, Bertelsen y Guzmán. Ellos dejaron constancia, asimismo, de su criterio en cuanto a quién es el titular del poder político, es decir, en quién reside, esencialmente, la soberanía:

---

374 Comisión de Estudio de la Nueva Constitución: **Informe con proposiciones e ideas precisas** (Santiago, 16 de agosto de 1978), reproducido en VIII **Revista Chilena de Derecho** (1981) pp. 169-170.

375 **El contrato social** (Madrid, Ed. Altaya, 1997) pp. 25 ss.

El señor Silva Bascuñán señala, en primer lugar, que es evidente, como lo saben quienes han estudiado la materia, que la soberanía puede concebirse de dos maneras. Una es la posibilidad eficaz de conducir al Estado hacia su fin; o sea, que existan instrumentos que lo capaciten para lograr su objetivo. Pero ese no es el sentido que tiene este artículo, porque, desde ese punto de vista, la soberanía reside en toda la organización jurídica estatal.

En este precepto se debe precisar quién, dentro de la colectividad nacional, tiene la soberanía, en el sentido de cuál es la voluntad que decide la marcha del poder. En este sentido, se está empleando en el artículo 1° el concepto de soberanía. En nuestra sociedad política, quien define su orientación esencial hacia el fin común, es, precisamente, el Pueblo.

Ahora bien, ¿qué significa que en el Pueblo reside la soberanía? Quiere decir que él tiene que expresar una voluntad que determine la acción del Poder estatal. ¿Cómo se manifiesta la soberanía del Pueblo?: por la voluntad del electorado, el cual está llamado ya a elegir ciertos miembros de los órganos que están sometidos en su formación a la elección, ya mediante la consulta que se le haga plebiscitariamente, en los casos que la Constitución establece. Esto significa concretamente que la soberanía radica en el Pueblo que la expresa, ya por medio de la elección, ya por medio de la consulta, ya en cuanto no es elección ni consulta, mediante la delegación que hace de su poder en las autoridades que la Constitución establezca. O sea, hay que señalar claramente que la soberanía está en el Pueblo, lo cual significa que la voluntad de toda la colectividad nacional, de toda la comunidad organizada, es la que da orientación al poder. Pero lo esencial de esa dominación es manifestarse en una decisión[376].

(...)

El señor Bertelsen observa que en una democracia basada en los principios humanistas y en el reconocimiento del principio de subsidiaridad, el Pueblo no entrega todo su poder al Estado, sino que reserva gran parte de él para los hombres que lo componen y para los grupos que se asocian.

Estima que en el caso de los senadores éstos ejercerán la soberanía de manera importante y que otros no van a provenir directamente de una elección, por lo cual, a su juicio, no se puede sentar el principio de que el Pueblo delega la soberanía, pues lo que hace, sobre la base de ella, es aprobar una Constitución, invistiendo de cierta autoridad a las personas que elige para representarlo. Señala que, por lo mismo, no le parece razonable introducir un concepto como ***delegación*** el cual siempre se ha prestado para sostener que los gobernantes son mandatarios del Pueblo, lo que representa o constituye cierta incongruencia, ya que es perfectamente legítimo, a su modo de ver, que el Jefe de Estado adopte una medida de carácter internacional, aun cuando la mayoría del Pueblo se oponga a ella, por ignorancia de los antecedentes que la justifican y que aquél no puede darle a conocer por razones de seguridad o estrategia, como sucede con los tratados[377].

(...)

El señor Guzmán advierte que el debate sobre la soberanía nacional y la soberanía popular ha perdido importancia, inclusive dentro de la teoría del Derecho político, en razón de que la soberanía ha sido perfilada como una cualidad del Estado cuyo ejercicio compete a las autoridades estatales establecidas en la Constitución. Expone que, básicamente, esta cualidad del Estado consiste en que las normas dictadas por la autoridad estatal no derivan su fuerza obligatoria de ninguna norma jurídica superior en el orden del derecho positivo y, al mismo tiempo, no están subordinadas a ninguna norma superior en el campo del mismo derecho positivo, sino que están subordinadas a las normas del derecho natural.

---

[376] **Actas oficiales de la Comisión de Estudio de la Nueva Constitución**, sesión 48°, celebrada el 25 de junio de 1974, p. 6.

[377] **Id.**, sesión 402°, celebrada el 14 de julio de 1978, p. 3206 (Énfasis agregado).

Reconoce, sin embargo, que siempre se ha tratado de determinar en qué sujeto o titular reside la soberanía *esencialmente*, como lo expresa la Constitución de 1925. En este terreno, prefiere la expresión *la Nación*, que considera mucho más amplia y profunda que *el Pueblo*, puesto que la Nación corresponde a un cuerpo moral bastante más extenso que el cuerpo electoral.

– Se resuelve colocar en el anteproyecto que "**la soberanía reside esencialmente en la Nación**"[378].

221. ¿Quién es el soberano? A esta pregunta, en el precepto en estudio se responde declarando que la soberanía reside esencialmente en la nación. Es decir, de modo único o singular, exclusivo y excluyente, permanente e insustituible su titular es la nación. Siempre esta es y va a ser titular del poder político y, por ende, el soberano, no pudiendo mantenerse una tesis distinta, puesto que tal potestad reside esencialmente en ella, es decir, que dejaría de ser ese poder supremo si ocurriera así, o en la misma hipótesis, la nación perdería su carácter de pueblo autoidentificado, independiente y soberano.

Aclarado que el titular de la soberanía es la nación, imperativo resulta detenerse en el desarrollo histórico del concepto, para comprender qué significa, exactamente, la disposición constitucional comentada.

Jean Bodin, ya citado, fue el primero en conceptualizar la soberanía. En 1536, en su obra *Los seis libros de la República*, escribió que soberano es el monarca, el rey, siendo la soberanía de este absoluta, imprescriptible, inalienable e ilimitada. Mediante ese poder, el monarca o titular del mismo era capaz de dictar el Derecho y hacerlo cumplir coactivamente, sin recibir jamás de otro monarca un ordenamiento jurídico, menos con el imperativo de hacerlo cumplir. Soberanía y Derecho eran, consiguientemente, dos aspectos de un mismo fenómeno y de un titular único; además, se eliminaba la evaluación moral de los mandatos del soberano.

Dos siglos más tarde, sin embargo, Jean Jacques Rousseau sostuvo que el rey no es el soberano, sino que cada uno de los individuos que forman la sociedad política. Por ende, cada ciudadano, en cuanto miembro del Estado, es soberano. De manera que la soberanía tiene tantos titulares como ciudadanos, dividiéndose en partes o cuotas iguales entre ellos. Es la suma o adición de tales voluntades la energía o capacidad equivalente a las características que Bodin atribuyó a la soberanía del rey. Surge así la doctrina reflejada en la voluntad general, o de la mayoría de los ciudadanos, asociadas con la soberanía popular.

De la soberanía popular roussoniana se pasó, empero, a la soberanía nacional con el Abate Sieyés en su obra *El Tercer Estado*. Sieyés, durante la Revolución francesa, se percató de que es prácticamente insostenible que la soberanía esté radicada en el pueblo, entendido como la suma o adición de la voluntad de los individuos, pues la idea culminaba en la pérdida de unidad y continuidad en los valores, supuestos que eran decisivos en consecución de la obra de gobierno. Fue preciso, entonces, radicar la soberanía en otra entidad, distinta de los individuos y superior a la adición de estos. Así llegó Sieyés a reconocer como titular de la soberanía a la nación, entendiendo a esta como una unión de carácter abstracto y permanente de todos los miembros de una sociedad política, es decir, tanto las generaciones pasadas como las presentes y futuras. Con ello, Sieyés pretendió sustraer el poder a los ciudadanos y depositarlo en la nación, con características de poder absoluto, inalienable, imprescriptible e ilimitado, además de permanente y de índole espiritual más que biológica y material.

---

[378] **Id.**, sesión 361°, celebrada el 27 de abril de 1978, p. 2392. Véase también Comisión de Estudio de un anteproyecto de nueva Constitución: **Informe con proposiciones e ideas precisas** (16 de agosto de 1978), reproducido en VIII **Revista Chilena de Derecho** (1981), pp. 169-171.

Lentísimo fue el análisis, asimilación y evaluación del concepto de Sieyés, tanto así que solo después de la Primera Guerra Mundial, por la obra de Jacques Maritain[379], especialmente, comenzó a surgir un nuevo concepto. Se afirmó que el pueblo es el soberano, pero entendiendo por tal al elemento humano del Estado, formado por personas de carne y hueso, situadas históricamente, con sus conflictos y consensos, su historia y proyectos. Se volvió así a la soberanía popular, aunque esta fórmula tenía ahora un significado distinto al atribuido por Rousseau, más próximo a la soberanía de la nación que proclamaba Sieyés, pero sin identificarse con esta por el sentido sociológico del pueblo en que pensó Maritain.

En el marco de consideraciones expuestas, cabe ahora preguntarse: ¿qué se entiende por soberanía en el artículo 5° de la Constitución?, ¿a cuál de las doctrinas resumidas se alude en ese texto?, ¿tal vez a ambas?

Útil es recordar que, en junio de 1976, la comisión de estudio acordó la redacción del actual artículo 5° inciso 1°, señalando que la soberanía residía esencialmente en el pueblo. El pueblo real y concreto, no la idea abstracta de la nación, era el titular del poder político, el soberano.

Sin embargo, durante sus debates en 1978, la comisión concluyó adhiriendo a la tesis opuesta, dejando constancia en las actas oficiales de un nuevo texto del precepto. En este se declaró que la soberanía radica en la nación. Fue el profesor Raúl Bertelsen quien argumentó que no era correcto residenciar la soberanía en el pueblo, porque se trata de un porcentaje minoritario de la sociedad, al menos si para ello se piensa en la ciudadanía, cuerpo electoral o segmento de la Sociedad Civil que tiene derecho a sufragio. Se sostuvo entonces que era menester radicar la soberanía en la totalidad de esa sociedad. Más aún, se argumentó que ella residía también en las generaciones pasadas y en las que existirán, pues Chile se forma por una sucesión integrada de ellas, radicándose en el conjunto de la población ese poder supremo que es la concatenación del pretérito, presente y futuro. Tal unidad espiritual, histórica y cultural es la nación y en ella radica la soberanía[380].

Por lo tanto, y en definitiva, el titular de la soberanía, según el artículo 5° inciso 1°, es esencialmente la nación, según el concepto de Sieyés. Pero, a diferencia de este, trátase de un poder limitado, primeramente por el respeto que debe a la dignidad de la persona y a los derechos esenciales que emanan de la naturaleza humana. Tampoco es, en consecuencia, el concepto de Bodin, porque siendo Chile una República democrática, en ella el soberano no es el rey, sino el pueblo como congregación de ciudadanos. En fin, la Constitución vigente no sigue el concepto de Rousseau, ya que la soberanía tampoco reside en los ciudadanos, aisladamente considerados, sino en la conjugada integración de ellos en la idea espiritual, material e imperecedera de la nación.

Sección Tercera
Ejercicio de la soberanía

222. Historia fidedigna. Frente a la inquietud del Sr. Guzmán, respecto a si la autoridad que obra dentro de sus atribuciones y para el bien común, se debe entender que actúa como mandataria del pueblo o como su gobernante, el Sr. Evans respondió que:

---

379 **Los derechos del hombre y la ley natural** (1945) (Buenos Aires, Ed. La Pléyade, 1972).

380 Véase David Milles: "Nationalism", en John S. Drysek **et al.** (editors): **The Oxford Handbook of Political Theory** (Oxford UK, Oxford University Press, 2006) pp. 529 ss.

> La asunción del ejercicio de un poder implica la necesidad de mandato emanado del Pueblo; pero asumido el poder ese mandatario pasa a transformarse en otra cosa: pasa a ser autoridad, pasa a ser gobernante. Por eso es que está bien empleado el término en el actual artículo 5° de la Constitución. En el artículo 5° nuevo que se está redactando se mantiene la expresión *autoridades*, porque se expresa que, *indirectamente*, el Pueblo ejerce la soberanía; no se dice mediante mandatarios, caso en el cual podría plantearse el problema doctrinario señalado; se dice mediante autoridades, vale decir, mediante quienes mandan, mediante quienes gobiernan, mediante quienes ejercen el poder[381].

Aunque no es enteramente clara la explicación del Sr. Evans, sirve para apreciar la diferencia que se quiso establecer, en el precepto descrito, entre el mandatario del pueblo, por un lado, y una autoridad o gobernante, de otro. En esta segunda acepción el origen del poder que ejerce el gobernante se halla en la voluntad legítimamente expresada por la ciudadanía que lo ha elegido, o bien, en el poder que los ya elegidos por el pueblo le han conferido al nuevo gobernante al designarlo como órgano del Estado.

223. **¿Cómo se ejerce la soberanía?** La Constitución distingue entre el titular de este poder supremo, por una parte, y el ejercicio de esa potestad, de otra. Efectivamente, respecto al titular ya se sabe que es la nación. En cambio, tratándose del ejercicio o desempeño de la soberanía, la oración inicial del inciso 1° del artículo 5° dice que se realiza por el pueblo y no por la nación, ya que esta es un concepto de índole abstracta. ¿Quién, entonces, concreta y materialmente, ejerce la soberanía en las elecciones populares y plebiscitos? Respondemos manifestando que lo hace, periódicamente, una fracción del pueblo, o sea, el cuerpo electoral o ciudadanía, pronunciándose mediante el sufragio universal, en tal clase de comicios.

Ahora bien, el pueblo puede ejercer la soberanía de manera directa o indirecta y semidirecta, en consonancia con los tipos democráticos respectivos.

Lo hace directamente, en cualquiera de las dos formas siguientes:

A. A través del plebiscito, fórmula de la democracia semirrepresentativa que tiene lugar, en el ámbito nacional, solo cuando existen divergencias entre el Presidente de la República y el Congreso, a propósito de un proyecto de reforma constitucional, conforme a lo previsto en el artículo 128° inciso 4° de la Constitución en relación con el inciso 129° de ella.

Debe aclararse que existen también los plebiscitos en el ámbito comunal, al tenor de lo previsto en el artículo 118° inciso 5° de la Carta Política, complementado por los artículos 99° a 106° de la Ley Orgánica Constitucional de Municipalidades.

Con el carácter de dato histórico cabe recordar, además, que la Constitución contemplaba, en sus disposiciones transitorias originales 27° a 29°, un tercer plebiscito, el cual se realizó el 5 de octubre de 1988. Este era, en sentido propio, un auténtico plebiscito y no, como sucede con todos los demás casos nombrados, en que se trata de referendos porque la ciudadanía decide acerca de textos y no de nombres ni políticos asociados con gobernantes; y

B. A través de las elecciones periódicas de Presidente de la República, parlamentarios, alcaldes, concejales y consejeros regionales, todos los cuales son representantes o mandatarios del pueblo, confirmando así que Chile es una República democrática. Más concretamente dicho, los comicios políticos se efectúan para elegir a las autoridades que son mencionadas a continuación:

---

[381] **Actas Oficiales de la Comisión de Estudio**, sesión 49°, celebrada el 27 de junio de 1974, p. 12.

– Cada cuatro años, al Presidente de la República, de acuerdo a lo dispuesto en los artículos 26° y siguientes de la Constitución;

– Cada cuatro años a los diputados, según lo prescrito en los artículos 47° y siguientes de ella;

– Cada ocho años a los senadores, al tenor del artículo 49°, dejando claro que los mandatos de dichos parlamentarios se renuevan, cada cuatro años y por parcialidades, al tenor de lo dispuesto en el inciso 2° de tal artículo;

– Cada cuatro años a los concejales y alcaldes en los 346 municipios del país, con sujeción al artículo 119° y a la Ley Orgánica Constitucional de Municipalidades; y

– Cada cuatro años a los consejeros regionales, en cumplimiento de lo previsto en el artículo 113° inciso 2°.

Sin perjuicio de lo recién explicado, debe recordarse que el pueblo ejerce también la soberanía indirectamente o por vía de representación. En tal caso, realmente el poder es ejercido por las autoridades que la Constitución establece y, entre ellas, las cinco señaladas anteriormente. Pero, cabe observarlo: no todas las autoridades del Estado son elegidas por el pueblo. Existen otros órganos contemplados también en la Constitución, cuya investidura no arranca inmediatamente del voto popular y que, pese a ello, actúan por vía indirecta como representantes del soberano. Tal es el caso de los miembros del Poder Judicial, de los ministros del Tribunal Constitucional, de los fiscales del Ministerio Público, de los oficiales de las Fuerzas Armadas y Carabineros y de los integrantes del Consejo del Banco Central, entre otros.

Termina el inciso 1° del artículo 5° con una frase, ya presente en la Constitución de 1925, pero ahora modificada siguiendo lo establecido en el artículo 3° de la Constitución francesa de 1958:

"Ningún sector del pueblo ni individuo alguno puede atribuirse el ejercicio de la soberanía".

La norma transcrita descarta, consecuentemente, los *mandatos imperativos*, es decir, aquellos que se otorgan o confieren, por cierto grupo de la comunidad, a una autoridad determinada para que cumpla cometidos precisos, impartidos en cuadernos de instrucciones y que, de no ser acatados, permiten a los electores exigirle cuentas y acordar la revocación de esos mandatos. El mandato imperativo se opone al *mandato libre*, o representativo de la Nación, por el cual la ciudadanía elige a una autoridad política para que ejerza el oficio según su criterio, llevando la sociedad hacia el bien común, de acuerdo a la libre apreciación que efectúa de las circunstancias y oportunidades, pero siempre dentro de la Constitución y las leyes. Quien así es elegido es un representante de la Nación, pero no su delegado revocable, de modo que tampoco está sujeto al cumplimiento que le imparta el electorado del distrito, o la circunscripción electoral que lo eligió, ni a las órdenes de su partido. Ciertamente, en la realidad una y otra especie de mandato se aproximan, con perjuicio para el de naturaleza libre.

En el precepto trascrito se descarta, en segundo lugar, el régimen político llamado *corporativismo de Estado*. En este régimen determinados sectores laborales o funcionales de la Sociedad Civil se atribuyen el ejercicio de la soberanía, sobre la base del mandato imperativo. Tal especie de corporativismo ha culminado en dictaduras de corte fascista, en la que el gobierno controla a las corporaciones sociales.

Por último, el precepto comentado excluye la hegemonía de los partidos sobre el sistema político, puesto que tales organizaciones son grupos organizados, sometidos a las autoridades representativas de la nación. Por supuesto, la realidad de la experiencia política, en Chile y en las democracias casi del mundo entero, demuestra que este supuesto dista de ser siempre efectivo. Abierta o subrepticiamente, se desliza el mandato imperativo, opuesto a los principios constitucionales y legales que los proscriben.

Sección Cuarta
Límites de la soberanía

224. Historia fidedigna. Las intervenciones de los Sres. Evans y Guzmán, ocurridas en la 49ª sesión de la comisión de estudio del anteproyecto aclaran el sentido y alcance que tienen los límites al ejercicio de la soberanía:

> Señala (Sr. Evans) que el inciso final (actual inciso 2°) tiene la ventaja de consignar que el ideal de Derecho de la comunidad chilena es el régimen democrático, el cual no puede ser alterado por ningún acto de ejercicio de la soberanía; ni siquiera por un plebiscito ocasional llamado para los efectos de destruirlo o con el objeto de cambiar los derechos fundamentales.
>
> Sobre el inciso final manifiesta desconocer las opiniones que se dieron durante la discusión. En su concepto, la soberanía sólo puede tener como límite lo que él llama los valores que conforman el ideal de Derecho de una comunidad.
>
> Observa que hay Constituciones que disponen que la soberanía reconoce como límite la moral o el Derecho; de manera que es perfectamente admisible establecer estos límites.
>
> (...)
>
> El señor Guzmán cree que, en el fondo, la solución está en la idea que don Sergio Diez se limitó a soslayar sin concretarla: la soberanía tiene un solo límite fundamental, que es el derecho natural. Concuerda en no decirlo como tal, porque es una expresión vaga, para muchos doctrinaria y tal vez innecesariamente conflictiva. Pero sí se podría hablar del respeto a *los derechos fundamentales que arrancan de la naturaleza humana*. Ese le parece que es un límite de la soberanía, porque tiene que ser algo que esté por encima del derecho positivo para que limite a la soberanía. Cuestión aparte es que si el contenido del derecho natural se desdibuja en la conciencia de la sociedad, el límite pierda eficacia práctica, pero él es en verdad el único límite de la soberanía desde un ángulo objetivo, habida consideración que él debe proyectarse conceptualmente a la noción de bien común. Es así como, por ejemplo, ni el derecho a la vida ni el derecho al matrimonio están en el actual texto constitucional, y no por eso una disposición jurídica cualquiera que atentara indebidamente en contra de ellos, dejaría de ser ilegítima. Por eso, no estima adecuado referirse a las garantías que la Constitución establece', sino al concepto más amplio antes enunciado[382].
>
> (...)
>
> El señor Guzmán señala que, en relación con el inciso que dice que "la soberanía no reconoce otra limitación que el respeto a los derechos que emanen de la naturaleza humana", ello no es exacto, por cuanto la soberanía tiene como límite la finalidad propia del Estado, es una cualidad de éste y no puede tender a fines contrapuestos al mismo. Expone que la soberanía tiene como límites, además, la seguridad nacional, a la soberanía territorial de otros Estados y al derecho internacional en cuanto importa compromisos para el Estado[383].

---

382 **Actas Oficiales de la comisión de estudio de un anteproyecto de nueva Constitución, cit.**, sesión 49°, celebrada el 27 de junio de 1974, pp. 14 y 17-18.

383 **Id.**, sesión 402°, celebrada el 14 de julio de 1978, p. 3207.

Sobre un alcance jurídico concreto al inciso 2° del artículo 5°, en su redacción original, es igualmente ilustrativa la opinión del Sr. Guzmán, siendo útil observar que allí se alude, en términos implícitos pero claros, a la fuerza normativa, directa e indirecta, pero siempre ineludible, que tienen los valores, principios y normas de la Carta Fundamental:

> Cree que la comisión ha dado un paso trascendental y que es, a su juicio, lo más importante tal vez que haya aprobado en todo el trabajo que se ha desarrollado, al incorporar este límite, que es el único eficaz, de establecer que la soberanía no tendrá otras limitaciones que aquellos derechos que emanan de la naturaleza humana. (...) a su juicio, ese texto autoriza a entablar incluso recursos de inaplicabilidad y a pedir la inconstitucionalidad de leyes que aunque no violenten algún texto expreso de la Constitución, violenten derechos fundamentales de la persona humana, porque al hacerlo están violentando el texto expreso de la Constitución: el que señala que la soberanía está limitada por los derechos fundamentales o naturales del hombre[384].

De la discusión del anteproyecto constitucional en el Consejo de Estado procede extractar los párrafos siguientes:

> Se da lectura, además, a los incisos 2° y 3° del artículo 5° en discusión, lo que amplía el debate, al compararse el contenido y alcance de estos preceptos con los correspondientes de la Constitución de 1925. El señor Presidente, por su parte, da lectura a un memorándum relativo a qué derechos deben ser protegidos por la Constitución, a cuyo respecto no puede caerse en exageraciones ni, menos aún, dar la idea de que los no mencionados explícitamente quedan fuera de tal amparo.
>
> Finalmente el señor Philippi sugiere agregar en el inciso 3° (hoy 2°) del artículo 5°, después de la palabra ***derechos***, el término ***esenciales***, a fin de evitar que eventualmente se abuse de la interposición del recurso de inaplicabilidad. Se aprueba esta indicación[385].

Cabe advertir, por último, que los anales fidedignos de la reforma de 1989 al inciso 2° del artículo 5° son escuetos y, lamentablemente, no aclaran las dudas que surgen de su redacción. Consiguientemente, continúa esa disposición abierta a la interpretación, suscitando aún controversias[386].

225. ¿Cuál es el límite? Sencilla y categóricamente se debe responder asegurando que ese límite no es único, pero que sí tiene, como principal, el respeto que la soberanía debe siempre a los derechos esenciales que emanan, por su naturaleza, de la dignidad de la persona humana.

Surge al instante, sin embargo, otra pregunta: ¿cuáles son tales derechos y dónde se hallan proclamados o declarados y asegurados por sus garantías?

El Sr. Guzmán sostuvo, en la comisión de estudio, como se ha visto, que con la frase transcrita la Constitución se refería al derecho natural en su vertiente cristiana. Pero se debe reconocer que el iusnaturalismo no es hoy uno solo ni es uniformemente aceptado en el pensamiento jurídico de la civilización occidental[387]. Por eso, haber proclamado en la Carta Fundamental simplemente el derecho natural como fundamento de los derechos humanos habría implicado crear conflictos, sin alternativas razonables para resolverlos. Por

---

[384] **Id.**, sesión 101°, celebrada el 9 de enero de 1975, p. 12.

[385] Consejo de Estado, **Actas Oficiales**, sesión 56°, celebrada el 28 de noviembre de 1978.

[386] Véase Cecilia Medina Quiroga: "El derecho internacional de los derechos humanos y el ordenamiento jurídico chileno", en Corporación Nacional de Reparación y Reconciliación: **Constitución, tratados y derechos esenciales** (Santiago, Hansa Print, 1994) pp. 39 ss.

[387] Véase, entre muchos, Rafael Escudero Alday: **Los calificativos del positivismo jurídico. El debate sobre la incorporación de la moral** (Madrid, Ed. Civitas, 2004) pp. 71 ss.

lo mismo, se dijo en la comisión de estudio que son derechos esenciales que emanan de la naturaleza humana solo aquellos inherentes a la dignidad de la persona y reconocidos, nacional e internacionalmente, como derechos humanos, intrínsecos de esa cualidad única que es su fuente.

Deben entenderse por tales, en síntesis, aquellos derechos, libertades, igualdades o inviolabilidades que, desde la concepción, fluyen de la dignidad humana y que son intrínsecos de la naturaleza singularísima del titular de esa cualidad. Tales atributos, facultades o derechos públicos subjetivos son, y deben ser, siempre reconocidos y protegidos por el ordenamiento jurídico, permitiendo al titular exigir su cumplimiento con los deberes correlativos. Son esenciales dichos derechos, precisamente porque solo con su pleno y seguro disfrute es posible la vida digna o coherente con la calidad de persona humana, libre pero responsable en la proyección y realización de un ideario de vida personal como miembro de una comunidad solidaria[388]. Imperativo es añadir que los atributos referidos han sido reconocidos como tales, por ejemplo, en la civilización occidental y, desde 1948, en el mundo entero. Ellos, sin embargo, no pueden ser encerrados en un catálogo hermético e inexedible, menos entendido literal o exegéticamente, pues de los derechos y deberes tradicionales van fluyendo concreciones novedosas y que han de ser idénticamente protegidas.

Síguese de lo expuesto, con la cualidad de una consecuencia inevitable, que en el Estado de Derecho los atributos esenciales de la persona o derechos humanos no pueden ser nunca afectados o conculcados en su médula. Solo su ejercicio es susceptible de ser limitado o restringido, extraordinariamente, en los estados de excepción constitucional y con rasgos ordinarios o comunes, por la ley dictada respetando a la Constitución. Son derechos que, por tener la cualidad de esenciales, resultan insustituibles o indispensables, llevando consigo el rasgo de insuprimibles e inafectables en su núcleo sustancial.

Ellos aparecen asegurados, principalmente, en el artículo 19° de la Constitución, pero también son tales los articulados en los tratados internacionales de derechos humanos ratificados por Chile y que se encuentran vigentes en nuestra patria. Este es un asunto de la máxima importancia y sobre el cual no existe aún, desafortunadamente, unanimidad de interpretación en nuestra doctrina y jurisprudencia. Pero, con vigor, el autor reafirma aquí su tesis y que es la recién expuesta: son derechos esenciales que emanan de la naturaleza humana todos los incluidos en los 26 números del artículo 19° de nuestra Constitución, como asimismo los insertados, sin excepción, en los tratados internacionales que reúnan los requisitos aludidos. Análogamente esenciales son, en fin, los derechos políticos y su ejercicio en la democracia.

226. Sujetos obligados. Útil es advertir que el primer sujeto llamado a respetar los derechos humanos es el Estado-Gobierno en su más vasto significado. Pero no es el único sujeto pasivo de tal obligación, pues esta también recae sobre la plenitud de los miembros de la sociedad política sin exclusión ni limitación. Aquí halla asidero la constante petición de las autoridades, en el sentido de que nadie deje de asumir su rol en contra del terrorismo y del narcotráfico, de la pobreza y de la delincuencia, de la marginalidad y de la desadaptación, de la denuncia para hacer efectiva la responsabilidad y el control empleando los medios lícitos que han de hallarse siempre a su disposición.

---

[388] Gregorio Peces-Barba Martínez: **Curso de derechos fundamentales. Teoría general** (Madrid, Ed. Universidad Carlos III, 1999) pp. 21 ss.

Por consiguiente, la fórmula del Poder Constituyente consiste en requerir de todos los órganos del Estado-Gobierno una conducta invariable de respeto y protección de los derechos humanos, pero sin omitir a los miembros de la Sociedad Civil, sean grupos o individuos, de realizar igual labor. Cumplir tal postulado es infundir eficacia a los principios de subsidiariedad y de solidaridad, respectivamente.

El Estado-Gobierno debe respetar los derechos humanos. Pero procede enfatizar que esa exigencia no se satisface con una actitud pasiva o de omisión, sino que es menester asumir una conducta positiva, constructiva o dinámica, esto es, de iniciativa y compromiso en promoverlos. Su obligación es doble, consecuentemente, a saber, respetar los derechos fundamentales y, además, promover, fomentar o estimular su ejercicio legítimo.

227. Los tratados como fuente. Se ha dicho que son derechos esenciales o derechos humanos los proclamados y asegurados en ciertos tratados internacionales. ¿Qué rango ocupan, entonces, esos tratados en nuestro ordenamiento jurídico y cuáles son las consecuencias de esa jerarquía?

Antes de responder a la interrogante planteada, debe aclararse que existen requisitos copulativos, cuya reunión hace que un tratado sea o no susceptible de quedar incluido en el artículo 5° inciso 2° de la Constitución. Dichos requisitos son los cuatro siguientes:

A. Que se trate de un tratado internacional solemne, es decir, de una convención o pacto que ha sido celebrado cumpliendo el proceso completo previsto en nuestra Constitución al efecto, incluyendo la aprobación del Congreso Nacional, la ratificación y la entrada en vigencia correspondientes. Quedan, por ende, excluidos los acuerdos o medidas simplificadas, también de índole internacional, pero destinadas a ejecutar o cumplir un tratado solemne ya en vigor;

B. Que ese tratado solemne verse sobre derechos esenciales que emanan de la naturaleza humana, y no acerca de otras materias, por importantes que sean. Esta exigencia, aparentemente o en principio algo ambigua y difusa, no es, sin embargo, así en la práctica, porque son conocidos los tratados a que ella se refiere y la jerarquía de los atributos de la persona proclamados en ellos;

C. Que el tratado, como ya se dijo, haya sido ratificado por Chile, es decir, válidamente incorporado a nuestro ordenamiento jurídico a raíz de haberse cumplido el procedimiento de rigor; y

D. Finalmente, que tal tratado se encuentre vigente en nuestro ordenamiento jurídico, o sea, actualmente en aplicación y no denunciado ni con reservas que excluyan su implementación inmediata si es requerida.

228. Precisiones conceptuales. A propósito de los requisitos copulativos enunciados, conviene explicar tres conceptos mencionados en ellos, a saber, qué es un tratado, en qué consiste su ratificación y cuándo adquiere o entra en vigencia.

Un tratado es, al tenor del artículo 1° de la Convención de Viena de 1967[389], "un acuerdo internacional celebrado por escrito entre Estados y regido por el Derecho Internacional, ya conste en un instrumento único o en dos o más instrumentos conexos, y cualquiera que sea su denominación particular". En este sentido, y que es el correcto en nuestro ordenamiento jurídico, un tratado, llámese así o también pacto, convención o de otra

---

389 Publicada en el Diario Oficial el 22 de junio de 1981.

manera, es un acuerdo celebrado entre Estados, cumpliendo trámites y formalidades determinadas, que consta por escrito y que versa sobre derechos humanos, derechos esenciales de la persona o derechos inherentes a la dignidad propia de la naturaleza del ser humano. Tal acuerdo es solemne, consta por escrito y puede haber sido celebrado entre dos Estados, en cuyo caso es ***bilateral***, o entre tres o más de ellos, denominándose entonces ***multilateral***.

La ratificación, a su vez, y de acuerdo a la definición del término que se halla también en dicho artículo 1°, es el acto internacional por el cual un Estado hace constar en el ámbito internacional su consentimiento en obligarse por un tratado. Según el mismo artículo, la ratificación es sinónimo de la aprobación o aceptación de un tratado o de la adhesión a él.

La ratificación, entonces, es el acto por el cual un Estado manifiesta su voluntad de obligarse a cumplir un tratado celebrado por él con otro u otros Estados. Materialmente, siempre se trata de un acto solemne, porque se extiende por escrito e implica la firma de la autoridad competente. En virtud de la rúbrica del documento de ratificación, el Estado se compromete y empeña su honor en el cumplimiento del tratado, asumiendo las consecuencias pertinentes. De acuerdo con lo previsto en el artículo 32° N° 15° de la Constitución, es atribución del Presidente de la República ratificar los tratados, después de haber sido aprobados por el Congreso.

Finalmente, un tratado entra en vigor de la manera y en la fecha que se dispone en él o que acuerden los Estados negociadores. Así lo preceptúa el artículo 24° N° 1° de la Convención de Viena.

229. Vigencia del tratado. Aplicado lo recién expuesto a Chile, puede afirmarse que un tratado está vigente en nuestro ordenamiento jurídico cuando se reúnen los cuatro requisitos copulativos siguientes:

A. Que haya sido ratificado, es decir, que el Presidente de la República o Jefe de Estado haya aprobado el texto sobre el cual ya existe acuerdo en el Congreso Nacional y que le ha sido comunicado por este;

B. Que haya sido depositado o canjeado el instrumento de ratificación, una u otra exigencia según que el tratado sea multi o bilateral, respectivamente;

C. Que haya sido publicado en el Diario Oficial, sea íntegramente, como ocurre por regla general, o en una versión oficial resumida, excepción que tiene lugar con respecto a las medidas o a los acuerdos simplificados, como también cuando el tratado solemne es muy extenso[390]; y

D. Finalmente, que se haya cumplido lo dispuesto en el artículo 24° N° 1° de la Convención de Viena y, en su defecto, lo prescrito en el N° 2 del mismo artículo, es decir, que exista constancia del consentimiento de todos los Estados negociadores en obligarse por el tratado.

230. Jerarquía de los tratados. La doctrina no es pasiva en este punto[391]. En efecto, una tesis sostiene que los tratados son siempre equivalentes, en su forma y contenido, a las leyes puras y simples. Otra tesis afirma que es menester distinguir, pues hay tratados cuyas normas son de rango supremo o constitucional, mientras que existen convenciones

---

390 Véase la Ley N° 18.158, publicada en el Diario Oficial el 18 de agosto de 1982, que se refiere al tema.

391 Consúltese, por ejemplo, Lautaro Ríos Álvarez: "Jerarquía normativa de los tratados sobre derechos humanos", **Gaceta Jurídica** N° 215 (1998) pp. 13 ss.

cuyos preceptos tienen índole solo legal. Una tercera tesis, aún más enfática, señala que son normas supraconstitucionales. Por último, una cuarta tesis efectúa varias distinciones, concluyendo que hay tratados cuyas normas son de rango constitucional, otros que tienen jerarquía legal y, finalmente, los acuerdos o medidas simplificadas, destinadas a la ejecución de tratados preexistentes y en vigor, los cuales poseen el carácter y el mérito jurídico de disposiciones dictadas en el ejercicio de la potestad reglamentaria del Jefe de Estado.

Comentando lo recién expuesto, procede afirmar que la primera tesis aludida pugna con el texto y espíritu del artículo 5° inciso 2° de la Constitución, pues si bien los tratados internacionales son, por regla general, equivalentes a las leyes puras y simples, esto ocurre con excepción de los tratados referentes a derechos humanos. Efectivamente, hay preceptos de dichos tratados que son de quórum calificado o de nivel orgánico constitucional, los cuales, la reforma de 2005 exige que sean aprobados con las mayorías respectivas[392]. Por lo tanto, el artículo 5° inciso 2° ya no se opone a lo que disponía el artículo 54° N° 1° de la Carta Fundamental, con anterioridad a la enmienda del año citado.

Despréndase de lo aseverado que, cuando un derecho esencial o fundamental está asegurado por la Constitución y también por un tratado, entonces resulta indiferente discutir cuál de ambos textos se invoca, pues repiten el mismo concepto, con idéntica intención, aunque la redacción de los textos pueda diferir en aspectos adjetivos.

Pero es distinta la situación cuando un derecho esencial está consagrado en un tratado ratificado por Chile y vigente en nuestro país, derecho que, sin embargo, no se halla contemplado en un texto expreso de la Constitución. En esta situación de falta de coincidencia entre un tratado, por un lado, y la Constitución, de otro, ¿cuál normativa prevalece en tal caso?, ¿ha de entenderse que ambos regímenes son complementarios, de modo que el ordenamiento internacional enriquece el sistema jurídico nacional en el punto?

Si el tratado internacional versa sobre derechos esenciales de la persona, la respuesta es, en nuestra opinión, que prima siempre el tratado, porque se encuentra comprendido en el artículo 5° inciso 2° del Código Supremo, el cual resulta ser, para fines hermenéuticos y como parte del capítulo I, jerárquicamente superior al resto de la Constitución. Es decir, las normas de ese tratado son Constitución en sentido material e, incluso, también en sentido formal. Existe complementación de uno y otro texto, armonía entre ambos que conduce al fortalecimiento y mayor vigencia de los derechos de la persona y de sus garantías[393], caracteres que la jurisprudencia tiene que acoger con respeto, eso sin perjuicio del margen de discrecionalidad del que son titulares los tribunales nacionales competentes[394].

Otro problema se plantea frente a la pugna entre principios y normas del capítulo I: ¿hay prioridad, a efectos de interpretación y aplicación del artículo 1° y del artículo 5° sobre el resto de esos preceptos? Debe responderse en términos afirmativos, fundándose esta aseveración en la historia fidedigna y la jurisprudencia del Tribunal Constitucional, razones a las cuales cabe añadir el concepto y finalidad del constitucionalismo, por esencia humanista.

Imperativo es concluir reiterando que, cuanto ha sido expuesto en este número, es coherente con el significado del constitucionalismo, es decir, con la mayor realización posible

---

392 Consúltese del autor su III **Derecho constitucional chileno** (Santiago, Ed. Universidad Católica de Chile, 2013) pp. 437 ss.

393 Véase José Antonio Viera-Gallo Quesney: **Controlando leyes mediante principios constitucionales. Un derecho razonable** (Santiago, Cuadernos del Tribunal Constitucional N° 46, 2011) p. 32 ss.

394 **Id.**, pp. 22 ss.

de la obra de gobierno mediante el pleno y permanente respeto de la dignidad y los derechos humanos. Planteado así el asunto, es claro que no existe ni puede surgir oposición o pugna de legitimidad entre la Carta Fundamental y un tratado que complementa, suplementa o enriquece el catálogo de derechos y garantías articulados en la primera[395]. El derecho constitucional supra o internacional alcanza, de tal manera y plenamente, su rol de coadyuvante del derecho constitucional de cada Estado-Nación[396].

231. Relación ley-tratado. Los tratados internacionales ocupan, como se ha explicado, el rango jurídico de las leyes simples, de quórum calificado u orgánicas constitucionales, según cual sea el contenido de las materias reguladas en ellos, a menos que versen sobre derechos esenciales que fluyen de la naturaleza humana, hipótesis en la cual se nivelan con los valores, principios y normas pertinentes del Código Político. Debe, entonces, aclararse tal nexo de la ley con el tratado, pues la Constitución, en su artículo 66°, clasifica las normas legales en diversas categorías. ¿En cuál de éstas queda situado un tratado que no sea de derechos humanos? Explicaremos, sucintamente, el significado de esas categorías, facilitando así la respuesta a la pregunta planteada:

A. **Leyes interpretativas**. Aparecen mencionadas genéricamente en la Constitución, pero son de la mayor importancia, pues aplicando un principio general de derecho, recogido en los artículos 3° inciso 1° y 9° inciso 2° del Código Civil, se entiende que tales leyes forman parte del Código Político, es decir, se hallan incorporadas a él y gozan, desde su vigencia, de la supremacía que caracteriza a la Carta Fundamental. Para aprobar, modificar o derogar esta especie de leyes de interpretación auténtica de la Constitución, se requiere, por la razón expuesta, reunir las tres quintas (3/5) partes de los senadores y diputados en ejercicio;

B. **Leyes orgánico-constitucionales**. Después de las normas interpretativas son las más importantes, porque complementan o desarrollan los preceptos de la Carta Fundamental, en los asuntos que la Carta Política ha previsto la reserva legal pertinente. El quórum para aprobar, modificar y derogar estas leyes se eleva a los cuatro séptimos (4/7) de los parlamentarios en ejercicio;

C. **Leyes de quórum calificado**. Para dictar, modificar y derogar estas leyes es necesario reunir la mayoría absoluta de los parlamentarios en ejercicio, como sucede, por ejemplo, con la ley que tipifica y sanciona el terrorismo, o con aquella que regula el ejercicio de las libertades de emitir opinión y de informar, o hace lo mismo con el derecho a la seguridad social;

D. **Leyes puras y simples**. Esta categoría se diferencia de las demás por el quórum menor para dictar, modificar o derogar sus preceptos, como asimismo, en atención a que constituye la regla general en materia de dominio o reserva legal.

Pues bien, los tratados internacionales ocupan, por lo común, el cuarto nivel, es decir, el de leyes comunes. Pero siempre se ha de recordar que esta regla se aplica sin perjuicio de las dos salvedades siguientes: primera, la ya destacada para los tratados solemnes sobre derechos humanos, pues, en concepto del autor, gozan de jerarquía constitucional en sus

---

395 Allan Brewer-Carías: "La aplicación de los tratados internacionales sobre derechos humanos en el orden interno. Estudio de derecho constitucional comparado latinoamericano", **Revista de Derecho Procesal Constitucional Iberoamericano** N° 6 (2006) pp. 29 ss.

396 Revísese el Preámbulo y el artículo 1° N° 1° de la Convención Americana sobre Derechos Humanos o Pacto de San José de Costa Rica, publicada en el Diario Oficial el 5 de enero de 1991. Consúltese también el inciso 2° de la vigésimo cuarta disposición transitoria de la Constitución, relativo a la Corte Penal Internacional.

valores, principios y disposiciones; y segunda, la excepción consistente en que las normas de un tratado que versen sobre materias que la Constitución reserva a las leyes orgánicas o de quórum calificado, tienen que ser aprobadas o modificadas con el quórum requerido para esa jerarquía de reglas jurídicas. Esta es la conclusión que fluye del artículo 54° N° 1 inciso 1° y del artículo 66° de la Carta Fundamental, ratificada por la jurisprudencia del Tribunal Constitucional y que compartimos plenamente[397].

Con respecto a las leyes interpretativas del Código Político, es obvio que los tratados no pueden cumplir tal misión ni jamás son dictados para ello. Por otra parte, a propósito de la tesis que reconoce jerarquía constitucional o supraconstitucional a los tratados de derechos humanos esenciales, imperativo es aceptar que se halla aún distante de ella la mayoría de la jurisprudencia o doctrina chilenas[398].

Útil es insistir en que los tratados son, como regla general y sustantivamente, equivalentes en su procedimiento de aprobación a las leyes puras y simples. Esto es así por numerosas razones, entre las cuales deben ser mencionadas las siguientes:

A. Siempre lo ha sentenciado de ese modo la jurisprudencia de la Corte Suprema y así también lo ha sostenido el Tribunal Constitucional; tal ha sido, en fin, la doctrina chilena reiterada, salvo contadas excepciones;

B. Así también lo entendió el Ministerio de Relaciones Exteriores en sus informes, como se demostrará oportunamente;

C. De igual manera lo comprendieron los miembros de la comisión de estudio de un anteproyecto de la nueva Constitución, como consta en sus actas, las cuales serán extractadas en el lugar pertinente; y

D. Finalmente, el artículo 54° número 1° de la Carta Fundamental señala que los tratados son aprobados siguiendo los mismos trámites que se hallan previstos para la formación de las leyes, con algunas variaciones que serán examinadas en el acápite respectivo. Sin embargo, es necesario observar, desde ya, que dicho precepto no contemplaba quórum ni requisito especial alguno para la aprobación de un tratado, de manera que del contexto de la Constitución se desprendía la condición ya expuesta, en el sentido de que si las materias del tratado eran las mismas que las de una ley orgánica o de quórum calificado, entonces se requería cumplir los requisitos de dicha legislación reforzada. La cuestión quedó resuelta por la reforma de 2005, pues desde entonces se requiere, en cada Cámara, reunir el quórum que corresponda, en conformidad al artículo 66° del Código Político.

232. Tratados Internacionales y Derecho Constitucional. La compleja cuestión que plantea el artículo 5° inciso 2° de la Constitución ha sido expuesta con el propósito de demostrar que no existe antagonismo ni contradicción entre el derecho constitucional nacional y el derecho supra o internacional en cuanto al reconocimiento y protección de la dignidad y los derechos esenciales que emanan de la naturaleza humana. Antes bien, es una relación de complementación coadyuvante la que liga ambos ordenamientos, permitiendo armonizarlos para la protección y promoción de los valores mencionados[399].

---

[397] Véanse, por ejemplo, los considerandos 13° y 14° de la sentencia pronunciada el 4 de agosto de 2000 (Rol N° 309).

[398] Consúltese Marisol Peña Torres: **Cuatro estudios de justicia constitucional** (Santiago, Cuadernos del Tribunal Constitucional N° 36, 2007) pp. 56 ss.

[399] Revísese Humberto Nogueira Alcalá: "La dignidad humana, los derechos fundamentales, el bloque constitucional de derechos fundamentales y sus garantías jurisdiccionales", **Gaceta Jurídica** N° 322 (2007) pp. 32 ss.

Con el propósito de contribuir a la formación de consenso en el tema, consideramos conveniente ordenar, en resumen sistemático, cuanto se ha expuesto sobre los tratados a que se refiere el precepto constitucional mencionado. Pues bien, ellos son, únicamente, los que reúnen los requisitos copulativos siguientes:

A. Deben ser tratados internacionales solemnes y no otro tipo de norma jurídica internacional, como un protocolo, un acuerdo o medida simplificada o una declaración de esa índole;

B. Han de ser, práctica y principalmente, tratados multilaterales, es decir, aquellos a cuya formación concurren como parte más de dos Estados, que tienen alcance universal o para amplias regiones del mundo;

C. Dichos tratados deben versar sobre la dignidad del ser humano y sus derechos fundamentales, es decir, acerca de atributos esenciales de la persona, que emanan de su naturaleza y cuya fuente es la dignidad de ella;

D. Tales tratados tienen que haber sido aprobados y ratificados por Chile; y

E. Por último, deben ser tratados que se encuentren vigentes, y no denunciados ni derogados, es decir, deben hallarse en situación de ser invocados y aplicados, para lo cual tienen que haber sido sancionados, promulgados y publicados. Un requisito para su vigencia es, por ende, la publicación, punto en que se focalizó la discusión jurisprudencial durante el régimen militar. En ese gobierno, y también en el del presidente Allende, hubo tratados que no fueron publicados en el Diario Oficial, motivo por el cual tampoco se encontraban vigentes, tesis que tuvo eco en la Corte Suprema.

Hoy, tales situaciones deben ser calificadas de anormales y considerarse, por consiguiente, que se reúnen las condiciones que permiten, a los órganos jurisdiccionales competentes, pronunciar la inconstitucionalidad por omisión sobre la base de lo dispuesto en el artículo 5° inciso 2° de la Carta Fundamental. Por supuesto, tal pronunciamiento lleva consigo la responsabilidad de los órganos que incurrieron en el incumplimiento del imperativo constitucional descrito. A mayor abundamiento, rige en el tema lo dispuesto sobre promulgación y publicación del tratado, previsto en el artículo 75° incisos 2° y 3° de la Constitución.

233. **¿Por qué ciertos tratados tienen jerarquía constitucional?** En concepto del autor, los tratados sobre derechos humanos no tienen rango jurídico igual al de las leyes. Son, afirmativamente dicho, derecho constitucional material, pues se trata de principios y normas que la Constitución declara, en el artículo 5° inciso 2°, incorporadas a ella, con tanto o más supremacía que cualquier otro artículo de la Carta Fundamental.

Por consiguiente, si un principio o norma de aquellos tratados pugna, en el fondo o en la forma, con cierta disposición legal, cualquiera sea la jerarquía o naturaleza de esta, debe primar la regla del tratado internacional, pues el artículo 5° inciso 2° los incorporó a su texto con todas las consecuencias inherentes a la supremacía del Código Político.

A mayor abundamiento, procede sostener las razones siguientes en cuanto a la primacía de los tratados referidos sobre las leyes:

A. Porque si bien el artículo 5° se halla en el capítulo I, no todas las normas de dicho capítulo tienen igual importancia o preeminencia para finalidades de interpretación e implementación. En tal perspectiva, los artículos 1° y 5° detentan una conexión esencial y resumen el *telos* de todo el constitucionalismo, de manera que a ellos debe atenderse, con prioridad y primacía, para la correcta aplicación de la Carta Fundamental;

B. En atención a que el principio supremo del derecho público y de cuanto se relaciona con el poder estriba en tratar, dentro de la Constitución y las leyes, de regular y racionalizar el ejercicio del Gobierno y, al mismo tiempo, de ampliar y asegurar, lo más posible, el cumplimiento efectivo de cuanto implica el ejercicio de los derechos humanos, comenzando con la dignidad, que es la fuente de ellos, siguiendo con la libertad y la igualdad de la persona, individual o socialmente considerada. Pues bien, es nítido que el artículo 5° recoge exactamente este principio y, por lo tanto, cabe concluir que prima sobre los demás, salvo el artículo 1°, con el cual, lo reiteramos, tiene un ligamen evidente y esencial; y

C. Finalmente, deben ser recordados los principios de la Convención de Viena, incluyendo los contenidos en sus artículos 27°, 31° N° 1° y 53°. Con sujeción al primero de esos artículos, el Estado de Chile no puede invocar las disposiciones de su derecho interno como justificación del incumplimiento de un tratado; de acuerdo con el segundo de los artículos citados, los tratados deben ser interpretados de buena fe, teniendo en cuenta su objeto y fin. Fluye de tal precepto que los tratados sobre derechos humanos son perfecta y enteramente coherentes con normas imperativas de tal carácter, es decir, son principios y disposiciones aceptados y reconocidos por la comunidad internacional, en su conjunto, como normas que no admiten acuerdo en contrario. Tal es el llamado *ius cogens*, previsto en el tercero de los artículos indicados.

234. **¿Por qué es un problema la jerarquía en los tratados?** La Corte Suprema, en reiterados fallos, ha sostenido que los tratados internacionales, sin salvedad o diferencia entre ellos, son leyes comunes o simples, y que, por lo tanto, la Constitución se halla siempre en situación de primacía.

Lo mismo ha sostenido el Tribunal Constitucional[400], por ejemplo, en la acusación contra el ex ministro de Interior y vicepresidente de la República don Clodomiro Almeyda Medina, por infracción del antiguo artículo 8° de la Carta Fundamental. En tal requerimiento el Sr. Almeyda se defendió señalando que dicho precepto era contrario al principio de *ius cogens*, presente en el artículo 5°, ya en su redacción anterior a la reforma de 1989. El Tribunal sostuvo que era inoficiosa la alegación de ilegitimidad del artículo 8°, derivada de su eventual conflicto con el artículo 5°. Argumentó que si un tratado internacional está en pugna con la Constitución, quiere decir que la ha modificado o derogado, mecanismo este no previsto por el Poder Constituyente y que, por lo tanto, de aplicarse estaría infringiendo la Carta Fundamental.

Tal argumento, invocado por la doctrina contraria a la del autor, pierde vigor al admitir, como es claro que debe ser hecho, que el artículo 5° es más importante que las disposiciones sobre reforma de la Constitución. Incluso se puede sostener que los artículos 1° y 5° son normas supraconstitucionales. Sin argumentar más aquí sobre el asunto, en definitiva, la clave de la solución yace en reconocer que fue el Poder Constituyente, al modificar en 1989 la Carta Fundamental, el que confirió a dichos tratados el mérito y primacía propios de los valores, preceptos y principios constitucionales. La redacción del artículo 5° inciso 2°, interpretada con sujeción al constitucionalismo humanista, corrobora esta afirmación[401].

---

[400] Cfr. los considerandos 37° al 39° de la sentencia pronunciada por el Tribunal Constitucional el 21 de diciembre de 1987 (Rol N° 46).

[401] Consúltese Mauro Cappelletti: **Obras. La justicia constitucional. Dimensiones de la justicia en el mundo contemporáneo** (México DF, Ed. Porrúa, 2007) pp. 211 ss.

En efecto y con vigor procede sostener que, a partir de la reforma de 1989 y de acuerdo al texto, contexto y espíritu de la Constitución, al introducírsele el artículo 5° inciso 2° con su redacción hoy vigente, se le dio a este artículo un carácter y significado amplio y permanente, coherente con el ya entonces consolidado derecho constitucional supra o internacional. Los preceptos de la Convención de Viena que han sido comentados y el *telos* humanista del constitucionalismo vuelven precaria la tesis opuesta, reiterativa de un concepto ya superado de la soberanía[402].

Lo expuesto tiene incidencia en el problema creado por la aplicación del Decreto Ley N° 2.191, de 1978, de amnistía, otorgada por la violación de ciertos derechos humanos cometida durante el régimen militar. Pues bien, hubo jurisprudencia mayoritaria de la Corte Suprema que concluía que la legislación aludida impide investigar los hechos amnistiados e individualizar a los responsables. Por varios años, la expuesta fue la tesis casi unánime de la magistratura suprema, salvo los ministros que coincidieron en integrar una sala, la cual señaló que era posible investigar tales hechos, aunque no identificar a los responsables[403].

Sin embargo, con la incorporación, desde enero de 1998, de nuevos ministros a dicha Corte el criterio ha sido paulatinamente modificado, al punto de que, a partir de junio y agosto de aquel año, ese Tribunal ha resuelto que cabe reconocer el rango constitucional de los tratados sobre derechos humanos, abriendo la posibilidad de indagar los hechos cubiertos por aquel decreto ley. Esta jurisprudencia se funda sobre la base discutible, es cierto, de que existe un delito de secuestro permanente, cuyas víctimas son quienes siguen en calidad de detenidos desaparecidos[404]. Desde la primera edición de este libro, de 2002, la nueva doctrina se ha consolidado, tal como se verá a continuación. Esa jurisprudencia quedó categóricamente afirmada por la sentencia pronunciada el 26 de septiembre de 2006, en la cual la Corte Suprema acogió la argumentación de la Corte Interamericana de Derechos Humanos y reiteró tanto la imprescriptibilidad de los crímenes de lesa humanidad, cuanto la figura del secuestro permanente mientras no se halle esclarecida la desaparición de la víctima de violaciones de sus derechos esenciales, comenzando con la vida y la integridad del desaparecido[405].

235. Jurisprudencia. El sentido y alcance del artículo 5° inciso 2° ha sido condensado en los siguientes términos por la Corte de Apelaciones de Santiago:

> En materia de derechos humanos, y de acuerdo al artículo 5° inciso 2° de la Constitución, existen derechos constitucionalmente implícitos que son aquellos que no se encuentran expresamente mencionados en el texto constitucional, pero que son derechos esenciales, entre los que pueden citarse el derecho a la personalidad jurídica, el derecho al nombre, el derecho a constituir una familia, que si bien no son Constitución en sentido formal, sí son Constitución en sentido material, ya que tales derechos, de acuerdo a la norma constitucional nombrada, constituyen un límite a la soberanía, por tanto, al Poder Constituyente derivado y a los poderes constituidos o instituidos[406].

---

402 Francisco Cumplido Cereceda: "Historia de una negociación para la protección y garantía de los derechos humanos", en Jeannette Irigoin (ed.), **Nuevas dimensiones en la protección del individuo** (Santiago, Instituto de Estudios Internacionales, Universidad de Chile, 1991) pp. 191-197.

403 Humberto Nogueira Alcalá: **Derechos fundamentales y garantías constitucionales** (Santiago, Ed. Librotecnia, 2007) pp. 150 ss.

404 Los fallos respectivos aparecen citados en el número siguiente, demostrando así la evolución jurisprudencial en el tema.

405 Véase Humberto Nogueira Alcalá: "Los desafíos de la sentencia de la Corte Interamericana en el caso Almonacid Arellano", **Revista de Derecho de la Universidad Católica del Uruguay** N° 2 (2007) pp. 153 ss.

406 Considerando 10° letra f) de la sentencia pronunciada por la Corte de Apelaciones de Santiago el 26 de septiembre de 1994 (Rol N° 13.597-94).

Sin embargo, con la incorporación, repetimos que desde enero de 1998, de nuevos ministros a la Corte el criterio ha sido paulatinamente modificado, al punto de que ahora cabe reconocer el rango constitucional de los tratados sobre derechos humanos[407], abriendo la posibilidad de indagar los hechos cubiertos por ese decreto ley[408].

En relación con la amnistía que establece el DL. Nº 2.191, se ha sostenido por la Corte Suprema que no contradice al artículo 5° inciso 2° de nuestra Constitución, pues:

> Habiéndose analizado extensamente la naturaleza jurídica de la institución de la amnistía, así como el fundamento de orden constitucional que encuentra forma expresa en la Carta Fundamental (...), no se advierte de qué modo pueda resultar contraria a la norma contenida en el inciso 2° del artículo 5° de esa misma Carta Política[409].

Sobre la jerarquía de los tratados internacionales que versan sobre derechos humanos, en ligamen con el DL 2.191, de amnistía, la misma Corte se ha pronunciado, sin embargo, reconociéndoles el rango de ley simple:

> Mediante el decreto supremo Nº 778 de 1976, del Ministerio de Relaciones Exteriores, se promulgó el Pacto Internacional de Derechos Civiles y Políticos, adoptado por la Asamblea General de la Organización de Naciones Unidas el año 1966, instrumento que debe entenderse incorporado a la legislación interna a partir del 29 de abril del año pasado (1989), fecha de su publicación en el Diario Oficial, y el cual contempla diversas disposiciones que tienden a cautelar y promover la efectiva protección y respeto de los más esenciales derechos humanos, en conformidad con los compromisos internacionales adoptados por los países suscriptores de la Carta de las Naciones Unidas y de la Declaración de los Derechos Humanos.
>
> La disposición contenida en el artículo 15° punto 2° de este Pacto, resulta de interés para la materia en estudio en cuanto expresa que: "Nada se opondrá al juicio ni a la condena de una persona por actos u omisiones que, en el momento de cometerse, fueran delictivos, según los principios generales del derecho reconocidos por la comunidad internacional".
>
> Que esta disposición que se advierte en aparente contradicción con el precepto tachado de inconstitucional, pues impide el juzgamiento y eventual condena por los hechos delictuosos que perdona, precisamente no lo está en virtud del principio de la irretroactividad de la ley penal consagrado en la propia Carta Fundamental y que complementa el artículo 18 del Código Penal, los cuales impiden que tenga aplicación a situaciones y hechos acaecidos con anterioridad a su incorporación a la legislación interna, es decir, al 29 de abril de 1989[410].

Distinta es la jurisprudencia emanada de fallos pronunciados por las Cortes de Apelaciones, los cuales reconocen que los derechos esenciales garantizados en los tratados ratificados por Chile y que se encuentren vigentes en nuestro país son de jerarquía constitucional, rango que tienen también las convenciones internacionales en que ellos se hallan proclamados:

> Que a partir del 17 de agosto de 1989, fecha en que la Ley Nº 18.825 modificó el inciso 2° del artículo 5° de la Constitución Política, es deber de los órganos del Estado –y esta Corte lo es– respetar

---

407 Véase Humberto Nogueira Alcalá: **Derechos fundamentales y garantías constitucionales** (Santiago, Ed. Librotecnia, 2007) pp. 150 ss.

408 Véase Ana María Horvitz Lennon: "Amnistía y prescripción en causas sobre violación de derechos humanos en Chile", **Anuario de Derechos Humanos 2006** (Santiago, Facultad de Derecho de la Universidad de Chile, 2006) pp. 217 ss.

409 Considerando 23° de la sentencia pronunciada por la Corte Suprema el 24 de agosto de 1990, rechazando el recurso de inaplicabilidad del artículo 1° del DL 2.191 de 1978 sobre Amnistía, reproducida en LXXXVII **Revista de Derecho y Jurisprudencia** (1990) 2° P.S. IV, pp. 76-77.

410 Considerandos 27° y 28° de la sentencia citada en la nota anterior.

y promover aquellos derechos esenciales de las personas que se encuentran garantizados por los tratados internacionales ratificados por Chile y que se encuentren vigentes[411].

(...)

Es la doctrina más contemporánea acerca de la preeminencia del Derecho Internacional sobre los derechos humanos, respecto de las legislaciones internas –aún de carácter constitucional–, de tal manera que la tutela de los derechos de la persona humana quede en definitiva entregada a la humanidad o comunidad universal, más allá de lo que cada Estado nacional haya establecido como normativa, aun de carácter básico[412].

Sin embargo, debe recordarse que la Corte de Apelaciones de Santiago, en algunos de sus fallos, no ha seguido la interpretación predominante. Apoyándose en la calidad intrínseca de todo tratado internacional, afirma esa Magistratura que, si bien el modo de incorporación de los tratados internacionales a nuestro Derecho es similar al de las leyes, su forma de término es diferente. Igualmente, añade que su aprobación presenta ciertas peculiaridades. Por ello, concluye la Corte que lo expuesto hace del tratado una normativa de rango distinto y superior a la ley:

El tratado forma parte del Derecho interno una vez aprobado por el Congreso, luego debe ser ratificado por el Presidente de la República y publicado en el Diario Oficial. Además, la Constitución, en su artículo 82 Nº 2, otorga al Tribunal Constitucional la atribución de resolver las cuestiones sobre constitucionalidad que se susciten durante la tramitación de los tratados sometidos a la aprobación del Congreso, con lo que verifica el cumplimiento del principio de supremacía constitucional. Concretada la incorporación del tratado válidamente celebrado al ordenamiento jurídico nacional sólo dejará de ser parte de éste al ser objeto de denuncia, la que debe ajustarse a las condiciones, requisitos y procedimientos previstos en el propio tratado, o en su defecto, a lo estipulado por el Convenio de Viena de 1969 sobre Derecho de los Tratados, en sus artículos 54° y siguientes.

Debemos tener presente el hecho de que como establece el artículo 50° Nº 1° de la Constitución, para su aprobación por el Parlamento el tratado debe someterse a los trámites de una ley (...). Nadie puede desconocer la distinta naturaleza de ambos tipos de normas y su ámbito de aplicación. En efecto, mientras la ley es un acto jurídico emanado de la voluntad unilateral de un Estado a través de los órganos colegisladores, el tratado internacional es un acto jurídico bi o multilateral que depende de la voluntad de diversos Estados y que un Estado Parte no puede, unilateralmente, dejar sin efecto las obligaciones y derechos que emanen del tratado[413].

Para la doctrina nacional los tratados o convenios internacionales están ubicados, necesariamente, en una jerarquía superior a la ley, en la medida en que el Estado, al incorporar el tratado a su ordenamiento interno, de acuerdo al procedimiento previsto en la Carta Fundamental, quiere que sus órganos cumplan los tratados mientras no exista voluntad de denunciarlos; que, en tal sentido, se expresaron en la comisión de estudio de la Constitución en su sesión celebrada el 20 de junio de 1974, los comisionados Alejandro Silva Bascuñán y Jaime Guzmán Errázuriz, sin que la comisión llegara a establecer una norma expresa que determinara la jerarquía de los tratados en la Constitución[414].

---

411 Considerando 1° del voto disidente de los ministros Sres. Cerda y Paillás con respecto a la sentencia pronunciada por la Corte de Apelaciones de Santiago el 4 de junio de 1991, en la cual rechazó un recurso de amparo (Rol Nº 525-91).

412 **Id.**, considerando 2°.

413 Considerando 9° letras c) y d) de la sentencia pronunciada por la Corte de Apelaciones de Santiago el 26 de septiembre de 1994 (Rol Nº 13.597-94).

414 **Id.**, considerando 9° letra e).

De acuerdo a la Convención de Viena sobre Derecho de los Tratados, artículo 27, una parte no puede invocar las disposiciones de su derecho interno como justificación del incumplimiento de un tratado.

De acuerdo al principio general de Derecho Internacional *pacta sunt servanda* o *bonna fide*, los tratados deben ser cumplidos por los Estados partes de buena fe, mientras no se determine internacionalmente su inaplicabilidad.

Ello implica que, incorporado un tratado al ordenamiento jurídico chileno, ninguna norma interna puede decidir su inaplicación o pérdida de validez.

Ello no implica la inhabilidad perpetua del legislador nacional para ocuparse de la materia contenida en el tratado, sino que para recuperar el legislador nacional su competencia en la materia regulada por el tratado, el Estado debe denunciar el tratado de acuerdo con los procedimientos establecidos en el respectivo tratado o en las reglas del Derecho Internacional.

Por lo tanto, ante una contradicción entre ley y tratado, el problema no se plantea en el ámbito de la validez de tales normas, sino que se plantea en el terreno de la aplicabilidad, ámbito dentro del cual debe decidir el juez ordinario, aplicando preferentemente el tratado[415].

Por otra parte, si bien los tratados sobre derechos humanos, según el razonamiento del mismo Tribunal, se diferencian de las otras convenciones internacionales, no es menos cierto que, por el objeto de interés que resguardan, esto es, la persona humana, valor que es anterior y trasciende al Estado que lo suscribe, resulta que su rango superior a las leyes le es dado no solo a raíz de su calidad de tratado internacional, sino que en atención a la finalidad cuya realización persiguen:

Los convenios o tratados internacionales en materia de derechos humanos se diferencian de los demás tratados internacionales, como lo ha señalado la Corte Internacional de Justicia, porque "los Estados contratantes no tienen intereses propios. Tienen solamente, todos y cada uno de ellos, un interés común, que es el preservar los fines superiores que son la razón de ser de la Convención. En consecuencia, en una convención de este tipo no puede hablarse de ventajas o desventajas individuales de los Estados, ni de mantener un equilibrio contractual exacto entre derechos y deberes. La consideración de los fines superiores de la Convención es, en virtud de la voluntad de las partes, el fundamento y medida de todas las disposiciones" (opinión consultiva CIJ Recueil, 1955, página 23)[416].

(...) la Corte Permanente de Justicia Internacional ha resuelto que "es un principio de Derecho de Gentes, generalmente reconocido, que en las relaciones entre potencias contratantes, las disposiciones del derecho interno no pueden prevalecer sobre las de un tratado" (Serie B Nº 17, página 32) y que "un Estado no puede invocar frente a otro Estado su propia Constitución para sustraerse a las obligaciones que impone el Derecho Internacional a los tratados vigentes" (Serie A/B Nº 44, página 24), criterios interpretativos que esta Corte comparte ampliamente[417].

De lo anterior se infiere también cuál debe ser el método de interpretación de los tratados internacionales sobre derechos humanos por la judicatura nacional y, más generalmente todavía, por todo sujeto que se ocupe de esa labor:

En materia de derechos humanos, el juez debe interpretar los tratados teniendo en cuenta su fin último, que es la protección de los derechos de la persona humana, valor y principio fundamental y clave esencial para la interpretación de todo nuestro ordenamiento constitucional, como también

---

415 **Id.**, considerando 9° letras h) y m).

416 **Id.**

417 **Id.**

> lo establece la Constitución Política de la República en sus artículos 1°, 5° inciso 2° y 19° N° 26, en una interpretación sistemática y finalista. Existe sí una plena armonía entre el derecho convencional internacional vigente en Chile en materia de derechos humanos y la Carta Fundamental[418].

A mayor abundamiento, sobre los fundamentos para no aplicar la Convención relativa a la Prevención y Sanción del Delito de Genocidio de 1948, la Corte Suprema ha sentenciado que:

> La invocada Convención para la Prevención y Sanción del Delito de Genocidio, aprobada en la Asamblea General de la Organización de las Naciones Unidas, de 1948, se encuentra incorporada como ley interna en virtud del Decreto Supremo promulgatorio de 5 de junio de 1953. Sin embargo, las disposiciones de dicha Convención no tienen actual aplicación, por cuanto no se han establecido en la legislación nacional sanciones específicas para castigar esa figura penal[419].

No obstante, en otra sentencia, pronunciada esta vez por la Corte de Apelaciones de Santiago, se consideró como fuente de derecho las convenciones internacionales. En mérito de las consecuencias de esa premisa, la misma Corte sostuvo la imprescriptibilidad y la imposibilidad de otorgar amnistía con respecto a los delitos de tortura:

> Así de acuerdo a las disposiciones citadas (artículos 5° y 12° de la Convención contra la Tortura y otros Tratos o Penas Crueles, Inhumanas o Degradantes), no cabe la prescripción de la acción penal ni la amnistía sobre los delitos de tortura, ya que existe la obligación impuesta por el Tratado, que forma parte del ordenamiento jurídico interno, con un valor superior a la ley, que obliga a los órganos del Estado, y especialmente a los Tribunales de Justicia a respetar y promover los derechos y obligaciones contenidas en el Tratado. El Estado de Chile no puede dejar de investigar ni de ejercer jurisdicción sobre los delitos de tortura que se hallan determinados y en los cuales existen personas individualizadas como autores, cómplices o encubridores del delito analizado[420].

Es importante, igualmente, mencionar fallos más recientes en materia de derechos humanos, en cuya doctrina se advierte cómo han cambiado, paulatinamente, los criterios que habían prevalecido en los años anteriores:

> Que para aplicar la amnistía, debe estar igualmente determinada la persona del delincuente en forma clara e indubitada, única manera de extinguir a su respecto la responsabilidad penal (...).
>
> El Estado de Chile se impuso en los citados convenios internacionales la obligación de garantizar la seguridad de las personas (...), quedando vedado por este Convenio disponer medidas que tendieren a amparar los agravios cometidos contra personas determinadas o lograr la impunidad de sus autores, teniendo especialmente presente que los acuerdos internacionales deben cumplirse de buena fe. Y, en cuanto el Pacto persigue garantizar los derechos esenciales que emanan de la naturaleza humana, tiene aplicación **preeminente**, puesto que esta Corte Suprema, en reiteradas sentencias ha reconocido "Que en la historia fidedigna del establecimiento de la norma constitucional del artículo 5° inciso segundo, queda claramente establecido que la soberanía interna del Estado de Chile reconoce como límite los derechos que emanan de la naturaleza humana; valores que son superiores a toda norma que puedan imponer las autoridades del Estado, incluido el propio Poder Constituyente, lo que impiden sean desconocidos" (*Fallos del Mes* N° 446, sección jurisprudencia).

---

418 **Id.**, considerando 10° letra e).

419 Considerando 25° de la sentencia pronunciada por la Corte Suprema el 24 de agosto de 1990, rechazando el recurso de inaplicabilidad del artículo 1° del DL 2.191 sobre Amnistía, reproducida en LXXXVII **Revista de Derecho y Jurisprudencia** 2° P.S. N, p. 77.

420 Considerando 13° de la sentencia pronunciada por la Corte de Apelaciones de Santiago el 26 de septiembre de 1994 (Rol N° 13.597-94).

> Los disidentes estiman que si los tribunales aplican la amnistía que concede el decreto ley Nº 2.191, de 1978, a lo menos deben establecer las circunstancias en que ocurrieron los hechos y determinar la persona del responsable, con el fin de no burlar el espíritu de la Convención Internacional antes referida (Convenio de Ginebra)[421].

Con el propósito de realzar cuál debe ser la actitud de nuestra judicatura con relación al artículo 5° inciso 2° del Código Político, se inserta el pronunciamiento siguiente, en el cual, aunque se trata de un voto de minoría, se reconoce la fuerza normativa, directa e indirecta, inmediata o mediata, que tienen la Constitución y, por virtud de ella, los tratados sobre derechos esenciales de la persona humana:

> La Corte se encuentra vinculada positivamente a la Constitución, no pudiendo sustraerse de las obligaciones impuestas en orden a promover y respetar los derechos humanos, sin incurrir en "notable abandono de deberes" y exponer la seguridad y el honor del Estado de Chile en el campo internacional.

Proseguimos la inserción de jurisprudencia con la transcripción del ya citado fallo de la Corte de Apelaciones de Santiago, pronunciado el 9 de julio de 2001 (Rol Nº 28.075). Trátase de la sentencia más prolija y categóricamente fundada, hasta la fecha, sobre la base del derecho constitucional supra o internacional. En los considerandos 16°, 17° y 18° de ese fallo léese lo siguiente:

> Que como fundamento superior de lo decisorio de esta resolución y a los efectos de la aplicación de las disposiciones que del Nuevo Código Procesal Penal (NCPP) se han indicado ya y se dirá también en los considerandos siguientes, debe tenerse en cuenta que de acuerdo con el señalado principio, la Constitución es la norma superior del ordenamiento jurídico. Ello está contenido preferentemente en el artículo 6° inciso 1° de la Carta, según el cual "los órganos del Estado deben someter su acción a la Constitución y a las normas dictadas conforme a ella". El principio lleva consigo la necesidad de la aplicación inmediata y directa de la Constitución a una situación de hecho o fenómeno jurídico o derecho determinados. Así se desprende del carácter imperativo de sus contenidos, carácter explicado a su vez en el inciso 2° del mismo artículo, al prescribir que "los preceptos de esta Constitución obligan tanto a los titulares o integrantes de dichos órganos como a toda persona, institución o grupo". Como complemento y exigencia de tal supremacía se alza, en consecuencia, el método de interpretación de las leyes, que obliga al intérprete a que, ante varias interpretaciones posibles de la ley, debe considerarse y aplicarse aquella de las interpretaciones que más se ajuste a la Constitución, lo que obliga a los jueces a interpretar sus contenidos de un modo sistemático tal que el resultado conduzca al efectivo reconocimiento y salvaguarda de los derechos humanos fundamentales, fuente primaria en que se asienta el orden jurídico. Este pilar del principio, en derechos humanos, se contiene en efecto en el artículo 5° inciso 2° de la Ley Fundamental (...).
>
> Que las disposiciones que del nuevo Código Procesal Penal se han consignado en el Nº 2 del fundamento 12° de este fallo se encuentran en pleno vigor y son, por consiguiente, de aplicación inmediata en la especie, no sólo como elementos sistemáticos de interpretación de los últimos progresos legislativos en el ámbito de un nuevo ordenamiento protector de los derechos humanos, sino que más aún por constituir derecho y ley en plena vigencia, precisamente en virtud del principio de la supremacía constitucional a que se ha hecho referencia en el considerando anterior, y, más aún, por expresarse y reconocerse así en el Código nuevo mismo. En efecto, si bien los artículos 483° y 484° del referido nuevo Código Procesal Penal establecen que sus disposiciones "se aplicarán a los hechos acaecidos con posterioridad a su entrada en vigencia", y que "comenzará a

---

421 Considerando 10° del voto disidente de los ministros Cury y Chaigneau y del abogado integrante Bullemore, de la sentencia de la Corte Suprema pronunciada el 19 de agosto de 1998 (Rol Nº 937-97) (Énfasis agregado).

regir" para las distintas regiones del país al término de los plazos que establece el artículo 4° transitorio de la Ley Nº 19.640 –Orgánica Constitucional del Ministerio Público–, el expresado ámbito de aplicación del nuevo Código se halla sin embargo complementado, clara y armónicamente, en cuanto a los hechos acaecidos "con anterioridad" a su vigencia, por lo dispuesto a su artículo 11° –cuyo epígrafe se intitula "Aplicación temporal de la ley procesal penal"–, según el cual "las leyes procesales penales serán aplicables a los procedimientos ya iniciados, salvo cuando, a juicio del tribunal, la ley anterior contuviere disposiciones más favorables al imputado". Como puede apreciarse, este último precepto no hace sino mantener lo establecido en el artículo 24° de la Ley sobre el Efecto Retroactivo de las Leyes, según el cual "las diligencias que ya estuvieren iniciadas se regirán por la ley vigente al tiempo de su iniciación", en armonía a su vez con el propósito permanente del Constituyente y del legislador, manifestado en los artículos 19° Nº 3° inciso 7° de la Constitución y 18° del Código Penal, en orden a aplicar siempre la que "favorezca al afectado", o sea la "menos rigurosa".

Que, como consecuencia de lo dicho en los dos considerandos anteriores y de la expresada vigencia del nuevo ordenamiento, el precepto de mayor elocuencia y significación, en cuanto sustento de lo decisorio de este fallo, se halla inscrito en el artículo 29° del Nuevo Código Procesal Penal, intitulado "cautela de garantías", que en su inciso 1° dispone literalmente que, "en cualquiera etapa del procedimiento en que el juez de garantía estimare que el imputado no está en condiciones de ejercer los derechos que le otorgan las garantías judiciales consagradas en la Constitución Política, en las leyes o en los tratados internacionales ratificados por Chile y que se encuentren vigentes, adoptará, de oficio o a petición de parte, las medidas necesarias para permitir dicho ejercicio". En su inciso segundo añade –también literalmente– que "si estas medidas no fueren suficiente para evitar que pudiere producirse una afectación sustancial de los derechos del imputado, el juez ordenará la suspensión del procedimiento y citará a los intervinientes a una audiencia que se celebrará con los que asistan", concluyendo que, "con mérito de los antecedentes reunidos y de lo que en dicha audiencia se expusiere, resolverá la continuación del procedimiento o decretará el sobreseimiento temporal del mismo".

El 13 de diciembre de 2006, la Corte Suprema, al conocer el recurso de casación en el fondo causa Rol Nº 559-2004, resolvió que, de conformidad con artículo 5° inciso 2° de la Constitución y lo dispuesto en diversos tratados internacionales, los delitos de lesa humanidad son imprescriptibles e inamnistiables. En efecto, allí la Corte sostuvo, aplicando la doctrina de la Corte Interamericana de Derechos Humanos:

19°.– Que, además de los informes de la Comisión de Derecho Internacional de Naciones Unidas, relacionados en la reflexión 15° precedente, la Corte Interamericana ha tenido oportunidad de pronunciarse en el sentido de la imprescriptibilidad de los crímenes de guerra y de lesa humanidad, en numerosas sentencias, como verbigracia en los casos Velásquez Rodríguez (sent. de 29.07.88, Serie C Nº 4); Godínez Cruz (sent. de 20.01.89, Serie C. Nº 5) y Blake (sent. de 24.01.88, Serie C Nº 36), y muy especialmente, en la reciente "Almonacid Arellano y otros versus Chile", de 26.09.2006, donde explícitamente se califica el homicidio perpetrado por agentes del Estado en la persona de don Luis Alfredo Almonacid Arellano, como un crimen de lesa humanidad, agregando que la prohibición de cometer esta clase de ilícitos "es una norma de *ius cogens* y la penalización de estos crímenes es obligatoria, conforme al Derecho Internacional general" (Consid. 99°).

20°.– Que similar punto de vista había sido sustentado con anterioridad por la propia Corte Interamericana en el "Caso Barrios Altos", al puntualizar que "son inadmisibles las disposiciones de amnistía, las disposiciones de prescripción y el establecimiento de excluyentes de responsabilidad que pretendan impedir la investigación y sanción de los responsables de las violaciones graves de los derechos humanos" (sentencia de 14.03.2001, Serie C, Nº 75, pár. 41).

21°.– Que la Corte Permanente de Justicia Internacional ha dictaminado que es un principio de Derecho de Gentes generalmente reconocido que, en las relaciones entre potencias contratantes, las disposiciones del derecho interno no pueden prevalecer sobre las de un tratado, y que un Estado no puede invocar su propia Constitución, para sustraerse a las obligaciones que impone el Derecho Internacional a los tratados vigentes.

22°.– Que, como lo ha señalado esta misma Corte Suprema en reiteradas sentencias, de la historia fidedigna del establecimiento de la norma constitucional contenida en el artículo 5° de la Carta Fundamental, queda claramente establecido que la soberanía interna del Estado de Chile reconoce su límite en los derechos que emanan de la naturaleza humana, "valores que son superiores a toda norma que puedan disponer las autoridades del Estado, incluido el propio Poder Constituyente, lo que impide sean desconocidos" (S.C.S., 30.01.1996).

23°.– Que la jurisprudencia y doctrina nacionales, desde muy antiguo, han reconocido la prevalencia del Derecho Internacional, en el supuesto de contradecir éste el derecho interno. Valga, en apoyo de este aserto, la referencia a las sentencias "Lauritzen con Fisco" o de los barcos daneses (R.D.J., T.52, II, 1ª p. 485 y ss.); el fallo recaído en un caso sobre extradición activa, en que se explicitó que los principios de Derecho Internacional "priman siempre sobre los preceptos del derecho interno del Estado" (en: R.D.J., T. 56, II, 4ª pág. 66); los casos Embajada de la República de China, de 1969 (F.M. septiembre de 1969, págs. 223 y 224) y Embajada de Cuba, de 1975 (F.M. junio de 1975, pág. 90) y, en jurisprudencia posterior a los hechos de autos –pero demostrativa de la continuidad del principio que interesa– las sentencias de 26.10.95 (Rol Nº 5.566), consid. 14° y 9.09.98 (Rol Nº 469/98), consid. 10°, todas de esta Corte Suprema. Y para demostrar la amplia recepción de esta misma tesis, en la doctrina nacional clásica, recordemos que ya don Manuel E. Ballesteros, a fines del siglo XIX, sostenía que "con sólo ser un cuerpo de doctrinas, el Derecho Internacional es, sin embargo, de aplicación preferente a las leyes positivas de carácter interno, en aquéllas cuestiones regidas por él" (La Ley de Organización y Atribuciones de los Tribunales, T.I, Stgo, 1890, pág. 571). Por cierto, los internacionalistas chilenos contemporáneos –Llanos, Benadava, Bustos Valderrama, Nogueira, C. Medina, entre muchos otros– participan plenamente de esta posición.

24°.– Que ya desde los 60, una década antes del crimen materia de autos –autores como Verdross, Seerle, Séferiades y, en especial, Charles Rousseau–, observaban que, en general, la doctrina hace prevalecer el criterio que otorga al tratado y a la costumbre, la misma fuerza legal (Rousseau, en *Droit Internacional Publique*, Paris, 1970, pág. 342, quien cita, en esa línea, a los anteriores).

25°.– Que la calificación del delito de homicidio cometido en la persona de las dos víctimas asesinadas a fines de 1973 por funcionarios del Estado de Chile, materia de autos, como un "crimen contra la humanidad", no se opone al principio de legalidad penal, porque las conductas imputadas ya eran delitos en el derecho nacional –homicidio– y en el derecho internacional, como crimen contra la humanidad, acorde al contexto precedentemente desarrollado.

26°.– Que, como lo ha resuelto la Corte Interamericana de Derechos Humanos, los crímenes contra la humanidad incluyen la comisión de actos inhumanos, como el asesinato, cometidos en un contexto de ataque generalizado o sistemático contra una población civil, bastando "un solo acto cometido por un perpetrador" en tal contexto, sin que sea necesario que éste cometa numerosas ofensas para ser considerado responsable. La prohibición de cometer estos crímenes "es una norma de *ius cogens*, y la penalización de estos crímenes es obligatoria, conforme al derecho internacional general" (considS. 96° y 99° de Almonacid Arellano y otros versus Chile, cit.).

27°.– Que en cuanto la sentencia recurrida hace lugar a la petición de la defensa de los encausados Paulino Flores Rivas y Rufino Rodríguez Carrillo en orden a declarar prescrita la acción penal para perseguir el delito de homicidio premeditado objeto de este proceso, en base a lo previsto en los artículos 93, Nº 6° y 94 del Código Penal, por haber transcurrido más de 15 años entre las fechas de consumación del hecho punible –23 de diciembre de 1973– y la data de sus procesamientos –el 28 de enero de 2002–, sin que concurra ninguna de las hipótesis que autorizan modificar el mecanismo de cómputo del plazo, acorde con los artículos 96° y 100° del mismo cuerpo punitivo, pugna con el principio de imprescriptibilidad de los crímenes de lesa humanidad, prevista en el artículo 1° de la Convención sobre la Imprescriptibilidad de los Crímenes de Guerra y de los Crímenes de Lesa Humanidad, disposición que se limita a declarar la vigencia de una norma consuetudinaria preexistente sobre la materia, que es independiente de la entrada en vigor en el ámbito interno del tratado que la recoge y que vincula aun a los Estados que, como el nuestro, no forman parte del tratado, por tener su misma fuerza obligatoria. Contradicen también la aplicación de esos preceptos de la legislación interna, los artículos 1°, 3°, 147° y 148° de la Convención de Ginebra sobre Protección a las Personas Civiles en Tiempos de Guerra, en cuanto éstos sancionan, en todo tiempo y lugar, el homicidio en cualquiera de sus formas, perpetrado en caso de conflicto armado sin carácter internacional, prohibiendo a las partes contratantes autoexonerarse de responsabilidades incurridas a causa de infracciones a sus normas.

28°.– Que, igualmente, la exoneración de responsabilidades en virtud del instituto de la prescripción extintiva, con arreglo al Código Penal, contraviene –como lo plantea la recurrente de casación– la Convención Americana sobre Derechos Humanos o Pacto de San José de Costa Rica, suscrita el 22. 11.1969, cuyo texto fue aprobado por decreto supremo N° 873, de 23.08.1990, publicado en el Diario Oficial de 05.01.1991, en particular su artículo 1°, que obliga a los Estados Partes a respetar los derechos reconocidos en ella y a garantizar su libre y pleno ejercicio, entre los cuales aquéllos ya garantizados por disposiciones legislativas o de otro carácter anteriores a su vigencia, según refiere el artículo 2°. El status de imprescriptibilidad del ilícito motivo de esta causa ya se encontraba consagrado con anterioridad a la Convención del modo descrito en la ponderación precedente, por lo cual su desconocimiento implica también vulneración de esta última, que corresponde aplicar de modo preferente, por incidir en un tema propio del Derecho Internacional de los derechos humanos, sin que obste a ello la circunstancia de haber dejado el Gobierno de Chile constancia de que el reconocimiento de competencia de la Comisión y de la Corte Interamericana de Derechos Humanos se refiere en todo caso, a hechos cuyo principio de ejecución sea posterior al 11 de marzo de 1990 (Declaración signada iii), toda vez que tal declaración, no constitutiva de reserva, sólo importa una limitación temporal de la competencia *ratione temporis* de los órganos integrantes de la jurisdicción internacional y, ciertamente, no incide en la jurisdicción de los tribunales nacionales que, a *contrario sensu*, sí podrían conocer de esas situaciones, anteriores a la data especificada. En consecuencia, al extender a los procesados la causal de extinción de responsabilidad penal de la prescripción, conforme a los artículos 93° N° 6° y 94° del Código Penal, en su relación con el artículo 433° N° 7° del Código de Procedimiento Penal, el sentenciador hizo una falsa aplicación de esta preceptiva, con infracción de los artículos 1° y 2° de la citada Convención Americana, que excluyen la procedencia de la señalada causal excluyente de responsabilidad, y que debieron recibir aplicación preferente.

29°.– Que las infracciones reseñadas influyeron sustancialmente en lo dispositivo de la sentencia recurrida, toda vez que, si hubiere resuelto por aplicación de las disposiciones de derecho internacional que correspondía, debió el sentenciador rechazar la excepción de prescripción alegada, basada en el Código Penal y, en consecuencia, condenar a los participantes involucrados como autores del delito de homicidio calificado por el cual fueron encausados.

Este fallo ha dado origen a diversas opiniones doctrinarias[422], manifestando el autor su preocupación por la prosecución indefinida de los procesos respectivos. Pensamos, reiterando lo escrito en páginas anteriores, que la reconciliación que el país necesita para avanzar en su desarrollo humano torna ineludible la solución de estos casos.

---

422 Sobre el particular, véase Hernán Salinas Burgos: "Aplicación del derecho internacional al caso Choshuenco. legalidad y seguridad vulneradas", en Arturo Fermandois Vöeringer (editor): **Sentencias destacadas 2006. Una mirada desde la perspectiva de las políticas públicas** (Santiago, Libertad y Desarrollo, 2007); Véase también el comentario del profesor Francisco Zúñiga Urbina en **Gaceta Jurídica** N° 318 (2006).

236. ¿Nuevos o viejos derroteros? El 8 de abril de 2002, el Tribunal Constitucional, en sentencia Rol Nº 346, recaída en el requerimiento formulado por diversos diputados con el objeto de que se declarara la inconstitucionalidad del Estatuto de Roma que creó la Corte Penal Internacional, adoptado en dicha ciudad el 17 de julio de 1998, ejerciendo la atribución otorgada en el artículo 82° Nº 2° de la Constitución lo acogió, teniendo para ello presente, entre otros, los razonamientos siguientes:

> 62°.– Que, en este aspecto, es relevante recordar que, aunque aparezca obvio, la norma constitucional reformada no consagró que los tratados internacionales sobre derechos esenciales tuvieran una jerarquía igual o superior a la Ley Fundamental;
>
> 63°.– Que, la historia fidedigna de la norma corrobora el aserto anterior.
>
> En el Informe de la Comisión Conjunta de la Junta de Gobierno, de 12 de junio de 1989, se dejó expresa constancia que "En virtud de este número se agrega una oración final al inciso segundo del artículo 5° de la Constitución, que dice: 'Es deber de los órganos del Estado respetar y promover tales derechos, garantizados por esta Constitución, así como por los tratados internacionales ratificados por Chile y que se encuentran vigentes'.
>
> Esta disposición reafirma el concepto de que el Estado está al servicio de la persona humana y que, por tanto, el ejercicio de la soberanía no puede vulnerar los derechos esenciales que emanan de su naturaleza. A la autoridad le corresponde, también, la promoción de los derechos humanos, los que, emanando de la naturaleza de la persona, no son establecidos por la Constitución, sino que ésta se limita a reconocerlos y a describirlos, pudiendo las leyes y los tratados desarrollarlos sin afectar su esencia.
>
> En relación con los tratados a que se refiere esta norma, cabe señalar que su vigencia no obsta a la procedencia del recurso de inaplicabilidad por inconstitucionalidad conforme a las reglas generales".
>
> Lo anterior nos permite afirmar que no estuvo en la mente del Constituyente que los tratados no quedaran sujetos a la supremacía de la Constitución ni menos que su jerarquía permitiera enmendar normas de la Ley Fundamental, ya que si así no fuere carece de toda explicación lógica y jurídica que se hubiere afirmado que era procedente el recurso de inaplicabilidad de una norma de un tratado por ser contraria a la Constitución, habida consideración que dicho recurso reconoce como causa inmediata, precisamente, la prevalencia de la Constitución sobre la ley o el tratado.
>
> Comentando este Informe, el profesor Raúl Bertelsen, en su trabajo "Rango Jurídico de los Tratados Internacionales en el Derecho Chileno" (*Revista Chilena de Derecho*, Vol. 23, Nos 2 y 3, Tomo I, pág. 219), dice: "¿Cabe, entonces, alguna duda que las normas de los tratados internacionales sobre derechos humanos están subordinadas a la Constitución si pueden ser contrastadas con los preceptos de ésta para ser declarados inaplicables? Nada se innovó en 1989, por consiguiente, en la solución tradicional chilena sobre la superioridad de las normas constitucionales sobre las de los tratados internacionales";
>
> 64°.– Que con anterioridad a la reforma de 1989 este Tribunal, en sentencia de 21 de diciembre de 1987, Rol Nº 46, señaló expresamente que las normas constitucionales, en el orden interno, prevalecen sobre las disposiciones contenidas en los tratados internacionales;
>
> 65°.– Que este criterio fue confirmado en acuerdo de la Comisión de Constitución, Legislación, Justicia y Reglamento del Senado, sobre Reforma a la Constitución Política de la República de 1980, de noviembre de 2001, en el que se hizo expresa mención al contenido del Rol Nº 46, antes citado, y expresó: "En relación a la propuesta referida a tratados que modifiquen materias reguladas por la Constitución, se acordó, sin embargo, dejar constancia que la Comisión confirma el criterio ya definido en un informe evacuado en el año 1963, en el cual, respondiendo a una consulta de la Sala (Boletín Nº S 139-10), señaló, coincidiendo con lo sostenido por el Tribunal Constitucional

en sentencia de fecha 21 de diciembre de 1987, que no procede enmendar la Constitución por la vía de un tratado internacional" (págs. 349 y 350);

66°.– Que, para la interpretación de la reforma constitucional en análisis, tiene gran importancia esta afirmación de la Comisión, pues para determinar el sentido del artículo 5°, inciso segundo, utiliza el mismo criterio de un informe del año 1963, y deja constancia, en esta forma, que la Constitución prevalece sobre los tratados que se refieran a derechos humanos;

67°.– Que, con posterioridad a la reforma de 1989, este propio Tribunal en sentencia de 4 de agosto del año 2000, Rol N° 309, señaló que "si un tratado internacional contiene normas propias de ley orgánica constitucional, el acuerdo del Congreso para su aprobación o rechazo exige el quórum establecido por la Constitución para esa clase de leyes" (considerando 17°).

Si las distintas materias del tratado deben respetar los quórums de aprobación o rechazo que indica el artículo 63° de la Constitución Política, resulta que es indudable la absoluta sujeción de los tratados internacionales a la Carta Política;

68°.– Que, sobre el particular, el profesor Lautaro Ríos señala: "Ninguna Constitución contempla el logro automático de la jerarquía constitucional mediante un simple proceso semántico como el que se pretende hacer con la oración agregada al inc. 2° del art. 5° de nuestra Carta, que tiene –manifiestamente– otro alcance, como ya vimos. La desmesurada pretensión de identificar el rango de los tratados internacionales sobre DD. HH. con la suprema jerarquía normativa de la Constitución, choca abruptamente con el sistema mixto de control de constitucionalidad de la ley, tanto preventivo como represivo, entregados al Tribunal Constitucional y a la Corte Suprema, según el caso, los que no serían operables si los tratados sobre DD. HH. tuvieran rango constitucional *per se*.

"Dicha pretensión también atenta contra el delicado mecanismo de reforma de la Carta Fundamental, contenido en un capítulo especial, el capítulo XIV, y que se caracteriza por su notable rigidez, especialmente tratándose de la reforma del capítulo relativo a los derechos y deberes constitucionales, cuya estabilidad y preservación el Constituyente aseguró exigiendo un quórum reforzado de las dos terceras partes de los diputados y senadores en ejercicio.

"Tanto este quórum especial como los trámites propios de una ley y de reforma quedarían reemplazados por el quórum y los trámites de una ley ordinaria que, además, tendría el efecto de reformar la Constitución si aceptáramos el rango constitucional de los tratados sobre DD. HH. y su eventual carácter modificatorio de la Constitución.

"Una interpretación semejante, para ser armónica con el resto de la preceptiva constitucional, debiera haberse plasmado en un texto diferente y debiera haber venido acompañada de la modificación de los arts. 80° 82° N° 2° y del capítulo XIV de la Constitución" ("Jerarquía normativa de los Tratados Internacionales sobre Derechos Humanos", en Gaceta Jurídica N° 215, 1998, pág. 13);

69°.– Que, sostener que los tratados internacionales sobre derechos humanos puedan modificar la Constitución, conduce a que pierdan eficacia las disposiciones que permiten el control previo de constitucionalidad de los tratados (artículo 82° de la Constitución) y el control *a posteriori* (artículo 80° de la Constitución), ¿pues qué sentido tendrían estos controles si las normas del tratado sobre derechos humanos tuvieren el mismo rango jerárquico que la Constitución?;

70°.– Que, igualmente, quedaría sin sentido, parcialmente, el capítulo XIV de la Ley Fundamental sobre Reforma de la Constitución, si por la vía de los tratados internacionales sobre derechos humanos se pudiera enmendar su texto. Llegaríamos al absurdo que mediante el quórum simple podría modificarse la Carta Política que exige el quórum de tres quintos o de dos tercios de los miembros en ejercicio de cada Cámara, según sea la materia que se reforma;

74°.– Que, en suma, por lo expuesto y analizadas las normas constitucionales pertinentes con un criterio armónico, sistemático y coherente, no es posible sostener que un tratado que verse sobre derechos esenciales que emanan de la naturaleza humana enmiende la Constitución en lo que sea contraria a ella o tenga igual jerarquía.

De este modo, si dicho tratado contiene normas contrarias a la Carta Fundamental, sólo podrá, válidamente, incorporarse al ordenamiento jurídico interno previa reforma constitucional.

Por su parte, el ministro Marcos Libedinsky planteó en su voto disidente:

Que, como es sabido, el inciso 2° del artículo 5° de la Constitución Política establece que: "El ejercicio de la soberanía reconoce como limitación el respeto a los derechos esenciales que emanan de la naturaleza humana. Es deber de los órganos del Estado respetar y promover tales derechos, garantizados por esta Constitución, así como por los tratados internacionales ratificados por Chile y que se encuentren vigentes".

¿Frente al tenor categórico de esta cláusula podría el intérprete sostener que son contrarias a la Constitución disposiciones contenidas en el Tratado de Roma que posibilitan la intervención de una Corte Penal Internacional que permita el castigo efectivo de quienes han atropellado "derechos esenciales que emanan de la naturaleza humana"? En otras palabras, ¿es concebible que la Constitución, por una parte, imponga a todos los órganos del Estado el deber de respetar y promover los derechos esenciales que emanan de la naturaleza humana y, por otro lado, ella misma considere que mecanismos dirigidos, inequívocamente, a cumplir su mandato y obtener el respeto que ella exige, sean declarados inconstitucionales?[423].

237. Jurisprudencia Interamericana. El 26 de septiembre de 2006, la Corte Interamericana con sede en San José de Costa Rica, dictó sentencia en la causa Almonacid Arellano y otros versus Chile, condenando a nuestro país por incumplimiento de sus obligaciones internacionales. El fallo dice relación, entre otros tópicos, con el DL 2191 de 1978, de Amnistía. En lo medular, expresa lo siguiente[424]:

En el presente caso, la Corte ha sido llamada a pronunciarse respecto a si el Estado cumplió con los deberes generales establecidos en los citados artículos 1.1 y 2° de la Convención al mantener en vigencia el Decreto Ley N° 2.191 con posterioridad a la ratificación de la Convención por parte de Chile. Por otro lado, la Corte debe determinar si la aplicación del referido decreto ley constituye una violación de los derechos consagrados en los artículos 8.1 y 25° de la Convención, en relación con el artículo 1.1 de la misma, en perjuicio de las presuntas víctimas del presente caso. Para ello, el Tribunal estima oportuno dividir el análisis de la cuestión de la siguiente manera: a) primero, habría que calificar si el homicidio del señor Almonacid Arellano constituye o no un crimen de lesa humanidad; b) en segundo lugar y en caso que se establezca que tal homicidio constituye un crimen de lesa humanidad, la Corte considerará si dicho crimen puede o no ser amnistiado; c) en tercer lugar, y en caso de que se establezca que tal crimen no puede ser amnistiado, el Tribunal analizará si el Decreto Ley 2.191 amnistía o no este crimen y si el Estado violó o no la Convención al mantener vigente esa normativa, y d) finalmente, la Corte analizará si la aplicación de dicha normativa por parte de las autoridades judiciales en el presente caso conlleva una violación de los derechos consagrados en los artículos 8.1 y 25° de la Convención.

(...)

El desarrollo de la noción de crimen de lesa humanidad se produjo en los inicios del siglo pasado. En el preámbulo del Convenio de La Haya sobre las leyes y costumbres de la guerra terrestre de 1907 (Convenio núm. IV) las potencias contratantes establecieron que "las poblaciones y los

---

423 Un panorama actualizado en el tema se halla en Cath Collins: "Verdad, justicia y memoria por violaciones a los derechos humanos en tiempos de dictadura, a 40 años del golpe militar", en Tomás Vial Solar (editor): **Informe anual sobre derechos humanos en Chile 2013** (Santiago, Ed. Universidad Diego Portales, 2013, pp. 21 ss.)

424 Considerandos 90°, 94°, 95°, 99°, 110°, 111°, 114°, 129°, 132° y 133° del fallo citado.

beligerantes permanecen bajo la garantía y el régimen de los principios del Derecho de Gentes preconizados por los usos establecidos entre las naciones civilizadas, por las leyes de la humanidad y por las exigencias de la conciencia pública". Asimismo, el término "crímenes contra la humanidad y la civilización" fue usado por los gobiernos de Francia, Reino Unido y Rusia el 28 de mayo de 1915 para denunciar la masacre de armenios en Turquía.

El asesinato como crimen de lesa humanidad fue codificado por primera vez en el artículo 6.c del Estatuto del Tribunal Militar Internacional de Núremberg, el cual fue anexado al Acuerdo para el establecimiento de un Tribunal Militar Internacional encargado del juicio y castigo de los principales criminales de guerra del Eje Europeo, firmado en Londres el 8 de agosto de 1945 (el "Acuerdo de Londres"). Poco después, el 20 de diciembre de 1945, la Ley del Consejo de Control No. 10 también consagró al asesinato como un crimen de lesa humanidad en su artículo II.c. De forma similar, el delito de asesinato fue codificado en el artículo 5.c del Estatuto del Tribunal Militar Internacional para el juzgamiento de los principales criminales de guerra del Lejano Oriente (Estatuto de Tokyo), adoptada el 19 de enero de 1946.

(...)

Basándose en los párrafos anteriores, la Corte encuentra que hay amplia evidencia para concluir que en 1973, año de la muerte del señor Almonacid Arellano, la comisión de crímenes de lesa humanidad, incluido el asesinato ejecutado en un contexto de ataque generalizado o sistemático contra sectores de la población civil, era violatoria de una norma imperativa del derecho internacional. Dicha prohibición de cometer crímenes de lesa humanidad es una norma de *ius cogens*, y la penalización de estos crímenes es obligatoria conforme al derecho internacional general.

(...)

La obligación conforme al derecho internacional de enjuiciar y, si se les declara culpables, castigar a los perpetradores de determinados crímenes internacionales, entre los que se cuentan los crímenes de lesa humanidad, se desprende de la obligación de garantía consagrada en el artículo 1.1 de la Convención Americana. Esta obligación implica el deber de los Estados Partes de organizar todo el aparato gubernamental y, en general, todas las estructuras a través de las cuales se manifiesta el ejercicio del poder público, de manera tal que sean capaces de asegurar jurídicamente el libre y pleno ejercicio de los derechos humanos. Como consecuencia de esta obligación los Estados deben prevenir, investigar y sancionar toda violación de los derechos reconocidos por la Convención y procurar, además, el restablecimiento, si es posible, del derecho conculcado y, en su caso, la reparación de los daños producidos por la violación de los derechos humanos. Si el aparato del Estado actúa de modo que tal violación quede impune y no se restablezca, en cuanto sea posible, a la víctima en la plenitud de sus derechos, puede afirmarse que ha incumplido el deber de garantizar su libre y pleno ejercicio a las personas sujetas a su jurisdicción.

Los crímenes de lesa humanidad producen la violación de una serie de derechos inderogables reconocidos en la Convención Americana, que no pueden quedar impunes. En reiteradas oportunidades el Tribunal ha señalado que el Estado tiene el deber de evitar y combatir la impunidad, que la Corte ha definido como "la falta en su conjunto de investigación, persecución, captura, enjuiciamiento y condena de los responsables de las violaciones de los derechos protegidos por la Convención Americana". Asimismo, la Corte ha determinado que la investigación debe ser realizada por todos los medios legales disponibles y orientada a la determinación de la verdad y la investigación, persecución, captura, enjuiciamiento y castigo de todos los responsables intelectuales y materiales de los hechos, especialmente cuando están o puedan estar involucrados agentes estatales. Al respecto, este Tribunal ha señalado que no pueden considerarse efectivos aquellos recursos que, por las condiciones generales del país o incluso por las circunstancias particulares de un caso dado, resulten ilusorios.

(...)

> Por las consideraciones anteriores, la Corte estima que los Estados no pueden sustraerse del deber de investigar, determinar y sancionar a los responsables de los crímenes de lesa humanidad aplicando leyes de amnistía u otro tipo de normativa interna. Consecuentemente, los crímenes de lesa humanidad son delitos por los que no se puede conceder amnistía.
>
> (...)
>
> El Tribunal, como conclusión de todo lo señalado en esta sección A), considera que el asesinato del señor Almonacid Arellano formó parte de una política de Estado de represión a sectores de la sociedad civil, y representa sólo un ejemplo del gran conjunto de conductas ilícitas similares que se produjeron durante esa época. El ilícito cometido en contra del señor Almonacid Arellano no puede amnistiarse conforme a las reglas básicas del derecho internacional, puesto que constituye un crimen de lesa humanidad. El Estado incumplió su obligación de adecuar su derecho interno a efectos de garantizar los derechos establecidos en la Convención Americana, porque mantuvo y mantiene en vigencia el Decreto Ley No. 2.191, el que no excluye a los crímenes de lesa humanidad de la amnistía general que otorga. Finalmente, el Estado violó el derecho a las garantías judiciales y a la protección judicial, e incumplió con su deber de garantía, en perjuicio de los familiares del señor Almonacid Arellano, porque aplicó el Decreto Ley No. 2.191 al presente caso.
>
> En el presente caso, la Corte ha encontrado probado que el 27 de septiembre de 1996 el Segundo Juzgado Militar de Santiago solicitó al Primer Juzgado del Crimen de Rancagua que se inhibiera de seguir conociendo la causa porque las personas investigadas al momento en que ocurrieron los hechos estaban sujetas al fuero militar. Como resultado de lo anterior, la Corte Suprema chilena resolvió el conflicto de competencia a favor de la Jurisdicción Militar, la que finalmente concluyó las investigaciones del presente caso aplicando el Decreto Ley de autoamnistía.
>
> En vista de lo anterior, la Corte declara que el Estado violó el Artículo 8.1 de la Convención Americana, en conjunto con el artículo 1.1 de la misma, por otorgar competencia a la jurisdicción militar para que conozca el presente caso, ya que ésta no cumple con los estándares de competencia, independencia e imparcialidad anteriormente expuestos.
>
> Sobre esta sentencia y los desafíos que ella impone al sistema normativo nacional se ha pronunciado la doctrina con sentidos opuestos[425]. Al respecto, reiteramos nuestra prevención, en el sentido de que el fallo, discutible en presupuestos procesales y sustantivos reabre la polémica, radicada en los tribunales por falta de solución política, acerca de si son compatibles en Chile la justicia y la reconciliación.

Dejando de manifiesto que la aprobación del Estatuto de Roma era una decisión parlamentaria esencialmente política, en el considerando 5° de la sentencia Rol Nº 1.415 el Tribunal Constitucional se limitó a declarar:

> Habiéndose pronunciado al Poder Constituyente Derivado en los términos indicados en la disposición vigesimocuarta, el Tribunal constata que el proyecto de acuerdo que aprueba el Estatuto de Roma de la Corte Penal Internacional es constitucional.

Terminó así un largo proceso, iniciado años antes como se ha visto en la jurisprudencia respectiva ya insertada, durante el cual fueron removidos los obstáculos que impedían culminarlo exitosamente[426]. Es un ejemplo, puede ser realzado hoy en que se reitera, con pertinacia, la tesis contraria, de lo necesario que resulta en la democracia forjar consensos, que consumen tiempo y esfuerzo, para avanzar en la consecución del bien común.

---

[425] Sobre el particular, véase Humberto Nogueira Alcalá: "Los desafíos de la sentencia de la Corte Interamericana en el caso Almonacid Arellano", XII **Revista Ius et Praxis** Nº 2 (2006) pp. 60 ss.

[426] Véase Andrea Rojas Olivares y Guillermo Jiménez Salas (editores): I **Doctrina constitucional del presidente Ricardo Lagos Escobar** (2000-2006) (Santiago, Lom, dos tomos, 2007) pp. 11 ss.

Rechazar la política de los acuerdos, que fue clave en la transición y consolidación de la recuperación de nuestra tradición republicana, se torna insostenible y debe ser calificada de hondamente equivocada. Confiamos en que no se insista en tan estéril desarrollo. Sensible resulta, por ende, que en noviembre de 2014 parlamentarios hayan planteado una iniciativa de ley para derogar el DL Nº 2.191, práctica y reiteradamente desaplicado, como ha quedado de relieve en la jurisprudencia ya insertada.

238. Irradiación en la jurisprudencia chilena. La sentencia del Tribunal Constitucional (Rol Nº 346) sobre el tratado que crea la Corte Penal Internacional, erigió una valla insalvable no solo para la aprobación del Estatuto de Roma, sino que, en dimensión más amplia, a los fines de recepcionar, fluidamente, el derecho internacional de los derechos humanos y la jurisprudencia de la Corte Interamericana. En pugna con la tesis sostenida en esa sentencia, en los últimos años las Cortes de Apelaciones y la Corte Suprema han dictado fallos que, en términos categóricos, se fundamentan en varias de las técnicas del neoconstitucionalismo, recogidos en el pronunciamiento de la magistratura interamericana referida. A continuación, se presenta una selección de tales fallos[427]:

> Que el Derecho Internacional Humanitario se encuentra esencialmente contenido en los cuatro Convenios de Ginebra de 1949, sobre Tratamiento a los Prisioneros de Guerra y a las Personas Civiles en Tiempos de Guerra, ratificados por Chile en decreto supremo Nº 732, y publicados en el Diario Oficial de 17, 18, 19 y 20 de abril de 1951, en la actualidad ratificados por prácticamente todos los países del mundo;
>
> (...)
>
> Que la "universalidad" del principio de imparcialidad, predicada en el Preámbulo de la Convención de 1968, es demostrativa del carácter puramente declarativo que el instrumento internacional asigna a esa institución, el que se refuerza a partir de la simple lectura de su artículo I, en cuanto precisa que los crímenes de guerra (letra a) y de lesa humanidad (letra b) "Son imprescriptibles, cualquiera que sea la fecha en que se hayan cometido".
>
> En otras palabras, la Convención no se limitó a enunciar esta regla, sino que a afirmarla, mediante su positivación, ya que ella operaba a la fecha como derecho consuetudinario internacional. Así, por lo demás, se evidencia en los trabajos preparatorios de la Convención, como queda de manifiesto en los Informes de la Comisión de Derecho Internacional y en la Resolución 3 (XXII), aprobada por el Consejo Económico y Social de Naciones Unidas por Resolución 1.158 (XLI), de 5 de agosto de 1966 y Resolución (XXIII) de la Asamblea General, de 18 de diciembre de 1967.
>
> (...)
>
> Que, además de los informes de la Comisión de Derecho Internacional de Naciones Unidas, relacionados en la reflexión 15 precedente, la Corte Interamericana ha tenido oportunidad de pronunciarse en el sentido de la imprescriptibilidad de los crímenes de guerra y de lesa humanidad, en numerosas sentencias, como verbigracia en los casos Velásquez Rodríguez (sent. de 29.07.88 Serie C.°4); Godínez Cruz (sent. de 20-0189, Serie C. Nº 5) y Blake (sent. de 24.01.88 Serie C. Nº 36), y muy especialmente, en la reciente "Almonacid Arellano y otros versus Chile" de 26.09.2006, donde explícitamente se califica el homicidio perpetrado por agentes del Estado en la persona de don Luis Alfredo Almonacid Arellano, como un crimen de lesa humanidad, agregando que la

---

[427] Reproducidos íntegramente en Humberto Nogueira Alcalá, **Derechos fundamentales y garantías constitucionales, cit.** pp. 55 ss., 145 y 195 ss. Consúltese también Gerardo Bernales Rojas: "La imprescriptibilidad de la acción penal en procesos por violaciones a los derechos humanos", XII **Revista Ius et Praxis** (Talca, Facultad de Derecho de la Universidad de Talca, 2007) pp. 245 ss.

prohibición de cometer esta clase de ilícitos "es una norma de *ius cogens* y la penalización de estos crímenes es obligatoria, conforme al derecho internacional general" (Consid. 99°).

(...)

Que la Corte Permanente de Justicia Internacional ha dictaminado que es un principio de Derecho de Gentes generalmente reconocido que, en las relaciones entre potencias contratantes, las disposiciones del derecho interno no pueden prevalecer sobre las de un tratado, y que un Estado no puede invocar su propia Constitución, para sustraerse a las obligaciones que impone el Derecho Internacional a los tratados vigentes.

Que, como lo ha señalado esta misma Corte Suprema en reiteradas sentencias, de la historia fidedigna del establecimiento de la norma constitucional contenida en el artículo 5° de la Carta Fundamental, queda claramente establecido que la soberanía interna del Estado de Chile reconoce su límite en los derechos que emanan de la naturaleza humana, "valores que son superiores a toda norma que puedan disponer las autoridades del Estado, incluido el Poder Constituyente, lo que impide sean desconocidos" (S.C.S., 30.01.996).

Que la jurisprudencia y doctrina nacionales, desde muy antiguo, han reconocido, la prevalencia del Derecho internacional, en el supuesto de contradecir éste el derecho interno[428].

(...)

Que, en esta perspectiva, la llamada ley de amnistía puede ser claramente incardinada como un acto de autoexoneración de responsabilidad criminal por graves violaciones a los derechos humanos, pues se dictó con posterioridad a ellos, por quienes detentaban el poder durante y después de los hechos, garantizando de esta manera, la impunidad de sus responsables, conculcando así el artículo 148° del IV Convenio de Ginebra;

Que, por ende, el Decreto Ley N° 2.191, de mil novecientos setenta y ocho, deber ser interpretado en un sentido conforme con los Convenios de Ginebra, por lo que es inexequible respecto a las contravenciones graves contra los derechos esenciales determinados en ellos y cometidos en nuestro país durante su vigencia;

Que, desde otro punto de vista y atendida la naturaleza de los hechos pesquisados, con arreglo a los antecedentes reunidos hasta estas alturas de la indagación, hacen procedente concluir que se está en presencia de lo que la conciencia jurídica ha dado en denominar delitos contra la humanidad;

(...)

Que se denominan crímenes de lesa humanidad aquellos injustos que no sólo contravienen los bienes jurídicos comúnmente garantizados por las leyes penales, sino que, al mismo tiempo, suponen una negación de la personalidad moral del hombre, que se manifiesta, como caso extremo, cuando se mira al individuo como una cosa. De suerte tal que para la configuración de este ilícito existe una íntima conexión entre los delitos de orden común y un valor agregado que se desprende de la inobservancia y menosprecio a la dignidad de la persona, porque la característica principal de esta figura es la forma cruel y bestial con que diversos hechos criminales son perpetrados, lo que se contraría de forma evidente y manifiesta con el más básico concepto de humanidad, destacándose también la presencia de ensañamiento con una especial clase de individuos, conjugando así un eminente elemento intencional, en tanto tendencia interior específica de la voluntad del agente;

---

[428] Considerandos 6°, 16°, 19°, 21°, 22° y 23° de la sentencia pronunciada por la Corte Suprema el 13 de diciembre de 2006 (Rol N° 559-04), denominado "Caso Molco", reproducido en pp. 145 ss. de la fuente citada en la nota precedente.

(...)

Que entre las características que distinguen este tipo de transgresiones se destacan la imprescriptibilidad, la imposibilidad de amnistiarlos y de consagrar excluyentes de responsabilidad que pretendan impedir la investigación y sanción de los responsables de graves violaciones a los derechos esenciales, tales como la tortura, las ejecuciones sumarias, extra legales o arbitrarias y las desapariciones forzada, todas ellas prohibidas por el derecho internacional de los derechos humanos;

Que la indicada consagración del derecho de gentes y su aceptación permiten considerar que existía a la época del hecho criminoso de autos, un sistema de protección de derecho obligatorio para el Estado de Chile, independientemente del consentimiento expreso de las naciones vinculadas y que se conoce como reglas imperativas de derecho internacional o *ius cogens*. Tales patrones se imponen a los Estados y prohíben los crímenes de lesa humanidad, incluso durante el desarrollo de conflictos de carácter internacional o internos. Este derecho perentorio internacional implica el rechazo *in limine* por las naciones civilizadas de injustos que repugnan a la conciencia humana y que constituyen crímenes contra la humanidad.

Dichas disposiciones conforman el derecho internacional preceptivo el cual junto con el derecho internacional convencional, forman parte integrante del derecho chileno.

(...)

Que, de igual manera, el inciso segundo del artículo 5° de la Constitución, preceptúa que el ejercicio de la soberanía se encuentra limitado por "los derechos esenciales de la persona humana", siendo "deber de los órganos del Estado respetar y promover tales derechos garantizados por esta Constitución así como por los tratados internacionales ratificados por Chile que se encuentran vigentes", valores que son superiores a toda norma que puedan disponer las autoridades del Estado, incluido el Poder Constituyente derivado, lo que impide que sean desconocidos, aun en virtud de consideraciones de oportunidad en la política social o de razones perentorias de Estado para traspasar esos límites, otorgándole rango constitucional a los tratados que garantizan el respeto de los derecho humanos, concediéndoles una jerarquía mayor que a los demás tratados internacionales, en cuanto regulan los derechos esenciales que emanan de la naturaleza humana.

En definitiva, los derechos humanos asegurados en un tratado se incorporan al ordenamiento jurídico interno, formando parte de la Constitución material adquiriendo plena vigencia, validez y eficacia jurídica, no pudiendo ningún órgano del Estado desconocerlos, y debiendo todos ellos respetarlos y promoverlos, como asimismo, protegerlos a través del conjunto de garantías constitucionales destinadas a asegurar el pleno respeto de los derechos. Esa obligación no sólo deriva del mentado artículo 5°, sino también del 1°, incisos primero y cuarto, y 19° N° 26° de la Carta Magna y de los mismos tratados internacionales, entre éstos del artículo 1° común a los Cuatro Convenios de Ginebra, que establece el deber de los Estados Partes de respetar y hacer respetar el derecho internacional humanitario[429].

El obstáculo para aprobar y ratificar el Estatuto de Roma, insistiendo así que Chile se integrará a los países signatarios y miembros de la Corte penal Internacional, quedó finalmente salvado mediante el compromiso que consta en el inciso final de la disposición transitoria vigesimocuarta, introducida a la Carta Política por la reforma constitucional del 4 de abril de 2009.

[429] Considerandos 24°, 25°, 26°, 27°, 30°, 31° y 39° de la sentencia dictada por la Corte Suprema el 13 de marzo de 2007 (Rol N° 3125-04), reproducida en la fuente ya indicada, pp. 160 ss.

CAPÍTULO VII ESTADO DE DERECHO

239. Conceptos fundamentales. El Estado de Derecho es aquella Nación-Estado o Estado-Sociedad en que impera un sistema jurídico justo, cuya aplicación es objetiva e impersonal, igualmente vinculante para gobernantes y gobernados y en el que, por lo mismo, ninguna arbitrariedad queda ni puede resultar sin sanción. En él, el poder o soberanía se hallan sometidos al Derecho y este es expresivo del humanismo.

Tal tipo de Estado tiene ostensible sentido axiológico, imposible de limitar al positivismo formal de la legalidad escrita. Posee, además, ciertas bases y finalidades sustantivas que lo caracterizan, en el caso de Chile contempladas principalmente en los artículos 6° y 7° del Código Político.

Así concebido y llevado a la práctica, el Estado de Derecho es consustancial a la democracia y se erige en la más sólida expresión del valor de la legitimidad de la dominación de unos hombres sobre sus semejantes, como asimismo, de la seguridad jurídica.

240. Historia fidedigna. En la Comisión de Estudio de un anteproyecto de nueva Constitución, el señor Silva Bascuñán sostuvo, sobre el Estado de Derecho, lo siguiente[430]:

> Le parece que hay un concepto genérico del Estado de Derecho que no lo describe en forma real porque precisamente no tiene ese sentido de justicia, y ha sido sobrepasado frente al fracaso que esa concepción equivocada, en los hechos, ha generado y llevado tanto sufrimiento a los pueblos. Estima que hay muchos que han creído que el Estado de Derecho es simplemente aquel donde existe un ordenamiento jurídico, en el cual los órganos de poder se sujetan a ese ordenamiento, considerando que existe Estado de Derecho con sólo respetar esos dos requisitos que se han mencionado y sin preocuparse, en absoluto, del contenido de justicia que tenga el Estado de que se trate, lo cual no es Estado de Derecho, pues la evolución conceptual de la ciencia política ha llevado a la conclusión precisa que no hay Estado de Derecho sólo cuando, con absoluta libertad y prescindencia de su contenido

---

430 **Actas de la Comisión de estudio de la nueva Constitución, cit.** sesión 47ª, pp. 23-24.

de justicia, la voluntad de la colectividad puede expresarse en normas, aunque ellas después se respeten por los órganos y se autolimiten unos a otros dentro de la consideración del ordenamiento jurídico que se ha dictado. Agrega que, en cambio, hay Estado de Derecho cuando, desde la base, el ordenamiento jurídico no sólo establece reglas, crea órganos y que permite que las reglas y los órganos se ajusten a esas bases, sino que cuando el ordenamiento jurídico básico tiene como fundamento esencial los derechos del ser humano y de los grupos intermedios que existen dentro de la colectividad, y si no existe este respeto a tales bases, por perfecto que sea el ordenamiento jurídico, como técnica al servicio de su propio movimiento, por respetuoso que sean los órganos de mantenerse dentro de esos límites, no hay tal Estado de Derecho porque no se ha considerado lo fundamental: que todo esté establecido y se mueva no para cualquiera voluntad que se exprese dentro del Estado sino para una voluntad estatal, en la cual el elemento básico sea el respeto de los derechos fundamentales del ser humano. Por tal motivo, considera que frente al fracaso de este Estado de Derecho concebido como una mera posibilidad técnica y perfeccionista, con divorcio absoluto del contenido de justicia de la vida social, no existe Estado de Derecho.

Hace presente que para él, el Estado de Derecho requiere, como elemento esencial, no sólo que exista toda una institucionalidad establecida, consagrada y respetada, sino que ese ordenamiento esté basado en el respeto de los derechos fundamentales del hombre y de los grupos intermedios que existen en la sociedad política. Añade que su duda es nada más que la siguiente: no cree que el Estado de Derecho brote, como dice el señor Ovalle, de la democracia, que sea un resultado de ella, porque puede haber Estado de Derecho en un régimen que no sea democrático; por ejemplo, si la democracia se la opone a un simple régimen aristocrático o monárquico, no absoluto, sino condicionado, no tiene por qué no considerarse un Estado de Derecho.

Agrega que en su opinión, el Estado de Derecho tiene como requisito técnico y lógico un ordenamiento jurídico que se respete, pero como base fundamental requiere que ese ordenamiento jurídico, esa voluntad, estén sometidas básica y sustancialmente al respeto de los derechos fundamentales del ser humano, consistiendo, entonces, su duda, en que si acaso el Estado de Derecho es el resultado del movimiento del Estado, de cómo se maneja el Estado, no cabría ponerlo, por lo tanto, en el texto de la Constitución, y en cuanto a la frase que sigue, que él suscribe, él agregaría –a pesar de lo que explicaba denantes el señor Evans en el sentido de que sería un exceso de repetición que todo esto tiene que ser dentro de ese sustancial respeto de los derechos de la persona y de los grupos.

241. Bases constitucionales. Con sujeción a los artículos 6° y 7° de la Constitución, esas bases son las siguientes:

– El principio de supremacía constitucional, en sus vertientes formal y material o de fondo;

– El principio de juridicidad o legalidad, entendido también en la doble dimensión recién señalada; y

– El principio de control, responsabilidad y sus consecuencias, sin cuya vigencia real los dos postulados precedentes pierden todo o gran parte de su mérito efectivo en la democracia constitucional.

Se describirá, a continuación, el concepto de cada una de tales bases, para examinar su significado en los numerales siguientes.

A. Principio de supremacía constitucional. Afirma que la Constitución es, en el fondo y en su forma, la Ley Suprema del Estado-Nación, a la cual deben someterse todas las demás normas jurídicas y tanto las decisiones de los gobernantes como las conductas y actos jurídicos de los gobernados. Aparece este principio en el artículo 6°. De singular importancia resulta destacar que el principio tiene fuerza jurídica por sí mismo, es decir, directa e indirecta en su caso, de modo que siempre debe ser considerado por los órganos estatales, en primer lugar, al estudiar, adoptar y cumplir sus decisiones. La supremacía es esencial en el sistema jurídico; reviste importancia capital para la seguridad jurídica, pues sin ella la Carta Fundamental pierde su relevancia de proyecto máximo de bien común; en fin, la justicia constitucional queda, funcional y orgánicamente, facultada para cuidar la vigencia efectiva de este principio, asumiendo que él posee imperatividad directa e inmediata. En virtud de tal primacía, el Código Político no queda supeditado a lo que preceptúa la ley u otra clase de norma;

B. **Principio de juridicidad o legalidad**. Afirma que las autoridades y los gobernados deben actuar dentro del marco de potestades y atribuciones, las primeras; de derechos y deberes, los segundos, determinados o asegurados, de antemano y en texto escrito por el Derecho, con sujeción, leal o de buena fe, a cuanto fluye de ese marco infranqueable. Aunque en la práctica y doctrinariamente se refiere a los órganos estatales, este principio rige también a los particulares, a pesar de que respecto de ellos sea mayor el margen de libertad en su actuar. El principio aparece en el artículo 7° inciso 2° de la Constitución;

C. **Principio de responsabilidad**. Supone el control o fiscalización, secuela del cual es la responsabilidad e imposición de las sanciones políticas, penales, administrativas, civiles y demás que la Constitución y las leyes contemplan con respecto a los que infrinjan sus valores, principios y normas. Hállase este principio también en el artículo 7°, pero ahora en su inciso tercero o final. Debe observarse que la Carta Fundamental dispone, por sí misma y de inmediato, la sanción de nulidad para los actos que vulneren lo dispuesto en su articulado o que fluye de él. Por consiguiente, la responsabilidad sea penal, civil, administrativa o de otras especies tiene que entenderse adicional a la nulidad señalada. Esta, debe recordarse, difiere de la derogación, porque tiene siempre efecto retroactivo; y

D. **Principio de separación de órganos y funciones**. Surge como consecuencia de los tres principios ya descritos. Se halla presente en el inciso 2° del artículo 7°. Debe recordarse que el Estado de Derecho, para ser tal, presupone la división del ejercicio del poder único o soberanía, así como, la distribución de funciones entre órganos estatales competentes, cada uno de los cuales desempeña sus atribuciones con autonomía y vigilando a los demás. De poco serviría este principio, empero, si no se hubiesen contemplado sanciones para quienes lo quebranten, es decir, el sufrimiento de penas y de otras puniciones, impuestas en un proceso previo y justo, por transgredir el ordenamiento jurídico objetivo y los demás elementos que lo integran. El castigo a los responsables, consecuencia del control oportuno sobre su conducta, es parte integrante, por ende, de un ordenamiento jurídico legítimo.

242. Unidad con idea cardinal. Los artículos 6° y 7° tienen estrecha unidad conceptual. Ambos giran en torno al Estado Constitucional de Derecho y buscan su concreción. La distinción mayor, de uno con otro, radica en que, mientras el artículo 6° se focaliza en el principio de supremacía constitucional, el artículo 7° está concentrado en el homónimo de legalidad y sus consecuencias. Pero, fácil es comprenderlo, el primero de aquellos principios presupone al segundo de ellos, ya que si la primacía del Código Político implica el respeto de las competencias dispuestas en él, esto a su vez impele a acatar el principio de legalidad en su vasto sentido.

Por otra parte, procede destacar que dichos artículos responden a criterios generales del Derecho, pero que, en alguna medida, están formulados en términos que son una creación original de la Constitución de 1980. En tal sentido, no se puede dejar de elogiarlos. En verdad, la única disposición semejante que aparecía en Constituciones chilenas anteriores era la prevista en el artículo 7°, incisos 2° y 3°, pues se hallaba en el artículo 151° de la Carta Fundamental de 1833. En esta, Mariano Egaña incorporó la que hoy se denomina *regla de oro del derecho público chileno*", y lo hizo en los términos siguientes[431]:

> Ninguna magistratura, ninguna persona, ni reunión de personas pueden atribuirse, ni aun a pretexto de circunstancias extraordinarias, otra autoridad o derechos que los que expresamente se les haya conferido por las leyes. Todo acto en contravención a este artículo es nulo.

En el marco de las consideraciones expuestas cabe analizar, en las secciones siguientes y con mayor detalle, los principios enunciados.

Sección primera
Principio de primacía constitucional

243. Texto constitucional. Dispone el artículo 6° lo siguiente:

> Los órganos del Estado deben someter su acción a la Constitución y a las normas dictadas conforme a ella, y garantizar el orden institucional de la República.
>
> Los preceptos de esta Constitución obligan tanto a los titulares o integrantes de dichos órganos como a toda persona, institución o grupo.
>
> La infracción de esta norma generará las responsabilidades y sanciones que determine la ley.

Este artículo ha sido objeto de una sola enmienda, introducida a través de la reforma de 2005, la cual incorporó en su inciso primero la frase "y garantizar el orden institucional de la República". Imperativo es observar que lo previsto en este artículo recibe menos invocación y aplicación que lo prescrito en el artículo 7°, pese a la evidente importancia de las disposiciones contempladas en él. Tal vez, por su amplitud, complejidad e insuficiencia de estudio ha permanecido en un injustificable segundo plano. La novedad del artículo, la ausencia de antecedentes de él en nuestros anales constitucionales y, lo que es menos justificable aunque sigue siendo decisivo, la vacilación que los jueces y abogados demuestran aún ante la fuerza normativa directa del Código Político, son explicaciones adicionales de la circunstancia descrita[432].

244. Historia fidedigna. Útil es destacar que al nombrar a toda persona, institución o grupo el texto constitucional se refiere a cualquier sujeto a quien le sea aplicable el ordenamiento jurídico chileno, es decir, a las personas naturales y jurídicas, de derecho público y privado, nacionales y extranjeras, sin excepción y en la medida que los alcance el régimen normativo nuestro:

> El señor Diez considera que es más absoluto expresar, en forma generalizada, que la obligación de respetar los preceptos de la Constitución alcanza a "toda persona, institución o grupo". Y, como este artículo luego de referirse a la obligación de las autoridades de respetar esos preceptos, usa la expresión "tanto como a las personas, instituciones o grupos", se entiende que se está refiriendo a las personas que de alguna manera están sometidas al ordenamiento jurídico chileno Además, tiene la ventaja de que, aunque se desprende implícitamente del texto, que las personas, instituciones

---

431 Consúltese del autor su monografía "Tercera regla de oro del derecho público", publicada en varias revistas e incluida en el libro **Renovación del constitucionalismo en Chile** (Santiago, Ed. Abeledo Perrot, 2012) pp. 101 ss.

432 Consúltese Luis Prieto Sanchís: "Supremacía, rigidez y garantía de la Constitución", en **El constitucionalismo de los derechos. Ensayos de filosofía jurídica** (Madrid, Ed. Trotta, 2013) pp. 155 ss.

o grupos están sometidas al ordenamiento jurídico chileno, se evita con esa redacción que el sometimiento parezca el requisito para observar los preceptos de la Constitución (...), porque hay una serie de organismos internacionales o supranacionales, instituciones como la propia Iglesia Católica, que mañana podrían decir que no están sometidas al ordenamiento jurídico chileno.

El señor Ortúzar (Presidente) declara que si bien es cierto que quedaría mejor la expresión "sometidos al ordenamiento jurídico chileno", no es menos cierto que, en realidad, siempre queda la interrogante: ¿y quiénes son los que están sometidos al ordenamiento jurídico chileno?

El señor Evans responde que todas las personas, instituciones o grupos.

El señor Diez prefiere, por eso, decir que los preceptos constitucionales obligan a "toda persona, institución o grupo", de manera generalizada: a todos[433].

En cuanto a la historia fidedigna de la innovación introducida por la reforma de 2005 al inciso primero del artículo en comentario, es preciso tener presente el antecedente siguiente, extraído del primer informe evacuado por la Comisión respectiva de la Cámara de Diputados[434]:

Se explica que esta enmienda tiene por fin encomendar a los órganos del Estado en general constituirse en garantes de la institucionalidad.

El vicepresidente de la República, José Miguel Insulza, señaló que ella se inscribe dentro de las encaminadas a reemplazar el núcleo central de la filosofía del Constituyente de 1980, sustituyendo la idea de democracia protegida por la de democracia constitucional. Es decir, aquella fundada en un régimen político de gobierno de las mayorías, asentada en el principio de la protección de las minorías y de la defensa de derechos fundamentales de todos, sin exclusiones. En tal sentido, un elemento de la democracia protegida que es necesario modificar atañe al término de la tutela militar, representada por la existencia de Fuerzas Armadas con una relativa autonomía, gozando sus Comandantes en Jefe de inamovilidad y teniendo dichas instituciones el carácter de exclusivo garantes de la institucionalidad, a lo que había que agregar un Consejo de Seguridad Nacional cuyas opiniones podían llegar a prevalecer sobre las de todos los poderes democráticos, constituyendo todo ello un poder de seguridad similar a un cuarto poder del Estado. Por ello, además de reconocer que el Presidente de la República podrá remover, con ciertas formalidades, a los Comandantes en Jefe, y establecer que el Consejo de Seguridad Nacional tendrá un rol puramente consultivo, es necesario precisar que el rol de garantes de la institucionalidad dependerá de todos los órganos del Estado y no sólo a las Fuerzas Armadas.

245. Organismos estatales. Conviene distinguir, mediante un análisis adecuado y completo, entre las cuatro ideas previstas en el artículo 6°, sin perjuicio de reiterar que existe unidad conceptual entre ellas.

Así examinando el inciso 1°, se constata que él versa únicamente sobre los órganos del Estado. Obsérvese que es la tercera vez que se emplea el sustantivo *órgano* en la Constitución, siendo la primera en el artículo 3° inciso 3°, y la segunda en el artículo 5° inciso 2°.

Pues bien, los órganos del Estado son las personas naturales que, debidamente investidas e incorporadas a una institución pública, actúan en nombre de aquel, atribuyéndole o imputándole lo obrado o no por ellos, tal como si el Estado mismo lo hubiera hecho. Órganos son, en tal sentido y con carácter general, las autoridades y funcionarios públicos. No son, entonces, sólo los poderes estatales, como el Presidente de la República, los parlamentarios, los magistrados de los Tribunales Superiores o el fiscal Nacional. Lo son,

433 **Actas Oficiales de la Comisión de Estudio de un anteproyecto de la nueva Constitución**, sesión 53°, celebrada el 11 de julio de 1974, p. 12.

434 Emilio Pfeffer Urquiaga: **Reformas constitucionales 2005** (Santiago, Editorial Jurídica de Chile, 2005) p. 26.

ampliamente entendidas, las autoridades públicas, incluyendo los empleados y funcionarios del Estado que, obrando dentro de su competencia, lo representan en sus diversas funciones y cometidos. Por ejemplo, un alcalde y concejal, un juez o un secretario de juzgado, los ministros y el secretario del Tribunal Constitucional, un carabinero, un oficial civil, un director del Banco Central o un inspector del Servicio de Impuestos Internos[435].

Por medio de la reforma constitucional de 2005 se incorporó, en el artículo 6° inciso 1°, como deber de los órganos del Estado, garantizar el orden institucional de la República. Con anterioridad a esa enmienda, conforme a lo dispuesto por el antiguo artículo 90°, el deber aludido correspondía solo a las Fuerzas Armadas y Carabineros de Chile. Sobre el particular, cabe comentar la importancia del cambio referido, derivada de haber impuesto el deber de resguardar, cuidar o garantizar el orden institucional de la República sobre todos los órganos estatales, sin excepción. Tal obligación es clara e implica, en primer lugar, la sumisión leal de esos órganos al espíritu de la Carta Fundamental, velando para que sus valores, principios y normas sean siempre y por todos obedecidos y puestos en práctica.

Por otra parte, en el inciso 2° del artículo 6° se halla un concepto adicional que es menester explicar. En efecto, los órganos del Estado pueden desempeñarse en cuatro calidades distintas: titulares, suplentes, interinos y subrogantes. A estas cuatro situaciones se refiere el inciso en comentario. Puede consultarse el significado de cada uno de estos términos en el artículo 4° del Estatuto Administrativo[436]. Aquí procede añadir que la calidad de interino se refiere al funcionario que desempeña un cargo de planta cuando ha cesado el titular y no ha sido designado aún el reemplazante.

Tales órganos, sin excepción, deben someter su acción a la Constitución y a las normas dictadas conforme a ella. Aquí se encuentra el principio de primacía o supremacía constitucional, o sea, la cualidad de Ley Suprema que singulariza el Código Político en su fondo y forma. Consecuentemente, si hay conflicto entre la Constitución, por un lado, y las normas dictadas conforme a ella, por otro, debe aplicarse primero la Constitución, porque es sustantiva y procesalmente suprema. La conformidad de las normas jurídicas con la Carta Fundamental debe ser, por ende, siempre tanto de procedimiento como de contenido, resultando imperativo verificar ese doble examen para concluir si ha sido o no respetado el principio en comentario. No es la ley, el reglamento o la sentencia, sin más, la manifestación de un órgano estatal que debe ser obedecida, sino que, como lo exige la disposición constitucional analizada, solo cuando se halla constatado que esos actos de los órganos competentes han sido dictados con sujeción o de acuerdo con lo previsto en el Código Político y su normativa inmediatamente complementaria. He aquí el llamado *bloque de constitucionalidad*, al cual, por su importancia, nos referiremos con más detalle en el numeral siguiente.

Desde que fue asentándose el proceso de hondos cambios jurídicos que se ha resumido, las Constituciones quedaron situadas, verdadera y no virtualmente, en su posición nueva, dominante y que ojalá no pierdan jamás. Son, como anhelaba Herman Heller, Constituciones que van adquiriendo la cualidad de vivas por ser vividas en su parte dogmática, con garantías y control judicial para el respeto, no solo por el legislador, de sus valores, principios y normas[437].

---

[435] Revísese del autor su libro **Teoría del gobierno. Derecho chileno y comparado** (Santiago, Ed. Universidad Católica de Chile, 2000) pp. 20 ss.

[436] DFL N° 26, de 2004, del Ministerio de Hacienda, que fija el texto refundido, coordinado y sistematizado de la Ley N° 18.834, sobre Estatuto Administrativo, publicado en el Diario Oficial el 16 de marzo de 2005 y sus reformas.

[437] **Teoría del Estado** (México DF, Ed. Fondo de Cultura Económica, 1968), pp. 272-274.

En resumen, este fenómeno universal grandioso[438] en palabras de Cappelletti, consiste en que hemos pasado de la soberanía de la ley a la supremacía de la Constitución; del *instrumento de Gobierno* a la Carta Fundamental como enunciado programático de reglas escritas; de la omnipotencia de la ley a la Constitución en cuanto expresión de valores positivizados, con la cualidad propia de la más importante fuente del Derecho. Dotada de fuerza normativa inmediata y vinculante para el legislador y todos los órganos públicos, ahora el Código Político compele al juez sumido en contiendas de derecho privado a convertirse en otro, identificado con una judicatura habilitada para resolver también litigios que involucran al Estado y decididos a favor de los ciudadanos, En fin, del fracaso del control partidista del Parlamento sobre la constitucionalidad de las leyes, hemos avanzado, llegando a la judicatura constitucional en el mundo democrático.

246. Bloque de constitucionalidad. El asunto fluye del inciso 1° y 2° del artículo 6°. Refiérense las normas o a los preceptos de la Constitución. Pues bien, al usar la voz *preceptos*[439], la Carta Fundamental se remite no solo a las normas de ella, sino que también a los valores y a los principios, es decir, a los ideales y enunciados generales que no están articulados con formalidad de normas, en el sentido jurídico que les otorga la dogmática o ciencia del derecho positivo, Empero, aún con ese sentido restringido, lo cierto es que la Constitución surge como un sistema completo e íntegro de disposiciones, un conjunto armónico de valores, principios y preceptos. De unas y otros, al tenor de lo ya destacado, son más importantes los valores y luego los principios, porque tienen jerarquía de preeminentes, atendidos su rango más elevado, tienen aplicabilidad más amplia, su fuerza interpretativa es mayor y son perdurables o, en todo caso, de larga duración.

Retornando al inciso 1° del artículo 6°, realzamos que allí se exige obedecer, a todos los órganos del Estado, a la Carta Política y a las normas dictadas con sujeción a ella, Fuerza es analizar el sentido y alcance de esta disposición.

En tal labor hallamos, desde luego, que la obediencia se debe a la Carta Política y después a lo normado, sometiéndose a lo previsto en su texto, o que fluye del articulado y contexto de aquella. Enseguida, se hace notar que la Constitución se remite, en general, a cualquiera norma válida y vigente, trátese de las leyes, potestad reglamentaria, estipulaciones contractuales u otro mandato de acción, omisión o permiso. ¿Es en esa perspectiva, tan amplia, que ubicamos el *bloque constitucional*?

Entendemos que se concibe como tal al conjunto de valores, principios y preceptos de la Carta Suprema y de la normativa u ordenamiento establecido que, directa e inmediatamente, en forma y contenido ha sido dictado respetando el texto, contexto y espíritu de ella. En lo escrito queda absorbida, entonces, solo la serie de tratados internacionales solemnes que versan sobre derechos, deberes y garantías de la persona, ratificada por Chile y vigente en nuestro país[440]. Al cuadro completo referido alude la idea de bloque a que hemos hecho mención, incluyendo las normas orgánicas constitucionales y de quórum calificado que, sin intermediación de otros preceptos, complementan o regulan lo previsto o que fluye de la Carta Fundamental.

Son valores la dignidad de la persona, el bien común, la subsidiariedad y la solidaridad; son principios la justicia, la igualdad y la libertad, la legitimidad y la seguridad en sus diversas

---

[438] Mauro Cappelletti: **Tribunales Constitucionales. Obras. La justicia constitucional**, cit., pp. 603 y 612.

[439] Real Academia Española: **Diccionario de la Lengua Española** (Madrid, Ed. España Calpe, 1992) p. 1172.

[440] Véase Marisol Peña Torres y Patricio Zapata Larraín: **Justicia Constitucional. Teoría y práctica en el derecho chileno y comparado** (Santiago, Ed. Jurídica de Chile, 2008) pp. 307 ss.

acepciones; las normas, por último, se hallan en todos los artículos, y en incisos o frases de ellos, de la Constitución, caracterizados por la concreción del texto que las contiene.

En síntesis, el vocablo *precepto*, empleado en el inciso 2° del artículo 6° de la Carta Política, abarca tanto los valores, los principios como las normas o disposiciones jurídicas, no solo estas últimas. Los valores y los principios, por ende, incluyen ambas categorías de mandatos u órdenes impartidas por el Poder Constituyente, cualquiera sea el enunciado literal empleado o la estructura que le haya sido conferida por el autor de la regla pertinente[441].

Prosigue el Código Fundamental puntualizando que tales preceptos obligan tanto a los titulares o integrantes de dichos órganos como a toda persona, institución o grupo. Los principios y normas de la Constitución vinculan, por ende, no solo a los gobernantes, sino que también a los gobernados, sin distinción ni exclusión. Se imponen, en otros términos, a las autoridades y a la población en completa y perfecta situación de igualdad. Unos y otros están en el deber, sin diferencias ni discriminaciones, de respetar la letra y el espíritu de la Constitución. Esta, en otras palabras, no es un Código que someta a sus mandatos nada más que a los órganos públicos, porque la fuerza normativa llega, con idéntico vigor, a todas las personas, grupos e instituciones de la Sociedad Civil, sin excepción. Síguese de lo escrito una deducción importante: los valores, principios y preceptos de la Constitución son siempre vinculantes, para gobernantes igual que gobernados, sean habitantes o ciudadanos, de modo que los primeros no pueden sobrepasarlos ni eludirlos, a la vez que a los segundos se les haya prohibido renunciar a obedecerlos, sea abierta o encubiertamente.

247. **Supremacía y fuerza normativa directa**. Reiteramos que del inciso 2° del artículo 6° se desprende el principio de supremacía constitucional, puesto que es a la Constitución, en su fondo o espíritu, texto y contexto a la que todos deben obedecer, obrando siempre en conformidad a lo prescrito por ella, trátese de sus valores, principios y disposiciones, cumpliendo fiel y lealmente todo cuanto se desprende de su tenor o espíritu.

Este principio, nuevo aún en Chile pero que emana igualmente del artículo 6° de la Constitución, es el de vinculación directa de todos los gobernantes y gobernados a lo ordenado en los preceptos constitucionales. Por este principio la Carta Fundamental convierte en obligatorios sus valores, principios y normas, tanto para las autoridades públicas como para todos los habitantes y ciudadanos, y lo hace directamente, es decir, sin que sea necesario que medie entre la Constitución y tales personas otra norma jurídica que desarrolle y haga imperativo obedecer a sus disposiciones. La Constitución por sí e inmediatamente posee vigor jurídico, en atención a lo cual vincula a toda persona, institución o grupo. La fuerza o vigor jurídico operan directamente, en virtud de la supremacía, e indirectamente en la medida en que coordina, orienta, dirige o alienta los comportamientos de acuerdo a lo mandado en el Código Político[442].

Del principio de vinculación directa o imperatividad con fuerza normativa inmediata de la Constitución fluyen diversas y delicadas consecuencias. La novedad que este principio tiene para los órganos públicos y la doctrina chilena, al menos en una de sus implicancias. Trátese de la necesidad de iniciar el proceso de interpretación, aplicación e implementación del ordenamiento jurídico entero, cualquiera sea la norma de que se trate, examinando, antes que nada, al bloque de constitucionalidad y a la legislación dictada con sujeción a

[441] Hans Kelsen: **Teoría pura del derecho** (Buenos Aires, Eudeba, 1963) pp. 34 ss.

[442] Véase Germán J. Bidart Campos: **El derecho de la Constitución y su fuerza normativa** (Buenos Aires, Ediar, 1995) pp. 183 ss.

ella. Después procede continuar, descendiendo, al examen de legalidad. Tal bloque abarca, según lo ya explicado, no solo la Constitución en su integridad, con el texto, contexto, espíritu y anales oficiales correspondientes, sino que la legislación que la complementa directamente y, no se olvide, cuanto fluye o se desprende de los valores fundamentales del ordenamiento jurídico articulado en los textos referidos, sin olvidar a lo mismo plasmado en los tratados internacionales respectivos.

248. Consecuencias. El inciso 3°, que es el final, cierra el artículo 6° declarando que la infracción a cualquiera de sus normas genera las responsabilidades y sanciones que determine la ley.

Por ende, la Constitución se remite a cualquier tipo de sanción, genéricamente concebida, que se imponga, cumpliendo el proceso justo previo, cuando es violado este artículo, sea política, civil, penal, administrativa o de otra índole. Es necesario puntualizar, empero, que este artículo se refiere solo a las infracciones resultantes de vulnerar la Constitución, pero no las leyes. Se trata, entonces, nada más que de las infracciones constitucionales, tales como la responsabilidad política, la penal, administrativa y civil derivada de quebrantar lo dispuesto en la Ley Suprema. Aclarado eso, y para terminar, debe observarse que la ley es la especie de norma jurídica a la cual la Carta Fundamental habilita, con carácter exclusivo, para determinar las sanciones de rigor. He aquí, por consiguiente, un ejemplo de reserva legal fuerte.

Lamentablemente, nuestro ordenamiento carece de sentido sistemático en el punto, siendo numerosas, dispersas y heterogéneas las disposiciones legales que cumplen, no siempre de modo claro y suficiente, la orden del Poder Constituyente. Falta, en otras palabras, cotejar la legislación vigente en el rubro, por un lado, con la Carta Fundamental, de otro, para desprender los vacíos u omisiones aludidas y, a raíz de ello, proceder a subsanarlos[443].

249. Jurisprudencia. Sobre los principios contenidos en el artículo 6° de la Constitución, nuestra magistratura ha afirmado que:

> El Estado de Derecho de una Nación consiste en que todas las autoridades públicas y todos los particulares deben someter su acción a la Constitución y a las normas dictadas conforme a ella. De manera que en esta escala gradual si la norma inferior no se ajusta a la norma jurídica de mayor rango, carecerá de valor, fuerza y eficacia jurídica[444].

Por otra parte, el Tribunal Constitucional ha tenido oportunidad de realzar los principios de supremacía y vinculación directa, al sentenciar que:

> El artículo 6° de la Constitución comprende dos conceptos fundamentales. En sus incisos 1° y 2° consagra principios vitales en los cuales descansa la nueva institucionalidad como lo son el de la "supremacía constitucional" sobre todas las otras normas jurídicas que integran nuestro ordenamiento positivo y el de la "vinculación directa de los preceptos constitucionales" a las autoridades públicas y a todos los ciudadanos, siendo, por ende, tales preceptos obligatorios, tanto para los gobernantes como para los gobernados[445].

---

[443] Consúltese Enrique Evans de la Cuadra: "Leyes complementarias de los artículos 6° y 7° de la Constitución", **Revista Chilena de Derecho** N° 2 (1985); y Alejandro Silva Bascuñán con el mismo título y fuente **cit.** de Evans.

[444] Considerando 5° de la sentencia pronunciada por la Corte de Apelaciones de Santiago el 16 de enero de 1991, reproducida en LXXXVIII **Revista de Derecho y Jurisprudencia** 2° P.S. II, p. 14 (Énfasis agregado).

[445] Considerando 10° de la sentencia pronunciada por el Tribunal Constitucional el 27 de octubre de 1983 (Rol N° 19), reproducida en **Fallos pronunciados por el Excmo. Tribunal Constitucional** (Santiago, Ed. Jurídica de Chile, 1986) p. 100 (Énfasis agregado).

Razonando estrictamente para no excederse de su competencia y evitar una tarea que, como se ha dicho, es difícil de cumplir por carecer de cualidad sistemática nuestro ordenamiento jurídico en el punto, el mismo Tribunal agregó que:

> "No corresponde al Tribunal Constitucional determinar las responsabilidades y sanciones que genera la infracción del artículo 6° de la Constitución, ni tampoco las instancias que deberán conocer de ellas, cuando correspondan"[446].

Aquel Tribunal ha aclarado, a mayor abundamiento, que:

> "El legislador no puede atribuir al silencio o a la inacción de un órgano del Estado un efecto jurídico que se contraponga con lo preceptuado por la Constitución Política"[447].

Por otra parte, la reforma constitucional del 2005 confirió nuevas atribuciones al Tribunal Constitucional; por ejemplo, la de conocer y resolver los requerimientos de inaplicabilidad y de inconstitucionalidad de la ley, conforme a lo dispuesto en el artículo 93° inciso 1° N°s 6° y 7° de la Carta Política. No obstante, el ejercicio de tales atribuciones halló, en su inicio, un obstáculo aparente: la tardanza en la aprobación y promulgación de la ley adecuatoria de la Ley N° 17.997, Orgánica Constitucional de este Tribunal. En efecto, conforme a lo dispuesto en el inciso final del artículo 92° de la Constitución: "Una ley orgánica constitucional determinará su organización, funcionamiento, procedimientos y fijará la planta, régimen de remuneraciones y estatuto de su personal". Al 27 de febrero de 2006, fecha en la que entraron en vigor las reformas introducidas al capítulo VIII, relativo al Tribunal Constitucional, en conformidad a lo establecido en la disposición decimosexta transitoria, no se había aprobado ni promulgado dicha ley adecuatoria, hallándose el proyecto en tramitación parlamentaria, situación que vino a quedar resuelta el 28 de octubre de 2009, con la publicación oficial de la Ley N° 20.381 y, mejor aún, el 10 de agosto de 2010, al ser oficialmente difundido el texto refundido de aquella Ley N° 17.997.

Frente a este escenario, el Tribunal tuvo, desde el principio, dos opciones: una, esperar que dicho proyecto de ley fuera aprobado y promulgado para recién entonces ejercer sus atribuciones; o segunda, servir la competencia que le fue conferida por el Código Político y ejercerla con sujeción a ella y a la legislación orgánica pertinente. Esta última fue la opción adoptada por este Tribunal y no cabe duda de que resultó acertada[448].

Las razones invocadas para actuar así han sido variadas y convergentes, mereciendo citarse las siguientes: primera, que el principio de inexcusabilidad, previsto en el artículo 76° de la Constitución, es de aplicación amplia a todos los órganos jurisdiccionales, incluida esa magistratura especializada, tal como lo reconoce el inciso 2° del artículo 3° de su actual Ley Orgánica Constitucional; segunda, que la defensa y promoción de la dignidad humana y de los derechos esenciales que fluyen de ella es un imperativo de observancia ineludible en todo momento y circunstancia, según puede inferirse, entre otras disposiciones, de los artículos 1° inciso 4° y 5° inciso 2° de la Constitución; y tercera, que la Carta Fundamental y la supremacía que la singulariza son fuente directa, inmediata y máxima del ordenamiento jurídico, cualidades únicas que no se hallan suspendidas por la ausencia de la legislación complementaria. Antes, y por el contrario, bien podría haberse argumentado

---

[446] **Id.**, considerando 39°.

[447] Considerando 11° de la sentencia pronunciada por el Tribunal Constitucional el 26 de enero de 1987 (Rol N° 42), reproducida en LXXXIV **Revista de Derecho y Jurisprudencia** 2° P.S. VI p. 3.

[448] Véase Pilar Arellano Gómez: **Historia fidedigna de la nueva Ley Orgánica Constitucional del Tribunal Constitucional de Chile** (Santiago, Cuadernos del Tribunal Constitucional N° 50, 2012).

la inconstitucionalidad por omisión en que había incurrido el legislador, más no la interrupción de la imperatividad, actual y real, del Código Político.

Cabe al respecto tener presente lo señalado por el Tribunal al resolver, en la causa Rol Nº 472, el 31 de mayo de 2006, un incidente de previo y especial pronunciamiento:

> VIGÉSIMO CUARTO. (...) que, si bien la acción de inaplicabilidad de las leyes es de derecho estricto que tiende a confrontar dos normas jurídicas, una legal y otra constitucional, como lo ha reiterado la jurisprudencia uniforme de los tribunales de justicia, no es menos cierto que detrás de la aplicación de un precepto legal inconstitucional en un caso concreto se encuentra la vulneración de un derecho fundamental, lo que no puede dejar indiferente a esta Magistratura Constitucional, pues, precisamente, la Constitución cobra todo su valor a partir de la reafirmación plena de la dignidad humana y de los derechos que le son consustanciales.
>
> En tal perspectiva, el Tribunal Constitucional no cumpliría su labor de "supremo guardián de la Constitución" si se permitiera que un derecho fundamental, eventualmente lesionado por la aplicación de un precepto legal que contraría la Constitución en un caso concreto, quedara desprovisto de adecuada defensa sobre la base de aceptar que no puede ejercer sus competencias por falta de una nueva ley que regule el procedimiento específico aplicable a tales acciones.
>
> De esta forma y no sujeta a cuestionamiento la plena competencia del Tribunal Constitucional para conocer de la inaplicabilidad de las leyes, desde la vigencia misma de la reforma constitucional de 2005, es necesario precisar que debe conocer de tales acciones aunque se encuentre pendiente la dictación de las modificaciones pertinentes a la ley orgánica constitucional de este Tribunal en tal sentido.
>
> Al efecto, es preciso reiterar que, a estos procesos se le aplicará el procedimiento vigente, recurriéndose supletoriamente a las normas generales del sistema normativo, en cuanto resulte adecuado y pertinente. Además, deberá considerarse que la actual ley 17.997, Orgánica Constitucional del Tribunal Constitucional, contempla un conjunto de principios generales, propios del debido proceso legal, aplicables a la sustanciación de los requerimientos que ante él se deduzcan, los que deben ser precisamente aplicados en la sustanciación de la inaplicabilidad que se interpongan ante este Tribunal hasta el momento en que entren en vigencia las nuevas disposiciones de la referida ley orgánica constitucional.
>
> VIGÉSIMO QUINTO. Que siendo así, el Tribunal Constitucional, asumiendo la obligación procesal que le impone el deber de la jurisdicción, legalmente requerido y en materia de su competencia, ha abierto este proceso, aplicado el procedimiento y las reglas del debido proceso contempladas en nuestro ordenamiento constitucional;
>
> VIGÉSIMO SEXTO. Que, finalmente, cabe considerar que esta Magistratura, enfrentada al tantas veces invocado principio de inexcusabilidad, debe ejercer su jurisdicción, aplicando para ello el artículo 30 de su Ley Orgánica que expresa: "El tribunal podrá decretar las medidas que estime del caso tendientes a la más adecuada substanciación y resolución del asunto que conozca";
>
> VIGÉSIMO SÉPTIMO. Que, por lo tanto, existiendo un tribunal competente para conocer de este requerimiento de inaplicabilidad y un procedimiento vigente para tramitarlo, no debe hacerse lugar al incidente de previo y especial pronunciamiento planteado por el Servicio de Impuestos Internos, puesto que existe un tribunal preestablecido y está vigente la Ley Nº 17.998, Orgánica Constitucional de este Tribunal, que fija los procedimientos, en tanto no sean alterados o sustituidos por otra ley del mismo carácter".

Finalmente, conviene insertar nuevamente la sentencia de la Corte de Apelaciones de Santiago, pronunciada el 9 de julio de 2001. Surge una duda, a propósito de este pronunciamiento, en relación con la fuerza normativa de la Carta Fundamental, en el sentido de establecer si él impide que en Chile pueda sostenerse la inconstitucionalidad por omisión, situación que cabe plantear sobre la base del cumplimiento de los requisitos que la caracterizan[449].

Cabe observar que la reforma constitucional de 2005 concentró en un solo órgano, el Tribunal Constitucional, el control preventivo y correctivo o de reparación, en fondo y forma de la constitucionalidad de las leyes. En la última de las hipótesis referidas, es decir, del control *ex post*, lo hizo a través del recurso de inaplicabilidad, en términos similares a aquellas con que le fuera concedida a la Corte Suprema por la Constitución de 1980; y a través del recurso de inconstitucionalidad, control de constitucionalidad abstracto y cuya declaración produce la derogación de un precepto legal, habilitó al Tribunal para el segundo de esos objetivos. Tratándose de la inconstitucionalidad de preceptos legales, la sentencia del Tribunal que la declara produce efectos generales y derogatorios del precepto impugnado, aunque sin efecto retroactivo, tal como ha acontecido con el artículo 116° del Código Tributario y con el artículo 38° de la Ley de Isapres.

Puede concluirse que han sido perfeccionados los mecanismos previstos por el ordenamiento jurídico para garantizar el respeto del mencionado principio de supremacía, rasgo esencial del imperio de la Constitución en democracia. Incumbe al Tribunal Constitucional, en rango máximo, honrar tal postulado.

Sección Segunda
Principio de juridicidad o legalidad

250. Texto constitucional. Preceptúa el artículo 7° de la Carta Fundamental que:

> Los órganos del Estado actúan válidamente previa investidura regular de sus integrantes, dentro de su competencia y en la forma que prescriba la ley.
>
> Ninguna magistratura, ninguna persona ni grupo de personas pueden atribuirse, ni aun a pretexto de circunstancias extraordinarias, otra autoridad o derechos que los que expresamente se les hayan conferido en virtud de la Constitución o las leyes.
>
> Todo acto en contravención a este artículo es nulo y originará las responsabilidades y sanciones que la ley señale.

Pertinente es advertir, desde luego, que este artículo halla su origen en una de las disposiciones generales de la Constitución de 1833, en la cual aparecía como artículo 151°. Reiterándolo, el Poder Constituyente de 1925 lo insertó en la Carta Fundamental de tal año, como artículo 4°. Ahora, en el Código Político de 1980, se halla más desarrollado, aunque la idea o principio esencial que lo singulariza, esto es, su inciso 2°, corresponde a los antecedentes mencionados.

En esta sección se hará el análisis de los incisos 1° y 2° del artículo reproducido, dejando el examen del inciso final para la sección siguiente.

---

[449] La literatura extranjera en el tópico ya es abundante, pudiendo revisarse, como síntesis completa y actual, José Julio Fernández Rodríguez: **La inconstitucionalidad por omisión. Teoría general, derecho comparado y el caso español** (Madrid, Ed. Civitas, 1998); Néstor Pedro Sagüés: **Derecho procesal constitucional** (Buenos Aires, Ed. Ad-Hoc, 2006); y Marín J. Risso Ferrand: **Declaración de inconstitucionalidad por omisión en el dictado de actos ordenados por la Constitución** (Buenos Aires, Anuario de Derecho Constitucional Latinoamericano, 2001) pp. 11-36.

251. Historia fidedigna. La finalidad que busca el Poder Constituyente mediante el cumplimiento de este artículo yace en el control de los actos de los órganos del Estado, por medio, especialmente, de los tribunales de justicia. Sin perjuicio de ello, ciertamente que en la disposición se intentó plasmar la fórmula de legitimidad más amplia, elevada y compleja, denominada Estado de Derecho. De esa fórmula son elementos capitales la separación de órganos y funciones públicas, la vigilancia con frenos y contrapesos institucionales, y el *telos* del constitucionalismo, es decir, la instauración, desempeño y control de un gobierno que sea, a la vez, eficiente pero limitado y vigilado. Léase el pasaje siguiente de los anales oficiales para constatar la exactitud de lo recién expuesto:

> El señor Evans estima que el problema de la ilegitimidad o injusticia de los actos de los gobernantes, al margen del ordenamiento jurídico, no puede ser previsto por la Constitución; ésta debe limitarse a sancionar las infracciones por la falta de requisitos que la misma Constitución prevé para la validez de ciertos actos.
>
> Agrega que la solución no está en enfrascarse en la forma de prevenir el abuso de Poder, cuando la desviación se ejerce con mala fe manifiesta, sino en otorgar clara y amplia competencia al Poder Jurisdiccional, al Poder Judicial, para que aborde estos asuntos cuando se presenten (...).
>
> Expresa que a pesar de la existencia del artículo 4°, un juez de mayor cuantía le manifestó que carecía de competencia para declarar una nulidad de derecho público porque, según él, el Código Orgánico no le otorga facultades para pronunciarse sobre un acto nulo de una autoridad que se ha excedido del marco de sus atribuciones[450].

Ciertamente, hoy tiene que suponerse superado el motivo de la duda que comentó el Sr. Evans, porque la Constitución posee fuerza normativa propia y directa, excluyéndose su calidad solo declarativa, programática o, menos todavía, de mera índole declamativa. En tal sentido, y aplicando lo ordenado en el artículo en comentario, cabe reiterar que el control de supremacía en Chile es relativamente difuso y no por completo concentrado.

Se entiende, por ende, que todos los órganos que la Constitución establece estén obligados a someter su acción a ella y velar por el respeto de su espíritu y letra. No es, entonces, el deber y la potestad, exclusiva y excluyentemente radicada en la Tribunal Constitucional para pronunciar la declaración de inaplicabilidad de cualquier precepto legal contrario a la Constitución o, en su caso, la inconstitucionalidad respectiva. La historia fidedigna correspondiente así lo demuestra:

> El señor Evans estima que no se debe circunscribir la posibilidad de desviación de poder y el ejercicio abusivo e ilegítimo de una facultad, exclusivamente al Poder Ejecutivo, ya que el Congreso Nacional –como se ha dado en Chile– o el Poder Judicial pueden caer en infracciones derivadas de un ejercicio abusivo de sus atribuciones.
>
> El señor Guzmán, fundamentando su posición, expresa que el concepto de desviación de poder, en lo sustantivo, es aplicable a cualquier órgano del Estado. Pero, normalmente, el problema ha sido planteado respecto de la función ejecutiva, porque es ella donde con mayor gravedad se puede dar, sobre todo en la época moderna, debido a la amplitud que tiene el órgano ejecutivo para aplicar las disposiciones legales.
>
> Enseguida, manifiesta que es evidente que el problema de la desviación del poder se puede dar respecto de cualquier otro órgano del Estado; pero, en el transcurso del debate se ha impuesto que ha estado permanentemente presente el enfoque del problema desde el ángulo de la función ejecutiva.

---

450 **Actas Oficiales**, sesión 50ª, celebrada el 2 de julio de 1974, p. 17.

> En consecuencia, declara que es necesario tener presente el riesgo que se corre al consagrar una norma que se refiera sólo a la función ejecutiva en cuanto ésta aplica la ley, cuando precisamente el concepto puede tener una aplicación más amplia, y abarcar todas las funciones del Estado[451].

Ese sentido y alcance amplio del imperio de la supremacía constitucional es el que debe entenderse como único aceptable y correcto, si se desea infundirle eficacia verdadera. Solo así se avanza en realizar, concreta y prácticamente, los principios y normas de la Carta Fundamental, llevándola del libro a su implementación operativa.

Por otra parte, conviene aclarar que la expresión *ley* empleada en los artículos 6° y 7°, se refiere a una especie de precepto jurídico, pero que, en el texto contemplado, posee un significado más amplio, es decir, que abarca desde la Constitución y todas las normas legales hasta llegar, en descenso de la jerarquía normativa, al reglamento, los auto acordados y las resoluciones de los organismos administrativos en asuntos técnicos:

> El señor Guzmán se muestra partidario de que el artículo tercero del anteproyecto vaya como inciso primero del artículo octavo, por ser la primera vez que la Constitución como tal aparece mencionada en el texto constitucional. Añade que la idea es siempre referirse a la ley como norma general y no como uno de los escalones de la jerarquía de las normas, porque de lo contrario habría que decir en todas partes (...).
>
> Reitera que en el artículo cuarto de la Constitución actual, el término ley está tomado en un sentido general[452].

En otras palabras, el término *ley* debe entenderse con sentido y alcance amplio, denotativo del sistema jurídico completo, del ordenamiento positivo entero que se halla vigente en Chile. Ley es, por ende, un vocablo sinónimo de bloque jurídico en su plenitud. De ese bloque es parte o componente relevante el ordenamiento jurídico contenido en los tratados internacionales, ratificados por Chile y con vigor actual en nuestro país. Coincide el autor con el profesor Patricio Zapata Larraín, el cual, pronunciándose sobre ese sustantivo, define el concepto, más restringido, de bloque de constitucionalidad en los términos siguientes[453]:

> Si por "Bloque de Constitucionalidad" se entiende un sistema que comprende, además de lo dispuesto en la propia Carta Fundamental, a los derechos, garantías y procedimientos contenidos en tratados internacionales reconocidos por Chile y a los principios del *Ius Cogens*, me parece que el término no es problemático y puede ser empleado sin dificultad.

Síguese de lo razonado que los actos de los órganos del Estado que no se sometan, en forma y sustancia, al derecho válido y vigente en Chile, son nulos e ineficaces y generan responsabilidades por la infracción, el daño o perjuicio que hayan provocado. Tal vicio tiene, sin embargo, que ser declarado por el órgano competente, produciendo después efecto retroactivo, a menos que proceda su convalidación:

> El señor Ovalle propone contemplar una disposición que establezca que el abuso de Derecho generará siempre responsabilidad para el gobernante que incurriere en él.
>
> (...)

[451] **Id.**, sesión 51ª, celebrada el 4 de julio de 1974, pp. 6-7.

[452] **Id.**, sesión 402ª, celebrada el 14 de julio de 1978, p. 3210. 38° Id., sesión 51°, celebrada el 4 de julio de 1974, pp. 9-10.

[453] **Op. cit.** p. 307.

Los señores Ortúzar (Presidente) y Evans estiman que la desviación de poder genera la nulidad del acto y éste no puede producir efecto alguno.

El señor Ovalle manifiesta que es indiscutible que el abuso del derecho implica la nulidad del acto.

En seguida, afirma que la responsabilidad nace para su autor cuando el acto es nulo, y esta responsabilidad tiene diversos aspectos: si es delictuoso, se sanciona el delito; si siendo delictuoso o no, causa daño o perjuicio a los particulares, nace para éstos el derecho de resarcirse de los perjuicios sufridos. Y de esto se trata precisamente: primero, que la sanción sea la nulidad; segundo, castigo para su autor, porque no será el Estado el que tenga que responder, ya que, desde el momento que se está hablando de responsabilidad gubernamental, es el autor, la persona que abusó de su facultad, la que debe responder, frente a aquellos a quienes ha irrogado perjuicios, indemnizándoles los daños causados.

(...)

En seguida, expresa que la responsabilidad gubernamental, con excepción de la política, es eminentemente jurídica y nace cuando se viola la norma y, en consecuencia, violada ésta, en virtud de lo que dispone el actual artículo 4°, que ahora agregaría lo dispuesto en el inciso segundo del artículo 6°, la sanción sería la nulidad, que crearía una fuente de responsabilidad gubernamental de orden jurídico por violación de la ley por parte del gobernante[454].

252. Requisitos de validez. El artículo en estudio comienza señalando que los órganos del Estado actúan válidamente cuando se reúnen los requisitos, determinados y copulativos, que se indican en su inciso 1°. Se refiere, en consecuencia, a las condiciones o exigencias de validez de los actos de los órganos estatales, cuyo incumplimiento conlleva la nulidad o anulabilidad de tales actuaciones, salvo que sea procedente, por excepción, la convalidación posterior de aquellas por el órgano que las dictó o ejecutó[455].

¿Cuáles son, entonces, los requisitos trazados por el Poder Constituyente para tal efecto?

A. **Investidura previa y regular**. Es decir, los miembros del órgano estatal respectivo –sean uno o varios– deben incorporarse válidamente a él. Dicha investidura está, en ciertos casos, contemplada en la Constitución, como sucede, por ejemplo, con la del Presidente de la República en el artículo 27° inciso 4°. En otras situaciones, v. gr., el caso de los parlamentarios, es la ley la que precisa el acto de juramento o promesa respectivos[456].

La investidura es, por consiguiente, la asunción del oficio o toma de posesión del cargo por quien ha sido elegido o designado para servirlo en un órgano estatal. Esta investidura infunde cierto carácter o calidad especial a quien la obtiene, agregándole un rasgo esencial, que lo distingue de la ciudadanía en general, porque presupone autoridad e implica observar el cúmulo de deberes que lleva consigo.

La investidura tiene que ser regular, es decir, realizada con sujeción al ordenamiento jurídico en vigor. Trátese, por ende, de un acto solemne o ceremonial, del cual ha de dejarse constancia escrita y pública;

B. **Actuación dentro de su competencia**. Para que así suceda el órgano debe obrar sin exceder el marco de las atribuciones y deberes que la Constitución y las leyes le han conferido expresamente y por anticipado.

---

454 **Id.**, sesión 51ª, celebrada el 4 de julio de 1974, pp. 9-10.

455 La convalidación es el acto administrativo que corrige el defecto de otro anterior y lo hace con efecto retroactivo. Véase Celso Antonio Bandeira de Mello: **Censo de derecho administrativo** (México DF, Ed. Porrúa, 2006) p. 410.

456 Véase el artículo 5° incisos 3° y 4°, de la Ley N° 18.918, publicada en el Diario Oficial el 5 de febrero de 1990 y sus reformas, **Ley Orgánica Constitucional del Congreso Nacional**.

Pues bien, la competencia es la suma de potestades, funciones y atribuciones que la Constitución y la ley otorgan, limitadamente, a cada órgano del Estado. Por consiguiente, esa potestad pública se halla manifestada de antemano, otorgada expresamente, en texto escrito y claro, con sentido y alcance restringido, acotado o tasado. Con esas modalidades debe, en consecuencia, ser interpretado la serie de facultades que configura la competencia, cuidando el contralor o fiscalizador que, tanto en su fondo como forma, no se exceda del marco explícitamente trazado por la Constitución y las leyes.

Pertinente es aclarar que se llaman *potestades* las competencias radicadas en los órganos constitucionales autónomos y ejercidos por ellos. Ese conjunto de atribuciones de cada uno de tales órganos es, en principio y generalmente, insusceptible de delegación, hallándose prohibido, en términos absolutos, hacerlo con otro órgano de esa naturaleza, salvo que la Constitución lo haya autorizado, como ocurre con la delegación circunscrita de facultades legislativas por el Congreso Nacional en el Presidente de la República; y

C. **Obrar en la forma que prescriba la ley**. Recuérdese que los actos de los órganos estatales son siempre solemnes, al menos en cuanto deben constar por escrito, satisfaciendo exigencias de génesis y de forma determinadas, teniendo que ser firmados por quienes los expidieron, siendo menester publicarlos, salvo casos excepcionales y quedando sometidos a control preventivo o ulterior a su entrada en vigor. En el Derecho, no es vano realzarlo, las formalidades son importantes, pues la experiencia ha demostrado que respetándolas se logran bienes jurídicos sustantivos de trascendencia, como la seguridad o certeza en las conductas y decisiones e, incluso más, en los procedimientos que producen resultados materiales legítimos; v. gr., el proceso justo o debido.

253. Carácter aditivo y taxativo. Los tres requisitos enunciados son copulativos y no disyuntivos. En consecuencia, la infracción de cualquiera de esos tres requisitos convierte al acto en inválido o nulo, como luego se verá. Siendo así, no cabe distinguir entre tales requisitos para ordenarlos jerárquicamente, de manera que la índole formal quede con rango inferior a la exigencia sustantiva o competencia.

Por otra parte, obsérvese que esas son todas las condiciones que la Constitución establece para la validez de los actos de los órganos estatales. Con el cumplimiento de ellos, constatado por quien corresponda, se agota, en otros términos, el proceso formativo de tal acto, surgiendo completo a la vida jurídica, perfecto y susceptible de cabal ejecución. Es improcedente, por lo mismo, que la ley o el reglamento introduzcan nuevas exigencias para que ocurra el resultado mencionado.

254. Principio de separación de órganos y funciones. Se halla en el inciso 2° del artículo 7°. Este precepto, como se expresó, es el único que, junto al inciso 3°, tiene tradición en el constitucionalismo escrito chileno. Emana del artículo 151° de la Constitución de 1833 y del artículo 4° de la Constitución de 1925. Esas ideas fueron incorporadas al Código Político de 1980 con un solo cambio, ya que se reemplazó, con acierto, la palabra *reunión* por el término *grupo de personas*. Los textos precedentes aludían al sustantivo *reunión*, debiendo observar que es más exacto el vocablo *grupo*, pues denota la actuación de un conjunto de individuos que lo hace de manera estable, continuada o permanente, demostrando con ello un propósito y determinación para realizarlo, lo cual no sucede con la simple reunión, que es por lo común breve y siempre efímera o pasajera.

El precepto alude, enseguida, a que ninguna magistratura puede quebrantarlo. Dicho sustantivo no debe entenderse en el sentido de aplicarse únicamente a los jueces y funcionarios de la judicatura. Aquí, en efecto, la voz *magistratura* tiene significado más amplio, pues se refiere a todos los órganos del Estado, a cualquier autoridad pública en servicio dentro de él. Aunque ese sentido genérico no corresponde al que se le otorga, desde el ángulo natural y obvio,[457] lo cierto es que tal alcance amplio es el que siempre se dio al término en nuestras Constituciones, significado que fue corroborado en la comisión de estudio del anteproyecto y que, además, resulta ser el único coincidente con la intención o espíritu del precepto.

Prosigue la norma declarando que ninguna persona o grupo de personas pueden realizar las conductas que ella prohíbe. Antes, ya lo destacamos, decía *reunión*. Obsérvese ahora, además, que es redundante el uso de la palabra *personas,* en plural, porque el grupo a que se aplica la norma lógicamente debe ser solo un conjunto humano, o sea, una pluralidad de individuos de nuestro género, masculino o femenino, cualesquiera sean sus características.

Puntualiza la disposición que aquellos sujetos no pueden atribuirse, ni aun a pretexto de circunstancias extraordinarias, las atribuciones o facultades que la Constitución o las leyes han conferido a otros órganos. Esto implica que los cuatro principios antes señalados deben regir incluso en situaciones críticas, como el estado de asamblea o el de catástrofe y no solo en los momentos de normalidad institucional. Recuérdese que uno de los principios del constitucionalismo consiste en reconocer que las emergencias no crean atribuciones ni derechos, porque los gobiernos son siempre limitados y controlables por lo prescrito, de antemano, en el ordenamiento vigente. Debe coordinarse este acápite con lo preceptuado en los artículos 39° a 45° de la Constitución, donde se encuentran regulados, en lo esencial pero con bastante desarrollo, los estados de excepción constitucional[458].

La prohibición consiste en atribuirse autoridad, o sea, en apropiársela, lo cual equivale a arrogarse la competencia radicada en órganos distintos. Por ende, la voz *autoridad*, empleada aquí es sinónimo de competencia, potestad o poder, atribución o facultad.

Proscribe la disposición, igualmente, arrogarse, atribuirse o adjudicarse derechos, palabra esta última que va referida a los gobernantes, pero con significado de atributos subjetivos, cuyo ejercicio pueda ser coactivamente exigido.

Culmina el inciso con la fórmula del *principio de legalidad o juridicidad*. En virtud de tal principio se entiende que la atribución de cualquier competencia debe ser hecha de manera previa y expresa, limitada y otorgada con nitidez, nada más que por la Constitución o la ley. La oración del artículo 7° inciso 2° así lo dice: "La autoridad no tiene más competencia que la expresamente conferida por la Constitución, en los términos señalados por la Carta Fundamental, y también por las leyes". Puntualizamos, sin embargo, que la habilitación dada por el Poder Constituyente al legislador es relativa, pues tiene lugar solo con sujeción a lo dispuesto en el Código Político.

Finalmente, observemos que el intérprete se encuentra aquí con un asunto complejo, pues respecto de los gobernados rige el derecho privado, los límites a cuyos actos u omisiones son nada más que los que consten en prohibiciones expresas y de aplicación restrictiva, formuladas en la Carta Política, en las leyes y reglamentos, en fin, en las cláusulas contractuales válidamente estipuladas.

La norma constitucional en análisis establece, en cambio, que el derecho público se impone también a los particulares. Efectivamente, la referencia del precepto en estudio a los gobernados dice relación con los derechos públicos subjetivos, o sea, con los atributos y

[457] **Diccionario cit.**, p. 1913.
[458] Consúltese el T. II de esta obra, pp. 195 ss.

garantías fundamentales, articulados en la Constitución y en los tratados internacionales respectivos, sin entrar en los derechos subjetivos de índole privada. Al fin y al cabo, todo lo expuesto tiene sentido lógico, pues se sabe que la Constitución obliga a los gobernados, como asimismo, que los actos realizados por ellos, o las omisiones en que incurran, si unos y otras tienen lugar con sujeción al derecho público, quedan sometidos a ciertas restricciones y prohibiciones que no rigen cuando obran como sujetos de derecho privado.

Síguese de lo antes explicado que la autonomía de la voluntad no puede ser siquiera invocada para legitimar la renuncia al ejercicio de los derechos esenciales y a sus garantías[459].

Sección Tercera
Principio de responsabilidad

255. Efectos de la omisión de requisitos. El tema se halla regulado en el inciso 3° o final del artículo 7°.

Dice la norma aludida que todo acto en contravención al artículo citado es nulo y que originará las responsabilidades y sanciones que la ley señale.

La disposición recordada es difícil de aplicar o llevar a la práctica si se la entiende literalmente y sin más requisitos que el de la constatación del vicio aludido. El autor piensa, para evitar o superar ese inconveniente, que es menester interpretar la disposición en el sentido más vasto y con sujeción a su finalidad. En consecuencia, cabe concluir que ella abarca todo acto u omisión ocurrido en contravención al artículo 7° completo y no solo con relación a lo preceptuado en su inciso 2°. Además, la interpretación amplia que se sustenta aquí incluye tanto las infracciones externas, formales o de procedimiento cuanto las de índole interna, sustantiva o que se refieren al fondo de las decisiones y conductas respectivas.

Cierta doctrina afirma que el problema que se plantea y la consecuencia de la nulidad son susceptibles de extenderse al artículo 6°. El autor discrepa de esa tesis, porque la Constitución no dice que la nulidad sea procedente respecto de la infracción al artículo mencionado, aunque es cierto que la ley puede contemplarla. Empero esta posibilidad, cuya procedencia se admite aquí, no equivale a que la nulidad sea siempre y necesariamente la sanción aplicable a tales actos, como sí y en cambio sucede a propósito del quebrantamiento del artículo 7°. Finalmente, procede sostener que si la ley sancionara con nulidad las infracciones al artículo 6°, ello sería coherente con la idea de unidad conceptual y de finalidad que, en general, une a ese artículo con el artículo 7°.

256. Nulidad e inexistencia. La nulidad es la sanción que afecta a los actos u omisiones que carecen de uno o más de los requisitos copulativos previstos para su validez por la Constitución y, con sujeción a ella, también por la ley. Surge entonces la interrogante en cuanto a saber si la sanción a las conductas que infringen el artículo 7° es la nulidad, la anulabilidad o la inexistencia de ellos.

El asunto ha suscitado arduo debate, pero se advierte en la actualidad la vigorosa convergencia de la jurisprudencia y doctrina en torno a la nulidad y la anulabilidad, alejándose

---

[459] Revísese Eduardo Cifuentes Muñoz: **La eficacia de los derechos fundamentales frente a particulares** (México DF, UNAM, 1998); y María Venegas Grau: **Derechos fundamentales y derecho privado. Los derechos fundamentales en las relaciones entre particulares y el principio de autonomía privada** (Madrid, Marcial Pons Ediciones Jurídicas, 2004).

de la alternativa aludida, principalmente a raíz de implicar la inexistencia diversas consideraciones prácticas de gran complejidad.

Piensa el autor, en esa misma línea de razonamiento, que de la exégesis del artículo 7° y del contexto de la Constitución, se desprende que se trata solo de la nulidad por incumplimiento de los tres requisitos de validez ya explicados. Esa es la sanción que ha previsto el Código Político en texto expreso e inequívoco. Pero hay argumentos de texto y doctrina que permiten sostener que la consecuencia es más radical, es decir, que tiene base la tesis según la cual operaría la inexistencia al omitirse algunos de los requisitos prescritos por la Constitución, pues si así sucede quiere decir que no se ha formado el acto y tampoco ha surgido a la vida jurídica, por lo cual resulta inimputable al Estado para ningún designio o efecto.

Resumiendo, las razones expuestas en favor de una y otra posición son las enunciadas a continuación:

A. En favor de la tesis de la inexistencia se invoca un argumento de texto, presente en el artículo 35°, al señalar que los actos irregulares "no serán obedecidos sin este esencial requisito", esto es, la formalidad de la firma prevista allí. Se desprende de este acápite y generalizando que, más allá de la nulidad, se está ante la inexistencia del acto, ya que no debe ser obedecido, ni puede exigirse, legítima o lícitamente, su cumplimiento. En apoyo de esta posición puede añadirse que la Constitución de 1925 era aún más enfática al respecto, aunque deviene sólida la objeción que aduce la supresión en la Carta Fundamental de 1980 de esos acápites para, precisamente, concluir que la nulidad y no la inexistencia es la sanción pertinente;

B. Se ha desarrollado un argumento doctrinario, sostenido por los profesores Patricio Aylwin, Eduardo Soto Kloss, Mario Bernaschina y Jorge Precht, quienes opinan que, en el derecho chileno, la nulidad es sinónimo de inexistencia, fundándose para ello, precisamente, en el artículo 35° ya citado, o en el precepto que lo antecedió en la Carta Fundamental de 1925. Agregan tales autores que se está razonando en torno a los actos de órganos del Estado, premisa de la cual se sigue que si una persona natural no cumple con los requisitos de investidura, encuadramiento en la competencia específica que le ha sido conferida y solemnidades exigidas para obrar como órgano, entonces sus actos u omisiones no son imputables al Estado, porque ellos tampoco existen en cuanto tales; y

C. El profesor Precht formula, sin embargo, una distinción. Así es, pues asevera que en el derecho chileno opera, por regla general y conforme al artículo 7° inciso 3°, la sanción de nulidad. Añade, sin embargo, que en casos excepcionales, más que nulidad del acto cabe señalar que este no existe.

Pensamos que en la distinción recién expuesta se halla una tesis más cercana a la correcta, es decir, que en Chile la sanción a los actos de la autoridad estatal que contravengan lo prescrito en la Constitución o en las leyes es la nulidad, pero que, en casos calificados, se puede sostener la inexistencia como consecuencia todavía más grave a causa de la omisión de cualquiera de aquellos requisitos. Con todo, ¿cuáles son esos casos excepcionales?, ¿quién y con qué los señala?

Indispensable es aclarar que lo expuesto tiene nada más que valor doctrinario, porque en la práctica lo único que reconoce nuestra magistratura es la nulidad. Esta, en definitiva, es la sanción y que debe ser siempre pronunciada para que surta efectos. Mientras no ocurra así, la presunción de validez de los actos de la autoridad impide que caigan en ineficacia. Además, la seguridad jurídica o certeza legítima pugna con la pretensión de hacer que los actos irregulares se reputen viciados de pleno derecho, sin necesidad de que la magistratura competente los declare tales.

En definitiva, la discusión no culmina en diferencias a propósito de los efectos, porque trátese de la nulidad o de la inexistencia, en ambos casos nos hallamos frente a conductas funcionarias carentes de consecuencias, o sea, que son ineficaces. Por esto, resulta consistente finalizar sosteniendo que, la coincidencia en este rasgo, vuelve estéril proseguir debatiendo en torno a premisas contrapuestas.

257. Características de la nulidad. Numerosas particularidades distinguen la nulidad de derecho público, por un lado, y de la pertinente al derecho privado, de otro. Resumiendo, los rasgos principales de la nulidad de derecho público pueden afirmarse que son los enunciados a continuación:

A. No cabe la distinción entre nulidad absoluta y relativa, porque es siempre de la máxima gravedad, es decir, asimilable a la nulidad absoluta, a diferencia de la que rige en el derecho privado;

B. La nulidad opera de pleno derecho, es decir, a raíz de haberse constatado que el autor del acto u omisión incurrió en una infracción a la Constitución o las leyes. Sin embargo, estimamos que es discutible este rasgo en cuanto a su operatividad práctica, porque en derecho público es menester declarar el vicio por el órgano competente para ello, y la excepción, que es el caso previsto en el artículo 35° de la Constitución, puede admitirse, pero solo en principio, y sin extender su alcance a otras situaciones. Consiguientemente, incumbe a los tribunales pronunciarse, en debido proceso, acerca de la comprobación referida;

C. Declarada la nulidad de derecho público, tal pronunciamiento posee, sin embargo, efecto retroactivo, opera *ex tunc*, o sea, desde el instante mismo en que se realizó el acto o se incurrió en la omisión inválidos hacia el futuro, como si aquel jamás hubiera existido, de manera que la conducta irregular nunca pudo generar efecto alguno. Imperativo es insistir, entonces, en que tal ineficacia surte su secuela propia en virtud del pronunciamiento de nulidad, aunque reconociendo que una vez ocurrida tal declaración esta tiene efecto retroactivo. Imperativo se torna detenerse aquí en una explicación breve del concepto de anulabilidad, ya aludido reiteradamente.

Procede explicar, primeramente, que el voto nulo es inválido, sinonimia que concluye afirmando que la nulidad es invalidez, siendo numerosos los autores que prefieren emplear este último término[460].

Anulable, por el contrario, es el acto susceptible de ser declarado nulo, pero que aún no lo ha sido. Cierta doctrina precisa que los actos son convalidables dentro del marco de habilitación que la ley señala para ello; v. gr., autoridad competente, plazo para adoptar la decisión, menos entidad del vicio incurrido y otras circunstancias parecidas[461].

Consecuentemente, el voto nulo no es convalidable y la única determinación que cabe a la autoridad de rigor es declarar tal nulidad o invalidez.

D. Es insubsanable, lo cual quiere decir que no puede ser purgada ni saneada por la ratificación, convalidación o validación ulterior que haga la autoridad, o el cumplimiento

---

460 Bandeira de Mello, **cit.**, p. 408.

461 **Id.**

del acto por los gobernados, ni en virtud del consentimiento de unos y otros, o mediante cualquier otra forma de convalidación posterior, cualquiera sea el plazo transcurrido. Excepcionalmente, y dentro de límites que resguarden los derechos de los afectados, cabe admitir la convalidación de un acto en principio anulable, sea por el órgano que actuó inválidamente o, más a menudo, por su superior jerárquico[462];

E. Consecuencia de la característica anteriormente resumida es que, en línea de principio, el acto ilegítimo no puede ser revocado por la autoridad que lo dictó, o por el órgano superior a ella, debiendo reputarse dicho acto siempre inválido, irreversible e insubsanablemente nulo;

F. En opinión de alguna doctrina, pero crecientemente minoritaria, la acción para obtener que se declare la nulidad no caduca ni prescribe, cualquiera sea el tiempo transcurrido, de manera que, por igual circunstancia, se reafirma su carácter insubsanable. No compartimos tal tesis, sin base en el ordenamiento positivo, débil desde el ángulo teórico y, sin duda, conducente a la incertidumbre jurídica en el orden práctico; y

G. Finalmente, es de orden público, o sea, tiene cualidad de irrenunciable, pues la sanción ha sido contemplada en defensa del ordenamiento jurídico, en sentido objetivo. En consecuencia son inválidas las cláusulas de cualquier convención en que se pacte, anticipadamente, la renuncia a reclamar el vicio comentado.

258. Objeciones a la doctrina clásica. El pensamiento jurídico chileno sobre la nulidad de derecho público no es antiguo; tampoco puede ser calificado de refinado y novedoso; por último, se ha elaborado, en medida importante, sobre la base de repeticiones de teorías foráneas, especialmente francesas, y el pensamiento de Kelsen, acerca del acto administrativo, o dando por correctos diversos supuestos que son, al menos, discutibles en punto a su mérito jurídico.

Llevaría lejos del alcance de esta obra detenerse, uno por uno, en los reparos resumidos. Suficiente es, para comprender cuanto aquí no ha sido ni puede ser explicado, revisar la bibliografía citada al pie o que aparece al final del presente capítulo. Sin perjuicio de lo anterior, resulta indispensable formular un comentario adicional a propósito de los rasgos de la nulidad de derecho público generalmente atribuidos a ella por determinación doctrina y jurisprudencia.

Así, y primeramente, se dice que ese vicio es imprescriptible, pues opera de pleno derecho, sin percatarse de que una característica carece de ligamen con la otra. También se aduce que la nulidad que nos ocupa no requiere ser pronunciada, ya que opera *ipso iure*, sin advertir que esta aseveración sume en la incertidumbre o inseguridad al sistema jurídico, quebrantando una de las condiciones y finalidades esenciales del Derecho en sentido objetivo. En tercer lugar, se sostiene el carácter irrenunciable e insubsanable del vicio que acarrea la nulidad del acto, desentendiéndose de los principios y preceptos, constitucionales y legales, que sustentan la tesis contraria. En fin, se asevera que la nulidad de derecho público es imprescriptible, pero ahora para indicar que se excluye la aplicación de los principios generales de la prescripción de nuestro régimen jurídico, prescindiendo, para concluir así, de las consecuencias prácticas, y también de fondo, que tiene dejar abierta, de manera permanente e indefinida, la pretensión de impugnar actos de la autoridad, desde el Poder Constituyente hacia abajo, ocurridas años, décadas o aún más tiempo atrás.

---

[462] Consúltese Jaime Jara Schnettler: **La nulidad de derecho público ante la doctrina y la jurisprudencia** (Santiago, Ed. Libromar, 2004).

Falta en Chile abordar la nulidad de derecho público en la complejidad que ella tiene, abarcando los actos legislativos, judiciales, de investigación, gestión y control, es decir, no solo los actos administrativos. El hecho de haberse originado el estudio del tópico en el derecho administrativo demuestra, sin duda, una preocupación loable por ser el primer esfuerzo. Sin embargo, antes o más allá de los conceptos de naturaleza administrativa se hallan las actuaciones de los demás órganos aludidos, a los cuales no siempre es pertinente ni acertado someterlos a la disciplina específicamente regulatoria de los actos de aquella índole.

Los valiosos estudios de Hans Kelsen parecen insusceptibles todavía de ser superados en el rubro[463]. En esas investigaciones se basó Mario Bernaschina González[464], en su estudio pionero sobre el punto. Desde entonces, y por décadas, no hubo sistematizaciones ni aportes creativos en nuestra doctrina, la cual suele ser reiterativa de los criterios expuestos por los dos autores nombrados[465]. En otros casos, la cátedra demuestra incurrir en afirmaciones graves, hoy por fortuna reputadas insostenibles e impracticables[466].

259. Jurisprudencia. La Corte Suprema ha señalado los requisitos que debe reunir el recurso de ilegalidad deducido en contra de un acto administrativo, pidiendo pronunciar la nulidad respectiva: "Se limita a exigir, como todo recurso procesal, que el recurrente mencione los motivos de su impugnación y tenga interés en el asunto, como acontece en la apelación, la casación, la queja, etc."[467].

Por otra parte, se ha aclarado que los órganos del Estado son responsables por sus actos u omisiones, ello sin perjuicio de la nulidad del acto administrativo, de modo que no pueden confundirse ambos conceptos:

> De los artículos (...) anteriormente transcritos se concluye que los órganos del Estado, cualesquiera sean sus actividades, resultan responsables por la infracción en que incurren si no "someten su acción a las Actas Constitucionales, a la Constitución y a la leyes". La infracción a lo preceptuado en el artículo 6° citado origina para el Estado no sólo la nulidad del acto que haya realizado el órgano administrativo, sino además las responsabilidades consecuenciales señaladas en los textos legales citados[468].

A mayor abundamiento, está resuelto que el acto de un órgano del Estado que exceda las potestades que le han sido conferidas, a pesar de ello siempre produce sus efectos, eficacia que, sin embargo, se prolonga solo hasta que una autoridad administrativa o jurisdiccional ponga fin a ellos:

> Que cualquiera que pueda ser la causa que origine un acto administrativo irregular, esto es, no ajustado a Derecho o afectado por un vicio de nulidad, el acto írrito producirá sus efectos naturales hasta que medie una decisión administrativa o jurisdiccional que ponga fin a sus efectos[469].

---

463 **Teoría general del Estado** (1934) (México DF, Editora Nacional, 1965) pp. 370 ss.

464 "Bases jurisprudenciales para una teoría de las nulidades administrativas", II **Boletín de la Contraloría General de la República** (1950), pp. 401 ss.

465 **Id.**

466 **Id.**

467 Considerando 16° letra a) de la sentencia de la Corte Suprema pronunciada el 23 de enero de 1985, reproducida LXXXII **Revista de Derecho y Jurisprudencia**, 2° P. S. V. p. 5

468 Considerando 10° de la sentencia pronunciada por la Corte Suprema el 28 de julio de 1987, reproducida en LIV **Revista de Derecho y Jurisprudencia** 2ª P. S. V. p. 222.
Cabe advertir que los artículos que cita la sentencia pertenecen al Acta Constitucional Nº 2 de 1976, **Bases Esenciales de la Institucionalidad Chilena**.

469 Considerando 6 de la sentencia pronunciada por la Corte de Apelaciones de Santiago el 27 de junio de 1990,

Llégase así a las cuestiones más debatibles en torno de la nulidad de derecho público. Al respecto, se ha sostenido que ella es una y susceptible de prescripción extintiva. Esta última institución opera, siguiendo tal jurisprudencia, según los principios generales de nuestro ordenamiento jurídico, establecidos en el Código Civil:

> Se ajusta a nuestro sistema jurídico el considerando 17° del fallo de alzada, pues la nulidad eventual declarable por la Magistratura del decreto supremo arriba citado no es calificable de absoluta o relativa, con sujeción a lo trazado en los artículos 1.681° y siguientes del Código Civil, porque estos autos versan sobre cuestiones de derecho público, las cuales deben ser resueltas, primordialmente, con sujeción a los principios y normas de la Constitución, entre los cuales menester resulta mencionar los contemplados en los artículos 6°, 7° y 35° inciso 1° de aquélla y que, en su conjunto, configuran el sistema de los órganos estatales, la separación relativa de funciones entre ellos, los requisitos que han de cumplir para que sus actos sean válidos, las responsabilidad por infringirlos y la supremacía de la Carta Fundamental en relación con todas las demás disposiciones del ordenamiento jurídico.
>
> (...)
>
> Esta Corte coincide, en fin, con lo aseverado a propósito de la prescripción extintiva en el fundamento 18° de la sentencia apelada, especialmente en consideración a lo preceptuado en el artículo 234° del DFL Nº 1 (G) de 1968 y sus reformas, Estatuto del Personal de las Fuerzas Armadas, todo ello para el fin de establecer con certeza que:
>
> a) Las peticiones formuladas por el apelante pudieron ser reclamadas desde el 20 de mayo de 1975, fecha ésta tanto en que él fue separado del servicio como del decreto supremo Nº 209 que así lo dispuso;
>
> b) La demanda fue notificada al representante legal del Fisco el día 15 de septiembre de 1983, al tenor de lo que consta en autos, es decir, más de ocho años después que la obligación se hizo exigible; y
>
> c) La prescripción no se ha suspendido o interrumpido legalmente, de conformidad a los antecedentes que obran en este proceso.
>
> En consideración a lo cual debe concluirse que, antes de la fecha de notificación de la demanda, se cumplió el plazo de prescripción extintiva que señala el artículo 2.515° del Código Civil, razón por la que procede acoger esta excepción en los términos que lo hizo el fallo en alzada[470].

El debate, sin embargo, sigue pendiente, según se desprende de la sentencia siguiente[471]:

> Que si bien es cierto, el decreto ley Nº 788 invocado por el Fisco en apoyo de sus tesis declaró que los decretos leyes dictados a esa fecha por la Junta de Gobierno, en cuanto sean contrarios o se opongan a algún precepto constitucional, tienen el carácter de modificatorios del correspondiente precepto de la Constitución y, en consecuencia, no podría atacarse la legitimidad del citado decreto ley Nº 77 que la Administración se ha limitado a aplicar, esta Corte estima que las normas que establecen la nulidad del derecho público priman sobre aquellas según lo ha establecido reiteradamente la jurisprudencia de nuestros Tribunales Superiores. Ahora bien, ella opera de pleno derecho y al juez sólo le cabe constatar su existencia.

---

reproducida en LXXXVII **Revista de Derecho y Jurisprudencia** 2° E S. V. p. 135.

470 Considerandos 5° y 6° de la sentencia pronunciada por la Corte de Apelaciones de Santiago el 4 de julio de 1994, reproducida en **Gaceta Jurídica** Nº 169 (1994) pp. 69-70

471 Considerandos 10° y 11° del fallo dictado por la Corte de Apelaciones de Santiago el 30 de diciembre de 1999 (Rol Nº 5.566-97).

Que, finalmente, en lo que se refiere a la prescripción alegada por el Fisco, tratándose, como se ha dicho, de una nulidad de derecho público que se fundamenta en que la actuación de los poderes públicos no puede exceder el marco rígido de su competencia, "forzoso es admitir que las reglas del derecho común no pueden tener aplicación sino cuando las normas de derecho público se remiten a ellas o cuando la naturaleza de la institución admita que el derecho público se integre con dichas normas" y "en la especie indudablemente no procede esa integración si de lo que se trata es de sancionar la posible omisión en que habría incurrido el actor al demorar el inicio de este juicio, porque para alcanzar semejante efecto, se requeriría de una expresa remisión a las normas de derecho común que permitiera privar al afectado de la acción de nulidad de derecho público, por el transcurso de cierto lapso, lo que por otra parte exigiría aceptar que los actos que contravienen el artículo 4° de la Constitución de 1925 pueden purgarse del vicio que los aqueja al cabo de cierto término, lo que pugna con el propio tenor del precepto citado en cuanto señala que tales actos son nulos y no pueden sanearse ni aún a pretexto de circunstancias extraordinarias, dando a los vicios fundantes de la nulidad una entidad tal que impide por el solo transcurso del tiempo que pueda sanear de ellos al acto que los contiene. En consecuencia, no existiendo en el derecho público una norma que declare prescriptible la acción ejercida en estos autos ni otra similar a la del artículo 1.683 del Código Civil, que es el que priva de la acción de nulidad absoluta por saneamiento del acto en razón del transcurso de diez años, no cabe extender analógicamente el alcance de los artículos 2.497°, 2.514°, 2.515° y 1.520° a una situación del todo diferente"[472].

260. Avance del consenso. En el difícil asunto de la nulidad de derecho público, recientemente se perciben mayores coincidencias, sostenidas por doctrina y jurisprudencia que van siendo predominantes.

Entre las innovaciones relevantes se halla el reconocimiento de la facultad que tienen los órganos estatales de invalidar sus actos ilegítimos[473], supuesto el cumplimiento de los requisitos que, para obrar así, fluyen del ordenamiento jurídico vigente. Al concluir de esta manera, la jurisprudencia ha ido superando, además, las objeciones que adjudican al acto tachado por vicios de invalidez carácter perpetuo e insubsanable. Por último, la nueva doctrina jurisprudencial flexibiliza la rígida posición de quienes desestiman que la nulidad de derecho público tenga que ser pronunciada por el órgano competente, al sostener que opera de pleno derecho[474]:

Que la acción ejecutada por el Director de Obras de la Municipalidad de Viña del Mar al dejar sin efecto el permiso de obra nueva N° 31/98 corresponde al ejercicio de la atribución de la autoridad administrativa de retirar sus actos, si verifica posteriormente que su legitimidad adolece de vicios;

Que el fundamento de su atribución reside, por una parte, en la misma potestad de que está investida dicha autoridad para dictar actos administrativos, esto es, emitir declaraciones unilaterales de voluntad conducentes a cumplir el cometido estatal de atender necesidades colectivas y que encierra la de invalidar los actos que son contrarios al ordenamiento jurídico, en uso de un poder de autocontrol jurídico inseparable de esa función.

Que al prevenir el inciso primero del citado artículo 6° de la Carta Fundamental que los órganos del Estado deben someter su acción a la Constitución y a las normas dictadas conforme a ella,

---

472 Considerando 60° de la sentencia de la Corte Suprema pronunciada el 21 de julio de 1998 (Rol N° 9916.96), publicada en **Gaceta Jurídica** N° 217 (1998).

473 Jorge Reyes Riveros: **La nulidad de derecho público** (Santiago, Ed. ConoSur, 1998); y Urbano Marín Vallejo: "Vigencia actual de la invalidación de los actos administrativos", **Revista de Derecho del Consejo de Defensa del Estado** N° 2 (2000) pp. 61 ss.

474 Considerandos 1° a 4°, 9°, 14°, 17° y 22° de la sentencia de la Corte Suprema pronunciada el 20 de noviembre de 2000, reproducida en **Revista de Derecho del Consejo de Defensa del Estado** N° 1 (2000) pp. 154 ss.

impone a toda autoridad estatal, entre ellas las municipales, el deber de reaccionar ante sus actos ilegítimos, dotándolas al mismo tiempo de la correspondiente facultad de corregirlos para encuadrarlos en el ordenamiento jurídico alterado por tales actuaciones irregulares;

Que la facultad de la Administración de retirar sus actos contrarios a derecho invalidándolos para restablecer el orden jurídico perturbado, mediante un nuevo acto de contrario imperio, sea de oficio, sea a petición de interesados, según lo expuesto en los considerandos anteriores, pertenece, por su naturaleza, al ámbito de la función administrativa, en la medida en que encuentra asidero en el poder específico de autotutela que habilita a los órganos de la Administración para revisar y evaluar su propia actividad y eliminar los actos que violentan el principio de legalidad que debe observar la organización estatal;

Que en este orden de ideas, la misma acción de nulidad de derecho público que se hace derivar de la disposición contenida en el inciso final del artículo 7° de la Carta Fundamental y que sanciona con la nulidad los actos que excedan el marco de las facultades legales de los órganos del Estado, en relación con el N° 3° del artículo 19° del Texto Constitucional, tampoco ha podido abrogar o limitar la potestad de la Administración de invalidar sus actos ilegítimos, teniendo en consideración, además, que si esa nulidad se produce de pleno derecho y es perpetua e insanable, como lo sostienen sus cultores, ella bien puede ser constatada y declarada indistintamente por un tribunal o por la autoridad administrativa.

Que la potestad de la autoridad administrativa de retirar sus actuaciones resueltas en contravención al orden jurídico, a través de un nuevo acto administrativo invalidatorio, no coloca a los afectados en indefensión porque la nueva decisión administrativa puede ser impugnada mediante los recursos administrativos o jurisdiccionales que consulta al efecto la normativa vigente, tal como lo reconoce el artículo 9° de la Ley Orgánica Constitucional N° 18.575 y haciendo uso de la acción de protección que prevé el artículo 20 de la Carta Política, si el acto objetado es arbitrario o ilegal y afecta a uno de los derechos individuales enumerados en este último precepto;

Que, por último, en relación con este punto, no debe incurrirse en la confusión de asimilar la situación de los beneficiarios directos de una actuación irregular de la Administración con la de los terceros de buena fe, a quienes la invalidación o anulación del acto administrativo ilegítimo no puede afectar en los mismos términos, por cuanto los destinatarios inmediatos de una actuación administrativa unilateral no son terceros en esa relación, especialmente si han solicitado voluntariamente la dictación del acto irregular invalidado.

En otro pronunciamiento, la Corte Suprema[475] reiteró el imperativo de cumplir los requisitos de forma para que los actos administrativos sean válidos, a la vez que trazó una diferencia entre los tales actos cuando tienen contenido patrimonial, de un lado, o carecen de él, por el otro.

261. Una distinción necesaria. La convergencia en torno de nuevos planteamientos sobre la nulidad de derecho público se manifiesta también a propósito de la imprescriptibilidad que le adjudicó la doctrina tradicional[476]. Formulando claras y sólidas diferenciaciones, la jurisprudencia reciente se aproxima así a una solución razonable y, por lo mismo, de mayor legitimidad, aunque la polémica no se ha desvanecido por completo[477].

---

475 Considerandos 14° y 15° de la sentencia de 28 de diciembre de 2005 (Rol N° 3.178-2005), reproducida en **Gaceta Jurídica** N° 307 (2006) pp. 41 ss.

476 Considerando 3° de la sentencia de la Corte Suprema pronunciada el 13 de diciembre de 2000 (Rol N° 1.341-00).

477 Consúltense los comentarios a la sentencia citada en la nota anterior, escritos por los profesores Eduardo Soto Kloss y Pedro Pierry Arrau, publicados en **La Semana Jurídica** N°s 7 y 11 (2001), respectivamente.

Que cuando actos de la Administración, como los decretos del ente previsional a que se refiere la controversia de autos, no se han sujetado a la forma prescrita por la ley para su otorgamiento (...), carecen de valor jurídico, lo que puede ser declarado en cualquier momento por el tribunal competente, el cual, al formular tal declaración, se limita a afirmar el mencionado principio de juridicidad, que consagra el predominio jerárquico de la Constitución y las leyes respecto de las actuaciones de los órganos de la Administración del Estado, sin que, a falta de norma especial o general que regule lo concerniente a la prescripción de la acción de nulidad de derecho público, resulten aplicables las disposiciones generales de derecho privado en la materia.

Que, en cambio, las acciones ejercidas en contra de los demandados por el Instituto de Normalización Previsional con miras a obtener de éstos la restitución de los dineros que, por concepto de pensiones de invalidez e indemnización por años de servicio, les fueron pagados en virtud de los decretos afectados por la declaración de nulidad de derecho público, dada su evidente naturaleza patrimonial –en cuanto se refiere a prestaciones de valor económico– quedan sujetas a la regulación normativa que, en lo tocante a la prescripción extintiva, se contemplan en el Código Civil.

Finalmente, numerosas sentencias de las Cortes de Apelaciones, confirmadas por la Corte Suprema, han declarado la nulidad de derecho público de actuaciones administrativas, de naturaleza jurisdiccional, realizadas fuera de la competencia otorgada por la Carta Fundamental y las leyes. A continuación, se inserta un ejemplo ilustrativo de tal jurisprudencia[478], coincidente con la tesis de inconstitucionalidad del precepto legal respectivo, pronunciada por el Tribunal Constitucional el 26 de marzo de 2007 (Rol Nº 681):

Que la sentencia objeto del recurso ha sido dictada por una persona diversa del juez designado por la ley para el conocimiento de esta clase de reclamos (...) y no por el director regional (...). En la especie, la sentencia fue pronunciada por una persona que no es juez, la que ha actuado con este carácter al amparo de una resolución delegatoria de facultades jurisdiccionales que ni la Constitución ni la ley permiten. (...) En concepto de esta Corte, la sentencia así dictada adolece de nulidad de derecho público, por cuanto la delegación de facultades jurisdiccionales se encuentra expresamente prohibida por el artículo 76° de la Constitución, continente del principio jurídico-orgánico según el cual la jurisdicción no es delegable. Más aún, lo que aquí ha ocurrido es que, por vía de una resolución supuestamente delegatoria de facultades jurisdiccionales, se ha creado un tribunal de hecho (...).

Que, por consiguiente, y de conformidad a lo dispuesto en los artículos 6° y 7° de la Constitución, procede que esta Corte declare de oficio la nulidad de derecho público del fallo (...).

Por estas consideraciones (...), se invalida la sentencia (...) y se repone la causa al estado que el juez tributario competente dé el debido trámite a la reclamación interpuesta en estos autos, invalidándose consecuentemente todo lo obrado.

---

478 Considerandos 1° y 2° del fallo de la Corte de Apelaciones de Santiago, fechado el 15 de noviembre de 2007 (Rol Nº 5.011-2006).

CAPÍTULO **VIII**

PROBIDAD Y TRANSPARENCIA

262. Nueva base institucional. La reforma de agosto de 2005 estableció un contenido diferente para el artículo 8° de la Carta Fundamental, agregando así una base original al sistema institucional de gran y creciente trascendencia. El texto de dicho artículo con la enmienda indicada, es el siguiente:

> El ejercicio de las funciones públicas obliga a sus titulares a dar estricto cumplimiento al principio de probidad en todas sus actuaciones.
>
> Son públicos los actos y resoluciones de los órganos del Estado, así como sus fundamentos y los procedimientos que utilicen. Sin embargo, sólo una ley de quórum calificado podrá establecer la reserva o secreto de aquellos o de éstos, cuando la publicidad afectare el debido cumplimiento de las funciones de dichos órganos, los derechos de las personas, la seguridad de la Nación o el interés nacional.

Ocurrió, sin embargo, que el artículo 8° fue nuevamente alterado por la Ley de Reforma Constitucional N° 20.414, publicada en el Diario Oficial el 4 de enero de 2010, la cual le agregó los incisos 3° y 4° que se insertan a continuación:

> El Presidente de la República, los Ministros de Estado, los diputados y senadores, y las demás autoridades y funcionarios que una ley orgánica constitucional señale, deberán declarar sus intereses y patrimonio en forma pública.
>
> Dicha ley determinará los casos y las condiciones en que esas autoridades delegarán a terceros la administración de aquellos bienes y obligaciones que supongan conflicto de interés en el ejercicio de su función pública. Asimismo, podrá considerar otras medidas apropiadas para resolverlos y, en situaciones calificadas, disponer la enajenación de todo o parte de esos bienes.

El artículo transcrito es amplio y requiere precisiones. Su índole general y de principios le resta densidad normativa, la cual, en definitiva, queda compensada al aplicar una hermenéutica finalista, orientada a infundir vigencia real a directrices tan vastas. Inspirada, en parte al menos, por las enmiendas hechas en 1999 a la Ley Orgánica de Bases Generales de la Administración del Estado, es claro, sin embargo, que el nuevo artículo 8° del Código Político es de alcance mayor en cuanto a los destinatarios y a los principios cuyo respeto se les impone.

Consistente con las premisas expuestas, fue aprobado un proyecto de ley que, sin ser exactamente el cuerpo normativo señalado en el inciso 2° de la disposición constitucional, satisface múltiples exigencias de transparencia en las actuaciones de los órganos públicos. Tras un prolongado examen, el Tribunal Constitucional formuló observaciones, alcances y objeciones de constitucionalidad a ese proyecto, según consta en la sentencia fechada el 10 de julio de 2008 (Rol N° 1.051). Dicha normativa fue finalmente publicada en el Diario Oficial como Ley N° 20.285, el 20 de agosto de 2008. Dedicaremos los párrafos finales de este capítulo al análisis de tal texto legislativo.

263. Historia fidedigna. Durante la tramitación de la reforma de 2005 se discutió sobre la primera parte de la nueva base de la institucionalidad en análisis. A continuación extractamos el debate que tuvo lugar en la Comisión de Constitución, Legislación, Justicia y Reglamento del Senado, el 6 de noviembre de 2001, luego de la intervención de los profesores Humberto Nogueira y Rolando Pantoja:

> El senador Diez señaló que la Constitución usa las palabras en el sentido natural del lenguaje, que indica qué función pública es capacidad de acción o acción propia de los cargos u oficios (...).
>
> Enseguida, usó de la palabra el ministro del Interior, señor José Miguel Insulza. Indicó que al revisar los textos propuestos, concordó, en lo esencial, con el contenido de ambos. Puso de manifiesto la importancia de utilizar un lenguaje claro, que establezca en forma adecuada estos importantes principios en la Carta Fundamental.
>
> En cuanto al sentido de la expresión "función pública", recordó la concepción que el senador Diez trajo a colación y expresó su concordancia con ella. Agregó que, evidentemente, toda persona que desempeñe una función de interés general o público, debe hacerlo observando el principio de probidad. Sin embargo, connotó, en ciertos casos resulta complejo asimilar bajo este concepto tareas tan disímiles como podrían ser la de un periodista con la de un funcionario público típico. En todo caso, reiteró que la definición proporcionada por el Diccionario de la Lengua Española a este respecto es adecuada.
>
> Enseguida, indicó que el texto de la Alianza por Chile presenta en forma más organizada los principios en estudio, razón por la cual, sin perjuicio de introducirle los perfeccionamientos del caso, se inclinó por éste.
>
> (...)
>
> El senador señor Larraín consideró oportuno hacer una síntesis de la discusión. Estimó que los lineamientos de la misma son dos: uno, que dice relación con las personas que ejercen funciones públicas en términos amplios, no referidos únicamente al funcionario público, sino a todo el que desempeña alguna función o actividad pública. A esa persona, dijo, se le está exigiendo que actúe con probidad.
>
> El segundo tema es el principio de publicidad y transparencia que, antes que a las personas, se refiere a los órganos del Estado.
>
> Señaló que la propuesta de la Concertación se refiere a la publicidad, cosa que no hace la de su sector. La norma propuesta por la Alianza por Chile, explicó, incluye los principios de probidad y de transparencia y no el de publicidad, que consiste en dar a conocer los contenidos y fundamentos de las decisiones que se adoptan.
>
> Entonces, recapituló, sería prudente decir, en primer lugar, que toda persona que desempeñe una función pública debe hacerlo observando el principio de probidad. En segundo término, que los órganos del Estado deben dar a conocer los fundamentos de sus decisiones, es decir, cumplir con

el principio de publicidad, y finalmente, que deben actuar en forma transparente, lo cual significa que las personas puedan acceder a la información, con las restricciones que establecerá la ley.

(...)

El senador señor Viera-Gallo rememoró el proyecto presentado por el ex presidente Frei Ruiz-Tagle que, a su juicio, no prosperó porque se consideró que extremaba el principio de transparencia y publicidad a un punto tal que prácticamente no quedaba ningún órgano que no debiera actuar como lo hace el Parlamento.

Aseveró que, acorde con nuestra idiosincrasia, es menester preservar un equilibrio entre lo que las personas tienen derecho a saber y los documentos o debates internos de los órganos del Estado que no es conveniente que trasciendan a la opinión pública. A este respecto, manifestó que una alternativa a la norma propuesta, que confía a la ley la determinación del secreto o reserva, podría ser que cada organismo pudiera determinar en forma autónoma los casos en que la actuación o documento debe mantenerse en reserva. Entregar esta misión a la ley, agregó, ofrece el riesgo de que ésta sea tachada de inconstitucional por ser restrictiva, con lo cual se llega a un grado de transparencia completa de los órganos del Estado, para lo cual, en su opinión, nuestro país no está preparado.

Reiteró que la transparencia absoluta podría traer consecuencias indeseables para el funcionamiento del Estado, de manera que insistió en buscar el necesario punto de equilibrio en esta materia.

El profesor Nogueira acotó que la regla general es la publicidad y la excepción es el secreto, que debe ser calificado por la ley de acuerdo con los criterios que proporcione la Constitución.

El senador señor Hamilton adujo que en la Ley sobre Probidad se consagraron los mencionados principios en la forma que se ha señalado en este debate. En general, dijo, todos los documentos son públicos, excepto que esté comprometido el derecho de las personas, la seguridad de la Nación o el debido funcionamiento del servicio, pero no queda al arbitrio del funcionario público el negar la información. Si éste la niega, debe fundar su negativa en alguna de estas causales y si el reclamante no concuerda, se prevé un procedimiento breve y expedito para que el juez resuelva.

(...)

El senador Larraín expresó que, a su juicio, en la referida ley quedó recogido en mucha mejor forma el ámbito al cual se refiere el principio de publicidad. El artículo 11° bis que se agrega a la Ley de Bases Generales de la Administración dice que son públicos los actos administrativos de los órganos de la Administración del Estado y los documentos que les sirvan de sustento o complemento directo y esencial. Esta norma precisa exactamente cuál es el principio de publicidad de los actos de los órganos de la Administración y cuáles son los documentos que deben servir de base a esta exigencia de publicidad. La redacción de la proposición en estudio resulta mucho más genérica, afirmó.

264. Sentido y alcance. Se trata de principios que ya habían sido legislados, aunque solo en relación a la Administración del Estado, en tanto que, conforme a la redacción del nuevo artículo 8° de la Constitución, ahora son aplicables a cualquier órgano público, autónomo o no, administrativo o de otra índole. La revisión de textos legales de vigencia reciente corrobora la tesis amplia antes afirmada. Veamos.

A. Ley Orgánica Constitucional de las Bases Generales de la Administración del Estado. En cuanto al artículo 13°[479], su inciso 2° prescribe que la función administrativa se ejercerá con transparencia, de manera que permita y promueva el conocimiento de los

[479] Precepto incorporado por la Ley N° 19.653, de 14 de diciembre de 1999.

procedimientos, contenidos y fundamentos de las decisiones administrativas. Análogamente relevante es el inciso 3° de dicho artículo, pues contempla, como regla general, la publicidad de los actos administrativos, incluyendo los informes y antecedentes que les sirvan de sustento o complemento directo y esencial. Sin embargo, en el inciso 4° se restringe el alcance de esa regla solo a los asuntos que sean de interés público y a las otras excepciones allí previstas. Preciso es, por su importancia, transcribir los cuatro primeros incisos del artículo mencionado:

> Los funcionarios de la Administración del Estado deberán observar el principio de probidad administrativa y, en particular, las normas legales generales y especiales que lo regulan.
>
> La función pública se ejercerá con transparencia, de manera que permita y promueva el conocimiento de los procedimientos, contenidos y fundamentos de las decisiones que se adopten en el ejercicio de ella.
>
> Son públicos los actos administrativos de los órganos de la Administración del Estado y los documentos que les sirvan de sustento o complemento directo y esencial.
>
> La publicidad a que se refiere el inciso anterior se extiende a los informes y antecedentes que las empresas privadas que presten servicios de utilidad pública y las empresas a que se refieren los incisos tercero y quinto del artículo 37° de la Ley N° 18.046, sobre Sociedades Anónimas, proporcionen a las entidades estatales encargadas de su fiscalización, en la medida en que sean de interés público, que su difusión no afecte el debido funcionamiento de la empresa y que el titular de dicha información no haga uso de su derecho a denegar el acceso a la misma, conforme a lo establecido en los incisos siguientes.

B. **Estatuto Administrativo**. En su artículo 55° letra g) dispone que es obligación de cada funcionario observar estrictamente el principio de probidad administrativa, regulado por la Ley N° 18.575 y demás disposiciones especiales[480].

C. **Ley de Bases Generales de los Procedimientos Administrativos**. La Ley N° 19.880, de 2003, ha establecido en su artículo 4°[481] que, entre otros, informan dichos procedimientos los principios de transparencia y publicidad, cuyo contenido y alcance aparece precisado en el artículo 16° del mismo cuerpo legal:

> Principio de *Transparencia* y de Publicidad. El procedimiento administrativo se realizará con transparencia, de manera que permita y promueva el conocimiento, contenidos y fundamentos de las decisiones que se adopten en él.
>
> En consecuencia, salvo las excepciones establecidas por la ley o el reglamento, son públicos los actos administrativos de los órganos de la Administración del Estado y los documentos que le sirvan de sustento o complemento directo o esencial.

En armonía con el precepto transcrito, agrega el artículo 17° que se refiere al principio de publicidad y transparencia, son derechos de las personas, naturales y jurídicas, entre otros, los siguientes:

> a) Conocer, en cualquier momento, el estado de la tramitación de los procedimientos en los que tengan la condición de interesados, y obtener copia autorizada de los documentos que rolan en

---

[480] Respecto a la jurisprudencia administrativa de este precepto, véase Rolando Pantoja Bauza: **Estatuto Administrativo interpretado** (Santiago, Editorial Jurídica de Chile, 2006).

[481] El texto del artículo 4° es el siguiente: "Principios del procedimiento. El procedimiento administrativo estará sometido a los principios de escrituración, gratuidad, celeridad, conclusivo, de economía procedimental, contradictoriedad, imparcialidad, abstención, no formalización, inexcusabilidad, impugnabilidad, transparencia y publicidad".

el expediente y la devolución de los originales, salvo que por mandato legal o reglamentario éstos deban ser acompañados a los autos, a su costa;

b) Identificar a las autoridades y al personal al servicio de la Administración, bajo cuya responsabilidad se tramiten los procedimientos;

c) Acceder a los actos administrativos y sus documentos, en los términos previstos en la ley.

D. Ley de Transparencia de la función pública y de acceso a la información del Estado. Este cuerpo legal se halla en la Ley Nº 20.285, publicada en el Diario Oficial el 20 de agosto de 2008.

De sus disposiciones cabe destacar, por de pronto, el artículo 2°, pues ordena aplicarla a los ministerios, intendencias, gobernaciones, gobiernos regionales, municipalidades, Fuerzas Armadas, de Orden y Seguridad Pública, y a los órganos y servicios públicos creados para el cumplimiento de la función administrativa.

Análogamente interesante es el artículo 3°, con sujeción al cual la función pública se ejerce con transparencia, de modo que permita y promueva el conocimiento de los procedimientos, contenidos y decisiones que se adopten en ejercicio de ella. Puntualiza al respecto, el artículo 4°, que el principio de transparencia de dicha función consiste en respetar y cautelar la publicidad de los actos, resoluciones, procedimientos y documentos de la Administración, así como la de sus fundamentos, y en facilitar el acceso de cualquier persona a esa información, a través de los medios y procedimientos que establezca la ley.

Ordena el artículo 7°, a todos los órganos de la Administración estatal, mantener a disposición permanente del público, a través de sus sitios electrónicos, la serie de antecedentes señalados en él, pero excluyendo los datos sensibles, esto es, aquellos de índole confidencial o íntima porque se refieran a las características físicas o morales de las personas o a hechos o circunstancias de su vida privada o intimidad, tales como los hábitos personales, el origen social, las ideologías y opiniones políticas, las creencias o convicciones religiosas, los estados de salud físicos o psíquicos y tanto la vida sexual como doméstica.

Preceptúa el artículo 8° que cualquier persona puede presentar un reclamo ante el Consejo para la Transparencia, si alguno de los organismos de la Administración no entrega la información pormenorizada en el artículo 7°. Sin embargo, aclara el artículo 20°, que si el acceso a la información se refiere a documentos o antecedentes con información que pueda afectar los derechos de terceros, entonces la autoridad o jefatura del órgano o servicio requerido, dentro del plazo de dos días hábiles, deberá comunicar a la persona a la que se refiere la información correspondiente, que le asiste la facultad de oponerse a la entrega de los documentos solicitados. Deducida la oposición en tiempo y forma, el órgano o servicio requerido queda impedido de proporcionar la información pedida, salvo resolución en contrario acordada por el Consejo ya aludido.

El artículo 21° enumera las únicas causales de reserva o secreto en cuya virtud se puede denegar, total o parcialmente, el acceso a la información. Se implementa así lo preceptuado en el artículo 8° inciso 2° de la Carta Política.

Según el artículo 28°, en contra de la resolución del Consejo que deniegue el acceso a la información procede el reclamo de ilegalidad ante la Corte de Apelaciones del domicilio del reclamante. Contra la resolución de esta magistratura, no cabe recurso alguno.

Por último, los artículos 31° y siguientes se hallan dedicados al Consejo para la Transparencia. Trátase de una corporación autónoma de derecho público, con personalidad jurídica y patrimonio propio. Su objeto es proveer la transparencia de la función pública, fiscalizar el cumplimiento de las normas sobre transparencia y publicidad de la información de los órganos de la Administración del Estado, y garantizar el derecho de acceso a la información en los términos ya explicados. Está integrado por cuatro consejeros, designados por el Presidente de la República previo acuerdo del Senado, los cuales duran seis años en sus funciones[482].

Reiterando lo ya advertido, el Tribunal Constitucional en su sentencia Rol Nº 1.051, de 2008, formuló observaciones al mérito constitucional del que entonces era el proyecto resumido, cursándolo con precisiones acerca de la interpretación de sus disposiciones o pronunciando la inconstitucionalidad de una de ellas.

265. Análisis de la disposición constitucional. El artículo 8° abarca cuatro materias que es necesario examinar por separado: la probidad, la transparencia y la publicidad y, por último, la manifestación pública de intereses y patrimonio que supongan, o vuelvan presumible asumir, conflictos que afecten el ejercicio de las funciones estatales. En ellas quedan comprendidos los contenidos de los incisos 3° y 4° agregados en la reforma de 2012.

A. **Principio de probidad**. Se refiere a la rectitud, honradez o abnegación en el desempeño de las funciones públicas. Tal principio es vinculante para el funcionario, empleado o agente involucrado, cualquiera sea su jerarquía, institución o entidad en la que sirva y la naturaleza de la labor realizada. Por consiguiente, la norma se extiende más allá de la Administración Pública, abarcando a todos quienes, por algún concepto o motivo jurídicamente regulado, se hallen investidos de la capacidad de imputar al Estado la actuación u omisión en que intervinieron. Quedan absorbidos por la disposición, entonces, la Presidencia de la República, los ministerios y los organismos regionales, el Congreso Nacional, el Poder Judicial, el Tribunal Constitucional, el Ministerio Público, la Contraloría General de la República, el Banco Central y las municipalidades. Todas las instituciones nombradas deben cumplir el postulado en comentario con sujeción a la Constitución y a lo dispuesto en las leyes orgánicas respectivas[483].

Con sujeción a criterios de coherencia lógica y finalidad común entre los dos primeros incisos del artículo 8°, necesario es coincidir en que el empleo de la expresión *órganos del Estado*, en el segundo de aquellos incisos, no restringe el sentido amplio que fue determinado para los sujetos involucrados ya en el inciso 1°. Consiguientemente, la transparencia y publicidad rigen también a los funcionarios, empleados y agentes públicos, de igual modo que a los órganos estatales entendidos en su acepción estricta[484].

El Código Político enfatiza el principio de probidad al exigir que sea observado estricta o severamente y en todas las actuaciones del servidor público involucrado. Sin duda, recae en los superiores pertinentes la responsabilidad de velar por el fiel, permanente y cabal acatamiento de ese criterio matriz, pero, atendido la relación directa que media entre la probidad, la transparencia y la publicidad de aquellas actuaciones, no vacilamos al sostener que los medios de comunicación social y la opinión pública tienen también

---

[482] Véase Juan Emilio Cheyre Espinoza y Nicolás Cobo Román: **Transparencia en Chile. Logros y desafíos a cinco años de vigencia de la ley** (Santiago, Universidad Católica de Chile, 2014).

[483] Recuérdese que el artículo 52° inciso 2° de la Ley Nº 18.575, Ley Orgánica Constitucional de Bases Generales de la Administración del Estado, señala que el principio de probidad administrativa consiste en observar una conducta funcionaria intachable y un desempeño honesto y leal de la función o cargo, con preeminencia del interés general sobre el particular.

[484] Revísese del autor **Teoría del Gobierno** (Santiago, Ed. Universidad Católica de Chile, 2000) pp. 33 ss.

roles importantes que desempeñar para la finalidad aludida. Queda así de manifiesto el vínculo de la probidad con la democracia realmente vivida.

Por último, si bien el artículo 8° inciso 1° se refiere nada más que a los titulares de las funciones públicas, cualesquiera sean ellos, razonable es deducir, según una hermenéutica teleológica y no exegética, que la amplitud del principio llega, en idénticos términos, a los empleados, funcionarios o servidores que las ejerzan tanto con la calidad de subrogantes y suplentes como de interinos.

B. **Principio de transparencia**. Se halla, implícita pero inequívocamente aludido, en la oración inicial del artículo 8° inciso 2°, porque esa cualidad de las actuaciones de los servidores públicos consiste en que las personas naturales y jurídicas, sin discriminación alguna, puedan acceder al texto de los actos y resoluciones de los órganos estatales, a sus antecedentes y fundamentos, así como a los procedimientos utilizados para llevarlos a cabo o, en su caso, los motivos para abstenerse de hacerlo.

La transparencia, por ende, es la visibilidad de aquellas conductas, rasgo que pugna con la opacidad, el ocultamiento y la manipulación de datos o informaciones que dejan a los ciudadanos ignorantes o, como mínimo, insuficientemente enterados de las decisiones públicas, sea o no que los afecten de modo directo y concreto o individual.

Vinculado el principio de transparencia con el de probidad ya estudiado, fácil es comprender la conexión de uno y otro, al punto de que, evocando lo escrito por Immanuel Kant[485], puede presumirse que si un empleado, funcionario o servidor público oculta informaciones relativa a sus conductas o decisiones, obstaculiza el acceso a ellas, o las deforma a través de simulaciones o disimulaciones, lo que verdaderamente busca es encubrir hechos que, de ser conocidos por la ciudadanía, provocarían escándalo y, a raíz de ello, su enjuiciamiento y eventual destitución.

C. **Principio de publicidad y sus excepciones**. La publicidad, es decir, la difusión abierta al público de los actos referidos, constituye la regla general y así se declara en el artículo 8° inciso 2°, con cualidad imperativa: "Son públicos los actos y resoluciones de los órganos del Estado". Probidad, transparencia y publicidad coinciden, entonces, configurando actuaciones por entero legítimas, en sí y de cara a los demás órganos estatales. Tal publicidad, obviamente, puede ser materializada a través de vías numerosas, v. gr., la divulgación en el Diario Oficial o en otros periódicos, en la televisión, radiodifusión e *internet*; pero, asociada al principio de transparencia, implica que cualquier interesado se halla capacitado para buscar la información y acceder a ella sin cortapisas inconducentes. He aquí el fundamento del *habeas data* en nuestro régimen jurídico.

Fácilmente se comprende que, hasta allí, avanzan unidos los postulados de probidad, transparencia y publicidad. Sin embargo, ese objetivo, irrestrictamente implementado, puede ocasionar trastornos graves al bien común, sobre la base de privilegiar el acceso y divulgación ilimitada de decisiones, fuentes, cifras, lugares, proyectos, cursos de acción y otras informaciones que, por su naturaleza intrínseca, tienen que ser protegidas de intrusiones y difusiones ilegítimas. Como ocurre con todos los derechos, los atributos involucrados en el asunto que examinamos requieren la imposición de restricciones o salvedades que infundan legitimidad, formal y sustantiva, al ejercicio respectivo. El bien común, por consiguiente, impone y justifica aquellas excepciones, siempre que sean proporcionadas a la finalidad perseguida, conducentes a la recta consecución de ella y se

485 **La paz perpetua** (Buenos Aires, Ed. Espasa Calpe, 1960) p. 152.

hallen taxativamente previstas en la ley, normativa esta que, en democracia, es el resultado del debate libre y de acuerdos obtenidos, por consenso y principalmente en los órganos colegisladores.

En ese marco de ideas cobran razonabilidad, llegando a ser inobjetables, las cuatro excepciones establecidas en el artículo 8° inciso 2°. El supuesto requisito o condición previa para que operen todas o cualquiera de ellas estriba en el imperativo de cautelar el secreto o reserva de las actuaciones de los órganos públicos y de sus antecedentes cuando así lo haya ordenado una ley de quórum calificado, la cual procede tratándose solo de los hechos señalados por la Carta Fundamental. Reunidas la exigencia copulativa que estructura el supuesto descrito, cabe cumplir la excepción a la regla, o sea, a los principios de transparencia y publicidad. Por supuesto, jamás podrá eximirse el parámetro de probidad de cuanto implican la regla general y sus excepciones, porque la honradez, profesionalismo y rectitud de las actuaciones funcionarias es una obligación aun cuando se trate de decisiones secretas o reservadas.

Cuatro son, como se ha dicho, las excepciones a la publicidad. Todas ellas tienen una causa o motivo común, que es que tal difusión afecte el debido cumplimiento de cualquiera de los valores y principios enunciados a continuación:

– Las funciones de los órganos estatales;

– Los derechos de las personas, naturales o jurídicas;

– La seguridad de la nación; y

– El interés nacional.

Las excepciones son amplias, rasgo que tornó ineludible remitir a una ley de quórum calificado cuanto se refiere a la configuración concreta de los supuestos fácticos, circunstancias y enunciados normativos que infundan la claridad y precisión requeridas por el texto constitucional para ser compatible con la seguridad jurídica. De esas excepciones, tres conciernen a los actos de los órganos estatales y la cuarta es relativa a los atributos esenciales de las personas.

266. Ley sobre acceso a la información pública. Trátase de la Ley Nº 20.285, de 2008. Ella se aplica, según artículo 2°, a los ministerios, intendencias, gobernaciones, gobiernos regionales, a las municipalidades, las Fuerzas Armadas, de Orden y Seguridad Pública, a los órganos creados por ley para el cumplimiento de la función administrativa y servicios públicos. La Contraloría General de la República, el Banco Central y los demás órganos de jerarquía constitucional deben ajustarse a sus respectivas leyes orgánicas en los asuntos en que ejerzan facultades relacionadas con materias reguladas en la ley en comentario.

Añade el artículo 3° que la función pública se sirve con transparencia, de modo que permita y promueva el conocimiento de los procedimientos, contenidos y decisiones que se adopten en desempeño de ella.

Puntualiza el inciso 2° del artículo 4° que el principio de transparencia de la función pública consiste en respetar y cautelar la publicidad de los actos, resoluciones, procedimientos y documentos de la administración, así como sus fundamentos y en facilitar el acceso de cualquier persona a esa información, a través de los medios y procedimientos que establece la ley.

En su artículo 7° y siguiente, la ley en análisis contempla los principios de transparencia *activa y pasiva*.

El primero se caracteriza, según el artículo 7° inciso 1° por el deber de los órganos estatales de mantener a disposición del público, permanentemente y a través de sus sitios electrónicos, los antecedentes enunciados en tal proyecto, incluyendo la planta del personal y personal a contrata y a honorarios, con los remuneraciones correspondientes; las contrataciones para el suministro de bienes muebles; para la prestación de servicios y para estudios, asesorías y consultorías; las transferencias de fondos públicos que efectúen y los actos y resoluciones que tengan efecto sobre terceros.

El principio de transparencia pasiva es el derecho que toda persona tiene a solicitar y recibir información de cualquier órgano del Estado, especialmente los administrativos, en los términos precisados en el artículo 11° de la ley.

Los artículos 20° y 21° contemplan la facultad de los terceros para oponerse a la entrega de la información que los afecte, así como las causales de secreto o reserva en cuya virtud puede ser denegado, total o parcialmente, el acceso a la información. En síntesis el artículo 21° pormenoriza los motivos en alusión a los cuales, según el artículo 8° inciso 2° de la Carta Fundamental, se torna imperativo rechazar solicitudes de información.

267. Regulación del *lobby*. Ha sido lenta la implementación de la reforma constitucional relativa a la probidad y transparencia, evidencia de lo cual es que, transcurridos cinco años de la enmienda de enero de 2010, que será examinada más adelante, aún no son aprobadas las leyes requeridas para infundir eficacia a tan relevantes modificaciones a la Carta Fundamental[486].

Una excepción a la crítica señalada se halla en la Ley N° 20.730, publicada en el Diario Oficial el 8 de marzo de 2014, que regula el *lobby* y las gestiones que representen intereses particulares ante las autoridades y funcionarios. A continuación resumiremos el contenido de esa ley.

Desde luego, su artículo 1° precisa que ella regula la publicidad en la actividad de *lobby* y demás gestiones que representen intereses particulares, con el objeto de fortalecer la transparencia y probidad en las relaciones con los órganos del Estado.

Agrega el artículo 2° que para los efectos de la ley citada se entiende por *lobby* la gestión o actividad remunerada, ejercida por personas naturales o jurídicas, cuya finalidad sea promover, defender o representar cualquier interés particular, para influir en las decisiones, que en el ejercicio de sus funciones, deben adoptar los sujetos pasivos indicados en el mismo texto legal. En semejante orden de ideas, el artículo 2° añade que *lobbista* es la persona natural remunerada, que realiza *lobby*. Si no media remuneración, se lo llama *gestor de intereses* particulares.

Puntualiza el artículo 3° quiénes son sujetos pasivos de *lobby*, enunciado que abarca a los ministros y subsecretarios, jefes de servicios, intendentes y gobernadores y embajadores, entre otros. Adicionalmente, el artículo 4° afirma que son también sujetos pasivos del cabildeo o *lobby* los consejeros regionales, alcaldes y concejales; directores de obras municipales; el contralor General y el subcontralor General de la República; el presidente, vicepresidente y consejeros de Banco Central; los comandantes en Jefe de las tres ramas de las Fuerzas Armadas, el general director de Carabineros de Chile y el director general de la Policía de Investigaciones de Chile; los diputados y senadores; el fiscal Nacional y

---

486 Revísese Juan Andrés González Tugas y José Ignacio Martínez Estay: "La regulación del *lobby*. Aciertos y desaciertos de la Ley N° 20.730", en **Anuario de Derecho Público 2014** (Santiago, Universidad Diego Portales, 2014) pp. 165 ss.

los fiscales regionales del Ministerio Público. El Poder Judicial, el Tribunal Constitucional y la Justicia Electoral quedan facultados, por el artículo 4°, para adoptar los acuerdos o resoluciones que correspondan en relación con el *lobby* del que sean miembros o puedan ser sujetos pasivos sus miembros.

El artículo 5° enumera las actividades reguladas por la ley, incluyendo la elaboración, dictación, modificación o rechazo de actos administrativos; proyectos de ley y leyes; tramitación de acuerdos del Congreso Nacional; en fin, la celebración de contratos; diseño y evaluación de políticas, planes y programas. Sin embargo, el artículo 6° aclara que no quedan regulados por la ley en comentario las peticiones formuladas en reuniones públicas ni la información entregada a una autoridad pública que la haya solicitado expresamente para adoptar una decisión dentro de su competencia.

En el artículo 7° se crean varios registros de agenda pública en los que debe ser incorporada la información, precisada en el artículo 8°, relativa a las audiencias y reuniones sostenidas que tengan por objeto el *lobby* o la gestión de intereses particulares; los viajes realizados por los sujetos pasivos en ejercicio de sus funciones; y los donativos oficiales y protocolares.

Con sujeción al artículo 13°, las personas que realicen *lobby* o gestiones de intereses particulares tienen que inscribirse en un registro público por cada uno de los órganos e instituciones, obligadas a llevar y actualizar los diversos registros de agenda pública referidos en el artículo 7°.

La ley contempla sanciones para quienes la infrinjan, impuestas administrativamente, pero reclamables ante la Corte de Apelaciones respectiva.

268. Jurisprudencia. Ya son numerosos los fallos dictados aplicando la legislación complementaria de la Constitución en el punto. Generalmente, esas sentencias han acogido las acciones para acceder a la documentación oficial que les fue negada en sede administrativa. Insertamos enseguida un pronunciamiento del Tribunal Constitucional en el rubro[487]:

> Es posible afirmar que el derecho de acceso a la información pública se encuentra reconocido en la Carta Fundamental –aunque no en forma explícita– como un mecanismo esencial para la vigencia plena del régimen democrático y de la indispensable asunción de responsabilidades unida a la consiguiente rendición de cuentas que éste supone por parte de los órganos del Estado hacia la ciudadanía. Al mismo tiempo, la publicidad de los actos de tales órganos, garantizada, entre otros mecanismos, por el derecho de acceso a la información pública, constituye un soporte básico para el adecuado ejercicio y defensa de los derechos fundamentales de las personas que, eventualmente, puedan resultar lesionados como consecuencia de una actuación o de una omisión proveniente de los mismos;
>
> (...)
>
> Como puede observarse, el artículo 8° de la Constitución, en el texto que le fijara la reforma de agosto de 2005, amplió el principio de publicidad que rige para los órganos de la Administración del Estado extendiéndolo no sólo a los "actos" emanados de éstos, sino que también a sus resoluciones. Asimismo, extendió el principio de publicidad a los fundamentos de tales actos o resoluciones así como a los procedimientos que se utilicen en cada caso, no reduciéndolo –como hacía la Ley N° 18.575– sólo a los documentos que les sirvan de sustento o complemento directo y esencial.
>
> Que, es posible observar que la razón original que llevó al Director Nacional de Aduanas a denegar la información que le fuera solicitada fue el carácter reservado de los documentos requeridos en

[487] Considerandos 9°, 14° 17°, 19°, 21°, 22°, 23° y 27° de la sentencia fechada el 9 de agosto de 2007 (Rol N° 634-2006).

base a la necesidad de resguardar el interés de dos empresas (...) que habían sido fiscalizadas por dicho Servicio con ocasión de la denuncia presentada por los (...) aduciendo "distorsión en los precios declarados a la Aduana en la internación de productos";

(...)

Que, con base en los conceptos recordados, es posible sostener que el interés, en el ámbito jurídico, no se identifica necesariamente con la noción tradicional de derecho entendida como derecho subjetivo. No obstante ello, también parece claro que la noción de interés representa una categoría reconocida progresivamente por los ordenamientos normativos para la protección de bienes jurídicos que no pueden ampararse de la misma forma que los derechos subjetivos tradicionales.

Que, en este contexto, si el Estado debe "contribuir a crear las condiciones sociales que permitan a todos y cada uno de los integrantes de la comunidad nacional su mayor realización espiritual y material posible, con pleno respeto a los derechos y garantías que esta Constitución establece" (artículo 1, inciso cuarto, de la Constitución), puede sostenerse que tal deber abarca la protección de los intereses individuales legítimos que deben entenderse comprendidos dentro de un enfoque amplio del concepto –derecho–. Así, compete al ordenamiento jurídico contemplar tanto los mecanismos de defensa de los derechos propiamente tales o derechos subjetivos cuanto de los intereses legítimos cuya eficaz protección también favorece el libre y pleno desarrollo de la personalidad humana;

Que, sobre la base de lo expresado, no deja de llamar la atención que la ley Nº 19.880, que establece (las) Bases de los Procedimientos Administrativos que rigen los Actos de los órganos de la Administración del Estado, señale, en su artículo 17: "Derechos de las personas. Las personas, en sus relaciones con la Administración, tienen derecho a: a) Conocer, en cualquier momento, el estado de tramitación de los procedimientos en los que tengan la condición de interesados".

El artículo 20° del mismo cuerpo legal precisa, por su parte: "Capacidad para actuar. Tendrán capacidad de actuar ante la Administración, además de las personas que gocen de ella o la ejerzan con arreglo a las normas generales, los menores de edad para el ejercicio y defensa de aquellos de sus derechos e intereses cuya actuación esté permitida por el ordenamiento jurídico-administrativo...". Y resolviendo cualquier duda interpretativa en la materia, el artículo 21° de la misma ley indica que "se consideran interesados en el procedimiento administrativo: 1. Quienes lo promuevan como titulares de derechos o intereses individuales o colectivos. 2. Los que, sin haber iniciado el procedimiento, tengan derechos que puedan resultar afectados por la decisión que en el mismo se adopte. 3. Aquéllos cuyos intereses, individuales o colectivos, puedan resultar afectados por la resolución y se apersonen en el procedimiento en tanto no haya recaído resolución definitiva".

En consecuencia, si se sostuviera que la Carta Fundamental protege exclusivamente los derechos –entendidos como derechos subjetivos– no sólo se estaría interpretando restrictivamente el artículo 1°, inciso cuarto de la misma, sino que, aún más, se estaría desconociendo el respaldo constitucional de un sinfín de normas legales que, como las que se han recordado precedentemente, consagran la protección jurídica de los intereses, sin perjuicio de aquélla que se brinda a los derechos en un sentido estricto;

VIGESIMOTERCERO: Que, de esta manera, puede colegirse que, al establecer el inciso segundo del artículo 8° de la Constitución, las causales de reserva o secreto que exceptúan la plena aplicación del principio de publicidad de los actos y resoluciones de los órganos del Estado, de sus fundamentos y de los procedimientos que utilicen, entre las cuales se incluye que "la publicidad afectare... los derechos de las personas", la expresión *derechos* está siendo utilizada en el mismo sentido amplio que en el artículo 1°, inciso cuarto de la Carta Fundamental, comprendiendo tanto la protección de derechos subjetivos o derechos en sentido estricto cuanto de intereses legítimos.

> Al tenor de lo afirmado, y en lo que respecta al recurso de apelación que constituye la gestión pendiente en estos autos, la norma del inciso undécimo del artículo 13° de la Ley N° 18.575, en cuanto permite denegar la información solicitada al Director Nacional de Aduanas, fundada en que su entrega afecta "los intereses de una persona sujeta a la fiscalización del Órgano Administrativo", no se declarará inaplicable en estos autos, por estimarse que no contraviene el artículo 8°, inciso segundo de la Carta Fundamental;
>
> (...)
>
> Que, como puede observarse, la preocupación del Poder Constituyente por evitar que un margen demasiado amplio de comprensión de las causales de secreto o reserva en el acceso a la información que obra en poder de los órganos del Estado anulara la plena vigencia de la publicidad que se estaba consagrando como regla general, llevó a confiar sólo al legislador de quórum calificado la precisión del contenido y alcances de las causales constitucionales de secreto o reserva.

En cambio, son escasos los pronunciamientos judiciales que rechazaron tal especie de acciones, invocando el interés nacional. Un ejemplo de este tipo de sentencia es el que se extracta a continuación[488]:

> Que el derecho consagrado constitucionalmente se encuentra regulado por las disposiciones contenidas en los artículos 13° y 14° de la Ley de Bases Generales de la Administración del Estado, actualmente vigentes en virtud de lo establecido en la disposición cuarta transitoria del texto constitucional; y conforme a ella la reserva de la información puede fundamentarse en la causal invocada por el Ministerio de Relaciones Exteriores, esto es, en razón del interés nacional.
>
> Que para decidir el asunto sometido a su conocimiento, este Tribunal tiene presente que el Estado de Chile forma parte de un organismo internacional, como lo es las Naciones Unidas, en cuyo interior se gestó y creó el Consejo de Derechos Humanos; y que por resolución de dicho organismo internacional se dispuso expresamente que la votación para la elección de los países miembros del referido Consejo fuese secreta, sin consagrar excepciones a dicha confidencialidad ni disponer un límite de tiempo para ésta, de tal suerte que ello supone un criterio de permanencia que impide concebirla para el solo instante en que se manifiesta la decisión en la elección.

269. Importancia. Al igual que lo sostenido por la doctrina[489], reconocemos en esas disposiciones la existencia de ideas valiosas, propias de la democracia constitucional que asume la transparencia en las decisiones públicas, la información de estas a la ciudadanía y, en términos más prácticos, el derecho de los ciudadanos a impugnarlas y objetarlas, velando por la honestidad de los servidores estatales y combatiendo la corrupción. Esto último debe ocurrir tanto a través de las acciones judiciales de índole popular como del recurso ante el superior jerárquico respectivo y, más fácilmente aún, con el acceso a los medios de comunicación social en una sociedad libre y pluralista.

---

[488] Considerandos 5° y 6° de la sentencia de la Corte Suprema fechada el 7 de julio de 2007 (Rol N° 1.380-2007), reproducida en **Gaceta Jurídica** N° 325 (2007) pp. 73 ss.

[489] Revísese José Antonio Ramírez Arrayás: "Principio de probidad y transparencia en el ejercicio de las funciones públicas: Alcances de la nueva Constitución de 2005", en **La Reforma Constitucional de 2005**, **cit.**, pp. 237 ss.; Miguel Ángel Fernández González: "El principio constitucional de publicidad" (ponencia presentada en las **XXXVI Jornadas de Derecho Público**, www.jdp.c1); Enrique Rajevic Mosler: "La inclusión del principio de probidad en la Constitución y la función de control: una necesaria revisión", ponencia presentada en las XXXVI **Jornadas de Derecho Público** (www.jdp.c1); Luis Cordero Vega: "Efectos de la reforma constitucional en materia de acceso a la información pública", ponencia presentada en las XXXVI **Jornadas de Derecho Público** (www.jdp.cl). El autor de este libro se detuvo en el tópico al escribir su ensayo "Tercera regla de oro del derecho público", publicado en diversas revistas jurídicas, la difusión más reciente del cual halla en la **Revista de Derecho de la Universidad Finis Terrae** (Segunda época, N° 1, 2013) pp. 107 ss.

270. Probidad de la función pública. La reforma constitucional hecha por la Ley N° 20.414, de 2010, incorporó al artículo 8° de la Carta Fundamental los incisos 3° y 4° nuevos, concernientes a enajenación de activos, entrega de su administración a terceros mediante mandato de ejercicio discrecional y reservado, en fin, ampliación de las declaraciones de intereses y patrimonio[490]. Las tres ideas enunciadas impulsan, sin duda, el fortalecimiento del principio de probidad de la función pública, innovando en el caso de las dos primeras, mientras la tercera perfecciona el texto ya existente. El texto de esos incisos es el siguiente:

> El Presidente de la República, los Ministros de Estado, los diputados y senadores, y las demás autoridades y funcionarios que una ley orgánica constitucional señala, deberán declarar sus intereses y patrimonio en forma pública.
>
> Dicha ley determinará los casos y las condiciones en que esas autoridades delegarán a terceros la administración de aquellos bienes y obligaciones que supongan conflicto de interés en el ejercicio de si función pública. Asimismo, podrá considerar otras medidas apropiadas para resolverlos y, en situaciones calificadas, disponer la enajenación de todo o parte de esos bienes.

En resumen, hoy el Presidente de la República, los ministros de Estado, los diputados y senadores, y las demás autoridades y funcionarios que señale la ley orgánica constitucional respectiva, deben declarar sus intereses y patrimonio en forma pública. Tal es el tenor del inciso 3° agregado al artículo 8° del Código Político. A mayor abundamiento, aquella ley orgánica queda habilitada para determinar los casos y las condiciones en que las autoridades aludidas estarán obligadas a delegar a terceros la administración de los bienes y obligaciones que supongan conflicto de interés en el ejercicio de su función pública (*fideicomiso ciego*). Más aún, la ley mencionada podrá considerar otras medidas apropiadas para resolver tales conflictos y, en situaciones calificadas que el mismo legislador indique, disponer la enajenación de todo o parte de esos bienes.

Pasaron los años, sin embargo, y no se dicta la legislación referida. Difícilmente puede ser justificada tan importante omisión, cuya consecuencia es privar de eficacia, efectiva o real, al principio de probidad en el desempeño de la función pública que hemos realzado. Queda la imagen de renuencia para cumplir la orden del Poder Constituyente, suscitándose dudas e interrogantes acerca de las razones, o falta de estas, que pudieran ser invocadas a los fines de esbozar respuestas convincentes o legítimas.

El tiempo se ha encargado, afortunadamente, de revelar escándalos de corrupción que han erosionado todavía más la confianza de la ciudadanía en las actividades políticas de ciertas autoridades o sujetos involucrados en el ejercicio de las funciones estatales. Han sido las investigaciones y publicaciones de medios de comunicación social las que han alertado acerca de tales ilícitos, motivando denuncias ante el Ministerio Publico, el Servicio de Impuestos Internos y la Contraloría General de la República.

La conmoción alcanza niveles sin precedentes y pone de manifiesto el desprecio con que la ciudadanía se va enterando de maniobras ocultas, procedimientos torcidos, fraudes encubiertos y otras actuaciones repudiables. Es la crisis de la ética en el desempeño de las misiones confiadas a órganos o personeros que, sin vacilar, al incurrir en conflictos de intereses, usan y abusan de su alta jerarquía para lucrar sin medidas en perjuicio del bien común. En ese clima enardecido, al comenzar marzo de 2015, la Presidenta de la República

---

[490] Cristián Larroulet Vignau: "Un amplio esfuerzo en pos de la transparencia", en Juan Emilio Cheyre Espinoza y Nicolás Cobo Román (editores): **Transparencia en Chile. Logros y desafíos a cinco años de vigencia de la ley**, cit., pp. 59 ss.

anunció el estudio de un marco jurídico que rija las relaciones entre lo público y lo privado, entre la política y los negocios, trátese de nepotismo, clientelismo, financiamiento de campañas electorales, favores a otros actos parecidos. Cabe esperar que el malestar colectivo, que es ostensible, imponga la pronta aprobación y vigencia de la legislación severa, completa y acuciosamente estudiada, que el país necesita para detener la corrupción en aumento. El verdadero cambio, sin embargo, tiene que ser forjado en los espíritus, creando y fomentando una cultura de servicio público abnegado, ajeno a la codicia y fiel a los valores que singularizan al Derecho y a la democracia como estilo de vida. Tal vez el consejo asesor designado por la Primera Magistratura el 10 de marzo de 2015, realice la misión con que fue anunciado en el Palacio de La Moneda y que lo haga, con algún nivel de concreción, dentro del breve plazo que le fue fijado para ello.

CAPÍTULO IX TERRORISMO

Sección Primera
Antecedentes

271. Texto constitucional. El artículo 9° de la Constitución se refiere al tópico. Su texto, después de las reformas que le fueron introducidas en 1989 y 1991, es el siguiente:

> El terrorismo, en cualquiera de sus formas, es por esencia contrario a los derechos humanos.
>
> Una ley de quórum calificado determinará las conductas terroristas y su penalidad. Los responsables de estos delitos quedarán inhabilitados por el plazo de quince años para ejercer funciones o cargos públicos, sean o no de elección popular, o de rector o director de establecimiento de educación, o para ejercer en ellos funciones de enseñanza; para explotar un medio de comunicación social o ser director o administrador del mismo, o para desempeñar en él funciones relacionadas con la emisión o difusión de opiniones e informaciones; ni podrán ser dirigentes de organizaciones políticas o relacionadas con la educación o de carácter vecinal, profesional, empresarial, sindical, estudiantil o gremial en general, durante dicho plazo. Lo anterior se entiende sin perjuicio de otras inhabilidades o de las que por mayor tiempo establezca la ley.
>
> Los delitos a que se refiere el inciso anterior serán considerados siempre comunes y no políticos para todos los efectos legales y no procederá respecto de ellos al indulto particular, salvo para conmutar la pena de muerte por la de presidio perpetuo.

Es necesario situar el precepto trascrito en su contexto constitucional. Resulta, en consecuencia, pertinente coordinarlo con los artículos 16° N° 2° y 17° N° 3° e inciso final de este último numeral. Además, procede tener presente el artículo 19° N° 7° letras c) y e). También cabe considerar el artículo 63° N° 16° y la séptima disposición transitoria de la Carta Política.

272. Historia fidedigna. Se inicia esta revisión de los anales oficiales realzando que la introducción del artículo 9° en la Carta Fundamental fue una preocupación, tempranamente manifestada, en la comisión de estudio del anteproyecto. Allí se hizo presente, en apoyo de una actitud resuelta, de prevención y castigo de tal delito, que él equivale a la negación de los valores que configuran la identidad nacional y en atención, más sustantivamente aún, a que el terrorismo resulta inconciliable con la convivencia civilizada y el respeto tanto de la dignidad como de los derechos humanos:

> El terrorismo es, sin duda, la lacra más atroz que afecta hoy a la humanidad, ya que generalmente sus autores, en el afán de infundir miedo y pánico a la sociedad con el fin de atentar contra la autoridad o lograr otros objetivos políticos, cobran sus víctimas, valiéndose de los procedimientos más crueles y salvajes.
>
> (...)
>
> Otra característica del terrorismo moderno es su organización internacional, pues, por lo general, responde a la inspiración ideológica totalitaria que desea aplastar al mundo libre.
>
> Por estas consideraciones, y siendo el terrorismo la negación total de los principios y valores que conforman el alma de nuestro ser nacional y las bases de la nueva institucionalidad, hemos estimado un deber contemplar una norma de jerarquía constitucional que lo condene drásticamente[491].

273. Presencia contemporánea. Este flagelo había ido recrudeciendo mundialmente en el último tiempo, evidencia de lo cual fueron los sucesos horrendos de Nueva York y Washington ocurridos el 11 de septiembre de 2001, de Madrid el 11 de marzo de 2003 y de Londres en julio de 2004. Desde entonces se constató la convergencia de los Estados en combatir el terrorismo, a través de medios legítimos, aplicados tanto dentro de sus fronteras como, coordinadamente entre ellos, en el ámbito internacional. Una convención específicamente destinada a prevenirlo y combatirlo fue aprobada por los países miembros de la Organización de Naciones Unidas y, más tarde, por la Organización de Estados Americanos[492]. El esfuerzo tenía que continuar, siempre empleando medios lícitos, pues la lacra comenzó a reaparecer; v. gr. en Boston, Londres y Volgogrado en abril, julio y diciembre de 2013, respectivamente. Peor todavía: en enero de 2015 en París, en Copenhague y, en febrero del mismo año en Irak y Siria con el fanatismo del *Estado Islámico*, el terrorismo ha alcanzado niveles desconocidos en la humanidad hasta la fecha.

Aunque aislados, en Chile han ocurrido también hechos terroristas durante los últimos años, especialmente en la IX Región y en la colocación de artefactos explosivos en Santiago[493]. Esto indica que las autoridades y la Sociedad Civil deben mantenerse atentos, colaborando con énfasis en la eficacia de medidas preventivas de tales conductas. El fenómeno se exterioriza hoy con niveles alarmantes, hecho que ha provocado reuniones prolongadas de todas las autoridades estatales involucradas en la prevención y captura de los responsables para que cumplan las penas que, en proceso justo, les sean impuestas. Las cifras, sin embargo, revelan cierta displicencia o concepción reprochable de los que va aconteciendo, v. gr., al decir que la legislación antiterrorista no debe ser aplicada para resolver conflictos sociales, como en La Araucanía, o que existe la normativa vigente adecuada para los fines de prevenir los hechos y perseguir a los imputados por estas conductas.

---

[491] Comisión de estudio del anteproyecto de nueva Constitución: **Informe con proposiciones e ideas precisas, VIII Revista Chilena de Derecho** Nº 1-6 (1981) p. 174.

[492] Convención Interamericana contra el Terrorismo, adoptada en Barbados el 3 de junio de 2002, ratificada por Chile el 25 de noviembre de 2004. Véase José Zalaquett Daher: "Chile ratifica la Convención Interamericana contra el Terrorismo", **Anuario de Derechos Humanos 2006** (Santiago, Universidad de Chile, 2006) pp. 179 ss.

[493] Revísese la sentencia de la Corte de Apelaciones de Santiago recaída en el caso Pitronello, publicada en **Gaceta Jurídica** Nº 389 (2012) pp. 180 ss.

Los hechos ya dejan en evidencia que el terrorismo ha reaparecido, mezclado con anarquistas y otros grupos como el *lumpen*. Razonable resulta, por consiguiente, apoyar el esfuerzo que se efectúa en la actualidad para reformar la legislación de servicios de inteligencia o seguridad, de control de armas explosivas, en fin, de combate específico al terrorismo.

Sección segunda
Definiciones y Características

274. Concepto doctrinario y legal. La Constitución no define el terrorismo. Se verá, en cambio, que de la ley respectiva fluye un concepto claro sobre el particular. Empero, se reprocha hoy a esa ley incurrir en una serie de vicios penales y procesales como se verá.

Doctrinariamente, puede ser definido el terrorismo como el empleo de métodos ostensiblemente crueles para cometer ciertos delitos comunes pero muy graves, con el propósito de crear un estado de alarma generalizado en la población y desestabilizar al régimen que lo padece. Aunque tal flagelo ataca con singular crudeza a las democracias, por el ámbito de libertades que aseguran y que facilitan las conductas terroristas, es claro que en dictaduras y autoritarismos también ocurren atentados de esa índole.

Se advirtió que una definición teórico-jurídica puede ser elaborada con los elementos que aparecen en el artículo 1° de la llamada *Ley Antiterrorista*[494]. Concebidos así, constituyen delitos terroristas los enumerados en el artículo 2° de dicha ley, pero siempre que concurran una o las dos circunstancias siguientes:

A. Que el delito se cometa con la finalidad de producir en la población, o en parte de ella, el temor justificado de ser víctima de un delito de la misma especie, sea por la naturaleza y efectos de los medios empleados, sea por la evidencia de que obedece a un plan premeditado de atentar contra una categoría o grupo determinado de personas; y

B. Que sea cometido para arrancar resoluciones de la autoridad o imponerle exigencias.

Queda así establecido que el terrorismo consiste en la comisión de determinados delitos comunes muy graves, pero que, a raíz de concurrir una o las dos circunstancias expuestas, se convierten o transforman en hechos punibles diferentes y aún más repudiables.

El artículo 2° de la Ley N° 18.314 menciona los ocho delitos comunes que cambian su identidad, pasando a ser terroristas cuando concurren una o ambas de las circunstancias esenciales mencionadas. Tales delitos son los siguientes: el homicidio, las lesiones gravísimas, el secuestro, la sustracción de menores, el envío de bombas o efectos explosivos, incendios, ciertos o determinados estragos[495], ciertas infracciones contra la salud pública y el descarrilamiento.

Los enunciados son delitos comunes, por supuesto que gravísimos, pero que se convierten en delitos terroristas cuando ocurren junto con una o ambas de las dos circunstancias descritas. Téngase presente, además, que en el artículo 2° de la Ley N° 18.314, en su texto hoy vigente, aparecen otros delitos comunes que pasan a ser terroristas por la razón dada.

---

494 Ley N° 18.314, publicada en el Diario Oficial el 17 de mayo de 1984 y sus reformas, que determina las conductas terroristas y fija su penalidad.

495 La Ley N° 20.467, publicada en el Diario Oficial el 8 de octubre de 2010, restringe los incendios o estragos, para estos efectos, solo a los descritos en los artículos 474°, 475° y 476° y 480° del Código Penal.

Entre estos delitos cabe mencionar los siguientes: apoderarse o atentar en contra de una nave, aeronave, ferrocarril, bus u otro medio de transporte en servicio; atentar contra la vida o integridad corporal del jefe de Estado o de otra autoridad, siendo menester precisar que puede ser pública o privada; colocar, lanzar o disparar bombas o artefactos explosivos o incendiarios; y formar o participar en una asociación ilícita cuyo objeto sea perpetrar delitos de la naturaleza explicada.

Debe ser destacado que la Ley Nº 18.314, en su texto original, no definía lo que era terrorismo, sino que enumeraba dieciséis tipos de conductas terroristas. La Ley Nº 19.027 cambió el sistema, como se ha visto. Asimismo, útil es reiterar que esta última ley señaló que cometen conducta terrorista quienes se asocian con el objeto de perpetrar actos de esa índole. Este concepto es importante, pues la asociación ilícita es ya, en sí misma o sin otro requisito, una conducta terrorista, aunque no alcance a cometer el delito que se proponía consumar. Esta norma, concerniente a las asociaciones ilícitas, debe ser coordinada con el artículo 19° Nº 15° incisos 5° y 6°, y con el artículo 19° Nº 7° letra g, todos del Código Fundamental en vigor[496].

275. Aplicabilidad de la legislación antiterrorista. Presenciamos en Chile una discusión, inesperada a nuestro juicio, en torno de los aspectos medulares de la legislación antiterrorista. Tal debate ha devenido en otro que puede ser caracterizado de inductivo a confusiones más que a indagación acerca de los defectos que tiene la normativa vigente y al imperativo de analizarla para corregirlos sin tardanza.

Por ejemplo, sorprende la tesis que asigna naturaleza de crimen político al que tuvo evidentes rasgos terroristas, admitidos como tales sin disidencia pública, como fue el asesinato del senador Jaime Guzmán en abril de 1991.

Por el contrario, es juicioso el reproche que realza la naturaleza solo penal de la legislación antiterrorista, de modo que las disposiciones de procedimiento, claves para la misión de inteligencia o seguridad, no aparecen en ella. Por ejemplo, esa legislación omite reglas claves, presentes en otra legislación chilena, para incrementar el éxito en los operativos preventivos correspondientes; v. gr., la autorización de agentes encubiertos, la práctica de videograbaciones y escuchas, en fin, de otras diligencias intrusivas, todas autorizadas y fiscalizadas adecuadamente.

También es objetable la afirmación de quienes han planteado derogar la legislación antiterrorista, con base en que basta con la normativa relativa al control de armas y explosivos, al articulado del Código Penal y a las disposiciones sobre seguridad del Estado, justicia militar, inteligencia y otras afines. Se ha llegado, en esa línea, a formalizar una moción con la finalidad aludida[497]. Manifestamos nuestro desacuerdo con tal posición, denotativa de una rigidez ideológica tan intensa que fuerza a ignorar los hechos constatados, en Chile y el mundo, con la factura de terroristas; por ejemplo, en nuestro país han ocurrido doscientos noventa y ocho explosiones de bombas desde 2005 a la fecha, de las cuales quedaron los rastros suficientes para identificar la autoría terrorista.

Se critica a la legislación en vigor, además, por ser imprecisa en lo concerniente a la intencionalidad o voluntad deliberada que ha de concurrir a fin de tipificar cualesquiera conducta ilícita, por grave que sea, con el rasgo de terrorista. Este reparo apunta a la definición del

---

[496] Consúltese Federico Aguirre Madrid y Rodrigo Bustos Bottai: "Terrorismo y Constitución de 1980", **Anuario de Derecho Público 2014** (Santiago, Universidad Diego Portales, 2014) pp. 173 ss.

[497] Véase **El Mercurio** de Santiago (6 de agosto de 2014).

terrorismo y ha significado, en la práctica, que los tribunales desestimen las acusaciones del Ministerio Público a raíz de no hallarse acreditada esa voluntariedad específica. La objeción es razonable y tiene que llevar a un nivel de prolijidad en las pruebas que solo es factible con fiscales y policías muy adiestradas.

276. Nueva legislación sobre terrorismo. En los meses transcurridos del nuevo Gobierno, un mensaje y una moción han sido presentados en el Senado con el objeto de reemplazar, o modificar sustancialmente, la legislación vigente en el tema[498].

Nos detendremos únicamente en aquel mensaje, que determina conductas terroristas y su penalidad, y que además introduce cambios en el Código Penal y el Código Procesal Penal[499].

Cabe puntualizar que el gobierno que asumió el 11 de marzo de 2014 había proclamado ser reacio, incluso decididamente contrario, a invocar la legislación antiterrorista, fundándose en que se originó en el régimen militar, que ha sido escasamente llevada a la práctica y ser objeto de reproches por el aumento desproporcionado de penas. A las razones anteriores el Gobierno añadió su idea del no ser extendida a delitos contra la propiedad, aunque ocurran con daño a las personas o lesiones de la vida humana, y se reprocha también que la ley vigente presenta dificultades de prueba del elemento subjetivo o finalidad de producir en la población el temor justificado de ser víctima de delitos de la misma especie. En fin, se aduce que permite la utilización de testigos protegidos, debilitando la capacidad de defensa del acusado.

Los acontecimientos históricos padecidos en Chile en 2014, incluyendo la detonación de centenares de artefactos explosivos, uno en un vagón del metro de Santiago y otro en la estación Escuela Militar, explican el giro que ha tenido la Presidencia de la República y que la llevó a plantear la dictación de un nuevo estatuto, abarcando sistemáticamente innovaciones en los temas de inteligencia y roles del Ministerio Público.

Hoy, el proyecto respectivo se halla en la Cámara Alta y, probablemente, no iniciará su tramitación hasta 2015. Empero, ya ha sido objeto de indicaciones del Poder Ejecutivo, más que nada destinadas a precisar algunos conceptos y elevar el umbral probatorio requerido para tipificar este delito y dirigir la acción punitiva en contra de los presuntos responsables.

En términos sinópticos, el proyecto en análisis sustituye a la Ley Nº 18.314, de 1984. Sin definirlo, en el artículo 1° precisa que constituye asociación criminal terrorista toda organización o grupo que, a través de la perpetración de delitos comunes gravísimos, persiga socavar o destruir el orden institucional democrático, alterar gravemente el orden público, imponer exigencias a la autoridad política, arrancar decisiones de esta o infundir temor generalizado en la población de pérdida o privación de los derechos fundamentales.

En los artículos 2° y siguientes se concreta la tesis del Gobierno, en cuanto a reputar que los delitos terroristas son, fundamentalmente, cometidos por organizaciones que despliegan violencia metódicamente. Por excepción, se reconoce el terrorismo individual.

El régimen hoy en el inicio de su tramitación parlamentaria excluye al incendio y otros estragos de los ilícitos terroristas. Asimismo, configura una normativa especial para los testigos protegidos, en el artículo 226°, que se incorpora al Código Procesal Penal, de

---

[498] Recuérdese que la Ley Nº 18.314, publicada en el Diario Oficial el 17 de mayo de 1984, determina las conductas terroristas y fija su penalidad. Esa legislación ha sido modificada en varias oportunidades, pero sigue vigente en la mayoría de sus disposiciones.

[499] Boletín Nº 9.692-07 del Senado.

modo que recae en el Ministerio Público adoptar, si a su juicio existe riesgo o peligro grave de un testigo, perito o agente encubierto, disponer las medidas especiales de protección que resulten ordenadas. Se faculta la práctica de medidas intrusivas referidas a las comunicaciones, como incautación de correspondencia e interceptación de transmisiones telefónicas, con petición del Ministerio Público y autorización judicial. Finalmente, con iguales exigencias, funcionarios judiciales determinados podrán desempeñarse como agentes encubiertos o agentes reveladores.

277. **Amplitud del ilícito**. El artículo 9° de la ley proscribe el terrorismo en cualquiera de sus formas. Si bien los objetivos o finalidades de los terroristas son siempre de carácter político, en su sentido más amplio o que se orienta al ejercicio del poder por el gobierno en el Estado o de la comunidad internacional, también es cierto que las causas o móviles que llevan a buscar y lograr esos objetivos son de diversa entidad: religiosas, psicopatológicas, nacionalistas, económicas, financieras, étnicas o raciales, etc. Hoy, v. gr., se sabe de la alianza de crápulas o mafias de traficantes de drogas con terroristas, estructurando fuerzas organizadas con rasgos de disciplina y conducción táctica propias de fuerzas militares. En América Latina existen Estados que, por años, se hallan combatiendo tal flagelo. En Asia Central y en el Medio Oriente han quedado de manifiesto los Estados que financian a bandas terroristas o que les proporcionan ayuda y protección[500]. Por último se halla de manifiesto el aprovechamiento de las libertades democráticas para obtener recursos humanos, económicos o de inteligencia como ocurre con el Estado Islámico.

La Constitución, en la frase que examinamos, reconoce que el terrorismo puede tener origen en agentes particulares y también estatales, ya que no solo individuos o bandas privadas se hallan en situación de cometerlo, sino que, igualmente, los agentes públicos. En esta segunda alternativa el flagelo es aún más grave, ya que representa un abuso extremo de la confianza que la población y la autoridad han depositado en tales funcionarios, a quienes les entregan el monopolio para el empleo legítimo de las armas, la implementación de planes de inteligencia, como asimismo medidas destinadas a la prevención de los delitos y la investigación para sancionarlos.

La condena del terrorismo es absoluta. Consecuentemente, pugna con la finalidad de ella intentar hallar excepciones mediante el empleo de denominaciones eufemísticas tales como calificar de beligerantes, combatientes o disidentes a fuerzas organizadas, dotadas de armas para ataques devastadores, que recurren a la captura de rehenes, el incendio reiterado y al plagio. Especialmente advertidos deben quedar los medios de comunicación acerca de la manipulación que las agrupaciones terroristas efectúan de la opinión pública, presentándose con el disfraz de gestos humanitarios o de reivindicación de móviles idealistas.

278. **Naturaleza**. Culmina la primera oración del artículo 1° declarando que el terrorismo es por esencia contrario a los derechos humanos. Siempre y sin excepción, en consecuencia, el terrorismo atenta contra la dignidad de la persona, su libertad e igualdad y los derechos inherentes a la naturaleza humana. Nunca, entonces, el terrorismo puede ser lícito o reputado legítimo.

Él es intrínsecamente criminal, cualesquiera sean los móviles, argumentos o pretextos que se invoquen para justificarlo.

---

[500] Véase Daron Acemoglu y James A. Robinson: **Por qué fracasan los países. Los orígenes del poder, la prosperidad y la riqueza** (Santiago, Ed. Planeta, 2013) pp. 441 ss.

Por idéntica razón, imperativo es concluir que la alegación de esas circunstancias tiene que ser considerada improcedente e irrelevante, una argucia inaceptable, v. gr. para lograr con ellas la configuración de causales atenuantes o eximentes de la responsabilidad penal o urdir motivos de impunidad.

El pasaje referido debe ser coordinado con lo dispuesto en el artículo 5° inciso 2° de la Constitución, precisamente porque ambas disposiciones tienen fundamento y finalidad semejantes.

279. **Determinación de las conductas terroristas y su penalidad**. El inciso 2° del artículo 9° exige que sea dictada una ley de quórum calificado para describir las conductas terroristas y fijar la penalidad correspondiente. Recuérdese que para la aprobación, derogación o modificación de tal ley se exige la mayoría absoluta de los diputados y senadores en ejercicio. Así lo puntualiza el artículo 66° inciso 3° de la Carta Fundamental.

Esa ley determina las conductas terroristas y su penalidad. Concretamente, trátase de la Ley N° 18.314, de 1984. Ella configuraba, inicialmente, como actos o conductas terroristas solo los que eran cometidos por individuos y no por funcionarios del Estado. Sin embargo, fue modificada por la Ley N° 19.027, de 1991, extendiendo los tipos terroristas, en términos objetivos, a sujetos privados y a funcionarios públicos, sean estos últimos civiles o uniformados. Ya hemos comentado, en números anteriores, las demás modificaciones que esa ley ha tenido hasta la actualidad. Ahora realzamos que, en el debate que transcurre sobre el tema, ha reaparecido la tesis que responsabiliza nada más que a los agentes públicos por responsabilidad en esta especie de delitos, sin ninguna base jurídica, argumentando que son crímenes políticos los perpetrados por particulares.

280. **Inhabilidades**. Sin perjuicio de las penalidades establecidas en aquella ley, la Constitución contempla una serie de inhabilidades, al señalar que los condenados como autores, cómplices o encubridores de estos delitos quedan inhabilitados por el plazo de quince años. Se amplía así el cúmulo de sanciones, reforzándose el sentido punitivo contemplado en la Carta Fundamental. Ahora bien, las inhabilidades previstas en el inciso 2° del artículo 9° son las siguientes:

A. Ejercer funciones o cargos públicos, sean o no de elección popular;

B. Desempeñar los cargos de rector o director de establecimiento de educación, de cualquier nivel, o ejercer en ellos funciones de enseñanza;

C. Explotar un medio de comunicación social, o ser director o administrador del mismo, o desempeñar en él funciones relacionadas con la emisión o difusión de opiniones o informaciones; y

D. Ser dirigente de organizaciones políticas, o relacionadas con la educación, o de carácter vecinal, profesional, empresarial, sindical, estudiantil o gremial en general.

Puntualiza la Carta Fundamental que lo anterior se entiende sin perjuicio de otras inhabilidades o de las que, por mayor tiempo, establezca la ley. Este acápite proviene del primitivo artículo 8° en su inciso 2°.

Se desprende de las normas expuestas que los responsables de delitos terroristas se hallan sometidos a los tres tipos de inhabilidad que resumimos en las letras siguientes:

A. Inhabilidades generales de carácter constitucional, es decir, las que se acaban de señalar y que aparecen en el artículo 9° inciso 2° de la Carta Fundamental;

B. Inhabilidades ordenadas en otras disposiciones de la Constitución, las cuales pueden ser denominadas especiales o complementarias para diferenciarlas de las primeras. Tales son las que aparecen en el artículo 16° N° 2°, el cual señala que el derecho de sufragio se suspende por hallarse la persona procesada por delito que la ley califique como conducta terrorista; y en el artículo 17° N° 3°, pues señala que la calidad de ciudadano se pierde por hallarse la persona condenada por delito que la ley califique de conducta terrorista. Recuérdese, a propósito de esta inhabilidad, que el artículo 17°, en su inciso final, se refiere a la rehabilitación de los condenados por conductas terroristas, la cual podrá ser solicitada al Senado una vez cumplida la condena.

No parece discutible agregar una cuarta situación, prevista en el artículo 19° N° 15° incisos 6°, 7° y 8°. Allí se faculta al Tribunal Constitucional para declarar que, un movimiento, partido o grupo determinados usa, propugna o incita a la violencia como método de acción política. Consiguientemente, los miembros de dichas agrupaciones son sancionados por cinco años, v. gr., con la inhabilidad para formar partidos, movimientos u organizaciones políticas.

El artículo 19° N° 15°, en los tres incisos mencionados, tiene sentido de sanción política, rasgo que no se armoniza, fácilmente al menos, con que la persecución de los grupos terroristas debe ser hecha a raíz de incurrir en conductas de esa índole y no por móviles ideológicos, doctrinarios o de otro carácter, pero que sean pacíficos y no violentos. En cambio, y al tenor de lo ya escrito, la medida comentada es política. Por eso, resulta posible, y hasta probable, que los gobiernos democráticos resuelvan no proscribir, sino buscar la fórmula que permita integrar a la vida nacional, por medios pacíficos, al grupo que incurrió en conductas terroristas, sin perjuicio de exigirse el cumplimiento de la sanción individual que corresponda.

En todo caso, es nítido, desde el punto de vista constitucional, que la inhabilidad contemplada en el artículo 19° N° 15° incisos 7° y 8°, se añade a las inhabilidades previstas en el artículo 9° inciso 2°. No son excluyentes, sino que complementarias. Así lo aclara, perentoriamente, la frase final de este último precepto; y

C. Finalmente, se hallan las inhabilidades que, por mayor tiempo, establezca la ley. Empero, debemos señalar que, al menos el artículo 5° de la Ley N° 18.314, único en el rubro, no aumenta el plazo de quince años señalado por la Constitución.

281. Jurisprudencia. Se ha aclarado, que los agentes del Estado pueden ser sujetos activos del delito de terrorismo, a pesar de que las figuras penales que lo describen tendrían, a primera vista, un objetivo subversivo o revolucionario:

> Aparece evidente que las conductas tanto desde el punto de vista constitucional como legal, para ser reputadas como terroristas, no requieren como algo absoluto, que tengan solamente una finalidad subversiva y revolucionaria, ya que cualquiera persona, independiente de su investidura, puede incurrir en tales conductas supuesto que se den los otros requisitos tanto objetivos como subjetivos de los distintos tipos penales que se describen en la ley N° 18.314, concordando naturalmente, entre la afección de cualquiera garantía inherente a la persona humana y los elementos del tipo a que se refiere la casuística de la aludida ley antiterrorista. Por lo que no pueden quedar en este contexto, al margen de ella, los agentes del Estado, como posibles sujetos activos de esos ilícitos. De este modo, no cabe sino concordar con lo que se afirma en el último texto antes citado (Terrorismo, Ley Antiterrorista y Derechos *Humanos*, de Álvaro del Barrio y José Julio León), en su página 197, a manera de conclusión: "el grupo terrorista –sujeto activo del delito de terrorismo– podrá ser, indistintamente, el Estado o un grupo privado, conservador o revolucionario". Lo que importa es que la estructura terrorista ejerza o intente ejercer lo que Domínguez denominó

"soberanía popular usurpada". De acuerdo con Pontara, "terrorista puede resultar tanto el método de lucha de los revolucionarios como el de las Fuerzas Armadas o la Policía de un Estado". Idea que aparece aún más clara cuando en la misma ley se previó un hecho específico como terrorista en el artículo 1 Nº 9° al establecer como una condición para ese delito la finalidad revolucionaria o subversiva que no ocurre con los demás casos[501].

En el mismo sentido, se ha resuelto[502]:

> Que esta corte considera que la preparación y ejecución de la detención y posterior tortura y desaparición de las víctimas no habrían podido perpetrarse sin las órdenes superiores de las jefaturas de policía, y agentes del Estado o sin la colaboración, aquiescencia y tolerancia, manifestadas en diversas acciones realizadas en forma coordinada o concatenada, de miembros de las policías y de los servicios de inteligencia. Éstos no sólo faltaron gravemente a sus deberes de prevención y protección de los derechos de las presuntas víctimas, consagrados en el artículo 1.1 de la Convención Americana, sino que utilizaron la investidura oficial y recursos otorgados por el Estado para cometer las violaciones. En tanto el Estado, sus instituciones, mecanismos y poderes debieron funcionar como garantía de protección contra el accionar criminal de sus agentes. No obstante, se verificó una instrumentalización del poder estatal como medio y recurso para cometer la violación de los derechos que debieron respetar y garantizar. Es decir, el Estado se constituyó en factor principal de los graves crímenes cometidos, configurándose una clara situación de "terrorismo de Estado".

Por otra parte, se ha concluido que los delitos terroristas tienen, entre sus elementos esenciales, la alarma pública que suscitan y la lesión de los derechos humanos que les resulta intrínseca:

> Desde el punto de vista jurídico, ardua ha sido la labor para conceptualizar el delito terrorista, como ya se anota, en el trabajo sobre Terrorismo, Ley Antiterrorista y Derechos Humanos antes citado, mencionándose, como relevantes para estos efectos, la Convención de Ginebra de 1947, que definió los actos terrorista como "Hechos criminales dirigidos contra un Estado y cuyo fin o naturaleza será el de provocar terror en personalidades determinadas, grupos de personas y público en general". Se menciona también en esa publicación lo que dice Sotille respecto del acto terroristas, al que describe como "aquel que es perpetrado mediante el terror o una gran intimidación con vistas a la consecución de un fin determinado". De acuerdo con Pontara, sería todo acto cometido como parte de un método de lucha política que comporta el uso de la violencia extrema contra personas inocentes. En el libro se hace referencia a lo que al respecto han escrito Jiménez de Asúa y Cuello Calón. El primero lo conceptualiza como "un crimen o serie de crímenes que se tipifican por la alarma que producen, ordinariamente motivada por los medios de estrago que suele causar el terrorista". El segundo dice al respecto, que es la creación mediante la ejecución repetida de delitos, de un estado de alarma o de terror en la colectividad y en ciertos grupos sociales, para imponer o favorecer la difusión de determinadas doctrinas sociales o políticas.
>
> Por otra parte, también es necesario apuntar la necesaria relación que debe existir entre el acto terrorista y la afección de los derechos humanos, tanto que nuestra propia Carta Fundamental, en su art. 9° como ya se dijo, señala que el terrorismo es, por esencia, contrario a los derechos humanos. Es útil recoger lo que al respecto se ha dicho en nuestro país sobre este enlace fundamental. Etcheverry, citado en el libro aludido, expone que la violación de los derechos humanos es la lesión o puesta en peligro que se realiza, ya sea por la autoridad política, gobierno o sus agentes, sea en cumplimiento

[501] Considerando 30° de la sentencia pronunciada por el ministro Milton Juica Arancibia, de la Corte de Apelaciones de Santiago, en visita extraordinaria en el Sexto Juzgado del Crimen de Santiago, el 31 de marzo de 1994 (Rol Nº 118.284) pp. 154-155.

[502] Considerando 2° de la sentencia de la Corte de Apelaciones de Santiago, de 23 de marzo de 2007, recaída en la causa Rol Nº 1211-2002.

> de sus disposiciones legales que son en sí mismas atentatorias contra dichos derechos, sea como parte de una política oficial aunque no se proclame como tal, sea en forma de abusos individuales o aislados de funcionarios o agentes públicos, o por individuos privados, en la medida en que ellos actúen por encargo de la autoridad o con beneplácito de ésta, o se vean tácitamente autorizados por la impunidad que les brinda el gobierno. Andrés Domínguez enfatiza que esta actividad es la máxima perversión del orden, en virtud de la cual todos habían aceptado una autoridad y la imposición de límites a su libertad. Dada la magnitud de ese atentado y el hecho de que él se realice desde funciones públicas destinadas a la protección del ciudadano, la agresión deja a la víctima en una indefensión, y por ende, el temor, el miedo o incluso el terror, se apodera de ella (obra citada, págs. 123 y 124). Hernán Montealegre, en su obra *La seguridad del Estado y los derechos humanos*, nos dice que las prácticas terroristas consisten en matar, herir o secuestrar a personas privadas u oficiales a través de métodos ostensiblemente crueles que provocan un daño indiscriminado con el objeto de crear un estado de alarma generalizado en la sociedad como un todo o en un sector discernible de ella. Más adelante agrega que en el contexto de los temas que analiza, puede darse una dimensión de terror en diversas formas, una de las cuales es la violación de los derechos humanos, cuando ésta es llevada a cabo sistemáticamente por policías secretas y en contra de los derechos elementales de la vida y la integridad personal. El terror, prosigue, es la violencia que se aplica de una manera ostentosa e inesperada, en forma tal que se cree el estado de consternación y temor de un grupo generalizado de personas; lo característico del terror es no concluir en el hecho material que se ejecuta violentamente, sino que prolongar sus efectos en la conciencia de la sociedad, instaurando el clima terrorista que hace que las personas sean presa del agudo temor de ser víctimas de un asalto metódico, incierto y cruel de la violencia (pp. 270, 271 y 272)[503].

Otra sentencia, más reciente, se detiene en el concepto, características y demás elementos del terrorismo[504]:

> Que, según el Diccionario de la Lengua Española, el término "terrorismo" significa dominación por el terror, sucesión de actos de violencia ejecutados para infundir "terror" y define el último vocablo como miedo, espanto, pavor de un mal que amenaza o de un peligro que se teme. Nuestra legislación no define los delitos terroristas, pues sólo los enumera. Estos corresponden a actos de violencia llevados a cabo por personas armadas contra la vida, la salud, libertad de las personas o en definitiva daños que ejecutados de un modo sistemático y planificado, tienden a crear una situación de inseguridad, de miedo colectivo para alterar el orden constitucional u otra actividad desarrollada dentro del orden legal con el ánimo de infundir terror. Entre los elementos que deben estar presentes está la violencia y la finalidad trastocadora del orden político-social, apareciendo como bienes jurídicos protegidos la seguridad y el orden público constitucionales, los que se llevan a cabo afectando otros bienes, esto es, la vida, integridad corporal o libertad individual de las personas.
>
> Según la doctrina la amenaza consiste en el empleo de fuerza moral o física ejercida sobre la libre voluntad de las personas. Ella supone el anuncio de otra clase de males, o bien en manifestar, expresa o tácitamente, la realización de un mal que constituya delito y que afecte la honra, propiedad o familia de las personas, en carácter de seriedad y verosimilitud.
>
> En relación al delito de incendio, lo prohibido es la acción de prender fuego a una cosa ajena para destruirla o deteriorarla. La conducta del hechor consiste en provocar la combustión de algo, su magnitud no es significativa, siendo suficiente que el objeto principie a arder, lo que importa es vincularlo con la noción de peligro. Lo que caracteriza esta actividad es el fuego provocado o comunicado a una cosa que no debe ser puesta en llamas o en ignición.

---

503 **Id.**, considerando 33.

504 Considerando 13° del fallo de la Corte Suprema, fechado el 15 de diciembre de 2003 (Rol N° 4423-2003).

Para convicción del tribunal, se encuentran acreditados los elementos del tipo penal exigidos por el artículo 7° de la Ley 18.314 que determina conductas terroristas y fija su penalidad, puesto que las declaraciones ya analizadas emanan de personas vinculadas directamente con los hechos o que adquirieron un conocimiento por diversos motivos, testimonios que resultan coherentes con las pericias y evidencias documentales incorporadas durante la audiencia, que constituyen antecedentes que en su conjunto y libremente apreciados conducen al convencimiento de tener por acreditados, más allá de toda duda razonable, los hechos materia de la acusación fiscal y particular, como quiera que las acciones que causaron estos delitos demuestran que la forma, métodos y estrategias empleadas, tenían una finalidad dolosa de causar un estado de temor generalizado en la zona.

Los ilícitos antes referidos están insertos en un proceso de recuperación de tierras del pueblo mapuche, el que se ha llevado a efecto por vías de hecho, sin observar la institucionalidad y legalidad vigente, "recurriendo a acciones de fuerza previamente planificadas, concertadas y preparadas por grupos exacerbados que buscan crear un clima de inseguridad, inestabilidad y temor en diversos sectores de la Octava y Novena Regiones. Estas acciones se pueden sintetizar en la formulación de exigencias desproporcionadas, hechas bajo presión por grupos beligerantes a los dueños y propietarios, a quienes se les advierte que sufrirán diversos tipos de atentados en caso de no acceder a sus requerimientos. Muchas de estas amenazas se han materializado mediante ataques a la integridad física, en acciones de robo, hurto, incendio, daños y ocupaciones de tierras, que han afectado tanto a los individuos y bienes de diversas personas dedicadas a las actividades agrícolas y forestales de esta zona del país.

La finalidad perseguida es provocar en la gente un justo temor de ser víctima de atentados similares, y con ello obligarlas para que desistan de seguir explotando sus propiedades y hacer que las abandonen. La sensación de inseguridad e intranquilidad que generan dichos atentados ha traído como consecuencia la disminución y encarecimiento de la mano de obra, aumento en el costo e hipotecas, tanto en la contratación de maquinarias para la explotación de los predios como para cubrir las pólizas que aseguren las tierras, instalaciones y plantaciones. Es cada vez más frecuente ver trabajadores, maquinarias, vehículos y faenas instalados en los distintos predios, bajo protección policial que garantice la ejecución de las labores, todo lo cual afecta derechos garantizados constitucionalmente.

Sección Tercera
Amnistía e indulto

282. Concepto. El tema aparece mencionado en el artículo 9° inciso 3° de la Constitución. Antes de la reforma de 1991, dicho inciso señalaba que, respecto de los condenados y procesados por delitos que la ley calificaba como terroristas, no procedía la amnistía ni el indulto, como tampoco la libertad provisional o excarcelación. Se modificó este inciso en virtud de la Ley N° 19.055, publicada en el Diario Oficial el 1° de abril de 1991, sustituyéndolo por el artículo transcrito al iniciar este capítulo.

Hoy prescribe aquella disposición que los delitos terroristas serán considerados siempre comunes y no políticos. Se impide así tan siquiera intentar que esa conducta punible adquiera connotación de cierta legitimidad, por los móviles o finalidades políticas que se alegan después de ejecutarla. Esta es una maniobra conocida para lograr alguna respetabilidad por los agentes terroristas, la cual, en virtud del precepto, queda excluida. Son, en otras palabras, delitos comunes extremadamente graves, pero que no pierden esa raíz y naturaleza esencial por reunir circunstancias que los vuelven aún más condenables.

283. Procedencia de beneficios penales. Se desprende del texto actual del inciso 3° en examen que hoy es jurídicamente posible dictar, en favor de los condenados por conducta terrorista, uno o más de los beneficios penales siguientes: una ley de amnistía; una ley de indulto general; decretos supremos de indulto particular, pero solo para conmutar la pena de muerte por la de presidio perpetuo; y la libertad provisional o excarcelación, en virtud de lo preceptuado en el artículo 19° N° 7° letra e) de la Constitución.

A mayor abundamiento, cabe agregar que el artículo 9°, en su inciso 3°, debe ser coordinado con los siguientes artículos en mérito de las razones que en cada caso se exponen:

A. El artículo 32° N° 14°, pues señala que son atribuciones especiales del Presidente de la República otorgar indultos particulares en los casos y formas que determine la ley. Pero recuérdese que ese indulto es particular, y nunca general, como asimismo, que en materia de condenas terroristas tiene un límite, pues solo procede para conmutar o reemplazar la pena de muerte por la de presidio perpetuo;

B. El recién citado artículo 19° N° 7, letra e), ya que posibilita la libertad provisional de los procesados por conductas terroristas;

C. El artículo 63° N° 16°, porque en virtud de la Ley de Reforma Constitucional N° 19.055 se agregó a dicho precepto un párrafo segundo que señala lo siguiente: "Las leyes que concedan indultos generales y amnistías requerirán siempre de quórum calificado. No obstante, este quórum será de las dos terceras partes de los diputados y senadores en ejercicio cuando se trate de delitos contemplados en el artículo 9°". En consecuencia, esta nueva disposición faculta al legislador para dictar leyes de amnistía y de indultos generales en favor de los condenados por la ley antiterrorista. Cierto es, sin embargo, que el quórum de dos tercios (2/3) de los parlamentarios en ejercicio es el más alto que contempla la Constitución, requisito que explica por qué nunca ha sido dictada una de tales leyes. Pero, al fin y al cabo, es claro que existe la facultad constitucional para dictarla.

Se ha creado así un nuevo tipo de ley, el cual sobrepasa incluso a las exigencias de las leyes interpretativas, porque necesita, como mínimo, 67% de los parlamentarios en ejercicio para ser aprobada, quórum que, cabe suponer, se exige igualmente para derogar o modificar aquellas leyes, aunque nada dice la Carta Fundamental al respecto; y

D. Por último, el inciso 3° del artículo 9° debe ser coordinado con la séptima disposición transitoria actual, introducida también por la Ley N° 19.055, la cual señala que: "El indulto particular será siempre procedente respecto de los delitos a que se refiere el artículo 9° cometidos antes del 11 de marzo de 1990. Una copia del decreto respectivo se remitirá, en carácter reservado, al Senado".

284. Polémica que continúa. La aplicación de la disposición transitoria transcrita ha suscitado discrepancias, mereciendo, al menos, los cuatro comentarios siguientes.

En primer lugar, cabe preguntarse si ella respeta la igualdad ante la ley. En principio, y desde el ángulo estrictamente jurídico, puede argumentarse que la norma fue discriminatoria, pues los terroristas que resultaron sentenciados por delitos cometidos antes del 11 de marzo de 1990 pudieron ser indultados, no así los condenados después. Pero un análisis más completo lleva a concluir que esa diferencia se debe a causas políticas, porque habiendo terroristas civiles y del Estado involucrados, se razonó que esta era una forma de avanzar en el proceso de reconciliación, de transición a la democracia y de impulso a la estabilidad del sistema institucional. Más allá del texto o contexto, la justificación sustantiva de esta disposición se halla, por consiguiente, en el sano propósito de contribuir a realizar el anhelo de reencuentro nacional en ambiente de paz social.

Por otra parte, la norma no restringe el indulto particular solo a la conmutación de la pena de muerte por la de presidio perpetuo, como lo hace el artículo 9° en su inciso final, sino que incluso torna procedente la remisión total de la pena.

Con respecto a los condenados por conductas terroristas cometidas antes del 11 de marzo de 1990, también se puede aprobar una ley de indulto general o de amnistía, ya que no está prohibida por la Constitución y es procedente dictarla si se reúne el quórum de los 2/3 en ejercicio de los miembros del Congreso Nacional.

Por último, la norma no limita, salvo en cuanto al plazo que señala, la facultad presidencial de indultar, dejando al criterio discrecional del Primer Mandatario otorgar dicho beneficio solo a los condenados por sus ideas, o dispensar la gracia, además, a los condenados por hechos de sangre de índole terrorista. Lamentablemente, el ejercicio de esta facultad, rodeado de reserva en la información relativa a los beneficiarios, suscitó crítica cuando se supo, en diversas ocasiones, de algunos favorecidos que volvieron a delinquir[505].

285. Amnistía e indulto en el Código Penal. Se ha aludido a la amnistía y al indulto. Útil es completar estas nociones mediante la reproducción de los conceptos contenidos en el artículo 93° N°s 3° y 4° del Código Penal.

Léese en aquel artículo 93°: "La responsabilidad penal se extingue: N° 3°, Por amnistía, la cual extingue por completo la pena y todos sus efectos".

De este modo, queda suprimida la calidad de delincuente, borrado el delito cometido por él y, consecuentemente, extinguida tanto la pena principal como la accesoria. Es un beneficio o gracia de significado penal máximo.

El mismo artículo 93°, ahora en su N° 4°, agrega que la responsabilidad penal se extingue "por indulto. La gracia del indulto sólo remite o conmuta la pena, pero no quita al favorecido el carácter de condenado para los efectos de la reincidencia y demás que determinen las leyes".

Consecuentemente el condenado que es indultado queda liberado de cumplir la pena que le fue impuesta, o esta le es reemplazada por otra menos dolorosa, pero tal sujeto sigue detentando la calidad de delincuente, incluyendo su prontuario penal. Comparado con la amnistía resulta patente que el indulto es un beneficio o gracia penal de menos trascendencia en sus efectos, incluso socioeconómicos y morales.

286. Jurisprudencia. La amnistía importa, como se ha explicado, la extinción de la responsabilidad penal, pues la ley que la declaró suprimió la pena y todos sus efectos, incluso el de cumplir el castigo impuesto en un proceso justo. Además, tal gracia limpia en el sujeto su calidad de condenado[506], de lo cual se siguen consecuencias laborales, políticas y sociales evidentes:

> La amnistía importa la extinción de la responsabilidad penal por disposición de una ley, que extingue la pena y todos los efectos de ésta. El artículo 60° N° 16° de la Constitución señala que la

[505] En el diario **La Tercera**, edición correspondiente al domingo 7 de diciembre de 2014, se transcribe la síntesis de un estudio relativo a la última ley general de indultos, de 2012, señalando que la cuarta parte de los beneficiados con esa gracia había vuelto a delinquir.

[506] Considerando 8° de la sentencia pronunciada por la Corte de Apelaciones de Santiago el 24 de septiembre de 1991, reproducida en LXXXVIII **Revista de Derecho y Jurisprudencia** 2° P. S. V, p. 325, confirmada por la Corte Suprema en sentencia pronunciada el 4 de noviembre de 1991 (Rol N° 17.822).

amnistía es materia de ley. Por lo común, las amnistías se otorgan con respecto a delitos de carácter político o militar, aunque no existe disposición constitucional que las restrinja a ellos.

La amnistía es el perdón más amplio que reconoce nuestro Derecho con respecto a la responsabilidad penal. Borra, según el artículo 93° del Código Penal, la pena y todos sus efectos, esto es, no solo pone término a la obligación de cumplir materialmente la pena, sino que elimina la calidad de condenado, v. gr., para los efectos de reincidencia, de los derechos que haya sido privado por penas accesorias, e incluso pone término a la posibilidad de pronunciar una sentencia condenatoria con respecto a los hechos sobre los cuales haya recaído una amnistía[507].

La amnistía no es personal, sino objetiva, es decir, no se concede para beneficiar a determinadas personas, sino que afecta a las consecuencias penales de determinados hechos, las que hace desaparecer (...).

En materia penal los efectos de la amnistía son tan absolutos que, dictada una ley sobre el particular, sus beneficios no pueden ser rechazados por los eventuales beneficiarios que no deseen ser alcanzados por ella (...).

Aparte de lo anterior, en cualquier caso habrá lugar a los siguientes efectos, según lo precisa Del Río: a) la recuperación de los derechos políticos que el individuo hubiere perdido; b) la reintegración en los cargos y oficios públicos y profesiones titulares de que hubiere sido privado, según se explicó; c) la aptitud de él para ejercer cualquier cargo con que hubiere sido agraciado mientras cumplía la pena y cuyo desempeño no hubiere podido asumir por dicha circunstancia; d) la devolución de los sueldos, pensiones y emolumentos que el condenado hubiere dejado de percibir y de las multas, costas y gastos que se le hubieren cargado; e) la cancelación del nombre del penado de los registros respectivos donde existiere; y f) el término de las incapacidades civiles, comerciales o administrativas que puedan acompañar la pena[508].

Pertinente es agregar que la jurisprudencia ha concluido que la amnistía se puede aplicar a toda clase de delitos:

Teniendo la amnistía una motivación política de orden público, los países en general la han concedido para delitos de ese matiz, igual que en el nuestro desde el inicio casi de la República, pero este principio no constituye regla absoluta, pues se la ha extendido a delitos de todo orden, como sucede en nuestro ordenamiento, que no contempla limitación para que opere en relación con cualquier clase de delitos, salvo en la situación contemplada en el artículo 9° de la Constitución, tanto así que se han dictado históricamente innumerables leyes de amnistía que cubren delitos de carácter político, como simplemente comunes o de la órbita del fuero militar[509].

Sin embargo, el principio expuesto ha encontrado una excepción lógica y justa. Efectivamente, la Corte de Apelaciones de Santiago determinó que no cabe la amnistía ni la prescripción

---

507 Considerandos 2°, 4° y 5° de la sentencia pronunciada por la Corte de Apelaciones de Santiago el 19 de junio de 1990, confirmada por la Corte Suprema en sentencia pronunciada el 20 de septiembre de 1990, reproducida en LXXXVII **Revista de Derecho y Jurisprudencia** 2° P. S. V, p. 158.

508 Considerando 13° de la sentencia de la Corte Suprema pronunciada el 24 de agosto de 1990, que rechazó el recurso de inaplicabilidad del artículo 1 del DL N° 2.191 sobre Amnistía, reproducido en LXXXVII **Revista de Derecho y Jurisprudencia** 2° P.S. IV, p. 73.

Conviene tener presente la reforma del artículo 9°, efectuada el 1° de abril de 1991, pues amplió la posibilidad de legislar sobre la amnistía, extendiéndola a delitos terroristas, exigiendo sí, en el artículo 60° N° 16°, que la ley sea aprobada con quórum superior al de las otras leyes, esto es, las dos terceras partes de los diputados y senadores en ejercicio.

509 Considerando 13° de la sentencia pronunciada por la Corte de Apelaciones de Santiago el 26 de septiembre de 1994 (Rol N° 13.597-94). Se aclara, sin embargo, que la Corte Suprema revocó esta sentencia.

sobre el delito de tortura, según lo previsto en los tratados internacionales ratificados por Chile y vigentes en nuestro país:

> Así de acuerdo a las disposiciones citadas (artículos 5° y 12° de la Convención contra la Tortura y otros Tratos o Penas Crueles, Inhumanas o Degradantes), no cabe la prescripción de la acción penal ni la amnistía sobre los delitos de tortura, ya que existe la obligación impuesta por el Tratado, que forma parte del ordenamiento jurídico interno, con un valor superior a la ley, que obliga a los órganos del Estado, y especialmente a los Tribunales de Justicia a respetar y promover los derechos y obligaciones contenidas en el Tratado para el Estado de Chile, quien no puede dejar de investigar ni de ejercer jurisdicción sobre los delitos de tortura que se hayan determinado y en los cuales existen personas individualizadas como autores, cómplices o encubridores del delito analizado.

Sobre los efectos que produce la amnistía, en cuanto al derecho sustantivo y al procedimiento penal, la Corte Suprema ha fallado que:

> Debe entenderse que en nuestro ordenamiento jurídico la amnistía constituye un acto del Poder Legislativo que suspende de manera objetiva la declaración de criminalidad hecha por otra ley, como consecuencia de que hace desaparecer en el delito su punibilidad al eliminar la pena y todos sus efectos en los hechos ilícitos que comprende, e impide y paraliza, definitivamente o para siempre, el ejercicio de toda acción judicial que tienda a sancionarlos; o anula y deja sin efecto las condenas que por esos delitos se hayan impuesto, dejando a sus autores –en el orden legal– en la misma situación que si no hubiesen delinquido.
>
> Siendo la amnistía, como realmente es, una causal objetiva de extinción de la responsabilidad criminal, corresponde entender, por consiguiente, que sus efectos se producen de pleno derecho a partir del momento establecido por la ley, sin que puedan ser rehusados por sus beneficiarios, tal como antes ya lo ha declarado esta misma Corte, pues se trata de leyes de Derecho público, que miran al interés general de la sociedad. Lo expresado significa, que una vez verificada la procedencia de la ley de amnistía deben los jueces proceder a declararla en conformidad con lo que al efecto preceptúan los artículos 107° y 408° N° 5° del Código de Procedimiento Penal, sin que en consecuencia tenga obligatoria aplicación lo dispuesto en el artículo 413° de este mismo Código, que exige para decretar el sobreseimiento definitivo que esté agotada la investigación con que se haya tratado de comprobar el cuerpo del delito y determinar la persona del delincuente[510].

Por último, y demostrando cuánto ha cambiado, en las últimas décadas, la doctrina de la Corte Suprema en el tópico, imperativo es insertar la sentencia pronunciada por ella el 8 de agosto de 2000, en la gestión de desafuero del entonces senador vitalicio Augusto Pinochet Ugarte[511]:

> Que también se ha argumentado, reiteradamente, que el delito cometido respecto a las personas desaparecidas con ocasión de los hechos a que se refiere el proceso no puede ser el de secuestro agravado, pues nadie cree que ellas estén todavía con vida, privadas de libertad, y, por el contrario, todo el mundo piensa que fueron muertas. Aunque esto último pudiera ser verdad, nada dice en contra de la posibilidad de configurar el secuestro, pues lo que no se ha probado en autos es que esas víctimas hayan sido ultimadas inmediatamente después de haberlas sustraído sin derecho de los lugares en que se encontraban detenidas y, lo que es más importante, que su deceso haya sido anterior a la fecha en que se dictó el decreto ley N° 2.191 sobre amnistía, único caso en el que los procesados podrían intentar invocar esta última. Por lo demás, vale la pena enfatizar que

510 Considerando 15° de la sentencia pronunciada por la Corte Suprema el 24 de agosto de 1994, rechazando el recurso de inaplicabilidad del artículo 1° del DL 2.191 de 1977 sobre Amnistía, reproducido en LXXXVII **Revista de Derecho y Jurisprudencia** 2° P. S. IV, p. 74.

511 Considerandos 54°, 55°, 57° y 58° del fallo citado (Rol N° 1920-2000. (Énfasis agregado).

no es esta la etapa procesal adecuada para pronunciarse en definitiva sobre la calificación jurídica de los hechos perseguidos en la causa;

Que aunque los hechos investigados en el proceso Rol 2.189 de la Corte de Apelaciones de Santiago, actualmente considerados como secuestros agravados, calificación provisional, como corresponde a la de un auto de procesamiento, fueren en definitiva estimados como homicidios, y las muertes de detenidos ocurridas en Cauquenes, La Serena, Copiapó, Antofagasta y Calama también lo fueren de igual manera, y ellos hubieren ocurrido en las fechas y oportunidades en que las declaraciones de los procesados y otros antecedentes pudieran determinarlo exactamente, y en todo caso, en octubre de 1973, tal situación tampoco impediría o sería obstáculo para el desafuero, teniendo presentes las causales de extinción de responsabilidad criminal contenidas en el artículo 93° del Código Penal.

(...)

Que tratándose de las causales de extinción de responsabilidad penal, entre las que cabe mencionar la amnistía (art. 93° Nº 3°) y la prescripción (art. 93° Nº 6°) que podrían permitir la dictación de un sobreseimiento definitivo o una sentencia definitiva de carácter absolutorio, tales causales no son de aplicación automática y, por de pronto, en la primera hipótesis, se exige que la investigación criminal, que debe conducir el juez de la instancia, esté concluida y agotada la investigación con que se haya tratado de comprobar el cuerpo del delito y de determinar la persona del delincuente, como lo dispone el artículo 413° del Código de Enjuiciamiento Criminal, estableciéndose por el inciso 2° del mismo artículo, que "si en el sumario no estuvieren plenamente probadas las circunstancias que eximen de responsabilidad o los hechos de que dependa la extinción de ella, no se decretará el sobreseimiento, sino que se esperará la sentencia definitiva".

Que en su caso, la aplicación de la ley de amnistía contenida en el DL 2.191, atendido su tenor literal, exige que las personas a quienes se pueda aplicar estén determinadas y acreditada su participación en el hecho punible, en cualquiera de las hipótesis que plantea el artículo 14° del Código Penal. Y bajo otro aspecto, cabe tener presente que la amnistía no extingue el delito o hecho punible, sino que, como lo dispone el Nº 3° del artículo 93° del Código Penal, "extingue por completo la pena y todos sus efectos", o sea, debe estar determinado completamente el delito y la persona del delincuente y su responsabilidad en alguna de aquellas calidades.

287. Arrepentimiento eficaz. Cerrando el estudio del artículo 9° conviene efectuar una referencia a la Ley sobre Arrepentimiento Eficaz[512], cuyos efectos positivos en la averiguación y sanción judicial de hechos terroristas fueron reducidos, como quedó suficientemente comprobado en la práctica.

Con sujeción al artículo 1° de esa ley, estaban exentos de ciertas penas previstas en la Ley Nº 18.314 quienes abandonaran la asociación ilícita terrorista de la que eran miembros y entregaran o revelaran a la autoridad información, antecedentes o elementos de prueba que sirvieran para prevenir o impedir la perpetración de los delitos terroristas e individualizar y detener a los responsables.

Al tenor del mismo artículo 1° también podían obtener la exención de aquellos delitos de la Ley Nº 18.314 quienes ayudaran, eficazmente, a perseguir la asociación ilícita terrorista a la cual pertenecían, o a parte de ella, revelando antecedentes no conocidos, tales como sus planes, la individualización de sus miembros o el paradero de sus dirigentes o integrantes.

---

[512] Ley Nº 19.172, publicada en el Diario Oficial el 4 de noviembre de 1992, modificada por la ley Nº 19.183, difundida en dicho Diario el 11 de diciembre de 1992.

Por último, conviene puntualizar que, con sujeción al artículo 6° de la ley comentada, ella fue aplicable durante los cuatro años siguientes a su publicación oficial, razón por la cual hoy se halla derogada[513].

Cabe puntualizar, finalmente, que el artículo 226° ter vale que se propone en el proyecto de la ley hoy en trámite sobre terrorismo, ya comentado, aparece el desistimiento y la cooperación eficaz, como causal de exención de responsabilidad penal por la tentativa de cometer alguno de los delitos que son tipificados como terroristas en esa iniciativa.

288. Jurisprudencia. Sobre la Ley de Arrepentimiento Eficaz, se ha fallado que:

> Los artículos 2° y 3° de la aludida ley, permiten una rebaja de grado a aquellos responsables de otros delitos previstos en la ley 18.314, siempre que abandonen la organización terrorista y realicen las conductas mencionadas en las letras a) o b) del artículo 1°. La primera circunstancia que exige la ley se produce cuando el arrepentido entregue o revele a la autoridad información, antecedentes o elementos que sirvan eficazmente para prevenir o impedir la perpetración o consumación de delitos terroristas e individualizar y detener a los responsables, o en el caso de la segunda situación, ayude eficazmente a desarticular la asociación ilícita a la cual pertenecía, o a parte de ella, revelando antecedentes no conocidos, tales como sus planes, la individualización de sus miembros o el paradero de sus dirigentes e integrantes. De acuerdo a los requisitos establecidos en la ley aludida, aparece evidente que sus finalidades principales son obtener que un participante activo abandone una asociación de carácter terrorista, que se encuentra en plena actividad y segundo, que con motivo de esa delación se pueda desarticular dicha banda criminal, o a lo menos, prevenir o impedir la perpetración o consumación de delitos terroristas, individualizando a sus otros componentes para su detención posible (...);
>
> Que sin perjuicio de lo anterior, hay que considerar el beneficio que, en un sentido similar al anteriormente expuesto, se establece en la misma Ley 18.314, en su artículo 4° que resulta más amplia que la ley sobre arrepentimiento eficaz[514].

513 Debe tenerse presente que la Ley N° 20.000 sobre tráfico de estupefacientes contiene disposiciones relativas al arrepentimiento eficaz.

514 Considerandos 147° y 148° de la sentencia pronunciada por el ministro en Visita Milton Juica Arancibia en el Sexto Juzgado del Crimen de Santiago, el 31 de marzo de 1994 (Rol N° 118.284).

CAPÍTULO X PLURALISMO LIMITADO

289. Consideraciones históricas. Ese concepto y el de democracia protegida sintetizan los objetivos que se perseguía lograr con el antiguo artículo 8° de la Constitución. Aunque ya fue suprimido –y en su lugar consagrada la base institucional de la probidad, transparencia y publicidad–, dicho precepto merece algunos comentarios, hechos con intención histórica y, además, clarificatoria de las normas hoy insertadas en el artículo 19° N° 15° incisos 6° y siguientes de la Carta Fundamental.

Se refería aquel artículo 8° al pluralismo limitado. Consideraba ilegítima y, por ende, inconstitucional e ilegal la propagación de ciertas doctrinas, entre las cuales se encontraba las que propugnaran la violencia o una concepción del Estado, de la sociedad o del ordenamiento jurídico que se fundara en la lucha de clases, refiriéndose con esto, pese a no nombrarlo, al marxismo en sus diversas especies o corrientes. Era, en suma, un ilícito constitucional, como lo declaró el Tribunal Constitucional, de modo que él no impedía ni excluía la responsabilidad penal, civil o administrativa de quienes fueren declarados responsables de los hechos referidos.

La cuestión esencial planteada por el artículo 8° consistía en decidir, en forma objetiva y con rigurosidad, si propagar una doctrina era una conducta o comportamiento, o bien, si se trataba nada más que de la difusión del pensamiento y, como tal, jamás susceptible de declararse ilícita ni ser sancionada. Pues bien, nunca se llegó a un consenso en el punto, pese a los esfuerzos desplegados en la comisión de estudio y del anteproyecto y en el Tribunal Constitucional para tipificar, como conducta, la propagación aludida.

Con carácter o rango constitucional, el artículo 8° fue el primero en la historia de Chile que contempló el pluralismo limitado. Sin perjuicio de esto, cabe recordar que, en el nivel de los preceptos legales, existían ciertos antecedentes; por ejemplo, la Ley de Defensa Permanente de la Democracia de 1948, que proscribió al Partido Comunista, la elección de representantes populares que fueran de ese partido y, también, la difusión de las ideas que él sustentaba[515]. Aquel texto legal de 1948, pese a las críticas que suscitó, especialmente ante su ineficacia, subsistió hasta agosto de 1958, no obstante su inconstitucionalidad, pues la Carta Fundamental de 1925 no contemplaba autoridad ni potestad alguna para dictarla.

290. Jurisprudencia. Los sucesos que culminaron el 11 de septiembre de 1973 y la doctrina del régimen militar que los siguió llevaron, desde el principio de los estudios de la nueva Constitución, a dictar lo que llegó a ser el artículo 8°[516].

Dicho artículo fue invocado, y se pretendió así llevarlo a la práctica, en las tres ocasiones siguientes:

A. En 1983, en contra del ministro del Interior Sergio Onofre Jarpa Reyes, caso en el cual el requerimiento fue declarado improcedente;

B. En 1985, cuando el Tribunal Constitucional concluyó que el Movimiento Democrático Popular (MDP) y los grupos que lo integraban eran inconstitucionales, por infringir el artículo 8° a raíz de propugnar la violencia y la lucha de clases; y

C. El 21 de diciembre de 1987, respecto del ex ministro de Relaciones Exteriores y Vicepresidente de la República en el régimen de la Unidad Popular Clodomiro Almeyda Medina, quien fue acusado de propagar doctrinas que propugnaban la violencia. El requerido se defendió señalando que no las había propugnado ni incurrido en conductas identificables en tal concepto. Además, argumentó que el artículo 8° era contrario a los pactos internacionales suscritos por Chile, en los que se garantiza el pluralismo político. En definitiva, el Sr. Almeyda fue declarado responsable de quebrantar dicho artículo, aunque con los votos disidentes de los ministros Eugenio Valenzuela, Luis Maldonado y Julio Philippi[517].

Las dos últimas sentencias mencionadas demandaron un esfuerzo procesal considerable, catalizaron la polémica pública y resultaron, en la realidad, completamente inútiles. Tanto la proscripción del MDP como la prohibición de propagar las ideas marxistas nunca llegaron a ser cumplidas, ya que los medios de comunicación social informaron al respecto. Esto llevó a concluir que se hallaba demostrada no solo la objeción democrática a un precepto como ese, sino que también su esterilidad.

291. Ley complementaria. La situación se agravó cuando se dictó la ley complementaria del artículo 8°[518], con la intención de reforzarlo e infundirle la efectividad que le faltaba. Con tales objetivos, esa ley prohibió a todos los medios de comunicación social difundir ideas o actividades provenientes de las personas proscritas en virtud del artículo 8°, señalando que los medios que infringieran tal prohibición serían sancionados con multas elevadas y con penas de cárcel para sus directores.

Se intentó aplicar la ley en contra de la revista *Apsi*, en septiembre de 1988, pero la Corte Suprema otorgó la orden de no innovar en favor de aquel medio, con lo cual

---

515 Consúltese Luis Trabucco Godoy: **Tesis sobre la Ley N° 8.987, de Defensa Permanente de la Democracia** (Santiago, Memorias de Licenciados de Derecho Constitucional de la Universidad de Chile, Ed. Jurídica de Chile, 1953) pp. 193 ss.

516 Consúltese, en general, Rafael Larraín Cruz y Leopoldo Núñez Tomé: **Protección de la democracia, ¿deben prohibirse los partidos marxistas?** (Santiago, Ed. Jurídica de Chile, 1984).

517 Véase Eugenio Valenzuela Somarriva: **Repertorio de jurisprudencia de Tribunal Constitucional, 18 de marzo de 1981-10 de marzo de 1989** (Santiago, Ed. Jurídica de Chile, 1989) pp. 28 ss.

518 Ley N° 18.662, publicada en el Diario Oficial el 16 de agosto de 1987.

mantuvo en suspenso la aplicación del flamante texto legal. El 4 de octubre del mismo año, el Gobierno cambió de criterio y retiró el requerimiento, dejando a la ley sin intento siquiera de aplicación. En la reforma constitucional de 1989, final y juiciosamente, fue derogado el artículo 8° y, de este modo, quedó por lógica también sin efecto su ley complementaria.

292. **Incidencia en normativa vigente**. A pesar de haber sido suprimido el antiguo artículo 8° de la Constitución, algunos parlamentarios sostuvieron que la Ley N° 18.662 no estaba derogada, produciéndose debates sobre la base de que dicho estatuto sería complementario no de aquel artículo, sino que, ahora, del artículo 19° N° 15° de la Carta Fundamental. Pero en virtud de la Ley N° 19.041, publicada en el Diario Oficial el 13 de febrero de 1991, se derogó expresamente la Ley N° 18.662, poniendo punto final a un precepto equivocado, retorcido, inservible y, especialmente, tan ilegítimo como la disposición fundamental que pretendía regular.

Hoy se debe examinar el artículo 19° N° 15° incisos 6°, 7° y 8° de la Constitución de 1980 para hallar una disposición que tiene cierta afinidad con aquel extinto artículo 8°. Empero, la nueva preceptiva comienza apartándose de la que la antecedió, pues asegura el pluralismo político sin limitaciones. Además, y como se demostrará al estudiar la reforma mencionada, existen varias y sustanciales diferencias entre la normativa de 1980 y la que se reemplazó en 1989. Pese a ello, subsisten algunas dudas en punto a determinados términos que se emplean en el inciso 6° citado, las cuales no han sido despejadas porque esa disposición tampoco ha llegado nunca, afortunadamente, a ser aplicada[519].

293. **Valor del pluralismo**. Imperativo es cerrar estas notas, destinadas solo a completar el estudio del capítulo I del Código Político, destacando la relevancia del reconocimiento amplio del pluralismo político, en el inciso recién mencionado.

En realidad, puede argumentarse que tal principio debió quedar, por su relevancia, en lugar del artículo 8° y haber sido redactado en términos generales, abarcando el pluralismo genéricamente entendido y no solo su dimensión política. El pluralismo es, en efecto, una actitud que se manifiesta en las más variadas actividades de la convivencia. Procedente es caracterizarlo por los valores del respeto y la tolerancia, de adhesión a la libertad e igualdad, de conciencia en punto a que es posible avanzar en la solución de los problemas sociales mediante el diálogo y la confrontación pacífica de ideas, siempre con la convicción de que es posible forjar acuerdos[520].

Esa actitud de fe en tales valores y su vigencia culmina en que la *sociedad abierta*, como la llamó Karl Popper, es variada en ideas e ideologías, en grupos y asociaciones, en centros de poder y de influencia, sean de índole política, social, religiosa o económica[521]. Por supuesto, tal diversidad posee significado acotado o relativo, en el sentido de que la riqueza intelectual que singulariza al pluralismo asume el respeto de ciertos requisitos o exigencias objetivas. Entre ellos se hallan los elementos que configuran el consenso básico, fundamental o mínimo, sin el cual la gobernabilidad del sistema social se vuelve imposible y, con ello, puede culminarse en el abatimiento del pluralismo mismo[522].

---

519 Consúltese del autor su II **Derecho constitucional chileno** (Santiago, Ed. Universidad Católica de Chile, 2012) pp. 451 ss.

520 Revísese Roger Eatwell (editor): **Contemporary Political Ideologies** (Londres, Pinter Books, 1999) pp. 3 ss.

521 **The Open Society and its Enemies** (Princeton, Princeton U. Press, dos volúmenes, 1971).

522 Klaus von Beyme: **Teoría política del siglo XX. De la modernidad a la postmodernidad** (Madrid, Alianza Editorial, 1994) pp. 123-134.

En su sentencia Rol N° 564, el Tribunal Constitucional formuló puntualizaciones en torno del pluralismo y de la incidencia de la libertad de expansión en ese principio fundamental. Se transcriben a continuación los considerandos 22°, 31° y 32° de aquel fallo:

> La democracia puede existir de la mano del pluralismo, cuyo antecedente histórico es la tolerancia. El pluralismo se enmarca dentro de la libertad, tanto en el campo de las creencias e ideas como en el de las organizaciones voluntarias, entre las que cabe señalar a los partidos o movimientos políticos. Se define por el reconocimiento de la diversidad. Su nombre deriva de la pluralidad de los ciudadanos y sus derechos. Es la antítesis de la uniformidad. El pluralismo comprende la libertad para elaborar ideas, el derecho a difundirla y a organizarse para llevarlas a la práctica. De tal forma, en la democracia pluralista siempre habrá una tensión entre consenso y disenso. Ambos elementos deben encontrar un equilibrio adecuado en la *concordia discors*, de tal manera que se permita la inclusión del otro respetando su diversidad.
>
> (...)
>
> El derecho de asociación resguarda la facultad de las personas para juntarse en forma estable con el propósito de promover ciertos ideales compartidos. Si no hubiera libertad para formular, adherir y expresar tales ideales comunes, el derecho de asociación perdería su razón de ser. Así, la libertad de expresión desempeña un papel fundamental en la sociedad democrática, pues permite el debate de ideas, el intercambio de puntos de vista, emitir y recibir mensajes, la libre crítica a la investigación científica y el debate especulativo, la creación artística, el diálogo sin restricción, censura ni temor, y la existencia de una opinión pública informada.

BIBLIOGRAFÍA

Acemoglu, Daron y Robinson A. James: **Por qué fracasan los países** (Santiago, Ed. Planeta, 2013).

Daniel Argandoña, Manuel: **La organización administrativa en Chile** (Santiago, Ed. Jurídica de Chile, 1984).

Aróstica Maldonado, Iván: "¿Que queda del principio de legalidad?"", LXXXVIII **Revista de Derecho y Jurisprudencia** N° 1 (1991).

Baeza, Gloria y Marco Navarro: "Derecho de los menores a vivir en una familia normalmente constituida", XXXI **Revista Chilena de Derecho** N° 3.

Benadava Cattan, Santiago: "Las relaciones entre el derecho internacional y el derecho interno ante los tribunales chilenos", en LIX **Revista de Derecho y Jurisprudencia**, N° 1 y 2 (enero-abril 1962), pp. 1-28.

Bernales Rojas, Gerardo: "La imprescriptibilidad de la acción penal en procesos por violaciones a los derechos humanos", XII **Revista Ius et Praxis** (Talca, Facultad de Derecho de la Universidad de Talca, 2007).

Bertelsen Repetto, Raúl: "Rango jurídico de los tratados internacionales en el derecho chileno", XVIII **Revista Chilena de Derecho** N° 2 (1996).

Bidart Hernández, José: "El control de la opinión pública y el sistema político chileno", **Revista de Derecho de la Universidad de Concepción** N° 190 (1991).

Bravo Lira, Bernardino: "El Estado de Derecho y sus enemigos", XVIII **Revista Chilena de Derecho** N° 2 (1991).

Brewer-Carías, Allan: "La aplicación de los tratados internacionales sobre derechos humanos en el orden interno. Estudio de derecho constitucional comparado latinoamericano", **Revista de Derecho Procesal Constitucional Iberoamericano** Nº 6 (2006).

Bruna Contreras, Guillermo: "La amnistía en la Constitución de 1980", XVIII **Revista Chilena de Derecho** Nº 3 (1991).

Bustos Concha, Ismael: "¿Qué es la democracia? Un *approach lógico-sistemático* para su definición", XX **Jornadas de derecho público** (Valparaíso, Edeval, 1990).

Bustos Valderrama, Crisólogo: "La recepción del derecho internacional en el derecho chileno", XI **Revista Chilena de Derecho** Nº 1 (1984).

Brito, Mariano: "El cuidado de la familia por el Estado y la procura del bien común en nuestros países", **Revista de Derecho Público** Nº 57/58 (1995).

Caldera Delgado, Hugo: "Fuerza normativa de las disposiciones contenidas en el capítulo I 'Bases de la Institucionalidad' de la Constitución de 1980", LXXXII **Revista de Derecho y Jurisprudencia** 1ª p. (1990).

Calderón Vargas, Mario y Fernando Toledo Tapia: "El sistema interamericano de protección a la persona humana", XVIII **Revista Chilena de Derecho** Nº 3 (1991).

Carmona Cuenca, Encarnación: **El Estado social de derecho en la Constitución** (Madrid, Consejo Económico y Social, 2000).

Carrasco Delgado, Sergio: "Antecedentes sobre regionalización y la reforma constitucional de la Ley Nº 19.097 de 1991", **Revista de Derecho de la Universidad de Concepción** Nº 189 (1991).

Cea Egaña, José Luis: "Ley complementaria del artículo 8° de la Constitución", **Cuadernos de Información de la Universidad Católica de Chile** Nº 2 (1997).

— "Una tesis para la reforma del Estado en Chile", XIX **Revista Chilena de Derecho** Nº 2 (1992).

— "Sobre el nuevo gobierno regional", III **Revista de Derecho Universidad Austral de Chile** (1992).

— "Hacia el Estado regional en Chile", XXXIV **Revista Chilena de Derecho** Nº 2 (1997).

— "La regionalización de Chile y la modernización de su sociedad estatal", VI **Revista de Derecho Universidad Austral de Chile** (1994).

— "Descubriendo el futuro de nuestra sociedad estatal", XX **Revista Chilena de Derecho** Nºs 2-3 (1993).

— "Derecho público, sociedad y Estado", XVI **Revista Chilena de Derecho** Nº 2 (1989).

— "Aproximación a la conciencia constitucional chilena", XVI **Revista Chilena de Derecho** Nº 3 (1989).

— "Hermenéutica constitucional, soberanía legal y discrecionalidad administrativa", XI **Revista Chilena de Derecho** Nº 1 (1984).

— "Constitucionalización del derecho", **Revista de Derecho Público** Nº 59 (1996).

— **El sistema constitucional de Chile. Síntesis crítica** (Santiago, Imp. Alfabeta, 1999).

II **Derecho constitucional chileno** (Santiago, Ed. Universidad Católica de Chile, 2013).

— "¿Límites jurídicos al poder?", **Revista de Derecho de la Universidad de Concepción** Nº 195 (1994).

Cordero Vega, Luis: "Efectos de la reforma constitucional en materia de acceso a la información pública", XXXVI **Jornadas de Derecho Público** (www.jdp.cl).

Corral Talciani, Hernán: **Familia y derecho** (Santiago, Universidad de los Andes, Colección Jurídica, 1994).

Correa González, Rodrigo y Antonio Bascuñán Rodríguez: "El Estatuto de Roma ante el Tribunal Constitucional chileno", I **Revista de Estudios de la Justicia** (2002).

Correa Labra Enrique: "Poder Judicial y Estado de Derecho", XI **Revista Chilena de Derecho** Nº 1 (1983).

Cumplido Cereceda, Francisco: **¿Estado de Derecho en Chile?** (Santiago, Imprenta Salesiana, 1984).

— "Alcances de la modificación al artículo 5° de la Constitución en relación con los tratados internacionales", XXIII **Revista Chilena de Derecho** Nº 2 y 3 (1996).

— "La reforma constitucional de 1989 al inciso 2° del artículo 5° de la Constitución. Sentido y alcance de la reforma. Doctrina y jurisprudencia", IX **Revista Ius et Praxis** Nº 1. (1994).

Cumplido, Francisco, Jaime Guzmán y Gottfried Dietze: "Pluralismo y proscripción de partidos antidemocráticos", **Estudios Públicos** Nº 13 (1984).

Del Pico Rubio, Jorge: "Esencia de la democracia. El concepto procedimental de Norberto Bobbio", **Revista de Ciencias Sociales de la Facultad de Derecho y Ciencia Sociales de la Universidad de Valparaíso** Nº 32-33 (1988).

Diez de Velasco, Manuel: **Instituciones de derecho internacional público** (Madrid, Ed. Tecnos, 2007).

Donoso Letelier, Crescente: "A propósito del Estado", IX **Revista Chilena de Derecho** Nº 2 (1982).

D'Ors, Álvaro: "Profilaxis policial y falacia del Estado de Derecho", **Revista de Derecho Público** Nº 60 (1996).

Durán Baechler, Samuel: "El individuo como sujeto del derecho internacional. Nuevas tendencias", **Revista de Derecho de la Universidad de Concepción** Nº 187 (1990).

Evans de la Cuadra, Enrique: "Leyes complementarias de los artículos 6 y 7 de la Constitución de 1980", **Gaceta Jurídica** Nº 60 (1985) y XII **Revista Chilena de Derecho** Nº 2 (1985).

Fernández González, Miguel Ángel: "La reforma al artículo 5° de la Constitución", XVI **Revista Chilena de Derecho** Nº 3 (1989).

— "El principio constitucional de publicidad", XXXVI **Jornadas de Derecho Público** (www.jdp.cl).

Fermandois Vöhringer, Arturo: "Notas sobre el futuro de las normas constitucionales que protegen el sistema democrático", XVIII **Revista Chilena de Derecho** Nº 2 (1991).

— "El Tribunal Penal Internacional y sus implicancias constitucionales", XXX **Revista Chilena de Derecho** Nº 3.

Fiamma Olivares, Gustavo: "Acción constitucional de nulidad y legitimación activa objetiva", **Revista de Derecho Público** Nº 49 (1991).

— "La democracia. Un sistema limitado", **Revista de Derecho Público** Nº 41-42 (1987).

— "El ordenamiento jurídico administrativo chileno", **Gaceta Jurídica** Nº 100 (1988).

— Immanuel Kant: **La paz perpetua** (1780) (Buenos Aires, Ed. Espasa-Calpe, 1960).

Folch, Francisco José: **Sobre símbolos** (Santiago, Ed. Universitaria, 2000).

Frías, Pedro José: "Constitucionalismo actual", XIX **Revista Chilena de Derecho** Nº 1 (1992).

Frota Araujo, Régis: **Solidaridad constitucional en Brasil** (Fortaleza, AIADCLE, 2005).

Galaz Ulloa, Sergio: "Algunas consideraciones o aspectos de la democracia", **Revista de Derecho de la Universidad de Concepción** Nº 185 (1989).

Gambier, Beltrán: "Algunas reflexiones en torno a la responsabilidad del Estado por omisión a la luz de la jurisprudencia", **Revista de Derecho Público** Nº 49 (1991).

García Barzelatto, Ana María: "Tratados internacionales y Tribunal Constitucional", **Revista de Derecho Público** Nº 63 (2001).

García, Telmo: "La regionalización", **Revista de Derecho de la Universidad de Concepción** Nº 183 (1988).

Garfe Jarufe, Farouk: "Derecho internacional de las persona humana. Su existencia, evolución histórica, fuentes y otros aspectos generales. Proposición para un programa de estudios", **Actas de las XX Jornadas de Derecho Público** (Valparaíso, Edeval, 1990).

Guzmán Brito, Alejandro: "Los precedentes chilenos del artículo 8° de la Constitución Política", LXXXV **Revista de Derecho y Jurisprudencia**, 1ª p. (1988).

— "La naturaleza de las garantías constitucionales de la persona humana examinada a través de su protección judicial", LXXXV **Revista de Derecho y Jurisprudencia** 1ª p. (1988).

Guzmán Vial, Manuel: "Decreto ley Nº 2.191 de 1978 sobre amnistía", XVIII **Revista Chilena de Derecho** Nº 2 (1991).

Guzmán Errázuriz, Jaime: "Discurso en el Senado el 23 de marzo de 1991, sobre indulto presidencial y terrorismo", **Revista de Derecho Público** Nºs 55-56 (1991).

Hernández Olmedo, Luis: "La descentralización en el ordenamiento jurídico chileno", XX **Revista Chilena de Derecho** (1993).

Hernández Emparanza, Domingo: "Notas sobre algunos aspectos de la reforma a las bases de la institucionalidad", en Humberto Nogueira Alcalá (editor): **La Constitución reformada de 2005** (Santiago, Librotecnia, 2005).

Henríquez Viñas, Miriam: "Los pueblos indígenas y su reconocimiento constitucional pendiente", en Francisco Zúñiga Urbina (coordinador): **Reforma constitucional** (Santiago, Lexis-Nexis, 2005).

Irigoin Barrenne, Jeannette: "El principio de no intervención y la protección internacional de los derechos humanos", XX **Jornadas de Derecho Público** (Valparaíso, Edeval, 1990).

Jara Schnettler, Jaime: **La nulidad de derecho público ante la doctrina y la jurisprudencia** (Santiago, Ed. Libromar, 2004).

Larraín Cruz, Rafael y Leopoldo Núñez Tomé: **Protección de la democracia, ¿deben proscribirse los partidos marxistas?** (Santiago, Ed. Jurídica de Chile, 1984).

Luksic Sandoval, Zarko: "El valor de la Constitución y la justicia constitucional en democracia", XX **Jornadas de Derecho Público** (Valparaíso, Edeval, 1990).

Llanos Mancilla, Hugo: II **Teoría y práctica del derecho internacional público** (Santiago, Ed. Jurídica de Chile, 1983).

— "Los tratados y la reforma constitucional", en Humberto Nogueira Alcalá (coordinador): **La Constitución reformada de 2005** (Santiago, Editorial Librotecnia, 2006).

Martínez Sospedra, Manuel: "Supremacía de la Constitución y Leyes Interpretativas", XVIII **Revista de Derecho de la Universidad Católica de Valparaíso** (1999).

Marzi Rivera, Hugo: "Algunas consideraciones negativas acerca del arrepentimiento eficaz", **Gaceta Jurídica** Nº 147 (1992).

Mohor Abuauad, Salvador: "Elementos de juicio para la interpretación del artículo 5° inciso 2° de la Constitución de 1980", **Revista de Derecho Público** Nº 47-48 (1990).

Mohor Abuauad Salvador y Gustavo Fiamma Olivares: "La jerarquía normativa de los tratados internacionales", **Revista de Derecho Público** Nº 55/56 (1994).

—"Constituciones. Espejismo de la seguridad jurídica", VI **Revista de Derecho de la Universidad Católica de Valparaíso** (1982).

Molina Guaita, Hernán: "La soberanía en la Constitución de 1980", VI **Revista de Derecho de la Universidad Católica de Valparaíso** (1982).

— "El fin del Estado", **Revista de Derecho Público** Nº 57-58 (1995).

— "El proyecto de reforma constitucional sobre gobierno y administración regional y provincial y regionalismo político", **Revista de Derecho de la Universidad de Concepción** Nº 189 (1991).

— "Hacia un nuevo modelo regional", **Revista de Derecho Público** Nº 47-48 (1990).

— "Hacia el reemplazo de la forma jurídica de Estado. La unitaria por la regional", **Revista de Derecho de la Universidad de Concepción** Nº 191 (1992).

— "Limitaciones del poder soberano", XX **Revista Chilena de Derecho** Nº 2-3 (1993).

Montealegre Klenner, Hernán: **La seguridad del Estado y los derecho humanos** (Santiago, Alfabeta Impresores, 1979).

Mosquera Ruiz, Mario: "El proceso de regionalización del país y la competencia de sus tribunales", **Gaceta Jurídica** Nº 38 (1983).

Narbona, Hernán: "Inmunidad jurídica del Estado soberano. La relatividad moderna de un principio clásico", **Gaceta Jurídica** Nº 6 (1985).

Navarro Beltrán, Enrique: "Teoría general de la división de poderes en la Constitución de 1980", XIV **Revista de Derecho de la Universidad Católica de Valparaíso** (1991-1992).

Nogueira Alcalá, Humberto: "Consideraciones y alternativas al sistema electoral vigente", **Revista de Derecho Público** Nºs 47-48 (1990).

— "Los desafíos de la sentencia de la Corte Interamericana en el Caso Almonacid Arellano", XII **Revista Ius et Praxis** Nº 2 (2006).

— "Constitución y derecho internacional de los derechos humanos", XX **Revista Chilena de Derecho** Nºs 2-3 (1993).

— "La democracia, el orden constitucional democrático y las reglas de su modificación", XX **Jornadas de Derecho Público** (Valparaíso, Edeval, 1990).

— "Los tratados internacionales en el ordenamiento jurídico chileno", XXIII **Revista Chilena de Derecho** N°s 2 y 3 (1996).

— "Los derechos esenciales o humanos contenidos en los Tratados Internacionales y su ubicación en el ordenamiento jurídico nacional. Doctrina y jurisprudencia", IX **Revista Ius et Praxis**, Año 9, Nº 1.

Núñez Poblete, Manuel: "Estado unitario, unidad del Estado y unidad de Constitución. La forma del Estado chileno bajo la Constitución de 1980", en Francisco Zúñiga Urbina (coordinador): **Reforma constitucional** (Santiago, Lexis-Nexis, 2005).

Oelckers Camus, Osvaldo: "Actos administrativos ilícitos y responsabilidad extracontractual del Estado administrador", XIII **Revista de Derecho de la Universidad Católica de Valparaíso** (1989-1990)

Orrego Sánchez, Cristóbal: "Vigencia de los derechos esenciales que emanan de la naturaleza humana y su reconocimiento en el ordenamiento jurídico chileno", XX **Revista Chilena de Derecho** Nº 1 (1993).

Ortúzar Latapiat, Waldo: "La amnistía desde el punto de vista del derecho procesal penal", XVIII **Revista Chilena de Derecho** Nº 2 (1991).

Oviedo Soto, Tarcisio: "La centralización administrativa, ¿un sistema obsoleto?", **Revista de Derecho de la Universidad de Concepción** Nº 191 (1992).

Pacheco Gómez, Máximo: "Supraconstitucionalidad de los derechos fundamentales", XX **Revista Chilena de Derecho** N°s 2-3 (1993).

Padilla, Miguel: "La defensa de la democracia", XVI **Revista Chilena de Derecho** Nº 2 (1986).

Palma González, Eric: **El Estado de Derecho en la doctrina y práctica político-institucional chilena** (Santiago, Ed. Universidad Nacional Andrés Bello, 1994).

Panatt Kyling, Natacha: "La modificación del artículo 5° de la Constitución de 1980 en relación con los tratados", **Actas de las XX Jornadas de Derecho Público** (Valparaíso, Edeval, 1990).

Popper, Karl: **The Open Society and Its Enemies** (Princeton, Princeton University Press, 2 volúmenes, 1971).

Pfeffer Urquiaga, Emilio: "Antecedentes de los artículos 6°, 7° y 9° de la Constitución", **Gaceta Jurídica** Nº 59 (1985).

— "Reforma constitucional sobre indulto, amnistía y libertad provisional", **Revista de Derecho de la Universidad de Concepción** Nº 183 (1988).

— "La supremacía constitucional y su control. El caso chileno", **Revista de Derecho de la Universidad Central** (1991).

— "Los tratados internacionales sobre derechos humanos y su ubicación en el orden normativo interno", **Revista Ius et Praxis**, Año 9, Nº 1 (2003).

Quintana Benavides, Augusto: "Reformas a las bases de la institucionalidad. Entre lo superfluo, el contrabando y la inocencia", en **Revista de Derecho Público** 68 (2006)

Quirke Arrau, María Teresa: "Los derechos humanos como límite a la soberanía", XVI **Revista Chilena de Derecho** (1989).

Raczynski, Dagmar y Claudia Serrano (editoras): **Descentralización. Nudos críticos** (Santiago, Cieplan, 2001).

Rajevic Mosler, Enrique: "La inclusión del principio de probidad en la Constitución y la función de control. Una necesaria revisión", XXXVI **Jornadas de Derecho Público** (www.jdp.cl)

Ramírez Arrayás, José Antonio: "Principio de probidad y transparencia en el ejercicio de las funciones públicas. Alcances de la nueva Constitución de 2005", en **La reforma constitucional de 2005** (Santiago, Ed. Lexis-Nexis, 2005).

Ramírez Necochea, Mario: **Derecho de la humanidad** (Santiago, Ed. Jurídica de Chile, 1991).

Reyes Riveros, Jorge: "Supremacía constitucional y sistema de control", XX **Revista Chilena de Derecho** N°s 2-3 (1993).

Ríos Álvarez, Lautaro: "Disposiciones constitucionales obstaculizadoras de la normalidad democrática", **Revista de Derecho Público** Nº 47-48 (1990).

— "Reforma al artículo 5° de la Constitución de 1980", **Revista de Derecho Público** Nº 47-48 (1990).

— "El Estado de Derecho", **Revista de Derecho Universidad de Concepción** Nº 180 (1981).

Saenger Gianoni, Fernando: "Consideraciones para estimar que los tratados en materia de derechos humanos no forman parte de la Constitución", XX **Revista Chilena de Derecho** Nº 2-3 (1993).

Salazar Sánchez, Marta: "Génesis de la frase 'El Estado está al servicio de la persona humana' en las actas de la Comisión de estudio de la nueva Constitución", **Revista de Derecho Público** Nº 57-58 (1995).

— "Interpretación de la Constitución y control de la ley interpretativa por el Tribunal Constitucional", XX **Revista Chilena de Derecho** Nos 2-3 (1993).

Salinas Burgos, Hernán: "Aplicación del derecho internacional al caso Choshuenco. Legalidad y seguridad vulneradas", en Arturo Fermandois Vöhringer (editor): **Sentencias destacadas 2006. Una mirada desde la perspectiva de las políticas públicas** (Santiago, Libertad y Desarrollo, 2007).

Silva Bascuñán, Alejandro: "Las leyes complementarias de los artículos 6° y 7° de la Constitución de 1980", **Gaceta Jurídica** Nº 60 (1985) y XII **RCD** Nº 2 (1985).

— **Tratado de derecho constitucional** (Editorial Jurídica de Chile, ocho volúmenes, 1997-2001).

— "Lo esencial en la supremacía constitucional. Antecedentes, objetivos y alcances", **Gaceta Jurídica** Nº 132 (1991) y **Revista de Derecho Público** Nº 47-48 (1990).

— "Reforma al artículo 5° de la Constitución de 1980", XVII **Revista Chilena de Derecho** Nº 3 (1990).

— "Reforma sobre derechos humanos", XVI **Revista Chilena de Derecho** Nº 2 (1989).

Silva Bascuñán, Alejandro y María Pía Silva Gallinato: "La servicialidad del Estado. Sus fundamentos constitucionales", en **Revista de Derecho Público,** Nos 57/58 (1995).

Solari Peralta, Tito y Luis Rodríguez Collao: "Reflexiones en torno al concepto de seguridad nacional", VIII **Revista de Derecho de la Universidad Católica de Valparaíso** (1988).

Soto Kloss, Eduardo: "Organización administrativa del Estado", **Gaceta Jurídica** Nº 73 (1986).

— "La servicialidad del Estado. Sus fundamentos constitucionales", **Revista de Derecho Público** Nº 57-58 (1995).

— "La nulidad de derecho público en el derecho chileno", **Revista de Derecho Público** Nos 47-48 (1990).

— "La primacía de la persona humana, principio fundamental del derecho público chileno", **Revista de Derecho de la Universidad Católica de Concepción** Nº 185 (1996).

— "La delegación en el derecho administrativo chileno", **Revista de Derecho Público** Nº 45-46 (1989).

— "La autonomía de los cuerpos intermedios y su protección constitucional", LXXXV **Revista de Derecho y Jurisprudencia**, 1ª p. (1988).

— "La invalidación de los actos administrativos en el derecho chileno", LXXXV **Revista de Derecho y Jurisprudencia**, 1ª p. (1988).

— "La publicidad de los actos administrativos en la jurisprudencia judicial", LXXXVI **Revista de Derecho y Jurisprudencia**, 1ª p. (1989).

— "En la forma que prescriba la ley. Notas sobre prácticas legislativas inconstitucionales", XX **Revista Chilena de Derecho,** 1ª p. (1993).

— "La familia en la Constitución Política", XX **Revista Chilena de Derecho** Nos 2-3 (1993).

— "La noción de persona en la Constitución", **Revista de Derecho Público** Nº 50 (1991).

Tagle Martínez, Hugo: "Filosofía, democracia y sistema electoral", XVII **Revista Chilena de Derecho** (1990).

Tapia Valdés, Jorge: "Efectos de los tratados sobre derechos humanos en la jerarquía del orden jurídico y en la distribución de competencia. Alcances del nuevo inciso 2 del artículo 5° de la Constitución", IX **Revista Ius et Praxis** Nº 1 (2003).

— "Descentralización, regionalización y neosubsidiariedad", en Francisco Zúñiga Urbina (coordinador): **Reforma constitucional** (Santiago, Lexis-Nexis, 2005).

Travieso, Juan: "Los derecho humanos y la democracia del futuro", XX **Jornadas de Derecho Público** (Valparaíso, Edeval, 1990).

Troncoso Repetto, Claudio y Tomás Vial Solar: "Sobre los derechos humanos reconocidos en Tratados Internacionales y en la Constitución", XX **Revista Chilena de Derecho** Nos 2-3 (1993).

— "El inicio de la vida de los seres humanos desde el momento de la concepción en la historia de la ley de reforma constitucional Nº 19.611 de 1999, y en la de la Ley Nº 20.120, de 22 de septiembre de 2006", XXXVI **Jornadas de Derecho Público** (www.jdp.cl).

Varela del Solar, Jorge: "Estudio sobre el artículo 1° de la Constitución de 1980", XI **Revista Chilena de Derecho** Nº 2 (1984).

— "La interpretación constitucional", **Gaceta Jurídica** Nº 185 (1995).

— "Alcances constitucionales en relación con la Carta Fundamental de Chile de 1980 y del Estatuto de Roma de la Corte Penal Internacional", **Ius Publicum** Nº 5. (Universidad de Talca, 2000).

Varela del Solar, Jorge y José Ignacio Martínez Estay: "Acerca de la supremacía de la Constitución", XXVIII **Revista de Derecho de la Universidad Católica de Valparaíso** (1997).

Zalaquett Daher, José: "Chile ratifica la Convención Interamericana contra el Terrorismo", **Anuario de Derechos Humanos 2006** (Santiago, Universidad de Chile, 2006).

— "¿Protección de la democracia? El sentido del artículo 8°", **Actas de las XX Jornadas de Derecho Público** (Valparaíso, Edeval, 1990).

Zúñiga, Ana María: **Legislación sobre seguridad del Estado, control de armas y terrorismo** (Santiago, Ed. Jurídica de Chile, 1985).

QUINTA PARTE

NACIONALIDAD, CIUDADANÍA Y SISTEMA ELECTORAL

GENERALIDADES

El capítulo II de la Constitución, en que aparecen las tres materias nombradas, tiene importancia sustantiva, pero menos densidad conceptual y riqueza jurídica que los capítulos I y III, referentes a las Bases de la Institucionalidad y a los Derechos Humanos, respectivamente. El capítulo II es, además, por la naturaleza de su contenido, más simple de reformar, pues los capítulos I y III requieren de un quórum excepcionalmente elevado a raíz de condensarse en ellos el *telos* del constitucionalismo que caracteriza al Código Político en vigor.

Por otra parte, cabe observar que en el capítulo II se tratan temas que han sido importantes en la historia constitucional chilena. Efectivamente, todas nuestras Constituciones, desde 1822, han regulado estas materias, rasgo que no es frecuente en el derecho comparado, ya que las Cartas Fundamentales de otros países prescinden de la nacionalidad y la ciudadanía, por reputarlos asuntos propios de la ley. Se exceptúa de la observación anterior el sistema electoral, porque las Constituciones lo contemplan en su fórmula sustancial, a raíz de ser el método que permite determinar, reemplazar y renovar a los mandatarios del pueblo en la democracia representativa.

El capítulo II fue objeto de profundos cambios por la reforma de 2005. En síntesis, las modificaciones tuvieron los objetivos siguientes: modernizar el régimen de nacionalidad y su incidencia, como requisito, en la ciudadanía; simplificar el ordenamiento anterior, confuso y a menudo impracticable; uniformar el *ius solis* con el *ius sanguinis* como fuentes principales de la nacionalidad; y adecuar la normativa constitucional a la ya existente en los tratados internacionales respectivos.

Menester es realzar que nuestro Poder Constituyente diferencia nítidamente la nacionalidad, por un lado, de la ciudadanía, de otro, siendo aquella el antecedente o supuesto de la segunda. No es así en el derecho y la doctrina comparada, en las que, a menudo y sin razón suficiente, se asimilan ambos conceptos[523] o se describen sin establecer la relación de antecedente destacada.

Se procederá al análisis de los tres temas en el orden indicado, cerrando la explicación con la reforma de la nacionalidad y el juicio que esa enmienda constitucional nos merece.

---

[523] Consúltese del autor: "Nuevo concepto de ciudadanía, ¿participación sin compromiso?", **Revista *Societas*** (Academia Chilena de Ciencias Sociales Políticas y Morales del Instituto de Chile, Nº 16 (2014) pp. 136 ss.

CAPÍTULO I NACIONALIDAD

294. Definición. La nacionalidad puede ser definida como el vínculo jurídico, fundado en la naturaleza o en el derecho positivo, que existe entre una persona y un Estado determinado, en virtud del cual se declaran y establecen derechos y deberes recíprocos.

Así entendida, la nacionalidad es un ligamen que no se restringe al derecho positivo, puesto que en ella hay elementos esenciales de carácter biológico o, incluso, de índole natural, como es el lugar de nacimiento, todos los cuales la legalidad formal debe limitarse a reconocer y regular, porque son anteriores y superiores a ella.

295. Características. Revisados someramente los principios de la nacionalidad pueden desprenderse los rasgos generales siguientes[524]:

A. Toda persona tiene derecho a una nacionalidad. Consecuentemente, su nacionalidad no puede serle desconocida y nadie se halla habilitado para despojar arbitrariamente de ella;

B. Como la nacionalidad es un derecho intrínseco de todo ser humano, ella conlleva también, para el titular, el deber correlativo de guardar y respetar cuanto implica ser nacional;

C. El vínculo que singulariza a la nacionalidad existe entre la persona humana y un Estado determinado, de manera que no media tal ligamen entre un individuo y una organización que carezca de los elementos tipificantes de la sociedad estatal. Sin embargo, las convenciones internacionales resuelven, en parte al menos, la situación de los apátridas mediante el otorgamiento de un pasaporte emitido por los organismos competentes;

D. Toda persona tiene derecho a cambiar de nacionalidad. Este no es, empero, un derecho absoluto o ilimitado, susceptible de ser ejercitado

---

[524] Véase Federico Duncker Biggs: **Derecho internacional privado. Parte general** (Santiago, Ed. Jurídica de Chile, 1967) pp. 158-167; y Edmundo Vargas Carreño: **Derecho internacional público** (Santiago, Ed. Jurídica de Chile, 2007) pp. 400 ss.

incluso arbitrariamente, pues el renunciante debe cumplir, desde luego y siempre, con los requisitos que señalen la Constitución y las leyes de su país. Además, quien renuncia a su nacionalidad debe hacerlo legítimamente, es decir, sobre la base de consideraciones o razones que, siendo personales, no se puedan asociar con el fraude, el delito o el perjuicio a terceros. La facultad existe, sin embargo, pero la renuncia tiene que ser libre y voluntariamente efectuada, prohibiéndose hacerlo nada más que para cumplir una condición que habilite la adquisición de una nueva nacionalidad;

E. Una persona pierde su nacionalidad solo si adquiere simultáneamente otra. No basta, entonces, la renuncia pura y simple a la primera nacionalidad, pues surgiría la difícil situación de apátrida; o bien, facilitaría la incertidumbre o inseguridad jurídica; o por último, como se ha dicho, se fomentaría el recurso a la renuncia ilegítima; y

F. Solo puede privarse de la nacionalidad mediante resolución fundada en el derecho positivo, dictada por la autoridad que la otorgó, y restituyéndola si se cumplen los requisitos que se exijan para tal objeto. En principio, nunca es legítimo privar de la nacionalidad cuando ella ha sido adquirida en virtud de fuentes naturales. Tratándose de las demás fuentes, siempre tiene que ser razonable o justificada la determinación del órgano estatal competente que priva de ella, situación que exige sea acreditada en un proceso previo y justo, para lo cual deben contemplarse los recursos correspondientes.

Sección Primera

Fuentes

296. Concepto y clasificaciones. Tales fuentes son los hechos de la naturaleza o los actos jurídicos que generan u originan la nacionalidad.

Se clasifican de diversas maneras, sin que sea jurídicamente importante aquí profundizar el tema. Por eso, se resumirán solo las clasificaciones principales.

A. **Fuentes voluntarias e imperativas**. Las primeras son aquellas que originan la nacionalidad en virtud de un acto unilateral o, más generalmente, por el consentimiento de las partes, o sea, de la autoridad estatal y del sujeto que se nacionaliza en él. Las fuentes imperativas, en cambio, se imponen al sujeto, sin que este tenga derecho, en ese momento, a optar por otra nacionalidad. Las fuentes imperativas poseen fuerza jurídica declarativa y retroactiva al instante mismo en que surgió el vínculo respectivo, v. gr., el nacimiento en el territorio de un Estado determinado;

B. **Fuentes individuales y colectivas**. Fuentes individuales son las que operan cuando la nacionalidad se genera respecto de una sola persona claramente individualizada; y fuentes colectivas son aquellas que generan la nacionalidad para varias o muchas personas, por un mismo hecho o acto jurídico. A raíz de derrotas bélicas o de fusiones de Estados, por ejemplo, tienen lugar esas nacionalizaciones numerosas e incluso masivas; y

C. **Fuentes naturales y jurídicas**. Fuentes naturales, biológicas u originarias son el nacimiento o la filiación por los ancestros del recién nacido; fuentes jurídicas, de derecho positivo o derivadas son las que confieren u otorgan la nacionalidad a raíz de la decisión del órgano estatal competente, fundada en el ordenamiento jurídico vigente. Mientras las fuentes naturales son constitutivas de la nacionalidad desde que ellas operan, poseyendo alcance retroactivo, las fuentes jurídicas son declarativas de la calidad de nacional y carecen de ese efecto.

Comparadas las clasificaciones expuestas procede agregar que la última es la más importante, porque tiene aplicación universal y, en nuestros anales jurídicos, ya alcanzó vigencia en la Constitución precedente y también en la de 1980. En mérito de tal consideración, agregamos que las fuentes naturales se subdividen, a su vez, siguiendo lo preceptuado en el Código Político chileno hoy en vigor, en los términos que anunciamos a continuación:

a. Por nacimiento, al tenor del artículo 10° N° 1°; y

b. Por filiación o ascendencia consanguínea, sea matrimonialmente generada o no, según el artículo 10° N° 2°.

En cambio, las fuentes jurídicas, o sea, las que se fundan en un acto jurídico regido por el derecho público, se encuentran en el artículo 10° N°s 3° y 4° de la Constitución.

297. Texto constitucional. Las fuentes de la nacionalidad están contenidas en el artículo 10° de la Carta Política. Ciertamente, existen otros preceptos de ella que se refieren a la nacionalidad, v. gr., los artículos 13°, 19° N° 16° inciso 3° y 25° inciso 1°. Pues bien, el citado artículo 10°, reformado en 2005, preceptúa que:

> Son chilenos:
>
> 1°.– Los nacidos en el territorio de Chile, con excepción de los hijos de extranjeros que se encuentren en Chile en servicio de su Gobierno, y de los hijos de extranjeros transeúntes, todos los que, sin embargo, podrán optar por la nacionalidad chilena;
>
> 2°.– Los hijos de padre o madre chilenos, nacidos en territorio extranjero. Con todo, se requerirá que alguno de sus ascendientes en línea recta de primer o segundo grado, haya adquirido la nacionalidad chilena en virtud de lo establecido en los números 1°, 3° o 4°;
>
> 3°.– Los extranjeros que obtuvieren carta de nacionalización en conformidad a la ley, y
>
> 4°.– Los que obtuvieren especial gracia de nacionalización por ley.

La ley reglamentará los procedimientos de opción por la nacionalidad chilena; de otorgamiento, negativa y cancelación de las cartas de nacionalización, y la formación de un registro de todos estos actos.

298. Características de las fuentes. El N° 1° del artículo 10° contempla la fuente natural por nacimiento en el territorio de un Estado o *ius solis*. El N° 2° se refiere a la fuente natural por filiación o *ius sanguinis*. En los N°s 3° y 4° de aquel artículo aparecen las fuentes jurídicas, a saber, la nacionalización por carta, administrativamente otorgada, y la nacionalización mediante ley que dispense una gracia o confiere tal honor.

La importancia de la clasificación precedente estriba en que, además de tratarse de las fuentes contempladas en la Constitución de 1980, queda de relieve que de la nacionalidad generada por la naturaleza y reconocida en el ordenamiento positivo, en nuestra opinión su titular jamás puede ser legítimamente despojado o privado, porque se trata de un derecho inherente a la persona humana y que es elemento configurativo de su dignidad.

En cambio, con relación a la nacionalidad derivada su titular puede ser privado, pero solo si se cumplen los requisitos que, de antemano y expresamente, el ordenamiento jurídico señala para revocarla. Además, se dice que esos requisitos deben ser conocidos por el sancionado antes de que se aplique tal pena y, en toda hipótesis, siempre susceptible de recurso ante tribunales independientes en un proceso justo. En fin, si esa persona cumple con las exigencias para recuperar su nacionalidad, entonces puede concluirse que la autoridad está en el deber de restituírsela.

Es razonable sostener, en armonía con lo expuesto, que para el Estado no es facultativo conceder o denegar la nacionalidad solicitada, discrecionalmente, siendo su deber reconocerla cuando se reúnen todas las condiciones contempladas en el respectivo ordenamiento jurídico. No queda al arbitrio de la autoridad, entonces, optar por alternativas discrecionales, pues se trata de un derecho esencial que emana de la naturaleza humana. A mayor abundamiento, eso es así en atención a que si el adquirente cumple todos los requisitos previstos por el derecho positivo al efecto, puede inferirse que es un acto administrativo reglado, respecto del cual no cabe admitir la libertad de apreciación del funcionario estatal competente[525].

299. Derecho constitucional internacional. El artículo 20° del Pacto de San José de Costa Rica, vigente en Chile desde el 5 de enero de 1991, contiene principios semejantes a los contemplados ahora en la Carta Fundamental chilena y coincidentes, además, con los criterios universalmente aplicables en el tema de la nacionalidad.

Léese en ese artículo de la Convención mencionada que:

1. Toda persona tiene derecho a una nacionalidad;

2. Toda persona tiene derecho a la nacionalidad del Estado en cuyo territorio nació si no tiene derecho a otra; y

3. A nadie se le privará arbitrariamente de su nacionalidad ni del derecho a cambiarla.

300. *Ius solis*. Con sujeción a lo dispuesto en el artículo 10°, en su N° 1°, son chilenos los individuos que enumera a continuación. Esa es una voz declarativa, un término verbal de tono imperativo e ineludible, lo cual indica, sin duda, que el precepto opera o actúa por el solo ministerio de la Constitución. No cabe, en consecuencia, formular ninguna distinción ni excepción al respecto, pues son chilenos, por esta fuente, todos los nacidos en cualquier lugar del territorio nacional.

Puntualizado el principio, cabe precisar sus términos.

Primeramente, se refiere a los nacidos. Pues bien, nacido es aquel individuo de la especie humana que, habiéndose separado completamente de su madre, ha vivido un momento siquiera, al tenor del artículo 74° del Código Civil.

Prosigue el precepto declarando que aquel nacimiento debe haber ocurrido en el territorio chileno. Tal territorio no es solo el espacio continental e insular terrestre, marítimo y aéreo, demarcado por los tratados internacionales y otros instrumentos jurídicos que fijan nuestras fronteras, sino que incluye, además, las ficciones territoriales, tanto terrestres como marítimas y aéreas. Son, entonces, parte del territorio chileno, para estos efectos, las naves y aeronaves públicas, de guerra o no, en cualquier lugar en que se hallen, y las privadas que se encuentren navegando, en alta mar o sobre ella, bajo pabellón chileno. Quien nace a bordo de tales naves o aeronaves es, por consiguiente, chileno para todos los efectos legales.

301. Excepciones al principio. El artículo 10° N° 1° es, como se ha advertido, la disposición que contempla el principio general en el tema. Por ende, en ese mismo numeral se halla, enseguida, la excepción, consistente en que la regla general del *ius solis* rige siempre, salvo tratándose de las personas que se indican en el precepto.

---

[525] Se relaciona con el tema analizado la Ley N° 20.690, publicada en el Diario Oficial el 24 de julio de 2012, que establece medidas contra la discriminación, especialmente su artículo 2°, pues en él se halla la definición de distinción, exclusión o restricción arbitraria o que carezca de fundamento razonable.

¿Quiénes, por ende, no son chilenos, a pesar de haber nacido en nuestro territorio? Con sujeción al artículo 10° N° 1°, la respuesta es la siguiente:

A. Los hijos de extranjeros que se encuentren en Chile en servicio de su Gobierno. Es menester, por ende, que ambos progenitores sean extranjeros; que los dos se hallen al servicio de su Gobierno; y que uno y otro estén en el territorio chileno al momento del nacimiento; y

B. Los hijos de extranjeros transeúntes. Una vez más se advierte que el padre y la madre deben ser extranjeros y que los dos han de encontrarse nada más que de paso por Chile al momento del alumbramiento.

302. Derecho de opción. Aclara el numeral 1° que los nacidos en Chile, hallándose en cualquiera de las dos excepciones al principio que acaban de ser explicadas, podrán optar por la nacionalidad chilena. He aquí el derecho de opción que la Constitución concede a las personas que se hallen en una u otra de las situaciones señaladas. Ellas pueden, en consecuencia, manifestar su voluntad en el sentido de ser chilenos. Se confirma así que las personas incluidas en tales excepciones al *ius solis* son extranjeros mientras no se haya perfeccionado su opción. Empero, si optan por nuestra nacionalidad esa decisión produce efecto retroactivo, llegando hasta el momento mismo del nacimiento. Por ello, cabe concluir que esos individuos han sido chilenos desde el primer instante de su alumbramiento, sin solución de continuidad.

303. Significado de la voz *gobierno*. En la primera excepción a la fuente en estudio aparece la palabra *Gobierno*. Tiene ella, en el derecho político, las dos acepciones que se resumen a continuación[526]:

A. Un sentido restringido, propio del derecho europeo continental y latinoamericano, ámbito cultural en el cual el Gobierno se refiere al desempeño de las subfunciones ejecutiva, administrativa y política, solamente. En consecuencia, no se incluyen en ese término los demás órganos y funciones estatales de jerarquía constitucional o suprema; y

B. Un sentido amplio, típico del derecho anglosajón, ámbito cultural en el que el Gobierno abarca a todos los órganos y funciones del Estado, con la única exclusión del Poder Constituyente, por no ser de ejercicio constante o permanente, como ocurre en los demás casos.

Pues bien, parece sensato aseverar que la acepción de la voz *Gobierno*, empleada en el artículo 10° N° 1° de la Constitución, tiene sentido restringido y, por lo tanto, que ella abarca solo a los órganos que desempeñan las subfunciones ejecutiva, administrativa y política. Cabe tal deducción frente al significado que esa palabra tiene en Chile, así como a lo expuesto en el capítulo IV de la Constitución, que se titula "Gobierno", el cual abarca nada más que a las tres subfunciones nombradas. Trátase, en otras palabras, del Poder Ejecutivo. Al argumento anterior procede añadir otro, consistente en que el texto y espíritu del principio general es infundir la nacionalidad chilena a todos los nacidos en nuestro territorio, debiendo las excepciones ser interpretadas restrictivamente.

304. Requisitos de la opción. El tema se halla en el DFL (Ministerio del Interior) N° 5.142, de 1960[527], llamado *Ley de Nacionalización*. Conforme a su artículo 10°, los requisitos copulativos necesarios para optar a nuestra nacionalidad, son los cuatro siguientes:

---

526 Revísese José Luis Cea Egaña: **Teoría del Gobierno** (Santiago, Ed. Universidad Católica, 2000) pp. 17 ss.

527 Publicado en el Diario Oficial el 29 de octubre de 1960 y sus reformas.

A. El extranjero interesado debe manifestar su voluntad de ser chileno mediante una declaración en la que expresa que opta por nuestra nacionalidad;

B. Esa declaración debe ser hecha dentro del plazo fatal de un año, contado desde la fecha en que el interesado cumple 21 años de edad. Empero, hoy y a la luz de la Ley Nº 19.221[528], que estableció la mayoría de edad a los 18 años, parece razonable concluir que ese plazo fatal debe ser contado a partir del cumplimiento de esta última edad y no de los 21 años. Aunque la Ley de Nacionalización se refiere a la antigua mayoría de edad, cabe concluir que lo hizo considerando la época en que el interesado adquiría esa calidad, es decir, hoy a los 18 años;

C. Dicha declaración debe formularse ante la autoridad pública, que es el intendente o gobernador, si el interesado está en Chile, o ante el representante diplomático o cónsul de la República si se halla en territorio extranjero; y

D. El interesado debe comprobar fehacientemente, o sin dejar margen alguno de duda, que se encuentra en cualquiera de las dos excepciones previstas en el artículo 10° Nº 1° de la Constitución.

La evidencia o prueba rendida debe ser convincente, aunque el término empleado por la ley es amplio y deja algún ámbito de aplicación discrecional a la autoridad llamada a decidir el asunto.

305. ***Ius sanguinis***. El artículo 10°, en su Nº 2°, contempla esta fuente biológica de nacionalidad. Al igual que a propósito del *ius solis*, cabe aquí insistir en que ella opera por la naturaleza, a raíz de ser infundida por esta, siendo inherente al derecho positivo pronunciarla, reconocerla o declararla, regulando sus efectos, pero sin que le sea legítimo ignorarla. Esta fuente, característica de los países europeos, aparece ahora nivelada con el *ius solis* como fuente primordial de nuestra nacionalidad.

306. **Requisitos**. En virtud del artículo 10° Nº 2°, son chilenos los hijos de padre o madre chilenos, nacidos en territorio extranjero, siempre que alguno de sus ascendientes, en línea recta de primer o segundo grado[529], haya adquirido la nacionalidad chilena en virtud de cualquiera de las fuentes establecidas en los numerales 1°, 3° o 4° del mencionado artículo.

Ya no es necesario, tal como prescribían los antiguos numerales 2° y 3° del artículo 10°, suprimidos por la reforma constitucional de 2005, que el padre o madre se halle en el extranjero en actual servicio de la República o, en caso de no hallarse en dicha hipótesis, a raíz de avecindarse por más de un año en Chile.

Por otra parte, aquellos hijos chilenos deben haber nacido en territorio extranjero, sin que sea necesario que el padre, la madre, o ambos estén en actual servicio de la República. Basta, en resumen, haber nacido en el extranjero, pero siempre que se cumpla el requisito de los ancestros que examinaremos luego.

---

[528] Publicada en el Diario Oficial el 1° de junio de 1993.

[529] Para la correcta inteligencia de este precepto, preciso es recordar lo previsto en los artículos 27° y 28° del Código Civil. El primero de ellos expresa: "Los grados de consanguinidad entre dos personas se cuentan por el número de generaciones. Así el nieto está en segundo grado de consanguinidad con el abuelo, y dos primos hermanos en cuarto grado de consanguinidad entre sí". Y agrega: "Cuando una de las dos personas es ascendiente de la otra, la consanguinidad es en línea recta, y cuando las dos personas proceden de un ascendiente común, y una de ellas no es ascendiente de la otra, la consanguinidad es en línea colateral o transversal". A su vez, el segundo precepto citado dispone: "Parentesco por consanguinidad es aquel que existe entre dos personas que descienden una de la otra o de un mismo progenitor, en cualquiera de sus grados".

Finalizaba el Nº 2° del texto anterior a la reforma de 2005 declarando que esos hijos se consideraban, para todos los efectos, como nacidos en el territorio de Chile. La aludida era una ficción, cuyo efecto operaba de pleno derecho, por mandato de la Constitución, presumiéndose que el niño o niña del cual se trataba había nacido en el territorio de Chile.

La única disposición del Código Político que requería cumplir este requisito era el artículo 25°, en su inciso 1°, pues para ser Presidente de la República resultaba menester haber nacido en el territorio nacional.

Hoy, en virtud del nuevo texto relativo al *ius sanguinis*, se comprende que la salvedad recién descrita carece de sentido, pues repetimos que son chilenos todos los nacidos en el extranjero, bajo condición que satisfagan el requisito de ascendencia ya indicado. Justamente por lo explicado, el texto actual del artículo 25° inciso 1° citado preceptúa que se requiere tener la nacionalidad chilena de acuerdo a lo dispuesto en los números 1° o 2° del artículo 10°[530].

307. Avecindamiento en Chile. Procede ahora examinar la segunda fuente de *ius sanguinis* que contemplaba, hasta 2005, el artículo 10° Nº 3° de la Constitución.

Con sujeción a tal precepto, eran chilenos los hijos de padre o madre chilenos, nacidos en territorio extranjero, por el solo hecho de avecindarse por más de un año en Chile.

La disposición abarcaba nada más que tres requisitos, sin que fuera pertinente añadir otros, es decir, adicionales. Efectivamente, cuando el texto claro de la Carta Fundamental señalaba que eran chilenos, por el solo hecho de avecindarse en Chile, quienes se encontraban comprendidos en el numeral 3° citado, entonces era claro que se prohibía al legislador establecer más exigencias que las aludidas. Tales requisitos eran los siguientes:

A. Ser hijo de padre o madre chilenos, cualquiera fuera la fuente de nacionalidad de los progenitores;

B. Haber nacido en territorio extranjero; y

C. Avecindarse por más de un año en Chile.

Ya ha sido explicado el significado de la primera exigencia recordada. Igualmente aclarada se halla la segunda de ellas. En consecuencia, cabe detenerse solo en el tercero de tales requisitos, ahora suprimido y que, por tal circunstancia, ha simplificado el régimen constitucional, despojándolo de un motivo de debate que nunca llegó a desenlace pacíficamente compartido.

308. Requisitos del plazo. El término de la residencia exigida para nacionalizarse también merece comentarios. Desde luego, la norma constitucional imponía que él fuera superior a un año, de modo que no bastaba un lapso igual o inferior a esa medida de tiempo. Asimismo, cabía sostener que aquel plazo tenía que ser continuo, demostrando así el espíritu de avecindamiento ya descrito. Por último, obsérvese que la Constitución no fijaba la época o fecha en que comenzaba a contarse este plazo, de modo que era posible admitir una interpretación amplia, esto es, que el plazo se cumpliera antes o después de haber llegado el interesado a la mayoría de edad. Afortunadamente, esas y otras dudas se esfumaron con la enmienda de 2005, porque es uno el requisito previsto en el numeral 2° y no es procedente añadirle otros. Así, numerosos hijos de chilenos ya son tales, pues

530 Una síntesis de la historia fidedigna de la reforma relativa a la nacionalidad se halla en Emilio Pfeffer Urquiaga: **Reformas constitucionales 2005. Antecedentes, debates, informes** (Santiago, Ed. Jurídica de Chile) pp. 36 ss.

se eliminó la exigencia de visa de residentes por más de un año, o la prueba fehaciente de que habían permanecido ese lapso o más en el territorio nacional.

309. Una diferencia con el *ius solis*. La Constitución no otorga la nacionalidad por *ius sanguinis* de pleno derecho, rasgo que distingue esta fuente del *ius solis*. Efectivamente, es menester que el hijo de padre o madre chilenos, nacido en el extranjero, tenga a cualquiera de sus padres o abuelos como connacionales y esto en virtud de las fuentes previstas en los N°s 1°, 2° y 4° del artículo 10°. Consecuentemente, se torna necesario probar o demostrar el grado de parentesco señalado, y la causal de su adquisición, lo cual, una vez cumplido, infunde efecto retroactivo a la nacionalidad del sujeto respectivo.

310. Carta de nacionalización. Al tenor del artículo 10° N° 3°, son chilenos los extranjeros que obtuvieren carta de nacionalización en conformidad a la ley. Por ende, el Código Político habilita, en términos amplios, al legislador para regular el asunto, deducción que aparece corroborada por lo dispuesto en el inciso final del artículo 10°. Antes de la reforma de 2005, se exigía renunciar a la nacionalidad anterior, imposición que no se justificaba, pues podía derivar en la calidad de apátrida si el interesado no obtenía su carta de nacionalización y pugnaba con la posibilidad de tener dos o más nacionalidades, conforme al derecho contemporáneo.

La reforma de 2005 derogó, además, la segunda oración que aparecía en el numeral 3°, con sujeción a la cual no se requería aquella renuncia a los nacidos en país extranjero que, en virtud de un tratado internacional, concediera este mismo beneficio a los chilenos. Tal era el caso únicamente de la convención celebrada con España. Suprimida la exigencia y su excepción, por supuesto que dicha convención ya carece de sentido para el efecto explicado.

311. Legislación complementaria. Las exigencias que han de cumplirse para obtener la carta de nacionalización son las que establece la ley, esto es, el DFL (Ministerio del Interior) N° 5.142, ya citado, en sus artículos 1° a 9°.

Obviamente, el extranjero no puede exigir que se le otorgue la carta de nacionalidad, porque es un beneficio o gracia que concede el Estado. Incluso más: el DFL N° 5.142 señala casos en que se prohíbe otorgar la carta de nacionalización, agregándose que, cuando el interesado no se encuentre en ninguno de ellos, el Ministerio del Interior podrá calificar la solicitud y decidir si la concede o no. Pese a lo dicho, propugnamos una tesis de acogida amplia a las solicitudes en el rubro, bastando acreditar los requisitos que prevengan el fraude o el delito y que, desde otro ángulo, incentiven la radicación en el país de extranjeros cuyo aporte puede ser valioso para la vida nacional.

312. Requisitos. Procede examinar el asunto con sujeción a lo que señala el DFL N° 5.142 para obtener la carta de nacionalización.

Los requisitos son taxativos, pero de contenido y alcance amplio, lo cual extiende la posibilidad de entenderlos con razonable discrecionalidad. Esos requisitos son los siguientes:

A. El interesado debe presentar una solicitud ante la intendencia regional o gobernación provincial correspondiente a su lugar de residencia. En la Región Metropolitana los residentes tienen que formalizar la solicitud directamente en el Ministerio del Interior y Seguridad Pública;

B. Esa solicitud debe acreditar el cumplimiento de las exigencias siguientes, al tenor de lo previsto en el artículo 2° del DFL N° 5.142:

a. Haber cumplido 18 años de edad, es decir, mayoría de edad política y civil;

b. Acreditar haber residido continuamente más de cinco años en Chile; y

c. Gozar del permiso de permanencia definitiva, el cual lo otorga el Ministerio del Interior en virtud de la facultad que le confieren los artículos 41°, 42° y 43° del Decreto Ley N° 1.094, de 1975, llamada *Ley de Residencia*, o sea, las normas que ella establece para la permanencia de los extranjeros en Chile.

En consonancia con lo que disponía el texto anterior a la reforma de 2005, el DFL citado requería renunciar expresamente y por escrito a la nacionalidad anterior, fuera la de origen u otra adquirida. Esta renuncia podía ser verbal o escrita, aunque tenía que ser una manifestación de voluntad explícita e inequívoca. Hoy se halla suprimida esta exigencia en el artículo 10° N° 3° de la Carta Política, estándole prohibido al legislador reintroducirla.

313. Opción a cargos de elección popular. Los nacionalizados en virtud de carta de nacionalización tienen una limitación de plazo para optar a cargos públicos de elección popular; v. gr., alcalde, consejero regional y concejal o parlamentario. Tal limitación no rige cuando se es chileno por aplicación de la fuente prevista en el N° 2° del artículo 10°, como tampoco si obtuvo la nacionalización por gracia o mediante una ley especial, de acuerdo al numeral 4° de ese artículo.

Efectivamente, el artículo 14° en su inciso 2° dice ahora, después de la reforma de 2005, que "Los nacionalizados en conformidad al número 3° del artículo 10° tendrán opción a cargos públicos de elección popular sólo después de cinco años de estar en posesión de sus cartas de nacionalización".

La materia aludida es, en gran parte, ajena a la nacionalidad. Ella tiene relación con los asuntos previstos en el artículo 14°, por tratarse de cuestiones afines a la ciudadanía. Esta consideración indujo a ubicarla en el artículo 14° de la Constitución, como se ha dicho.

314. Nacionalización por gracia. Con sujeción al artículo 10° N° 4°, son chilenos los que obtuvieren especial gracia de nacionalización por ley[531].

Esta es una fuente derivada o de derecho positivo. Ella ha sido aplicada en, aproximadamente, ciento cincuenta casos desde 1811, año en el que el Congreso la otorgó al sueco Mateo Arnaldo Hoevel, y 1829, año en que se otorgó al español José Joaquín de Mora. En las últimas décadas se advierte un aumento en la aplicación de esta fuente, otorgándola con el rigor que supone tan alto honor.

LEYES QUE CONCEDEN LA GRAN NACIONALIDAD
(1992-2015)

Ley N° 19.159 Al religioso André Schlosser Mittelhauser (Diario Oficial 10-9-1992)

Ley N° 19.160 Al religioso Rolland Roy Morissette (Diario Oficial 10-9-1992)

Ley N° 19.161 Al religioso Adrien Saucier Bucharme (Diario Oficial 10-9-1992)

Ley N° 19.266 Al religioso Antonio Ronchi Berra (Diario Oficial 22-11-1993)

Ley N° 19.291 Al religioso Francis Anthony Provenzano (Diario Oficial 7-3-1994)

Ley N° 19.322 A los religiosos Baldo Santi Lucherini y Josse van der Rest Emse, y a don Anacleto

531 Véase Carlos Andrade Geywitz: **Elementos de derecho constitucional** (Santiago, Ed. Jurídicas de Chile, 1971) pp. 71-72.

Angelini Fabri (Diario Oficial 12-9-1994)

Ley Nº 19.376 Al religioso Vito Gianfreda Leporale (Diario Oficial 23-12-1995)

Ley Nº 19.377 Al religioso Pier Auguste Bigo Paquin (Diario Oficial 31-3-1995)

Ley Nº 19.399 Al religioso Peter Kliegel Stiller (Diario Oficial 17-8-1995)

Ley Nº 19.421 Al señor Michael Martin Kast Schindele (Diario Oficial 9-11-1995)

Ley Nº 19.431 Al religioso Ildefonso Delgado Espada (Diario Oficial 23-12-1995)

Ley Nº 19.442 A la religiosa Giovanna Favero Pellizari (Diario Oficial 2.2.1996)

Ley Nº 19.443 Al religioso José Cappel Farsing (Diario Oficial 2-2-1996)

Ley Nº 19.500 A los señores Giulio di Girolamo Antonuzzi y Claudio di Girolamo Carlini (Diario Oficial 30-4-1997)

Ley Nº 19.524 Al religioso José Francisco Mairlot Bouffette (Diario Oficial 13-10-1997)

Ley Nº 19.614 A la señora Elise Clementine Mottart Breban (Diario Oficial 16-7-1999)

Ley Nº 19.615 Al señor Antonius Theodorus van Kessel (Diario Oficial 16-7-1999)

Ley Nº 19.616 Al señor Armando Bridaroli Pulino (Diario Oficial 16-7-1999)

Ley Nº 19.636 Al señor Rodolfo Arata Andreani (Diario Oficial 29-9-1999)

Ley Nº 19.682 Al señor Alceste Piergiovanni Ferrante (Diario Oficial 21-6-2000)

Ley Nº 19.717 Al sacerdote Pierre Albert Louis Dubois Desvinger (Diario Oficial 14-2-2001)

Ley Nº 19.751 Al sacerdote Manuel Bahl Sack (Diario Oficial 29-8-2001).

Ley Nº 19.752 Al sacerdote Francisco Javier Braun Hecht (Diario Oficial 29-8-2001)

Ley Nº 19.763 A la religiosa Karoline Mayer Hofbeck (Diario Oficial 20-10-2001)

Ley Nº 19.766 Al sacerdote Ricardo Sammon O'Brien (Diario Oficial 31-10-2001)

Ley Nº 19.783 Al religioso Antonio Casad Manzán (Diario Oficial 19-1-2002)

Ley Nº 19.784 Al señor Juan Bautista Lucarini Strani (Diario Oficial 19-1-2002)

Ley Nº 19.834 Al religioso Bruno Predonzani Pitacco (Diario Oficial 19-10-2002)

Ley Nº 19.836 Al señor Joseph Ramos Quiñones (Diario Oficial 8-11-2002)

Ley Nº 19.837 Al religioso Teodoro van Gieken Belt (Diario Oficial 29-11-2002)

Ley Nº 19.860 Al señor Giorgio Agostini Visentini (Diario Oficial 18-3-2003)

Ley Nº 19.890Al señor Norberto Gunter Lechner Bartholme (Diario Oficial 8-8-2003)

Ley Nº 19.894 Al señor Raúl Etcheverry Barucchi (Diario Oficial 28.08.2003)

Ley Nº 19.957 A la señora Griseldis Burose Goersch (Diario Oficial 27-7-2004)

Ley Nº 20.036 Al señor Ian Thomson Newman (Diario Oficial 2-7-2005)

Ley Nº 20.100 Al religioso Ricardo Ezzati Andrello (Diario Oficial 4-5-2006)

Ley Nº 20.208 Al señor Helmut Frenz (Diario Oficial 7-8-2007)

Ley Nº 20.277 Al señor José Neudorfer Schmidtmeier (Diario Oficial 28-6-2008)

Ley Nº 20.429 Al Señor Jürgen Paulmann Kemna (Diario Oficial 13/04/2010)

Ley Nº 20.347 A la Señora Joan Jara Turner (Diario Oficial 11/06/2009)

Ley Nº 20.397 Al Señor Michel Edouard Bourguignat Girard (Diario Oficial 26/11/2009)

Ley Nº 20.421 Al sacerdote señor Frederick Joseph Hegarty Keane (Diario Oficial 03/02/2010)

Ley Nº 20.627 Al párroco de Coihueco Padre Manuel Mosquera Sánchez (Diario Oficial 29/09/2012)

Ley Nº 20.666 Al Señor Daniel Lencina D´Andrea (Diario Oficial 25/04/2013)

Ley Nº 20.788 Al Señor Yutaka Matsubar (Diario Oficial 30/10/2014)

Ley Nº 20.836 A la religiosa Augusta Pedrielli Cleanti (Diario Oficial 06/06/2015)

Comentando la fuente citada, cabe observar, desde luego, que ella se encuentra en una ley impropia, puesto que tiene carácter especial, circunscrita o individual en su alcance. No se trata, por ende, de una ley en sentido propio, o sea, con rasgos de abstracta, general, objetiva e impersonal.

La ley que se requiere es pura o simple, es decir, aquella que cabe en la regla general prescrita en el artículo 66° inciso final de la Constitución.

Discrecionalmente, por otra parte, el legislador puede otorgar la nacionalización por gracia, sea a quienes presten grandes servicios a Chile, como es obvio, o bien que lo hayan efectuado en beneficio de la humanidad en general, de los cuales también nuestro país recibe los frutos de tal esfuerzo.

En cuarto lugar, no es obligatorio recibir dicho honor para el beneficiario, pero resulta evidente sostener que se efectúen las consultas previas procedentes, evitando así que la gracia que se pretende otorgar sea desechada. En quinto lugar, la gracia puede ser revocada por otra ley que, sobre la base de hechos graves y constatados, ponderados por el legislador, le imponen retirarla.

Por último, se está frente a un caso de doble o múltiple nacionalidad, pues a la persona a quien se le concede la nacionalidad por gracia no se le exige la renuncia, expresa ni tácita, de su nacionalidad anterior. Esta última, en consecuencia, se conserva intacta.

Debe coordinarse el artículo 10° Nº 4° con el artículo 63° Nº 5° de la Constitución. Este último declara que es materia de ley regular los honores públicos a los grandes servidores. Pero adviértase que esta es una ley propia, porque su sentido y alcance es genérico y no individualizado: regular los honores públicos a esos servidores es lo que corresponde a preceptos abstractos y básicos, no circunscritos al otorgamiento de la nacionalidad por honor. De manera que las disposiciones citadas se coordinan y complementan, pero sin ser iguales. De allí que, más exactamente, el artículo 10° Nº 4° debe ser armonizado con el artículo 63° Nº 2° de la Carta Fundamental, porque se trata de una materia reservada al dominio de la ley.

315. Competencia regulatoria del legislador. Léese en el artículo 10° inciso 2° que la ley reglamentará los procedimientos de opción por la nacionalidad chilena; de otorgamiento, negativa y cancelación de las cartas de nacionalización, y la formación de un registro de todos estos actos.

Fluye de la disposición transcrita que la Constitución ha establecido allí la reserva de ley, en términos simples y no de legislación de quórum especial. Necesario resulta analizar cada una de las habilitaciones otorgadas al legislador, puntualizando con antelación la incorrección en que se incurrió al decir que la ley *reglamentará* dichos asuntos, en circunstancias de que al legislador le incumbe regular las disposiciones fundamentales y al Presidente de la República, después, reglamentarlas ejerciendo la potestad respectiva.

Cabe destacar que la ley debe regular los procedimientos para optar por la nacionalidad chilena, al tenor de lo previsto en el artículo 10° Nº 1° de la Constitución. Así lo hizo el artículo 10° del DFL Nº 5.142 ya citado.

Enseguida, la norma constitucional se refiere a las cartas de nacionalización, las cuales pueden ser otorgadas, denegadas o canceladas. Para ello se exige, según el artículo 7°, un decreto supremo, el cual, tratándose solo de la cancelación o revocación, tiene que ser firmado por el Presidente de la República y por el ministro del Interior. Para cancelar tal carta se exige, en consecuencia, un decreto supremo firmado por el Presidente de la República, que debe ser fundado, es decir, en el que ha de invocarse, en sus considerandos o vistos, alguna de las causales taxativamente previstas en el artículo 8° del DFL Nº 5.142 y los presupuestos fácticos que justifican dictarlo. Pero agrega aquel mismo artículo que es necesario el acuerdo previo del Consejo de Ministros. Aunque no existe normativa expresa al respecto, imperativo es aclarar que, doctrinariamente, puede argumentarse que el Consejo de Ministros no es lo mismo que el Consejo de Gabinete, pues aquel se celebra bajo la presidencia del ministro del Interior y para finalidades de coordinación entre los diversos secretarios de Estado, mientras que el Consejo de Gabinete sesiona bajo la presidencia del Primer Mandatario y puede adoptar decisiones como las aquí comentadas.

Finalmente, de todo lo obrado debe dejarse constancia en el Rol de Cartas de Nacionalización, llevado por el Departamento de Extranjería del Ministerio del Interior. Dicho rol es de consulta pública, en conformidad a lo dispuesto en el artículo 9° del DFL Nº 5.142 y, a mayor abundamiento, por virtud de lo dispuesto en el artículo 8° de la Constitución.

Ciertamente, la reserva legal que ha sido explicada no excluye la regulación efectuada, también por la ley común, de otras materias referentes a la nacionalidad. Tal es el caso, por ejemplo, de todo lo previsto en los artículos 1° a 9° del DFL Nº 5.142, ya explicados, dictados en cumplimiento de lo dispuesto en el artículo 10° Nº 3° de la Constitución.

Sección Segunda
Pérdida de la nacionalidad

316. Disposiciones aplicables. El tema se halla regulado en el artículo 11° de la Constitución, el cual contempla, después de la enmienda de 2005, un sistema más sencillo y moderno en el tópico. Preceptúa aquel artículo que la nacionalidad chilena se pierde:

> 1° Por renuncia voluntaria manifestada ante autoridad chilena competente. Esta renuncia sólo producirá efectos si la persona, previamente, se ha nacionalizado en país extranjero;
>
> 2° Por decreto supremo, en caso de prestación de servicios durante una guerra exterior a enemigos de Chile o de sus aliados;
>
> 3° Por cancelación de la carta de nacionalización, y
>
> 4° Por ley que revoque la nacionalización concedida por gracia.

Finaliza el artículo 11° con un inciso dedicado a la recuperación de la nacionalidad: "Los que hubieren perdido la nacionalidad chilena por cualquiera de las causales establecidas en este artículo, sólo podrán ser rehabilitados por ley".

317. Generalidades. En el precepto transcrito se contemplan las causales taxativas, en virtud de cualquiera de las cuales la Carta Fundamental autoriza privar de la nacionalidad.

Por otra parte, puede ser considerada discutible, o de dudosa legitimidad sustantiva, la causal prevista por el Poder Constituyente en el Nº 2° del artículo 11°, aunque cabe reconocer que ella es procedente solo por hechos extremadamente graves. Sin embargo, menester es advertir que, en el artículo 20° del Pacto de San José de Costa Rica, se deja abierta la posibilidad de contemplar la pérdida de la nacionalidad, en términos amplios, aunque prohíbe hacerlo arbitrariamente, palabra que puede ser interpretada en el sentido de permitir a la ley articular las causales de privación que juzgue necesarias, pero respetando el debido proceso para imponerlas.

Las causales del artículo 11° tienen carácter cerrado, pues son cuatro y nada más. En consecuencia, ellas son las únicas causales autorizadas por el Poder Constituyente. No puede, entonces, la autoridad legislativa, administrativa o judicial agregar nuevos motivos para despojar de la nacionalidad al titular de ella, cualesquiera sea su fuente.

Además, esas causales se originan en hechos de diversa gravedad. Por ejemplo, el Nº 2° se refiere a delitos que, en términos amplios, pueden calificarse de traición a la patria, causal que es de una ilicitud mayor que las concernientes a los hechos que originan las causales previstas en los Nos 1°, 3° y 4° del mismo artículo.

Pese a la observación recién hecha, la vía para lograr la rehabilitación frente a todas esas causales es la misma, pues la exigencia es igual para todas ellas: ley simple, repitiendo así el criterio previsto en la Constitución de 1925. Sólidos argumentos pueden ser esgrimidos para sostener que la ley debe rehabilitar en la nacionalidad únicamente frente a las causales de los Nos 2° y 4° del artículo 11°. Por último, téngase presente que la antigua causal del Nº 3° constituía, hasta 2005, una disposición programática o incumplida, porque no se ha dictado la ley de quórum calificado que permitía llevarla a la práctica, o sea, que tipificara los delitos contra la dignidad de la patria o los intereses esenciales o permanentes del Estado. Una vez más, imperativo es manifestar que, en virtud de la doctrina constitucional, especialmente en su vertiente iusnaturalista, la causal del Nº 3° era de justificación más que discutible, porque de la nacionalidad, cuando es infundida por la naturaleza y se trata, por lo mismo, de un derecho inherente a la persona, no se puede privar al titular mediante una sentencia judicial. Desde ese punto de vista, puede añadirse que se trata de una situación semejante a la que contiene la causal contemplada en el Nº 2°, pues en ambos casos resulta menester cumplir las exigencias del debido o justo proceso previo a la decisión respectiva. Asimismo, cabe sostener que son los tipos penales identificados con el delito de traición a la patria los que aparecen aludidos en las dos causales señaladas. Afortunadamente, la reforma de 2005 suprimió la causal comentada. En la actualidad, el Nº 3° del artículo 12° se refiere a la cancelación de la carta de nacionalización.

318. Renuncia voluntaria. Léese en el artículo 11° Nº 1° que la nacionalidad chilena se pierde por renuncia voluntaria manifestada ante autoridad chilena competente. Mas se agrega que dicha renuncia solo producirá efectos si la persona, previamente, se ha nacionalizado en país extranjero. Como se aprecia no basta, para perder la nacionalidad, la renuncia manifestada ante autoridad chilena competente, ya que se requiere, además, que la persona se haya nacionalizado, previamente, en país extranjero y así lo compruebe fehacientemente.

Esta es la regla común entre las causales de pérdida del vínculo aludido.

Efectivamente, cualquiera sea el motivo o la forma con que se haya adquirido otra nacionalidad, lo cierto es que, en Chile, ello es suficiente para que se pierda correlativamente la nacionalidad chilena. Por supuesto, resulta menester que la nueva nacionalización esté ya oficialmente adquirida y que, además, el Estado de Chile haya dispuesto de la información fidedigna que lo acredita así.

319. Prestación de servicios a enemigos de Chile. Léese en el artículo 11° N° 2° que la nacionalidad chilena se pierde por decreto supremo, en caso de prestación de servicios durante una guerra exterior a enemigos de Chile o de sus aliados.

El órgano estatal que aplica esta causal de pérdida de la nacionalidad es el Presidente de la República, pues la disposición se remite a un decreto supremo, acto por medio del cual se hace efectiva la determinación respectiva. La gravedad del asunto en su motivo y consecuencia justifica, a mayor abundamiento, que ese órgano, sin delegación, despoje de la nacionalidad a quien se ha hecho indigno de ella.

La causal consiste en la prestación de servicios, por un chileno a enemigos de Chile o de sus aliados durante una guerra externa. Consecuentemente, el primer requisito es que esté involucrado un chileno, cualquiera sea la fuente de su nacionalidad en nuestro país, y sin que resulte decisiva la índole o grado de participación en el hecho punible, de manera que puede tratarse de autor, cómplice o encubridor.

Enseguida, en cuanto a la naturaleza, tipo o clase de los servicios dispensados, la Constitución no efectúa ni admite ninguna distinción, y tampoco traza diferencias en punto a si los servicios son prestados dentro o fuera de Chile. Análogamente excluida queda la discriminación entre servicios que fueron proporcionados antes, durante o después de la guerra, aunque cabe suponer que debe acreditarse siempre su conexión directa con ella. Al no formularse ni tornarse razonable establecer ninguna precisión respecto de aquellas posibilidades, es sensato entender que todos los servicios que se presten por un chileno a los enemigos de Chile, o a los aliados de los enemigos de Chile, caen en dicha causal. Por ende, no se trata solo de servicios militares, sino también de otros que pueden tener tanto o peores consecuencias que enviar armas y municiones, filtrar planes tácticos, dar apoyo logístico, diligenciar suministros de información de inteligencia, etc. Por ello, los servicios económicos, financieros, crediticios, públicos y otros semejantes quedan absorbidos en la disposición.

Tales servicios deben prestarse durante una guerra exterior. En el punto es útil agregar que se dejó constancia, en las actas oficiales de la comisión de estudio del anteproyecto de la Nueva Constitución, que para hacer aplicable esta causal, se torna menester la exigencia de una guerra exterior, oficialmente autorizada y declarada, aunque no se hayan desencadenado las acciones bélicas[532]. La norma debe ser coordinada, por consiguiente, con los artículos 63° N° 15°, 32° N° 19° y 109° inciso 3° de la Carta Fundamental.

Los servicios en cuestión deben prestarse a los enemigos de Chile o a sus aliados, aplicándose también la pérdida de la nacionalidad a los chilenos que ayuden en guerra exterior a los Estados que son enemigos de Chile, como asimismo a los Estados que son los enemigos aliados de Chile. Cualquiera interpretación restrictiva del precepto, hecha sobre la base de consideraciones literales, debe ser desestimada para, en su lugar, reconocer que el espíritu de la disposición es el amplio y que ha sido indicado[533].

Asunto delicado y complejo es decidir si esta causal se aplica directamente, o sin revisión judicial, por decreto supremo, como podría desprenderse del solo texto que la contempla, o bien, si deben cumplirse, con antelación, las exigencias del trámite de urgencia en

---

[532] Consultar el acta correspondiente a la sesión 64°, celebrada el 27 de agosto de 1974, pp. 7 ss.

[533] Véase Alejandro Silva Bascuñán: IV **Tratado de derecho constitucional**, cit., p. 219.

toma de razón y, más aún, cuanto impone el debido o justo proceso legal, aunque sea el de tramitación sumaria, propio de los tribunales en tiempo de guerra. Pues bien, cree el autor que es coherente con ese principio del Estado de Derecho requerir siempre el cumplimiento de cuanto implica dicha especie de proceso. El decreto supremo sería, en consecuencia, la orden escrita con que el Jefe de Estado da cumplimiento a lo resuelto en el fallo correspondiente. El recurso previsto en el artículo 12° corrobora esta afirmación. Sin embargo, debe ser admitido que la tesis expuesta resulta objetable cuando se advierte que, en la legislación penal chilena, los tipos aplicables a las conductas mencionadas en la causal en estudio son amplios, con lo cual se prolongaría una determinación que debe ser rápida. Pese a ello, cabe asignar mayor mérito jurídico a la posición que exige cumplir con antelación los presupuestos del proceso justo, incluida la sentencia ejecutoriada correspondiente. El recurso del artículo 12° desplazaría, por lo tanto, a los procedimientos penales aplicables al delito de traición.

Felizmente, problemas como los enunciados no se han planteado en la realidad. Ello no evita, sin embargo, hacerlos presente para incentivar el estudio y, ojalá, su solución jurídica oportuna y acertada. El recto criterio, repetimos, tiene que ser el de la subordinación del poder al Derecho.

320. Historia fidedigna. La legitimidad sustantiva de esta causal en el Estado de Derecho, la precisión de alguno de los términos de ella y el órgano competente para pronunciarla fueron los tópicos más debatidos en el tema por la comisión de estudio del anteproyecto:

> El señor GUZMÁN sugiere agregar después de la palabra guerra el término exterior.
>
> El señor EVANS considera que esta causal debe ser reemplazada porque la pérdida de la nacionalidad chilena es una sanción de tanta relevancia y significación para la persona, incluso en el plano de la relaciones internacionales, porque esa persona puede quedar en el extranjero en calidad de apátrida (como para que sea) decisión de una autoridad administrativa, ni aun otorgándosele al afectado un recurso posterior. Cree que la pérdida de la nacionalidad chilena debe establecerse en este número.
>
> El señor OVALLE agrega que cuando el país se encuentra en estado de guerra exterior –le parece acertada la sugerencia del señor Guzmán de agregar la palabra exterior–, tal circunstancia sería de una declaración de guerra que implica atribuciones legales (...). Le parece de justicia la disposición y, además, entrega una herramienta para no seguir considerando nacional a quien, sin haber sido sentenciado como traidor, de hecho lo es por haber prestado servicios a enemigos de Chile en una guerra exterior[534].
>
> El señor SILVA BASCUÑÁN es partidario de mantener la causal, agregándole la expresión externa pero en forma que haya acuerdo en que el movimiento de ella requerirá una actuación judicial.
>
> Se acuerda dejar constancia en actas que la interpretación unánime de la comisión es que la expresión "guerra externa" es aquella en que es partícipe el Estado de Chile con un Estado extranjero, sea que las acciones bélicas se desarrollen dentro del territorio nacional o fuera de él[535].

321. Sentencia judicial. Con antelación a la reforma de 2005, el artículo 11° Nº 3° disponía que la nacionalidad chilena se perdía en virtud de sentencia judicial condenatoria pronunciada por delitos cometidos en contra de la dignidad de la patria o los intereses esenciales y permanentes del Estado, así considerados por ley aprobada con quórum calificado. En estos procesos los hechos iban a ser apreciados siempre en conciencia.

---

[534] **Actas Oficiales de la comisión de estudio del anteproyecto de la nueva Constitución**, sesión 64ª, pp. 7, 8 y 10.

[535] **Id.**, sesión 64ª, pp. 7, 8, 10 y 12.

Tratábase de una causal nueva, no prevista en las Constituciones chilenas anteriores. Sin embargo, tenía algunos antecedentes en nuestra historia jurídica más reciente. En efecto, aparecía contemplada, en términos similares, en el Decreto Ley Nº 175, de 1973, modificado por el Decreto Ley Nº 1.301, de 1976, regulados en su ejercicio por un auto acordado de la Corte Suprema de 1976.

Aquellos decretos leyes tuvieron aplicación en veintidós oportunidades por decisiones de la Junta de Gobierno. De esas determinaciones se apeló ante la Corte Suprema, en ocasiones sin éxito, en virtud del auto acordado citado.

La aplicación de esta causal originó justificados reproches, porque se llevó a la práctica sobre la base de razones ideológicas, agudizando el ambiente de irreconciliación que dominaba en el país. No era, entonces, un delito de traición a la patria el imputado, procediéndose, a pesar de ello, a despojar de la nacionalidad al sujeto a raíz de ser opositor activo, en el exterior, al régimen militar. Tales críticas hicieron que la Junta de Gobierno dejara de aplicar esos decretos leyes desde 1978. No obstante, la Junta consideró conveniente contemplar una causal semejante en la Constitución de 1980, la cual, es cierto, estaba llamada a operar únicamente sobre la base de un debido o justo proceso previo, cuya culminación fuera una sentencia judicial condenatoria.

Fluye de lo expuesto y para terminar, que la vaguedad, drasticidad e, incluso, la imposibilidad de armonizar la norma con la democracia y el Estado de Derecho, tornaba ineludible derogar esa disposición, felizmente nada más que programática. En efecto, nunca fue dictada la ley de quórum calificado que debía tipificar los delitos a que esa norma se refería. Por eso, en la reforma a la Carta Fundamental esta causal fue pronto y unánimemente abolida.

322. Cancelación de la carta de nacionalización. Con sujeción al artículo 11° Nº 3°, la nacionalidad chilena se pierde por cancelación de dicho instrumento público.

La causal está regulada en el artículo 8° del DFL Nº 5.142 ya citado. Con sujeción a lo prescrito en ese artículo, para formalizar la cancelación aludida es necesario cumplir con los tres requisitos copulativos siguientes:

A. Que se dicte un decreto supremo fundado, indicando no solo la norma de la Constitución y de las leyes en que se apoya, sino que también la descripción de los hechos que justifican la aplicación de las disposiciones de la ley por las cuales se adopta la decisión. Tales causales se hallan previstas en el artículo 8° citado;

B. Que ese decreto sea firmado por el Presidente de la República, prohibiéndose delegar esta facultad en el ministro del Interior. Si se procede a tal delegación, entonces la cancelación será nula. He aquí un ejemplo concreto de aplicación de lo previsto en el artículo 35° inciso 1° del Código Político; y

C. Que la decisión de cancelar la carta de nacionalización haya sido comunicada, con antelación y suministrando los antecedentes requeridos, por el Presidente de la República al conjunto de los ministros de Estado, reunidos en Consejo y que este exprese su acuerdo con tal decisión. Después de recabado dicho trámite, entonces procede dictar el decreto respectivo, firmarlo y cumplir las etapas siguientes, incluyendo la revisión de su mérito constitucional y legal en la toma de razón por la Contraloría General de la República[536].

---

[536] Consúltese el artículo 3° de la Ley Nº 19.880, de 2003, que establece bases de los procedimientos administrativos que rigen a los actos de la Administración del Estado.

323. Revocación de la nacionalización por honor. Finalmente, el artículo 11° N° 4° señala que la nacionalidad chilena se pierde por ley que revoque la nacionalización concedida por gracia.

Se sabe ya que la Gran Nacionalidad es otorgada por ley simple, de manera que resulta lógico entender que, por ley de igual carácter, sea retirado o revocado ese honor. Es una ley pura y ordinaria, en punto al quórum; y es una ley especial o individual y no general en ligamen con su destinatario. Queda la iniciativa de tal ley entregada a un mensaje presidencial o a una moción parlamentaria, pues la Constitución no distingue ni se halla la materia reservada a la iniciativa exclusiva del Primer Mandatario. Será el legislador quien pondere la gravedad de las circunstancias que lo lleven a adoptar tal decisión. Hasta 2015, no se conocía caso alguno en que la causal hubiera cobrado aplicación, pero era posible, aunque improbable, que ocurrieran los hechos que la volvían aplicable. Hoy, concretamente, se halla en vigencia la moción, originada en la Cámara de Diputados, que revocó la nacionalización por gracia otorgada al sacerdote John O'Reilly, condenado mediante sentencia firme por un caso de pedofilia. Trátase de la Ley N° 20.826, publicada en el Diario Oficial el 14 de abril de 2015, mediante la cual fue revocada la nacionalidad por gracia concedida a ese sacerdote irlandés.

Sección Tercera

Recurso de reclamación

324. Texto. El artículo 12° de la Constitución se refiere al asunto, contemplando una acción de rango constitucional no prevista en nuestras Constituciones anteriores, salvo nada más que para impugnar la cancelación de la carta de nacionalización[537]. Preceptúa dicho artículo que:

> La persona afectada por acto o resolución de autoridad administrativa que la prive de su nacionalidad chilena o se la desconozca, podrá recurrir, por sí o por cualquiera a su nombre, dentro del plazo de treinta días, ante la Corte Suprema, la que conocerá como jurado y en tribunal pleno. La interposición del recurso suspenderá los efectos del acto o resolución recurridos.

325. Características de la acción. Se trata de un recurso deducible en contra de los actos o resoluciones administrativas que desconozcan su nacionalidad a un chileno o que lo priven de ella. Por lo tanto, dicha acción o recurso no procede contra una ley, sino solo respecto de ciertos actos de naturaleza administrativa, excluidos oficios y dictámenes. Queda así también aclarado que el recurso en estudio es improcedente en relación a una sentencia judicial recaída en las causales pertinentes de pérdida de la nacionalidad.

Por otra parte, la denominación técnica correcta es *acción* y no recurso, porque el objetivo es dejar sin efecto los actos o resoluciones administrativas mencionadas, y no invalidar una sentencia judicial[538].

La acción o "recurso" debe dirigirse en contra de una decisión administrativa concreta, exigencia de la cual se colige que no cabe para impugnar un reglamento supremo como tal. Ha de entablarse dentro del plazo fatal de treinta días[539] y directamente ante la Corte

---

[537] Ley de reforma constitucional N° 12.548, publicada en el Diario Oficial el 30 de septiembre de 1957.

[538] **Actas oficiales de la comisión de estudio, cit.**, sesión 64ª, pp. 4, 5 y 19.

[539] Este plazo debe entenderse que es de días corridos y no de días hábiles, con sujeción a lo preceptuado en el artículo 50° del Código Civil

Suprema. Esta magistratura conoce del asunto en sesión del tribunal pleno y obrando como jurado, es decir, examinando primero y apreciando después los hechos en conciencia, emitiendo su veredicto también con ese carácter.

Deducida la acción o recurso y acogido a tramitación se suspenden *ipso jure* los efectos del acto o resolución recurridos. Es decir, quedan paralizadas las consecuencias de la actuación impugnada. La sola deducción del recurso genera, entonces y de pleno derecho, un efecto semejante al provocado por la orden de no innovar.

Debe ser realzado que lo recurrible o impugnable es un acto o resolución y no únicamente esta última, la cual tiene una configuración jurídica precisa en el léxico administrativo[540]. Obsérvese, igualmente, que el arbitrio es deducible, primeramente, en contra de las actuaciones administrativas que priven de la nacionalidad, infringiendo lo dispuesto en los artículos 11° y 12° y su legislación complementaria. Repárese, en tercer lugar, que el recurso puede ser entablado en contra de las actuaciones que desconozcan a un chileno su nacionalidad, en virtud de las fuentes contempladas en el artículo 10° del Código Político y la legislación que la regula.

326. Naturaleza del recurso. Trátese de una acción o recurso de rango constitucional. Además, él es curioso por ser el único caso en que la Constitución exige a la Corte Suprema que actúe como jurado, en el sentido pleno de este término. Enseguida, atendido a que se está de cara a la única oportunidad en que la Carta Fundamental llama a pronunciarse a la Corte Suprema, a propósito del conocimiento de una acción, en reunión del tribunal pleno.

Útil es percatarse, igualmente, que el propósito del Poder Constituyente es reconocer el máximo de oportunidades para deducir el recurso. Por eso, en el artículo 12° se permite entablarlo directamente por el afectado, o bien, hacerlo cualquiera otra persona a su nombre, pero siempre que tenga capacidad procesal.

Como se ha dicho, la Corte Suprema actúa como jurado, rasgo excepcional que se advierte tanto en la tramitación procesal de rigor, en el conocimiento de la acción, como en la apreciación de los hechos y el pronunciamiento del fallo. Sin perjuicio de lo dicho, esa magistratura se halla sometida a lo ordenado, para el proceso previo y justo, en el artículo 19° N° 3° inciso 5° de la Carta Fundamental.

Reiterando una idea, obsérvese que la sola circunstancia de interponer el recurso, presentándolo en la secretaría de la Corte Suprema, y de haber sido acogido a tramitación en ella, suspende los efectos del acto o resolución administrativa recurridos, sin necesidad de pedir a ese Tribunal que imparta la orden de no innovar.

Si la Corte Suprema acoge el recurso, su sentencia tiene efecto retroactivo, anulando la resolución o acto administrativo impugnados desde la fecha misma de su dictación, dejando al beneficiario tal como si jamás hubiera sido afectado por ellos. Si lo rechaza, entonces no queda más que conformarse con tal determinación, pues el ordenamiento interno no contempla acciones para impugnarla. Lo anterior no impide que el afectado acuda a la Comisión Interamericana de Derechos Humanos y, con base en un pronunciamiento favorable de ellos, eleve su petición a la Corte respectiva[541].

---

540 El artículo 3° de la ley N° 19.880, publicada en el Diario Oficial el 29 de mayo de 2003 y sus reformas, preceptúa que es acto administrativo la decisión formal que emite un órgano del Estado, en la cual se contiene su declaración de voluntad, realizada en el ejercicio de una potestad pública.

541 Convención Americana sobre Derechos Humanos, Preámbulo y artículos 20°, 41°, 48° y 52° y siguientes.

Evaluado el recurso, cabe concluir que es un aporte novedoso de la Constitución de 1980, a diferencia de los antiguos artículos 10° y 11°, los cuales y, en general, coincidían con las disposiciones de la Constitución de 1925, sin añadirle innovaciones de trascendencia. Afortunadamente, la reforma de 2005 significó un progreso ostensible en el tema[542].

327. **Jurisprudencia**. Para los efectos del recurso de reclamación por pérdida de la nacionalidad, la Corte Suprema ha definido lo que se entiende por nacionalidad, distinguiéndola de la ciudadanía:

> El recurso ejercido que compete a esta Corte Suprema no atañe a la ciudadanía directamente, calidad que no puede confundirse con la nacionalidad. El concepto de una y otra es distinto, pues mientras la nacionalidad es para el Derecho y en lo que interesa al recurso, el vínculo jurídico que une a una persona con el Estado, y, sociológicamente, el vínculo que la une a una Nación determinada, la ciudadanía es, en lo que concierne al recurso, el atributo de aquellas personas que gozan de ciertos derechos políticos que les permiten tomar parte en el gobierno del país (...). Y es la persona afectada por acto o resolución de autoridad administrativa que la prive de su nacionalidad chilena o se la desconozca, la que podrá recurrir a esta Corte Suprema[543].

Respecto de la procedencia del recurso y de las facultades de los órganos de la Administración Pública que motivan su interposición, la Corte Suprema ha señalado los criterios siguientes:

> En primer lugar se hace presente que, como se ha reconocido en una abundante jurisprudencia, es facultad de la Administración el estimar la conveniencia o no y la utilidad o no de la permanencia de un extranjero, debiendo ejercerse esa atribución, en todo caso, sin abuso o arbitrariedad (...).
>
> Que cabe, en primer término, dejar constancia que lo actuado por la Corte Suprema y por su Presidente en el proceso de extradición y lo actuado por el Ministro del Interior al rechazar una visación de permanencia y disponer la expulsión de un extranjero del territorio nacional, son materias sustancialmente diferentes. En efecto la actuación del Poder Judicial tiene por finalidad analizar si, conforme a los tratados suscritos con el país solicitante de la extradición, es procedente detener a un extranjero que ha delinquido en su país, para proceder a entregarlo a la Justicia de ese país que solicita la extradición. En cambio, para que el Ministerio del Interior niegue el otorgamiento de una visación, basta con que el extranjero que la solicita sea un prófugo de la Justicia (...).
>
> Además, los efectos de ambas actuaciones, la judicial y la administrativa, son sensiblemente diferentes. Mientras la primera, si es acogida, ordena entregar al extranjero a la policía del país que solicitó su extradición; la segunda, la negativa del Ministerio del Interior de otorgar una visación de residencia, sólo obliga al extranjero a abandonar el país, siendo libre de dirigirse al lugar del mundo que escoja[544].

Útil es también destacar los ligámenes de la carta de nacionalización con lo preceptuado en el DFL respectivo, texto legal este que no puede ser confundido con la ley sobre permanencia de los extranjeros en Chile, llamada usualmente *Ley de Residencia o de Extranjería*[545]:

---

542 Véase, en general, María Pía Silva Gallinato y Miriam Henríquez Viñas (coordinadoras): **Acciones protectoras de derechos fundamentales** (Santiago, Ed. Legal Publishing, 2014).

543 Considerando 2° de la sentencia de la Corte Suprema pronunciada el 31 de octubre de 1989, reproducida en LXXXVI **Revista de Derecho y Jurisprudencia** 2° P.S. V, p. 158.

544 Considerandos 7° y 9° de la sentencia pronunciada por la Corte Suprema el 21 de enero de 1998 (Rol N° 5.039-97 (Énfasis agregado).

545 DL N° 1.094, publicado en el Diario Oficial el 19 de julio de 1975 y sus reformas.

Que la Ley de Extranjería exige —sin duda por la gravedad de sus consecuencias— que la resolución que cancele la carta de nacionalización de un ciudadano deba ser fundada y, aún más, señale cuáles han de ser los fundamentos que la justifican, por lo que éstos deben expresarse precisa y determinadamente en el instrumento que la contiene, esto es, el decreto supremo respectivo, el que, a su vez, en sus razones o motivos, ha debido ser materia de acuerdo del Consejo de Ministros.

Que el artículo 12° de la Constitución Política de la República permite a toda persona afectada por acto o resolución administrativa que le prive o desconozca su nacionalidad chilena, recurrir a la Corte Suprema, la que en estos casos actuará como jurado y en pleno[546].

Con rasgos más precisos, corresponde referirse a la jurisprudencia recaída en determinados preceptos de la nacionalidad.

Así y por ejemplo, se ha resuelto, con sujeción al texto anterior a la reforma de 2005, que habiendo nacido una menor en territorio chileno, y no siendo sus padres extranjeros transeúntes, sino residentes sujetos a contrato, le correspondía a la hija la nacionalidad chilena de acuerdo a lo dispuesto en el Nº 1° del artículo 10° de la Constitución[547].

Ha quedado decidido también que el personal de nacionalidad chilena contratado localmente por una misión diplomática, oficina consular o representación permanente de Chile en el extranjero, se encontraba comprendido en el Nº 2° del artículo 10° de la Constitución, por estar "al servicio de la República", a raíz de lo cual sus hijos, nacidos en territorio extranjero, se consideraban, para todos los efectos, como nacidos en el territorio chileno[548].

En punto a la cancelación de la carta de nacionalidad, nuestra Magistratura resolvió que procedía dejar sin efecto el decreto que la cancelaba, por cuanto las razones de hecho y de derecho que lo sustentan no eran suficientes para justificar la medida[549].

A mayor abundamiento, útil es referirse a dos sentencias recaídas en el recurso de reclamación.

En el primero de tales fallos se decidió que, de acuerdo a los antecedentes, aparecía que las motivaciones del reclamante para adquirir la nacionalidad extranjera y renunciar voluntariamente a la chilena, fueron de carácter personal y no impuestas por disposiciones constitucionales, legales o administrativas del otro país, por lo que tampoco concurrían los presupuestos previstos en el Nº 1° del artículo 11° de la Constitución[550]:

> La decisión de obtener la nacionalidad norteamericana fue motivada por razones profesionales, consistentes en la necesidad de solucionar la seria dificultad que para un chileno significaba en aquel entonces obtener visa para el ingreso a territorio mexicano, país éste con el que Chile había interrumpido relaciones diplomáticas y que constituía para su empresa el centro de sus más importantes clientes y que él, como Gerente de Comercialización, debía visitar para proyectarse adecuadamente, además, al mercado latinoamericano.
>
> Que como fundamento de hecho para su alegación anterior (acogerse a la excepción) invoca, en primer lugar, la circunstancia no discutida de su nacimiento en territorio chileno; la nacionalidad

[546] Considerandos 5° y 7° de la sentencia pronunciada por la Corte Suprema el 18 de junio de 1993 (Rol Nº 18.349-93).

[547] Sentencia de la Corte Suprema pronunciada el 14 de mayo de 1997, reproducida en **Gaceta Jurídica** Nº 203 (1997) p. 58.

[548] Dictamen de la Contraloría General de la República evacuado el 2 de diciembre de 1997, reproducido en **Gaceta Jurídica** Nº 210 (1998) p. 203.

[549] Sentencia de la Corte Suprema dictada el 18 de junio de 1993, reproducida en **Gaceta Jurídica** Nº 156 (1993) p.35

[550] Sentencia de la Corte Suprema fechada el 8 de enero de 1993, reproducida en **Gaceta Jurídica** Nº 151 (1993) p.37.

de sus padres; las razones que don J.C.S.F. tuvo en su oportunidad para adoptar la nacionalidad norteamericana, las que, en síntesis, dicen relación con las motivaciones profesionales y comerciales a que alude en autos y, por último, se sostiene que habría manifestado su voluntad expresa de renunciar a la nacionalidad norteamericana en 1988, acompañando su pasaporte a una carta que dirigió a la Interpol de Santiago dando cuenta de su decisión.

Que, de acuerdo con lo dispuesto en la norma constitucional antes citada (artículo 12°), para que se configure la excepción invocada se requiere que la persona que opte a la nacionalidad extranjera lo haga en cumplimiento de una obligación que le impongan disposiciones constitucionales, legales o administrativas del Estado en cuyo territorio resida la persona como condición para su permanencia en el país o para obtener la igualdad jurídica en el ejercicio de los derechos civiles con los nacionales de aquel, situación ésta que, como puede verse, claramente no se da en el caso de autos, resultando irrelevantes las certificaciones contenidas en los documentos privados que se acompañaron al proceso.

En el segundo de esos fallos se concluyó que procede acoger el recurso de reclamación interpuesto contra la resolución administrativa que aplica, erróneamente, la causal de pérdida de la nacionalidad contemplada en el N° 1° del artículo 11° de la Constitución, por cuanto no concurre la formalidad esencial consistente en la renuncia expresa a ella[551].

Finalmente, insertamos los considerandos 4°, 5°, 6° y 9° del fallo de la Corte de Apelaciones de Valparaíso, pronunciado el 11 de mayo de 2001[552], confirmado por la Corte Suprema el 13 de junio de 2001 (Rol N° 2.011-01-Valparaíso):

Que, desde luego, conviene dejar sentado que entre las normas constitucionales que nos rigen en materia de nacionalidad, no existe norma que disponga la pérdida de la nacionalidad chilena por la simple renuncia que de ella pueda hacer una persona. En otros términos, por la renuncia no se pierde la nacionalidad chilena (...)

Que el artículo 11° N° 1° de la Carta Fundamental, (...) como aparece de su texto, no hace ningún distingo respecto a qué calidad de chilenos se aplica, esto es, distinción entre chilenos de origen o chilenos nacionalizados, por lo que no habiendo distinguido el Poder Constituyente, no le corresponde a intérprete alguno hacer tal distinción, y en consecuencia, cabe concluir en forma indubitada que la causal de pérdida de la nacionalidad chilena por nacionalizarse en país extranjero se aplica a todo chileno, esto es, tanto a los chilenos por *ius solis*, *ius sanguinis* o por haberse nacionalizado en conformidad a la ley chilena.

(...)

Que la interpretación restrictiva que hacen los recurridos en la norma del N° 1° del artículo 11° de la Constitución, en cuanto sólo sería aplicable a los chilenos de origen, que perderían la nacionalidad chilena por adquirir otra extranjera, lo que no ocurre si quien adquiere una nacionalidad extranjera es un chileno, que obtuvo carta de nacionalidad en nuestro país, es una distinción arbitraria e ilegal pues, como se dijo, la recta interpretación de ella no permite hacer tal distingo, pues ello pondría a los chilenos de origen en situación diferente respecto de los chilenos nacionalizados, lo que no es permitido ni por la ley y menos por nuestra Carta Fundamental.

Resulta artificial e ilegal la distinción que hacen los recurridos al señalar que el recurrente no ha perdido la nacionalidad chilena al adquirir la nacionalidad nicaragüense, al sostener que esta nacionalidad para él no es extranjera, sino que es su nacionalidad de origen y lo único que ha hecho es recuperar su primera nacionalidad (...), interpretación ésta que resulta ilegal, pues se está dando

551 Sentencia de la Corte Suprema pronunciada el 19 de marzo de 1993, reproducida en **Gaceta Jurídica** N° 153 (1993) p. 21.

552 Publicado en **Gaceta Jurídica** N° 252 (2001).

> aplicación a normas extranjeras no aplicables en nuestro país. En efecto (...), al recuperar aquella nacionalidad, es porque jurídicamente en Nicaragua era extranjero -chileno-, por lo que el término "recuperar" que emplea la resolución referida, en nada cambia la verdadera naturaleza jurídica de la nacionalidad que en ese momento, por una parte, adquiere el señor (...) y pierde la que tenía, (...) de modo que no resulta legítimo tratar de dar explicación al término "la recuperación de nacionalidad", como lo hacen los recurridos, empleado en la referida resolución N° 001/94 dictada por el Estatuto nicaragüense, conforme a sus normas propias, dado que tal institución "recuperación de la nacionalidad" no está contemplada en nuestra legislación.

En una sentencia más reciente la Corte Suprema sostiene que no es posible otorgar la nacionalidad chilena en todos los casos, a pesar del postulado de que todo individuo debe tener una nacionalidad, porque debe primar el respeto por el ordenamiento constitucional vigente. Insertamos el considerando pertinente[553]:

> Que si bien la nacionalidad es un atributo básico del que deben estar dotada y gozar todas las personas, puesto que todo individuo debe tener una nacionalidad, sin embargo, no es posible desatender los postulados que impiden reconocerla en los casos no previstos por el Constituyente, autoridad normativa que en nuestro Estado le ha correspondido tradicionalmente definir y decidir tales aspectos fundamentales. Del mismo modo la normativa internacional ha radicado su reglamentación en el derecho interno, correspondiendo a cada Estado determinar por sus leyes quiénes son sus nacionales (artículo 1° de la Convención de La Haya de 1930). El derecho ha reaccionado en contra de la privación arbitraria de la nacionalidad, pero no en contra de restringir su otorgamiento (art. 15 de la Declaración de Derechos Humanos de las Naciones Unidas y artículo 20 de la Convención Americana sobre Derechos Humanos). Por lo anterior la resolución que corresponde disponer, para garantizar el goce y ejercicio de los derechos, que en un plano de igualdad, le reconoce el ordenamiento jurídico a (...)como habitante de nuestro país, está referida a instruir a la autoridad gubernamental de Chile, que regularice la situación migratoria de la referida menor como de su madre, aspecto que provisionalmente ha sido atendido y que puede extenderse a otorgar los documentos de identificación y migratorios correspondientes, incluido pasaporte, pudiendo llegar a conceder permanencia definitiva, según corresponda, pero en ningún caso reconocer la nacionalidad chilena que el ordenamiento constitucional no consagra y que, por tanto, resulta improcedente.

Sección cuarta

Rehabilitación y prueba de la nacionalidad

328. La norma y sus supuestos. Léese en el inciso final del artículo 11° que los que hubieren perdido la nacionalidad chilena por cualquiera de las causales establecidas en tal artículo, solo podrán ser rehabilitados por ley.

Rehabilitar significa aquí recuperar la nacionalidad, restituirla a quien la ha perdido, lograr que mediante una ley ella le sea devuelta a quien fue despojado de la calidad de nacional de un Estado.

Como ya fue señalado, la requerida es una ley pura y simple; especial o individual y no abstracta ni general. Será el legislador quien evalúe los antecedentes y, sobre la base de ellos, adopte la determinación de rigor. Es nítido, consecuentemente, que se trata de una

---

[553] Considerando 12°, Sentencia de la Corte Suprema pronunciada el 28 de diciembre de 2009, extraída del portal web del Poder Judicial (www.poderjudicial.cl).

decisión de la autoridad, respecto de la cual no cabe influencia ni presión alguna para llevarla a un sentido determinado. Únicamente debe exigirse que el órgano proceda y resuelva con rigor, discernimiento y justicia.

329. **Diferencia justificada**. Cabe insistir en que no parece acertado exigir el cumplimiento del mismo requisito para recuperar la nacionalidad, cualquiera sea la causal de pérdida. Por el contrario, resulta razonable, atendida su gravedad, distinguir entre las causales enumeradas en el artículo 11°. Por ejemplo, y concretamente, la ley rehabilitante se justifica en las situaciones previstas en los numerales 2° y 4° de ese artículo, pero no en los dos casos restantes.

330. **Prueba**. Tratándose de los nacidos en el territorio de Chile, su nacionalidad se prueba mediante copia del certificado de nacimiento otorgado por la Oficina de Registro Civil en que se practicó la inscripción. Si no hubo inscripción del nacimiento, entonces se aplica el nuevo artículo 309° del Código Civil. El *ius sanguinis*, a su vez, se prueba acreditando la nacionalidad de uno de los padres; y la nacionalidad adquirida, conforme a lo previsto en los números 1°, 3° o 4° del artículo 10°, requiere constatar que es chileno alguno de los ascendientes en línea recta de primer o segundo grado. Esta exigencia se comprende en armonía con lo preceptuado en el artículo 27° del Código Civil y reenvía al artículo 3° de la Ley de Registro Civil.

Finalmente, útil es advertir que la posición de la nacionalidad se acredita con el certificado otorgado por el Ministerio del Interior y Seguridad Pública.

CAPÍTULO II CIUDADANÍA

Sección Primera
Generalidades

Usualmente, se sostiene que entre la nacionalidad y la ciudadanía existe una relación de género a especie. Cierto es que la nacionalidad es un supuesto o concepto anterior al de ciudadanía y más amplio que este, como asimismo, que existen diferencias esenciales entre ambos. Pero de ello no se sigue que sea correcto sostener que se trata de una relación de la índole mencionada, pues si, en línea de principio, todo ciudadano es también nacional, no todo nacional es a la vez ciudadano. Aunque existen ligámenes o nexos entre uno y otro concepto, lo correcto es concluir que de ello no se sigue que ambos términos tengan igual significado y, menos aún, que la ciudadanía sea derivativa de la nacionalidad. Lamentablemente, en el derecho comparado uno y otro concepto son confundidos, al extremo de no realizar análisis alguno para trazar las diferencias entre ellos[554].

331. **Definición y características**. Tradicionalmente, la ciudadanía ha sido identificada con el conjunto de derechos y deberes políticos que el ordenamiento jurídico de un Estado reconoce al individuo que reúne los requisitos para ser ciudadano. Trátase, entonces, de una calidad o cualidad habilitante para ejercer derechos cívicos en la democracia constitucional.

Algunos de esos derechos, por ejemplo el voto o sufragio, pueden ser ejercidos por personas que no son nacionales ni ciudadanos. Empero ello ocurre por excepción, de acuerdo a lo que la Constitución señala y sobre la base de reunir determinadas condiciones. Sin embargo, lo habitual es que la titularidad y el ejercicio de los derechos políticos sean asegurados únicamente a los ciudadanos.

---

554 El autor se ocupó del tema en su monografía "El nuevo concepto de ciudadanía, ¿participación sin compromiso?", publicado en la **Revista Societas** (Academia Chilena de Ciencias Sociales, Políticas y Morales del Instituto de Chile) Nº 16 (2013) pp. 242 ss.

Por otra parte, conviene advertir que la figura del ciudadano, en los términos ya definidos, es propia de la historia constitucional moderna, particularmente en su vertiente democrática. Lo dicho debe ser entendido, según se explicará en los números siguientes, sin perjuicio de los cambios profundos que ha experimentado el concepto y que implican enfatizar los deberes y no solo los derechos.

Puede ser definido el ciudadano como el individuo que, en calidad de titular de los derechos y deberes políticos, interviene en el gobierno de un Estado de Derecho. La idea del ciudadano posee, además, un significado ético o valórico, ya que es tal la persona que participa en los asuntos públicos y lo hace conscientemente, comprometido con el destino de su patria, defendiendo o criticando, a veces apoyando a las autoridades, pero siempre informado e informándose de las cuestiones de interés colectivo.

332. Antecedentes. En su libro *El contrato social*, Juan Jacobo Rousseau distinguió entre el *súbdito*, por una parte, entendiendo por tal al individuo que es gobernado, sujeto a una determinada autoridad y que solo obedece, sin tener un área de iniciativa, de decisión ni de participación activa o creativa propia; y el *ciudadano*, de otra parte, es decir, aquel sujeto involucrado en la cosa pública, de visión elevada, con espíritu de participación política, capaz de sentirse titular de una cuota o parte de la soberanía, ejercerla y nunca depositarla en un representante que obra dentro de una asamblea popular. En esa imagen el ciudadano resulta ser una figura humana dotada de valores únicos, el "santo laico", como lo llama Burdeau[555], un modelo o paradigma de sujeto político. Kant sostuvo que tal sujeto es titular de atributos políticos, excluyéndose del ejercicio de ellos a los extranjeros[556].

La ciudadanía identificaba a todos los hombres libres con el destino de su ciudad o *polis*, en la perspectiva que Cicerón trazó en *La República*. Consecuentemente, el ciudadano era un sujeto con vida cívica, participativo en cuanto involucraba el bien común de su *civitas*. Con el paso de los siglos fue perdiéndose ese sentido, fenómeno simultáneo al surgimiento, consolidación y desarrollo del Estado nacional. En la democracia representativa que se entroniza desde entonces, el ciudadano y la ciudadanía quedan configuradas en los términos actuales y ya bastante obsoletos. El proceso de cambios políticos, orientados al enriquecimiento de la democracia y el respeto de la dignidad humana en todos los países, sin vallas de fronteras, ideologías ni riqueza, ha hecho resurgir la visión ciceroniana, complementada con la titularidad de derechos y deberes inalienables asegurados a todos y no solo a los nacionales de los Estados.

El concepto de ciudadanía y la figura del ciudadano han variado de acuerdo al desarrollo de la ideas y de los acontecimientos políticos. En un principio, fue concebido como sujeto de la realización de grandes objetivos; por ejemplo, el bien común o la legitimidad sustantiva en el ejercicio del poder. En esa concepción clásica, tratábase de una figura abstracta, idealizada ciertamente, dotada de virtudes cívicas y llamada a demostrarlas en la consecución de grandes finalidades. El ciudadano servía, alternadamente, el rol de gobernante y de gobernado, con derechos y deberes en ambos planos

Los conceptos descritos tuvieron, que ir adecuándose a la fuerza que fluye de la realidad. El ciudadano ahora no es el santo laico, sino un *individuo situado*, miembro diligente de un pueblo compuesto por actores políticos que tienen intereses contrapuestos y que

---

[555] Georges Burdeau: **Derecho constitucional e instituciones políticas** (Madrid, Editora Nacional, 1981) pp. 239 ss.

[556] Consúltese Pietro Costa: **Ciudadanía** (Madrid, Ed. Marcial Pons, 2007) pp. 100-101.

deben conjugarlos para el beneficio de todos. La concepción moderna del ciudadano es, entonces, la de una persona ubicada en la realidad de la convivencia y que, reuniendo requisitos objetivos y mínimos, puede ejercer los derechos y cumplir las obligaciones que implica la ciudadanía. Sigue, por supuesto, siendo necesario progresar en el nivel de educación e instrucción, pero, más todavía, de la conciencia y cultura que se requieren para que el sujeto, sin llegar a la idealización, sirva la calidad de ciudadano en la complejidad de la democracia de nuestro tiempo. En otras palabras, ser ciudadano es ser capaz de discernir, controlar, denunciar, apoyar o criticar con responsabilidad y sin quedar en calidad de individuo indiferenciado en una masa humana manipulable[557].

333. **El ciudadano hoy**. La globalización desatada a raíz de los acontecimientos ocurridos en Europa y que culminaron, en octubre 1989, con la caída del muro de Berlín, la reunificación de Alemania, el derrumbe de la Unión Soviética y el colapso de los socialismos reales, implicó una expansión avallasadora de la dignidad humana y de los derechos esenciales que fluyen de ella. Tales atributos, articulados en los tratados internacionales respectivos, llevaron a la elaboración doctrinaria de ideas que, transmitidas en parte con ánimo humanista, en otra medida siguiendo posturas ideológicas del neoliberalismo o socialismo liberal y, por último, con sujeción a criterios de fortalecimiento de la democracia constitucional en el mundo, han llegado a ejercer influencia considerable en los regímenes políticos contemporáneos.

Sobresale, en esa perspectiva, el pensamiento de John Rawls[558], centrado en las relaciones internacionales, suponiéndolas regidas por criterios de solidaridad en la ayuda, acogida y colaboración de los Estados desarrollados hacia los Estados en desarrollo o subdesarrollados. La ciudadanía, entonces, sería de alcance universal, materializada en derechos humanos asegurados para todos los pueblos, especialmente tratándose de migraciones, asilo, intervenciones en contra de discriminaciones, asistencia para combatir la miseria y la pobreza, en fin, comunidad de esfuerzos y recursos para forjar un orden mundial libre, pacífico y regido por reglas comunes. En esa perspectiva, lo público pasa a ser sinónimo de estatal; la ciudadanía sobrepasa a la nacionalidad; la garantía de los atributos subjetivos se impone aun en contra de la soberanía y otras secuelas semejantes[559].

El impulso de tan amplia visión de la ciudadanía está provocando problemas difíciles de resolver. Por ejemplo, ¿qué pueden o deben hacer los gobiernos frente a decenas o centenares de miles de inmigrantes que cruzan las fronteras marítimas o territoriales ilegalmente en búsqueda de bienestar, libertad y oportunidades de trabajo que no logran alcanzar en sus Estados?, ¿detenerlos, liberarlos, asumir la responsabilidad de mantenerlos, tal vez buscarles hogar y trabajo?, ¿terminar otorgándoles los atributos de ciudadanos?, ¿deportarlos? ¿perseguir a las bandas criminales involucradas en el tráfico de inmigrantes? Las respuestas no son sencillas y dejan de manifiesto algunas consecuencias de la universalización de los derechos humanos y la falta de énfasis en los deberes correlativos en este, el tiempo de la globalización[560].

---

557 **Id.**, pp. 130 ss.

558 Principalmente, **El derecho de gentes y una revisión de la idea de razón pública** (Barcelona, Ed. Anagrama, 2001).

559 La teoría de Rawls, sin duda atrayente en diversos aspectos, ha derivado en deformaciones merecedoras de reproches justificados. Consúltese en tal sentido, Michael J. Sandel: **Liberalism and the Limits of Justice** (Cambridge UK, Cambridge University Press, 1998) pp. 184 ss.

560 Véase Pablo Marshall Barberán: "Notas sobre los modelos para la extensión de la ciudadanía", **XIX Revista de Derecho de la Universidad Católica del Norte** (Coquimbo) Nº 2 (2012) pp. 119 ss.

334. Requisitos para ser ciudadano. Refiérese a ambas materias el artículo 13° incisos 1°, 2° y 4° de la Constitución, reformada en 2005, declarando que:

> Son ciudadanos los chilenos que hayan cumplido dieciocho años de edad y que no hayan sido condenados a pena aflictiva.
>
> La calidad de ciudadano otorga los derechos de sufragio, de optar a cargos de elección popular y los demás que la Constitución o la ley confieran.
>
> Tratándose de los chilenos a que se refieren los números 2° y 4° del artículo 10°, el ejercicio de los derechos que les confiere la ciudadanía estará sujeto a que hubieren estado avecindados en Chile por más de un año.

El inciso 1°del artículo transcrito contiene los requisitos para ser ciudadano. Ellos son taxativos y, concretamente, pueden ser explicados en los términos siguientes:

A. Ser chileno, abarcando todas las fuentes de la nacionalidad. No hay ni cabe hacer distinciones según la causal de ella. Solo se requiere la calidad de nacional, cualquiera sea su origen o el motivo de ese vínculo con el Estado chileno;

B. Haber cumplido 18 años de edad. En la Constitución de 1833 se exigían 25 años y en la de 1925 la mayor edad política se adquiría a los 21 años. Hoy, y para todos los efectos, sean políticos, penales, civiles y laborales la mayoría de edad se adquiere a los 18 años[561]. Tanto este requisito como el expuesto en la letra anterior se comprueban, únicamente, mediante la cédula nacional de identidad vigente, con sujeción a lo dispuesto en el artículo 41° de la Ley N° 18.556 sobre Inscripciones Electorales y Servicio Electoral. Pertinente es realzar que la tendencia en la legislación comparada es a rebajar todavía más la edad mínima requerida para votar. Un ejemplo es Argentina, país en el cual, desde octubre de 2012, son hábiles para sufragar los varones y mujeres que hayan cumplido 16 años de edad; y

C. Finalmente, no haber sido condenado a pena aflictiva. La pena aflictiva es la pena privativa de libertad igual o superior a tres años y un día, según lo dispuesto en el artículo 37° del Código Penal. Se requiere, entonces, no haber sido condenado, por sentencia firme o ejecutoriada, a pena aflictiva[562]. De acuerdo a lo ordenado en el artículo 55° inciso 2° de la Ley N° 18.556, el director general del Servicio de Registro Civil e Identificación está obligado a comunicar al Servicio Electoral, mensualmente, los nombres de las personas procesadas o condenadas por sentencia ejecutoriada cuyas inscripciones deban ser canceladas o cuya ejecución esté prohibida.

En los tres casos aludidos se trata de condenados por sentencia firme y que, si lo han sido a pena aflictiva, no son ciudadanos. Por ende, si tenían ya está calidad, la perdieron a raíz de tal condena, al tenor del artículo 17° N° 2° de la Constitución.

---

[561] Útil es tener presente la información estadística oficial sobre el número de habitantes en Chile, mayores de 18 años, proyectados para 2014. En efecto, ellos suman la cantidad de 16.360.748 personas, siendo más las mujeres que los varones.

Véase Instituto Nacional de Estadísticas: **Compendio Estadístico 2014**, p 103 (en vww.ine.cl).

[562] Conviene agregar que, de acuerdo al régimen penal, existen sistemas de cumplimiento alternativo de la pena. Tal es la *remisión condicional de la pena*, por la cual solo se debe firmar el registro de reclusos; la *reclusión nocturna*, en que el condenado ingresa al penal a las 21 horas y sale a las 6:00 horas del día siguiente; y la *libertad vigilada*, en la que el condenado es observado por personal de Gendarmería de Chile o de la Fuerza Pública, debiendo permanecer en determinado territorio y presentarse, regularmente, ante la autoridad policial.

Tres y nada más son, en resumen, los requisitos copulativos y taxativos para ser ciudadano. Ningún otro, v. gr., ser alfabeto o estar inscrito en los registros electorales, es ni puede ser hoy exigencia para detentar y ejercer esa calidad, con los derechos y deberes correlativos.

335. Derechos que otorga la ciudadanía. Veamos ahora los derechos inherentes a la calidad de ciudadano. Ceñidos al artículo 13° inciso 2°, ellos son los siguientes:

A. El derecho de sufragio, el cual y sin embargo no es privativo del ciudadano, pues también lo pueden ejercer los extranjeros que cumplan los requisitos que la Constitución señala y que aparecen en su artículo 14°;

B. El derecho a optar o postular a cargos de elección popular, esto es, los de Presidente de la República, diputado, senador, alcalde y concejal comunal, en fin, desde 2013, a consejero regional[563]. Este derecho es privativo de los ciudadanos; y C. Los demás derechos que la Constitución y la ley confieran. Por ejemplo, la calidad de ciudadano se exige para ser designado intendente o gobernador, de acuerdo con el artículo 124° de la Carta Fundamental; o para ser vocal de una mesa receptora de sufragios, con sujeción a los artículos 40° y 41 de la Ley N° 18.900; o, por último, para formar partidos políticos y militar en ellos, al tenor de los artículos 1°, 5° y 18° de la Ley N° 18.603.

Se deduce de lo expuesto que los derechos señalados en el artículo 13° no son taxativos, ya que existen disposiciones de la Carta Fundamental y de sus leyes complementarias que otorgan otros derechos a quienes tienen la calidad de ciudadanos.

Preciso es observar que respecto de quienes son chilenos por *ius sanguinis* y por especial gracia de nacionalización por ley, conforme lo dispone el artículo 13° inciso 4° de la Constitución, el ejercicio de los derechos que les confiere la ciudadanía está sujeto a que hayan estado avecindados en Chile por más de un año. Consideramos infundada esta exigencia, habida consideración de la naturaleza de las fuentes de la nacionalidad mencionadas. Pertinente es observar, asimismo, que el requisito descrito rige para los cargos de elección popular sin exclusiones, porque la norma comentada lo establece para todos los derechos políticos.

Del mismo modo, según lo previsto en el artículo 14° inciso 2° de la Carta Política, los nacionalizados en conformidad a lo establecido en el N° 3° del artículo 10° de ella, esto es, los extranjeros que obtuvieren carta de nacionalización en conformidad a la ley, tienen opción a cargos públicos de elección popular solo después de cinco años de estar en posesión de los instrumentos respectivos.

336. Historia fidedigna. El criterio sobre cuál debe ser la edad mínima para adquirir la ciudadanía fue diverso entre la comisión de estudio del anteproyecto de la Nueva Constitución, por una parte, y el Consejo de Estado, de otra:

---

[563] Desde el 17 de noviembre de 2013, los consejeros regionales son elegidos directamente por la ciudadanía, mediante el sufragio universal emitido en la división territorial correspondiente. Trátase, sin duda, de una reforma necesaria, porque el régimen de elección indirecta antes vigente desalentó el interés público por las funciones que sirven tales consejeros y el control popular de su desempeño.
Al enunciado hecho en el texto cabe añadir que, en mensaje firmado el 30 de diciembre de 2014, la Presidenta de la República inició un proyecto de reforma constitucional destinado a contemplar la elección directa, cada cuatro años, de los intendentes regionales, reelegibles por una sola vez. Presidirían el Consejo Regional y en ellos recaerá la supervigilancia de los servicios públicos de la región. Paralelo a los intendentes se hallarían los gobernadores regionales, designados por la Presidencia de la República y dependientes de la confianza del Primer Mandatario. En tales gobernadores quedaría radicado todo lo relativo al orden público y la seguridad interior de la región, abarcando los servicios dependientes o relacionados con ellos.

> Con relación a la edad, la comisión es partidaria de volver a la exigencia de la Constitución de 1925, antes de la reforma de 1970, en el sentido de que sólo los chilenos que hayan cumplido veintiún años de edad puedan ser ciudadanos.
>
> Estima que a los dieciocho años de edad, muchos de nuestros jóvenes se encuentran recién en la etapa de término de sus estudios secundarios o por iniciar una carrera universitaria, y que sería altamente inconveniente su politización prematura. Pensamos que a esa edad la preocupación fundamental de la juventud debe ser el estudio y su preparación para asumir más tarde, con éxito, las responsabilidades de la vida, y especialmente las del ciudadano.
>
> Además, sería perjudicial, en nuestro concepto, conceder el derecho a sufragio a jóvenes que precisamente a la edad de dieciocho años deben cumplir con las obligaciones militares, ya que sería una incongruencia que tengan derecho a ser electores, y al mismo tiempo, estén integrando un cuerpo militarizado que no tiene derecho a voto[564].

Acertado, por ser más visionario y lógico, nos parece el planteamiento del Consejo de Estado:

> Se redujo la edad para ser ciudadano de 21 a 18 años, por doce votos a favor, tres en contra y dos abstenciones. La mayoría consideró que representaba una inconsecuencia el hecho de que los ciudadanos de hoy (con 18 años) pudieran votar en el plebiscito en que el país se pronunciará sobre la nueva Constitución, y no pudieran hacerlo después. La mayoría estimó, además, que en la actualidad la juventud tiene, a los 18 años de edad, la madurez suficiente como para alcanzar la ciudadanía[565].

Sobre la inexistencia del requisito de saber leer y escribir para ser ciudadano con derecho a sufragio, la comisión de estudio afirmó:

> En cuanto a la exigencia de un mínimo de instrucción que el primitivo precepto de la Constitución de 1925 tradujo en el requisito de saber leer y escribir y que la reforma de 1970 suprimió, la comisión, en definitiva, no ha sido partidaria de restablecer este requisito por dos razones principales: Primero, porque las personas que no saben leer y escribir tienen hoy día, a través de los medios de comunicación social, como la radio y la televisión, la posibilidad de formarse plena conciencia de los problemas nacionales y de elegir a sus representantes que estimen más capacitados para intervenir en su solución. El ejercicio del derecho a sufragio, más que una capacitación intelectual, requiere de cierta madurez ante la vida (...).
>
> La segunda razón que tuvo presente la Comisión consiste en que el número de analfabetos en nuestro país tiende ostensiblemente a decrecer (...).
>
> Pero si bien consideramos que no debe privarse del derecho a sufragio a los analfabetos, creemos, en cambio, que hay que ser exigente en cuanto a que las personas que pretendan aspirar a un cargo de elección popular o a otro que implique el ejercicio de responsabilidades públicas, quienes deben cumplir con ciertos requisitos de capacitación y de idoneidad, que serán diferentes según la naturaleza del cargo[566].

337. Sufragio de ciudadanos en el extranjero. Mediante la reforma constitucional hecha por la Ley N° 20.748, publicada en el Diario Oficial el 3 de mayo de 2014, fue incorporado

---

[564] Comisión de estudio del anteproyecto de una nueva Constitución: **Informe con proposiciones e ideas precisas** (Santiago, 16 de agosto de 1978), reproducido en VIII **Revista Chilena de Derecho** (1981) pp. 178 ss.

[565] Consejo de Estado: **Informe del Consejo de Estado recaído en la consulta formulada por S. E. el Presidente de la República acerca del anteproyecto sobre la nueva Constitución Política del Estado**, reproducido en VIII **Revista Chilena de Derecho** (1981) p. 405. Consúltese también Consejo de Estado, **Actas**, sesión 57°, celebrada el 5 de diciembre de 1978.

[566] Comisión de estudio del anteproyecto de la nueva Constitución: **Informe con proposiciones e ideas precisas, cit.**, p. 179.

al artículo 13°, como inciso 4°, el derecho de los ciudadanos, habilitados para votar y que se hallen en el extranjero, con el fin de hacerlo desde fuera de Chile, pero solo tratándose de las elecciones primarias presidenciales, de los comicios destinados a elegir al Presidente de la República y de los plebiscitos o referendos nacionales.

La enmienda en comentario representa la culminación de un esfuerzo que se hizo presente ya con el retorno del país a la democracia, en marzo de 1990. Es un paso adelante, importante sin duda, pero distante de configurar el pleno ejercicio de la ciudadanía por los ciudadanos que se encuentren fuera del territorio nacional en el día de las elecciones respectivas. Así es porque la reforma les reconoce el derecho a sufragar nada más que en las votaciones ya mencionadas. Quedan excluidos de hacerlo, por ende, en las demás elecciones primarias, en los comicios parlamentarios, en los regionales y en los municipales. Tampoco se los habilita para sufragar en los plebiscitos o referendos comunales. Circunstancias vinculadas con la dificultad de organizar, realizar y controlar la participación ciudadana en esos comicios fue la única explicación dada para justificar tal decisión. Confiamos en que el tiempo torne evidente el imperativo de subsanar dicha marginación y que se efectúen las adicciones pertinentes.

En la reforma de 2014 se insertó, finalmente, una oración que remite a cuanto disponga la ley orgánica constitucional correspondiente en lo relativo al procedimiento para materializar la inscripción en el registro electoral y regular la manera en que se realizarán los procesos electorales y plebiscitos en el extranjero. A la fecha de cerrar la redacción de esta obra, sin embargo, aún no se conocen siquiera las ideas matrices de esa legislación.

338. Sufragio de extranjeros. Preceptúa el artículo 14° de la Constitución que: "Los extranjeros avecindados en Chile por más de cinco años, y que cumplan con los requisitos señalados en el inciso primero del artículo 13°, podrán ejercer el derecho de sufragio en los casos y formas que determine la ley".

Revisando el cúmulo de exigencias que hacen procedente la configuración y ejercicio de este derecho, se constata que es menester cumplir con los requisitos copulativos siguientes:

A. Ser extranjero, reputándose tal toda persona humana que no sea chilena;

B. Hallarse avecindado en Chile. En cuanto al alcance de la voz *avecindamiento*, parece claro que se refiere al domicilio propiamente tal, pues se trata de un extranjero cuyo arraigamiento en la sociedad chilena tiene que ser indubitable;

C. Precisamente, el requisito recién explicado se completa al considerar que es menester estar avecindado en Chile por más de cinco años. Imperativo es agregar que, con sujeción al artículo 37° de la Ley Orgánica Constitucional sobre Sistema de Inscripciones Electorales y Servicio Electoral, los requisitos de avecindamiento y plazo de cinco años se acreditan con un certificado otorgado por el Ministerio del Interior en que consten dichas circunstancias;

D. Haber cumplido dieciocho años de edad, debiendo señalarse que rige aquí la misma regla que para los chilenos, o sea, lo preceptuado en el artículo 38° de la Ley Orgánica recién citada. En otras palabras, puede ser practicada de oficio la inscripción de menores de dieciocho años, pero solo cuando cumplan esa edad a más tardar el día de la elección ordinaria respectiva; y

E. Finalmente, no haber sido condenado a pena aflictiva.

Pues bien, de acuerdo a lo dispuesto en el artículo 14° inciso 1°, el extranjero que reúne los requisitos explicados puede ejercer el derecho a sufragio en los casos y en la forma que determine la ley. Rige en el tópico el artículo 60° de la Ley Orgánica Constitucional de Votaciones Populares y Escrutinios, precepto que iguala a los ciudadanos con los extranjeros en cuanto a los actos electorales en que pueden sufragar. De manera que el extranjero tiene plena igualdad, en parangón con los ciudadanos, para participar en las elecciones de Presidente de la República, diputados, senadores, alcaldes y concejales y consejeros regionales, como asimismo, en los referendos o plebiscitos comunales y de reforma constitucional[567].

No puede silenciarse que para los extranjeros sufragar era y sigue siendo un derecho y no una obligación, pues ellos estuvieron y están habilitados para hacerlo, si lo desean, sin que dejar de votar les significara sanción alguna. Efectivamente, y para terminar, ellos se hallan habilitados para hacerlo libremente en las elecciones de todas las autoridades nombradas y en los referendos o plebiscitos, de acuerdo a lo dispuesto en el artículo 25° inciso 2° de la Ley Orgánica Constitucional de Inscripciones Electorales, en el artículo 60° inciso 1° de la Ley Orgánica Constitucional de Votaciones Populares y Escrutinios, y en el artículo 105° de la Ley Orgánica Constitucional de Municipalidades. Sin embargo, la enmienda de 2009 a la Carta Política igualó, como se verá, la voluntariedad del voto de los ciudadanos con la de los extranjeros, de modo que hoy rige el mismo criterio para unos y otros.

339. Jurisprudencia. La inscripción en los registros electorales tenía como finalidad acreditar que la persona cumplía con los requisitos constitucionales para ejercer el derecho a sufragio. No se trataba, en consecuencia, de una exigencia adicional a las taxativamente contempladas en el artículo 13° de la Constitución. Tal acreditación perdió vigencia, pues ahora se halla prevista la voluntariedad del voto. Sin perjuicio de tal puntualización, conserva interés una sentencia del Tribunal Constitucional en el asunto:

> El artículo 2° del proyecto de ley dispone: "Para acreditar la existencia de los requisitos a que se refieren los artículos 13° y 14° de la Constitución Política, los ciudadanos y los extranjeros con derecho a sufragio deberán cumplir con el trámite de inscripción en los Registros Electorales".
>
> El Tribunal previene que considera constitucional el artículo copiado en el numerando anterior, en el entendido de que debe interpretarse dentro del contexto general del mismo proyecto y en armonía con su finalidad. De manera que la exigencia de acreditar los requisitos contemplados en los artículos 13° y 14° de la Constitución por parte de los ciudadanos y de los extranjeros con derecho a sufragio por medio de la inscripción en los Registros Electorales, debe considerarse establecida con el único objeto de ejercer el derecho a sufragio, pero no como una forma general y obligatoria de acreditar que poseen las calidades que dichos preceptos constitucionales establecen para cualquier otro efecto que sea menester.
>
> Por otra parte, dicha inscripción en los Registros Electorales debe entenderse sólo como una formalidad establecida para atestiguar que se cumplen las exigencias constitucionales para ejercer el derecho a sufragio[568].

---

[567] Por DS (Ministerio de Relaciones Exteriores) Nº 1, publicado en el Diario Oficial el 23 de marzo de 2012, fue promulgado el Acuerdo entre Chile y el Reino de España sobre participación en las elecciones municipales de los nacionales de cada país residente en el territorio del otro. Este derecho puede ser ejercido en el municipio de la residencia habitual del sufragante.

[568] Considerandos 10° y 11° de la sentencia pronunciada por el Tribunal Constitucional el 8 de septiembre de 1986 (Rol Nº 38°), reproducida en Eugenio Valenzuela Somarriva: **Repertorio de jurisprudencia del Tribunal Constitucional** (Santiago, Ed. Jurídica de Chile, 1989) pp. 35-36.

En análogo orden de ideas, y con la advertencia ya formulada, se había resuelto que no era procedente exigir al público, en general, la exhibición del correspondiente certificado de inscripción electoral cuando concurría a efectuar trámites en los servicios estatales[569].

Finalmente, cabe recordar que en virtud de la vigencia de la Ley Orgánica Constitucional sobre Sistemas de Inscripciones Electorales y Servicio Electoral, había recobrado plena aplicación la disposición del Estatuto Administrativo que exigía la inscripción a las personas que ingresaban a la Administración Pública[570]. Hoy la inscripción es automática, según lo presupuestado en el artículo 18° del Código Político, de modo que ya no se rige esta exigencia, al menos en los términos con que se halla aún prevista.

340. Ciudadanía, participación y compromiso. En las últimas décadas se ha tornado evidente el cambio de época en los más diversos aspectos de la convivencia. Especialmente notable es la transformación que atraviesa la política y el Derecho, nacional, internacional y supranacionalmente entendidos. En ese contexto, sobresalen las innovaciones en torno de la ciudadanía, a la cual se vincula directamente la participación, pero, en real paradoja, nada se puntualiza acerca de los compromisos u obligaciones inherentes al estatus de ciudadano.

En términos breves, hemos demostrado en números anteriores el sentido de esa tesis recordando la ampliación del concepto de ciudadanía, para abarcar ahora a los ciudadanos que se hallan en el extranjero y quieren votar; a los reclusos que cumplen penas de privación de libertad inferiores a las sanciones aflictivas; a los enfermos o incapacitados para concurrir a sufragar, pero que lo hacen por correo o con días de antelación a la fecha de los comicios; al universo que manifiesta su voluntad a través de medios electrónicos, los cuales permiten reducir al mínimo la posibilidad de cohecho y elevar al máximo la rapidez y exactitud con que se entregan los resultados de los actos electorales, en el país, sus regiones y comunas.

Más aún, ya existen países cuyos ordenamientos facultan para votar a los varones y mujeres, con dieciséis años de edad cumplidos, sean nacionales o extranjeros como ocurre en Argentina desde octubre de 2012.

Empero, el nuevo concepto de ciudadanía se proyecta en la actualidad más allá de las modificaciones reseñadas. Trátase de hacerlo efectivo en ámbitos que, tácitamente, siempre se presumieron inherentes a la participación, pero que, a pesar de ello, nunca o rara vez se reclamaban como propios de los ciudadanos en sus manifestaciones políticas o socioeconómicas[571]. Nos referimos al ejercicio del derecho de reunión en plazas, calles, parques y otros lugares de uso público; a la práctica de ese derecho, a menudo en contra del sistema jurídico, en invasiones de tierras rurales, ocupaciones de inmuebles urbanos y de otros lugares; a la usurpación de establecimientos que prestan servicios públicos o realizan funciones de bien colectivo y, sin agotar el muestrario, a las marchas siguiendo trayectorias trazadas por la autoridad al momento de autorizarlas, pero que derivan, a poco andar, en protestas masivas, fuera del curso permitido y casi siempre culminando en desmanes como saqueos, agresiones a la policía, destrucción de propiedad estatal y particular u otras evidencias de vandalismo.

---

569 Dictamen N° 08185, evacuado por la Contraloría General de la República el 6 de marzo de 1985.

570 Dictamen N° 024601, evacuado por la Contraloría General de la República el 19 de agosto de 1987.

571 Consúltese la serie de monografías sobre **Nueva Constitución y Asamblea Constituyente**, publicada en **Anuario de Derecho Público 2013** (Universidad Diego Portales, 2013).

Categóricamente aclarado, el derecho de reunión es legítimo, pero, como todo atributo subjetivo, siempre que sea ejercido dentro de los límites que le fija el ordenamiento jurídico. Más allá se lo desnaturaliza, convirtiéndolo en conductas ilícitas que no guardan relación alguna con la democracia y el respeto de la dignidad y los derechos fundamentales. El derecho de reunión es una especie en el género de la participación cívica y, por consiguiente, involucra necesariamente el deber de ejercerlo libre y civilizadamente. Ese es el compromiso, inherente a los atributos nombrados, cuyo quebrantamiento lo convierte en ilícito. Lamentablemente se elevan voces que acentúan solo el derecho señalado, sin admitir las restricciones y prohibiciones que le infunden legitimidad al goce del mismo. Y si todos, o muchos, terminan resolviendo sobrepasar el ordenamiento vigente, ¿no es rupturismo, anarquía, ingobernabilidad u otra patología que destruye al régimen democrático? Enfatizamos el imperativo de respetar los límites que el Derecho establece para que el disfrute de los atributos subjetivos no se convierta en potestad de individuos que se creen soberanos, sin acatar limitación o exclusión legítima alguna por reputarse titulares de una participación sin compromisos.

La ciudadanía es un concepto noble, en cuya estructura se hallan, inseparablemente reconocidos, los derechos del gobernado, sus obligaciones correlativas y el imperativo de respetar unos y otros, sin quedarse cada cual nada más que con sus atributos públicos subjetivos. La ciudadanía admite la discusión y la protesta, pero jamás la violencia y nunca el vandalismo[572]. Grupos de presión, de tensión y, todavía más, conglomerados de terror son eso y nada más[573].

341. Características del sufragio. Léese en el artículo 15° de la Constitución que:

En las votaciones populares, el sufragio será personal, igualitario, secreto y voluntario.

Sólo podrá convocarse a votación popular para las elecciones y plebiscitos expresamente previstos en esta Constitución.

Comentando el inciso 1° del artículo transcrito, procede aclarar que él se refiere a las votaciones populares. Pues bien, son tales las elecciones de Presidente de la República, diputados, senadores, consejeros regionales, alcaldes y concejales, así como los plebiscitos o referendos que, de acuerdo a la Constitución, pueden llevarse a efecto con carácter nacional o comunal.

Añade que el sufragio será personal, lo que se traduce en las dos exigencias siguientes:

A. Que la persona debe *concurrir por sí misma a sufragar*, es decir, hallarse físicamente presente en el lugar de votación para manifestar allí su voluntad. Secuela de lo expuesto es que se encuentra excluido el sufragio remitido sea por correo o a través de medios electrónicos. Ya hemos visto que el voto en el extranjero se halla aprobado, pero sin implementación efectiva mientras no sea dictada la legislación de rigor; y

---

572 Por eso, resulta difícil comprender la decisión del Senado que, en tercer trámite, rechazó el proyecto de ley que tipifica delitos contra el orden público, el 30 de octubre de 2013, llevando a comisión mixta la iniciativa que pena a encapuchados. Hasta la fecha, no se ha legislado en el asunto.

573 Según información suministrada por Carabineros de Chile, desde enero de 2009 a agosto de 2014 participaron en eventos públicos casi cinco millones de individuos, habiéndose registrado sobre los dos millones manifestantes en 2011. De acuerdo con la misma fuente, entre 2009 y 2013 hubo alrededor de sesenta mil detenidos por desórdenes públicos en tales manifestaciones. Consúltese José Ramírez R. y Nicolás Bravo R.: **Movimientos sociales en Chile. Una radiografía al proceso de movilización 2009-2014** (Santiago, Informe del Instituto Libertad y Desarrollo N°144, 2014) pp. 20 y 29.

B. Que el sufragio sea emitido por la persona titular del derecho, rechazándose la figura de la representación, el mandato o la delegación para sufragar, cualquiera sea la causa que pudiere ser invocada para explicar la no concurrencia en persona del ciudadano.

El mismo precepto agrega que el sufragio debe de ser *igualitario*. Esto quiere decir que los ciudadanos deben emitir su voto en paridad de oportunidades y condiciones, dentro de un mismo sistema y con sujeción a procedimientos comunes. Desde el ángulo sustantivo, esa palabra significa también que en el escrutinio cada sufragio, al menos teóricamente o en principio, debe tener el mismo valor, de manera que la igualdad llega a coincidir con la universalidad en la ponderación del voto. Indudablemente, el cumplimiento pleno de este principio exige evaluar, cada cierto tiempo, el diseño de las circunscripciones y los distritos electorales. Precisamente, este fue uno de los dilemas principales que detuvieron el avance de la nueva legislación relativa al reemplazo del régimen binominal por otro, llamado *de representación proporcional inclusiva*. El precepto exige, en seguida, que el sufragio sea *secreto*. Se relaciona el secreto directamente con asegurar la libre expresión de la voluntad del ciudadano en el ejercicio del derecho respectivo. La Constitución prohíbe y pena conocer, en consecuencia, lo que la persona ha decidido con su sufragio, manteniéndose y protegiéndose su autodeterminación, exenta de cualquiera inducción o presión, premio o represalia. Para ello, el sistema electoral debe establecer las garantías que hagan real tal postulado y que luego serán estudiadas. Por ejemplo, la urna en que se depositan los votos, la caseta o cabina en que se emite el sufragio, la cédula sin marca ni color o signo que permita constatar quien la emitió, la vigilancia de la Fuerza Pública, los apoderados idóneos de las diversas listas, la disolución de grupos y tumultos en los lugares de votación, etc, todo ello y más se dirige a la concurrencia del objetivo descrito.

Finalmente, el artículo 15° inciso 1° dispone que el sufragio es *voluntario*. Hasta la reforma de 2009, decía que para los ciudadanos el sufragio era, además, obligatorio. En consecuencia, solo estaban obligados a sufragar los ciudadanos. Para los extranjeros, como ya fue explicado, esta era una facultad, ejercitable o no a discreción del sujeto respectivo.

El ciudadano se hallaba en el deber de sufragar, de manera que el suyo era un derecho-deber, o un derecho-función en cuanto quien vota participa en el órgano electoral del Estado, desempeñando una función pública de incidencia excepcionalmente alta en la democracia. Por eso, el artículo 139° de la Ley N° 18.700 ordenaba que el ciudadano que no votaba fuera penado con una multa, de beneficio municipal, que fluctuaba entre media y tres unidades tributarias mensuales. Exceptuávanse de tal sanción los ciudadanos que se encontraban en alguna de las causales eximentes previstas en ese mismo artículo.

De dichas causales merecen ser todavía recordadas las siguientes: enfermedad, ausencia del país, y encontrarse el ciudadano, en el día de la elección o plebiscito, en un lugar situado a más de doscientos kilómetros de aquel en que estuviere inscrito.

Se agregaba que la apatía o indiferencia política, especialmente de la juventud, estaba comprobada con la renuencia a inscribirse en los registros electorales, para no quedar así obligado después a sufragar.

A mayor abundamiento, eran frecuentes las invocaciones de la libertad ciudadana, del imperativo de someter a los partidos a un régimen de esfuerzo para movilizar a los votantes y de otras ideas parecidas.

Nuevamente, sin embargo, la obligatoriedad del sufragio sigue hoy en debate, y se ha propuesto en el senado una moción que busca restablecerla. Se argumenta para ello aludiendo razones paradojales. Por ejemplo, que facilita, a los partidos políticos, la hegemonía que ya detentan en los procesos electorales. Sin embargo, se sostiene también que abolir tal obligatoriedad ha aumentado la abstención, especialmente de los ciudadanos que se sitúan en el centro del espectro político, elevando las posibilidades de que los extremos, más disciplinados, alcancen los mejores resultados e impongan sus decisiones[574]. La evidencia electoral ya recogida, y que insertamos al final de este tomo, confirma esta segunda aseveración. Una evaluación ecuánime del proceso lleva, a nuestro juicio, a abogar por la restauración del sufragio obligatorio, más aún si el ciudadano queda habilitado para desafiliarse del registro electoral en el que fue inscrito automáticamente.

El registro electoral prosigue, sin embargo, en trámite de perfeccionamiento pues son numerosas las circunstancias que atentan en contra de su integridad y pureza; v. gr., subsistencia de inscripciones de difuntos, duplicidad de inscripciones, omisión de ciudadanos hábiles para sufragar u otras situaciones análogas.

342. **Inscripción automática**. Los sistemas de votación se hallan en proceso de modernización por varios motivos, entre los cuales cabe destacar la inscripción automática de los ciudadanos en los registros electorales, en reemplazo del trámite que se cumplía por cada interesado en la junta inscriptora correspondiente[575].

La inscripción automática se practica por el Servicio Electoral, aun sin la voluntad de la persona afectada y por el solo hecho de cumplir los dieciocho años de edad. Naturalmente, acto seguido de tal inscripción, electrónicamente también ese Servicio procede a constatar el cumplimiento de los demás requisitos para ser ciudadano y hallarse en ejercicio del derecho a sufragio. El mecanismo descrito es aplicado en la gran mayoría de los países democráticos, pero requiere la satisfacción de varias exigencias que garanticen la pureza del acto y su exención de posibles manipulaciones para favorecer a determinados actores o fuerzas políticas. El nuevo régimen se aplicó, por primera vez, en las elecciones municipales de octubre de 2012 y derivó, al tenor de lo ya dicho, en numerosos reclamos por inscripciones defectuosas o la omisión de otras.

La inscripción automática evita la gestión individual pertinente; exige ordenar alfabéticamente los registros, de lo cual se sigue que, al menos en sus primeras etapas, implica la eventualidad que el ciudadano vote en lugares diferentes de aquel en que tiene el domicilio electoral; funciona con base en un padrón centralizadamente confeccionado y actualizado por el Servicio; unifica el voto emitido por varones y mujeres, dejando de ser separados; y conlleva la supresión de las juntas inscriptoras. Adicionalmente, su implantación se espera que contribuya a reducir el actual 40% de juventud que, estando facultada para votar, no lo hace, entre otros motivos, para evitarse el trámite referido o su desinterés en las contiendas cívicas.

343. **Algunas incoherencias**. Cerrando este párrafo se deja constancia de la serie de reparos que merecía el sistema de votación aún subsistente en Chile. Desde luego, va en aumento la conciencia pública en punto a calificar de errónea la implantación del sufragio voluntario, fundándose en los bajos niveles de votación, sin precedentes, registrados en los dos últimos procesos electorales, circunstancia a la que se añade la incongruencia que implica dicha implantación, por un lado, y la ciudadanía que siempre conlleva deberes, de otro.

---

574 Consúltese Arturo Fontaine Talavera *et al*. (editores): **Modernización del régimen electoral chileno** (Santiago, Programa de Naciones Unidas para el Desarrollo, 2007), especialmente pp. 157 ss.

575 Revísese en Arturo Fontaine Talavera **et al.**, **cit.**, las monografías de Juan Ignacio García Rodríguez: "Hacia una participación electoral de mayor calidad"; y Mahmud Aleuy: "Inscripción automática", **cit.**, pp. 13 ss. y 27 ss., respectivamente.

A mayor abundamiento, se exigía votar en Chile, pero excluyendo de hacerlo a los connacionales que estaban o se encuentran en el extranjero, esto es, alrededor de un millón de compatriotas.

Por último, resulta insostenible ante el desarrollo cívico del país que aún siga en vigor el régimen manual, con cédula oficial y cómputo en la mesa respectiva, en circunstancias de que, incluso en varios países de América Latina, con menor trayectoria republicana que el nuestro, desde hace décadas se halla implementado el voto y la contabilización electrónica[576].

344. **Limitaciones de la convocatoria.** El artículo 15° inciso 2° restringe los actos electorales a los que pueden ser convocados los ciudadanos. Así es, pues ese llamado está previsto nada más que tratándose de los plebiscitos o referendos y de las elecciones populares expresamente previstas en la Constitución. Procede aclarar, entonces, que los casos taxativos a que se remite ese precepto actualmente son los siguientes:

A. Los plebiscitos o referendos comunales y las consultas no vinculantes, al tenor del artículo 118° incisos 3° y 5° de la Carta Fundamental, reformados en noviembre de 1997;

B. Los plebiscitos o referendos de reforma constitucional, según lo previsto en los artículos 128° y 129° del Código Político;

C. Las elecciones primarias para la nominación de candidatos a Presidente de la República, parlamentarios y alcaldes, en virtud de lo dispuesto en el artículo 19° Nº 15° de la Constitución.

D. Las elecciones de Presidente de la República, conforme a los artículos 26°, 28° y 29° de la Constitución;

E. Las elecciones de diputados y senadores, de acuerdo a los artículos 47°, 48° y 49° de ella;

F. Las elecciones de consejeros regionales en los términos contemplados en el artículo 113° inciso 2° del Código Político y en la Ley Nº 20.678 de 2013; y

G. Finalmente, las elecciones de alcaldes y concejales de los concejos municipales, en cumplimiento de lo previsto en su artículo 119° del Código Político.

El tenor perentorio y taxativo del artículo 15° inciso 2° excluye la figura de las consultas, o sea, de la convocatoria a la ciudadanía en virtud de lo que disponga la ley o, menos todavía, de lo que mande la potestad reglamentaria autónoma del Jefe del Estado para ratificar un acto de gobierno, o manifestar la opinión ciudadana sobre un asunto de interés público. Por idéntica razón consideramos inconstitucional cualquiera otra citación o intervención, convocada por potestad reglamentaria, del cuerpo electoral en la decisión de cuestiones de relevancia colectiva, como sería v. gr., ratificar o no una proposición de convocatoria a elección de los integrantes de una asamblea constituyente. Puntualizamos lo anterior a raíz de haberse manifestado, últimamente, un esfuerzo sostenido para marcar el voto en los comicios presidenciales de noviembre y diciembre de 2013, escribiendo las letras AC, demostrativas de la voluntad de convocar a una asamblea constituyente. Tal anotación no anula necesariamente el sufragio, pero, sin duda, es un resquicio que, ante el texto del

---

[576] Consúltese Diego Pardo Álvarez: "El sufragio voluntario del artículo 15° de la Constitución de Chile", **Revista de Derecho de la Universidad Austral de Chile** (2013) pp. 115 ss.

artículo 71° N° 5 de la Ley N° 18.700, puede llevar a la sanción prevista en el artículo 132° N° 5° de ella y al quebrantamiento del secreto del sufragio.

345. Jurisprudencia. El Tribunal Constitucional ha corroborado que solo se pueden realizar las elecciones y plebiscitos que contemplados, en texto expreso, por la propia Constitución:

Las normas del proyecto referidas en los considerandos precedentes no son constitucionalmente admisibles, ya que ellas se contraponen con lo prescrito en el artículo 15° inciso 2° de la Carta Fundamental, pues al facultar a las autoridades comunales para determinar el procedimiento conforme al cual se oirá la opinión de la comunidad local, sin reservas ni limitaciones de ninguna índole, no se excluye, sino que, por el contrario, implícitamente se permite que establezcan un sistema de votación popular, o similar, que la Constitución reserva exclusivamente para las elecciones y plebiscitos previstos en ella[577].

TABLA 5.1. NÚMERO DE CIUDADANOS INSCRITOS, VOTANTES Y ABSTENCIONES. ELECCIONES Y PLEBISCITOS 1988-2005

PROCESOS	TOTAL	CIUDADANOS
PLEBISCITO 1988	ELECTORES	7.435.913
	VOTANTES	7.251.943
	ABSTENC.	183.970
	% ABSTENC.	2,47
PLEBISCITO 1989	ELECTORES	7.556.613
	VOTANTES	7.082.084
	ABSTENC.	474.529
	% ABSTENC.	6,28
ELECCIONES PRESIDENCIAL Y PARLAMENTARIAS 1989	ELECTORES	7.557.537
	VOTANTES	7.158.652
	ABSTENC.	398.885
	% ABSTENC.	5,28
ELECCIONES MUNICIPALES 1992	ELECTORES	7.840.008
	VOTANTES	7.043.827
	ABSTENC.	796.181
	% ABSTENC.	10,19
ELECCIONES PRESIDENCIAL Y PARLAMENTARIAS 1993	ELECTORES	8.085.439
	VOTANTES	7.376.691
	ABSTENC.	708.748
	% ABSTENC.	8,68

577 Considerandos 31° y 32° de la sentencia pronunciada por el Tribunal Constitucional el 29 de febrero de 1987, reproducida por Eugenio Valenzuela Somarriva, **ob. cit.**, pp. 36-37.

PROCESOS	TOTAL	CIUDADANOS
ELECCIONES MUNICIPALES 1996	ELECTORES	8.073.368
	VOTANTES	7.079.418
	ABSTENC.	993.950
	% ABSTENC.	12,15
ELECCIONES PARLAMENTARIAS 1997	ELECTORES	8.069.624
	VOTANTES	7.046.351
	ABSTENC.	1.023.273
	% ABSTENC.	12,68
ELECCIÓN PRESIDENCIAL 1999 PRIMERA VOTACIÓN	ELECTORES	8.084.476
	VOTANTES	7.270.537
	ABSTENC.	813.939
	% ABSTENC.	10,06
ELECCIÓN PRESIDENCIAL 1999 SEGUNDA VOTACIÓN	ELECTORES	8.084.476
	VOTANTES	7.326.753
	ABSTENC.	757.723
	% ABSTENC.	9,37
ELECCIONES MUNICIPALES 2000	ELECTORES	8.089.363
	VOTANTES	7.089.886
	ABSTENC.	999.477
	% ABSTENC.	12,36
ELECCIONES PARLAMENTARIAS 2001	ELECTORES	8.075.446
	VOTANTES	6.991.504
	ABSTENC.	1.083.942
	% ABSTENC.	13,36
ELECCIONES MUNICIPALES 2004	ELECTORES	8.012.065
	VOTANTES	6.872.675
	ABSTENC.	1.139.390
	% ABSTENC.	14,22
ELECCIONES PRESIDENCIAL Y PARLAMENTARIAS 2005	ELECTORES	8.220.897
	VOTANTES	7.207.278
	ABSTENC.	1.013.619
	% ABSTENC.	12.33

PROCESOS	TOTAL	CIUDADANOS
ELECCIONES PRESIDENCIAL 2005 SEGUNDA VOTACIÓN	ELECTORES	8.220.897
	VOTANTES	7.162.345
	ABSTENC.	1.058.552
	% ABSTENC.	12.88
ELECCIÓN MUNICIPAL 2008	ELECTORES	8.110.412
	VOTANTES	6.959.075
	ABSTENC.	1.151.337
	% ABSTENC.	14.39
ELECCIÓN PRESIDENCIAL 2009 PRIMERA VOTACIÓN	ELECTORES	8.285.186
	VOTANTES	7.264.136
	ABSTENC.	1.021.050
	% ABSTENC.	12.32
ELECCIÓN PRESIDENCIAL 2009 SEGUNDA VOTACIÓN	ELECTORES	8.285.186
	VOTANTES	7.203.371
	ABSTENC.	1.081.815
	% ABSTENC.	13.05

Fuente: Servicio Electoral.

Aunque hoy es ya una situación superada por la reforma constitucional, retiene interés precisar el significado del artículo 15° inciso 2°, en cuanto señalaba que solo era posible convocar a votación popular para las elecciones y plebiscitos expresamente previstos en la Constitución, norma sobre la cual el Tribunal Constitucional se pronunció puntualizando el alcance de tal concepto. Lo hizo al declarar la inconstitucionalidad del proyecto de ley que permitía a los partidos políticos, en 1998, realizar elecciones primarias, abiertas a la participación de la ciudadanía, para elegir al candidato presidencial de sus conglomerados:

> Que en efecto, en un sentido amplio la define el profesor Raúl Bertelsen expresando que la "votación popular" (...) es aquel acto en que los ciudadanos –y también los extranjeros si gozan de derecho a sufragio–, manifiestan su voluntad a través de la emisión de su voto o sufragio para cualquier objetivo que se persiga, sea éste la elección de una persona, la aprobación o rechazo de una propuesta plebiscitaria, la adopción o derogación de un texto normativo, la revocación de una autoridad, la recomendación de una de las consultas sobre las que se solicitó pronunciamiento al electorado, e igualmente, por cierto, la selección de un candidato cuando se acude a elecciones primarias abiertas a la participación de la ciudadanía.
>
> Por su parte, en un sentido restringido la entiende el profesor Alejandro Silva Bascuñán al expresar que "el objeto de las votaciones populares (...) es que, mediante la intervención del cuerpo electoral organizado, se decidan los plebiscitos de reforma constitucional o se elijan los titulares de los órganos públicos fundamentales que deben ser designados por ella".
>
> Este Tribunal señala que no cabe dudas que el Constituyente empleó la expresión **votación popular** en su significado **amplio**, en el inciso segundo del artículo 15° de la Carta Fundamental, según así lo demuestra: 1) el sentido claro de esta norma; 2) la interpretación armónica con otros

> preceptos de la Constitución; 3) la finalidad que el Poder Constituyente tuvo en vista al incorporar el inciso segundo en examen, de acuerdo a nuestra realidad histórica; y 4) al alcance que el propio Poder Constituyente derivado o instituido, en forma implícita, pero indiscutible ha asignado a esa expresión[578].

A mayor abundamiento, en la misma sentencia el Tribunal Constitucional conceptualizó la votación popular, al sostener:

> Que por votación popular debe entenderse aquel acto en que se convoca al Pueblo como sinónimo de cuerpo electoral organizado, para pronunciarse sobre un asunto de interés general para la colectividad, sea a nivel nacional o local, pudiendo dicho logro asumir las más variadas formas, tales como elección de gobernantes, plebiscito de reforma constitucional, plebiscitos municipales, consultas nacionales o locales, sean éstas vinculantes o no, revocación de actos de los órganos del Estado o destitución de sus titulares y, en fin, selección de candidatos para postular a los cargos de elección popular[579].

El Tribunal puntualizó, además, que si a los mencionados casos se acordaba añadir nuevos asuntos para resolverlos, mediante una votación popular, entonces era menester:

> Modificar la Constitución; por lo demás, así se ha hecho al contemplar en nuestro ordenamiento jurídico el plebiscito a nivel comunal y la consulta no vinculante en el ámbito de las municipalidades, por medio de las reformas constitucionales de 1989 y 1997, respectivamente. Por ello no es admisible ejecutarlo (el cambio) a través de la ley, que importa, en cuanto su concepción esencial, una verdadera modificación a la Carta Fundamental[580].

Finalmente, en el considerando 27° del fallo extractado, el Tribunal Constitucional concluyó que, tratándose de elecciones primarias para designar candidatos a la Presidencia de la República, se estaba ante votaciones populares, por las razones siguientes:

> Porque participa el Pueblo constituido en cuerpo electoral organizado, pues en este proceso son electores los ciudadanos y extranjeros inscritos en los Registros Electorales (...).
>
> Porque la manifestación de la voluntad del Pueblo, en este acto, indudablemente, es sobre una materia de interés para la colectividad toda, habida consideración de su enorme trascendencia para la vida del país (...). Precisamente, por ello es que, de acuerdo al propio proyecto, el gasto que significa su establecimiento se financia con cargo al Presupuesto del Ministerio de Interior y del Tesoro Público (...).
>
> Sustancialmente distinta es la jurisprudencia del mismo Tribunal.

Distinta fue la sentencia del Tribunal Constitucional que se pronunció acerca de la que hoy es la Ley N° 20.640, de 2012, sobre elecciones primarias para la nominación de candidatos a ciertos cargos de elección popular. Lógicamente habiendo sido aprobada con anterioridad la reforma constitucional que contempló esos comicios, carecía de objeciones de forma y fondo la legislación que se dictara para implementarla. Consiguientemente, aquel Tribunal, ejerciendo el control de supremacía preventivo y obligatorio del proyecto de ley pertinente, declaró la constitucionalidad de la iniciativa, con una excepción que cabe recordar[581]:

---

578 Considerandos 11°, 12° y 13° de la sentencia pronunciada por el Tribunal Constitucional el 6 de octubre de 1998 (Rol N° 279. Énfasis en el original).

579 **Id.**, considerando 9°.

580 **Id.**, considerando 32°.

581 Considerandos 16° a 22° de la sentencia pronunciada el 4 de octubre de 2012. Rol N° 10.394.

GRÁFICO 5.1. NÚMERO DE CIUDADANOS INSCRITOS. ELECCIONES Y PLEBISCITOS 1988-2009

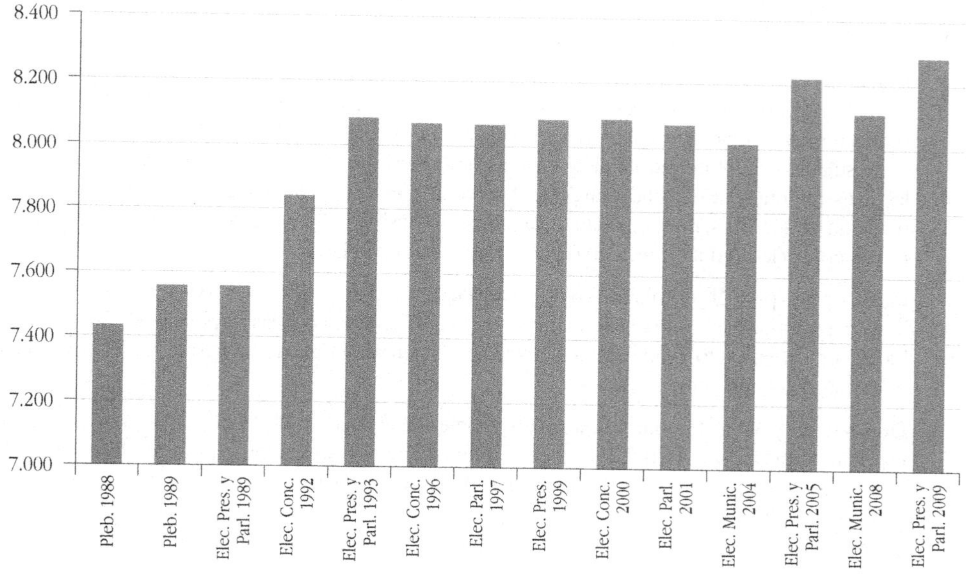

GRÁFICO 5.2. NÚMERO DE ABSTENCIONES

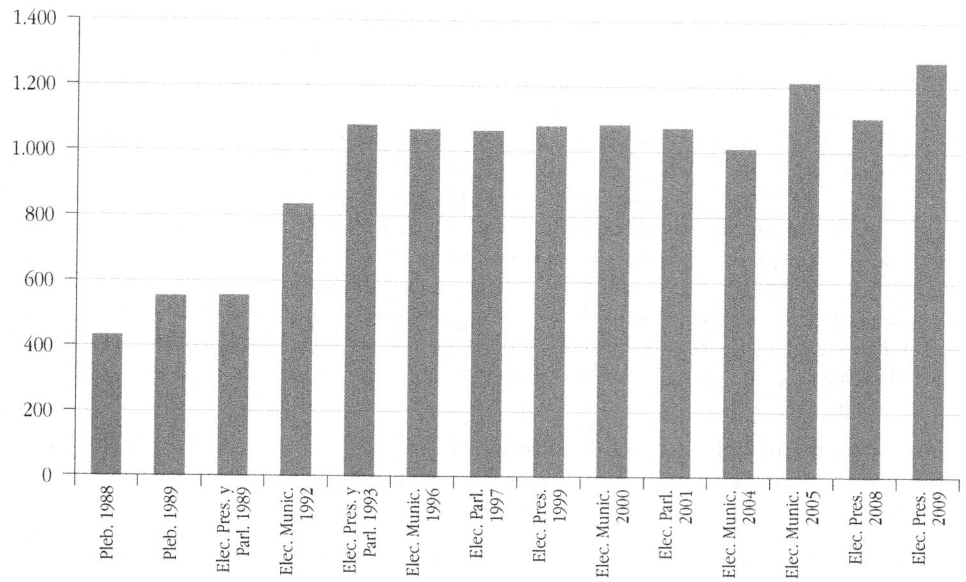

Que, como toda potestad normativa secundaria, debe sujetarse a la Constitución, a la ley y a la normativa reglamentaria que dicte el Presidente de la República. También sólo puede pormenorizar o detallar, sin innovar, lo establecido en la ley;

Que tampoco considera esta Magistratura que haya inconveniente en que exista esta potestad normativa para pormenorizar o detallar asuntos que están regulados en una ley orgánica. Estas leyes, si bien deben abordar ciertas materias y, en tal sentido, se rigen por el principio de competencia, y están sujetas a una superlegalidad de forma, por requerir un quórum más alto de aprobación que las leyes comunes, y estar sujetas al control preventivo de constitucionalidad de esta Magistratura, no dejan de ser leyes, pues emanan de la potestad legislativa. En tal sentido, pueden requerir de pormenorización o detalle a cargo de una normativa secundaria;

Que, por otra parte, la norma analizada establece ciertas restricciones al Servicio Electoral. Desde luego, la normativa secundaria debe dictarse "en conformidad con las disposiciones que se establecen en este párrafo". También la facultad se encuentra dentro de un párrafo específico (el 6° del Título I del proyecto);

Que, sin embargo, esta potestad normativa conferida al Servicio Electoral se da en un contexto especial, dada la forma en que el proyecto definió el marco jurídico que rige a las elecciones primarias, en el artículo 6°. Ahí se remitió "en todo lo que no sea contrario a ella y en lo que le sea aplicable", a las leyes N°s 18.700, 18.556, 18.695 y 18.603. Por lo mismo, deja un amplio margen para que dicha potestad normativa pueda definir lo que sea aplicable de ellas;

Que, en este sentido, tal potestad normativa, que permite que se pueda regular por el Servicio Electoral, entre otras materias, "en general todo aquello relativo al acto eleccionario", vulnera la Constitución;

Que tal vulneración se produce, en primer lugar, porque la Constitución manda que sea "una ley orgánica constitucional" la que establezca "un sistema de elecciones primarias". En tal sentido, el legislador orgánico debe precisar qué normas son las que regulan estas elecciones. Es la ley orgánica la que debe establecer el régimen jurídico de las primarias, no dejando en manos del Servicio Electoral definir ese marco jurídico en aspectos esenciales. El legislador puede establecer ese todo armónico y sistemático directamente o remitiendo a otras disposiciones legales. Pero no puede confiar esa tarea a la autoridad administrativa. En segundo lugar, tal potestad deslegaliza un ámbito que la Constitución reservó a la competencia del legislador orgánico. Cuando la Constitución encarga a la ley orgánica regular algo, el legislador debe hacerlo, sin que quepa que la potestad normativa secundaria pueda llenar ese vacío, pues ésta es de pormenorización o detalle de un contenido que la ley, en lo medular, ya reguló. Recordemos que ni siquiera el decreto con fuerza de ley cabe en materias propias de ley orgánica constitucional (artículo 64 de la Ley Suprema). Menos puede hacerlo una normativa que no es ni siquiera de rango legal; Que, en consecuencia, para este Tribunal la frase: "y dictará las normas que rigen la 30 propaganda electoral, la votación, el escrutinio y, en general, todo aquello relativo al acto eleccionario", es inconstitucional, y así se declarará.

346. Suspensión del derecho de sufragio. La Constitución ha contemplado el tema, debiendo aclararse que solo ella puede prever las causales pertinentes, las cuales tienen, por lo tanto, carácter taxativo y rango fundamental.

Ha sido ya explicado que, con sujeción al artículo 13° inciso 2°, la calidad de ciudadano otorga, entre otros, el derecho de sufragio. Empero, debe distinguirse la calidad de ciudadano o ciudadanía, por un lado, de su ejercicio, práctico o efectivo, de otro. En realidad, las personas que se encuentran en cualquiera de las causales del artículo 16° son ciudadanos, pero tienen suspendido el ejercicio de su derecho a sufragio, es decir, se hallan temporalmente impedidas de votar o sufragar, en elecciones populares, por alguno de los tres motivos contemplados en la Constitución.

Procede, entonces, analizar las causales de suspensión previstas en el artículo 16° del Código Político.

A. El ejercicio del derecho a sufragio se suspende, en primer lugar, por interdicción en caso de demencia.

La interdicción es la consecuencia o resultado de una declaración, efectuada por el tribunal competente, reconociendo que una persona es absolutamente incapaz para celebrar o realizar actos jurídicos. Tal calidad de interdicto tiene que fundarse en antecedentes clínicos, de índole psíquica, neurológica y física, ponderados en un proceso debido y que culmina con el fallo que la pronuncia y llega a ser ejecutoriado[582].

La demencia, que en este caso es la causa de la interdicción, se refiere a cualquiera privación habitual de la razón, esto es, del ejercicio normal de las facultades intelectuales del ciudadano que la padece.

Tal pronunciamiento judicial, una vez que se halla firme o ejecutoriado, produce la suspensión del ejercicio del derecho a sufragio. Esta secuela dura tanto como la causal que la provocó, de manera que si la persona afectada logra superar su estado de demencia, deberá ser revocada la resolución judicial que la pronunció. Consiguientemente, con el mérito de esa resolución, firme o ejecutoriada, tiene que procederse a la cancelación de la suspensión, quedando el ciudadano plenamente rehabilitado para ejercer el sufragio;

B. La segunda de las causales versa sobre los delitos que merezcan pena aflictiva. El derecho a sufragio se suspende, en esta hipótesis, a raíz de hallarse la persona acusada por delito que lleva consigo esa pena privativa de libertad. Advertimos que la reforma constitucional de 2005 actualizó esta disposición, adecuándola a las nuevas normas del Código Procesal Penal, por lo que cambió la expresión *procesada* por *acusada*.

En efecto, recordemos que el antiguo Código de Procedimiento Penal, en su artículo 274°, configuraba la calidad de procesado como la del inculpado que había sido sometido a proceso. Aclaraba ese mismo artículo que, para quedar en la situación de procesado, era menester la conjunción de los requisitos siguientes:

A. Que estuviera justificada la existencia del delito investigado; y

B. Que aparecieran presunciones fundadas para estimar que el inculpado había tenido participación en el hecho punible como autor, cómplice o encubridor.

Con sujeción al precepto transcrito, para que operara la suspensión se exigía la calidad de procesado, y esta condición suponía que se hallara firme el auto de procesamiento, antes llamado *encargatoria de reo*. Esta causal del artículo 16° N° 2° no se aplicaba a las personas detenidas y que no estaban procesadas. Tampoco regía con respecto a las personas condenadas por sentencia firme, porque ellas habían perdido, por esta razón, la ciudadanía, según lo dispuesto en el artículo 17°, que será examinado luego. En síntesis, para que operara la causal del artículo 16° N° 2° del Código Político bastaba que la persona se hallara procesada por un delito que mereciera pena aflictiva, aunque después fuera absuelta o resultara condenada a una pena inferior.

Pues bien, el procesamiento de esa persona suspendía el ejercicio de su derecho a sufragio. No era menester, por ende, que la condena fuera impuesta realmente mediante una

[582] Véase el artículo 843° del Código de Procedimiento Civil.

sentencia firme, pues en tal hipótesis se incurriría en una causal de pérdida de la ciudadanía, al tenor del artículo 17° Nº 2°, disposición cuyo efecto tiene duración indefinida.

La situación cambió, al menos parcialmente, con lo dispuesto en el nuevo Código Procesal Penal[583].

Así es, desde luego, porque desaparecieron las expresiones *procesado, sometido a proceso, reo o inculpado*, empleadas en diversos artículos de la Constitución; v. gr., 16° Nº 2° y Nº 3°, 19° Nº 7° letras d), e) e i), 21° y 58°.

Conforme a la nueva redacción del precepto en comentario, se suspende el derecho a sufragio de quien se halla acusado por un delito que merece pena aflictiva. De acuerdo con los artículos 258° y 259° del Código Procesal Penal, *acusado* es el imputado en contra de quien el Ministerio Público, o excepcionalmente el querellante, ha formulado la acusación de rigor, atribuyéndole participación en los hechos configurativos de un delito que merece pena aflictiva. Sin perjuicio de lo recién explicado, la disposición 19ª transitoria de la Carta Fundamental ha dispuesto que: "No obstante la modificación al artículo 16° Nº 2° de esta Constitución, también se suspenderá el derecho de sufragio de las personas procesadas por hechos anteriores al 16 de junio de 2005, por delitos que merezcan pena aflictiva o por delito que la ley califique como conducta terrorista". Es posible concluir, en consecuencia, que una persona sometida a proceso por un delito que merece pena aflictiva o que la ley califica como conducta terrorista por hechos ocurridos antes del 16 de junio de 2005, se halla suspendida en el ejercicio del derecho aludido;

C. La tercera causal de suspensión del ejercicio del derecho a sufragio consiste en hallarse el ciudadano acusado o procesado, según se ha puntualizado precedentemente, por delitos que la ley califique como conducta terrorista. En esa hipótesis la suspensión del ejercicio del derecho a sufragio opera tan solo por dictarse y quedar firme el auto de procesamiento, sin que interese la pena fijada a la conducta. Se atiene el Poder Constituyente, en otras palabras, a la naturaleza terrorista del delito, sin otra exigencia ni consideración, para reputar indigno al procesado del ejercicio del atributo descrito.

Una vez más cabe recordar que si la persona afectada es absuelta o sobreseída, entonces la suspensión dura mientras no se encuentre firme la sentencia o resolución respectiva. En cambio, si ella es condenada, la suspensión permanece hasta que se encuentre ejecutoriado el fallo condenatorio, momento en que pierde la ciudadanía;

D. El derecho a sufragio se suspende, finalmente y en cuarto lugar, por haber sido el ciudadano sancionado por el Tribunal Constitucional en conformidad al artículo 19° Nº 15° inciso 7° de la Constitución. Los que por esta causal se hallen privados del ejercicio del derecho a sufragio, lo recuperan al término de cinco años, contados desde la declaración del Tribunal. Esta suspensión no produce otro efecto legal, pero conservando su vigencia lo dispuesto en el artículo 19° Nº 15° inciso 7° del Código Político.

La causal en examen se encuentra vinculada, aunque parcialmente, con el propósito que inspiró la dictación del antiguo artículo 8° de la Carta Fundamental. Cabe destacar que dicha causal cesa, de pleno derecho, al cabo de los cinco años indicados. Análogamente interesante es percatarse de que la causal comentada tiene una duración determinada, y no indefinida como las anteriormente explicadas. Hasta la fecha, ningún ciudadano ha sido sancionado por ella.

---

[583] Contenido en la Ley Nº 19.696, publicada en el Diario Oficial el 12 de octubre de 2000 y sus reformas.

347. Sufragio de uniformados. En el anteproyecto elaborado por la comisión de estudio de la nueva Constitución, se incorporó una causal de suspensión del derecho de sufragio que el Consejo de Estado acordó eliminar. Tal causal se refería a encontrarse el ciudadano en situación de incumplimiento de sus obligaciones militares.

El fundamento del acuerdo del Consejo lo sintetizó el consejero Julio Philippi Izquierdo al sostener que:

> La suspensión del derecho de sufragio por no haber cumplido el ciudadano sus obligaciones militares, va a prestarse para una serie de situaciones engorrosas, punto de vista que comparte el señor Presidente quien es de opinión de eliminar la norma. El señor Ortúzar explica que su aplicación práctica dependerá de los datos que la Dirección de Reclutamiento entregue al Director del Registro Electoral y que lo que se ha pretendido, al introducir este precepto, es incentivar el cumplimiento de las obligaciones militares. Tras de un breve cambio de opiniones, se acuerda, por unanimidad, suprimir el Nº 3° del artículo 16°, con lo que el Nº 4° pasará a ser Nº 3°, y aprobar el resto de la disposición. También, por indicación del señor Ortúzar, se acuerda dejar testimonio en actas de que el inciso 3° se excluye únicamente por lo engorroso que podría resultar su aplicación[584].

Abundando sobre el mismo asunto, en el proyecto de Nueva Constitución elaborado por el Consejo de Estado se conservó la disposición recordada, pero flexibilizando su aplicación. En el artículo 14° de ese proyecto se leía, efectivamente, que mientras se encontrara en servicio activo, el personal de las Fuerzas Armadas y Carabineros, con excepción de su personal civil, no podría ejercer el derecho de sufragio[585]. Consecuentemente, el Consejo de Estado trazó una diferencia entre el personal en servicio activo y en retiro, y subdistinguió el personal civil, por un lado, del uniformado, de otro.

En definitiva, la disposición analizada fue eliminada en el texto sometido a ratificación de la ciudadanía por la Junta de Gobierno. Tal supresión tuvo plena justificación, pues todos los servidores de las instituciones referidas son ciudadanos y, como tales, votaron en el plebiscito de 1980 y después. Ellos no incurren en deliberación al sufragar y deben gozar de igualdad en el ejercicio de los derechos políticos en la democracia. Por lo demás, los cambios ocurridos en la regulación del servicio militar despejan cualquier duda en punto a la improcedencia de fundar en él la suspensión del sufragio.

348. Pérdida de la ciudadanía. Se ha insistido ya en las razones por las cuales no cabe confundir la suspensión del ejercicio del derecho a sufragio, y nada más que ese efecto temporal, por un lado, con la pérdida de la calidad de ciudadano y de todos los derechos que esta lleva consigo, situación mucho más grave y definitiva, de otro.

La distinción recordada se hace patente en las causales de suspensión y pérdida, pues son distintas, como también son diferentes sus efectos y las vías para recuperar el ejercicio del derecho o la calidad de ciudadano que se ha perdido.

Evidentemente, la pérdida de la ciudadanía asume la concurrencia de causales más graves que las propias de la mera suspensión del ejercicio del sufragio. Las causales de pérdida se hallan reguladas en el artículo 17° de la Constitución, el cual enumera cuatro causales y lo hace con carácter de taxativas. Tales causales son las enunciadas a continuación, seguidas del comentario respectivo:

---

584 Consejo de Estado, **Actas Oficiales**, sesión 58°, celebrada el 12 de diciembre de 1978, pp.77 ss.

585 **Id.**

A. **Pérdida de la nacionalidad**. La causal es consecuencia de los artículos 11° y 13°, ya que aquella es un presupuesto o requisito de la ciudadanía. Se recupera la nacionalidad por ley, como ya se sabe. Empero, la recuperación de la nacionalidad no lleva consigo, sin más trámite, la rehabilitación en la ciudadanía. Efectivamente, el afectado queda en situación de ser nuevamente ciudadano solo si cumple los demás requisitos previstos en dicho artículo 13°. Por lo demás, la rehabilitación de la ciudadanía y de la nacionalidad es competencia del Senado, en un caso, y del legislador, en el otro, con sujeción a lo previsto en el artículo 17° inciso final de la Carta Política;

B. **Condena a pena aflictiva**. Trátase del efecto de una sentencia firme que priva al ciudadano de la libertad personal por tres años y un día o más. Es obvio que el Poder Constituyente asume que ese ciudadano carece de la idoneidad cívica y ética requerida para votar decidiendo los asuntos de mayor importancia para el país o la división territorial respectiva; y

C. **Condena por delitos que la ley califique como conducta terrorista**, así como por los delitos relativos al tráfico de estupefacientes y que hubieren merecido, además, pena aflictiva. Respecto de los delitos que la ley califique como conducta terrorista, ellos llevan consigo, siempre e inevitablemente, la imposición de una pena aflictiva. En tal sentido, existe redundancia entre la segunda y tercera causal prevista en el artículo 17°, pues siendo la primera de ellas de alcance más amplio o genérico, abarca a la segunda que es más específica. Sin embargo, la reforma constitucional del 2005 incluyó la condena por delitos relativos al tráfico de estupefacientes y que, además, hubieren merecido pena aflictiva. Podría pensarse que se trata de una repetición innecesaria, pero no es así, atendida la naturaleza del ilícito y a que los mecanismos de rehabilitación son distintos, tal como se verá enseguida.

349. Rehabilitación de la ciudadanía. Dispone el artículo 17°, en su inciso 2° que:

> Los que hubieren perdido la ciudadanía por la causal señalada en el número 2°, la recuperarán en conformidad a la ley, una vez extinguida su responsabilidad penal. Los que la hubieren perdido por las causales previstas en el número 3° podrán solicitar su rehabilitación al Senado una vez cumplida la condena.

Rehabilitar es restituir la calidad de ciudadano a quien la ha perdido. Se está, entonces, de frente a un sujeto afectado por la pérdida de su ciudadanía, al cual se restablece o devuelve la calidad de ciudadano. No existe, por ende, rehabilitación cuando el afectado se halla solo suspendido en el ejercicio del sufragio.

En punto a la rehabilitación por la causal de pérdida señalada en el N° 2°, se recupera la ciudadanía una vez extinguida la responsabilidad penal, con sujeción a lo dispuesto en el artículo 93° del Código Penal. Este precepto se refiere al cumplimiento de la condena, a la amnistía, al indulto y a la prescripción de la acción penal.

También se contempla la rehabilitación por la causal del N° 3°. Pero para obtener tal beneficio las exigencias son más serias, pues debe solicitarse al Senado y solo después que el terrorista o narcotraficante ha cumplido la condena. Es improcedente y debe ser declarada inadmisible la solicitud anticipada de rehabilitación por esta causa.

350. Rehabilitación y extinción de responsabilidad penal. Imperativo es despejar las dudas de interpretación o problemas de aplicación que suscita la norma del inciso 2° comentada.

En efecto, y a propósito de la extinción de la responsabilidad penal, se está en lo previsto en el artículo 93° del Código del ramo, el cual señala, entre otras razones, que se extingue esa especie de responsabilidad por las causales siguientes:

A. Muerte del afectado, la cual, obviamente, no procede respecto del artículo 17° de la Constitución porque al difunto no se lo rehabilita en el ejercicio de la ciudadanía;

B. Cumplimiento de la pena, motivo que se erige en la regla general, sea que se haya sufrido efectivamente la privación de libertad, o que haya operado un sistema de cumplimiento alternativo de ella; y

C. Indulto, es decir, la rebaja, conmutación o condenación de una pena determinada, beneficio que opera a través de normas generales mediante la dictación de una ley, o a través de disposiciones particulares, de alcance individual, contenidas en un decreto supremo del Presidente de la República.

El artículo 93° se refiere, enseguida, a la prescripción de la acción penal o de la pena. Sobre ese punto, cabe explicar que, habiéndose cometido un delito y sin que se haya pronunciado la sentencia condenatoria, prescribe la acción penal cuando ha transcurrido el plazo que la ley fija al efecto para ese ilícito. En cambio, opera la prescripción de la pena cuando el ciudadano ha sido condenado, pero la demora en pronunciar la sentencia, sobrepasando el plazo que la ley contempla como sanción, contado desde que se cometió el ilícito, lleva a la prescripción de ella[586].

Finalmente, hállase la amnistía. Ella extingue la pena y todos sus efectos, de manera que el responsable se reputa no haber delinquido jamás ni haber tenido la calidad de delincuente, sea para finalidades civiles, administrativas, laborales o de cualquier otra índole. Imperativo es puntualizar, sin embargo, que la amnistía presupone la constatación de los hechos punibles y de quienes participaron en ellos, de modo que es insostenible dispensarla por anticipado.

351. Jurisprudencia. Puede advertirse la coordinación legislativa que existe con respecto al tema de la amnistía entre los artículos 53° N° 4°, 63° N° 16° y el inciso 2° del artículo 65°, todos de la Constitución. También se percibe esa armonía entre los artículos 28°, 29° y 93° N° 3° del Código Penal. Fluye de ese rasgo que así se facilita la correcta interpretación del artículo 17° N° 2° de la Constitución. La jurisprudencia se caracteriza también por tal unidad de criterio, según consta de las sentencias siguientes, las cuales suscitan, sin embargo, fundada disidencia:

> Conforme al artículo 22° del Código Civil, el inciso 2° del precitado artículo 17° de la Carta Fundamental debe interpretarse en su contexto y con la debida correspondencia y armonía con los otros preceptos a que se refieren los fundamentos anteriores, en especial en relación a aquellos que reglamentan la amnistía, de manera que aquél a quien se otorga tal beneficio no necesita su rehabilitación por el Senado para recuperar la calidad de ciudadano, toda vez que al amnistiado –de acuerdo a lo que se lleva dicho– debe tenérsele como si jamás hubiese sido condenado a pena aflictiva[587].

Suscita duda, igualmente, la doctrina extractada a continuación, porque prescinde del órgano habilitado para decidir en el punto según la Constitución. En realidad, donde la competencia ha sido otorgada por la Carta Fundamental al Senado, ella es excluyente e impide su desempeño por otro órgano estatal. De lo contrario, podría llegarse al extremo que, si se aprueba una ley de amnistía, ella haya sido rechazada por la Cámara Alta, pese a lo cual se le atribuya, como efecto, la rehabilitación de ciudadanos:

---

[586] Alfredo Etcheberry: II **Derecho penal. Parte general** (Santiago, Ed. Jurídica de Chile, 1998) p. 257.

[587] Considerando 8° de la sentencia pronunciada por la Corte Suprema el 20 de septiembre de 1990, reproducida en XXXVII **Revista de Derecho y Jurisprudencia** 2° P. S. V. p. 162.

> Si bien la Constitución prescribe que los que hayan perdido la calidad de ciudadano con derecho a sufragio por condena a pena aflictiva pueden solicitar su rehabilitación al Senado, y el artículo 42° del Código Penal dispone que el que ha sido privado de los derechos políticos sólo puede ser rehabilitado en su ejercicio en la forma prescrita por la Constitución, no es menos cierto que tales preceptos razonan sobre la base que exista una condena que ha producido sus efectos, uno de los cuales es precisamente la privación de los derechos políticos. Al desaparecer la pena y todos sus efectos, desaparece la inhabilitación para derechos políticos, que no es más que una de las penas que se impusieron al penado. Por lo demás, si bien formalmente difieren un acuerdo del Senado y una ley de la República, en el fondo la exigencia constitucional aparece incluso cumplida con exceso, ya que la promulgación de la ley ha supuesto la aprobación de ella por el Senado.
>
> Qué distinta es, en cambio, la situación que se produce con otras causales de extinción de la responsabilidad penal, como por ejemplo el indulto, ya que la gracia del indulto sólo remite o conmuta la pena, pero no quita al favorecido el carácter de condenado para los efectos de la reincidencia o nuevo delinquimiento y demás que determinan las leyes, por lo que en tal caso se justifica la petición de rehabilitación al Senado.
>
> Otro tanto ocurre cuando el sentenciado ha cumplido la pena corporal que se le impuso por el delito que merece pena aflictiva, por cuanto, de acuerdo con los artículos 29° y 37° del Código Penal, dicha pena lleva como accesoria la inhabilitación absoluta perpetua de los derechos políticos, motivo por el cual debe, obviamente, pedir su rehabilitación al Senado[588].

Se inserta enseguida una sentencia del Tribunal Constitucional[589] que puntualiza el significado del artículo 16° N° 2° del Código Político, aplicándolo a todas las autoridades elegidas popularmente:

> Que cabe ahora detenerse en el sentido y alcance del artículo 16 N° 2 de la Constitución, norma según la cual se suspende el ejercicio del derecho de sufragio del ciudadano acusado por un delito que merezca pena aflictiva. Analizada esa disposición, resulta evidente, desde luego, que el mandato contenido en ella persigue un fin razonable, especialmente tratándose de autoridades que representan a la ciudadanía en el régimen democrático imperante en Chile. Menester es realzar, además, que dicho precepto fundamental rige sin excepciones, en cuanto a los sujetos afectados por él, como asimismo en relación con los efectos suspensivos que produce respecto de las autoridades cuyo desempeño presupone hallarse en ejercicio pleno de la ciudadanía;
>
> Que, en consonancia con lo preceptuado en el artículo 16° N° 2°, se halla también la disposición decimonovena transitoria del Código Supremo, la cual, contrariamente a lo argüido por la parte requirente, puntualiza que la suspensión del sufragio es igualmente aplicable a los procesados por delitos cuyos hechos hayan ocurrido antes del 16 de junio de 2005 y que merezcan tal penalidad, como sucede en el caso de autos;
>
> Que de lo razonado en los considerandos anteriores fluye, con entera nitidez, que al encontrarse el requirente actualmente procesado, mediante resolución firme, por un delito que merece pena aflictiva, tiene, en conformidad a lo previsto en el artículo 16° N° 2° y en la disposición decimonovena transitoria de la Constitución, suspendido el ejercicio de su derecho de sufragio, porque la titularidad plena de tal derecho ciudadano debe existir tanto para ser investido o incorporado al oficio pertinente, como asimismo durante todo el período de ejercicio de tal función representativa, deducción que es coherente con las premisas en que se funda, así reconocido por la unanimidad

---

588 Considerandos 13° y 14° de la sentencia pronunciada por la Corte de Apelaciones de Santiago el 24 de septiembre de 1991, reproducida en LXXXVIII **Revista de Derecho y Jurisprudencia** 2° P. S. V p. 326, confirmada por la Corte Suprema el 4 de noviembre de 1991 (Rol N° 17.822).

589 Considerandos 8° a 13° del fallo pronunciado el 22 de mayo de 2007 (Rol N° 660-2006).

de la doctrina que ha analizado el tema, siendo posible citar al efecto, con intención ilustrativa, las fuentes siguientes (...);

Que, a mayor abundamiento, de los preceptos constitucionales analizados fluye que, si durante el ejercicio de un cargo o función pública, sobreviene la pérdida de uno de los requisitos esenciales exigidos por la Constitución y la ley para servirlo, quien incurre en ello queda incapacitado, temporal o definitivamente, para ejercerlo. Esa ha sido, además, la jurisprudencia de este Tribunal, al tenor de lo decidido en su sentencia Rol N° 19-1983.

Sección Segunda
Sistema Electoral

352. Norma básica y unidad del sistema. La disposición central en el tema es la contemplada en el artículo 18° de la Constitución. Debemos advertir, sin embargo, que esa norma se integra o conjuga con numerosos preceptos constitucionales y con una extensa legislación complementaria.

Dispone el citado artículo 18° lo siguiente:

> Habrá un sistema electoral público. Una ley orgánica constitucional determinará su organización y funcionamiento, regulará la forma en que se realizarán los procesos electorales y plebiscitarios, en todo lo no previsto por esta Constitución, y garantizará siempre la plena igualdad entre los independientes y los miembros de los partidos políticos tanto en la presentación de candidaturas como en su participación en los señalados procesos. Dicha ley establecerá también un sistema de financiamiento, transparencia, límite y control del gasto electoral.
>
> Una ley orgánica constitucional, contemplará, además, un sistema de registro electoral, bajo la dirección del Servicio Electoral, al que se incorporarán por el sólo ministerio de la ley, quienes cumplan los requisitos establecidos por esta Constitución.
>
> El resguardo del orden público durante los actos electorales y plebiscitarios corresponderá a las Fuerzas Armadas y Carabineros del modo que indique la ley.

Puede argumentarse que el artículo transcrito exige la unidad o singularidad de la legislación respectiva, o una especie de codificación de ella, pues se refiere a la existencia de un sistema electoral, agregando que una ley orgánica constitucional determinará su organización y funcionamiento, así como cuanto se refiere a los gastos electorales. Acoger esta tesis de la unidad sistemática o codificada, en un solo texto, de toda la legislación electoral, llevaría a reunir en él las diversas leyes vigentes en la materia, lo cual no siempre es posible ni conveniente. Por eso, debe sostenerse que la interpretación de la norma constitucional comentada debe ser distinta, como con acierto lo decidió el Tribunal Constitucional:

> La palabra "una", empleada por el artículo 18° no expresa la idea de cantidad sino de "calidad", es decir que todas las materias regidas por ese precepto son de naturaleza orgánica constitucional y pueden estar contenidas en una o más leyes de ese carácter[590].

---

[590] Considerando 8° de la sentencia pronunciada el 8 de septiembre de 1986 (Rol N° 38), reproducida en LXXXIII **Revista de Derecho y Jurisprudencia**.
Cabe complementar lo antes escrito señalando que en su proyecto de reforma para el fortalecimiento de la democracia, cuya síntesis aparece más adelante, la Presidenta de la República ha propuesto la dictación de un código electoral, en la línea de las ideas indicadas más arriba.

353. **Generalidades**. El sistema electoral puede ser definido como la fórmula jurídica que permite convertir los sufragios ciudadanos en la elección de una autoridad pública unipersonal o de los miembros de organismos o asambleas democráticas.

En relación con el tema, el inciso primero ordena que exista un sistema electoral público. Se coordina esa disposición con los artículos 4° y 5°; con el artículo 19° N° 15° inciso 5°; con los artículos 26°, 28° y 29°; con los artículos 47° y 49°; con el artículo 95°; en fin, con los artículos 119° y 129°, entre otros, todos de la Constitución. La sola cita de esos preceptos deja de manifiesto la complejidad del tema y la necesidad de armonizarlos, precisamente, en torno de la idea de sistema o conjunto singular y coherente de principios y preceptos que versan sobre el tema electoral en democracia.

Cinco son los temas centrales que se hallan en el artículo 18°:

A. **Publicidad y transparencia**. El primero de ellos impone la existencia de un sistema electoral público. La Constitución es, cabe realzarlo, de tono imperativo. Por ende, debe interpretarse en el sentido que ordena la existencia de un solo sistema electoral y que él sea público, tanto en su organización como en el funcionamiento y la difusión de los resultados de los procesos respectivos;

B. **Reserva de legislación orgánica**. La segunda de las ideas estriba en que una ley orgánica constitucional determinará la organización y funcionamiento del sistema electoral; regulará la forma en que se realizarán los procesos electorales y plebiscitarios, en todo lo no previsto en otros artículos de la Constitución; y por último, garantizará siempre la plena igualdad entre los independientes y los miembros de los partidos políticos, tanto en la presentación de candidaturas como en su participación en los señalados procesos. He aquí la definición de competencias o habilitación para legislar que el Código Político otorga al legislador. Se advierte, además, que la reserva legal es fuerte o intensa porque la Carta Fundamental exige que se cumpla mediante leyes orgánicas constitucionales, exclusivamente, regulando los tres grupos de materias señalados en la disposición;

C. **Regulación del gasto electoral**. En el artículo 18° inciso 1°, oración final de la Carta Política, se declara que la ley orgánica relativa al sistema electoral establecerá un homónimo de financiamiento, transparencia, límite y control del gasto electoral.

Sin perjuicio de cuanto se explicará, con cierto detalle, en la sección quinta de este capítulo, adelantamos aquí que la ley referida es orgánica constitucional, pero distinta de la relativa al sistema electoral[591]. Añadimos que esa ley abarca los cuatro ámbitos señalados en la norma constitucional recordada, infundiéndoles la unidad que caracteriza a un ordenamiento singular y de común aplicación. Proseguimos puntualizando que no es aplicable al gasto electoral lo previsto en la tercera disposición transitoria de la Constitución, porque esta normativa difiere o posterga la implementación de la reforma de 2009 solo en lo concerniente al registro electoral y a la inscripción automática en el registro de los ciudadanos con derecho a sufragio; por último, fuerza es advertir que la ley comentada rige para comicios tanto primarios como definitivos, con una o dos votaciones si es el caso de decisión presidencial; y

D. **Inscripción automática y registro electoral**. Finalmente, dedicaremos un comentario a lo preceptuado en el artículo 18° inciso 2° de la Carta Fundamental, advirtiendo

---

[591] Ley N° 19.884 modificada por la Ley N° 20.053, publicada en el Diario Oficial el 6 de septiembre de 2005 y nuevamente por la Ley N° 20.678, difundida en ese Diario el 19 de junio de 2013.

nuevamente que su análisis pormenorizado se hará en numerales específicos de este capítulo.

Consecuentemente, aclaramos que la ley orgánica respectiva regula los dos asuntos indicados. Esa ley, lo repetimos, tiene la jerarquía mencionada, pero es diferente de la relativa al sistema electoral[592].

Realzamos, por el momento, que los chilenos comprendidos en el artículo 10° N°1 de la Carta Política, mayores de 17 años, son inscritos de oficio o automáticamente en el Registro Electoral. Idéntica inscripción se practica con respecto a los chilenos señalados en ese artículo 10°, ahora en su numeral 3°, pero luego de obtener su carta de nacionalización en conformidad a la ley; por último, los chilenos comprendidos en dicho artículo 10° N° 2° y N° 4° son inscritos desde que se acredite que cumplen los requisitos de edad y avecindamiento, exigidos por el artículo 13° inciso 3° y por el artículo 14°, ambos de la Constitución, respectivamente. La inscripción en el Registro se realiza automáticamente, de pleno derecho o por el ministerio de la ley, en la medida en que el Servicio Electoral tiene acceso a la información que acredita el cumplimiento del requisito de avecindamiento; y

E. **Resguardo del orden público**. El quinto tema consiste en confiar el resguardo del orden público, durante los comicios populares, a las Fuerzas Armadas y Carabineros, pero del modo que indique la ley. Así ha sucedido, desde el 2 de marzo de 1941, en virtud de preceptos legales, y a partir de la vigencia plena de la Constitución hoy en vigor, a raíz de lo dispuesto en su artículo 18° inciso 2° de ella.

354. Leyes del sistema. Básicamente, cuatro leyes orgánicas constitucionales regulan el sistema electoral. Dichas leyes son las siguientes:

La Ley N° 18.460, sobre el **Tribunal Calificador de Elecciones**, publicada en el Diario Oficial el 15 de noviembre de 1985 y sus reformas;

La Ley N° 18.556, sobre **Sistema de Inscripciones Electorales y Servicio Electoral**, publicada en el Diario Oficial el 1° de octubre de 1986 y sus reformas;

La Ley N° 18.700, sobre **Votaciones Populares y Escrutinios**, publicada en el Diario Oficial el 6 de mayo de 1988 y sus reformas; y

La Ley N° 20.640, que establece el **sistema de elecciones primarias** para la nominación de candidatos a Presidente de la República, parlamentarios y alcaldes, publicada en el Diario Oficial el 6 de diciembre de 2012.

Existen otros textos legales atingentes a la materia, pero con carácter específico, de manera que sus preceptos se remiten a los principios y normas generales de las cuatro leyes orgánicas mencionadas. Por ejemplo, la Ley N° 19.884, publicada en el Diario Oficial el 5 de agosto de 2003, regula la transparencia, límite y control del gasto electoral realizado por los partidos políticos y los candidatos en los procesos respectivos.

Cabe advertir que las cuatro leyes citadas gozan de preeminencia en su aplicación por la superioridad jurídica que tienen para resolver los conflictos que surjan entre sus preceptos generales y los de la legislación especializada. En esta última categoría se hallan, además de

---

[592] Ley N° 18.556, publicada en el Diario Oficial el 1° de octubre de 1986, modificada por la Ley N° 20.568, publicada en ese mismo Diario el 31 de enero de 2012.

la ya mencionada sobre gasto electoral, la Ley Orgánica Constitucional de Municipalidades y la Ley de los Tribunales Electorales Regionales[593].

355. Independientes y uniformados. El artículo 18° inciso 1° de la Constitución incluye, en la habilitación legal vigorizada a que se hizo alusión, la de garantizar siempre la plena igualdad entre los ciudadanos independientes y los miembros de partidos o militantes en esas fuerzas políticas.

Tal igualdad se refiere, de acuerdo con el precepto citado, tanto a la presentación de candidaturas como a la participación en los procesos electores y plebiscitarios.

La disposición recordada contempla una regla de isonomía o de igualdad. Este principio se halla previsto en la Constitución misma, debiendo entenderse que la remisión de ella a la ley orgánica se efectúa para que asegure el cumplimiento de lo declarado en el Código Político. Por otra parte, es ostensible el propósito que tuvo el Poder Constituyente en punto a imponer al legislador, con singular energía, el imperativo descrito.

El empleo de términos reforzativos de esa intencionalidad infunde al precepto un significado perentorio. Dicha intención fluye, como es claro, de las palabras *siempre* y *plena* que aparecen en el texto comentado.

Por supuesto, la voluntad del Poder Constituyente e, incluso, del legislador orgánico llamado a complementarla, no tiene más fuerza normativa que la propia de los textos jurídicos vigentes. Es la cultura, unida a la experiencia y, en definitiva, a la disposición con que especialmente los órganos estatales competentes, procuren o no implementar lo prescrito en la Constitución, de un lado, y la asimetría o desajuste entre esa normatividad positiva y la serie de factores mencionados, de otro, lo que determina que el segundo de aquellos grupos de factores se impongan al primero de ellos. A la luz de las reformas a la Constitución en materia de competencia decisoria de los partidos puede concluirse, en definitiva, que la preceptiva fundamental que exige observar el parámetro de igualdad dista de cobrar realidad en la práctica.

356. Jurisprudencia. Ha sido aclarado ya que no es solo una ley orgánica la que regula la organización, funcionamiento y realización de los procesos electorales y plebiscitarios. Correctamente, además, el Tribunal Constitucional entendió que es amplio el ámbito de esa legislación orgánica, al concluir que:

> Este Tribunal ha considerado el carácter especial del artículo 18° de la Constitución en cuanto dispone que serán materia de ley orgánica constitucional la organización y funcionamiento del sistema electoral público y la forma en que se realizarán los procesos electorales y plebiscitarios, en todo lo no previsto por la Constitución, precepto que denota que la voluntad del Constituyente

---

593 Mediante sentencia Rol N° 2.777, fechada el 30 de marzo de 2015, el Tribunal Constitucional rechazó, por mayoría de votos, el requerimiento de doce senadores que impugnaron cuatro ideas centrales del proyecto de ley que sustituye el sistema electoral binominal por otro de carácter proporcional. Concretamente, en tal decisión dicha magistratura desestimó que existiera inconstitucionalidad del voto por infringir el principio de igualdad; que se incurriera en aquel vicio a propósito de las cuotas de género con respecto a los candidatos; que idéntico reproche merecieran las disposiciones relativas a las candidaturas presentadas por partidos políticos, de un lado, y por independientes de otros; y, por último, que la iniciativa legal impugnada era contraria al Código Político, pues no contemplaba el financiamiento adecuado para el aumento del número de parlamentarios previstos en sus normas. Una somera revisión del fallo aludido nos induce a disentir, en principio, de lo argumentado por la mayoría, en torno del régimen de cuotas que el proyecto fija para las candidaturas femeninas.
Al cerrar la elaboración de esta obra ya estaba publicada la nueva ley en el Diario Oficial. Lleva el N° 20.840 y apareció en ese periódico el 5 de mayo de 2015.

> es que la citada ley tenga el rango de orgánica constitucional no sólo en su núcleo esencial, sino también en aquellas materias que sean su complemento indispensable, no obstante que éstas, consideradas aisladamente, sean propias de ley común[594].

En otro pronunciamiento, el Tribunal Constitucional señaló ciertas normas que deben tenerse presentes por el legislador, para dar cumplimiento a lo ordenado en la Constitución. En lo referente a la participación de ciudadanos independientes en los procesos electorales y plebiscitarios, en efecto, dicho Tribunal decidió que:

> Se infieren algunas reglas concretas que el legislador deberá tener presente en la regulación de los procesos electorales y plebiscitarios, para dar cumplimiento a lo dispuesto en los artículos 1°, inciso final, 18° y 19° N° 2°, de la Carta Fundamental. Ellas son: 1) que los independientes y los miembros de partidos políticos deberá tener en los procesos electorales igualdad de oportunidades para elegir y ser elegidos y para gozar de las facultades inherentes a esos derechos en sus aspectos básicos, sin que obste a ello las diferencias que puedan producirse, en lo accidental, como consecuencia de la natural situación de unos y otros, según ha quedado demostrado; 2) que las reglas que se den en materia de elecciones no pueden ser exactamente iguales a las que rijan en los plebiscitos, por la diferencia jurídica sustantiva que existe entre ellos; y 3) que la ley no puede crear privilegios en favor de unos y en perjuicio de otros que rompan el necesario equilibrio que debe existir entre los participantes de los actos electorales y plebiscitarios[595].

Dentro del proceso de transición a la democracia y en resguardo de su legitimidad, cabe situar la sentencia según la cual la Ley Orgánica Constitucional sobre Sistema Electoral regula los procesos electorales y plebiscitarios contemplados tanto en las normas permanentes como las disposiciones transitorias de la Constitución:

Por mandato de la Constitución, esa Ley Orgánica Constitucional comprende tanto los procesos electorales y plebiscitarios establecidos en las disposiciones permanentes de la Carta Fundamental, como así también aquellos a que se refieren sus disposiciones transitorias, conforme lo expresó ese Tribunal en sentencia de fecha 24 de septiembre de 1985[596].

357. Inscripción electoral. Rige actualmente la Ley N° 20.568, publicada en el Diario Oficial el 31 de enero de 2012. Se inserta a continuación una síntesis de esa legislación.

Existe un Registro Electoral permanente bajo la dirección del Servicio Electoral. En él se halla la nómina de todos los chilenos comprendidos en los números 1° y 3° del artículo 10° de la Constitución, mayores de 17 años. También incluye la nómina de los demás chilenos y extranjeros, mayores de esa edad, que cumplan con los requisitos para sufragar establecidos en los artículos 13° y 14° de la Carta Fundamental.

Tal registro sirve de base para conformar los padrones electorales que deben ser usados en cada elección y plebiscito o referendo. Sin embargo, obsérvese que la ley en comentario puntualiza, en su artículo 2°, que en aquellos padrones han de estar contenidos exclusivamente los electores con derecho a sufragio. Por ende, se torna indispensable actualizarlos periódicamente, purgándolos de inscripciones indebidas motivadas por las causales de suspensión y pérdida de ese derecho previstas en el Código Político.

---

[594] **Id.**, considerando 5°.

[595] Considerando 17° de la sentencia pronunciada por el Tribunal Constitucional el 5 de abril de 1988, reproducida en LXXXV **Revista de Derecho y Jurisprudencia** 2° P. S.VI, p. 8.

[596] Considerando 6° de la sentencia pronunciada por el Tribunal Constitucional el 5 de abril de 1988 (Rol N° 53), reproducida en Eugenio Valenzuela Somarriva: **Repertorio de jurisprudencia del Tribunal Constitucional, 11 de marzo de 1981-10 de marzo de 1989** (Santiago, Ed. Jurídica de Chile, 1989) pp. 40-41.

Señala el artículo 5° que los chilenos comprendidos en el N° 1° del artículo 10° de la Constitución, mayores de 17 años, serán inscritos automáticamente en el Registro Electoral.

Agrega que aquellos comprendidos en el N° 3 del artículo 10° serán inscritos automáticamente luego de obtener su carta de nacionalización. En el artículo 6° se halla lo relativo a los chilenos comprendidos en los números 2° y 4° del precepto constitucional mencionado.

Con sujeción al artículo 8°, el Registro Electoral debe contener los nombres y apellidos de los inscritos e indicando, para cada uno, el número de su Rol Único Nacional, la fecha y lugar de nacimiento, la nacionalidad, el sexo, la profesión, el domicilio electoral y otros antecedentes pertinentes a los denominados *datos electorales*.

De relevancia es también el artículo 9°, puesto que faculta al Servicio Electoral para obtener tales datos, con acceso directo y permanente, al Servicio de Registro Civil e Identificación y al registro de extranjeros avecindados que lleva el Departamento de Extranjería del Ministerio del Interior y Seguridad Pública.

Finalmente, según los artículos 31° y 32°, el Servicio Electoral determinará un Padrón Electoral con carácter de *provisorio* y otro, ulterior, con cualidad de *auditado*, definitivo o purgado de errores y vicios. El primero se ordena alfabéticamente, incluyendo el número de la mesa receptora de sufragio en que le corresponde votar a cada ciudadano; y el segundo es el Padrón Electoral *provisional*, pero que ha sido ya corregido de acuerdo con las sugerencias formuladas por las empresas de auditoría respectivas. Resultado del proceso enunciado es un tercer tipo o especie de Padrón Electoral, el de carácter *definitivo*. Debe ser publicado al menos treinta días antes de la fecha en que tiene que verificarse una elección o plebiscito.

En él, dice el artículo 33°, se contiene la nómina de electores con derecho a sufragio en el comicio correspondiente y la nómina definitiva de electores inhabilitados.

358. Historia fidedigna. Aunque sea con interés histórico, útil es recordar la intención que hubo en la comisión de estudio del anteproyecto respecto a la inscripción electoral:

> El país sabe que los registros electorales debieron ser inutilizados por haber sido gravemente falseados durante el régimen anterior, lo que hizo posible que en las últimas elecciones parlamentarias se cometiera un escandaloso fraude sistemáticamente organizado.
>
> Los defectos del sistema permitieron que los elementos adictos a ese régimen se inscribieran dos, tres o más veces, por lo cual el método más usado fue el de exhibir una doble, triple y hasta cuádruple identidad.
>
> Todo lo anterior ha determinado a la Comisión a sustituir el sistema de los antiguos registros electorales por el de un Padrón Electoral, que será público y en el que deberán ser inscritos de oficio y *gratuitamente* los ciudadanos y extranjeros con derecho a sufragio.
>
> Este padrón supone un método centralizado de información y de identificación que impida toda posibilidad de fraude. Debe ser uno de los subproductos del Rol Único Nacional, como lo será también la inscripción militar, el Rol tributario, etc.[597].

Claramente, esa comisión intuía que la inscripción automática era la anhelada. Sin embargo, tal propósito vino a concretarse solo con la reforma constitucional de 2009 y la Ley N° 20.568, de 2012. Consecuentemente, el sistema, planteado por la subcomisión encargada

---

[597] Informe de la comisión de estudio de la nueva Constitución, reproducido en VIII **Revista Chilena de Derecho** 1-6 (1981) p. 184.

del estudio del sistema electoral, y que en definitiva acogió la comisión de estudio, se tornó impracticable hasta las fechas indicadas, ya que supone alto nivel de coordinación entre los distintos servicios públicos involucrados, lo cual no era posible implementarlo sin recursos cuantiosos, experiencia y la modificación de diversos textos legales para lograr la coordinación requerida. El mismo criterio explica por qué se impuso el mecanismo aplicado hasta la elección municipal de octubre de 2012, en el cual el sufragio era obligatorio y solo para los ciudadanos inscritos.

En suma, ya es realidad la reforma constitucional que estableció la inscripción automática y el voto voluntario. Sin duda, era necesario modernizar el sistema incorporando tal modalidad de inscripción[598]. No puede el autor callar, sin embargo, su escepticismo en torno al sufragio voluntario, por considerar que el voto obligatorio es una función democrática de la más alta jerarquía, servida con generalizado respeto por la mayoría de los ciudadanos en nuestra ya larga trayectoria de sufragio universal.

Sección Tercera
El Servicio Electoral

359. Naturaleza y funciones. Es un organismo autónomo del Estado con personalidad jurídica y patrimonio propio, que se relaciona con el Presidente de la República a través del Ministerio del Interior y Seguridad Pública[599].

Corresponden al director del Servicio Electoral, entre otras, las siguientes funciones[600]:

A. Formar, mantener y actualizar el *Registro Electoral;*

B. Determinar el *Padrón Electoral* y la nómina de inhabilitados; y

C. Cumplir las demás funciones que le señale la ley;

Los órganos directivos son el Consejo Directivo, integrado por cinco miembros, y un Director Ejecutivo, designado por el Consejo y removido por el mismo.

Sección Cuarta
Votaciones y escrutinios

360. Comicios populares. La Ley N° 20.414, publicada en el Diario Oficial el 2 de enero de 2010, introdujo la reforma constitucional que establece el sistema de elecciones primarias para ciertos cargos de elección popular. Esa enmienda a la Carta Fundamental se halla regulada por la Ley N° 20.640, publicada en aquel Diario Oficial el 6 de diciembre de 2012. Consecuentemente, hoy es necesario analizar, por separado, el régimen de elecciones primarias y, después, la realización de los comicios definitivos destinados a la elección de candidatos que solo pueden presentarse a raíz de haber triunfado en aquellos comicios preliminares.

---

598 Consúltese Carlos Huneeus Madge (compilador): **La reforma al sistema binominal en Chile. Propuestas para el debate** (Santiago, Ed. Catalonia, 2006) pp. 13 ss. Véase también Arturo Fontaine Talavera **et al.**: **Modernización del régimen electoral chileno, cit.**

599 Ley N° 18.556, artículos 87° y 90°.

600 Ley N° 18.556, artículos 90° y 92°.

361. Elecciones primarias. Originalmente, fueron implantadas en la democracia norteamericana y rigen para la nominación de todos los cargos de elección popular, sean nacionales, federales, estatales y locales. Únicamente si el *incumbente*, es decir, quien sirve actualmente al cargo lo hace con amplio favor ciudadano, entonces puede omitirse el comicio primario por reputarse innecesario.

En Chile, las primarias se hallan reguladas, como se dijo, por la Ley Nº 20.648, de 2012. A los partidos políticos pertenece el rol esencial en la promoción y realización de ellas.

El Servicio Electoral tiene la responsabilidad de organizar una primaria conjunta para la nominación de los candidatos a los cargos de Presidente de la República y de parlamentarios, y otra para los cargos de alcaldes. La primera es de carácter nacional y tiene que practicarse el vigésimo domingo anterior a la fecha de la elección de Primer Mandatario; la segunda se lleva a cabo el vigésimo domingo anterior a la fecha de las elecciones municipales.

Tales comicios se celebran simultáneamente en las fechas indicadas para todos los candidatos de los partidos políticos y pactos electorales que participen en ellas. Ocurren únicamente en los *territorios electorales* donde se hayan declarado candidatos.

Para dicho efecto, la ley citada define el territorio aludido declarando que, para el caso de Presidente de la República, son todas las circunscripciones electorales existentes en el país: tratándose de las elecciones de parlamentarios, si se trata de senadores, corresponde al territorio comprendido por las circunscripciones senatoriales; y en el caso de los diputados es el distrito electoral respectivo; y para los alcaldes, es el territorio de la comuna correspondiente.

No procede la primaria si la convocatoria es a elección presidencial en los eventos previstos en el artículo 26°, artículo 28° inciso 2° y artículo 29° inciso 4° de la Constitución.

Para cada una de las primarias señaladas se imprimen cédulas electorales diferentes. Al presentarse el elector a sufragar recibe de la mesa receptora las cédulas, de acuerdo a las primarias que se realicen en el territorio electoral que corresponda. La preferencia se marca por un solo candidato que aparezca en la cédula oficial.

Resulta nominado para la elección definitiva el candidato que obtenga la mayor votación individual. Incumbe al Tribunal Calificador de Elecciones proclamar a los nominados a la Primera Magistratura y a los cargos parlamentarios; al Tribunal Electoral Regional respectivo le corresponde hacerlo para alcaldes.

Puntualiza el artículo 30° que los demás candidatos que hubieren participado en las primarias sin resultar nominados, quedan impedidos de hacerlo en las elecciones definitivas.

362. Voto asistido. En sentencia pronunciada el 29 de marzo de 2007 (Rol Nº 745-07), el Tribunal Constitucional sostuvo lo siguiente, declarando la congruencia con el Código Político del proyecto que se convertiría en la Ley Nº 20.183, ya citada:

> Que el carácter personal y secreto del sufragio en las votaciones populares, consagrado en el inciso primero del artículo 15° de la Carta Fundamental, responde a la necesidad de cautelar la pureza del sistema electoral en tanto mecanismo ideado para recoger y procesar la voluntad libre y autónoma de los electores, manifestada sin injerencias indebidas o presiones. Por ello su exigibilidad y estricta observancia obedecen a claras motivaciones de interés público y en caso alguno constituyen una prerrogativa de simple incumbencia personal del sufragante, que éste pudiera renunciar o abdicar por su voluntad, como ocurre con los derechos que sólo miran a su propio interés;

Que de lo expuesto en el considerando precedente se desprende el imperativo constitucional de adoptar todos los resguardos necesarios para que el carácter personal y secreto del voto se vea afectado lo menos posible cuando, por la necesidad de hacer efectivo el derecho a sufragar de las personas cuya discapacidad les impide ejercitarlo por sus propios medios, sea menester contemplar, como lo hace la iniciativa legal en examen, fórmulas viables para llevarlo a cabo;

Que el proyecto en estudio limita y puede afectar el objetivo constitucional de que el voto sea personal y secreto, el que, como se ha dicho, se funda principalmente en razones de interés público. A un mismo tiempo, el voto asistido puede llegar a ser el único modo de hacer efectivo el derecho a sufragio de aquellos ciudadanos que se vean impedidos, conforme a las características del sistema electoral vigente, de marcar su preferencia por sí mismos en una cámara secreta. En tal sentido, el voto asistido se justifica para alcanzar un fin consustancial al régimen democrático consagrado por la Constitución, como es el de hacer efectivo el derecho al sufragio y propender a su universalidad, finalidades que se ven vigorizadas en el sistema que nos rige en que el sufragio es obligatorio para los ciudadanos;

Que cuando se trata de conciliar dos esferas de interés igualmente tutelables que aparecen potencial o realmente antagonizadas, es necesario que la modalidad de armonización que se adopte sea una que afecte lo menos posible cada uno de los valores jurídicos en juego. Al efecto es menester, en primer lugar, que la fórmula legal escogida constituya un medio idóneo para alcanzar la finalidad legítima de hacer efectivo el derecho a voto de los discapacitados, pues, de lo contrario, se autorizaría limitar las características que la Constitución ha atribuido al sufragio por un medio que no sería apto para lograr objetivos igualmente legítimos. En segundo lugar, el mecanismo ideado por el legislador debe, dentro de lo razonable, producir el menor impacto en el carácter personal y secreto que la Constitución atribuye al voto;

Que, en lo que corresponde al primer examen, esta Magistratura concluye que la fórmula legislativa resulta idónea para alcanzar el fin legítimo de asegurar el derecho a sufragio de los discapacitados. Como se ha dicho y resulta evidente, el voto asistido puede llegar a ser el único modo de hacer efectivo el derecho a sufragio de aquellos ciudadanos que, por su discapacidad, se vean impedidos, conforme a las características del sistema electoral vigente, de marcar su preferencia por sí mismos en una cámara secreta;

(...)

Que, en lo que corresponde a la determinación de la persona que asiste al discapacitado, el proyecto opta por que sea alguien que este mismo determine. Podría estimarse que la fórmula representa un riesgo mayor de injerencia indebida o de presión sobre el elector y de pérdida del carácter secreto del voto que si el asistente del discapacitado hubiese sido el presidente de la respectiva mesa o el delegado de la Junta Electoral. Con todo y siendo éste un juicio prudencial y no de juridicidad, esta Magistratura, dando aplicación al criterio de que no le corresponde juzgar acerca del mérito de una ley, no objetará esta fórmula escogida por el legislador;

(...)

Que si la persona discapacitada no está impedida de marcar su preferencia sin asistencia, es posible cumplir simultáneamente con los dos objetivos constitucionales, de hacer efectivo su derecho a votar y garantizar el carácter personal y secreto de su voto. En consecuencia, no resulta constitucionalmente legítimo autorizar a una persona discapacitada a ser asistida en la cámara secreta sino cuando su discapacidad sea de tal entidad que se vea impedida de marcar su preferencia sin asistencia. Así, el inciso final, nuevo, que el artículo único, N° 1, letra b) del proyecto introduce al artículo 61° de la Ley N° 18.700, se aprobará como norma compatible con la Constitución en el entendido que el presidente de la mesa receptora de sufragios respectiva sólo podrá autorizar que un elector sea asistido en el acto de votar en la cámara secreta cuando su discapacidad sea de tal entidad que le impida realizar tal acto de manera autónoma.

Sección Quinta

Transparencia, límite y control del gasto electoral

363. **Objetivos de la ley**. Preceptúa el artículo 1° de la Ley N° 19.884, publicada en el Diario Oficial el 5 de agosto de 2003, que por sus preceptos se regirán el financiamiento, los límites y las medidas de publicidad de los gastos electorales que realicen los partidos políticos y candidatos en los actos eleccionarios regulados por la Ley Orgánica Constitucional de Votaciones Populares y Escrutinios y en la Ley homónima de Municipalidades.

Agrega el artículo 2° que gasto electoral es todo desembolso en que se incurra para el financiamiento de los equipos, oficinas y servicios de los partidos y candidatos, con ocasión o a propósito de los comicios aludidos. Con sujeción al artículo 3° se entiende por período de campaña electoral el comprendido entre el día en que vence el plazo para declarar candidaturas y el día de la elección respectiva.

364. **Financiamiento**. La ley referida autoriza los aportes de fuentes privadas y públicas.

Las primeras son contribuciones en dinero, o estimables en dinero, que se efectúan a un candidato o partido, materializadas bajo la forma de mutuo, donación, comodato o cualquier acto o contrato a título gratuito, destinadas al financiamiento de gastos electorales. Puntualiza ese cuerpo legal que ninguna persona podrá aportar a un mismo candidato, y en una misma elección, una suma que exceda al equivalente en pesos de mil unidades de fomento, en el caso de candidatos a alcalde o concejal; de mil doscientos cincuenta unidades de fomento, tratándose de candidatos a diputados o senador; y de dos mil unidades de fomento en el caso de candidatos presidenciales.

Con relación al financiamiento público, el artículo 13° dice que el Estado lo hará y reembolsará los gastos electorales en que incurran los candidatos y los partidos en las cantidades, proporciones y formas siguientes: tratándose de candidaturas a la Presidencia de la República, el reembolso alcanzará a una suma que no exceda el equivalente, en pesos, a tres centésimas de unidad de fomento por voto obtenido por el candidato respectivo. Tratándose de elección de senadores, diputados, alcaldes y concejales –agrega el artículo 14°– cada partido tiene derecho a que el Estado pague en su favor una cantidad de dinero equivalente al número de sufragios obtenidos en la última elección de igual naturaleza, incluidos los independientes que hubieren ido en pacto o subpacto con él, multiplicado por el equivalente en pesos a diez milésimas de unidad de fomento. Con respecto a la elección de consejeros regionales, por último, el artículo 15° señala que, finalizado el proceso electoral y rendidas las cuentas exigidas por la misma ley, el Fisco reembolsará a los candidatos independientes, no incluidos en un pacto o subpacto, y a los partidos los gastos electorales en que hubieren incurrido durante la campaña.

365. **Transparencia y control**. Preceptúa el artículo 16° que los aportes de campaña electoral serán anónimos, reservados o públicos, en los términos descritos por los artículos 17° y siguientes. Los aportes que no tengan el carácter de anónimos o reservados, precisa el artículo 20°, serán públicos.

En ligamen con el control, léese en el artículo 30° que todo candidato a Presidente de la República o a parlamentario debe nombrar un administrador electoral, responsable de llevar la contabilidad de ingresos y gastos electorales, conservar la documentación pertinente y cumplir las demás funciones señaladas en el artículo 31° de la ley en comentario. Incumbe especialmente a dicho administrador, con sujeción a lo ordenado en el artículo 31° citado, en su letra e), informar al Servicio Electoral o al administrador general electoral que debe funcionar en cada partido político, el hecho de no contar con los antecedentes suficientes, por parte del candidato, para presentar la rendición de la cuenta de ingresos y gastos electorales.

Continúa el artículo 41° disponiendo que, dentro de los treinta días siguientes a una elección popular, el administrador general electoral de cada partido tiene que presentar al director del Servicio Electoral una cuenta de los ingresos y gastos electorales directamente recibidos y efectuados por la respectiva entidad política. Allí se debe precisar el origen de los ingresos y el destino de los gastos del partido y de cada candidato. El director del Servicio debe pronunciarse respecto de esa cuenta dentro de los treinta días siguientes de expirado el plazo de presentación ya indicado. Según el artículo 43°, si el director observa la cuenta rendida, entonces ha de requerir al administrador general electoral, o al administrador electoral si corresponde, las aclaraciones, antecedentes o correcciones pertinentes, hallándose en la obligación de rechazar la cuenta que no se ajuste a las observaciones que le hubiere formulado. Tal rechazo, dice el artículo 45°, habilita al afectado para reclamar ante el propio director y, de la resolución de este que ponga fin al procedimiento administrativo, lo faculta, de acuerdo al artículo 51° número 9°, para reclamar también pero esta vez ante el Tribunal Calificador de Elecciones.

366. **Reforma para el fortalecimiento de la democracia**. Mediante mensaje N° 718-362, fechado el 15 de diciembre de 2014, la Presidenta de la República inició un proyecto de ley destinado a establecer condiciones institucionales que permitan mayor equidad para acceder a los cargos de elección popular; garantizar la autonomía de los representantes democráticamente elegidos, regulando la relación entre el dinero y la política; y fortalecer la transparencia del financiamiento de la actividad política. Es una reforma necesaria, ponderada la interpenetración del dinero y la política que ha motivado numerosos escándalos recientemente.

Trátase de un cuerpo normativo que modifica, sustancialmente, el financiamiento de los partidos y de las actividades políticas. Para el cumplimiento de tales objetivos, el mensaje citado puntualiza que es necesario realzar el rol de los partidos en la búsqueda del bien común. Se observa al respecto que Chile carece de un sistema permanente de financiamiento de la actividad aludida más allá de las campañas electorales.

En coherencia con tal reparo se agrega que el proyecto apunta a lograr que el sistema democrático controle efectivamente la influencia del dinero en la actividad política, garantizando la competencia electoral y promoviendo la equidad en ella.

Avanzando en la concreción de ideas, la iniciativa en análisis señala que habrán dos clases de aportes estatales a los partidos: uno será el pago trimestral y estará destinado al desarrollo de investigaciones, promoción de la participación de jóvenes y mujeres y a la formación cívica; el segundo será cancelado al inicio de las campañas electorales, procurando reducir el impacto y la dependencia de los aportes privados[601]. El mensaje

[601] En el informe financiero evacuado por el Ministerio de Hacienda, adjunto al mensaje, se contemplan $1.531 millones anuales para los partidos constituidos legalmente y con representación parlamentaria. A tales aportes permanentes cabe sumar $2.002 millones para los comicios de 2017 y otros $1.340 millones para las elecciones municipales de 2016. Los datos indicados han suscitado críticas transmitidas por los medios de comunicación social. Véase, al respecto, **El Mercurio**, de Santiago (17 de diciembre de 2014) y **La Tercera** (28 de diciembre de 2014). Peor todavía, a fines de junio de 2015 la prensa citada informó que fue elevado a 6.500 millones de pesos, o sea, alrededor de diez millones de dólares el aporte que, anualmente, percibirán del Estado los partidos políticos, incluyendo a las colectividades que alcance el 0,25% de los sufragios emitidos y escrutados como válidos, en la última elección parlamentaria.

plantea la eliminación de los aportes anónimos y reservados. Asimismo, suprime la posibilidad de que personas jurídicas, con o sin fines de lucro, realicen aportes a campañas o a partidos políticos, argumentando que esta es una decisión coherente con que tales entes ficticios carecen de derechos de participación política, dado que son los ciudadanos los habilitados para expresarse políticamente. Sin duda, esta precisión puede ser sólidamente rebatida.

Queda limitada al 10% la suma total del gasto permitido como aportes personales que los candidatos pueden efectuar a sus propias campañas.

Finalmente, se propone aumentar las facultades del Servicio Electoral para que ejerza el control efectivo de la nueva normativa. A tal efecto se le autoriza para:

A. Ingresar a las sedes de candidaturas, partidos o dependencias de unos y otros con los fines de fiscalizar el cumplimiento de las leyes respectivas;

B. Requerir y acceder a cualquier documento, libro o antecedente necesario para servir ordenadamente su misión de control;

C. Examinar todas las operaciones, bienes, cuentas, archivos y documentos que juzgue necesario para los fines señalados;

D. Citar a declarar a los candidatos, sus representantes legales y administradores respecto de hechos determinados cuyo esclarecimiento sea ineludible para resolver alguna denuncia;

E. Practicar salidas a terreno para verificar el cumplimiento de las disposiciones relativas a la propaganda electoral en lugares públicos;

F. En fin, formular cargos, tramitarlos y decidirlos con sujeción al procedimiento administrativo sancionador contemplada en el mismo proyecto.

En resumen, reiteramos que la iniciativa, cuyos rasgos matrices hemos resumido, representa un cambio sustancial, y en principio con aspectos positivos y negativos, del régimen jurídico ya explicado y que hoy se halla vigente. En la tramitación pertinente quedarán configuradas las críticas que ella ha suscitado y si son o no acogidas las rectificaciones para culminar en un esfuerzo que cumpla la finalidad con que fue planteada. Es nítido, a esta altura de los acontecimientos, sostener que la legislación debe extenderse y profundizar, en todo lo posible, la incompatibilidad de la sumisión de la política al dinero y al revés.

Sección Sexta

Nuevo Sistema Electoral

367. Legislación aplicable. La Ley Nº 20.840, publicada en el Diario Oficial el 5 de mayo de 2015, sustituyó el sistema electoral binominal por uno de carácter proporcional inclusivo y dictó normas destinadas a fortalecer la representatividad del Congreso Nacional. A continuación se incluye un resumen de cada una de esas materias.

368. Reemplazo del régimen binominal. La Ley Nº 20.840 sustituyó la regla clave en el punto contenida en el artículo 109° bis de la Ley Nº 18.700, Ley Orgánica Constitucional sobre Votaciones y Escrutinios. El nuevo régimen contiene una serie de disposiciones destinadas a implementar la representación proporcional inclusiva. Se transcriben enseguida literalmente:

> En el caso de elecciones de diputados y senadores, el Tribunal Calificador de Elecciones proclamará elegidos a los candidatos, conforme a las reglas establecidas en el procedimiento que a continuación se detalla:
>
> El Tribunal Calificador de Elecciones determinará las preferencias emitidas a favor de cada lista y de cada uno de los candidatos que la integren.
>
> Se aplicará el sistema electoral de coeficiente D' Hondt, para lo cual se procederá de la siguiente manera:
>
> Los votos de cada lista se dividirán por uno, dos, tres y así sucesivamente hasta la cantidad de cargos que corresponda elegir.
>
> Los números que han resultado de estas divisiones se ordenarán en orden decreciente hasta el número correspondiente a la cantidad de cargos que se eligen en cada distrito electoral o circunscripción senatorial.
>
> A cada lista o pacto electoral se le atribuirán tantos escaños como números tenga en la escala en la letra b).
>
> En el caso de las listas conformadas por un solo partido político, el Tribunal Calificador de Elecciones proclamará electos a los candidatos que hayan obtenido las más altas mayorías individuales de cada lista, de acuerdo al número de cargos que le correspondan a cada una de ellas, luego de aplicar las reglas descritas precedentemente.
>
> En el caso de los pactos electorales, se aplicarán las siguientes reglas para determinar cuántos escaños le corresponden a cada uno de ellos:
>
> Se calculará el total de los votos de cada partido político, o en su caso, de la suma de cada partido político y las candidaturas independientes asociadas a ese partido.
>
> Se dividirá por uno, dos, tres y así sucesivamente, hasta la cantidad de cargos asignados al pacto electoral.
>
> A cada partido político o, en su caso, a cada partido y las candidaturas independientes asociadas a éste, se le atribuirán tantos escaños como números tenga en la escala descrita en la letra b) precedente.
>
> El Tribunal Calificador de Elecciones proclamará elegidos a los candidatos que hayan obtenido las más altas mayorías individuales de cada partido político, en su caso, de cada partido, considerando las candidaturas independientes asociadas a éste dentro de un pacto electoral, de acuerdo a los cupos obtenidos por cada uno de ellos.
>
> En caso de empate entre candidatos de una misma lista, o entre candidatos de distintas listas que a su vez estén empatadas, el Tribunal Calificador de Elecciones procederá en audiencia pública a efectuar un sorteo entre ellos, y proclamará elegido al que salga favorecido.

Imperativo es insertar también el artículo 4° inciso 1° nuevo de la Ley Nº 18.700 ya citada. Léese allí que los partidos podrán presentar en cada distrito o circunscripción un máximo de candidatos equivalente al número inmediatamente superior al número de parlamentarios que corresponda elegir en el distrito o circunscripción de que se trate.

En semejante orden de ideas, la Ley Nº 20.840 reemplazó el artículo 180° de la Ley Nº 18.700 ya citada, pormenorizando cuáles son las circunscripciones senatoriales y qué número de senadores corresponde elegir a cada una de ellas. Se volverá sobre el punto más adelante.

369. **Número de parlamentarios, distritos y circunscripciones**. Procede distinguir entre la elección de diputados, por un lado, y la de senadores, por otro.

A. Tratándose de la Cámara Baja, el número de sus miembros sube de 120 a 155 diputados; el Senado, a su vez, queda integrado por 50 senadores.

Para la elección de los miembros de la Cámara de Diputados el nuevo artículo 178° de la Ley Nº 18.700 divide el país en veintiocho distritos electorales. Con sujeción al artículo 179° de esa ley, cada uno de los distritos aludidos elige el número de diputados que se indica en cada caso. Dicho número varía entre tres diputados, como mínimo, y ocho diputados como máximo. Por ejemplo, el primer distrito se halla constituido por las comunas de Arica, Camarones, Putre y General Lagos, correspondiéndole elegir tres diputados; el cuarto distrito abarca las comunas de Chañaral, Diego de Almagro, Copiapó, Caldera, Tierra Amarilla, Vallenar, Freirina, Huasco y Alto del Carmen, habiéndosele asignado la elección de cinco diputados; el séptimo distrito comprende las comunas de Valparaíso, Juan Fernández, Isla de Pascua, Viña del Mar, Concón, San Antonio, Santo Domingo, Cartagena, El Tabo, El Quisco, Algarrobo y Casablanca, que elige ocho diputados; el décimo distrito queda configurado con las comunas de Providencia, Ñuñoa, Santiago, Macul, San Joaquín y La Granja, habiéndosele asignado ocho diputados; el 11° distrito está constituido por las comunas de Las Condes, Vitacura, Lo Barnechea, La Reina y Peñalolén con seis diputados; el 20° distrito abarca las comunas de Talcahuano, Hualpén, Concepción, San Pedro de la Paz, Chiguayante, Tomé, Penco, Florida, Hualqui, Coronel y Santa Juana con ocho diputados; el 27° distrito se halla constituido por Coyhaique y nueve comunas adicionales, eligiendo tres diputados; y el 28° distrito, de Natales y diez comunas más, entre ellas Antártica, elige tres diputados.

B. Con relación al Senado, el artículo 180° de la Ley Nº 18.700 dispone que para la elección de los Senadores, cada una de las quince regiones constituye una circunscripción senatorial, eligiendo el número de esos parlamentarios que se indica una tras otra.

Por ejemplo, la primera circunscripción, de Arica y Parinacota, elige dos senadores; la 6° circunscripción, de Valparaíso, elige cinco senadores; igual número elige la 7° circunscripción, que corresponde a la Región Metropolitana de Santiago; la 10° circunscripción de la Región del Biobío elige también cinco senadores; la 13° circunscripción constituida por la X Región de Los Lagos, elige tres senadores; y la 15° circunscripción, correspondiente a la XII Región de Magallanes y Antártica Chilena, elige dos senadores.

370. Factor determinante de los distritos y circunscripciones. Fluye de las explicaciones precedentes que tal factor es el tamaño de la población, trátese de las elecciones de diputados o senadores. Es un criterio discutible, puesto que ese factor no puede ser común para la elección de los miembros de ambas Cámaras, atendido que representan unidades territoriales diversas y con densidad poblacional diferente. Se los igualó, sin embargo, pero con una salvedad de importancia y a la que nos referimos enseguida.

Efectivamente la nueva regla incorporada al artículo 179° bis de la Ley Nº 18.700, rige para la asignación de los 155 escaños de la Cámara de Diputados en los veintiocho distritos pertinentes. En virtud de la disposición aludida, al Consejo Directivo del Servicio Electoral debe actualizar, cada diez años, la asignación de aquellos escaños, en consideración a la población de cada distrito, según la cifra proporcionada por el Instituto Nacional de Estadísticas con base en el último censo oficial de población.

Lo ante expuesto se relaciona con otra norma del nuevo artículo 179°; con sujeción a la cual, el legislador presupone que los cambios demográficos alteraran el número de diputados a elegir por cada distrito sin exceder el total de 155 escaños ya mencionado. Se verá la proporcionalidad al cabo de una década, entonces se redistribuirán a prorrata los cargos entre los distritos electorales de acuerdo al método de cifra repartidora ya explicado.

Inaplicable a las elecciones de senadores es la actualización demográfica aludida, pues esos parlamentarios son elegidos por circunscripciones, en un número fijo ya determinado por la ley y no modificable según las variaciones poblacionales de cada una de esas divisiones territoriales.

371. Régimen de cuotas. El artículo 3° bis inciso 5°, agregado por la Ley N° 20.840, preceptúa que de la totalidad de declaraciones de candidaturas a diputado o senador efectuadas por los partidos políticos, ni los candidatos varones ni las candidaturas de mujeres podrán superar el sesenta por ciento (60%) del total respectivo. Cumplir tal deber es una obligación, cuya infracción acarrea el rechazo de todas las candidaturas declaradas a diputados o senadores, según corresponda, del partido que haya infringido la disposición.

Puntualiza el nuevo artículo 23° transitorio de la Ley N° 18.700 que la regla especial del artículo 3° bis, arriba comentada, solo tendrá aplicación en los procesos electorales de 2017, 2021, 2025 y 2029, abarcando por ende un lapso bastante amplio. Agrega el artículo 3° transitorio nuevo de la Ley N° 19.884 sobre transparencia, límite y control del gasto electoral, que para las elecciones parlamentarias que se verifiquen en los años ya señalados, los candidatos a senadores y diputados tendrán derecho a un reembolso adicional de sus gastos.

372. Modificación a la ley orgánica de partidos políticos. El artículo 3° de la Ley N° 20.840 reforma la Ley N° 18.603, ordenando que los partidos existirán cuando se hubieren constituido legalmente, al menos, en una de las regiones en que se divide el país. La misma Ley N° 20.840 sustituyó el artículo 42° N° 2° de la Ley N° 18.603 por otro que declara que se disuelven esas fuerzas políticas por no alcanzar en la región en que se estén legalmente constituidas 2,5%, al menos, de los sufragios válidamente emitidos en la última elección de diputados. No obstante, si el partido incurre en la situación descrita, pero elige al menos dos parlamentarios, sea diputados o senadores, conservará su calidad de tal.

373. Elecciones primarias. La Ley N° 20.840 incluye también modificaciones a la Ley N° 20.640, sobre elecciones primarias para la nominación de candidatos a cargos parlamentarios. De esas reformas realzamos la introducida al artículo 30° inciso 2°, según la cual, cuando los partidos participan en forma individual pero sin suscribir un pacto electoral, con otros partidos, o lo hagan también individualmente pero habiendo suscrito tal tipo de pacto, serán nominados como candidatos, para la elección definitiva y en cada territorio electoral, las mayores votaciones individuales hasta completar el número de cargos definido en la declaración de candidaturas.

Añade el artículo 3° transitorio nuevo de la Ley N° 20.640, que el partido que decida someterse al sistema de elecciones primarias para los comicios de 2017, 2021, 2025 y 2029 solo podrán aplicar dicho procedimiento hasta 40% del total de candidaturas a diputado o senador que pueda declarar en la elección definitiva. Esta limitación se vincula, evidentemente, con la normativa relativa a las cuotas parlamentarias cuya finalidad es promover la candidatura y elección de mujeres a los cargos respectivos.

TABLA 5.2. PLANILLA DE INGRESOS PARTIDOS POLÍTICOS ELECCIONES MUNICIPALES 2012

ELECCIÓN	NOMBRE DEL PARTIDO	DESCRIPCIÓN	MONTO
ALCALDE	RENOVACION NACIONAL	Anticipo financiamiento fiscal	7.351.655
ALCALDE	RENOVACION NACIONAL	Aportes Reservado	621.736.711
CONCEJAL	RENOVACION NACIONAL	Aportes Reservado	180.459.105
CONCEJAL	RENOVACION NACIONAL	Aporte Propio	34.499.407
CONCEJAL	RENOVACION NACIONAL	Anticipo financiamiento fiscal	251.077.185
ALCALDE	RENOVACION NACIONAL	Anticipo financiamiento fiscal	309.253.641
CONCEJAL	RENOVACION NACIONAL	Aportes Privados de Carácter Público	40.000.000
ALCALDE	PARTIDO DEMOCRATA CRISTIANO	Aportes Anónimos	55.556
ALCALDE	PARTIDO DEMOCRATA CRISTIANO	Anticipo financiamiento fiscal	272.808.449
ALCALDE	PARTIDO DEMOCRATA CRISTIANO	Aportes Reservado	709.521.771
CONCEJAL	PARTIDO DEMOCRATA CRISTIANO	Aportes Reservado	214.371.200
CONCEJAL	PARTIDO DEMOCRATA CRISTIANO	Anticipo financiamiento fiscal	212.140.115
CONCEJAL	UNION DEMOCRATA INDEPENDIENTE	Aportes Reservado	395.930.980
CONCEJAL	UNION DEMOCRATA INDEPENDIENTE	Anticipo financiamiento fiscal	244.860.851
ALCALDE	UNION DEMOCRATA INDEPENDIENTE	Aportes Privados de Carácter Público	28.582.691
ALCALDE	UNION DEMOCRATA INDEPENDIENTE	Aportes Reservado	769.668.988
ALCALDE	UNION DEMOCRATA INDEPENDIENTE	Aportes Privados de Carácter Público	13.149.790
CONCEJAL	UNION DEMOCRATA INDEPENDIENTE	Aportes Anónimos	9.838.504
ALCALDE	UNION DEMOCRATA INDEPENDIENTE	Anticipo financiamiento fiscal	383.663.212
ALCALDE	UNION DEMOCRATA INDEPENDIENTE	Aporte Propio	351.951.253
CONCEJAL	UNION DEMOCRATA INDEPENDIENTE	Aporte Propio	495.151.317
ALCALDE	PARTIDO POR LA DEMOCRACIA	Anticipo financiamiento fiscal	102.807.829
ALCALDE	PARTIDO POR LA DEMOCRACIA	Aporte Propio	17.088.647
ALCALDE	PARTIDO POR LA DEMOCRACIA	Aportes Reservado	152.955.694
CONCEJAL	PARTIDO POR LA DEMOCRACIA	Aportes Reservado	64.300.000

ELECCIÓN	NOMBRE DEL PARTIDO	DESCRIPCIÓN	MONTO
CONCEJAL	PARTIDO POR LA DEMOCRACIA	Aportes Privados de Carácter Público	200.000
ALCALDE	PARTIDO POR LA DEMOCRACIA	Aportes Privados de Carácter Público	4.386.820
CONCEJAL	PARTIDO POR LA DEMOCRACIA	Aporte Propio	3.043.835
CONCEJAL	PARTIDO POR LA DEMOCRACIA	Anticipo financiamiento fiscal	145.514.525
ALCALDE	PARTIDO SOCIALISTA DE CHILE	Aportes Reservado	32.880.267
ALCALDE	PARTIDO SOCIALISTA DE CHILE	Anticipo financiamiento fiscal	182.783.140
ALCALDE	PARTIDO SOCIALISTA DE CHILE	Aportes Reservado	104.006.118
ALCALDE	PARTIDO SOCIALISTA DE CHILE	Aportes Reservado	4.815.625
CONCEJAL	PARTIDO SOCIALISTA DE CHILE	Aporte Propio	50.000.000
CONCEJAL	PARTIDO SOCIALISTA DE CHILE	Aportes Reservado	20.640.000
CONCEJAL	PARTIDO SOCIALISTA DE CHILE	Aporte Propio	78.683.486
CONCEJAL	PARTIDO SOCIALISTA DE CHILE	Aportes Reservado	34.026.085
CONCEJAL	PARTIDO SOCIALISTA DE CHILE	Aporte Propio	200.000.000
CONCEJAL	PARTIDO SOCIALISTA DE CHILE	Aportes Reservado	30.507
CONCEJAL	PARTIDO SOCIALISTA DE CHILE	Aportes Reservado	986.408
CONCEJAL	PARTIDO SOCIALISTA DE CHILE	Anticipo financiamiento fiscal	170.686.514
CONCEJAL	PARTIDO SOCIALISTA DE CHILE	Aportes Reservado	817.000
CONCEJAL	PARTIDO COMUNISTA DE CHILE	Aportes Anónimos	395.000
CONCEJAL	PARTIDO COMUNISTA DE CHILE	Aportes Anónimos	375.000
CONCEJAL	PARTIDO COMUNISTA DE CHILE	Aportes Anónimos	276.315
CONCEJAL	PARTIDO COMUNISTA DE CHILE	Aportes Reservado	10.000.000
CONCEJAL	PARTIDO COMUNISTA DE CHILE	Aporte Propio	5.200.000
CONCEJAL	PARTIDO COMUNISTA DE CHILE	Aportes Anónimos	280.000
CONCEJAL	PARTIDO COMUNISTA DE CHILE	Aportes Anónimos	409.719
CONCEJAL	PARTIDO COMUNISTA DE CHILE	Anticipo financiamiento fiscal	81.657.370
CONCEJAL	PARTIDO COMUNISTA DE CHILE	Aportes Anónimos	420.000

ELECCIÓN	NOMBRE DEL PARTIDO	DESCRIPCIÓN	MONTO
ALCALDE	PARTIDO COMUNISTA DE CHILE	Aporte Propio	5.200.000
ALCALDE	PARTIDO COMUNISTA DE CHILE	Aportes Anónimos	421.362
ALCALDE	PARTIDO COMUNISTA DE CHILE	Aportes Reservado	3.738.960
ALCALDE	PARTIDO COMUNISTA DE CHILE	Anticipo financiamiento fiscal	55.854.773
ALCALDE	PARTIDO COMUNISTA DE CHILE	Aportes Anónimos	410.200
ALCALDE	PARTIDO COMUNISTA DE CHILE	Aportes Anónimos	373.393
CONCEJAL	PARTIDO RADICAL SOCIALDEMOCRATA	Aporte Propio	107.524.831
CONCEJAL	PARTIDO RADICAL SOCIALDEMOCRATA	Anticipo financiamiento fiscal	191.147
CONCEJAL	PARTIDO RADICAL SOCIALDEMOCRATA	Anticipo financiamiento fiscal	92.132.495
ALCALDE	PARTIDO RADICAL SOCIALDEMOCRATA	Anticipo financiamiento fiscal	466.607
ALCALDE	PARTIDO RADICAL SOCIALDEMOCRATA	Anticipo financiamiento fiscal	66.829.433
ALCALDE	PARTIDO RADICAL SOCIALDEMOCRATA	Aportes Reservado	6.617.860
ALCALDE	PARTIDO RADICAL SOCIALDEMOCRATA	Aporte Propio	66.740.425
CONCEJAL	PARTIDO HUMANISTA	Anticipo financiamiento fiscal	27.063.947
CONCEJAL	PARTIDO HUMANISTA	Aporte Propio	107.286
ALCALDE	PARTIDO HUMANISTA	Aporte Propio	116.747
ALCALDE	PARTIDO HUMANISTA	Aportes Reservado	2.028.424
ALCALDE	PARTIDO HUMANISTA	Anticipo financiamiento fiscal	36.167.333
CONCEJAL	PARTIDO REGIONALISTA DE LOS INDEPENDIENTES	Anticipo financiamiento fiscal	99.295.575
CONCEJAL	PARTIDO REGIONALISTA DE LOS INDEPENDIENTES	Aportes Reservado	52.120.000
ALCALDE	PARTIDO REGIONALISTA DE LOS INDEPENDIENTES	Aportes Reservado	85.036.962
CONCEJAL	PARTIDO REGIONALISTA DE LOS INDEPENDIENTES	Créditos con Instituciones Financieras	1.100.000
ALCALDE	PARTIDO REGIONALISTA DE LOS INDEPENDIENTES	Anticipo financiamiento fiscal	53.574.516
CONCEJAL	PARTIDO REGIONALISTA DE LOS INDEPENDIENTES	Créditos con Instituciones Financieras	23.000.000
ALCALDE	MOVIMIENTO AMPLIO SOCIAL	Anticipo financiamiento fiscal	5.043.555
CONCEJAL	MOVIMIENTO AMPLIO SOCIAL	Anticipo financiamiento fiscal	9.969.840

ELECCIÓN	NOMBRE DEL PARTIDO	DESCRIPCIÓN	MONTO
CONCEJAL	MOVIMIENTO AMPLIO SOCIAL	Anticipo financiamiento fiscal	191.823
ALCALDE	MOVIMIENTO AMPLIO SOCIAL	Anticipo financiamiento fiscal	27.948.838
CONCEJAL	PARTIDO ECOLOGISTA VERDE	Aporte Propio	196.390
CONCEJAL	PARTIDO ECOLOGISTA VERDE	Anticipo financiamiento fiscal	9.845.783
ALCALDE	PARTIDO ECOLOGISTA VERDE	Aporte Propio	184.517
ALCALDE	PARTIDO ECOLOGISTA VERDE	Anticipo financiamiento fiscal	58.758.226
CONCEJAL	PARTIDO ECOLOGISTA VERDE	Reembolso solicitado candidato o partido	10.849.022
CONCEJAL	PARTIDO PROGRESISTA	Anticipo financiamiento fiscal	9.845.783
CONCEJAL	PARTIDO PROGRESISTA	Aportes Anónimos	158.750.000
ALCALDE	PARTIDO PROGRESISTA	Anticipo financiamiento fiscal	58.758.226
ALCALDE	PARTIDO PROGRESISTA	Aportes Anónimos	9.250.000
ALCALDE	PARTIDO PROGRESISTA	Aportes Reservado	17.250.000
CONCEJAL	PARTIDO IGUALDAD	Anticipo financiamiento fiscal	4.303.958
ALCALDE	PARTIDO IGUALDAD	Aportes Anónimos	47.683
CONCEJAL	PARTIDO IGUALDAD	Aporte Propio	380.000
CONCEJAL	PARTIDO IGUALDAD	Anticipo financiamiento fiscal	109.694
CONCEJAL	PARTIDO IGUALDAD	Aporte Propio	325.000
CONCEJAL	PARTIDO IGUALDAD	Aporte Propio	510.000
CONCEJAL	PARTIDO IGUALDAD	Aporte Propio	3.107
ALCALDE	PARTIDO IGUALDAD	Aporte Propio	420.000
ALCALDE	PARTIDO IGUALDAD	Aporte Propio	640.000
ALCALDE	PARTIDO IGUALDAD	Anticipo financiamiento fiscal	32.538.075
ALCALDE	PARTIDO IGUALDAD	Aporte Propio	380.000
ALCALDE	PARTIDO IGUALDAD	Aporte Propio	580.000
ALCALDE	PARTIDO IGUALDAD	Aporte Propio	490.000
ALCALDE	PARTIDO IGUALDAD	Anticipo financiamiento fiscal	1.264.146

ELECCIÓN	NOMBRE DEL PARTIDO	DESCRIPCIÓN	MONTO
ALCALDE	PARTIDO IGUALDAD	Aporte Propio	530.000
ALCALDE	PARTIDO IGUALDAD	Aporte Propio	5.090
CONCEJAL	PARTIDO IGUALDAD	Aporte Propio	480.000
CONCEJAL	PARTIDO DE IZQUIERDA CIUDADANA DE CHILE	Anticipo financiamiento fiscal	13.052.737
ALCALDE	PARTIDO DE IZQUIERDA CIUDADANA DE CHILE	Aportes Anónimos	1.027.312
ALCALDE	PARTIDO DE IZQUIERDA CIUDADANA DE CHILE	Anticipo financiamiento fiscal	38.272.688
CONCEJAL	PARTIDO LIBERAL DE CHILE	Aportes Anónimos	47.236
CONCEJAL	PARTIDO LIBERAL DE CHILE	Anticipo financiamiento fiscal	760.856
CONCEJAL	PARTIDO LIBERAL DE CHILE	Aportes Reservado	10.000.000
ALCALDE	PARTIDO LIBERAL DE CHILE	Aportes Anónimos	28.090
ALCALDE	PARTIDO LIBERAL DE CHILE	Aportes Reservado	6.000.000
ALCALDE	PARTIDO LIBERAL DE CHILE	Anticipo financiamiento fiscal	991.582
ALCALDE	PARTIDO LIBERAL DE CHILE	Anticipo financiamiento fiscal	36.037
CONCEJAL	PARTIDO ECOLOGISTA VERDE DEL NORTE	Reembolso solicitado candidato o partido	8.790.000
CONCEJAL	PARTIDO ECOLOGISTA VERDE DEL NORTE	Aporte Propio	120.453
ALCALDE	PARTIDO ECOLOGISTA VERDE DEL NORTE	Anticipo financiamiento fiscal	58.758.226
ALCALDE	PARTIDO ECOLOGISTA VERDE DEL NORTE	Aporte Propio	33.389
CONCEJAL	PARTIDO ECOLOGISTA VERDE DEL NORTE	Anticipo financiamiento fiscal	9.845.783
CONCEJAL	FUERZA DEL NORTE	Anticipo financiamiento fiscal	443.183
ALCALDE	FUERZA DEL NORTE	Anticipo financiamiento fiscal	262.168
ALCALDE	FUERZA DEL NORTE	Anticipo financiamiento fiscal	518.537

TABLA 5.3. ELECCIONES PRESIDENCIAL Y PARLAMENTARIA 2009. INGRESO ELECTORAL POR TIPO DE CUENTA

PRESIDENCIAL														
Candidatos y partidos políticos	Anticipo financiamiento fiscal	Aporte anónimo	Aporte público	Aporte público partido político	Aporte reservado	Aporte trabajo voluntario	Aporte por usufructo	Aporte propio	Crédito institución financiera	Intereses crédito	No definido	Reembolso facturas endosadas	Reembolsos facturas cedidas partido político	Reembolsos solicitado candidato o partido	Totales
Partido Comunista de Chile	$0	$1.464.469	$0	$0	$5.751.529	$3.500.000	$0	$2.974.000	$0	$0	$0	$0	$0	$266.220.550	$279.910.548
Partido Demócrata Cristiano	$0	$8.464.893	$0	$0	$205.748.694	$0	$0	$0	$900.000.000	$10.981.700	$0	$0	$0	$350.795.655	$1.475.990.942
Renovación Nacional	$0	$0	$0	$0	$0	$0	$0	$689.988	$1.400.000.000	$6.546.166	$0	$0	$0	$285.082.194	$1.692.318.348
TOTAL	$0	$9.929.362	$0	$0	$211.500.223	$3.500.000	$0	$3.663.988	$2.300.000.000	$17.527.866	$0	$0	$0	$902.098.399	$3.448.219.838
SENADORES															
Candidatos y partidos políticos	Anticipo financiamiento fiscal	Aporte anónimo	Aporte público	Aporte público partido político	Aporte reservado	Aporte trabajo voluntario	Aporte por usufructo	Aporte propio	Crédito institución financiera	Intereses crédito	No definido	Reembolso facturas endosadas	Reembolsos facturas cedidas partido político	Reembolsos solicitado candidato o partido	Totales
Chile Primero	$10.528.212	$677.753	$0	$0	$20.000.000	$0	$0	$0	$0	$0	$0	$0	$0	$0	$31.205.965
Movimiento Amplio Social	$7.305.401	$0	$0	$0	$0	$0	$0	$150.841	$0	$0	$0	$0	$0	$0	$7.456.242
Partido Demócrata Cristiano	$82.904.219	$0	$0	$0	$172.184.978	$0	$0	$0	$0	$0	$0	$0	$0	$0	$255.089.197
Partido Ecologista	$6.302.220	$0	$0	$0	$0	$0	$0	$11.238	$0	$0	$0	$0	$0	$6.500.000	$12.813.458
Partido Humanista	$6.302.220	$0	$0	$0	$1.742.023	$0	$0	$0	$0	$0	$0	$0	$0	$5.743.950	$13.788.193
Partido Por la Democracia	$54.285.223	$0	$0	$0	$88.459.085	$0	$0	$9.471.482	$0	$0	$0	$0	$0	$4.477.400	$156.693.190
Partido Radical Socialdemocrata	$13.120.331	$0	$0	$0	$71.631.360	$0	$0	$30.630.098	$0	$0	$0	$0	$0	$0	$115.381.789
Partido Regionalista de los Independientes	$7.305.401	$95.965	$0	$0	$35.886.841	$0	$0	$0	$0	$0	$0	$0	$0	$5.572.770	$48.860.977
Partido Socialista de Chile	$56.988.897	$0	$0	$0	$90.085.151	$0	$0	$138.889	$150.000.000	$4.780.800	$0	$0	$0	$0	$301.993.737
Renovación Nacional	$88.170.267	$0	$0	$0	$336.078.973	$0	$0	$51.045.476	$0	$0	$0	$0	$0	$0	$475.294.716
Unión Demócrata Independiente	$78.670.161	$0	$62.520.844	$0	$379.742.271	$0	$0	$107.697.840	$0	$0	$0	$0	$0	$0	$628.631.116
TOTAL	$411.882.552	$773.718	$62.520.844	$0	$1.195.810.682	$0	$0	$199.145.864	$150.000.000	$4.780.800	$0	$0	$0	$22.294.120	$2.047.208.580

DIPUTADOS															
Candidatos Partidos Políticos	Anticipo Financiamiento Fiscal	Aporte Anónimo	Aporte Público	Aporte Público Partido Político	Aporte Reservado	Aporte Trabajo Voluntario	Aporte Por Usufructo	Aporte Propio	Crédito Institución Financiera	Intereses Crédito	No Definido	Reembolso Facturas Endosadas	Reembolsos Facturas Cedidas Partido Político	Reembolsos Solicitado Candidato o Partido	Totales
Chile Primero	$32.076.416	$0	$25.000.000	$0	$138.824.300	$0	$0	$0	$0	$0	$0	$0	$0	$0	$195.900.716
Movimiento Amplio Social	$29.547.989	$0	$0	$0	$0	$0	$0	$717	$0	$0	$0	$0	$0	$0	$29.548.706
Partido Comunista de Chile	$75.976.831	$0	$0	$0	$0	$7.450.000	$0	$0	$0	$0	$0	$0	$0	$0	$83.426.831
Partido Democrata Cristiano	$294.010.985	$0	$0	$0	$118.066.223	$0	$0	$0	$0	$0	$0	$0	$0	$0	$412.077.208
Partido Ecologista	$25.858.940	$0	$0	$0	$0	$0	$0	$63.983	$0	$0	$0	$0	$0	$7.200.000	$33.122.923
Partido Humanista	$27.785.903	$0	$0	$0	$0	$0	$0	$0	$0	$0	$0	$0	$0	$30.000.000	$57.785.903
Partido Izquierda Cristiana de Chile	$32.076.416	$0	$0	$0	$0	$0	$0	$0	$0	$0	$0	$0	$0	$0	$32.076.416
Partido Por la Democracia	$234.418.225	$0	$0	$0	$105.041.928	$0	$0	$0	$0	$0	$0	$0	$0	$0	$339.460.153
Partido Radical Socialdemocrata	$82.230.920	$0	$0	$0	$88.672.598	$0	$0	$42.412.699	$0	$0	$0	$0	$0	$0	$213.316.217
Partido Regionalista de los Independientes	$29.547.989	$36.296.634	$0	$0	$12.236.244	$0	$0	$0	$0	$0	$0	$0	$0	$50.660.264	$128.741.131
Partido Socialista de Chile	$164.396.244	$0	$0	$0	$21.100.000	$0	$0	$64.489.466	$300.000.000	$12.844.000	$0	$0	$18.504.565	$0	$581.334.275
Renovacion Nacional	$210.849.965	$0	$0	$0	$564.276.693	$0	$0	$244.739.992	$0	$0	$0	$0	$0	$0	$1.019.866.650
Union Democrata Independiente	$324.707.729	$0	$72.178.610	$0	$762.712.154	$0	$0	$542.968.882	$0	$0	$0	$0	$0	$0	$1.702.567.375
TOTAL	$1.563.484.552	$36.296.634	$97.178.610	$0	$1.810.930.140	$7.450.000	$0	$894.675.739	$300.000.000	$12.844.000	$0	$0	$18.504.565	$87.860.264	$4.829.224.504

TABLA 5.4. GASTO ELECCIÓN PRESIDENCIAL Y PARLAMENTARIA 2009

TIPO ELECCIÓN	REGIÓN	TOTAL GASTO	TOTAL CANDIDATOS	TOTAL SUFRAGIOS	% GASTO
PRESIDENCIAL	NACIONAL	$9.945.583.102	4	6.977.544	100,00%
SENADORES	XV-I	$430.619.685	5	168.383	7,44%
	III	$490.650.085	6	105.341	8,48%
	V	$2.160.942.152	13	753.732	37,34%
	VII	$1.212.337.632	10	435.681	20,95%
	IX	$1.224.510.749	14	391.178	21,16%
	XI	$268.030.158	5	41.167	4,63%
DIPUTADOS	XV	$103.246.264	8	73.692	0,72%
	I	$185.604.471	8	93.105	1,30%
	II	$410.246.003	15	173.826	2,87%
	III	$469.207.283	15	102.509	3,28%
	IV	$888.726.571	24	255.938	6,22%
	V	$1.672.387.778	49	740.962	11,71%
	VI	$799.986.456	27	379.518	5,60%
	VII	$814.029.949	28	436.460	5,70%
	VIII	$1.616.431.975	44	861.057	11,31%
	IX	$802.789.802	37	388.909	5,62%
	XIV	$434.650.234	12	161.272	3,04%
	X	$619.418.002	23	317.179	4,34%
	XI	$146.971.662	4	40.961	1,03%
	XII	$178.697.773	9	65.712	1,25%
	METROPOLITANA	$5.143.624.541	120	2.516.843	36,00%

TABLA 5.5. ELECCIONES PRESIDENCIAL Y PARLAMENTARIA 2009. GASTO ELECTORAL POR TIPO DE CUENTA

PRESIDENCIAL															
Candidatos y Partidos Políticos	Arriendo de Sedes y Muebles	Desplazamientos y Transportes Contratados	Encuestas Electorales o Sociales	Exceso de Aporte Anónimo	Exceso de Aporte Público	Exceso de Aporte Reservado	Gastos Menores	Intereses por Préstamos	No Definido	Patrocinios y/o Donaciones	Propaganda	Servicios Prestados a Candidaturas	Trabajo Voluntario	Usufructo	Total General
Partido Comunista de Chile	$8.972.600	$1.746.100	$0	$0	$0	$0	$2.768.455	$0	$0	$0	$166.923.393	$96.000.000	$3.500.000	$0	$279.910.548
Partido Demócrata Cristiano	$54.559.145	$8.341.900	$45.199.023	$0	$0	$0	$6.528.962	$10.964.200	$0	$0	$1.047.816.881	$302.580.831	$0	$0	$1.475.990.942
Renovación Nacional	$24.461.201	$79.482.858	$17.950.000	$0	$0	$0	$16.111.558	$6.546.166	$0	$0	$1.116.098.749	$431.667.816	$0	$0	$1.692.318.348
TOTAL	$87.992.946	$89.570.858	$63.149.023	$0	$0	$0	$25.408.975	$17.510.366	$0	$0	$2.330.839.023	$830.248.647	$3.500.000	$0	$3.448.219.838
SENADORES															
Candidatos y Partidos Políticos	Arriendo de Sedes y Muebles	Desplazamientos y Transportes Contratados	Encuestas Electorales o Sociales	Exceso de Aporte Anónimo	Exceso de Aporte Público	Exceso de Aporte Reservado	Gastos Menores	Intereses por Préstamos	No Definido	Patrocinios y/o Donaciones	Propaganda	Servicios Prestados a Candidaturas	Trabajo Voluntario	Usufructo	Total General
Chile Primero	$0	$0	$0	$0	$0	$0	$0	$0	$0	$0	$31.205.965	$0	$0	$0	$31.205.965
Movimiento Amplio Social	$0	$456.242	$0	$0	$0	$0	$0	$0	$0	$0	$7.000.000	$0	$0	$0	$7.456.242
Partido Demócrata Cristiano	$0	$11.662.000	$0	$0	$0	$0	$24.539.931	$0	$0	$100.800.000	$62.592.844	$55.494.422	$0	$0	$255.089.197
Partido Ecologista	$357.000	$0	$400.000	$0	$0	$0	$0	$0	$0	$0	$2.306.458	$9.750.000	$0	$0	$12.813.458
Partido Humanista	$0	$152.928	$0	$0	$0	$0	$3.753.051	$0	$0	$0	$1.029.350	$8.852.864	$0	$0	$13.788.193
Partido Por la Democracia	$5.025.755	$12.203.753	$7.600.000	$0	$0	$0	$2.109.145	$0	$0	$66.995.091	$0	$62.759.446	$0	$0	$156.693.190
Partido Radical Socialdemocrata	$0	$0	$0	$0	$0	$0	$0	$0	$0	$16.000.000	$99.381.789	$0	$0	$0	$115.381.789
Partido Regionalista de los Independientes	$0	$0	$0	$0	$0	$0	$7.384.466	$0	$0	$1.000.000	$40.476.511	$0	$0	$0	$48.860.977
Partido Socialista de Chile	$10.622.033	$12.574.392	$11.000.000	$0	$0	$0	$9.391.554	$4.780.800	$0	$90.000.000	$147.681.354	$15.943.604	$0	$0	$301.993.737
Renovación Nacional	$6.071.800	$2.462.800	$0	$0	$0	$0	$71.177.494	$0	$0	$72.356.843	$264.156.063	$59.069.716	$0	$0	$475.294.716
Unión Demócrata Independiente	$5.652.500	$0	$33.600.000	$0	$0	$0	$45.035.755	$0	$0	$148.653.312	$303.317.525	$92.372.024	$0	$0	$628.631.116
TOTAL	$27.729.088	$39.512.115	$52.600.000	$0	$0	$0	$163.391.396	$4.780.800	$0	$495.805.246	$959.147.859	$304.242.076	$0	$0	$2.047.208.580

DIPUTADOS															
Candidatos y Partidos Políticos	Arriendo de Sedes y Muebles	Desplazamientos y Transportes Contratados	Encuestas Electorales Sociales	Exceso de Aporte Anónimo	Exceso de Aporte Público	Exceso de Aporte Reservado	Gastos Menores	Intereses por Préstamos	No Definido	Patrocinios y/o Donaciones	Propaganda	Servicios Prestados a Candidaturas	Trabajo Voluntario	Usufructo	Total General
Chile Primero	$280.000	$65.000	$0	$0	$0	$0	$814.976	$0	$0	$30.500.000	$126.210.542	$38.030.198	$0	$0	$195.900.716
Movimiento Amplio Social	$0	$445.056	$0	$0	$0	$0	$3.650	$0	$0	$29.100.000	$0	$0	$0	$0	$29.548.706
Partido Comunista de Chile	$3.505.825	$2.506.181	$0	$0	$7.567.310	$0	$6.357.417	$0	$0	$0	$53.870.098	$2.170.000	$7.450.000	$0	$83.426.831
Partido Democrata Cristiano	$0	$0	$0	$0	$0	$0	$28.150.905	$0	$0	$247.050.000	$116.700.000	$20.176.303	$0	$0	$412.077.208
Partido Ecologista	$500.000	$213.769	$3.000.000	$0	$0	$0	$0	$0	$0	$15.000.000	$3.601.154	$10.808.000	$0	$0	$33.122.923
Partido Humanista	$1.214.196	$2.230.890	$0	$0	$0	$0	$12.201.139	$0	$0	$0	$21.098.096	$21.041.582	$0	$0	$57.785.903
Partido Izquierda Cristiana de Chile	$0	$52.800	$0	$0	$0	$0	$0	$0	$0	$16.627.611	$307.020	$15.088.985	$0	$0	$32.076.416
Partido Por la Democracia	$0	$243.336	$1.940.000	$0	$0	$0	$194.872	$0	$0	$334.916.500	$0	$2.165.445	$0	$0	$339.460.153
Partido Radical Socialdemocrata	$0	$0	$0	$0	$0	$0	$597.782	$0	$0	$87.000.000	$125.718.435	$0	$0	$0	$213.316.217
Partido Regionalista de los Independientes	$0	$0	$0	$0	$0	$0	$589.698	$0	$0	$16.300.000	$111.851.433	$0	$0	$0	$128.741.131
Partido Socialista de Chile	$0	$0	$0	$0	$0	$0	$0	$12.844.000	$0	$398.800.000	$169.690.275	$0	$0	$0	$581.334.275
Renovación Nacional	$2.392.108	$26.047.430	$5.856.000	$0	$0	$0	$52.819.699	$0	$0	$195.049.634	$536.838.039	$200.863.740	$0	$0	$1.019.866.650
Unión Demócrata Independiente	$11.031.252	$757.490	$2.998.800	$0	$0	$0	$92.908.534	$0	$0	$245.650.000	$1.206.001.276	$143.220.023	$0	$0	$1.702.567.375
TOTAL	$18.923.381	$32.561.952	$13.794.800	$0	$7.567.310	$0	$194.638.672	$12.844.000	$0	$1.615.993.745	$2.471.886.368	$453.564.276	$7.450.000	$0	$4.829.224.504

TABLA 5.6. PLANILLA DE GASTOS PARTIDOS POLÍTICOS ELECCIONES PRESIDENCIAL 2DA VOTACIÓN 2013

NOMBRE DEL PARTIDO	GLOSA DOCUMENTO	MONTO
PARTIDO SOCIALISTA DE CHILE	GASTOS MENORES	77.274.496
PARTIDO SOCIALISTA DE CHILE	FOTOCOPIAS	33.621
PARTIDO SOCIALISTA DE CHILE	TRABAJOS MANTENCION SALAS DE PRENSA Y DE ENLACES ELECTORALES	7.200.000
PARTIDO SOCIALISTA DE CHILE	COLACIONES CAMPAÑA PRESIDENCIAL	555.556
PARTIDO SOCIALISTA DE CHILE	SERVICIO DE COLACIONES	1.111.111
PARTIDO SOCIALISTA DE CHILE	COLACIONES ENLACES ELECTORALES	388.889
PARTIDO SOCIALISTA DE CHILE	FOTOCOPIAS	180.162
PARTIDO SOCIALISTA DE CHILE	COLACIONES	55.667
PARTIDO SOCIALISTA DE CHILE	CORDON PARA CREDENCIALES APODERADOS	603.925
PARTIDO SOCIALISTA DE CHILE	CORDON PARA CREDENCIALES APODERADOS	449.225
PARTIDO SOCIALISTA DE CHILE	CORDON PARA CREDENCIALES APODERADOS	1.029.350
UNION DEMOCRATA INDEPENDIENTE	GASTOS VARIOS	4.741.039
PARTIDO SOCIALISTA DE CHILE	IMPRESION DIGITAL CAMPANA	6.237.504
PARTIDO SOCIALISTA DE CHILE	IMPRESION DE AFICHES Y VOLANTES	28.060.200
PARTIDO SOCIALISTA DE CHILE	PROPAGANDA RADIAL	104.720
PARTIDO SOCIALISTA DE CHILE	IMPRESION PUBLICIDAD Y MATERIALES APODERADOS	23.800.000
PARTIDO SOCIALISTA DE CHILE	GORROS PUBLICITARIOS	195.000
PARTIDO SOCIALISTA DE CHILE	LIENZOS Y GIGANTOGRAFIAS	412.573
PARTIDO SOCIALISTA DE CHILE	IMPRESION PUBLICIDAD	10.710.000
PARTIDO SOCIALISTA DE CHILE	PUBLICIDAD RADIAL	511.700
PARTIDO SOCIALISTA DE CHILE	IMPRESOS CAMPANA PRESIDENCIAL	952.000
PARTIDO SOCIALISTA DE CHILE	BOLSAS PUBLICITARIAS	3.629.500
PARTIDO SOCIALISTA DE CHILE	CHAPITAS. ABANICOS. POSTALES Y MARCADORES	21.239.120
PARTIDO SOCIALISTA DE CHILE	BOLSAS Y GLOBOS PUBLICITARIOS	2.582.003
PARTIDO SOCIALISTA DE CHILE	IMPRESION PROPAGANDA EN PVC ALTA RESOLUCION	12.352.200
UNION DEMOCRATA INDEPENDIENTE	PUBLICIDAD RADIAL CAMPAÑA PRESIDENCIAL	285.600
UNION DEMOCRATA INDEPENDIENTE	FRASES RADIALES 2DA VUELTA	142.800
UNION DEMOCRATA INDEPENDIENTE	PROPAGANDA POLITICA	327.250
UNION DEMOCRATA INDEPENDIENTE	PUBLICIDAD RADIAL	214.200
UNION DEMOCRATA INDEPENDIENTE	ARTICULOS PUBLICITARIOS, POLERAS, BANDERAS JOCKEY	6.842.500
UNION DEMOCRATA INDEPENDIENTE	CAMPAÑA PUBLICITARIA	119.755.337
UNION DEMOCRATA INDEPENDIENTE	FRASES RADIALES 2DA VUELTA	700.000
UNION DEMOCRATA INDEPENDIENTE	CONFECCION E INSTALACION PALOMAS Y PANCARTAS	4.000.000
UNION DEMOCRATA INDEPENDIENTE	PUBLICIDAD POLITICA	285.600
UNION DEMOCRATA INDEPENDIENTE	DIPTICOS EVELYN MATTHEI	2.808.400
UNION DEMOCRATA INDEPENDIENTE	DIPTICOS EVELYN MATTHEI	7.606.480
UNION DEMOCRATA INDEPENDIENTE	FRASES RADIALES	380.800
UNION DEMOCRATA INDEPENDIENTE	FRASE PUBLICITARIA	700.000
UNION DEMOCRATA INDEPENDIENTE	IMPRESION DE PALOMAS Y GIGANTOGRAFIAS	3.600.000

NOMBRE DEL PARTIDO	GLOSA DOCUMENTO	MONTO
UNION DEMOCRATA INDEPENDIENTE	PUBLICIDAD RADIAL	366.520
UNION DEMOCRATA INDEPENDIENTE	TELAS PVC	9.591.400
UNION DEMOCRATA INDEPENDIENTE	IMPRESION DE GRAFICA EN PVC CAMPAÑA PRESIDENCIAL	16.868.250
UNION DEMOCRATA INDEPENDIENTE	IMPRESOS CAMPAÑA	11.781.000
UNION DEMOCRATA INDEPENDIENTE	DIFUSION RADIAL CAMPAÑA EVELYN MATTHEI	350.000
UNION DEMOCRATA INDEPENDIENTE	PROPAGANDA POLITICA	300.000
UNION DEMOCRATA INDEPENDIENTE	VOLANTE CAMPAÑA PRESIDENCIAL, TRIPTICOS, DIPTICOS, CALENDARIO	107.100.000
UNION DEMOCRATA INDEPENDIENTE	MATERIAL DE APODERADOS Y VOLANTE VOTO PRESIDENCIAL	20.230.000
UNION DEMOCRATA INDEPENDIENTE	SERVICIO DE PUBLICIDAD	297.500
UNION DEMOCRATA INDEPENDIENTE	CAMPAÑA PRESIDENCIAL SEGUNDA VUELTA	83.300.000
UNION DEMOCRATA INDEPENDIENTE	IMPRESIONES GRAFICAS	128.213.549
UNION DEMOCRATA INDEPENDIENTE	CAMPAÑA PRESIDENCIAL	170.000.000
PARTIDO SOCIALISTA DE CHILE	ESTUDIOS TERRITORALES SEGUNDA VUELTA	10.300.000
PARTIDO SOCIALISTA DE CHILE	ESTUDIOS DE ENCUESTAS Y FOCUS COMUNAS PRIORITARIAS	50.000.000
PARTIDO SOCIALISTA DE CHILE	ENCUESTAS DE OPINION PUBLICA	4.444.444
PARTIDO SOCIALISTA DE CHILE	TELEFONOS CELULARES ENLACES ELECTORALES	342.229
PARTIDO SOCIALISTA DE CHILE	BANDA ANCHA MOVIL	52.934
PARTIDO SOCIALISTA DE CHILE	TELEFONIA FIJA	524.399
PARTIDO SOCIALISTA DE CHILE	SERVICIO DE ARRENDAMIENTO MOBILIARIO Y EQUIPAMIENTO OFICINA	12.090.400
PARTIDO SOCIALISTA DE CHILE	SERVICIO DE ARRENDAMIENTO EQUIPAMIENTO COMPUTACIONAL	7.820.001
PARTIDO SOCIALISTA DE CHILE	ARRIENDO ELEVADORES ALTURA JLG INSTALACION Y RETIRO	20.694.100
PARTIDO SOCIALISTA DE CHILE	ARRIENDO CARRO ALEGORICO	1.680.000
PARTIDO SOCIALISTA DE CHILE	ARRIENDO VEHFCULO	350.000
PARTIDO SOCIALISTA DE CHILE	ARRIENDO VEHICULO	400.000
PARTIDO SOCIALISTA DE CHILE	ARRIENDO CAMION. GENERADOR Y OTROS	1.950.000
PARTIDO SOCIALISTA DE CHILE	PRODUCCION EVENTO CAMPANA	3.992.450
PARTIDO SOCIALISTA DE CHILE	ANALISIS DE PRENSA DIGITAL	1.111.111
PARTIDO SOCIALISTA DE CHILE	SERVICIOS CONTABLES	926.604
PARTIDO SOCIALISTA DE CHILE	PRODUCCION DE EVENTOS COMUNICACIONALES	1.000.000
PARTIDO SOCIALISTA DE CHILE	ESTUDIO PARTICIPACION ELECTORAL 2 DE 2	12.574.202
PARTIDO SOCIALISTA DE CHILE	ESTUDIO PARTICIPACION ELECTORAL. 1 DE 2	4.191.401
PARTIDO SOCIALISTA DE CHILE	ASESORIA INFORMATICA ADMINISTRACION ELECTORAL	3.028.082
PARTIDO SOCIALISTA DE CHILE	APOYO TRABAJO ELECTORAL	200.000
PARTIDO SOCIALISTA DE CHILE	APOYO ADMINISTRACION ELECTORAL	1.666.667
PARTIDO SOCIALISTA DE CHILE	ASESORIA COMUNICACIONAL	5.555.556
PARTIDO SOCIALISTA DE CHILE	ELABORACION MINUTAS TECNICAS CAMPAÑA	2.222.222
PARTIDO SOCIALISTA DE CHILE	APOYO TRABAJO ELECTORAL	1.555.556
PARTIDO SOCIALISTA DE CHILE	SERVICIOS PROFESIONALES TRABAJO ELECTORAL	1.286.250

NOMBRE DEL PARTIDO	GLOSA DOCUMENTO	MONTO
PARTIDO SOCIALISTA DE CHILE	COORDINACION TERRITORIAL	1.771.111
PARTIDO SOCIALISTA DE CHILE	APOYO TRABAJO ELECTORAL	1.000.000
PARTIDO SOCIALISTA DE CHILE	DISEÑO Y DIAGRAMACION MATERIAL GRAFICO	1.100.000
PARTIDO SOCIALISTA DE CHILE	TRABAJO TERRITORIAL	333.335
PARTIDO SOCIALISTA DE CHILE	APOYO TRABAJO TERRITORIAL	277.778
PARTIDO SOCIALISTA DE CHILE	APOYO TRABAJO ELECTORAL	311.111
PARTIDO SOCIALISTA DE CHILE	SERVICIOS DE ILUMINACION E INSTALACION DE ESCENARIO	5.982.130
PARTIDO SOCIALISTA DE CHILE	DISENO Y DIAGRAMACION PIEZAS PUBLICITARIAS CAMPANA	333.333
PARTIDO SOCIALISTA DE CHILE	APOYO TRABAJO ELECTORAL SEGUNDA VUELTA	777.778
PARTIDO SOCIALISTA DE CHILE	FOTOGRAFIA CAMPANA EN TERRENO	33.333
PARTIDO SOCIALISTA DE CHILE	APOYO TECNICO PROCESO DE ADMINISTRACION ELECTORAL	777.778
PARTIDO SOCIALISTA DE CHILE	APOYO TECNICO PROCESO DE ADMINISTRACION ELECTORAL	666.667
PARTIDO SOCIALISTA DE CHILE	SERVICIOS PROFESIONALES ANALISIS TERRITORIAL	1.111.111
PARTIDO SOCIALISTA DE CHILE	APOYO TRABAJO ELECTORAL	61.111
PARTIDO SOCIALISTA DE CHILE	APOYO TRABAJO ELECTORAL	38.889
PARTIDO SOCIALISTA DE CHILE	APOYO TRABAJO ELECTORAL	61.111
PARTIDO SOCIALISTA DE CHILE	APOYO TRABAJO ELECTORAL	61.111
PARTIDO SOCIALISTA DE CHILE	APOYO ADMINISTRATIVO ELECTORAL	705.556
PARTIDO SOCIALISTA DE CHILE	ADMINISTRACION PLATAFORMAS DIGITALES Y REDES CIUDADANAS	5.926.200
PARTIDO SOCIALISTA DE CHILE	ADMINISTRACION Y MANTENIMIENTO PAGINA WEB INSTITUCIONAL	6.862.534
PARTIDO SOCIALISTA DE CHILE	ADMINISTRACION ELECTORAL	1.666.667
PARTIDO SOCIALISTA DE CHILE	APOYO TRABAJO ELECTORAL	277.778
PARTIDO SOCIALISTA DE CHILE	APOYO TRABAJO ELECTORAL	722.222
PARTIDO SOCIALISTA DE CHILE	COORDINACIÓN TRABAJO ELECTORAL	2.055.556
PARTIDO SOCIALISTA DE CHILE	APOYO TRABAJO ELECTORAL	1.029.000
PARTIDO SOCIALISTA DE CHILE	COORDINACION TRABAJO ELECTORAL	1.666.666
PARTIDO SOCIALISTA DE CHILE	APOYO TRABAJO ELECTORAL	933.332
PARTIDO SOCIALISTA DE CHILE	APOYO ADMINISTRACION ELECTORAL	1.666.667
PARTIDO SOCIALISTA DE CHILE	ANALISIS DE DISCURSO Y MINUTAS DE CONTENIDO CAMPAÑA	2.222.222
PARTIDO SOCIALISTA DE CHILE	APOYO TRABAJO ELECTORAL	422.222
PARTIDO SOCIALISTA DE CHILE	ASESORIA ANIMACION TEATRAL	151.000
PARTIDO SOCIALISTA DE CHILE	SERVICIO DE AMPLIFICACION EVENTO	1.326.850
PARTIDO SOCIALISTA DE CHILE	ASESORIA COMUNICACIONAL	5.700.000
PARTIDO SOCIALISTA DE CHILE	APOYO CAMPAÑA ELECTORAL	700.000
PARTIDO SOCIALISTA DE CHILE	APOYO PERIODISTICO	583.334
PARTIDO SOCIALISTA DE CHILE	APOYO TRABAJO ELECTORAL	700.000
PARTIDO SOCIALISTA DE CHILE	APOYO INFORMATICO ADMINISTRACION ELECTORAL	888.889

NOMBRE DEL PARTIDO	GLOSA DOCUMENTO	MONTO
PARTIDO SOCIALISTA DE CHILE	ASESORIA CAPACITACION Y PRODUCCION CLIPS RADIALES	650.000
PARTIDO SOCIALISTA DE CHILE	TRABAJO ELECTORAL CAMPAÑA PRESIDENCIAL	333.333
PARTIDO SOCIALISTA DE CHILE	APOYO TRABAJO ELECTORAL	88.889
PARTIDO SOCIALISTA DE CHILE	SERVICIOS INSTALACION DE PALOMAS	323.680
PARTIDO SOCIALISTA DE CHILE	APOYO TECNICO ADMINISTRATIVO ENLACES ELECTORALES	3.333.333
PARTIDO SOCIALISTA DE CHILE	APOYO TRABAJO TERRITORIAL	111.111
PARTIDO SOCIALISTA DE CHILE	APOYO TRABAJO TERRITORIAL	111.111
PARTIDO SOCIALISTA DE CHILE	APOYO TRABAJO ELECTORAL	1.666.667
PARTIDO SOCIALISTA DE CHILE	ASESORIA JURIDICO ELECTORAL	3.888.889
PARTIDO SOCIALISTA DE CHILE	ELABORACION INFORME ANALISIS TERRITORIAL	6.700.000
PARTIDO SOCIALISTA DE CHILE	ELABORACION INFORME ANALISIS TERRITORIAL	5.555.556
PARTIDO SOCIALISTA DE CHILE	RADIODIFUSION PROPAGANDA PRESIDENCIAL	95.000
PARTIDO SOCIALISTA DE CHILE	ASESORIA COMUNICACIONAL ELECTORAL	3.888.889
UNION DEMOCRATA INDEPENDIENTE	SERVICIOS PRESTADOS 2da.VUELTA PRESIDENCIAL	1.888.889
UNION DEMOCRATA INDEPENDIENTE	SERVICIOS PRESTADOS 2da.VUELTA PRESIDENCIAL	9.555.556
UNION DEMOCRATA INDEPENDIENTE	ASESORIAS CAMPAÑA PRESIDENCIAL	4.444.444
UNION DEMOCRATA INDEPENDIENTE	ASESORIA CAMPAÑA PRESIDENCIAL	4.444.444
UNION DEMOCRATA INDEPENDIENTE	SERVICIOS PRESTADOS 2da.VUELTA PRESIDENCIAL	888.889
UNION DEMOCRATA INDEPENDIENTE	SERVICIOS PRESTADOS CAMPAÑA PRESIDENCIAL	555.556
UNION DEMOCRATA INDEPENDIENTE	CAMPAÑA EVELYN MATTHEI	555.556
UNION DEMOCRATA INDEPENDIENTE	ASESORIA CONTABLE EN CAMPAÑA PRESIDENCIAL	3.500.000
UNION DEMOCRATA INDEPENDIENTE	SERVICIOS PRESTADOS CAMPAÑA PRESIDENCIAL	777.778
UNION DEMOCRATA INDEPENDIENTE	APOYO Y COORDINACION CAMPAÑA PRESIDENCIAL	1.633.536
UNION DEMOCRATA INDEPENDIENTE	ASESORIAS EN GESTION Y LOGISTICA 2DA.VUELTA	15.000.000
UNION DEMOCRATA INDEPENDIENTE	ASESORIAS EN GESTION Y LOGISTICA 2DA.VUELTA	15.000.000
UNION DEMOCRATA INDEPENDIENTE	SERVICIO DE TELECOMUNICACIONES	2.583.435
UNION DEMOCRATA INDEPENDIENTE	ASESORIA COMUNICACIONAL CAMPAÑA PRESIDENCIAL	30.000.000
PARTIDO SOCIALISTA DE CHILE	TRASLADO PROPAGANDA REGIONES	30.642.500
PARTIDO SOCIALISTA DE CHILE	TRASLADO PROPAGANDA RM	12.536.650
PARTIDO SOCIALISTA DE CHILE	TRASLADO EQUIPO TERRITORIAL	250.000
PARTIDO SOCIALISTA DE CHILE	PASAJE AEREO NACIONAL	143.928
PARTIDO SOCIALISTA DE CHILE	TRANSPORTE CIERRE CAMPANA	1.000.000
PARTIDO SOCIALISTA DE CHILE	COURIER NACIONAL	8.070
PARTIDO SOCIALISTA DE CHILE	COURIER NACIONAL	4.800
PARTIDO SOCIALISTA DE CHILE	PASAJE AEREO NACIONAL	174.891
PARTIDO SOCIALISTA DE CHILE	COURIER NACIONAL	312.644
PARTIDO SOCIALISTA DE CHILE	COURIER Y ENCOMIENDAS NACIONALES	1.830.299
PARTIDO SOCIALISTA DE CHILE	IMPUESTOS Y GASTOS NOTARIALES CREDITO BCI	536.400
PARTIDO SOCIALISTA DE CHILE	INTERESES DEVENGADOS CREDITO BCI	5.168.000
PARTIDO SOCIALISTA DE CHILE	DONACION A CANDIDATA	330.000.000
PARTIDO SOCIALISTA DE CHILE	APOYO TRABAJO ELECTORAL	88.889

TABLA 5.7. PLANILLA DE INGRESOS PARTIDOS POLÍTICOS ELECCIONES PRESIDENCIAL-PARLAMENTARIAS 2013

ELECCIÓN	NOMBRE DEL PARTIDO	GLOSA DOCUMENTO	MONTO
CONSEJERO REGIONAL	RENOVACION NACIONAL	ANTC FINANC FISCAL	192.361.596
DIPUTADO	RENOVACION NACIONAL	INTERESES POR CREDITO BANCARIO	711.454
DIPUTADO	RENOVACION NACIONAL	ANTICIPO FISCAL	283.685.684
DIPUTADO	RENOVACION NACIONAL	CREDITO CON INSTITUCIONES FINANCIERAS	28.232.416
SENADOR	RENOVACION NACIONAL	ANTIC.FINAN.FISCAL	144.774.900
SENADOR	RENOVACION NACIONAL	APORTE RESERVADO	317.459.174
SENADOR	RENOVACION NACIONAL	CREDITO CON INST.FINANCIERA	100.579.802
SENADOR	RENOVACION NACIONAL	INTERESES POR CRED. INT. FIN.	2.534.601
CONSEJERO REGIONAL	RENOVACION NACIONAL	CREDITO CON INSTITUCIONES FINANCIERAS	72.019.736
DIPUTADO	RENOVACION NACIONAL	APORTE RESERVADO	138.150.652
CONSEJERO REGIONAL	RENOVACION NACIONAL	APORTES RESERVADOS	105.000.000
CONSEJERO REGIONAL	RENOVACION NACIONAL	INTERESES POR CRED CON INST FINAN	1.814.890
DIPUTADO	PARTIDO DEMOCRATA CRISTIANO	APORTE RESERVADO	117.969.280
CONSEJERO REGIONAL	PARTIDO DEMOCRATA CRISTIANO	APORTE RESERVADO	30.000.000
CONSEJERO REGIONAL	PARTIDO DEMOCRATA CRISTIANO	ANTICIPO FINANCIAMIENTO FISCAL	321.505
SENADOR	PARTIDO DEMOCRATA CRISTIANO	ANTICIPO FINANCIAMIENTO FISCAL	327.930.594
SENADOR	PARTIDO DEMOCRATA CRISTIANO	APORTES RESERVADOS	264.168.180
CONSEJERO REGIONAL	PARTIDO DEMOCRATA CRISTIANO	ANTICIPO FINANCIAMIENTO FISCAL	184.062.261
DIPUTADO	PARTIDO DEMOCRATA CRISTIANO	APORTES ANONIMOS (42 APORTES)	17.455.612
DIPUTADO	PARTIDO DEMOCRATA CRISTIANO	ANTICIPO FINANCIAMIENTO FISCAL	229.075.108
SENADOR	UNION DEMOCRATA INDEPENDIENTE	ANTICIPO FINANCIAMIENTO FISCAL	262.827.375
CONSEJERO REGIONAL	UNION DEMOCRATA INDEPENDIENTE	ANTICIPO FINANCIAMIENTO FISCAL	209.763.915
CONSEJERO REGIONAL	UNION DEMOCRATA INDEPENDIENTE	APORTES RESERVADOS	325.000.000
DIPUTADO	UNION DEMOCRATA INDEPENDIENTE	ANTICIPO FINANCIAMIENTO FISCAL	361.169.451
DIPUTADO	UNION DEMOCRATA INDEPENDIENTE	APORTES RESERVADOS	341.239.714

ELECCIÓN	NOMBRE DEL PARTIDO	GLOSA DOCUMENTO	MONTO
DIPUTADO	UNION DEMOCRATA INDEPENDIENTE	APORTE PATRIMONIAL	3.984.303
PRESIDENTE	UNION DEMOCRATA INDEPENDIENTE	REEMBOLSO SOLICITADO	744.382.895
PRESIDENTE	UNION DEMOCRATA INDEPENDIENTE	PRESTAMO	370.227.716
PRESIDENTE	UNION DEMOCRATA INDEPENDIENTE	INTERESSE PRESTAMO	17.208.184
PRESIDENTE	UNION DEMOCRATA INDEPENDIENTE	APORTE RESERVADO	1.710.646.764
SENADOR	UNION DEMOCRATA INDEPENDIENTE	APORTES RESERVADOS	591.773.652
SENADOR	PARTIDO POR LA DEMOCRACIA	APORTE PROPIO	15.000
DIPUTADO	PARTIDO POR LA DEMOCRACIA	APORTE RESERVADO	36.377.176
DIPUTADO	PARTIDO POR LA DEMOCRACIA	ANTICIPO FINANCIAMIENTO FISCAL	204.878.853
DIPUTADO	PARTIDO POR LA DEMOCRACIA	APORTE PROPIO	5.078
DIPUTADO	PARTIDO POR LA DEMOCRACIA	APORTE PROPIO	5.000.000
SENADOR	PARTIDO POR LA DEMOCRACIA	ANTICIPO FINANCIAMIENTO	130.589.526
CONSEJERO REGIONAL	PARTIDO POR LA DEMOCRACIA	ANTICIPO FINANCIAMIENTO	120.254.751
CONSEJERO REGIONAL	PARTIDO POR LA DEMOCRACIA	APORTE RESERVADO	10.000.000
SENADOR	PARTIDO POR LA DEMOCRACIA	APORTE PROPIO	4.000.000
SENADOR	PARTIDO POR LA DEMOCRACIA	APORTE RESERVADO	49.963.100
SENADOR	PARTIDO POR LA DEMOCRACIA	APORTE PROPIO	3.194.452
CONSEJERO REGIONAL	PARTIDO POR LA DEMOCRACIA	ANTICIPO FINANCIAMIENTO	963.370
SENADOR	PARTIDO SOCIALISTA DE CHILE	APORTE PROPIO	88.602.540
SENADOR	PARTIDO SOCIALISTA DE CHILE	ANTICIPO FINANCIAMIENTO FISCAL	144.799.020
SENADOR	PARTIDO SOCIALISTA DE CHILE	APORTES RESERVADOS	20.972.940
DIPUTADO	PARTIDO SOCIALISTA DE CHILE	APORTE PROPIO	442.834.281
DIPUTADO	PARTIDO SOCIALISTA DE CHILE	APORTES RESERVADOS	14.200.866
DIPUTADO	PARTIDO SOCIALISTA DE CHILE	ANTICIPO FINANCIAMIENTO FISCAL	166.039.353
PRESIDENTE	PARTIDO SOCIALISTA DE CHILE	APORTE RESERVADO	379.964.310
CONSEJERO REGIONAL	PARTIDO SOCIALISTA DE CHILE	ANTICIPO FINANCIAMIENTO FISCAL	149.778.718

ELECCIÓN	NOMBRE DEL PARTIDO	GLOSA DOCUMENTO	MONTO
PRESIDENTE	PARTIDO SOCIALISTA DE CHILE	CREDITO CON INSTITUCIONES FINANCIERAS	1.500.000.000
PRESIDENTE	PARTIDO SOCIALISTA DE CHILE	INTERSES POR CREDITO CON BCI	21.420.000
PRESIDENTE	PARTIDO SOCIALISTA DE CHILE	REEMBOLSO SOLICITADO	133.536.600
PRESIDENTE	PARTIDO SOCIALISTA DE CHILE	APORTE ANONIMOS	2.000.000
SENADOR	PARTIDO COMUNISTA DE CHILE	ANTIIPO FISCAL	36.760.480
SENADOR	PARTIDO COMUNISTA DE CHILE	APORTE RESERVADO	5.000.000
DIPUTADO	PARTIDO COMUNISTA DE CHILE	ANTICIPOFISCAL	61.714.686
DIPUTADO	PARTIDO COMUNISTA DE CHILE	APORTES ANÓNIMOS (10)	3.243.066
DIPUTADO	PARTIDO COMUNISTA DE CHILE	APORTE RESERVADO	2.736.182
CONSEJERO REGIONAL	PARTIDO COMUNISTA DE CHILE	ANTICIPO FISCAL	71.943.928
CONSEJERO REGIONAL	PARTIDO COMUNISTA DE CHILE	APORTES ANONIMOS	46.021.921
DIPUTADO	PARTIDO RADICAL SOCIALDEMOCRATA	APORTE PROPIO (LIQ. DEPOSITO A PLAZO)	154.605.286
DIPUTADO	PARTIDO RADICAL SOCIALDEMOCRATA	APORTE RESERVADO DIPUT. (OF.ORD.6617 ART19 LEY 19884)	23.698.446
DIPUTADO	PARTIDO RADICAL SOCIALDEMOCRATA	ANT.FINANC.FISCAL DIPUT.(RES.OF.10720 ART.13 Y 14 LEY 19884)	87.186.269
CONSEJERO REGIONAL	PARTIDO RADICAL SOCIALDEMOCRATA	APORTE PROPIO(LIQUIDACION DEPOSITO A PLAZO)	9.301.469
CONSEJERO REGIONAL	PARTIDO RADICAL SOCIALDEMOCRATA	ANTICIPO FINANCIAMIENTO FISCAL CONSEJERO REGIONAL	69.454.802
CONSEJERO REGIONAL	PARTIDO RADICAL SOCIALDEMOCRATA	ANTICIPO FINANCIAMIENTO FISCAL CONSEJERO REGIONAL	302.027
SENADOR	PARTIDO RADICAL SOCIALDEMOCRATA	ANTICIPO FINANCIAMIENTO FISCAL SENADORES (RES. OF. 10720, AR	37.649.032
SENADOR	PARTIDO RADICAL SOCIALDEMOCRATA	APORTE RESERVADO SENADOR (OF. ORDINARIO 6617, ART. 19 DE LA	2.500.000
SENADOR	PARTIDO HUMANISTA	FINANCIAMIENTO FISCAL SENADORES	25.903.195
SENADOR	PARTIDO HUMANISTA	APORTE ANONIMO	14.749.679
PRESIDENTE	PARTIDO HUMANISTA	REEMBOLSO SOLICITADO PARTIDO HUMANISTA	226.582.115
DIPUTADO	PARTIDO HUMANISTA	APORTES RESERVADOS	4.967.956
CONSEJERO REGIONAL	PARTIDO HUMANISTA	APORTE ANONIMO	1.153.255
DIPUTADO	PARTIDO HUMANISTA	REEMBOLSO SOLICITADO PARTIDO HUMANISTA	9.181.237

ELECCIÓN	NOMBRE DEL PARTIDO	GLOSA DOCUMENTO	MONTO
DIPUTADO	PARTIDO HUMANISTA	ANTICIPO FINANCIAMIENTO FISCAL DIPUTADOS	44.859.212
CONSEJERO REGIONAL	PARTIDO HUMANISTA	ANTICIPO FISCAL	19.987.639
PRESIDENTE	PARTIDO REGIONALISTA DE LOS INDEPENDIENTES	APORTE PROPIO	14.213.715
PRESIDENTE	PARTIDO REGIONALISTA DE LOS INDEPENDIENTES	APORTES RESERVADOS	3.000.000
DIPUTADO	PARTIDO REGIONALISTA DE LOS INDEPENDIENTES	APORTES RESERVADOS	9.556.010
CONSEJERO REGIONAL	PARTIDO REGIONALISTA DE LOS INDEPENDIENTES	APORTE PROPIO	37.612.622
DIPUTADO	PARTIDO REGIONALISTA DE LOS INDEPENDIENTES	ANTICIPO	21.843.963
CONSEJERO REGIONAL	PARTIDO REGIONALISTA DE LOS INDEPENDIENTES	ANTICIPO	88.998.245
DIPUTADO	PARTIDO REGIONALISTA DE LOS INDEPENDIENTES	APORTE PROPIO	11.607.383
CONSEJERO REGIONAL	MOVIMIENTO AMPLIO SOCIAL	ANTICIPO FISCAL	44.913
CONSEJERO REGIONAL	MOVIMIENTO AMPLIO SOCIAL	ANTICIPO FISCAL	16.866.333
SENADOR	MOVIMIENTO AMPLIO SOCIAL	ANTICIPO FISCAL	23.818.048
DIPUTADO	MOVIMIENTO AMPLIO SOCIAL		1.657.676
DIPUTADO	MOVIMIENTO AMPLIO SOCIAL	ANTICIPO FISCAL	36.635.876
CONSEJERO REGIONAL	PARTIDO ECOLOGISTA VERDE	ANTICIPO FISCAL	5.350.279
CONSEJERO REGIONAL	PARTIDO ECOLOGISTA VERDE	APORTE PROPIO	94.888
CONSEJERO REGIONAL	PARTIDO ECOLOGISTA VERDE	REEMBOLSO SOLICITADO	9.539.225
DIPUTADO	PARTIDO ECOLOGISTA VERDE	ANTICIPO FISCAL	20.160.503
SENADOR	PARTIDO ECOLOGISTA VERDE	ANTICIPO FISCAL	21.158.468
PRESIDENTE	PARTIDO ECOLOGISTA VERDE	REEMBOLSO SOLICITADO	106.166.668
DIPUTADO	PARTIDO ECOLOGISTA VERDE	APORTE PROPIO	256.608
SENADOR	PARTIDO ECOLOGISTA VERDE	APORTE PROPIO	22.151
PRESIDENTE	PARTIDO PROGRESISTA	INTERESES POR CRÉDITO CORPBANCA DEVENGADOS AL 30-12-2013	5.625.000
PRESIDENTE	PARTIDO PROGRESISTA	REEMBOLSO SOLICITADO POR PARTIDO PROGRESISTA	242.755.695
PRESIDENTE	PARTIDO PROGRESISTA	CRÉDITO CORPBANCA CON MANDATO	250.000.000

ELECCIÓN	NOMBRE DEL PARTIDO	GLOSA DOCUMENTO	MONTO
PRESIDENTE	PARTIDO PROGRESISTA	APORTES RESERVADOS	84.126.630
SENADOR	PARTIDO PROGRESISTA	ANTICIPO FINANCIAMIENTO FISCAL SENADORES (RES.O.	8.363.498
DIPUTADO	PARTIDO PROGRESISTA	APORTES ANONIMOS	4.373.750
CONSEJERO REGIONAL	PARTIDO PROGRESISTA	ANTIC. FINANCIAMIENTO FISCAL CANSEJERO REGIONAL	33.319.041
CONSEJERO REGIONAL	PARTIDO PROGRESISTA	ANTIC. FINANCIAMIENTO FISCAL CANSEJERO REGIONAL	204.787
DIPUTADO	PARTIDO PROGRESISTA	ANTICIPO FINANCIAMIENTO FISCAL DIPUTADOS	24.633.389
DIPUTADO	PARTIDO IGUALDAD	ANTICIPO FINANCIAMIENTO FISCAL	19.569.740
PRESIDENTE	PARTIDO IGUALDAD	FRANJA TV POR PAGAR	30.000.000
DIPUTADO	PARTIDO IGUALDAD	PASAJES AEREOS POR PAGAR	2.118.375
DIPUTADO	PARTIDO IGUALDAD	APORTES ANONIMOS	7.030.000
DIPUTADO	PARTIDO IGUALDAD	AFICHES Y TRÍPTICOS POR PAGAR	6.985.300
CONSEJERO REGIONAL	PARTIDO IGUALDAD	ANTICIPO FINANCIAMIENTO FISCAL	51.101
CONSEJERO REGIONAL	PARTIDO IGUALDAD	APORTES ANONIMOS 296 PERSONAS	31.836.751
CONSEJERO REGIONAL	PARTIDO IGUALDAD	ANTICIPO FINANCIAMIENTO FISCAL	10.563.498
SENADOR	PARTIDO IGUALDAD	ANTICIPO FINANCIAMIENTO FISCAL	20.706.344
SENADOR	PARTIDO IGUALDAD	APORTES ANONIMOS 33 PERSONAS	8.212.000
SENADOR	PARTIDO IGUALDAD	ANTICIPO FINANCIAMIENTO FISCAL	452.124
SENADOR	PARTIDO IGUALDAD	PASAJES Y TRASLADOS POR PAGAR	4.504.240
SENADOR	PARTIDO IGUALDAD	PASAJES Y TRASLADOS POR PAGAR	2.550.360
PRESIDENTE	PARTIDO IGUALDAD	AFICHES CARTEL ESTÀTICO	17.850.000
PRESIDENTE	PARTIDO IGUALDAD	BOLETOS AEREOAS POR PAGAR	13.624.830
DIPUTADO	PARTIDO IGUALDAD	ANTICIPO FINANCIAMIENTO FISCAL	590.763
SENADOR	PARTIDO DE IZQUIERDA CIUDADANA DE CHILE	ELECCION DE SENADORES	23.818.048
DIPUTADO	PARTIDO DE IZQUIERDA CIUDADANA DE CHILE	ELECCION DE DIPUTADO	32.880.661
CONSEJERO REGIONAL	PARTIDO DE IZQUIERDA CIUDADANA DE CHILE	ELECCION DE CONSEJEROS REGIONALES	115.378
CONSEJERO REGIONAL	PARTIDO DE IZQUIERDA CIUDADANA DE CHILE	ELECCION DE CONSEJEROS REGIONALES	6.765.489

ELECCIÓN	NOMBRE DEL PARTIDO	GLOSA DOCUMENTO	MONTO
DIPUTADO	PARTIDO LIBERAL DE CHILE	ANTICIPO SERVEL ART 14 LEY 19.884	24.633.389
DIPUTADO	PARTIDO LIBERAL DE CHILE	APORTE CAMPAÑA DIPUTADO	366.611
CONSEJERO REGIONAL	PARTIDO LIBERAL DE CHILE	ANTICIPO SERVEL; ART. 14 LEY 19.884	4.799.150
SENADOR	PARTIDO LIBERAL DE CHILE	APORTE CAMPAÑA SENADORES	64.311
CONSEJERO REGIONAL	PARTIDO LIBERAL DE CHILE	APORTE PARA CAMPAÑA ELECTORAL	178.235
SENADOR	PARTIDO LIBERAL DE CHILE	ANTICIPO SERVEL (ART14 LEY 19.884)	8.363.498
CONSEJERO REGIONAL	PARTIDO LIBERAL DE CHILE	ANTICIPO SERVEL; ART. 14 LEY 19.884	74.015
CONSEJERO REGIONAL	PARTIDO ECOLOGISTA VERDE DEL NORTE	ANTICIPO FISCAL	5.358.758
CONSEJERO REGIONAL	PARTIDO ECOLOGISTA VERDE DEL NORTE	APORTE PROPIO	14.115
DIPUTADO	PARTIDO ECOLOGISTA VERDE DEL NORTE	APORTE PROPIO	18.119
SENADOR	PARTIDO ECOLOGISTA VERDE DEL NORTE	ANTICIPO FISCAL	21.158.468
DIPUTADO	PARTIDO ECOLOGISTA VERDE DEL NORTE	ANTICIPO FISCAL	20.160.503
SENADOR	PARTIDO ECOLOGISTA VERDE DEL NORTE	APORTE PROPIO	22.333
CONSEJERO REGIONAL	FUERZA DEL NORTE	ANTICIPO FINANCIAMIENTO FISCAL A PARTIDOS POLITICOS	5.713.655

TABLA 5.8. PLANILLA DE INGRESOS PARTIDOS POLÍTICOS ELECCIONES PRESIDENCIAL 2DA VOTACIÓN 2013

PARTIDO	GLOSA	MONTO
UNION DEMOCRATA INDEPENDIENTE	Aporte Reservado	$307.849.172
UNION DEMOCRATA INDEPENDIENTE	Reembolso solicitado candidato o partido	$483.767.136
PARTIDO SOCIALISTA DE CHILE	Créditos con Instituciones Financieras	$400.000.000
PARTIDO SOCIALISTA DE CHILE	Reembolso solicitado candidato o partido	$164.198.800
PARTIDO SOCIALISTA DE CHILE	Aportes Reservado	$240.608.241
PARTIDO SOCIALISTA DE CHILE	Intereses por crédito con Institución Financiera	$5.168.000

TABLA 5.9. ELECCIONES SEGUNDA VOTACIÓN PRESIDENCIAL 2010

INGRESO ELECTORAL POR TIPO DE CUENTA

TIPO DE CUENTA	INGRESO
ANTICIPO FINANCIAMIENTO FISCAL	$0
APORTE ANÓNIMO	$64.766.331
APORTE POR USUFRUCTO	$1.550.000
APORTE PROPIO	$114.856.922
APORTE PÚBLICO	$0
APORTE PÚBLICO PARTIDO POLÍTICO	$0
APORTE RESERVADO	$1.309.313.478
APORTE TRABAJO VOLUNTARIO	$7.500.000
CRÉDITO INSTITUCIÓN FINANCIERA	$1.350.000.000
INTERESES CRÉDITO	$8.076.000
NO DEFINIDO	$12.911
REEMBOLSO FACTURAS ENDOSADAS	$0
REEMBOLSOS FACTURAS CEDIDAS PARTDO POLÍTICO	$0
REEMBOLSOS SOLICITADO CANDIDATO O PARTIDO	$102.402.806
TOTALES	$2.958.478.448

GASTO ELECTORAL POR TIPO DE CUENTA

TIPO DE CUENTA	GASTOS
ARRIENDO DE SEDES Y MUEBLES	$130.101.820
DESPLAZAMIENTOS Y TRANSPORTES CONTRATADOS	$170.349.881
ENCUESTAS ELECTORALES O SOCIALES	$595.000
EXCESO DE APORTE ANÓNIMO	$0
EXCESO DE APORTE PÚBLICO	$0
EXCESO DE APORTE RESERVADO	$0
GASTOS MENORES	$204.029.219
INTERESES POR PRÉSTAMOS	$8.078.500
NO DEFINIDO	$0
PATROCINIOS Y/O DONACIONES	$0
PROPAGANDA	$1.688.828.996
SERVICIOS PRESTADOS A CANDIDATURAS	$747.445.032
TRABAJO VOLUNTARIO	$7.500.000
USUFRUCTO	$1.550.000
TOTAL GENERAL	$2.958.478.448

TABLA 5.10. ELECCIONES SEGUNDA VOTACIÓN PRESIDENCIAL 2010. INGRESO ELECTORAL POR TIPO DE CUENTA

CANDIDATOS Y PARTIDOS POLÍTICOS	APORTE PROPIO	CRÉDITO INSTITUCIÓN FINANCIERA	INTERESES CRÉDITO	REEMBOLSOS SOLICITADO CANDIDATO O PARTIDO	TOTALES
PARTIDO DEMOCRATA CRISTIANO	$0	$560.000.000	$4.802.500	$0	$564.802.500
RENOVACION NACIONAL	$719.950	$0	$0	$561.377.649	$562.097.599
TOTAL	**$719.950**	**$560.000.000**	**$4.802.500**	**$561.377.649**	**$1.126.900.099**

TABLA 5.11. ELECCIONES SEGUNDA VOTACIÓN PRESIDENCIAL 2010. GASTO ELECTORAL POR TIPO DE CUENTA

CANDIDATOS Y PARTIDOS POLÍTICOS	ARRIENDO DE SEDES Y MUEBLES	INTERESES POR PRÉSTAMOS	PROPAGANDA	SERVICIOS PRESTADOS A CANDIDATURAS	TOTAL GENERAL
PARTIDO DEMOCRATA CRISTIANO	$118.760.168	$4.802.500	$253.804.457	$187.435.375	$564.802.500
RENOVACION NACIONAL	$0	$0	$270.447.833	$291.649.766	$562.097.599
TOTAL	**$118.760.168**	**$4.802.500**	**$524.252.290**	**$479.085.141**	**$1.126.900.099**

Sección Séptima
Justicia Electoral

Cabe analizar aquí el capítulo IX de la Constitución, que versa sobre la justicia electoral, apartándonos así de nuestro esquema que sigue el orden trazado por la Carta Fundamental en su articulado. Las razones para obrar de este modo son las de entregar una mejor sistematización del capítulo dedicado al sistema electoral y, además, facilitar su comprensión, debido a que la justicia electoral se relaciona sustancialmente con el tema.

374. **Tribunal Calificador de Elecciones**. El capítulo IX de la Constitución, en su artículo 95°, versa sobre el Tribunal Calificador de Elecciones. Preceptúa dicho artículo, modificado en 1999, lo siguiente:

> Un tribunal especial, que se denominará Tribunal Calificador de Elecciones, conocerá el escrutinio general y de la calificación de las elecciones de Presidente de la República, de diputados y senadores; resolverá las reclamaciones a que dieren lugar y proclamará a los que resulten elegidos. Dicho Tribunal conocerá, asimismo, de los plebiscitos, y tendrá las demás atribuciones que determine la ley.
>
> Estará constituido por cinco miembros designados en la siguiente forma:
>
> a) Cuatro ministros de la Corte Suprema, designados por ésta, mediante sorteo, en la forma y oportunidad que determine la ley orgánica constitucional respectiva; y
>
> b) Un ciudadano que hubiere ejercido el cargo de Presidente o Vicepresidente de la Cámara de Diputados o del Senado por un período no inferior a los 365 días, designado por la Corte Suprema en la forma señalada en la letra a) precedente, de entre todos aquellos que reúnan las calidades indicadas.
>
> Las designaciones a que se refiere la letra b) no podrán recaer en personas que sean parlamentarios, candidato a cargos de elección popular, ministro de Estado, ni dirigente de partido político.
>
> Los miembros de este Tribunal durarán cuatro años en sus funciones y les serán aplicables las disposiciones de los artículos 55° y 56° de esta Constitución.
>
> El Tribunal Calificador procederá como jurado en la apreciación de los hechos y sentenciará con arreglo a Derecho.
>
> Una ley orgánica constitucional regulará la organización y funcionamiento del Tribunal Calificador.

Como podemos apreciar, el precepto transcrito abarca cuatro materias diversas, cada una de las cuales merece un comentario separado.

En efecto, aparece en el inciso primero el objeto o competencia de la magistratura, mientras que su composición, la designación de sus miembros y la duración de estos en el cargo se halla en los incisos segundo, tercero y cuarto. El inciso quinto precisa cómo procederá y sentenciará el Tribunal, dejando entregado, por último, a una ley orgánica constitucional la organización y funcionamiento del mismo.

Procederemos al análisis del artículo siguiendo el orden de contenidos mencionados.

375. **Funciones y atribuciones**. El artículo 95° declara que al Tribunal le incumbe:

A. Conocer el escrutinio general y la calificación de las elecciones de Presidente de la República, de diputados y de senadores.

Cabe agregar que, por la sentencia del 24 de septiembre de 1985, el Tribunal Constitucional precisó que calificar una elección es apreciar o determinar las calidades de ella y las circunstancias en que se ha realizado, con el fin de establecer si se han seguido fielmente los trámites ordenados por la ley y si el resultado corresponde a la voluntad realmente manifestada por los electores, en una decisión libre y sin coacciones. De manera que calificar una elección o plebiscito es juzgar si se ha realizado o no legítimamente desde el ángulo de la Constitución y las leyes que los rigen. En virtud de tal calificación, el Tribunal puede concluir proclamando dicha legitimidad, o por el contrario, pronunciando su nulidad;

B. Resolver las reclamaciones a que dieren lugar ese escrutinio general y el procedimiento calificatorio;

C. Proclamar a los que resulten elegidos;

D. Conocer, calificar y proclamar los resultados de los plebiscitos nacionales; y

E. Desempeñar las demás funciones y ejercer las demás atribuciones que determine la ley.

376. **Composición**. El Tribunal en estudio tiene cinco miembros:

A. Cuatro ministros de la Corte Suprema, designados por esta, mediante sorteo, en la forma y oportunidad que determine la ley; y

B. Un ciudadano que hubiere ejercido el cargo de Presidente o Vicepresidente de la Cámara de Diputados o el Senado por un período no inferior a 365 días, designado por la Corte Suprema en la forma señalada en la letra A, de entre todos aquellos que reúnan las calidades indicadas.

Los miembros del Tribunal duran cuatro años en sus funciones y están sometidos a las incompatibilidades e incapacidades previstas en los artículos 58° y 59° de la Constitución, a fin de asegurar la independencia en el desempeño de sus labores.

377. **Procedimiento y proclamación**. El Tribunal procede como jurado en la apreciación de los hechos y sentencia con arreglo a Derecho.

Importante es igualmente recordar aquí los artículos 100° a 109° de la Ley de Votaciones Populares y Escrutinios.

Allí se lee que el Tribunal Calificador de Elecciones se entiende citado, por el solo ministerio de la ley, para reunirse el décimo día siguiente a la fecha en que se verifique una elección o plebiscito, a fin de cumplir sus funciones.

Una vez dictada la sentencia sobre todos los reclamos y practicado el escrutinio general, el Tribunal proclama a los candidatos que han resultado elegidos, o el resultado del plebiscito en su caso.

Tratándose de la elección de Presidente de la República, el Tribunal proclama elegido al candidato que ha obtenido más de la mitad de los sufragios válidamente emitidos. Para estos efectos, los votos en blancos y nulos se consideran como no emitidos[602]. Coordínese esta regla con lo dispuesto en los artículos 26° y 27° de la Constitución.

Llégase así y finalmente al artículo 109° bis, el cual contiene la regla más polémica, pero decisiva en materia de elecciones parlamentarias. En ella se condensa el usualmente denominado *régimen binominal*. Con sujeción a esa regla, el Tribunal proclama elegidos senadores o diputados a los dos candidatos de una misma lista, cuando esta alcanza el

---

[602] Ley N° 18.556, artículo 109°.

mayor número de sufragios y tiene un total de votos que excede el doble de los que alcanzó la lista o nómina que le sigue en número de sufragios.

Si ninguna lista obtiene los dos cargos, entonces elige un cargo cada una de las listas o nóminas que obtengan las dos más altas mayorías de los votos totales de la lista o nómina, debiendo el Tribunal proclamar elegidos senadores o diputados a aquellos candidatos que, dentro de cada lista o nómina, hubieren obtenido las más altas mayorías.

Retornaremos al tópico en la sección sexta de este capítulo.

378. Tribunales electorales regionales. Léese en el artículo 96° de la Constitución:

> Habrá tribunales electorales regionales encargados de conocer el escrutinio general y la calificación de las elecciones que la ley les encomiende, así como de resolver las reclamaciones a que dieren lugar y de proclamar a los candidatos electos. Sus resoluciones serán apelables ante el Tribunal Calificador de Elecciones en la forma en que determine la ley. Asimismo, les corresponderá conocer de la calificación de las elecciones de carácter gremial y de las que tengan lugar en aquellos grupos intermedios que determine la ley.
>
> Estos tribunales estarán constituidos por un ministro de la Corte de Apelaciones respectiva, elegido por ésta, y por dos miembros designados por el Tribunal Calificador de Elecciones entre personas que hayan ejercido la profesión de abogado o desempeñado la función de ministro o abogado integrante de Corte de Apelaciones por un plazo no inferior a tres años.
>
> Los miembros de estos tribunales durarán cuatro años en sus funciones y tendrán las inhabilidades e incompatibilidades que determine la ley.
>
> Estos tribunales procederán como jurado en la apreciación de los hechos y sentenciarán con arreglo a derecho.
>
> La ley determinará las demás atribuciones de estos tribunales y regulará su organización y funcionamiento.

Desde luego, procede destacar que la norma transcrita es una novedad de la Constitución de 1980 y de sentido muy positivo, pues llenó el vacío que existía en materia de calificación de elecciones celebradas en grupos intermedios, como sindicatos y gremios, las que originaron numerosos y serios conflictos.

Enseguida, vemos que la competencia de estos tribunales se refiere a practicar el escrutinio general y efectuar la calificación de las elecciones que la ley les encomiende, así como resolver las reclamaciones a que dieren lugar y proclamar a los candidatos elegidos. Asimismo, les corresponde conocer de la calificación de las elecciones de carácter vecinal, gremial y de las que tengan lugar en los grupos intermedios que la ley señale.

En relación con la primera de las dos competencias descritas en el artículo 96°, procede añadir que se hallan incluidas en ella diversas materias pertinentes a los Consejos Regionales; v. gr., en los artículos 29° y 41° de la Ley N° 19.175, publicada en el Diario Oficial el 11 de noviembre de 1992, y sus reformas, Ley Orgánica Constitucional sobre el Gobierno y la Administración Regional. Igualmente, en esa primera competencia se encuentran varios asuntos pertinentes, esta vez, a los Concejos Comunales y a la elección de concejales; por ejemplo, en los artículos 94°, 95° y 96° de la Ley N° 18.695, publicada en el Diario Oficial el 31 de marzo de 1988 y sus reformas.

Pero hemos visto que el artículo 96° les confiere a estos tribunales un segundo grupo de competencias. Efectivamente, en el artículo 10° de la Ley N° 18.593, publicada en el Diario Oficial el 9 de enero de 1987 y sus modificaciones, consta que los Tribunales

Electorales Regionales conocen de las reclamaciones que se interpongan con motivo de las elecciones de carácter gremial y de las de cualquier otro grupo intermedio, como igualmente, declarar las incompatibilidades que deriven de la aplicación del artículo 23° de la Constitución y las inhabilidades que, de acuerdo a esa norma constitucional, establezca la ley.

Finalmente, cabe observar que los tres miembros de cada uno de estos tribunales duran cuatro años en sus funciones. Ellos proceden como jurado en la apreciación de los hechos, pero sentencian con arreglo a derecho. Sus resoluciones, en las materias del primer grupo de competencia ya descritas, son apelables ante el Tribunal Calificador de Elecciones.

379. **Financiamiento de los tribunales electorales**. El artículo 97° de la Constitución señala que, anualmente, se destinarán en la Ley de Presupuesto de la Nación los fondos necesarios para la organización y funcionamiento tanto del Tribunal Calificador de Elecciones como de los Tribunales Electorales Regionales. Agrega ese precepto que las plantas de funcionarios, sus remuneraciones y el estatuto del personal serán establecidos por la ley.

380. **Jurisprudencia**. Conviene citar algunos de los fallos más importantes del Tribunal Calificador de Elecciones y de los Tribunales Regionales Electorales. Estos tribunales, entre otras materias, han precisado la competencia que tienen respecto de diversos asuntos de orden político y electoral. Así, sobre el conocimiento por ellos de algunas diferencias internas de los partidos se ha sentenciado:

> Tanto este Tribunal Calificador de Elecciones como el Servicio Electoral de la República carecen de competencia legal alguna para poder conocer y decidir acerca de los diferendos internos que se planteen al interior de los distintos partidos políticos, según se desprende inequívocamente de la normativa electoral vigente contenida en las leyes orgánicas constitucionales N° 18.460, 18.556 y 18.603 sobre este Tribunal Calificador, el Servicio Electoral y los Partidos Políticos, respectivamente[603];
>
> (...)
>
> Ni la Orgánica Constitucional N° 18.556, en la forma en que fue modificada por la Ley Orgánica N° 18.604, ni la Ley Orgánica N° 18.603, como tampoco aquella que establece la existencia de este Tribunal Calificador de Elecciones y define su competencia, cual es, la Ley Orgánica N° 18.460 modificada por la Ley de la misma jerarquía N° 18.604, atribuyen al Director del Servicio Electoral, ni a este Tribunal competencia alguna para conocer ni decidir los diferendos internos planteados tanto en el recurso de queja como en las apelaciones sujetas a fallo, por estar la definición de estos asuntos reservada según se ha dicho, a la autoridad exclusiva del Tribunal Supremo del mismo (partido)[604].
>
> (...)
>
> Se desprende nítidamente de la cita de la historia fidedigna del establecimiento de la Ley Orgánica en referencia (de Partidos Políticos), que este Tribunal Calificador de Elecciones sólo tiene competencia para fallar las reclamaciones que tengan relación con la generación defectuosa del Tribunal Supremo de un Partido Político, todo ello de conformidad al procedimiento establecido en los artículos 56° y 57° de la misma ley[605].

603 Considerando 5° de la sentencia pronunciada por el Tribunal Calificador de Elecciones el 17 de julio de 1991 (Rol N° 1-91).

604 Considerando 19° de la sentencia pronunciada por el Tribunal Calificador de Elecciones el 21 de octubre de 1988 (Roles N° 3-88 y N° 4-88).

605 **Id.**, considerando 22°.

Las contiendas de competencia que surjan entre los tribunales electorales regionales deben ser resueltas por el Tribunal Calificador de Elecciones, como superior jerárquico de ellos:

> Conforme a lo prevenido en el artículo 190° inciso 1° del Código Orgánico de Tribunales, "Las contiendas de competencia serán resueltas por el tribunal que sea superior común de los que estén en conflicto", de acuerdo al principio de la doble instancia contenido en el artículo 85° inciso 1° de la Constitución Política de la República, y que, por lo tanto, debe concluirse que corresponde a este Tribunal Calificador de Elecciones obrar para estos efectos como tribunal "superior común" de los tribunales electorales regionales y resolver la presente contienda de competencia[606].

Respecto al criterio a seguir para determinar el Tribunal Electoral Regional competente en cuanto al territorio, en omisión de la ley, deben integrarse las normas y, por ende, proceder a su aplicación por analogía:

> Si el propio legislador ha establecido expresamente que tratándose de las elecciones de Presidente de la República, de senadores, de diputados, de consejeros provinciales y concejales, toda reclamación electoral debe ser presentada ante el tribunal del territorio en que se ha efectuado la votación, es decir, el del lugar en que se hubieren cometido los hechos que sirven de fundamento al reclamo, resulta imperioso concluir que –si bien es cierto el legislador ha omitido señalar un criterio preciso para determinar el tribunal competente para el caso de las elecciones gremiales y de grupos intermedios–, de acuerdo a una interpretación armoniosa y razonable que facilite la comprensión y aplicación del derecho electoral, debe necesariamente aplicarse en la especie el mismo criterio expresamente definido para los demás comicios electorales;
>
> (...)
>
> La conclusión anterior se encuentra ampliamente ratificada por la historia fidedigna del establecimiento de la Ley N° 18.593, durante cuya discusión y debate en la Junta de Gobierno, y a instancias de su Tercera Comisión Legislativa, se dejó expresa constancia de la voluntad del legislador en el sentido de asignar competencia al Tribunal Electoral que tenga su sede en la región donde se haya verificado una elección cuyos resultados se pretenda impugnar;
>
> (...)
>
> Finalmente, la determinación del tribunal competente según el lugar en que sucedió el hecho que sirve de fundamento a la acción deducida, es un criterio ampliamente utilizado por el legislador no sólo respecto de la judicatura electoral, sino también en otros ámbitos del derecho tales como en materia criminal (artículo 157° del Código Orgánico de Tribunales) y de policía local (artículo 12° de la ley N° 15.231)[607].

Sobre la competencia de los tribunales electorales regionales para conocer de la elección de alcalde por el Consejo Municipal, al tenor de los artículos 43° y 115° de la Ley Orgánica de Municipalidades, en armonía con el artículo 7° de la Constitución, se ha fallado que:

> Los asuntos para los cuales se reclama la intervención de este Tribunal Electoral dicen relación con el ejercicio de las facultades propias de los alcaldes y del Concejo Municipal, es decir con el funcionamiento o régimen interno del municipio, cuya fiscalización la ley entrega a la Contraloría General de la República en los términos que prescriben los artículos 43 y siguientes de la citada Ley Orgánica N° 18.695. La ley no entrega el control de legalidad de los actos y decisiones de los

---

606 Considerando 2° de la sentencia pronunciada por el Tribunal Calificador de Elecciones el 12 de diciembre de 1994 (Rol N° 13-94).

607 Considerandos 4°, 5° y 6° de la sentencia pronunciada por el Tribunal Calificador de Elecciones el 12 de diciembre de 1994 (Rol N° 13-94).

alcaldes y concejos municipales a los Tribunales Electorales Regionales, ni tienen estas facultades jurisdiccionales y competencia para decidir sobre la validez o nulidad de los mismos.

(...)

En cuanto a la elección de alcalde efectuada en la sesión del Concejo Municipal de Vitacura, cuya validez también se impugna en estos autos, es necesario precisar que la competencia de los Tribunales Electorales Regionales en materia de elecciones municipales sólo comprende el conocimiento de las reclamaciones relativas a las declaraciones de candidaturas a concejales; la práctica del escrutinio general y la calificación de dichas elecciones, y el conocimiento de los reclamos que se interpongan con motivo de ellas; y que en relación con la elección de alcalde, la Ley Orgánica de Municipalidades limita la intervención de estos Tribunales sólo a la situación prevista en el inciso 1° de su artículo 115°, esto es, a la proclamación como tal del candidato que reúna los requisitos allí descritos, no contemplando en el proceso de elección directa de alcaldes a que sus incisos siguientes se refieren, instancia alguna en virtud de la cual deban intervenir los Tribunales Electorales en dicho proceso, sea por la vía de la calificación o por la de la reclamación;

(...)

Las materias relacionadas y comprendidas en la legislación de los Tribunales Electorales y, consecuentemente, todo lo vinculado a su jurisdicción y ámbito de competencia, pertenecen al derecho público positivo, campo en el cual los órganos jurisdiccionales, conforme lo establece el artículo 7° de la Constitución, sólo pueden conocer de las materias entregadas expresamente a su conocimiento, lo que conlleva implícita la limitación de no poder atribuirse competencia por interpretación extensiva de la ley o mediante su aplicación analógica;

(...)

El pronunciamiento emitido por la Contraloría General de la República, mediante dictamen N° 18.032 de 1994 de mayo pasado, agregado de fs. 20 a 22 de autos, y que atribuye competencia a los Tribunales Electorales Regionales para resolver acerca de la validez de los procesos de elección de alcaldes, sólo tiene el carácter de una interpretación administrativa que no obliga a este Tribunal y cuyos fundamentos jurídicos se encuentran desvirtuados por este fallo[608].

Sección Octava
Reformas al sistema político y sus fundamentos

381. Panorama general. El perfeccionamiento de la democracia, sustantiva y procesalmente entendida, exige numerosos cambios al sistema político vigente, todos derivados de la experiencia recogida desde 1990 y del imperativo de adecuarla a los requerimientos de la ciudadanía que reclama mayor participación, transparencia, control y capacidad decisoria.

En esa línea de pensamiento se hallan, por ejemplo, las modificaciones planteadas para incorporar el referéndum o el plebiscito en los ámbitos nacional, regional y comunal, yendo más allá de la sola discrepancia –como ocurre hoy– del Primer Mandatario con el Congreso Nacional a propósito de un proyecto de enmienda a la Carta Fundamental o de la reducidísima posibilidad de resolver cuestiones municipales. Esta innovación no ha merecido hasta la fecha la atención del Poder Constituyente, conservándose un régimen

[608] Considerandos 4°, 5°, 6° y 7° de la sentencia pronunciada por el Primer Tribunal Electoral de la Región Metropolitana el 25 de mayo de 1994 (Rol N° 772/94), confirmada por sentencia del Tribunal Calificador de Elecciones pronunciada el 28 de junio de 1994 (Rol N° 6-44).

de representación política que coincide más con la delegación por el pueblo de sus potestades en los mandatarios elegidos y en el protagonismo de los partidos.

En análogo sentido cabe mencionar una regionalización auténtica, inconfundible con la mera descentralización administrativa, criterio este que, sin embargo, se halla presente en el artículo 3° de la Constitución. Es un avance en la dirección señalada la idea, ya concretada, que estableció la elección directa de los miembros de los Consejos Regionales, reemplazando así el sistema indirecto de selección de esas autoridades. Pero, obviamente, seguimos lejos de una descentralización de todas las funciones estatales, al menos de los tres poderes clásicos, proceso del cual ha de ser parte también el aumento de las oportunidades de participación, control y capacidad decisoria de la ciudadanía ya destacadas. La elección directa de los intendentes puede ser un impulso en la dirección correcta, pero la iniciativa hoy pendiente aparece confusa ante la concentración de potestades en el gobernador Regional, de la confianza exclusiva del Primer Mandatario.

Núcleo sólido y, por lo mismo, resistente a los cambios propugnados es el sistema de partidos políticos. Contrariamente a lo imaginado y normado en el artículo 19° N° 15° incisos 6° y siguientes de la Carta Suprema, con su complemento en la ley orgánica constitucional respectiva, los partidos han comprobado un vigor desmesurado para imponerse en el funcionamiento de las instituciones políticas e incluso socioeconómicas, podría sostenerse que sin precedentes en los anales de nuestra República. Una ilustración de lo dicho es la facultad que, ante la proscripción de las elecciones extraordinarias, hoy detentan con sujeción al artículo 51° de la Constitución y que les permite proveer las vacantes de parlamentarios. Otra evidencia en semejante sentido es el financiamiento, público y privado, del cual gozan en virtud de la legislación en vigor. Por último, mencionamos la disciplina que demandan de sus militantes, incluso de los diputados y senadores a los que se ha llegado a expulsar de algún partido cuando no han obedecido las instrucciones de votación que les fueron impartidas.

Este breve panorama se completa con las diversas innovaciones proyectadas al régimen electoral, asunto que, por su relación especial con la temática examinada en este capítulo, justifica comentarios más extensos.

382. Modernización del sistema electoral. Nuestro ordenamiento jurídico vigente en el tópico es antiguo e inadecuado, anomalía que ha quedado progresivamente de manifiesto en los comicios celebrados desde 1989. A continuación presentamos un esquema de los perfeccionamientos principales que es menester introducir en el rubro para avanzar en la legitimidad de los mandatos electivos y en el desempeño responsable de ellos.

A. **Inscripción automática y voto voluntario**. Se ha progresado en la consecución de esa meta[609], los cuales ya son realidades de nuestro régimen institucional, aunque coincidimos en retornar al sufragio obligatorio;

B. **Voto electrónicamente emitido** y enviado por quienes estén ausentes de los comicios; y

C. **Representación proporcional corregida**. El régimen binominal con sujeción al cual fueron elegidos los diputados y senadores estuvo siendo aplicado desde el 11 de diciembre de 1989, sin ningún cambio medular. Él se hallaba articulado, como sabemos, parcialmente

[609] Véase el informe de la Comisión de Constitución, Legislación, Justicia y Reglamento del Senado, fechado el 30 de enero de 2008 (Boletín N° 3.544-67), recaído en el proyecto de reforma constitucional que modifica los artículos 15° y 18° del Código Político.

en el Código Político, siendo en lo demás regulado por la Ley Orgánica Constitucional sobre Votaciones Populares y Escrutinios.

Conceptual y prácticamente evaluado, ese régimen generó las más encendidas polémicas, porque quienes lo defendían solo podían ser comparados con aquellos que lo rechazaban. Debe, sin embargo, ser reconocido como un hecho, objetivo y sustancial, que empíricamente o en la experiencia recogida en los comicios parlamentarios desde la fecha indicada, los resultados fueron, en general, similares en los beneficios y perjuicios que el sistema binominal produjo para la Concertación de Partidos por la Democracia y con respecto a la oposición, hoy integrada en la Alianza por Chile. Desde este punto de vista, en consecuencia, puede concluirse que el binominalismo generó secuelas parejas, de modo que podría haber concitado tanto consenso para mantenerlo como para derogarlo. En definitiva, fue reemplazado como se explicó oportunamente.

Tenemos que llevar el análisis, sin embargo, más allá de lo circunscrito a los resultados aludidos, porque obrando así se hallan los elementos de juicio adicionales que permiten evaluar, con mayor objetividad y visión, las bondades y defectos de la fórmula binominal.

Efectivamente, esa fórmula era inseparable de los pactos electorales, con la cual se fortalecía la hegemonía de las cúpulas de los partidos en la elaboración de las listas de candidatos, en la exclusión de los independientes y, por último, en la sobrerrepresentación de unas colectividades políticas en desmedro de otras. La complejidad del régimen, desde este ángulo, llegó a ser extrema, por la gama de pactos y subpactos, por acción u omisión, regionales o nacionales, que lo sostenían, culminando en que los ciudadanos se veían sumidos en la confusión o caían en la indolencia. De lo expuesto fluyó que el principio de la representación política, tan relevante en la democracia, quedaba severamente alterado.

Por otra parte, el binominalismo demostró que provocaba luchas internas entre los candidatos de la misma lista pactada. Consecuentemente, se excedían los marcos legítimos de la contienda electoral para constatar, en su lugar, la escalada de las rivalidades de candidatos y las contiendas de grupos que perjudicaban la cohesión necesaria en quienes aspiraban a ser la base parlamentaria, sea del presidencialismo en funciones o de la oposición democrática.

Esa misma distorsión de la competencia electoral, tan básica en los sistemas pluralistas, se reproducía en otra lucha apasionada, esta vez de las diversas listas de candidatos entre sí. Al fenómeno negativo que ocurría al interior de una lista pactada se agregaba, en consecuencia, este nuevo factor de conflicto.

Lamentablemente, los resultados de las últimas elecciones parlamentarias dejaron consolidadas las tesis contrapuestas, postergando el pronunciamiento que la ciudadanía reclamaba después de tantos años de estudio, experiencia y debate. Peor todavía: aparecieron nuevas consideraciones para diferir la aprobación de la reforma anhelada. Entre ellas cabe nombrar el cálculo de los beneficios electorales que reportaría el binominalismo; la incidencia que ese régimen podía tener en la decadencia, y hasta en la extinción, de algunos partidos políticos; el hecho de que la fórmula comentada había forzado la estructuración de dos grandes alianzas, evitando las secuelas del multipartidismo; la marginación que el régimen de pactos había hecho de ciertos partidos de los extremos políticos; y por último, pero no menos decisivo, el hecho de que se hubiera comprobado que, antes de la votación popular, estaban ya elegidos el parlamentario, de una y otra coalición, que se presentaba como candidato único o acompañado de un postulante secundario.

Claro lo anterior, resulta obviamente necesario evaluar, después de un período apropiado, si el nuevo sistema electoral no recae en los defectos que tuvo la representación proporcional desde 1925 a 1973. Los últimos cambios a la ley de partidos políticos revelan el afán de entronizar el multipartidismo.

383. Manifestaciones de preocupación ciudadana. El largo tiempo transcurrido y la abundante evidencia recogida son ya suficientes para desestimar posiciones ideológicas y actitudes circunstanciales, finalizado tan estéril y prolongado debate. La indiferencia de una parte importante, y creciente, del cuerpo electoral ante los comicios ciudadanos, al no inscribirse en los registros correspondientes; o la participación en esos comicios sufragando para anular el voto o depositarlo en blanco; o la abstención, aunque fuera arriesgando el pago de la multa correlativa, son prueba concluyente de una patología política delicada y que debe ser enfrentada, pronto y con rectificaciones sustanciales que sean legítimas. Especialmente inquietante es la ausencia de interés y compromiso que la juventud exhibe con esos procesos democráticos. No es menos grave la cifra elevada de excusas que son formuladas para no ejercer el sufragio.

Una mirada a las estadísticas electorales que insertamos en las páginas siguientes permite concluir que el dilema expuesto sigue agravándose. Basta tener presente que la suma de factores negativos recién aludidos significó que, en las últimas elecciones parlamentarias de 2013, todos ellos aumentaron: se estima en 40% de la ciudadanía, aproximadamente, la población que, estando en situación de inscribirse y después votar, no lo hace.

En síntesis, prosigue debatiéndose si la representación proporcional corregida, llamada ahora inclusiva, debe reemplazar al binominalismo. Con la esperanza de flexibilizar la normativa constitucional en el tema, facilitando con ello la aprobación de la reforma anhelada, en la disposición transitoria decimotercera de la Carta Fundamental se entregó al legislador orgánico adoptar el acuerdo respectivo. Con tenacidad y paciencia ha sido factible reunir el quórum de tres quintas partes de los parlamentarios en ejercicio para operar tal cambio; v. gr., modificación de la ley orgánica respectiva en relación con el voto de chilenos en el extranjero y reemplazo del binominalismo.

384. Cuatro innovaciones adecuadas. Entre las reformas constitucionales en debate se encuentra[610] la que confía a la Cámara respectiva, mediante acuerdo adoptado con el voto favorable de los dos tercios de sus miembros, la calificación de la urgencia manifestada por la Presidencia de la República con respecto a la tramitación de un proyecto de ley dentro de los noventa días anteriores a una elección municipal, parlamentaria o presidencial. Idéntico propósito de frenar la intervención electoral del Poder Ejecutivo se percibe en la norma que prohíbe presentar y tramitar proyectos de reformas constitucionales dentro de los noventa días anteriores a una elección presidencial[611].

La segunda de las innovaciones que consideramos adecuada es la que regula el sufragio de los centenares de miles de ciudadanos chilenos que se hallan en territorio extranjero. Ya es reforma desde 2014, con sujeción al artículo 13° inciso 3° de la Constitución. Las críticas formuladas a esta iniciativa para desestimarla incluyen una presunta falta de interés real de esos compatriotas en los asuntos nacionales, el sesgo ideológico con que ellos votarían, las dificultades prácticas que suscita la aplicación de la reforma en

---

610 Id., pp. 130 ss.

611 Consúltese el mensaje N° 552-354, fechado el 6 de diciembre de 2006, dirigido a la Cámara de Diputados, con que fue iniciado un proyecto de reforma constitucional en materia de transparencia, modernización del Estado y calidad de la política.

países distantes o ciudades pequeñas, en fin, el vicio de inconstitucionalidad en que se incurriría ante la imposibilidad de cumplir lo exigido en el artículo 18 inciso 2° de la Carta Fundamental. Siempre reputamos débiles o insustanciales esos argumentos. Además, consideramos constitucionalmente objetable el último de ellos, pues supone ignorar el principio de reserva legal en vigor, o sostener una comprensión equivocada de su sentido y alcance.

La tercera innovación, concretada en la reforma de 2005, es la que restablece la simultaneidad de las elecciones presidenciales y parlamentarias[612]. Apoyamos la reintroducción de esa idea, haciendo coincidir ambos comicios, porque el nuevo Jefe de Estado puede así contar, más probablemente, con la mayoría parlamentaria que requiere para realizar su programa gubernativo.

Finalmente, es igualmente positiva la reforma a la Carta Política que habilita al legislador para regular un sistema de elecciones primarias con el objeto que los partidos políticos nominen a sus candidatos, cualesquiera sean los cargos de elección popular de que se trate[613].

385. Ética y política. Crece la asunción de conciencia por la opinión pública en punto a que la sucesión de escándalos que va conociendo tiene raíces en una crisis moral, trátese de valores políticos, sociales o económicos. ¿Es razonable ignorar, rebajar o eludir la transcendencia de esos hechos?, ¿puede el clima de desconfianza de la ciudadanía en la política y los negocios revertirse con cambios constitucionales o legales?, ¿o es imperativo reconocer que la aproximación de una crisis, aún en el horizonte, tiene que ser encarada desde ya y resueltamente en su origen y curso moral, antes que en sus secuelas penales, civiles o administrativas?

Retornar a la ética se vuelve de trascendencia capital en tiempos, como los que atravesamos, de escalada en la corrupción de sectores y actividades muy diversas de la comunidad. Ese es el valor atropellado y que anhelamos restaurar para lidiar con conflictos de intereses, abusos de influencia, nepotismo, cohecho, fraudes y otros males. Pedimos coincidir también en que la demagogia y el populismo son demostrativos de corrupción política[614].

El tópico que comento es polémico, pues se halla arraigada una postura de liberalismo socialista o de socialismo liberal. Influida por John Rawls y Richard Rorty, esa doble vertiente acoge el *método de la elusión*, es decir, que en aras de llegar a consensos, aunque sean mínimos, debemos excluir cualquier motivo de desacuerdo, sea de índole filosófica, religiosa o moral. Esos son asuntos privados, ajenos al debate público sobre el bien y el mal, lo justo o injusto y antagónicos en definitiva con el bien común[615].

Declaramos nuestra convicción opuesta a esa tesis por reputarla alejada de la realidad de la vida, erosionante de los fundamentos que infunden legitimidad al ordenamiento jurídico desde que el relativismo que la caracteriza sitúa en el particularismo del individuo

---

612 Reiteramos lo que sostuvimos en "Implicancias de la reforma de mandato presidencial", XX **Revista Chilena de Derecho** N° 2-3 (1993) pp. 206 ss. Véase, además, John Carey: "Los efectos del ciclo electoral sobre el sistema de partidos y el respaldo parlamentario al Ejecutivo", **Estudios Públicos** N° 55 (1994) pp. 305 ss.

613 **Id.**

614 Consúltese Alfio Mastropaolo: "Democracia y populismo", en Michelangelo Bovero y Valentina Pozé (editores): **La democracia en nueve lecciones** (Madrid, Ed. Trotta, 2014) pp. 61 ss.

615 Véase, por ejemplo, David Hollenback s.j.: "Virtue, the common Good, and Democracy", in Amitai Etzioni (Editor): **New communitariam Thinkung Persons, virtues, Institutions, and Communities** (Charlotesville, University of Virginia Press, 1996) pp. 143 ss.

soberano, honrar o no las normas, sean morales o positivas. Diariamente los medios de comunicación informan del quebrantamiento de pequeñas y grandes reglas de convivencia, incluyendo el elevado porcentaje de usuarios que no pagan transporte público, de becarios morosos, de concesionarios rebeldes, de licencias médicas falsas, de vándalos impunes, de hurto hormiga, de consumidores defraudados, de malhechores liberados sin demora, de habitualidad en el uso de lenguaje grosero, de violencia ejercida en contra de profesores y condiscípulos, enunciando que puede ser extendido con otros ejemplos.

Consecuentemente, pensamos que tiene que insertarse, en las bases del sistema institucional, una mención a dicha ética, más allá de alusiones a la probidad o la transparencia, y a la declaración exhaustiva de patrimonio e intereses con la penalidad subsecuente. Ella tiene que ser una clave iluminadora de la interpretación de los textos normativos sin renunciar a descubrir que encarnan valores, principios y normas constitucionales o de inferior jerarquía, asumiendo que, subyacente a todos ellos, se halla siempre latente la ética objetiva[616]. Es una de las ***cláusulas de eternidad***, en la denominación de Peter Häberle, abierta a la hermenéutica creativa, adaptadora y finalista, principalmente de la jurisprudencia.

¿Es concebible una democracia constitucional efectiva que sea tan suave, frágil y mínima que, como enseña Bruce Ackerman, se restrinja al procedimiento, cualquiera sea la finalidad perseguida?, ¿o es imperativo asumir que, aun sin articulación positiva, el discernimiento revela que es necesario honrar la moral, separando el bien del mal, subrayando en paralelo los atributos subjetivos y los deberes correlativos? Sin propugnar la imposición de una antropología religiosa, afirmamos el imperativo de honrar la ética en la vida pública.

En otro lugar de este libro, ya hemos abogado por la entronización de una axiología proclamada y compartida, al menos por la mayoría, partiendo de la premisa que, sin ella, es inútil articular disposiciones que, más pronto que tarde, son eludidas o evadidas por sus destinatarios. El control eficaz y restante servido tiene que ser elemento ineludible de la idea planteada. En ese control renovado tiene roles decisivos la participación ciudadana, hoy omitida del mismo.

Desde la Carta Fundamental, tendría que irradiarse esa ética a la legislación, a los actos administrativos, la contratación privada y otros rubros. El criterio rector no puede ser el mero reconocimiento, a regañadientes podría ser dicho, de un mínimo moral en las normas jurídicas.

Naturalmente, la ley debe ir operacionalizando los valores constitucionales y, de igual modo, tendría que obrarse en el nivel reglamentario y de la jurisprudencia. Pero, en definitiva, confío en que sea la educación en valores, desde la infancia, la que cimiente la fe en la amistad cívica, es decir, en la democracia constitucional, en la dignidad humana, en el respeto recíproco y en la tolerancia encuadrada en lo que creo y propugno, esto es, en el marco de justicia y paz para el bien común en Chile. Forjar una cultura que desplace al individualismo particularista y que, a la vez, realce los deberes ciudadanos es responsabilidad de todos quienes tienen fe en el Derecho y en el gobierno ejercido con sujeción a él[617].

---

616 Recuérdese que en nuestros anales constitucionales aparecen alusiones a la moral y las buenas costumbres en diversos artículos de las sucesivas Constituciones patrias. Por ejemplo, revísese el artículo 19 N°s 11°, 15°, 16° y 21° del Código Político vigente. Análoga puntualización merecen los tratados internacionales sobre derechos humanos vigentes en Chile.

617 Útil es revisar Luis Núñez Ladevéze: **Identidades humanas, conflictos morales en la postmodernidad** (Santiago,

Lejos, muy lejos de proponer una cosmovisión ética singular e impuesta con rasgos autoritarios, sostengo que es paradojalmente contradictorio coincidir en que nos apremia la aproximación de una crisis, cuya médula es de naturaleza ética, y a la vez conformarnos con que se dicten reglas escritas para prevenirla o conjurarla, sin entronizar los valores que impregnan de sentido y finalidad a esa regulación positiva.

386. Un esfuerzo promisorio. El día anterior al cierre de la redacción de esta tercera edición del libro, la Presidenta de la República se dirigió al país por cadena nacional de radio y televisión. Lo hizo cuatro días después de haber recibido el informe del Consejo Asesor Presidencial Anticorrupción cuyos dieciséis miembros fueron designados por ella un mes y medio antes de la fecha indicada[618].

En síntesis, el autor estima que los anuncios de la Jefa de Estado son positivos, agregando que responden a un sentimiento generalizado en la opinión pública que reclama medidas prontas y eficaces para detener tal flagelo. No hay, por ende, novedades mayores en el asunto. En las líneas siguientes extractamos algunas de las ideas expuestas por la Presidenta Bachelet. Con sujeción a lo anunciado, dentro de los quince días siguientes al discurso se implementarán las medidas de índole administrativa, y será necesario aguardar cuarenta y cinco días para conocer los mensajes con los proyectos de reformas constitucionales y legales.

Se plantea incluir la formación ciudadana en las bases curriculares, desde el segundo nivel de transición hasta el cuarto año de educación media, cuidando de impartir los principios éticos esenciales para la configuración adecuada de la juventud en la educación y convivencia cívica.

A partir de septiembre de 2015, se emprenderá un proceso constituyente desarrollado a través de diálogos, debates, consultas y cabildos que deberán desembocar en la nueva Carta Fundamental. Este punto, sin duda el más relevante de los enunciados por la Primera Mandataria, dista de ser preciso, persevera a la meta indicada y presume la vigencia de un ambiente de intercambio masivo de puntos de vista tan pacífico y reflexivo que, sin exagerar, puede ser evaluado como idealista. El tema no aparece en el informe, de modo que fue la Presidenta Bachelet quien lo incorporó a la agenda.

De allí en adelante, lo manifestado en el discurso es una condensación de demandas ya socializadas en la gran mayoría de la comunidad nacional. Repitiendo lo dicho, puede anhelarse que así se llegue a rectificar, en medida considerable, los numerosos casos de venalidad descubiertos en los últimos meses. Restablecer el imperio del Derecho, controlando y sancionando con rigor el quebrantamiento de los principios y normas concernientes a conflictos de interés, tráfico de influencias y corrupción es, en suma, un objetivo compartido por todos los compatriotas de buena voluntad.

En ese contexto situamos la legislación que limite el paso del sector público a posiciones elevadas del sector privado; que castigue el nepotismo y aumente las inhabilidades para postular a cargos de elección popular; que amplíe y profundice las declaraciones de patrimonio y perfeccione la Alta Dirección Pública, terminando con las demasías presenciadas en los últimos años; creación del Defensor Ciudadano y alterar en su médula la

Centro de Estudios Políticos y Constitucionales, 2005), especialmente pp. 139 ss.

618 El informe aludido sugiere doscientas treinta y cuatro medidas agrupadas en cinco capítulos, el primero focalizado en la prevención de la corrupción y el último dedicado a la ética y los derechos ciudadanos. El informe fue acordado por unanimidad de sus miembros, salvo en ocho de las medidas propuestas.

integración de las comisiones de ética en ambas ramas del Congreso Nacional; restringir los períodos de campañas electorales y los fondos que se desembolsan en ellas; en fin, fortalecer en plenitud al Servicio Electoral. Hincapié merecen la pérdida del escaño por diputados y senadores que usen indebidamente las asignaciones parlamentarias, utilicen arbitrios ilegales, para financiar sus candidaturas, o voten asuntos en que estén directa o personalmente interesados.

Probablemente, uno de los debates más intensos tendrá lugar en torno a los aportes económicos que se hagan a los partidos políticos y a los postulantes a cargos de elección popular. Sostenemos que en esto la regla de oro es la transparencia, de modo que coincidimos en que tienen que ser sabidos los aportes reservados. No hallamos análogo apoyo para vedar tales aportes a las personas jurídicas, aunque es atendible, y digno de un comentario más extenso, la premisa según las cual la proscripción mencionada contribuye a la realización del principio de igualdad.

BIBLIOGRAFÍA

Avilés Hernández, Víctor Manuel: "Nacionalidad y ciudadanía: Evolución histórica, reformas y tendencias", en Francisco Zúñiga Urbina (coordinador): **Reforma constitucional** (Santiago, Editorial Lexis-Nexis, 2005).

Blumenwitz, Dieter: "Derecho electoral y cláusula de cierre", XIV **Revista Chilena de Derecho** Nº 1 (1987).

Bravo Lira, Bernardino: "Pueblo y representación en la historia de Chile" XVII **Revista Chilena de Derecho** Nº 1 (1990).

— "Sociedad de clases y representación electoral en Chile, 1860-1924", XVIII **Revista Chilena de Derecho** Nº 2 (1991).

Cea Egaña, José Luis: "Ciudadanía, sufragio y sistema electoral", XVI **Revista Chilena de Derecho** Nº 1 (1989).

— "Representación política y social en la nueva Constitución", **Revista de Ciencia Política** Nº 2 (1982).

— "Los partidos en la nueva Constitución", XI **Revista Chilena de Derecho** Nº 2-3 (1984).

— "Marco constitucional del nuevo sistema procesal penal", XXVIII **Revista Chilena de Derecho** Nº 4 (2001).

— **Tratado de la Constitución de 1980** (Santiago, Ed. Jurídica de Chile, 1988).

Costa Pietro: **Ciudadanía** (Madrid, Ed. Marcial Pons, 2007).

Correa Sutil, Sofía: "Los procesos constituyentes en la historia de Chile. Lecciones para el presente" **Revista Estudios Políticos** Nº 137 (2015).

Cruz-Coke Ossa Carlos: "Análisis del futuro sistema electoral", **Política** Nº 6 (1984).

— "El nuevo concepto de ciudadanía, ¿participación sin compromiso?", **Revista Societas** (Santiago, Academia Chilena de Ciencias Sociales, Políticas y Morales del Instituto de Chile) Nº 16, 2013.

Cruz-Coke Madrid, Ricardo: **Historia electoral de Chile, 1925-1973** (Santiago, Ed. Jurídica de Chile, 1984).

Duncker Biggs, Federico: **Derecho internacional privado. Parte general** (Santiago, Ed. Jurídica de Chile, 1967).

Duval Tomás: "Reforma al sistema binominal hacia un sistema proporcional compensatorio", en Carlos Huneeus (compilador): **La reforma al sistema binominal en Chile. Una contribución al debate** (Santiago, Editorial Konrad Adenauer, 2006).

Engel, Eduardo: "Evolución del comportamiento electoral desde el plebiscito a la elección presidencial", **Estudios Cieplan** N° 28 (1990).

Etcheverry Orthurtegui, Alfredo: II **Derecho penal. Parte general** (Santiago, Ed. Jurídica de Chile, 1998).

Fernández González, Miguel Ángel: "Reformas constitucionales en materia de nacionalidad y ciudadanía", en Humberto Nogueira (coordinador): **La Constitución reformada de 2005** (Santiago, Editorial Librotecnia, 2006).

Ferrer, Carolina y Jorge Russo: "Análisis cuantitativo del anteproyecto de ley sobre sistema electoral", **Estudios Públicos** N° 23 (1986).

Fontaine Talavera Arturo **et al.**: **Modernización del régimen electoral chileno** (Santiago, Programa de Naciones Unidas para el Desarrollo, 2007).

— "La nacionalidad en la Constitución chilena", XII **Revista de Derecho de la Universidad Austral de Chile** (2000).

Gamboa, J. Ricardo: "El establecimiento del sistema binominal", en Carlos Huneeus (compilador): **La reforma al sistema binominal en Chile. Una contribución al debate** (Santiago, Editorial Konrad Adenauer, 2006).

García Barzelatto, Ana María: **Ley Orgánica Constitucional de Partidos Políticos. Historia de su establecimiento y debate doctrinario** (Santiago, Ed. Jurídica de Chile, 1988).

— "La actividad jurisdiccional en los procedimientos electorales", **Gaceta Jurídica** N° 109 (1989).

— "La propaganda electoral y su gratuidad", XVI **Revista Chilena de Derecho** (1989).

— **Sistema Electoral Público y Justicia Electoral** (Santiago, Ed. Jurídica de Chile, 1987).

— **Sistema Electoral Público y Partidos Políticos** (Santiago, Ed. Jurídica de Chile, 1987).

— **Sistema Electoral Público y Votaciones y Escrutinios** (Santiago, Ed. Jurídica de Chile, 1987).

Garretón Merino, Manuel Antonio: "Sistema electoral y reforma política", en Carlos Huneeus (compilador): **La reforma al sistema binominal en Chile. Una contribución al debate** (Santiago, Editorial Konrad Adenauer, 2006).

Guzmán A., Eugenio: "La última reforma: El sistema electoral binominal", en Carlos Huneeus (compilador): **La reforma al sistema binominal en Chile. Una contribución al debate** (Santiago, Editorial Konrad Adenauer, 2006).

Hollenback, s.j. David: "Virtue, the common Good, and Democracy", in Amitai Etzioni (Editor): New communitariam Thinkung Persons, Virtues, Institutions, and Communities (Charlottesville, University of Virginia Press, 1996).

Hoyos de la Barrera, María y Ángela Vivanco Martínez: **Manual de legislación electoral** (Santiago, Ed. Jurídica Conosur, 1990).

Huneeus Madge, Carlos (compilador): **La reforma al sistema binominal en Chile. Propuestas para el debate** (Santiago, Fundación Konrad Adenanuer, 2006).

— "La necesidad de la reforma electoral", en Carlos Huneeus (compilador): **La reforma al sistema binominal en Chile. Una contribución al debate** (Santiago, Editorial Konrad Adenauer, 2006)

Ibáñez Santa María, Gonzalo: "¿Qué se juega en las elecciones? Notas para un debate sobre los deberes de la ciencia política y de los empresarios", XVI **Revista Chilena de Derecho** N° 1 (1989).

Jara Schnettler, Jaime: "Nacionalidad y ciudadanía en la reforma constitucional de 2005", **Revista de Derecho Público** N° 68 (2006).

Jiménez Larraín, Fernando: "Derechos políticos del extranjero", XVI **Revista Chilena de Derecho** N° 3 (1989).

Lepín Molina, Cristián: Compendio de normas de derecho de familia (Santiago, Legal Publishing, 2014).

López Bourasseau, Enrique: "Recurso de reclamación por cancelación de la carta de nacionalización", en Ismael Bustos **et al.**: **Recursos de rango constitucional** (Ed. Jurídica de Chile, 1983).

Marshall Barbarán, Pablo: "Notas sobre los modelos para la extensión de la ciudadanía", XIX **Revista de Derecho de la Universidad Católica del Norte** Nº 2 (2012).

Martínez Estay, José Ignacio: "La regulación del ***lobby***. Aciertos y desaciertos" Anuario de Derecho Público (Santiago, U. D. Portales, 2014).

Mastropaolo Alfio: "Democracia y populismo", en Michelangelo Bovero y Valentina Pozé (editores): **La democracia en nueve lecciones** (Madrid, Ed. Trotta, 2014).

Nogueira Alcalá, Humberto: "Consideraciones y alternativas al sistema electoral vigente", **Revista de Derecho Público de la Universidad de Chile** Nos 47-48 (1990).

— "Sistema electoral y plebiscitos comunales", XX **Revista Chilena de Derecho** Nº 2-3 (1993).

— "Consideraciones sobre la reforma de 2005 respecto del capítulo II de la Constitución", en **La Constitución reformada de 2005** (Santiago, Editorial Librotecnia, 2006).

Nohlen, Dieter, Sonia Picado y Daniel Zovatto (compiladores): **Tratado de derecho electoral comparado de América Latina** (México DF, Ed. Fondo de Cultura Económica, 1998).

Núñez Poblete, Manuel: "Informe sobre el sentido y alcance de la frase 'hallándose cualquiera de estos en actual servicio de la República', contenida en el Nº 2 del artículo 10 de la Constitución", XVI **Revista de Derecho de la Universidad Católica de Valparaíso** (1995).

Núñez Ladevéze, Luis: **Identidades humanas, conflictos morales en la postmodernidad** (Santiago, Centro de Estudios Políticos y Constitucionales, 2005).

Pardo Álvarez, Diego: "El sufragio voluntario del artículo 15° de la Constitución de Chile", **Revista Derecho de la Universidad Austral de Chile** (2013).

Pfeffer Urquiaga, Emilio: "Constitución y nuevo Código Procesal Penal", **Revista de Derecho Público** Nº 62 (2001).

— **Reformas Constitucionales 2005, antecedentes, debates, informes** (Santiago, Editorial Jurídica de Chile, 2005).

Quinzio Figueiredo, Jorge Mario: "Nacionalidad y ciudadanía", en Francisco Zúñiga Urbina (coordinador): **Reforma constitucional** (Santiago, Editorial Lexis-Nexis, 2005).

Ramírez R., José y Nicolás Bravo R.: **Movimientos sociales en Chile. Una radiografía al proceso de movilización 2009-2014** (Santiago, Informe del Instituto Libertad y Desarrollo Nº 144 (2014).

Ramírez Arrayás, José Antonio: "Interpretación constitucional y principio de la buena fe", **Estudios Constitucionales** Nº 1 (2003).

— "Principio de probidad y transparencia en el ejercicio de las funciones públicas. Alcances de la Nueva Constitución de 2005", en Francisco Zúñiga Urbina (coordinador): **La Reforma constitucional de 2005** (Santiago, Ed. Lexis-Nexis, 2005).

Ramírez Necochea, Mario: **Derecho de la humanidad** (Santiago, Ed. Jurídica de Chile, 1991).

Rawls, John: **El derecho de gentes y una revisión de la idea de razón pública** (Barcelona, Ed. Anagrama, 2001).

Requena López, Tomás: **Sobre la función, los medios y los límites de la interpretación de la Constitución** (Granada, Editorial Comares, 2001).

Reuter, Paul: **Introducción al derecho de los tratados** (México DF, Ed. Fondo de Cultura Económica, 1999).

Reyes Riveros, Jorge: "Supremacía constitucional y sistema de control", XX **Revista Chilena de Derecho** Nos 2-3 (1993).

Ríos Álvarez, Lautaro: "El principio de la supremacía de la Constitución y el Tribunal Constitucional", **Revista de Ciencias Sociales, Facultad de Derecho y Ciencias Sociales de la Universidad de Valparaíso**, Nos 32-33 (1988).

— "Razón y fuerza de la Constitución de 1980", XIV **Revista Chilena de Derecho** Nº 3 (1989).

— "Disposiciones constitucionales obstaculizadoras de la normalidad democrática", **Revista de Derecho Público** Nos 47-48 (1990).

— "Reforma al artículo 5° de la Constitución de 1980", **Revista de Derecho Público** Nos 47-48 (1990).

— "El Estado de Derecho", **Revista de Derecho Universidad de Concepción** Nº 180 (1981).

Rivera Neumann, Teodoro: "Reformas constitucionales relativas a la nacionalidad y ciudadanía", en Francisco Zúñiga Urbina (coordinador): **Reforma constitucional** (Santiago, Editorial Lexis-Nexis, 2005).

Rubio Llorente, Francisco: **Derechos fundamentales y principios constitucionales** (Barcelona, Ed. Ariel, 1995).

Saenger Gianoni, Fernando: "Consideraciones para estimar que los tratados en materia de derechos humanos no forman parte de la Constitución", XX **Revista Chilena de Derecho** Nºs 2-3 (1993).

Salas Cárcamo, Eduardo: **Justicia electoral para los cuerpos intermedios** (Santiago, Ed. Jurídica de Chile, 1990).

Salazar Sánchez, Marta: "Génesis de la frase 'El Estado está al servicio de la persona humana' en las actas de la comisión de estudio de la nueva Constitución", **Revista de Derecho Público** Nºs 57-58 (1995).

— "Interpretación de la Constitución y control de la ley interpretativa por el Tribunal Constitucional", XX **Revista Chilena de Derecho** Nºs 2-3 (1993).

Salinas Burgos, Hernán: "Aplicación del derecho internacional al caso Choshuenco. Legalidad y seguridad vulneradas", en Arturo Fermandois Vöhringer (editor). **Sentencias destacadas 2006. Una mirada desde la perspectiva de las políticas públicas** (Santiago, Libertad y Desarrollo, 2007).

Sartori, Giovanni: **Ingeniería constitucional comparada** (México DF, Ed. Fondo de Cultura Económica, 1994).

Schmitt, Karl: **Political Theology** (1933) (Cambridge, Mass, The MIT Press, 1988).

—**Sobre el parlamentarismo** (Madrid, Editorial Tecnos, 1990).

Serna, Pedro y Fernando Tollen: **La interpretación constitucional de los derechos fundamentales** (Buenos Aires, Editorial La Ley, 2000).

Silva Bascuñán, Alejandro: II **Tratado de derecho constitucional** (Santiago, Ed. Jurídica de Chile, 1963).

— III y VI **Tratado de derecho constitucional** (Santiago, Editorial Jurídica de Chile, 1997).

— IV **Tratado de derecho constitucional** (Santiago, Ed. Jurídica de Chile, 1997).

— **Tratado de derecho constitucional** (Editorial Jurídica de Chile, ocho volúmenes, 1997-2001).

— "Interpretación de la Carta a través del legislador", IX **Revista Chilena de Derecho** Nºs 2-3 (1984).

— "La jerarquía normativa en la Constitución de 1980", VI **Revista de Derecho de la Universidad Católica de Valparaíso** (1982).

— "Reforma al artículo 5° de la Constitución de 1980", XVII **Revista Chilena de Derecho** Nº 3 (1990).

— "Lo esencial en la supremacía constitucional. Antecedentes, objetivos y alcances", **Gaceta Jurídica** Nº 132 (1991) y **Revista de Derecho Público** Nºs 47-48 (1990).

— "Principios que informan la Constitución Política de 1980", X **Revista Chilena de Derecho** Nº 1 (1983).

— "Un aspecto positivo de la Constitución de 1980", **Revista de Derecho Universidad de Concepción** Nº 74 (1983).

— "Las leyes complementarias de los artículos 6° y 7° de la Constitución de 1980", **Gaceta Jurídica** Nº 60 (1985).

— "Reforma al artículo 5° de la Constitución de 1980", XVII **Revista Chilena de Derecho** Nº 3 (1990).

— "Reforma sobre derechos humanos", XVI **Revista Chilena de Derecho** Nº 2 (1989).

Silva Bascuñán, Alejandro y María Pía Silva Gallinato: "Efectos de la resolución de Constitucionalidad", XV **Revista Chilena de Derecho** Nº 2 (1988).

— "La servicialidad del Estado. Sus fundamentos constitucionales", en **Revista de Derecho Público** Nºs 57-58 (1995).

Silva Bascuñán Alejandro, Raúl Bertelsen Repetto, Guillermo Bruna Contreras y José Luis Cea Egaña: "La Reforma Constitucional de 1989", XIV **Revista Chilena de Derecho** Nº 3 (1989).

Silva Cimma, Enrique: **Derecho administrativo chileno y comparado** (Santiago, Ed. Jurídica de Chile, 2 volúmenes, 1968).

Silva Vargas, Fernando **et al.**: **Historia de Chile** (Santiago, Ed. Universitaria, 1976).

Silva Bascuñán, Alejandro: IV **Tratado de derecho constitucional** (Santiago, Ed. Jurídica de Chile, 1997).

Solimano Ratinoff, Andrés, Eduardo Aninat y Nancy Birdsall: **Distributive Justice and Economic Development. The Case of Chile and Developing Countries** (Ann Arbor, The University of Michigan Press, 2000).

Silva Gallinato, María Pía y Miriam Henríquez Viñas (coordinadoras): **Acción protectoras de derechos fundamentales** (Santiago, Ed. Legal Publishing, 2014).

Solari Peralta, Tito E. y Luis Rodríguez Collao: "Reflexiones en torno al concepto de seguridad nacional", VIII **Revista de Derecho de la Universidad Católica de Valparaíso** (1988).

Soto Kloss, Eduardo: "La destrucción del Estado de Derecho 1970-1973", **Revista de Derecho Público** N°s 53-54 (1993).

— "Constitución y ley en el ordenamiento jurídico chileno", **Actas de la VII Jornadas Chilenas de Derecho Público** (Valparaíso, Ediciones Universitarias de Valparaíso, 1977).

— "Organización Administrativa del Estado", **Gaceta Jurídica** Nº 73 (1986).

— "La servicialidad del Estado. Sus fundamentos constitucionales", **Revista de Derecho Público** N°s 57-58 (1995).

— "La nulidad de derecho público en el derecho chileno", **Revista de Derecho Público** N°s 47-48 (1990).

— "La primacía de la persona humana, principio fundamental del derecho público chileno", **Revista de Derecho de la Universidad Católica de Concepción** Nº 185 (1996).

— "La delegación en el derecho administrativo chileno", **Revista de Derecho Público** N°s 45-46 (1989).

— "La autonomía de los cuerpos intermedios y su protección constitucional", LXXXV **Revista de Derecho y Jurisprudencia** (1988).

— "La invalidación de los actos administrativos en el derecho chileno", LXXXV **Revista de Derecho y Jurisprudencia** (1988).

— "La publicidad de los actos administrativos en la jurisprudencia judicial", LXXXVI **Revista de Derecho y Jurisprudencia** (1989).

— "En la forma que prescriba la ley. Notas sobre prácticas legislativas inconstitucionales", XX **Revista Chilena de Derecho** (1993).

— "La familia en la Constitución Política", XX **Revista Chilena de Derecho** N°s 2-3 (1993).

— "La noción de persona en la Constitución", **Revista de Derecho Público** Nº 50 (1991).

Squella Narducci, Agustín y Osvaldo Sunkel Weil (editores): **Democratizar la democracia. Reformas pendientes** (Santiago, Lom Ediciones, 2000).

Tagle Martínez, Hugo: "Filosofía, democracia y sistema electoral", XVII **Revista Chilena de Derecho** (1990).

— "*Ius suffragii* y Ius *honorum*", XX **Revista Chilena de Derecho** N°s 2-3 (1993).

Tapia, Jorge: **Hermenéutica constitucional. La Interpretación de la Constitución en Sudamérica** (Santiago, Ed. Jurídica de Chile, 1973).

Tapia Valdés, Jorge: "Efectos de los tratados sobre derechos humanos en la jerarquía del orden jurídico y en la distribución de competencia. Alcances del nuevo inciso 2° del artículo 5° de la CPR de 1980", IX **Revista Ius et Praxis** Nº 1.

— "Descentralización, regionalización y neosubsidiariedad", en Francisco Zúñiga Urbina (coordinador): **Reforma constitucional** (Santiago, Lexis-Nexis, 2005).

Tagle Martínez, Hugo: "*Ius suffragii* y *Ius honorum*", XX **Revista Chilena de Derecho** Nº 2-3 (1993).

— "Filosofía, democracia y sistema electoral", XVII **Revista Chilena de Derecho** Nº 1 (1990).

Tajadura Tejada, Javier: **El preámbulo constitucional** (Granada, Ed. Comares, 1997).

Tarello, Giovanni: **Cultura política y teoría del derecho** (México DF, Ed. Fondo de Cultura Económica, 1995).

Trangott, Michel W.: "Métodos alternativos para la estimación de resultados electorales!, **Revista Estudios Políticos** Nº 137 (2015).

Travieso, Juan: "Los derechos humanos y la democracia del futuro", XX **Jornadas de Derecho Público** (Valparaíso, Edeval, 1990).

Troncoso Repetto, Claudio y Tomás Vial Solar: "Sobre los derechos humanos reconocidos en tratados internacionales y en la Constitución", XX **Revista Chilena de Derecho** Nº 2-3 (1993).

Urzúa Valenzuela, Germán: **Diccionario político-institucional de Chile** (Santiago, Ed. Jurídica de Chile, 1984).

— **Historia política de Chile** (Santiago, Ed. Jurídica de Chile, 1992).

— **Manual de derecho constitucional** (Santiago, Ed. Jurídica de Chile, 1992).

Valencia Avaria, Luis: **Anales de la República** (Santiago, Ed. Jurídica de Chile, dos volúmenes, 2ª ed., 1986).

Valenzuela, Arturo y Samuel Valenzuela: "Los orígenes de la democracia. Reflexiones teóricas sobre el caso de Chile", **Estudios Públicos** Nº 12 (1983).

Valenzuela, Arturo y Alexander Wilde: "El Congreso y la redemocratización en Chile", **Revista Alternativa** Nº 3 (1984).

Valenzuela Somarriva, Eugenio: **Repertorio de jurisprudencia del Tribunal Constitucional, 11 de marzo de 1981-10 de marzo de 1989** (Santiago, Ed. Jurídica de Chile, 1989).

— **Criterios de hermenéutica constitucional aplicados por el Tribunal Constitucional** (Santiago, Cuadernos del Tribunal Constitucional Nº 31, 2006).

Varas Alfonso, Paulino: "Respeto a todo derecho inherente a la persona aunque no esté contemplado en el texto de la Constitución", XX **Revista Chilena de Derecho** Nºs 2-3 (1993).

— "El inicio de la vida de los seres humanos desde el momento de la concepción en la historia de la ley de reforma constitucional Nº 19.611 de 1999, y en la de la Ley Nº 20.120 de 22 de septiembre de 2006", **XXXVI Jornadas de Derecho Público** (www.jdp.cl).

Varela del Solar, Jorge: "Estudio sobre el artículo 1° de la Constitución de 1980", XI **Revista Chilena de Derecho** Nº 2 (1984).

Verdugo Marinkovic, Mario: "Los principios del constitucionalismo clásico en los ordenamientos fundamentales de Chile", **Revista de Derecho Público** Nºs 19-20 (1976).

— "Notas acerca de la Reforma constitucional", **Gaceta Jurídica** Nº 111 (1989).

— "La interpretación constitucional", **Gaceta Jurídica** Nº 185 (1995).

Vergara Blanco, Alejandro: "Formación de la ley y técnica legislativa", XVIII **Revista Chilena de Derecho** Nº 1 (1991).

Vial Correa, Gonzalo: I y IV **Historia de Chile** (Santiago, Ed. Santillana, 1980 y 1992).

— II y IV **Historia de Chile** (Santiago, Ed. Santillana, 1980).

— "Decadencia, consensos y unidad nacional en 1973", **Dimensión histórica de Chile** Nº 1 (1984).

Viehweg, Theodor: **Tópica y filosofía del derecho** (Barcelona, Ed. Gedisa, 1991).

Vivanco Martínez, Ángela: "Alcances constitucionales, en relación con la Carta Fundamental de la República de Chile de 1980, del Estatuto de Roma de la Corte Penal Internacional", ***Ius Publicum*** Nº 5.

— II **Curso de derecho constitucional** (Santiago, Universidad Católica de Chile, 2006).

Vivanco Martínez, Ángela y José Ignacio Martínez Estay: "Acerca de la supremacía de la Constitución", XXVIII **Revista de Derecho de la Universidad Católica de Valparaíso** (1997).

Von Baer, Ena: "Sistema electoral: Objetivos y consecuencias", en Carlos Huneeus Madge (compilador): **La reforma al sistema binominal en Chile. Una contribución al debate** (Santiago, Editorial Konrad Adenauer, 2006).

Von Beyme, Klaus: **Teoría política del siglo XX. De la modernidad a la postmodernidad** (Madrid, Alianza Editorial, 1994).

Weber, Max: **El político y el científico** (1919) (Madrid, Alianza Editorial, 1975).

Yuri Castellón, Ana María: **La interpretación de la Constitución en la doctrina chilena contemporánea** (Memoria de prueba para optar al grado de licenciado en Ciencias Jurídicas y Sociales de la Universidad Católica de Valparaíso, 2000).

Zagrebelsky, Gustavo: "Jueces constitucionales", **Revista Iberoamericana de Derecho Procesal Constitucional** Nº 6 (2006).

Zalaquett Daher, José: "Chile ratifica la Convención Interamericana contra el Terrorismo", **Anuario de Derechos Humanos 2006** (Santiago, Universidad de Chile, 2006).

Zapata Larraín, Patricio: "La interpretación constitucional", XVII **Revista Chilena de Derecho** (1990).

— "Jurisprudencia del Tribunal Constitucional (1981-1991)", XVIII **Revista Chilena de Derecho** (1991) Nº 2.

— **Interpretación constitucional** (Memoria de Licenciado en la Facultad de Derecho de la Universidad Católica de Chile, Santiago, 1990).

— "¿Protección de la democracia? El sentido del artículo 8", **Actas de las XX Jornadas de Derecho Público** (Valparaíso, Edeval, 1990).

Zea, Leopoldo: **El pensamiento latinoamericano** (Barcelona, Ed. Ariel, 1976).

Zúñiga, Ana María: **Legislación sobre seguridad del Estado, control de armas y terrorismo** (Santiago, Ed. Jurídica de Chile, 1985).

Zúñiga Urbina, Francisco: "Democracia. Una concepción procedimental en Bobbio", XX **Jornadas de Derecho Público** (Valparaíso, Edeval, 1990).

— "Orígenes del presidencialismo en Chile. Algunas notas sobre los ensayos constitucionales", LX **Revista de Derecho de la Facultad de Ciencias Jurídicas y Sociales de la Universidad de Concepción** Nº 192 (1992).

ESTADÍSTICAS ELECTORALES

TABLA A.1. INSCRIPCIONES POR GRUPOS ETAREOS Y SEXO, EN CANTIDADES Y PORCENTAJES (1988-2009)

AÑOS		18-19	20-24	25-29	30-34	35-39	40-44	45-49	50-54	55-59	60-64	65-69	70-74	75-79	80 + -	TOTALES
PLEBISCITO 1988	V	213.557	585.266	547.467	456.291	365.892	316.544	262.098	211.886	200.184	157.490	116.704	86.584	54.790	34.701	3.609.454
	%	5,92	16,21	15,17	12,64	10,14	8,77	7,26	5,87	5,55	4,36	3,23	2,40	1,52	0,96	100
	M	195.552	579.390	555.646	473.603	385.826	337.315	284.999	234.377	226.436	185.367	141.025	111.020	71.575	44.328	3.826.459
	%	5,11	15,14	14,52	12,38	10,08	8,82	7,45	6,13	5,92	4,84	3,69	2,90	1,87	1,16	100
PRESIDENCIAL Y PARLAMENTARIAS 1989	V	122.596	583.737	568.408	483.983	387.181	330.601	279.323	222.304	202.040	169.663	124.312	89.203	60.459	41.042	3.664.852
	%	3,34	15,92	15,50	13,20	10,56	9,02	7,62	6,06	5,51	4,62	3,39	2,43	1,64	1,11	100
	M	100.920	573.030	578.181	501.262	409.496	352.458	302.152	246.243	227.448	199.984	150.284	115.040	81.355	54.832	3.892.685
	%	2,59	14,72	14,85	12,87	10,51	9,05	7,76	6,32	5,84	5,13	3,86	2,95	2,08	1,40	100
ELECCION CONCEJALES 1992	V	115.637	488.707	584.628	525.862	435.628	352.597	302.930	245.680	202.459	189.568	133.456	95.542	65.211	50.425	3.788.330
	%	3,05	12,89	15,42	13,87	11,49	9,30	7,99	6,48	5,34	5,00	3,52	2,52	1,72	1,33	100
	M	95.548	467.214	596.365	546.972	460.331	376.119	326.726	271.664	227.534	221.866	163.565	123.889	92.714	74.900	4.045.407
	%	2,36	11,54	14,73	13,51	11,37	9,29	8,07	6,71	5,62	5,48	4,04	3,06	2,29	1,85	100
PRESIDENCIAL Y PARLAMENTARIAS 1993	V	132.410	455.196	582.670	551.119	462.250	370.630	319.078	261.699	208.020	190.498	145.255	100.240	67.664	56.431	3.903.160
	%	3,39	11,66	14,92	14,11	11,84	9,49	8,17	6,70	5,32	4,88	3,72	2,56	1,73	1,44	100
	M	111.569	433.147	595.668	572.698	488.455	397.133	344.138	288.585	234.537	221.964	178.526	130.346	97.004	88.509	4.182.279
	%	2,66	10,35	14,24	13,69	11,67	9,49	8,22	6,90	5,60	5,30	4,26	3,11	2,31	2,11	100
ELECCION CONCEJALES 1996	V	58.433	334.916	528.811	575.062	508.647	413.523	340.260	288.321	229.049	188.276	167.651	110.287	72.293	67.032	3.882.561
	%	1,50	8,62	13,62	14,81	13,10	10,65	8,76	7,42	5,89	4,84	4,31	2,84	1,86	1,72	100
	M	40.568	303.990	531.556	599.057	537.335	445.654	368.768	316.071	259.313	218.819	206.248	144.831	104.662	113.935	4.190.807
	%	0,96	7,25	12,68	14,29	12,82	10,63	8,79	7,54	6,18	5,22	4,92	3,45	2,49	2,71	100
PARLAMENTARIAS 1997	V	51.623	290.638	488.482	574.497	523.939	437.214	348.672	299.542	239.773	190.372	172.034	115.473	74.920	70.486	3.877.665
	%	1,33	7,49	12,59	14,81	13,51	11,27	8,99	7,72	6,18	4,90	4,43	2,97	1,81	1,82	100
	M	33.963	254.442	486.084	598.655	554.330	469.592	379.300	328.017	271.283	221.740	211.182	152.541	108.290	122.540	4.191.959
	%	0,81	6,06	11,59	14,28	13,22	11,20	9,04	7,82	6,47	5,28	5,03	3,63	2,58	2,92	100

AÑOS		18-19	20-24	25-29	30-34	35-39	40-44	45-49	50-54	55-59	60-64	65-69	70-74	75-79	80 + -	TOTALES
PRESIDENCIAL 1999	V	45.389	213.158	421.465	565.518	552.101	469.796	374.318	316.802	260.952	200.194	171.373	129.675	80.822	74.827	3.876.390
	%	1,17	5,49	10,87	14,58	14,24	12,11	9,65	8,17	6,73	5,16	4,42	3,34	2,08	1,93	100
	M	32.263	178.514	407.032	586.590	584.313	503.471	408.519	348.041	293.478	232.957	209.245	171.798	117.373	134.492	4.208.086
	%	0,76	4,24	9,67	13,93	13,88	11,96	9,70	8,27	6,97	5,53	4,97	4,08	2,78	3,19	100
ELECCION CONCEJALES 2000	V	42.859	187.037	392.612	554.983	561.931	483.472	386.496	323.530	268.227	206.946	171.768	135.633	84.554	77.956	3.878.004
	%	1,10	4,82	10,12	14,31	14,49	12,46	9,96	8,34	6,91	5,33	4,42	3,49	2,18	2,01	100
	M	28.833	151.106	375.514	572.331	594.401	517.883	421.637	356.531	300.412	241.449	208.239	179.480	122.231	141.312	4.211.359
	%	0,68	3,58	8,91	13,59	14,11	12,29	10,01	8,46	7,13	5,73	4,94	4,26	2,90	3,35	100
PARLAMENTARIAS 2001	V	33.600	180.544	347.924	516.358	565.875	501.848	408.106	332.463	278.588	216.866	171.960	144.328	87.460	82.927	3.868.847
	%	0,86	4,66	8,99	13,34	14,62	12,97	10,54	8,59	7,20	5,60	4,44	3,73	2,26	2,14	100
	M	21.879	136.719	330.702	528.357	598.504	537.792	445.628	366.203	311.578	252.727	208.440	189.906	126.978	151.186	4.206.599
	%	0,52	3,25	7,86	12,56	14,22	12,78	10,59	8,70	7,40	6,00	4,95	4,51	3,01	3,59	100
ELECCION ALCALDES Y CONCEJALES 2004	V	19.794	127.322	238.885	426.563	559.080	544.220	460.435	364.600	305.269	246.101	183.263	149.071	104.035	95.982	3.824.620
	%	0,51	3,32	6,24	11,15	14,61	14,22	12,03	9,53	7,98	6,43	4,79	3,89	2,72	2,50	100
	M	18.964	97.080	212.911	420.603	587.587	581.645	499.025	403.086	340.909	284.288	221.361	193.536	150.830	175.620	4.187.445
	%	0,45	2,31	5,08	10,04	14,03	13,89	11,91	9,62	8,14	6,78	5,28	4,62	3,60	4,19	100
PRESIDENCIAL Y PARLAMENTARIAS 2005	V	41.006	146.387	225.905	402.201	549.335	559.558	481.716	382.957	315.927	256.477	192.199	149.122	109.058	96.809	3.908.657
	%	1,05	3,75	5,78	10,29	14,05	14,32	12,32	9,80	8,08	6,56	4,92	3,82	2,79	2,48	100
	M	46.855	134.766	203.072	395.691	573.625	598.910	522.119	423.238	354.062	294.928	232.683	192.702	159.125	180.464	4.312.240
	%	1,09	3,13	4,71	9,18	13,30	13,89	12,11	9,81	8,21	6,84	5,40	4,47	3,69	4,18	100
ELECCION ALCALDES Y CONCEJALES 2008	V	23.297	115.034	195.276	308.838	464.866	559.754	526.262	434.038	340.488	281.889	215.507	154.594	118.379	111.480	3.849.702
	%	0,60	2,98	5,07	8,02	12,07	14,54	13,67	11,27	8,84	7,32	5,59	4,01	3,07	2,89	100
	M	22.748	122.127	176.157	292.062	472.771	595.458	567.016	475.593	380.109	322.423	259.143	198.099	169.765	207.092	4.260.563
	%	0,53	2,86	4,13	6,85	11,09	13,97	13,30	11,16	8,92	7,56	6,08	4,64	3,98	4,86	100
PRESIDENCIAL Y PARLAMENTARIAS 2009	V	41.178	138.510	200.560	274.270	436.914	557.153	541.171	456.118	357.330	293.002	228.952	161.618	120.608	121.239	3.928.623
	%	1,05	3,53	5,11	6,98	11,12	14,18	13,78	11,61	9,10	7,46	5,83	4,11	3,07	3,09	100
	M	46.111	147.995	187.995	260.839	437.979	588.258	582.601	497.991	399.129	333.937	272.944	206.249	171.021	223.514	4.356.563
	%	1,06	3,40	4,32	5,99	10,05	13,50	13,37	11,43	9,16	7,67	6,27	4,73	3,93	5,13	100

TABLA A.2. EVOLUCIÓN DE INSCRITOS HÁBILES, NO VIDENTES, ANALFABETOS Y EXTRANJEROS (1988-2009)

AÑOS		XV REGION	I REGION	II REGION	III REGION	IV REGION	V REGION	R.M.	VI REGION	VII REGION	VIII REGION	IX REGION	XIV REGION	X REGION	XI REGION	XII REGION	TOTALES
PLEBISCITO 1988	INSCRITOS	0	181.895	228.984	120.038	263.095	800.447	2.949.341	387.673	470.451	959.663	432.319	0	510.457	41.519	90.031	7.435.913
	NO VIDENTES	0	107	81	49	168	342	1.332	273	386	1.002	398	0	504	48	22	4.712
	ANALFABETOS	0	1.590	1.820	2.697	14.827	17.782	50.774	30.430	48.560	71.362	43.049	0	36.996	1.345	784	322.016
	EXTRANJEROS	0	1.977	883	154	443	2.108	11.686	331	626	785	429	0	581	54	214	20.271
PLEBISCITO 1989	INSCRITOS	0	187.875	232.743	123.616	269.523	817.592	2.982.623	393.086	475.916	973.235	438.087	0	524.369	43.540	94.408	7.556.613
	NO VIDENTES	0	104	76	47	164	329	1.304	266	363	965	382	0	499	48	22	4.569
	ANALFABETOS	0	1.560	1.766	2.649	14.617	17.500	49.615	29.923	47.768	70.184	42.241	0	36.864	1.389	793	316.869
	EXTRANJEROS	0	2.016	874	157	448	2.113	11.618	331	625	778	426	0	586	57	208	20.237
PRESIDENCIAL Y PARLAMENTARIAS 1989	INSCRITOS	0	187.859	232.705	123.649	269.543	817.504	2.984.654	393.061	475.544	972.951	437.725	0	524.233	43.565	94.544	7.557.537
	NO VIDENTES	0	104	76	47	164	329	1.305	266	363	965	382	0	499	48	22	4.570
	ANALFABETOS	0	1.560	1.766	2.650	14.618	17.498	49.649	29.921	47.731	70.164	42.206	0	36.854	1.390	794	316.801
	EXTRANJEROS	0	2.016	874	157	448	2.113	11.626	331	625	778	426	0	586	57	208	20.245
ELECCION CONCEJALES 1992	INSCRITOS	0	197.420	242.708	130.864	282.564	858.229	3.058.132	412.842	492.844	1.013.992	455.953	0	552.288	47.155	95.017	7.840.008
	NO VIDENTES	0	95	68	43	146	291	1.163	232	326	881	354	0	506	45	22	4.172
	ANALFABETOS	0	1.455	1.598	2.495	13.756	16.430	45.934	28.222	45.235	66.523	39.768	0	35.209	1.361	749	298.735
	EXTRANJEROS	0	1.999	843	151	444	2.074	11.085	331	595	752	408	0	568	58	198	19.506
PRESIDENCIAL Y PARLAMENTARIAS 1993	INSCRITOS	0	204.235	247.954	135.992	294.822	886.403	3.126.698	428.885	512.723	1.050.513	476.504	0	574.755	49.707	96.248	8.085.439
	NO VIDENTES	0	86	58	41	142	264	1.096	219	298	817	340	0	489	41	21	3.912
	ANALFABETOS	0	1.369	1.525	2.417	13.285	15.762	43.723	27.283	43.797	64.502	38.506	0	34.230	1.339	713	288.451
	EXTRANJEROS	0	2.020	827	147	441	2.081	11.049	345	593	791	423	0	581	55	195	19.548
ELECCION CONCEJALES 1996	INSCRITOS	0	209.826	246.193	136.480	298.132	887.628	3.090.432	432.899	514.840	1.052.329	477.218	0	578.293	51.714	97.384	8.073.368
	NO VIDENTES	0	65	46	32	124	214	783	172	238	551	280	0	398	10	18	2.931
	ANALFABETOS	0	1.252	1.389	2.212	12.201	14.315	39.853	25.317	40.614	59.682	35.318	0	31.667	1.292	647	265.759
	EXTRANJEROS	0	1.914	770	137	411	1.927	10.111	315	565	719	395	0	548	54	170	18.036

AÑOS		XV REGION	I REGION	II REGION	III REGION	IV REGION	V REGION	R.M.	VI REGION	VII REGION	VIII REGION	IX REGION	XIV REGION	X REGION	XI REGION	XII REGION	TOTALES
PARLAMENTARIAS 1997	INSCRITOS	0	212.365	245.097	135.917	300.386	886.879	3.079.867	434.963	513.934	1.050.769	478.447	0	579.619	52.821	98.560	8.069.624
	NO VIDENTES	0	60	44	31	117	200	738	164	227	520	269	0	386	10	18	2.784
	ANALFABETOS	0	1.214	1.310	2.144	11.777	13.696	38.275	24.358	39.264	57.495	34.078	0	30.604	1.255	625	256.095
	EXTRANJEROS	0	1.890	753	135	408	1.883	9.824	306	566	690	389	0	533	56	163	17.596
PRESIDENCIAL 1999	INSCRITOS	0	216.386	243.068	134.853	302.318	891.067	3.085.752	434.515	511.633	1.050.934	478.800	0	581.545	54.208	99.397	8.084.476
	NO VIDENTES	0	54	38	25	110	188	688	155	209	475	242	0	360	10	18	2.572
	ANALFABETOS	0	1.129	1.199	1.982	10.968	12.685	35.327	22.778	36.807	53.760	31.704	0	28.711	1.190	567	238.807
	EXTRANJEROS	0	1.851	726	136	402	1.769	9.406	296	560	661	373	0	503	57	149	16.889
ELECCION CONCEJALES 2000	INSCRITOS	0	221.134	242.533	134.900	302.123	891.392	3.071.569	436.640	513.958	1.053.226	481.770	0	584.075	55.599	100.444	8.089.363
	NO VIDENTES	0	51	36	23	104	181	657	149	202	452	238	0	351	10	18	2.472
	ANALFABETOS	0	1.123	1.153	1.930	10.633	12.288	34.277	22.237	35.953	52.548	30.929	0	27.983	1.162	552	232.768
	EXTRANJEROS	0	1.830	716	137	395	1.740	9.219	301	547	654	364	0	505	58	143	16.609
PARLAMENTARIAS 2001	INSCRITOS	0	222.972	241.686	134.556	302.579	895.567	3.054.866	435.810	514.597	1.049.357	483.697	0	583.139	55.765	100.855	8.075.446
	NO VIDENTES	0	48	33	22	104	176	635	143	202	439	234	0	353	10	18	2.417
	ANALFABETOS	0	1.097	1.092	1.848	10.344	11.782	32.789	21.486	34.728	50.671	29.815	0	27.050	1.134	521	224.357
	EXTRANJEROS	0	1.801	704	136	389	1.693	8.944	289	546	640	363	0	499	58	139	16.201
ELECCION ALCALDES Y CONCEJALES 2004	INSCRITOS	0	226.628	239.133	133.578	302.325	888.562	3.002.200	436.353	514.739	1.047.796	483.249	0	581.355	56.100	100.047	8.012.065
	NO VIDENTES	0	46	33	18	103	160	613	127	172	390	225	0	328	10	16	2.241
	ANALFABETOS	0	1.028	960	1.649	9.398	10.495	29.316	19.556	31.772	46.592	27.032	0	24.665	1.065	459	203.987
	EXTRANJEROS	0	1.710	656	131	369	1.568	8.338	276	517	599	337	0	467	62	132	15.162
PRESIDENCIAL Y PARLAMENTARIAS 2005	INSCRITOS	0	231.211	244.357	135.656	312.401	913.020	3.092.658	445.968	523.812	1.070.302	496.279	0	598.108	57.215	99.910	8.220.897
	NO VIDENTES	0	43	29	19	102	159	659	118	163	376	224	0	323	10	15	2.240
	ANALFABETOS	0	1.013	894	1.606	8.960	10.062	27.875	18.729	30.444	44.194	25.832	0	23.718	1.028	435	194.790
	EXTRANJEROS	0	1.680	642	130	366	1.555	8.439	270	507	591	327	0	479	62	124	15.172

AÑOS		XV REGION	I REGION	II REGION	III REGION	IV REGION	V REGION	R.M.	VI REGION	VII REGION	VIII REGION	IX REGION	XIV REGION	X REGION	XI REGION	XII REGION	TOTALES
ELECCION ALCALDES Y CONCEJALES 2008	INSCRITOS	110.433	123.499	240.920	134.449	311.455	903.720	3.016.172	444.522	522.024	1.063.338	490.404	202.398	390.206	57.313	99.412	8.110.265
	NO VIDENTES	17	25	26	20	84	136	675	113	140	339	206	55	242	8	15	2.101
	ANALFABETOS	421	498	779	1.421	8.017	8.766	24.947	16.747	27.636	39.843	22.985	7.648	13.536	911	396	174.551
	EXTRANJEROS	1.350	225	591	126	341	1.403	7.819	251	480	524	305	129	310	57	114	14.025
PRESIDENCIAL Y PARLAMENTARIAS 2009	INSCRITOS	111.699	125.620	242.879	136.339	320.328	929.041	3.093.320	451.194	530.096	1.078.871	501.142	205.557	400.713	58.540	99.847	8.285.186
	NO VIDENTES	18	27	26	19	91	137	716	110	129	330	201	56	229	9	14	2.112
	ANALFABETOS	403	507	742	1.367	7.717	8.357	24.132	16.096	26.670	38.248	22.040	7.316	13.025	886	377	167.883
	EXTRANJEROS	1.332	220	583	126	340	1.407	7.861	247	469	532	311	133	303	58	109	14.031

TABLA A.3. EVOLUCIÓN DE INSCRITOS, VOTANTES Y ABSTENCIONES

PROCESOS	TOTAL	CIUDADANOS
PLEBISCITO 1988	ELECTORES	7.435.913
	VOTANTES	7.251.943
	ABSTENC.	183.970
	% ABSTENC.	2.47
PLEBISCITO 1989	ELECTORES	7.556.613
	VOTANTES	7.082.084
	ABSTENC.	474.529
	% ABSTENC.	6.28
ELECCIONES PRESIDENCIAL Y PARLAMENTARIAS 1989	ELECTORES	7.557.537
	VOTANTES	7.158.652
	ABSTENC.	398.885
	% ABSTENC.	5.28
ELECCIONES MUNICIPALES 1992	ELECTORES	7.840.008
	VOTANTES	7.043.827
	ABSTENC.	796.181
	% ABSTENC.	10.19
ELECCIONES PRESIDENCIAL Y PARLAMENTARIAS 1993	ELECTORES	8.085.439
	VOTANTES	7.376.691
	ABSTENC.	708.748
	% ABSTENC.	8.68
ELECCIONES MUNICIPALES 1996	ELECTORES	8.073.368
	VOTANTES	7.079.418
	ABSTENC.	993.950
	% ABSTENC.	12.15
ELECCIONES PARLAMENTARIAS 1997	ELECTORES	8.069.624
	VOTANTES	7.046.351
	ABSTENC.	1.023.273
	% ABSTENC.	12.68
ELECCIÓN PRESIDENCIAL 1999 PRIMERA VOTACIÓN	ELECTORES	8.084.476
	VOTANTES	7.270.537
	ABSTENC.	813.939
	% ABSTENC.	10.06
ELECCIÓN PRESIDENCIAL 1999 SEGUNDA VOTACIÓN	ELECTORES	8.084.476
	VOTANTES	7.326.753
	ABSTENC.	757.723
	% ABSTENC.	9.37
ELECCIONES MUNICIPALES 2000	ELECTORES	8.089.363
	VOTANTES	7.089.886
	ABSTENC.	999.477
	% ABSTENC.	12.36

PROCESOS	TOTAL	CIUDADANOS
ELECCIONES PARLAMENTARIAS 2001	ELECTORES	8.075.446
	VOTANTES	6.991.504
	ABSTENC.	1.083.942
	% ABSTENC.	13.36
ELECCIONES MUNICIPALES 2004	ELECTORES	8.012.065
	VOTANTES	6.872.675
	ABSTENC.	1.139.390
	% ABSTENC.	14.22
ELECCIONES PRESIDENCIAL Y PARLAMENTARIAS 2005	ELECTORES	8.220.897
	VOTANTES	7.207.278
	ABSTENC.	1.013.619
	% ABSTENC.	12.33
ELECCIONES PRESIDENCIAL 2005 SEGUNDA VOTACIÓN	ELECTORES	8.220.897
	VOTANTES	7.162.345
	ABSTENC.	1.058.552
	% ABSTENC.	12.88
ELECCIÓN MUNICIPAL 2008	ELECTORES	8.110.412
	VOTANTES	6.959.075
	ABSTENC.	1.151.337
	% ABSTENC.	14.39
ELECCIÓN PRESIDENCIAL 2009 PRIMERA VOTACIÓN	ELECTORES	8.285.186
	VOTANTES	7.264.136
	ABSTENC.	1.021.050
	% ABSTENC.	12.32
ELECCIÓN PRESIDENCIAL 2009 SEGUNDA VOTACIÓN	ELECTORES	8.285.186
	VOTANTES	7.203.371
	ABSTENC.	1.081.815
	% ABSTENC.	13.05

TABLA A.4. CANTIDADES DE INSCRIPCIONES ELECTORALES POR TIPO DE MESA Y REGIÓN Y SUS PORCENTAJES EN EL TOTAL DEL PAÍS (2012)

REGIÓN		MESAS VARONES			MESAS MUJERES			MESAS NUEVAS			TOTALES		
		MESAS	INSCRITOS	% INSC.	MESAS	INSCRITOS	% INSC.	MESAS	INSCRITOS	% INSC.	MESAS	INSCRITOS	% INSC.
XV	ARICA Y PARINACOTA	316	83.815	1,43	263	84.041	1,37	3	873	0,06	582	168.729	1,26
I	DE TARAPACA	340	95.893	1,63	297	98.467	1,60	48	16.504	1,21	685	210.864	1,57
II	DE ANTOFAGASTA	599	188.954	3,22	541	177.777	2,89	132	45.591	3,34	1.272	412.322	3,08
III	DE ATACAMA	327	99.899	1,70	302	98.612	1,60	69	23.196	1,70	698	221.707	1,66
IV	DE COQUIMBO	675	224.346	3,82	683	232.905	3,79	216	73.086	5,35	1.574	530.337	3,96
V	DE VALPARAISO	2.012	652.465	11,12	2.011	679.214	11,04	383	127.950	9,36	4.406	1.459.629	10,90
R.M.	METROPOLITANA DE SANTIAGO	6.522	2.147.521	36,59	7.166	2.376.175	38,62	1.919	664.342	48,61	15.607	5.188.038	38,75
VI	DEL LIBERTADOR BDO. O'HIGGINS	983	317.209	5,40	942	319.510	5,19	181	58.862	4,31	2.106	695.581	5,20
VII	DEL MAULE	1.153	367.988	6,27	1.116	377.085	6,13	191	63.408	4,64	2.460	808.481	6,04
VIII	DEL BIOBIO	2.432	747.929	12,74	2.359	783.938	12,74	343	114.684	8,39	5.134	1.646.551	12,30
IX	DE LA ARAUCANIA	1.155	362.394	6,17	1.106	372.111	6,05	233	76.340	5,59	2.494	810.845	6,06
XIV	DE LOS RIOS	485	152.630	2,60	449	151.666	2,47	63	20.626	1,51	997	324.922	2,43
X	DE LOS LAGOS	961	300.839	5,13	884	291.186	4,73	222	74.531	5,45	2.067	666.556	4,98
XI	AISEN DEL GRAL. CARLOS IBAÑEZ	186	46.502	0,79	132	39.979	0,65	13	4.055	0,30	331	90.536	0,68
XII	DE MAGALLANES Y ANTARTICA CH.	339	81.166	1,38	214	69.814	1,13	8	2.565	0,19	561	153.545	1,15
	TOTAL NACIONAL	18.485	5.869.550	100,00	18.465	6.152.480	100,00	4.024	1.366.613	100,00	40.974	13.388.643	100,00

TABLA A.5. ELECCIÓN PRESIDENCIAL Y PARLAMENTARIAS (2009). MESAS Y ELECTORES POR REGIÓN

Región	Mesas Varones	Mesas Mujeres	Mesas Total	Inscritos Varones	Inscritos Mujeres	Inscritos Total
Región de Arica y Parinacota	263	250	513	56.989	54.710	111.699
Región de Tarapacá	276	273	549	64.002	61.618	125.620
Región de Antofagasta	527	515	1.042	121.048	121.831	242.879
Región de Atacama	286	283	569	67.024	69.315	136.339
Región de Coquimbo	640	667	1.307	152.297	168.031	320.328
Región de Valparaíso	1.821	1.971	3.792	436.382	492.659	929.041
Región del Libertador General Bernardo O'Higgins	917	909	1.826	218.257	232.937	451.194
Región del Maule	1.083	1.085	2.168	254.351	275.745	530.096
Región del Biobío	2.209	2.287	4.496	513.176	565.695	1.078.871
Región de la Araucanía	1.036	1.058	2.094	240.769	260.373	501.142
Región de Los Ríos	427	431	858	99.219	106.338	205.557
Región de Los Lagos	833	835	1.668	195.519	205.194	400.713
Región Aisén del General Carlos Ibáñez del Campo	128	121	249	31.479	27.061	58.540
Región de Magallanes y de la Antártica Chilena	226	198	424	55.127	44.720	99.847
Región Metropolitana de Santiago	5.940	6.835	12.775	1.422.984	1.670.336	3.093.320
Total País	**16.612**	**17.718**	**34.330**	**3.928.623**	**4.356.563**	**8.285.186**

TABLA A.6. ELECCIONES MUNICIPALES (2008). MESAS Y ELECTORES POR REGIÓN

Región	Mesas Varones	Mesas Mujeres	Mesas Total	Inscritos Varones	Inscritos Mujeres	Inscritos Total
Región de Arica y Parinacota	253	239	492	56.560	53.873	110.433
Región de Tarapacá	262	263	525	62.808	60.691	123.499
Región de Antofagasta	520	500	1.020	119.774	120.388	240.162
Región de Atacama	285	276	561	66.071	68.378	134.449
Región de Coquimbo	619	636	1.255	148.522	162.933	311.455
Región de Valparaíso	1.783	1.887	3.670	424.716	479.004	903.720
Región del Libertador General Bernardo O'Higgins	903	887	1.790	215.383	229.139	444.522
Región del Maule	1.071	1.055	2.126	251.310	270.714	522.024
Región del Biobío	2.190	2.220	4.410	506.859	556.479	1.063.338
Región de la Araucanía	1.021	1.021	2.042	236.496	253.908	490.404
Región de Los Ríos	426	419	845	98.114	104.284	202.398
Región de Los Lagos	821	801	1.622	190.825	199.381	390.206
Región Aisén del General Carlos Ibáñez del Campo	130	117	247	31.006	26.307	57.313
Región de Magallanes y de la Antártica Chilena	232	193	425	55.288	44.124	99.412
Región Metropolitana de Santiago	5.775	6.614	12.389	1.385.655	1.630.517	3.016.172
Total País	**16.291**	**17.128**	**33.419**	**3.849.387**	**4.260.120**	**8.109.507**

TABLA A.7. ELECCIÓN PRESIDENCIAL (2013) SEGUNDA VOTACIÓN.
VOTOS VÁLIDAMENTE EMITIDOS, NULOS Y BLANCOS POR REGIONES

REGIÓN	VALIDAMENTE EMITIDOS	%	NULOS	%	BLANCOS	%	TOTAL
I Región de Tarapacá	63.969	1,14	972	1,17	358	1,09	65.299
II Región de Antofagasta	128.312	2,29	2.358	2,84	656	2,01	131.326
III Región de Atacama	79.165	1,41	973	1,17	441	1,35	80.579
IV Región de Coquimbo	220.288	3,94	2.541	3,06	1.156	3,54	223.985
V Región de Valparaíso	601.340	10,77	9.825	11,84	3.633	11,15	614.798
VI Región del Libertador General Bernardo O'Higgins	317.067	5,67	3.523	4,24	1.405	4,31	321.995
VII Región del Maule	380.820	6,82	3.855	4,64	1.565	4,80	386.240
VIII Región del Biobío	719.385	12,88	10.068	12,14	3.972	12,19	733.425
IX Región de la Araucanía	334.519	5,99	4.033	4,86	1.626	4,99	340.178
X Región de Los Lagos	267.213	4,78	2.964	3,57	1.381	4,24	271.558
XI Región Aisén del General Carlos Ibáñez del Campo	31.562	0,56	389	0,46	144	0,44	32.095
XII Región de Magallanes y de la Antártica Chilena	49.093	0,87	748	0,90	296	0,90	50.137
Región Metropolitana de Santiago	2.199.250	39,39	38.167	46,03	14.977	45,99	2.252.394
XIV Región de Los Ríos	135.873	2,43	1.638	1,97	649	1,99	138.160
XV Región de Arica y Parinacota	54.414	0,97	862	1,03	306	0,93	55.582
Total general	**5.582.270**	**100**	**82.916**	**100**	**32.565**	**100**	**5.697.751**

TABLA A.8. ELECCIÓN PRESIDENCIAL (2009) PRIMERA VOTACIÓN.
VOTOS NULOS, BLANCOS Y VÁLIDAMENTE EMITIDOS POR REGIÓN.
TOTAL VARONES MUJERES

Región	Válidamente Emitidos	%	Nulos	%	Blancos	%	Total
Región de Arica y Parinacota	78.077	94,58	3.477	4,21	996	1,21	82.550
Región de Tarapacá	97.037	96,41	2.600	2,58	1.016	1,01	100.653
Región de Antofagasta	189.515	95,31	7.259	3,65	2.063	1,04	198.837
Región de Atacama	109.751	95,77	3.221	2,81	1.629	1,42	114.601
Región de Coquimbo	266.723	96,07	6.817	2,46	4.094	1,47	277.634
Región de Valparaíso	783.349	95,83	24.584	3,01	9.479	1,16	817.412
Región del Libertador General Bernardo O'Higgins	398.922	96,20	10.362	2,50	5.377	1,30	414.661
Región del Maule	454.414	95,99	12.326	2,60	6.656	1,41	473.396
Región del Biobío	901.600	95,95	26.732	2,84	11.321	1,20	939.653
Región de la Araucanía	404.339	95,98	11.246	2,67	5.687	1,35	421.272
Región de Los Ríos	168.773	96,72	3.716	2,13	2.011	1,15	174.500
Región de Los Lagos	334.171	96,16	7.909	2,28	5.444	1,57	347.524
Región Aisén del General Carlos Ibáñez del Campo	42.303	96,73	855	1,96	576	1,32	43.734
Región de Magallanes y de la Antártica Chilena	69.188	95,90	1.988	2,76	968	1,34	72.144
Región Metropolitana de Santiago	2.679.382	96,19	77.328	2,78	28.855	1,04	2.785.565
Total País	**6.977.544**	**96,05**	**200.420**	**2,76**	**86.172**	**1,19**	**7.264.136**

TABLA A.9. ELECCIÓN PRESIDENCIAL (2009) SEGUNDA VOTACIÓN.
VOTOS NULOS, BLANCOS Y VÁLIDAMENTE EMITIDOS POR REGIÓN.
TOTAL VARONES MUJERES

Región	Válidamente Emitidos	%	Nulos	%	Blancos	%	Total
Región de Arica y Parinacota	77.083	95,31	3.145	3,89	649	0,80	80.877
Región de Tarapacá	93.533	95,72	3.251	3,33	935	0,96	97.719
Región de Antofagasta	181.430	95,23	7.548	3,96	1.536	0,81	190.514
Región de Atacama	108.965	96,26	3.261	2,88	978	0,86	113.204
Región de Coquimbo	268.845	96,55	6.998	2,51	2.599	0,93	278.442
Región de Valparaíso	782.234	96,27	23.940	2,95	6.338	0,78	812.512
Región del Libertador General Bernardo O'Higgins	400.738	96,97	9.479	2,29	3.023	0,73	413.240
Región del Maule	463.081	97,52	8.928	1,88	2.825	0,59	474.834
Región del Biobío	912.643	96,94	22.332	2,37	6.512	0,69	941.487
Región de la Araucanía	413.298	97,44	8.348	1,97	2.505	0,59	424.151
Región de Los Ríos	170.053	97,17	3.696	2,11	1.249	0,71	174.998
Región de Los Lagos	337.272	97,10	7.343	2,11	2.723	0,78	347.338
Región Aisén del General Carlos Ibáñez del Campo	41.319	97,02	938	2,20	331	0,78	42.588
Región de Magallanes y de la Antártica Chilena	64.033	95,62	2.255	3,37	681	1,02	66.969
Región Metropolitana de Santiago	2.644.445	96,35	78.028	2,84	22.025	0,80	2.744.498
Total País	**6.958.972**	**96,61**	**189.490**	**2,63**	**54.909**	**0,76**	**7.203.371**

TABLA A.10. ELECCIÓN PRESIDENCIAL (2009) SEGUNDA VOTACIÓN.
VOTOS NULOS, BLANCOS Y VÁLIDAMENTE EMITIDOS POR REGIÓN.
TOTAL VARONES MUJERES

Región	Válidamente Emitidos	%	Nulos	%	Blancos	%	Total	Emitidos
Región de Arica y Parinacota	77.083	95,31%	3.145	3,89%	649	0,80%	80.877	100%
Región de Tarapacá	93.533	95,72%	3.251	3,33%	935	0,96%	97.719	100%
Región de Antofagasta	181.430	95,23%	7.548	3,96%	1.536	0,81%	190.514	100%
Región de Atacama	108.965	96,26%	3.261	2,88%	978	0,86%	113.204	100%
Región de Coquimbo	268.845	96,55%	6.998	2,51%	2.599	0,93%	278.442	100%
Región de Valparaíso	782.234	96,27%	23.940	2,95%	6.338	0,78%	812.512	100%
Región del Libertador General Bernardo O'Higgins	400.738	96,97%	9.479	2,29%	3.023	0,73%	413.240	100%
Región del Maule	463.081	97,52%	8.928	1,88%	2.825	0,59%	474.834	100%
Región del Biobío	912.643	96,94%	22.332	2,37%	6.512	0,69%	941.487	100%
Región de la Araucanía	413.298	97,44%	8.348	1,97%	2.505	0,59%	424.151	100%
Región de Los Ríos	170.053	97,17%	3.696	2,11%	1.249	0,71%	174.998	100%
Región de Los Lagos	337.272	97,10%	7.343	2,11%	2.723	0,78%	347.338	100%
Región Aisén del General Carlos Ibáñez del Campo	41.319	97,02%	938	2,20%	331	0,78%	42.588	100%
Región de Magallanes y de la Antártica Chilena	64.033	95,62%	2.255	3,37%	681	1,02%	66.969	100%
Región Metropolitana de Santiago	2.644.445	96,35%	78.028	2,84%	22.025	0,80%	2.744.498	100%

TABLA A.11. ELECCIONES PRIMARIAS TOTAL PAÍS, VOTOS VÁLIDAMENTE EMITIDOS, NULOS Y BLANCOS

	Votos	%
Válidamente emitidos	2.946.128	97,94
Nulos	46.071	1,53
Blancos	15.888	0,52
TOTAL EMITIDOS	3.008.087	100,00
MESAS ESCRUTADAS	13.536 de 13.541	
MESAS NO ESCRUTADAS	5 de 13.541	

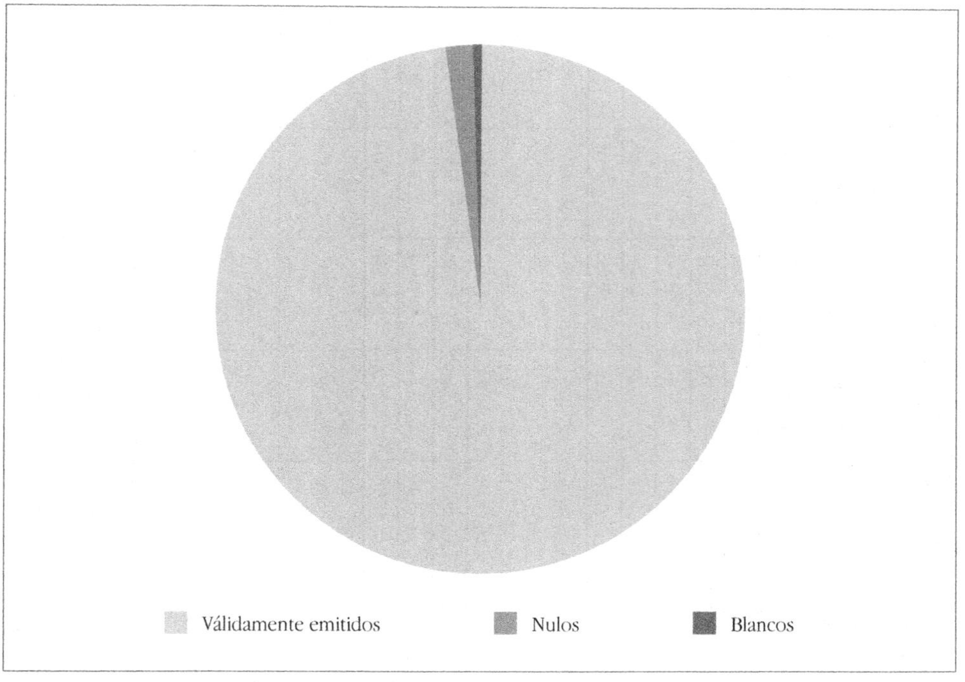

TABLA A.12. ELECCIÓN PRESIDENCIAL (17 DE NOVIEMBRE DE 2013) PRIMERA VOTACIÓN. RESUMEN POR REGIÓN

REGIÓN	FRANCO ALDO PARISI FERNANDEZ	MARCEL CLAUDE REYES	RICARDO ISRAEL ZIPPER	MARCO ENRIQUEZ-OMINAMI GUMUCIO	ROXANA MIRANDA MENESES	MICHELLE BACHELET JERIA	EVELYN MATTHEI FORNET	ALFREDO SFEIR YOUNIS	TOMAS JOCELYN-HOLT LETELIER	VOTOS NULOS	VOTOS EN BLANCO	TOTAL
I DE TARAPACÁ	16.734	3.120	335	11.204	1.339	31.163	19.876	1.295	111	595	345	86.117
II DE ANTOFAGASTA	37.782	4.775	980	23.612	1.967	69.261	33.291	2.475	203	1.607	718	176.671
III DE ATACAMA	12.950	2.609	367	10.741	1.271	50.354	17.971	1.171	180	873	675	99.162
IV DE COQUIMBO	24.313	5.276	1.088	23.268	2.491	142.238	52.381	3.596	421	2.499	2.193	259.764
V DE VALPARAÍSO	81.024	27.264	4.131	75.035	8.555	317.345	178.217	19.858	1.172	6.506	4.124	723.231
VI DEL LIBERTADOR GENERAL BERNARDO O'HIGGINS	35.039	7.466	1.710	31.402	3.263	190.839	84.185	5.494	824	3.560	2.723	366.505
VII DEL MAULE	39.768	5.816	1.898	31.577	3.706	243.613	96.727	5.520	1.215	4.699	3.534	438.073
VIII DEL BIOBÍO	111.115	18.078	5.649	67.430	9.887	424.899	184.180	13.370	1.871	10.481	6.953	853.913
IX DE LA ARAUCANÍA	36.447	6.890	2.706	25.014	4.055	189.184	111.776	4.492	989	4.855	3.626	390.034
X DE LOS LAGOS	27.297	7.597	1.626	21.854	3.043	163.589	77.195	4.272	504	3.361	3.563	313.901
XI AISÉN DEL GENERAL CARLOS IBÁÑEZ DEL CAMPO	4.911	814	158	2.284	506	19.227	8.670	507	49	294	311	37.731
XII DE MAGALLANES Y DE LA ANTÁRTICA CHILENA	8.264	1.464	257	7.470	716	31.483	11.136	909	110	462	348	62.619
RM METROPOLITANA DE SANTIAGO	200.585	87.845	15.671	375.279	38.547	1.088.451	719.487	87.862	4.519	24.677	15.450	2.658.373
XIV DE LOS RÍOS	15.439	4.548	846	10.132	1.663	84.819	38.044	2.801	337	1.766	1.334	161.729
XV DE ARICA Y PARINACOTA	14.347	1.510	322	7.240	864	29.374	15.345	1.026	89	700	371	71.188
Total general	666.015	185.072	37.744	723.542	81.873	3.075.839	1.648.481	154.648	12.594	66.935	46.268	6.699.011

TABLA A.13. ELECCIÓN PRESIDECIAL (15 DE DICIEMBRE DE 2013) SEGUNDA VOTACIÓN. RESUMEN POR REGIÓN

REGIÓN	MICHELLE BACHELET JERIA	EVELYN MATTHEI FORNET	VOTOS NULOS	VOTOS EN BLANCO	TOTAL
I DE TARAPACÁ	36.343	27.626	972	358	65.299
II DE ANTOFAGASTA	81.241	47.071	2.358	656	131.326
III DE ATACAMA	55.119	24.046	973	441	80.579
IV DE COQUIMBO	155.340	64.948	2.541	1.156	223.985
V DE VALPARAÍSO	366.502	234.838	9.825	3.633	614.798
VI DEL LIBERTADOR GENERAL BERNARDO O'HIGGINS	209.873	107.194	3.523	1.405	321.995
VII DEL MAULE	257.831	122.989	3.855	1.565	386.240
VIII DEL BIOBÍO	464.898	254.487	10.068	3.972	733.425
IX DE LA ARAUCANÍA	196.492	138.027	4.033	1.626	340.178
X DE LOS LAGOS	172.232	94.981	2.964	1.381	271.558
XI AISÉN DEL GENERAL CARLOS IBÁÑEZ DEL CAMPO	20.924	10.638	389	144	32.095
XII DE MAGALLANES YDE LA ANTÁRTICA CHILENA	34.001	15.092	748	296	50.137
RM METROPOLITANADE SANTIAGO	1.297.597	901.653	38.167	14.977	2.252.394
XIV DE LOS RÍOS	89.002	46.871	1.638	649	138.160
XV DE ARICA Y PARINACOTA	32.984	21.430	862	306	55.582
Total general	3.470.379	2.111.891	82.916	32.565	5.697.751

GRÁFICO A.1. PRESIDENTES DE CHILE (1990-2014). ANÁLISIS DE RESULTADOS

ELECCIONES PRESIDENCIALES: CANDIDATOS POR VOTACIÓN PORCENTUAL

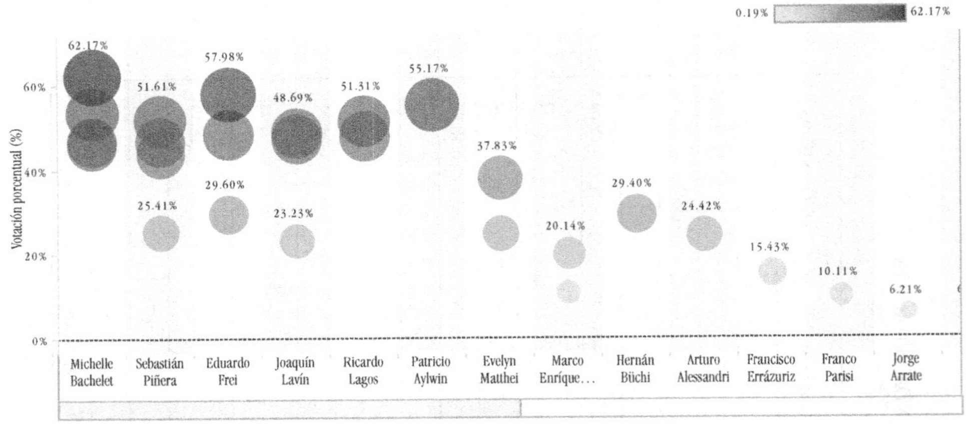

ELECCIONES PRESIDENCIALES: VOTACIÓN VÁLIDA EN DEFINICIONES DE PRESIDENTE*

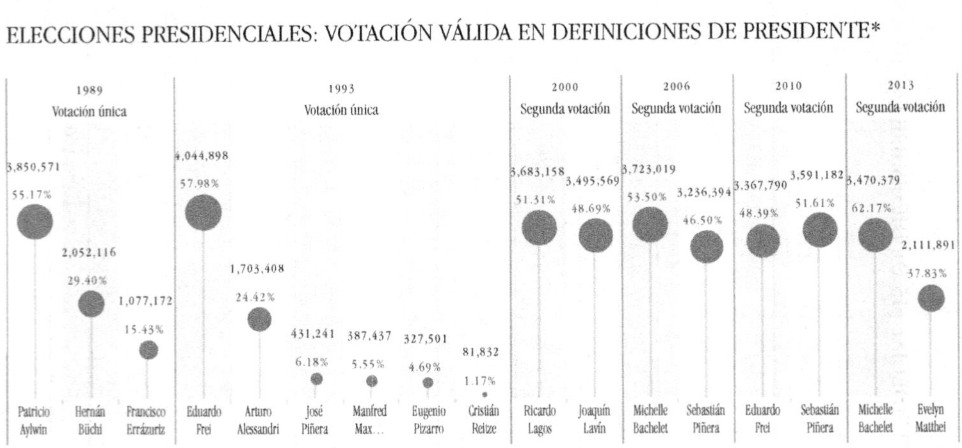

* Considera votaciones únicas (1989, 1993) y segundas votaciones (2000, 2006, 2010, 2013).

Fuente: Tricel | Elaborado por: Servel

TABLA A.14. RESULTADO ELECCIONES PRIMARIAS (2013). NUEVA MAYORÍA

Candidato	Partido	Votos	%
1. MICHELLE BACHELET JERIA	PS	1.563.208	73,06
2. JOSE ANTONIO GOMEZ URRUTIA	PRSD	108.329	5,06
3. CLAUDIO ORREGO LARRAIN	PDC	189.550	8,85
4. ANDRES VELASCO BRAÑES	ILA	278.385	13,01
TOTAL PACTO		2.139.472	100,00

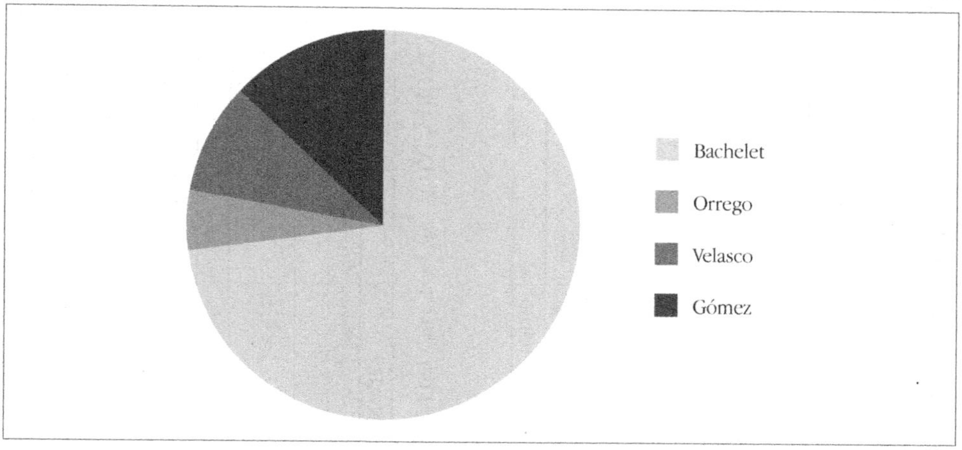

TABLA A.15. RESULTADO ELECCIONES PRIMARIAS (2013). ALIANZA

Candidato	Partido	Votos	%
5. PABLO LONGUEIRA MONTES	UDI	414.427	51,37
6. ANDRES ALLAMAND ZAVALA	RN	392.229	48,62
TOTAL PACTO		806.656	100,00

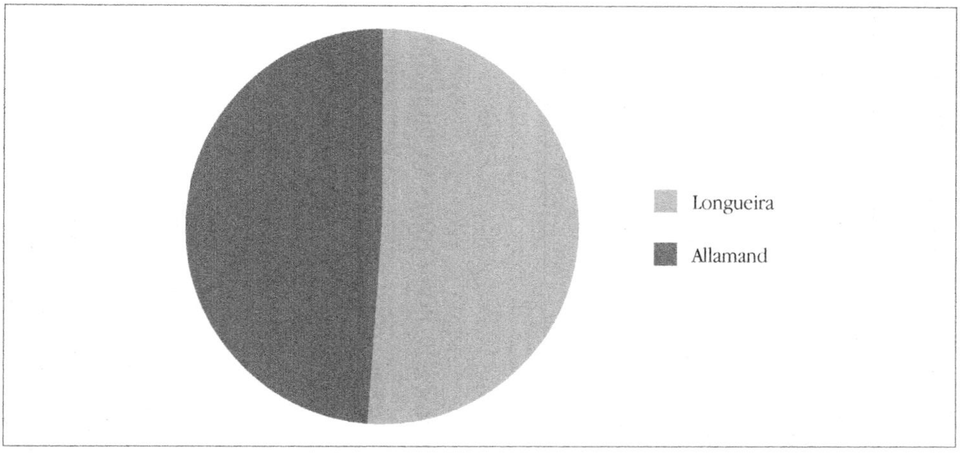

TABLA A.16. ELECCIONES MUNICIPALES: ALCALDES (2012). VOTACIÓN POR LISTA/PACTO PAÍS. TOTAL VARONES Y MUJERES

LISTA/PACTO	VOTOS	PORCENTAJE	CANDIDATOS	ELECTOS
A. Igualdad para Chile	38.575	0,69	23	
B. Regionalistas e Independientes	133.800	2,41	67	5
C. El Cambio Por Ti	164.239	2,96	77	7
D. Chile esta en Otra	9.974	0,17	5	
E. Por un Chile Justo	753.472	13,59	112	61
F. Concertación Democrática	1.631.706	29,44	225	106
G. Mas Humanos	86.908	1,56	54	3
H. Coalición	2.079.854	37,52	333	121
I. Por el Desarrollo del Norte	35.791	0,64	2	1
Independientes (Fuera de Pacto)	607.750	10,96	261	41
Válidamente emitidos	**5.542.069**	**100,00**		

TABLA A.17. ELECCIONES MUNICIPALES: CONCEJALES (2012). VOTACIÓN POR LISTA/PACTO PAÍS. TOTAL VARONES Y MUJERES

LISTA/PACTO	VOTOS	PORCENTAJE	CANDIDATOS	ELECTOS
A. Igualdad para Chile	47.828	0,89	135	1
B. Regionalistas e Independientes	405.787	7,60	1.514	135
C. El Cambio Por Ti	241.500	4,52	960	45
D. Chile Está en Otra	8.197	0,15	37	
E. Por un Chile Justo	1.175.444	22,01	2.085	508
F. Concertación Democrática	1.458.233	27,31	2.126	660
G. Mas Humanos	165.711	3,10	671	32
H. Coalición	1.755.057	32,87	2.209	832
I. Por el Desarrollo del Norte	27.466	0,51	27	6
Independientes (Fuera de Pacto)	52.865	0,99	134	5
Válidamente emitidos	**5.338.088**	**100,00**		

TABLA A.18. ELECCIONES PARLAMENTARIAS: SENADORES (2004). VOTACIONES POR LISTA/PACTO PAÍS. TOTAL VARONES Y MUJERES

Lista	Votos	Porcentaje	Candidatos	Electos
A. juntos Podemos	286074	6,00	20	4
B. Alianza	1.777.290	37,25	19	8
C. Concertación	2.658.998	55,73	20	11
D. Fuerza Regional Ind.	30.344	0,64	6	–
Independientes	18275	0,38	1	1
Válidamente emitidos	4.770.981	100	66	20

TABLA A.19. ELECCIONES PARLAMENTARIAS: DIPUTADOS (2004). VOTACIONES POR LISTA/PACTO PAÍS. TOTAL VARONES Y MUJERES

Lista	Votos	Porcentaje	Candidatos	Electos
A. juntos Podemos	488.618	7,40	115	–
B. Alianza	2.556.386	38,72	120	54
C. Concertación	3.417.207	51,76	120	65
D. Fuerza Regional Ind.	77.213	1,17	23	1
Independientes	62.387	0,94	8	–
Válidamente emitidos	6.601.811	100	386	120

TABLA A.20. ELECCIONES PARLAMENTARIAS: DIPUTADOS (2009). VOTACIÓN POR LISTA/PACTO PAÍS. TOTAL VARONES Y MUJERES

Lista/Pacto	Votos	Porcentaje	Candidatos	Electos
A.- Concertación y Juntos Podemos por más Democracia	2.934.378	44,35%	120	57
B.- Coalición por el Cambio	2.874.674	43,45%	120	58
C.- Nueva Mayoría para Chile	302.627	4,57%	79	–
D.- Chile Limpio Vote Feliz	356.798	5,39%	92	3
Independientes (Fuera de Pacto)	147.379	2,23%	18	2
Válidamente Emitidos	6.615.856		429	120

TABLA A.21. CANDIDATOS ELECTOS DIPUTADOS 2013 (PERÍODO 2014-2018)

REGION	NOMBRE CAND	PATERNO CAND	MATERNO CAND	TERRITORIO	PACTO/NOMINA	PARTIDO O INDEPENDIENTE
XV Región	LUIS	ROCAFULL	LOPEZ	DISTRITO 1	NUEVA MAYORIA	PARTIDO SOCIALISTA DE CHILE
XV Región	VLADO	MIROSEVIC	VERDUGO	DISTRITO 1	SI TU QUIERES, CHILE CAMBIA	PARTIDO LIBERAL DE CHILE
I Región	HUGO	GUTIERREZ	GALVEZ	DISTRITO 2	NUEVA MAYORIA	PARTIDO COMUNISTA DE CHILE
I Región	RENZO	TRISOTTI	MARTINEZ	DISTRITO 2	ALIANZA	UNION DEMOCRATA INDEPENDIENTE
II Región	MARCOS ANDRES	ESPINOSA	MONARDES	DISTRITO 3	NUEVA MAYORIA	PARTIDO RADICAL SOCIALDEMOCRATA
II Región	FELIPE	WARD	EDWARDS	DISTRITO 3	ALIANZA	UNION DEMOCRATA INDEPENDIENTE
II Región	MARCELA XIMENA	HERNANDO	PEREZ	DISTRITO 4	NUEVA MAYORIA	PARTIDO RADICAL SOCIALDEMOCRATA
II Región	PAULINA	NUÑEZ	URRUTIA	DISTRITO 4	ALIANZA	RENOVACION NACIONAL
III Región	LAUTARO	CARMONA	SOTO	DISTRITO 5	NUEVA MAYORIA	PARTIDO COMUNISTA DE CHILE
III Región	DANIELLA	CICARDINI	MILLA	DISTRITO 5	NUEVA MAYORIA	INDEPENDIENTE
III Región	ALBERTO	ROBLES	PANTOJA	DISTRITO 6	NUEVA MAYORIA	PARTIDO RADICAL SOCIALDEMOCRATA
III Región	YASNA	PROVOSTE	CAMPILLAY	DISTRITO 6	NUEVA MAYORIA	PARTIDO DEMOCRATA CRISTIANO
IV Región	RAUL	SALDIVAR	AUGER	DISTRITO 7	NUEVA MAYORIA	PARTIDO SOCIALISTA DE CHILE
IV Región	SERGIO	GAHONA	SALAZAR	DISTRITO 7	ALIANZA	UNION DEMOCRATA INDEPENDIENTE
IV Región	MATIAS	WALKER	PRIETO	DISTRITO 8	NUEVA MAYORIA	PARTIDO DEMOCRATA CRISTIANO
IV Región	DANIEL	NUÑEZ	ARANCIBIA	DISTRITO 8	NUEVA MAYORIA	PARTIDO COMUNISTA DE CHILE
IV Región	LUIS	LEMUS	ARACENA	DISTRITO 9	NUEVA MAYORIA	PARTIDO SOCIALISTA DE CHILE
IV Región	JORGE ENRIQUE	INSUNZA	GREGORIO DE LAS HERAS	DISTRITO 9	NUEVA MAYORIA	PARTIDO POR LA DEMOCRACIA
V Región	CHRISTIAN	URIZAR	MUÑOZ	DISTRITO 10	NUEVA MAYORIA	PARTIDO SOCIALISTA DE CHILE
V Región	ANDREA	MOLINA	OLIVA	DISTRITO 10	ALIANZA	UNION DEMOCRATA INDEPENDIENTE
V Región	MARCO ANTONIO	NUÑEZ	LOZANO	DISTRITO 11	NUEVA MAYORIA	PARTIDO POR LA DEMOCRACIA
V Región	GASPAR	RIVAS	SANCHEZ	DISTRITO 11	ALIANZA	RENOVACION NACIONAL
V Región	MARCELO	SCHILLING	RODRIGUEZ	DISTRITO 12	NUEVA MAYORIA	PARTIDO SOCIALISTA DE CHILE
V Región	ARTURO	SQUELLA	OVALLE	DISTRITO 12	ALIANZA	UNION DEMOCRATA INDEPENDIENTE
V Región	ALDO	CORNEJO	GONZALEZ	DISTRITO 13	NUEVA MAYORIA	PARTIDO DEMOCRATA CRISTIANO

REGION	NOMBRE CAND	PATERNO CAND	MATERNO CAND	TERRITORIO	PACTO/NOMINA	PARTIDO O INDEPENDIENTE
V Región	JOAQUIN	GODOY	IBAÑEZ	DISTRITO 13	ALIANZA	RENOVACION NACIONAL
V Región	RODRIGO	GONZALEZ	TORRES	DISTRITO 14	NUEVA MAYORIA	PARTIDO POR LA DEMOCRACIA
V Región	OSVALDO	URRUTIA	SOTO	DISTRITO 14	ALIANZA	UNION DEMOCRATA INDEPENDIENTE
V Región	VICTOR	TORRES	JELDES	DISTRITO 15	NUEVA MAYORIA	PARTIDO DEMOCRATA CRISTIANO
V Región	MARIA JOSE	HOFFMANN	OPAZO	DISTRITO 15	ALIANZA	UNION DEMOCRATA INDEPENDIENTE
Metropolitana	GABRIEL	SILBER	ROMO	DISTRITO 16	NUEVA MAYORIA	PARTIDO DEMOCRATA CRISTIANO
Metropolitana	PATRICIO	MELERO	ABAROA	DISTRITO 16	ALIANZA	UNION DEMOCRATA INDEPENDIENTE
Metropolitana	DANIEL ALEJANDRO	FARCAS	GUENDELMAN	DISTRITO 17	NUEVA MAYORIA	PARTIDO POR LA DEMOCRACIA
Metropolitana	KARLA	RUBILAR	BARAHONA	DISTRITO 17	ALIANZA	RENOVACION NACIONAL
Metropolitana	CRISTINA	GIRARDI	LAVIN	DISTRITO 18	NUEVA MAYORIA	PARTIDO POR LA DEMOCRACIA
Metropolitana	NICOLAS	MONCKEBERG	DIAZ	DISTRITO 18	ALIANZA	RENOVACION NACIONAL
Metropolitana	KAROL	CARIOLA	OLIVA	DISTRITO 19	NUEVA MAYORIA	PARTIDO COMUNISTA DE CHILE
Metropolitana	CLAUDIA	NOGUEIRA	FERNANDEZ	DISTRITO 19	ALIANZA	UNION DEMOCRATA INDEPENDIENTE
Metropolitana	PEPE	AUTH	STEWART	DISTRITO 20	NUEVA MAYORIA	PARTIDO POR LA DEMOCRACIA
Metropolitana	JOAQUIN	LAVIN	LEON	DISTRITO 20	ALIANZA	UNION DEMOCRATA INDEPENDIENTE
Metropolitana	FELIPE	KAST	SOMMERHOFF	DISTRITO 22	ALIANZA	INDEPENDIENTE
Metropolitana	GIORGIO	JACKSON	DRAGO	DISTRITO 22	CANDIDATURA INDEPENDIENTE	INDEPENDIENTE
Metropolitana	LEONARDO	SOTO	FERRADA	DISTRITO 30	NUEVA MAYORIA	PARTIDO SOCIALISTA DE CHILE
Metropolitana	JAIME	BELLOLIO	AVARIA	DISTRITO 30	ALIANZA	UNION DEMOCRATA INDEPENDIENTE
Metropolitana	DENISE	PASCAL	ALLENDE	DISTRITO 31	NUEVA MAYORIA	PARTIDO SOCIALISTA DE CHILE
Metropolitana	JUAN ANTONIO	COLOMA	ALAMOS	DISTRITO 31	ALIANZA	UNION DEMOCRATA INDEPENDIENTE
Metropolitana	MAYA	FERNANDEZ	ALLENDE	DISTRITO 21	NUEVA MAYORIA	PARTIDO SOCIALISTA DE CHILE
Metropolitana	MARCELA	SABAT	FERNANDEZ	DISTRITO 21	ALIANZA	RENOVACION NACIONAL
Metropolitana	CRISTIAN	MONCKEBERG	BRUNER	DISTRITO 23	ALIANZA	RENOVACION NACIONAL
Metropolitana	ERNESTO	SILVA	MENDEZ	DISTRITO 23	ALIANZA	UNION DEMOCRATA INDEPENDIENTE
Metropolitana	JAIME	PILOWSKY	GREENE	DISTRITO 24	NUEVA MAYORIA	PARTIDO DEMOCRATA CRISTIANO

REGION	NOMBRE CAND	PATERNO CAND	MATERNO CAND	TERRITORIO	PACTO/NOMINA	PARTIDO O INDEPENDIENTE
Metropolitana	JOSE ANTONIO	KAST	RIST	DISTRITO 24	ALIANZA	UNION DEMOCRATA INDEPENDIENTE
Metropolitana	RAMON	FARIAS	PONCE	DISTRITO 25	NUEVA MAYORIA	PARTIDO POR LA DEMOCRACIA
Metropolitana	CLAUDIO	ARRIAGADA	MACAYA	DISTRITO 25	NUEVA MAYORIA	PARTIDO DEMOCRATA CRISTIANO
Metropolitana	CAMILA	VALLEJO	DOWLING	DISTRITO 26	NUEVA MAYORIA	PARTIDO COMUNISTA DE CHILE
Metropolitana	GUSTAVO	HASBUN	SELUME	DISTRITO 26	ALIANZA	UNION DEMOCRATA INDEPENDIENTE
Metropolitana	TUCAPEL	JIMENEZ	FUENTES	DISTRITO 27	NUEVA MAYORIA	PARTIDO POR LA DEMOCRACIA
Metropolitana	DANIEL	MELO	CONTRERAS	DISTRITO 27	NUEVA MAYORIA	PARTIDO SOCIALISTA DE CHILE
Metropolitana	GUILLERMO	TEILLIER	DEL VALLE	DISTRITO 28	NUEVA MAYORIA	PARTIDO COMUNISTA DE CHILE
Metropolitana	PEDRO	BROWNE	URREJOLA	DISTRITO 28	ALIANZA	RENOVACION NACIONAL
Metropolitana	OSVALDO	ANDRADE	LARA	DISTRITO 29	NUEVA MAYORIA	PARTIDO SOCIALISTA DE CHILE
Metropolitana	LEOPOLDO	PEREZ	LAHSEN	DISTRITO 29	ALIANZA	RENOVACION NACIONAL
VI Región	JUAN LUIS	CASTRO	GONZALEZ	DISTRITO 32	NUEVA MAYORIA	PARTIDO SOCIALISTA DE CHILE
VI Región	ISSA	KORT	GARRIGA	DISTRITO 32	ALIANZA	UNION DEMOCRATA INDEPENDIENTE
VI Región	RICARDO	RINCON	GONZALEZ	DISTRITO 33	NUEVA MAYORIA	PARTIDO DEMOCRATA CRISTIANO
VI Región	FELIPE	LETELIER	NORAMBUENA	DISTRITO 33	NUEVA MAYORIA	PARTIDO POR LA DEMOCRACIA
VI Región	JAVIER	MACAYA	DANUS	DISTRITO 34	ALIANZA	UNION DEMOCRATA INDEPENDIENTE
VI Región	*ALEJANDRA*	*SEPULVEDA*	*ORBENES*	*DISTRITO 34*	*CANDIDATURA INDEPENDIENTE*	*INDEPENDIENTE*
VI Región	SERGIO	ESPEJO	YAKSIC	DISTRITO 35	NUEVA MAYORIA	PARTIDO DEMOCRATA CRISTIANO
VI Región	RAMON	BARROS	MONTERO	DISTRITO 35	ALIANZA	UNION DEMOCRATA INDEPENDIENTE
VII Región	ROBERTO	LEON	RAMIREZ	DISTRITO 36	NUEVA MAYORIA	PARTIDO DEMOCRATA CRISTIANO
VII Región	CELSO	MORALES	MUÑOZ	DISTRITO 36	ALIANZA	UNION DEMOCRATA INDEPENDIENTE
VII Región	SERGIO PATRICIO	AGUILO	MELO	DISTRITO 37	NUEVA MAYORIA	INDEPENDIENTE
VII Región	GERMAN	VERDUGO	SOTO	DISTRITO 37	ALIANZA	RENOVACION NACIONAL
VII Región	PABLO	LORENZINI	BASSO	DISTRITO 38	NUEVA MAYORIA	PARTIDO DEMOCRATA CRISTIANO
VII Región	PEDRO PABLO	ALVAREZ-SALAMANCA	RAMIREZ	DISTRITO 38	ALIANZA	UNION DEMOCRATA INDEPENDIENTE
VII Región	JORGE	TARUD	DACCARETT	DISTRITO 39	NUEVA MAYORIA	PARTIDO POR LA DEMOCRACIA

REGION	NOMBRE CAND	PATERNO CAND	MATERNO CAND	TERRITORIO	PACTO/NOMINA	PARTIDO O INDEPENDIENTE
VII Región	ROMILIO	GUTIERREZ	PINO	DISTRITO 39	ALIANZA	UNION DEMOCRATA INDEPENDIENTE
VII Región	GUILLERMO	CERONI	FUENTES	DISTRITO 40	NUEVA MAYORIA	PARTIDO POR LA DEMOCRACIA
VII Región	IGNACIO	URRUTIA	BONILLA	DISTRITO 40	ALIANZA	UNION DEMOCRATA INDEPENDIENTE
VIII Región	JORGE	SABAG	VILLALOBOS	DISTRITO 42	NUEVA MAYORIA	PARTIDO DEMOCRATA CRISTIANO
VIII Región	LORETO	CARVAJAL	AMBIADO	DISTRITO 42	NUEVA MAYORIA	PARTIDO POR LA DEMOCRACIA
VIII Región	CRISTIAN	CAMPOS	JARA	DISTRITO 43	NUEVA MAYORIA	PARTIDO POR LA DEMOCRACIA
VIII Región	JORGE	ULLOA	AGUILLON	DISTRITO 43	ALIANZA	UNION DEMOCRATA INDEPENDIENTE
VIII Región	JOSE MIGUEL	ORTIZ	NOVOA	DISTRITO 44	NUEVA MAYORIA	PARTIDO DEMOCRATA CRISTIANO
VIII Región	ENRIQUE	VAN RYSSELBERGHE	HERRERA	DISTRITO 44	ALIANZA	UNION DEMOCRATA INDEPENDIENTE
VIII Región	CLEMIRA	PACHECO	RIVAS	DISTRITO 45	NUEVA MAYORIA	PARTIDO SOCIALISTA DE CHILE
VIII Región	MARCELO	CHAVEZ	VELASQUEZ	DISTRITO 45	NUEVA MAYORIA	PARTIDO DEMOCRATA CRISTIANO
VIII Región	CARLOS ABEL	JARPA	WEVAR	DISTRITO 41	NUEVA MAYORIA	PARTIDO RADICAL SOCIALDEMOCRATA
VIII Región	ROSAURO	MARTINEZ	LABBE	DISTRITO 41	ALIANZA	RENOVACION NACIONAL
VIII Región	MANUEL	MONSALVE	BENAVIDES	DISTRITO 46	NUEVA MAYORIA	PARTIDO SOCIALISTA DE CHILE
VIII Región	IVAN	NORAMBUENA	FARIAS	DISTRITO 46	ALIANZA	UNION DEMOCRATA INDEPENDIENTE
VIII Región	JOSE	PEREZ	ARRIAGADA	DISTRITO 47	NUEVA MAYORIA	PARTIDO RADICAL SOCIALDEMOCRATA
VIII Región	ROBERTO	POBLETE	ZAPATA	DISTRITO 47	NUEVA MAYORIA	INDEPENDIENTE
IX Región	MARIO	VENEGAS	CARDENAS	DISTRITO 48	NUEVA MAYORIA	PARTIDO DEMOCRATA CRISTIANO
IX Región	JORGE	RATHGEB	SCHIFFERLI	DISTRITO 48	ALIANZA	RENOVACION NACIONAL
IX Región	FUAD	CHAHIN	VALENZUELA	DISTRITO 49	NUEVA MAYORIA	PARTIDO DEMOCRATA CRISTIANO
IX Región	DIEGO	PAULSEN	KEHR	DISTRITO 49	ALIANZA	RENOVACION NACIONAL
IX Región	RENE	SAFFIRIO	ESPINOZA	DISTRITO 50	NUEVA MAYORIA	PARTIDO DEMOCRATA CRISTIANO
IX Región	GERMAN	BECKER	ALVEAR	DISTRITO 50	ALIANZA	RENOVACION NACIONAL
IX Región	JOAQUIN	TUMA	ZEDAN	DISTRITO 51	NUEVA MAYORIA	PARTIDO POR LA DEMOCRACIA
IX Región	JOSE MANUEL	EDWARDS	SILVA	DISTRITO 51	ALIANZA	RENOVACION NACIONAL
IX Región	FERNANDO	MEZA	MONCADA	DISTRITO 52	NUEVA MAYORIA	PARTIDO RADICAL SOCIALDEMOCRATA

REGION	NOMBRE CAND	PATERNO CAND	MATERNO CAND	TERRITORIO	PACTO/NOMINA	PARTIDO O INDEPENDIENTE
IX Región	RENE MANUEL	GARCIA	GARCIA	DISTRITO 52	ALIANZA	RENOVACION NACIONAL
XIV Región	IVAN	FLORES	GARCIA	DISTRITO 53	NUEVA MAYORIA	PARTIDO DEMOCRATA CRISTIANO
XIV Región	BERNARDO	BERGER	FETT	DISTRITO 53	ALIANZA	RENOVACION NACIONAL
XIV Región	ENRIQUE	JARAMILLO	BECKER	DISTRITO 54	NUEVA MAYORIA	PARTIDO POR LA DEMOCRACIA
XIV Región	GONZALO	FUENZALIDA	FIGUEROA	DISTRITO 54	ALIANZA	RENOVACION NACIONAL
X Región	SERGIO	OJEDA	URIBE	DISTRITO 55	NUEVA MAYORIA	PARTIDO DEMOCRATA CRISTIANO
X Región	JAVIER	HERNANDEZ	HERNANDEZ	DISTRITO 55	ALIANZA	UNION DEMOCRATA INDEPENDIENTE
X Región	FIDEL	ESPINOZA	SANDOVAL	DISTRITO 56	NUEVA MAYORIA	PARTIDO SOCIALISTA DE CHILE
X Región	FELIPE	DE MUSSY	HIRIART	DISTRITO 56	ALIANZA	UNION DEMOCRATA INDEPENDIENTE
X Región	PATRICIO	VALLESPIN	LOPEZ	DISTRITO 57	NUEVA MAYORIA	PARTIDO DEMOCRATA CRISTIANO
X Región	MARISOL	TURRES	FIGUEROA	DISTRITO 57	ALIANZA	UNION DEMOCRATA INDEPENDIENTE
X Región	JENNY	ALVAREZ	VERA	DISTRITO 58	NUEVA MAYORIA	PARTIDO SOCIALISTA DE CHILE
X Región	ALEJANDRO	SANTANA	TIRACHINI	DISTRITO 58	ALIANZA	RENOVACION NACIONAL
XI Región	IVAN	FUENTES	CASTILLO	DISTRITO 59	NUEVA MAYORIA	INDEPENDIENTE
XI Región	DAVID	SANDOVAL	PLAZA	DISTRITO 59	ALIANZA	UNION DEMOCRATA INDEPENDIENTE
XII Región	JUAN ENRIQUE	MORANO	CORNEJO	DISTRITO 60	NUEVA MAYORIA	PARTIDO DEMOCRATA CRISTIANO
XII Región	GABRIEL	BORIC	FONT	DISTRITO 60	CANDIDATURA INDEPENDIENTE	INDEPENDIENTE

TABLA A.22. CANDIDATOS ELECTOS SENADORES 2013 (PERÍODO 2014-2022)

REGION	NOMBRE CAND	PATERNO CAND	MATERNO CAND	TERRITORIO	PACTO/NOMINA	PARTIDO O INDEPENDIENTE
II Región	PEDRO	ARAYA	GUERRERO	CIRCUNSCRIPCION 2	NUEVA MAYORIA	INDEPENDIENTE
II Región	ALEJANDRO	GUILLIER	ALVAREZ	CIRCUNSCRIPCION 2	NUEVA MAYORIA	INDEPENDIENTE
IV Región	JORGE	PIZARRO	SOTO	CIRCUNSCRIPCION 4	NUEVA MAYORIA	PARTIDO DEMOCRATA CRISTIANO
IV Región	ADRIANA	MUÑOZ	D'ALBORA	CIRCUNSCRIPCION 4	NUEVA MAYORIA	PARTIDO POR LA DEMOCRACIA
Metropolitana	GUIDO	GIRARDI	LAVIN	CIRCUNSCRIPCION 7	NUEVA MAYORIA	PARTIDO POR LA DEMOCRACIA
Metropolitana	ANDRES	ALLAMAND	ZAVALA	CIRCUNSCRIPCION 7	ALIANZA	RENOVACION NACIONAL
Metropolitana	CARLOS	MONTES	CISTERNAS	CIRCUNSCRIPCION 8	NUEVA MAYORIA	PARTIDO SOCIALISTA DE CHILE
Metropolitana	MANUEL JOSE	OSSANDON	IRARRAZABAL	CIRCUNSCRIPCION 8	ALIANZA	RENOVACION NACIONAL
VI Región	JUAN PABLO	LETELIER	MOREL	CIRCUNSCRIPCION 9	NUEVA MAYORIA	PARTIDO SOCIALISTA DE CHILE
VI Región	ALEJANDRO	GARCIA-HUIDOBRO	SANFUENTES	CIRCUNSCRIPCION 9	ALIANZA	UNION DEMOCRATA INDEPENDIENTE
VIII Región	ALEJANDRO	NAVARRO	BRAIN	CIRCUNSCRIPCION 12	NUEVA MAYORIA	MOVIMIENTO AMPLIO SOCIAL
VIII Región	JACQUELINE	VAN RYSSELBERGHE	HERRERA	CIRCUNSCRIPCION 12	ALIANZA	UNION DEMOCRATA INDEPENDIENTE
VIII Región	FELIPE	HARBOE	BASCUÑAN	CIRCUNSCRIPCION 13	NUEVA MAYORIA	PARTIDO POR LA DEMOCRACIA
VIII Región	VICTOR	PEREZ	VARELA	CIRCUNSCRIPCION 13	ALIANZA	UNION DEMOCRATA INDEPENDIENTE
X Región	RABINDRANATH	QUINTEROS	LARA	CIRCUNSCRIPCION 17	NUEVA MAYORIA	PARTIDO SOCIALISTA DE CHILE
X Región	IVAN	MOREIRA	BARROS	CIRCUNSCRIPCION 17	ALIANZA	UNION DEMOCRATA INDEPENDIENTE
XII Región	CAROLINA	GOIC	BOROEVIC	CIRCUNSCRIPCION 19	NUEVA MAYORIA	PARTIDO DEMOCRATA CRISTIANO
XII Región	CARLOS	BIANCHI	CHELECH	CIRCUNSCRIPCION 19	CANDIDATURA INDEPENDIENTE	INDEPENDIENTE
XIV Región	ALFONSO	DE URRESTI	LONGTON	CIRCUNSCRIPCION 16	NUEVA MAYORIA	PARTIDO SOCIALISTA DE CHILE
XIV Región	ENA	VON BAER	JAHN	CIRCUNSCRIPCION 16	ALIANZA	UNION DEMOCRATA INDEPENDIENTE

TABLA A.23. CANTIDADES DE INSCRIPCIONES ELECTORALES POR GRUPOS ETARIOS EN CADA SEXO POR REGION Y TOTALES DEL PAÍS (AL 31 DE ENERO DE 2012)

	19 y –	20-24	25-29	30-34	35-39	40-44	45-49	50-54	55-59	60-64	65-69	70-74	75-79	80– +	TOTAL
REGION : 15 ARICA Y PARINACOTA															
VAR	4.858	9.582	8.710	10.109	9.857	8.824	7.466	6.565	6.058	4.661	3.835	2.553	1.690	1.962	86.730
MUJ	4.709	8.535	7.811	7.201	7.790	8.044	7.809	6.812	5.841	4.989	4.156	2.979	2.161	3.162	81.999
TOT	9.567	18.117	16.521	17.310	17.647	16.868	15.275	13.377	11.899	9.650	7.991	5.532	3.851	5.124	168.729
REGION : 01 DE TARAPACA															
VAR	6.741	12.343	11.667	12.569	11.178	9.908	9.708	8.919	7.992	5.495	3.943	2.478	1.793	4.671	109.405
MUJ	6.471	11.272	10.409	10.239	9.634	9.028	9.228	8.504	7.228	5.228	3.858	2.797	2.226	5.337	101.459
TOT	13.212	23.615	22.076	22.808	20.812	18.936	18.936	17.423	15.220	10.723	7.801	5.275	4.019	10.008	210.864
REGION : 02 DE ANTOFAGASTA															
VAR	13.737	25.096	22.676	22.923	22.423	20.287	19.162	17.714	14.989	10.817	7.609	4.874	3.166	4.029	209.502
MUJ	13.296	23.108	20.646	20.305	20.743	18.515	18.468	17.260	14.350	10.693	8.215	6.116	4.420	6.685	202.820
TOT	27.033	48.204	43.322	43.228	43.166	38.802	37.630	34.974	29.339	21.510	15.824	10.990	7.586	10.714	412.322
REGION : 03 DE ATACAMA															
VAR	7.303	13.451	11.118	10.836	10.851	11.229	11.117	9.713	8.015	5.747	4.521	3.399	2.292	2.832	112.424
MUJ	7.087	12.510	10.548	10.297	10.174	10.646	10.860	9.488	7.576	5.775	4.512	3.428	2.588	3.794	109.283
TOT	14.390	25.961	21.666	21.133	21.025	21.875	21.977	19.201	15.591	11.522	9.033	6.827	4.880	6.626	221.707
REGION : 04 DE COQUIMBO															
VAR	17.097	30.830	26.223	23.057	24.423	24.776	24.600	21.661	18.021	13.814	11.519	8.832	6.533	8.702	260.088
MUJ	16.447	29.944	25.765	24.119	24.848	25.176	25.318	22.246	18.768	14.892	12.618	10.152	7.977	11.979	270.249
TOT	33.544	60.774	51.988	47.176	49.271	49.952	49.918	43.907	36.789	28.706	24.137	18.984	14.510	20.681	530.337

REGION : 05 DE VALPARAISO														
VAR	40.528	77.679	71.346	65.983	64.730	63.422	68.278	62.209	51.591	41.632	34.461	24.932	18.226	23.995	709.012
MUJ	38.954	74.108	68.651	64.155	64.305	65.029	70.849	66.510	55.722	45.771	39.967	31.355	24.734	40.507	750.617
TOT	79.482	151.787	139.997	130.138	129.035	128.451	139.127	128.719	107.313	87.403	74.428	56.287	42.960	64.502	1.459.629
	19 y –	20-24	25-29	30-34	35-39	40-44	45-49	50-54	55-59	60-64	65-69	70-74	75-79	80– +	TOTAL
REGION : 13 METROPOLITANA DE SANTIAGO															
VAR	156.773	296.942	263.071	240.154	239.625	232.063	241.230	218.423	173.922	137.633	109.466	74.202	48.939	62.049	2.494.492
MUJ	150.208	286.109	256.477	243.084	244.019	240.660	257.071	237.428	195.455	157.693	131.737	98.546	73.834	121.225	2.693.546
TOT	306.981	583.051	519.548	483.238	483.644	472.723	498.301	455.851	369.377	295.326	241.203	172.748	122.773	183.274	5.188.038
REGION : 06 DEL LIBERTADOR BDO. O'HIGGINS															
VAR	21.230	38.982	32.513	31.397	32.965	33.516	35.003	30.287	24.876	19.662	15.629	11.311	7.877	11.066	346.314
MUJ	20.270	37.226	31.698	31.131	33.414	33.862	34.668	30.254	25.226	19.946	16.143	12.131	8.933	14.365	349.267
TOT	41.500	76.208	64.211	62.528	66.379	67.378	69.671	60.541	50.102	39.608	31.772	23.442	16.810	25.431	695.581
REGION : 07 DEL MAULE															
VAR	24.612	44.576	36.954	34.429	38.383	38.695	40.898	34.246	28.699	22.907	18.462	13.611	9.202	13.919	399.593
MUJ	23.568	43.873	36.992	36.387	38.683	39.431	40.441	34.591	29.164	23.242	18.973	14.848	10.697	17.998	408.888
TOT	48.180	88.449	73.946	70.816	77.066	78.126	81.339	68.837	57.863	46.149	37.435	28.459	19.899	31.917	808.481
REGION : 08 DEL BIOBIO															
VAR	49.858	90.557	76.608	71.105	76.242	82.123	82.224	69.322	56.378	44.430	35.769	26.253	17.766	25.523	804.158
MUJ	47.616	88.261	76.899	74.507	78.435	83.164	83.624	71.917	60.297	47.676	39.813	31.218	22.430	36.536	842.393
TOT	97.474	178.818	153.507	145.612	154.677	165.287	165.848	141.239	116.675	92.106	75.582	57.471	40.196	62.059	1.646.551
REGION : 09 DE LA ARAUCANIA															
VAR	24.200	41.232	35.636	33.848	37.409	39.836	39.718	32.915	28.176	22.960	19.486	15.682	11.547	18.471	401.116
MUJ	23.477	40.561	36.744	34.967	37.435	39.730	40.028	33.004	28.636	23.519	20.342	16.651	12.918	21.717	409.729
TOT	47.677	81.793	72.380	68.815	74.844	79.566	79.746	65.919	56.812	46.479	39.828	32.333	24.465	40.188	810.845

REGION : 14 DE LOS RIOS														
VAR	9.672	16.635	14.238	13.395	14.890	16.049	17.486	13.874	11.561	9.273	7.770	5.931	4.310	6.502	161.586
MUJ	9.212	16.092	14.611	13.623	14.699	15.773	16.888	13.807	11.558	9.667	8.069	6.616	4.845	7.876	163.336
TOT	18.884	32.727	28.849	27.018	29.589	31.822	34.374	27.681	23.119	18.940	15.839	12.547	9.155	14.378	324.922
	19 y -	20-24	25-29	30-34	35-39	40-44	45-49	50-54	55-59	60-64	65-69	70-74	75-79	80- +	TOTAL
REGION : 10 DE LOS LAGOS															
VAR	20.078	35.763	30.932	31.140	33.188	33.551	34.420	27.040	22.301	18.095	15.209	11.613	7.761	11.117	332.208
MUJ	19.240	34.350	30.399	30.252	32.644	33.021	33.266	26.994	22.465	18.563	15.755	12.892	9.364	15.143	334.348
TOT	39.318	70.113	61.331	61.392	65.832	66.572	67.686	54.034	44.766	36.658	30.964	24.505	17.125	26.260	666.556
REGION : 11 AISEN DEL GRAL. CARLOS IBAÑEZ															
VAR	2.453	4.440	4.038	6.470	5.322	4.874	4.740	4.117	3.519	2.465	2.017	1.508	1.026	1.051	48.040
MUJ	2.332	4.177	3.680	4.127	4.242	4.312	4.378	3.820	3.226	2.375	1.849	1.465	1.051	1.462	42.496
TOT	4.785	8.617	7.718	10.597	9.564	9.186	9.118	7.937	6.745	4.840	3.866	2.973	2.077	2.513	90.536
REGION : 12 DE MAGALLANES Y ANTARTICA CH.															
VAR	3.517	7.003	8.098	11.269	8.862	8.050	7.397	7.639	6.077	4.586	3.492	2.545	1.611	2.170	82.316
MUJ	3.372	6.400	6.088	6.283	6.394	6.308	7.328	6.850	5.606	4.335	3.623	2.893	2.199	3.550	71.229
TOT	6.889	13.403	14.186	17.552	15.256	14.358	14.725	14.489	11.683	8.921	7.115	5.438	3.810	5.720	153.545

ÍNDICE ONOMÁSTICO

ÍNDICE TEMÁTICO

M

N

O

P

Q

Este primer volumen del Curso de Derecho Constitucional Chileno del profesor José Luis Cea Egaña, contiene un completo análisis de la trayectoria constitucional de nuestra República desde 1925 a la fecha y las características y todas las reformas de las cartas fundamentales de aquel año y de 1980, además de la explicación del sentido y alcance de los capítulos I y II de la Constitución actualmente vigente y su legislación complementaria.

En esta nueva edición han sido incorporadas las más recientes modificaciones al Derecho Positivo y las diversas interpretaciones que de ellas se han hecho, en particular por el Tribunal Constitucional. Además, el autor analiza la actual discusión sobre el proceso constituyente y entrega valiosos elementos de juicio que habilitan al lector para adoptar una posición reflexiva en el asunto.

Esta obra ha sido pensada con el fin de que sea útil a profesores y alumnos en el proceso docente y también para que sirva a los órganos del Estado, los abogados y la ciudadanía en general interesada en el sistema político que nos rige. La inclusión de gráficos y cuadros estadísticos que ilustran sobre los rasgos principales de los procesos electorales, la abundante jurisprudencia y referencias doctrinarias y la transcripción de la historia fidedigna de los procesos constitucionales, además de un completo índice onomástico y de conceptos, consolidan a esta obra como un referente indispensable del derecho.

PONTIFICIA UNIVERSIDAD CATÓLICA DE CHILE

EDICIONES UC